CATALOGUE

DE LA

COLLECTION DUPUY

Angers. — Imp. A. Burdin, section orientale de l'imprimerie Camis et Cie, Paris.

CATALOGUE

DE LA

COLLECTION DUPUY

PAR

Léon DOREZ

SOUS-BIBLIOTHÉCAIRE AU DÉPARTEMENT DES MANUSCRITS

TOME I

(Nᵒˢ 1-500)

PARIS

ERNEST LEROUX, ÉDITEUR

28, RUE BONAPARTE, 28

1899

CATALOGUE

DE LA

COLLECTION DUPUY

1.

« Collection de divers antiens titres servans la plus grande partie à l'HISTOIRE DE FRANCE jusques au roi Louis XI. »

Recueil de copies de pièces, rangées chronologiquement, de 636 à 1482.

Parmi ces pièces, on peut signaler les suivantes : Diplômes des rois Dagobert Ier, Clichy, 7 kal. jun., anno 5 (6) ; Charles le Chauve, s. d., avec une note de N. Camusat au verso (9) ; Hugues Capet, Paris, 12 kal. jul. 988, avec dessin du sceau (13), et s. d., sur l'affectation des temples païens au culte chrétien (18) ; Louis le Jeune, Bordeaux, 1137 (20) ; Louis VIII, Sens, janv. 1224 (22).

Discours de l'évêque de Mayence à Pépin (8) ; — Extrait du martyrologe de Pontoux, 1453, de la main de [Pierre de] Marca (11); — Lettre de [Jean] Besly à Peiresc, Paris, 8 mars 1633 (16) ; — Confirmation de certains droits du chapitre de Saint-Hilaire de Poitiers par Geoffroi, duc d'Aquitaine, et Guillaume, son fils, s. d. (19) ; — Lettre de M. Reneaume aux frères Dupuy, sur l'affranchissement des serfs, s. d., autogr. (21) ; — Lettres de Louis VIII et du chapitre d'Orléans relatives à l'affranchissement des serfs de la terre d'Étampes, Sens, janv. 1224, et [Orléans], févr. 1224 (22); — Bulle d'Innocent III concernant la légitimation des enfants et le divorce du roi Philippe-Auguste, Anagni, 4 non. nov. 1201 (25) ; — Documents sur l'histoire de la Champagne et de la Brie au

temps du comte Thibaut IV (27, 49, 60) ; — Acte relatif aux rapports du vicomte de Thouars avec l'abbaye de Saint-Aubin (53) ;
— Deux actes de Raymond, vicomte de Turenne, relatifs à la ville
de Martel, 1218 et 1235 (55 et 62) ; — Déclaration d'hommage prêté
au roi par Hélie de Rudel, seigneur de Bergerac, Reims, nov. 1224
(59) ; — Actes et pièces diverses concernant le règne de saint Louis,
1252-1263 (64 et suiv.) ; — « Enseignements que sainct Loys fist à
Madame Ysabel, royne de Navarre, sa fille » (70) ; — Extraits des
registres du Parlement, 1261-1286 (68, 75, 78, 90, etc.) ; — Don
fait par Raymond Rupin, prince d'Antioche, aux chevaliers de
Saint-Jean de Jérusalem, de la « civitas Guabeli », dessin du sceau
(94) ; — Déclaration de plusieurs prélats, contenant la protestation de Bertrand [de Got], archevêque de Bordeaux, contre la prestation d'hommage et le serment de fidélité exigés de lui par Philippe le Bel, Paris, 18 avril 1302 (98) ; — Lettre de Marie de Valois, duchesse de Calabre, au sujet d'un différend survenu entre
elle et le roi [Philippe VI], Naples, 20 juin s. a. (122) ; — Lettres
de Philippe VI, portant émancipation de son fils Jean, Paris,
17 févr. 1331 (124) ; concernant la Normandie, Fromont, nov. 1347
(128), et Vincennes, même date (130) ; — Révocation, par l'empereur Louis V, du vicariat de l'Allemagne et de la France par lui
concédé au roi d'Angleterre [Édouard III], Munich, 25 avril 1341
(126) ; — Fondation faite par le dauphin Charles dans la chapelle
du Vivier-en-Brie, oct. 1352 (133) ; — Lettres d'anoblissement en
faveur de la famille Hennequin, de Troyes, Melun, 28 juillet 1359
(142) ; — Lettre du roi Jean au Parlement, au sujet d'une prébende
vacante à Saint-Urbain de Troyes, Dijon, 27 déc. 1360 (143) ; —
Lettres de Charles VI évoquant au Grand Conseil l'affaire pendante
entre le duc Jean de Berry et l'abbaye de la Chaise-Dieu-Saint-
Sulpice, Paris, 4 juillet 1366 (146) ; — Lettres octroyées par le roi
Jean à la noblesse de Guyenne, Paris, 15 déc. 1372 (sic) (148) ; —
Lettres de Charles VII analogues aux précédentes, Saint-Jean-
d'Angely, 20 juin 1451 (153), et Montferrant, près Bordeaux, 9 oct.
1453 (156 v°) ; — Déclaration de Jean, fils aîné de Charles Ier, duc de
Bourbon, près Clermont, 19 oct. 1453 (158) ; — Lettres de Louis VII,
Bordeaux, mars 1461 (158 v°) ; — Bref de Grégoire XI au roi
de France [Charles V], Anagni, 8 oct. 1371, traduction française
(160) ; — Formule du serment prêté par Louis, duc d'Anjou, à
Charles V, Paris, 19 mars 1374 (162) ; — Bulles d'or de l'empereur

Charles IV, portant nomination du dauphin Charles au vicariat du royaume d'Arles, Paris, 7 id. janv. (164), et non. janv. 1378 (169) ; — « Extrait du petit Thalamme de Montpellier », 1379-80 (172) ; — Traité conclu entre les ducs de Berry, de Bourgogne et de Bretagne, Paris, 8 févr. 1383 (185) ; — Lettre adressée à l'empereur Charles IV, traduction française (187) ; — Épitaphe du roi-moine de Pologne Ladislas, et lettre de l'antipape Clément VII à lui adressée, Avignon, 2 non. jul. a° 4° [1382] (189) ; — Lettres de Louis, duc d'Étampes, portant donation de toutes ses propriétés au comte d'Alençon, son frère, Avesne, 15 mars 1391 (190) ; — Serment prêté au roi Charles VI par son fils Louis, duc d'Orléans, Paris, 24 févr. 1392 (196) ; — Défi envoyé au duc de Bourgogne par le duc d'Orléans et ses frères, 1411 (206) ; — Réponse de Jean sans Peur (207) ; — Sauf-conduit accordé par Charles VII aux pèlerins d'une chapelle sise en la paroisse Saint-Pierre de Montfort-sur-Rille, Saumur, 10 oct. 1443 (224) ; — Actes relatifs à la nomination d'Antoine de Vergy, sieur de Regny, et Jean de la Baulme, sieur de Vallefin, à la charge de maréchaux de France, 1421 (214) ; — Lettres patentes du roi Charles VII octroyant à Jean Stuart, comte d'Évreux, sieur d'Aubigny, le droit de porter dans ses armes l'écartelure de France au premier et au dernier quartier, avec dessin colorié, Blois, févr. 1427 (218-219) ; — Lettres d'abolition octroyées par Charles VII à la ville de Chartres, Loches, 4 juillet 1431 (220) ; — Lettre autographe d'Antoine Pithou à P. Dupuy, avec la copie de l'épitaphe et le dessin des tombeaux de Michel Juvénal des Ursins et de sa femme, Troyes, 19 févr. 1614 (228 v°-229).

Ce volume contient, en outre, des ordonnances des rois Philippe le Long. Paris, 1316-1320 (33, 43, etc.); Philippe-Auguste, Paris, mars 1214 (47) ; Philippe le Hardi, 1276 (74) ; Philippe le Bel, 1294-1306 (80, 84, 92, etc.); Jean le Bon (143, 148) ; Charles VI, 1er juin 1399 (198, etc.); Louis XI, 1461 (230, etc.).

XVIe et XVIIe siècles. — 241 feuillets.

2.

« Lettres, actes et mémoires touchant Monsieur le duc DE VENDOSME. »

Copies de pièces relatives à la légitimation du duc de Vendôme (1), de sa sœur la marquise de Monceaux (9), et de leur frère puîné Alexandre (21); à l'érection de Beaufort en duché-pairie (4), à la vérification des lettres du don fait par le roi du duché de Vendôme, à l'enregistrement de ces lettres (13 et suiv.), à l'administration des biens des enfants légitimés (25 et suiv.); — Érection de la baronnie de Biron en duché, en faveur de Charles Gontaut de Biron, maréchal de France, Paris, juin 1598 (6 v°); — « Les regrets et vie de la duchesse de Beaufort divulgez en l'an 1597, lors de la prise d'Amiens, que le mauvais succès des affaires du roi sembloit menacer ladite duchesse d'une disgrâce » (11); — Accord intervenu entre le duc de Mercœur, gouverneur et lieutenant-général en Bretagne, et le duc de Joyeuse, amiral de France et de Bretagne, au sujet de l'administration de leurs charges, 5 avril 1584 (36); — « Apologie [adressée au roi] pour MM. de Vendosme contre les impostures du président de Cussé, de l'évesque de Rennes et du P. Doles, cordelier » (39); — Copies de lettres de l'évêque de Nantes [Philippe de Cospeau] au cardinal de Richelieu, 1626 (79); de la duchesse de Vendôme au roi et à divers grands personnages (82, 83, etc.); du roi Louis XIII au duc de Vendôme, 17 janv. 1627 (80, 99, etc.), et du duc de Vendôme au roi, Vincennes, 16 janv. 1627 (94); — Autres pièces relatives à l'emprisonnement du duc de Vendôme au château de Vincennes (90, 104, 115, etc.).

XVIIe siècle. — 121 feuillets.

3.

« Lettres et mémoires de Monsieur DE VILLEROI. secrétaire d'Estat. »

Ce volume contient les pièces suivantes :

Copies de lettres de Villeroy : au roi de Navarre, pour provoquer sa conversion au catholicisme, 12 mai 1588 (1); à Guillaume du Vair, sur la Satire Ménippée, 1er août 1594 (5), avec la réponse de G. du Vair (24).

Lettres autographes de Villeroy à Henri IV, Conflans, 8 mai 1594 (33); Paris, 24 juillet 1598 (36); 18 août 1598 (37); Pontoise 28 oct. 1598 (38); Paris, 7 nov. 1598 (41 et 42), 14 nov. 1598 (45).

27 février 1599 (46); Conflans, 10 mars 1599 (51), 6 avril 1599 (52); Blois, 8 août 1599 (55); Paris, 21 oct. 1599 (56); Lyon, 24 févr. 1601 (59); 14 mars 1601 (60); Conflans, 13 avril 1601 (62); Paris, 14 juin 1601 (66), 15 juin 1601 (67), 17 juin 1601 (70), 20 juin 1601 (71); Conflans, 21 juin 1601 (74); deux minutes, s. d. (74 bis); 23 juin 1601 (75, 78 et 79), 25 juin 1601 (80), 28 juin 1601 (81), 1er juillet 1601 (83); Paris, 14 mars 1604 (86); Dijon, 18 fév. 1601 (92); Paris, 20 mai 1608 (101), 21 mai 1608 (102), 22 mai 1608 (105); — à un destinataire inconnu [A. de Loménie?]; Fontainebleau, 8 mai 1604 (85); — au cardinal du Perron, Fontainebleau, 22 mai 1605 (89), Saint-Germain-en-Laye, 10 juin 1605 (91); Fontainebleau, 10 sept. 1605 (94); Puiseaux, 20 sept. 1605 (95); Villeroi, 14 nov. 1606 (96); — à [Antoine] de Loménie, [sieur de la Ville-aux-Clercs], Conflans, 7 mars 1608 (99); 13 mars 1608 (100); Paris, 23 mai 1608 (106); Conflans, 1er juin 1608 (107); Fontainebleau, 6 nov. 1608 (108); 7 nov. 1608 (109); — à [Jacques de Castelnau], sieur de la Mauvissière, 14 oct. s. a. (111).

Copies de lettres de Henri IV à « Remelin », s. d. (112); au pape [Clément VIII], s. d. (112), et Fontainebleau, 7 oct. 1599, pour le mariage du connétable [Henri Ier, duc de Montmorency, avec Laurence de Clermont] (113); à la reine d'Angleterre [Élisabeth], s. d. (113 vo).

Copies de lettres de Villeroy au patriarche de Constantinople, s. d. (114); — à [Antoine Lefèvre de la Boderie], ambassadeur en Angleterre, Paris, 30 juin 1611 (116); à Péricard, ambassadeur près les archiducs de Flandre, 19 août 1617 (130); à de Brèves, ambassadeur à Rome, pour l'affaire Reboul, s. d. (132); à Casaubon, Paris, 1er déc. 1611 (136).

« Advis de M. de Villeroy à la reine mère sur la demande que M. le comte de Soissons faisoit de Quillebœuf », Conflans, 10 oct. 1612 (138); « sur les différends du duc de Mantoue avec le duc de Savoie », Conflans, 8 nov. 1613 (150); sur les avantages de la paix (156).

Lettre de Villeroy au sujet des écrits relatifs à l'autorité temporelle des papes sur les rois et les royaumes, s. d., copie (164); etc.

XVIe et XVIIe siècles. — 167 feuillets.

4.

« Recueil de mémoires concernant le DOMAINE DE LA COU-
RONNE. »

On remarque dans ce volume les pièces suivantes : Notices de
divers arrêts, commissions et plaidoieries concernant les droits
du roi sur les différentes parties du domaine, 1343-1547, notes de
P. Dupuy (1-8) ; — Pièces et mémoires judiciaires relatifs au domaine royal (9-14) ; — Requête du procureur général Bourdin
tendant à empêcher l'entérinement, demandé par Françoise de
Brézé, de certaines lettres contraires au principe de l'inaliénabilité du domaine royal orig, sur parch., (17 et 31) ; — Édit de
Charles IX sur le domaine, Moulins, 13 mai 1566 (45) ; — Lettres
patentes de Charles VI, ordonnant la réunion au domaine de la
châtellenie de Taillebourg, Paris, avril 1407 (50) ; — Lettres de
Philippe le Long, ordonnant le retour à la couronne des terres
domaniales aliénées par son père Philippe le Bel, 24 févr. 1320
(53) ; — Ordonnance de Charles V, révoquant toutes les aliénations
faites depuis Philippe le Bel, Paris, 24 juillet 1364 (57) ; — Ordonnance du roi Charles VI sur le même sujet, Paris, 28 févr. 1407,
parchemin (60) ; — Ordonnances de Charles VI, Charles VII et
François Ier, sur le même sujet, Paris, 2 nov. 1411, Bourges, 15 déc.
1438, et Fontainebleau, 30 mai 1539 (62, 64 et 68) ; — Extraits des
registres du Parlement, en partie de la main de P. Pithou, 1470,
1477, 1482, 1513, 1551, 1558, 1582, 1583 (70 et suiv.); — Lettres
du roi Henri IV sur l'union du domaine particulier du Roi à l'ancien domaine de la couronne, Paris, juillet 1607 (93) ; — Discours
de [Jean] de la Guesle, procureur général, sur la réunion du domaine de Navarre à celui de France (95) ; — Plaidoyer de Me Auguste Galland pour Madame, sœur du roi, contre messire François
d'Escoubleau et Isabelle Babou, sa femme, touchant la baronnie
de Montdoubleau, 9 déc. 1595 (101) ; — Lettres patentes du roi
Louis XIII relatives aux terres du domaine aliénées, « au camp
devant La Rochelle », 10 sept. 1628 (129).

Papier et parchemin. XVIe et XVIIe siècles. — 130 feuillets.

5.

« Mémoires et discours sur diverses matières. — VI. »

Recueil de mémoires et de lettres. — Originaux et copies.

On remarque dans ce volume les pièces suivantes : « Num gravioris mali vitandi causa levius committi possit » (1) ; — « Historia et inquisitio de animato et inanimato », par le chancelier Bacon (3) ; — Opuscules et extraits de Bacon (7-41) ; — Traduction latine littérale des lettres du grand prêtre des Samaritains et des Samaritains d'Égypte à Joseph Scaliger (43) ; — Dissertation sur cette question : « Si la multiplication en fractions diminue ou augmente » (47) ; — Lettre latine de Christophe Grœnberger adressée « F. Joanni Antonio Rubino » et intitulée : « Problema de tribus stellis novis », 22 déc. 1604 (49) ; — « Jugnitii de cometa judicium », de la main de P. Dupuy (53) ; — Parhélie observé à Rome le 20 mars 1629, avec planche (54) ; — Mémoires sur la « ferrumination » et la soudure (55 et 63) ; — Sur les « cognomina » romains (71) ; — Sur les noms romains, extraits des notes du P. Sirmond sur Sidoine Apollinaire (73) ; — « Copia d'una antichissima pittura a fresco ritrovata... in tempo di Clemente VIII... negl' horti di Mecenate... » [Noces Aldobrandines] (75) ; — Extraits des « Actiones forenses » de Louis Servin (81) ; — « Rappel du ban exécuté contre François Balduin, docteur ès droicts, comme suspect d'hérésie » (85) ; — Testament, en italien, du philosophe Cesare Cremonini, Padoue, 16 juillet 1631 (87) ; — « Histoire des mécontentemens et jalousies contre les principaux conseillers et officiers des rois de France par leur fils et frères, ou par autres princes de leur sang », « mémoire baillé par Mᵣ le cardinal de Richelieu pour estre informé particulièrement » (89) ; — Note sur la dignité de Patrice sous les Empereurs, de la main de Th. Godefroy (90) ; — Notes de P. Dupuy, en particulier sur le cardinal Balue et le duc d'Alençon (92) ; — « Comme l'empereur Charles V eslongna de son frère, l'empereur Ferdinand I, son gouverneur, le grand commandeur de Calatrave... », 1517 (96) ; — « Unions de royaumes et provinces », de la main de Th. Godefroy et de P. Dupuy (100-101 vᵒ) ; — Sur la confession auriculaire (103).

Suite de pièces relatives à la confiscation des biens en cas de crime de lèse-majesté : « Plaidoyer pour les biens de feu [Jacques] Deslandes, de Bloys » (105) ; — Arrêt du Parlement abolissant les substitutions et les fidéi-commis, en cas de condamnation pour crime de lèse-majesté, août 1613 (111) ; — Notes historiques sur la procédure en cas de crime de lèse-majesté (119) ; — Cinq lettres de Charles IX, dont quatre au président de Thou et une au Parlement de Paris, concernant le comte d'Aigremont et l'amiral Coligny, Joinville, 8 févr., Orléans, 12 et 18 juillet, et Plessis-lez-Tours, 8 oct. 1569, orig. (121-125); — Notes historiques sur la confiscation des biens (126); — Lettres de Théophile, alors en prison, à Balzac, 1624 (127), et de M. de Blainville à Marandé, 26 nov. 1627 (129); — Jugement sur l'histoire de la guerre des Flandres du cardinal Bentivoglio (131); — Extrait d'une lettre de M. d'Avaux au cardinal Bentivoglio, Venise, 24 juillet 1632, copie de P. Dupuy (133); — Lettre, peut-être autographe, sans signature, du sieur de Saint-Surin à sa femme, peu de temps avant de mourir, 5 août 1632 (135); — « Memoriale del vescovo Jovio a messer Franchino ». (136); — Mémoire, en italien, sur la fortification de Quillebœuf, avec de nombreux plans (133-149 vº); — État de la dépense que doit faire un ambassadeur à Rome pendant les trois années « que l'ambassade a coustume de durer » (150-161); — Ordonnances relatives aux abus commis dans la perception de la taille, Paris, févr. et juin 1617 (162 et 170).

XVIe et XVIIe siècles. — 174 feuillets.

6-7.

Recueil de pièces relatives à l'histoire de la BRETAGNE, jusqu'en 1598.

I (6). Des origines à 1500. — On remarque dans ce volume les pièces suivantes :

Extraits de chroniqueurs, de la main de P. Pithou (1-3); — Lettre de P[omponne] de Bellièvre à l'un des frères Pithou, s. d., autogr. (4); — Généalogie des ducs de Bretagne, de la main de Th. Godefroy (5); — Notes sur le même sujet, par P. Dupuy (9); — Mémoire concernant les droits du roi sur la Bretagne et la Navarre (11); — « Généalogie d'Artus, duc de Bretagne » (15); — « Du droit des rois de France au duché de Bretagne, tant pour la souveraineté, le ressort et l'hommage, qu'en ce qui est de la seigneurie utile », par Th. Godefroy, autogr. (16); — Mémoires contre les prétentions de la maison de Penthièvre; le second est de la main de P. Dupuy (19 et 21); — « Extraitz de l'Histoire de Bretagne [de] d'Argentré, escrits de la main de M. le procureur général de la Guesle » (24); — Mémoire historique touchant les droits de la

maison de France sur la Bretagne, la Navarre, Calais et l'Aragon
(28); — « Sequitur modus sessionis prælatorum et procerum Britanniæ in Parlamento ducis, extraict du livre intitulé : Les Osts du
duc de Bretagne, qui est aux Chartes de Bretagne », 1088 (33) ; —
Arrêt rendu par les prélats et barons de France contre Pierre, duc
de Bretagne, « in castris juxta Ancenisium », juin 1230, copie de
P. Pithou (38) ; — « Ce sont les ostz deuz au duc de Bretaigne », 1294
(39) ; — Lettres de Philippe le Bel portant érection de la Bretagne
en duché-pairie, Courtrai, sept. 1297, copie de P. Pithou (46) ;
— Lettre de [Jean III], duc de Bretagne, au roi [Jean], [1364], en
français (48) ; — Traduction française du jugement rendu par
les prélats et barons de France contre le duc Pierre de Bretagne,
cf. supra fol. 38 (48 v°) ; — Arrêt de Conflans, 7 sept. 1341 (50) ;
— Premier traité de Guérande, 12 avril 1364 (56) ; — Traité de paix
entre Charles V et Jean V, duc de Bretagne, Guérande, 15 janv.-
10 avril 1380 (76) ; — Hommages de Bretagne, 1403-1405 (84) ;
— Acte du partage fait entre le duc Jean et son frère Arthur, château de l'Hermine près Vannes, 7 août 1422 (96) ; — Déclaration
de Louis III, roi de Sicile, contre le mariage de sa sœur Yolande
avec François, fils aîné du duc de Bretagne, et celui de son
frère Charles avec la fille du vicomte de Rohan, San-Marco
en Calabre, 28 juin 1431 (104); — Traité de Nantes portant
renonciation par la maison de Penthièvre à ses droits sur le
duché de Bretagne en faveur de la maison de Montfort, 27 juin
1448 (108); — Testament de François Ier, duc de Bretagne, Vannes,
16 juillet 1450 (128); — Procès-verbal de l'hommage rendu au roi
Charles VII par Pierre, duc de Bretagne, 3 nov. 1450, notes marginales de P. Pithou (130); — Note de P. Dupuy sur le testament du
duc François Ier (134); — Traité de mariage entre le duc François II
et Marguerite de Bretagne, Bourges, 1er sept. 1455 (136); — Acte
de Jean de Brosse et de sa femme Nicole de Bretagne, portant déclaration qu'ils tiennent du duc de Bretagne le comté de Penthièvre
et le revenu des issues et entrées des ports et havres compris
entre les rivières de Couesnon et Arguenon, 5 juillet 1460 (142);
— Transaction passée entre le duc François II et Jean de Châlon,
prince d'Orange, fils de Catherine de Bretagne, sœur du duc,
Nantes, 22 avril 1476 (146); — « Motz et parolles du serment que
le duc [François II] doit faire... sur la vroye croix de l'église de
Monseigneur Saint Lo d'Angiers, en la présence des ambassadeurs

que le roy envoyera... », Arras, 29 juillet 1477, orig. (156); —
Acceptation de la formule du serment par le duc, Nantes,
22 août 1477, orig. (158); — Acte de cession par Jean de Brosse
et sa femme Nicole de Bretagne à Louis XI de leurs droits
sur le duché, Plessis-lez-Tours, 26 janv. 1479, copie authentique
(159); — Procès-verbal des engagements pris à Rennes, à la
requête du duc François II, par les États de Bretagne au sujet
de la succession ducale, 8 févr. 1485, copie authentique (175); —
Traité conclu à Sablé, après la bataille de Saint-Aubin-du-Cormier,
20 août 1488, incomplet, note de P. Pithou (183); — Contrat de
mariage entre Charles VIII et Anne de Bretagne, 6 déc. 1491
(187); — Lettres de Charles VIII contenant les conventions
arrêtées entre lui et Alain d'Albret, Vienne, août 1494 (193); —
Contrat de mariage entre Louis XII et Anne de Bretagne, Nantes,
janv. 1498 (199 et suiv.); etc.

. II (7). — De 1500 à 1598. — On remarque dans ce volume les documents suivants : — Contrat de mariage de René de Bretagne et de
Jeanne de Commines, 13 août 1504 (2); — Ordonnance du roi Louis XII
remettant le gouvernement de la Bretagne au comte d'Angoulême,
époux de Claude de France, 27 oct. 1514 (12); — Lettre du même
roi réservant, à cette même occasion, les droits de Renée de
France, duchesse de Ferrare, Paris, 18 nov. 1514, orig. (13); —
Documents concernant la donation faite à François Ier par Claude
de France du duché de Bretagne, des comtés de Nantes, Blois et
Montfort et de la seigneurie de Cossé, 22 avril et 28 juin 1515
(14), 9 mai 1527 (20); — Papiers relatifs au mariage de Renée de
France avec Hercule d'Este, duc de Ferrare, janv. 1527 et juillet 1528 (22 et 34); — Actes concernant la réunion de la Bretagne à la couronne, 1531-1539 (41 et suiv.); — Ordonnance de
François Ier qui attribue au parlement de Bretagne la connaissance et décision de toutes les affaires, procès, etc. des habitants
du duché de Bretagne, Presle près Beaumont, août 1544, parchemin (57); — Lettres du bailli de Blois au sujet d'un partage fait
à Paris, le 25 févr. 1545, entre Charles, duc d'Orléans, et Marguerite d'Orléans, comtesse d'Étampes, Blois, 8 sept. 1545 (58); —
Lettres du roi Henri II assimilant au reste du royaume, pour
l'application du Concordat, la Bretagne et la Provence, Saint-
Germain, 29 juillet 1550 (64); — Mémoire juridique en réponse

aux prétentions de Renée de Ferrare sur la Bretagne (67) ; — Transaction passée entre le roi Henri II et Jean de Bretagne, comte d'Étampes, Fontainebleau, 9-13 mai 1555 (77) ; — Contrat de mariage de Charles II, duc de Lorraine, avec Claude de France, fille du roi Henri II, Paris, 19 janv. 1558 (102) ; — Pièces relatives à l'usurpation de titres commise par le comte de Vertus, 1556-1557 (106 et 110) ; — Requête adressée par Renée de France, duchesse de Ferrare, au roi [Charles IX] au sujet de ses droits sur la Bretagne et autres seigneuries, 1568, orig. (113) ; — Note de P. Pithou sur cette requête (118 v°) ; — Transaction passée entre le roi [Charles IX] et Renée de France touchant ses prétentions sur la Bretagne, 1570 (119) ; — Lettre de P[omponne] de Bellièvre à [Jean] de la Guesle, procureur général au parlement de Paris, pour le féliciter sur son « mémoire des droitz et justes prétentions du roy au duché de Bretaigne », Vervins, 3 avril 1598 (141) ; — Sur le droit de régale en Bretagne (143) ; — Notice sur le fort du Blavet (145).

XVᵉ, XVIᵉ et XVIIᵉ siècles. Parchemin et papier. — 203 et 145 feuillets.

8.

« Relation et actes de la négociation faicte par les ambassadeurs de Louis XI, pour traicter la paix entre le pape Sixte IV et le roi de Naples, d'une part, et la république de Venise, les ducs de Milan et de Ferrare et la république de Florence, d'autre, ès années 1478 et 1479. »

Copie incomplète.

On trouve dans ce volume la liste des points traités dans cette négociation (2) ; celle des ambassadeurs de Louis XI (4) ; et les pouvoir et instruction remis par le roi à ses ambassadeurs près Sixte IV (6 et 19) ; etc.

XVIIᵉ siècle. — 129 feuillets.

9.

Lettres de Raban Maur, d'Hincmar et de l'empereur Lothaire. — Copies tirées du ms. aujourd'hui coté 407 de la bibliothèque de Laon.

Les lettres contenues dans ce volume sont adressées par Raban Maur à Hincmar (2) ; — par Hincmar à Égilon, archevêque de Sens (16, 24 et 34) ; à l'abbé Anastase (28) ; à Odon, évêque de Beauvais (32) ; au pape Nicolas Ier (44) ; — par Lothaire II au pape Léon IV pour lui demander de conférer le pallium à l'archevêque Hincmar (40).

XVIIe siècle. — 60 feuillets.

10.

« Mémoires pour l'histoire d'ALLEMAGNE. — Vol. III. »

Recueil de pièces relatives aux affaires religieuses et politiques du Saint-Empire pendant le XVIe siècle et la première moitié du XVIIe.

On peut signaler dans ce volume les pièces suivantes : Notes sur l'élection de l'Empereur et du roi des Romains, par Th. Godefroy (4) ; — Mémoire sur cette question : « Que l'Empire d'Allemagne n'est héréditaire » (5) ; — Pouvoir donné par Guillaume, duc de Bavière, et par son frère Louis à deux de leurs conseillers chargés de conclure une ligue défensive avec le roi François Ier, par l'entremise du sieur de Langey [Guillaume du Bellay]. Munich, 25 mai 1532 (7) ; — Lettre des magistrats de la ville d'Elbingen à François Ier, 24 juin 1537, orig. (11) ; — Ratification du traité conclu entre Maurice de Saxe et l'empereur [Charles-Quint], 1552 (13) ; — Lettre de l'empereur [Rodolphe II] au roi de Perse [Abbas le Grand], Prague, 3 déc. 1600 (19) ; — Mémoire sur la politique de la maison d'Autriche, 1606, en italien (21) ; — Affaires de Hongrie et de Bohême, 1608-1610, etc. (23, 25, etc.) ; — Lettres de « Carolus Zerotinus » au baron de..., Kossuzio, 15 kal. mai 1610 (31) ; — Discours prononcé à l'assemblée de Hall par Jean de Thumery, 26 janvier 1610 (33) ; — Réponse de D. Camerarius à J. de Thumery (35) ; — « Articles accordés en l'assemblée de Hall, » ratifiés par le roi Henri IV, 1610 (37-43) ; — « Articles accordés entre les magistrats, bourgeois et communauté de la ville et républicque d'Aix[-la-Chapelle] pour terminer et assopir les différends et mouvemens survenus entre eux en la présente année 1611 », 12 oct., original muni de six sceaux (45) ; — Documents relatifs à ce traité (49) ; — Lettre de Villeroy sur les menées de Mathias, roi de Hongrie, en Bohême, 1612 (64) ; — Relation de la mort de

Gabriel Bathori, par Nicolas Abaffi, gouverneur de Tokay, 1613 (68);
— Traité de Xanten, 12 nov. 1614 (72) ; — Memorandum de l'élec-
teur de Mayence [Jean Schweikard von Kronenberg], 1617, en
latin (74) ; — Pièces concernant l'emprisonnement du cardinal
Melchior Klesl, 1618 (76) ; — Notes sur les affaires d'Allemagne,
par Th. Godefroy (86) ; — Traité d'alliance entre la Hongrie et la
Bohême, Prague, 1620 (92); — Lettre de [Frédéric V], comte palatin,
roi de Bohême, au roi [Louis XIII], Prague, 24 mars 1620 (98) ; —
Lettre du même au duc de Bouillon, Heidelberg, 27 sept. 1619 (104);
—« Récit véritable de ce qui s'est passé à Prague en Bohême les 23
et dernier jours de may... » (106); — Lettre d'Abraham, baron de
Dona, sur les événements du temps, Brig, 16 sept. 1620, en français (110) ; — Lettre sur la mort du comte de Bucquoi, Vienne,
14 juillet 1621 (115) ; — Lettres, en italien et en latin, de l'empereur Ferdinand d'Autriche au roi d'Espagne Philippe IV, à son
ministre Baltasar de Zuniga et au capucin « Giacinto » au sujet de
la translation de l'Électorat palatin au duc de Bavière, 1621 (116);
— Lettres de Gabriel [Bethlen-Gabor], 1620-1624 (111, 122, etc.) ;
— Lettre des Électeurs catholiques au roi [Louis XIII], 8 janv.
1625 (128) ; — Traité de paix entre l'empereur Ferdinand II et le
sultan [Amurat IV], mai 1625 (130); — Lettre de M. de Rosdorf, agent
de l'Électeur palatin en Angleterre, au chancelier de Suède [Oxens-
tiern], Londres, 30 nov. 1626 (134) ; — Lettre de l'empereur Ferdinand II au duc de Wurtemberg [Jean-Frédéric], Vienne, 27 août
1627 (140) ; — Propositions faites au roi de Danemark [Chris-
tian IV] de la part de l'empereur [Ferdinand II], 5 sept. 1627 (142) ;
— « Propositio domini Marcheville facta nomine regis Francorum
in conventu Milhusii, 1627 », copie de P. Dupuy (144) ; — Traité de
paix entre Ferdinand II et le sultan Amurat IV, sept. 1627 (146) ;
— Édit de Ferdinand IV au sujet des affaires religieuses, Vienne,
6 mars 1629 (152); — Lettre de l'archiduc Léopold à son frère Ferdinand II, Innsbrück, 1629 (170); — Réponses des députés de Frédéric V, électeur palatin, aux propositions de Ferdinand II, Colmar,
18 juillet 1627 (172); — Pièces relatives à la diète de Ratisbonne,
1630 (180 et suiv.); — Contrat passé entre le roi Louis XIII et les
magistrats de Strasbourg, août 1631 (198); — Lettre de l'archevêque-électeur de Trèves, Philipp Christoph [von Soetern], accep-
tant l'assistance du roi Louis XIII, Coblentz, 21 déc. 1631 (201); etc.

XVIᵉ et XVIIᵉ siècles. — 202 feuillets.

11.

« Chanceliers de France. — Vol. II. »

Notices, extraits, copies de pièces et lettres originales concernant les chanceliers et gardes des sceaux de France et d'Angleterre, depuis l'époque carolingienne jusqu'en 1630.

On remarque dans ce volume les documents suivants : Notes bibliographiques de P. Dupuy (4); — Listes des chanceliers de France, par le P. Sirmond (6), et par Jean Besly (14); — Lettres de Besly à P. Dupuy, Fontenay-le-Comte, 6, 3 et 28 déc. 1624, autogr. (33, 35 et 36); — Notes sur les chanceliers de France, depuis Charlemagne jusque vers le milieu du XIVᵉ siècle (38-72); — Bulle de Clément IV à l'évêque d'Angers, Viterbe, kal. febr. aº 2º [1267] (73); — Lettre du chancelier (?) Charles de Grimault à Philippe de Valois, Morgues, 27 déc. 1345, et note de P. Dupuy (75); — Listes des chanceliers, de 1390 à 1451, d'après le premier registre de la Chambre des comptes, XVIᵉ siècle (76); — « Extrait d'un ancien volume des comptes du Trésor rendus par Mʳ Pierre de Sens et par Mᵒ Jehan Chaux, changeurs du Trésor », janv. 1306-déc. 1395 (78); — Lettres de Charles, dauphin de France, portant nomination de Jean de Dormans à la charge de chancelier, Saint-Denis, 18 mars 1357 (79); — Formule du serment prêté à Charles V par Guillaume de Dormans en sa qualité de chancelier, 21 mars 1370, copie de Th. Godefroy (81); — Extraits d'un registre du Parlement relatifs à la mort de Guillaume de Dormans, 11 juillet 1373, et à celle de Jean de Dormans, 7 nov. 1373, copie de Th. Godefroy (83); — Élection du chancelier Pierre d'Orgemont, 20 nov. 1373 (85), et serment par lui prêté (87).

Lettres de provision et pièces diverses concernant les chanceliers et gardes des sceaux : Henri de Marle, 8 août 1413 (88); — Louis de Luxembourg, Paris, 7 févr. 1424 (92); — Renaud de Chartres, Poitiers, 7 août 1436 (94); — Pierre de Morvillier, Paris, 3 sept. 1461 (96); — Pierre d'Oriole, Angers, 26 juin 1472 (98), et Ponts-de-Cé, 28 juin 1472 (100); — Guillaume de Rochefort, Plessis-lez-Tours, 12 déc. 1483 (102), et Amboise, 22 sept. 1483 (104); — Robert Briçonnet, Turin, 30 août 1495 (106); — Gui de Rochefort, Moulins, 9 juillet 1497 (107); — Jean de Ganay, Blois, 31 janv. 1507 (108), avec une autre copie de la même pièce par Th. Godefroy

(112) ; — Antoine du Prat, Paris, 7 janv. 1514 (114) ; — Antoine du Bourg, Coucy, 16 juillet 1535 (118) ; — Guillaume Poyet, Nanteuil-le-Haudoin, 12 nov. 1538 (120) ; — François de Montholon, Lyon, 9 août 1542 (122) ; — François Olivier, Romorantin, 18 avril 1545 (124) ; — Michel de l'Hospital, Saint-Léger, 30 juin 1560 (126) ; — René de Birague, Paris, 6 févr. (132), et Fontainebleau, 17 mars 1573 (134) ; — Philippe Hurault de Chiverny, Fontainebleau, sept. 1578 (136) ; — François de Montholon, Blois, 6 sept. 1588 (138) ; — Pomponne de Bellièvre, Blois, 2 août 1599 (140) ; — Nicolas Brûlart de Sillery, Saint-Germain-en-Laye, déc. 1604 (142) ; Paris, 10 sept. 1607 (144 et 146), et camp devant Montpellier, 13 sept. 1622 (158) ; — Guillaume du Vair, Paris, mai 1616 (148), déc. 1616 (150), et 25 avril 1617 (154) ; — Claude Mangot, Paris, 25 nov. 1616 (152) ; — Méry de Vic, Bordeaux, 24 déc. 1621 (156) ; — Louis le Fèvre de Caumartin, au camp devant Montpellier, 23 sept. 1622 (160) ; — Étienne d'Aligre, Paris, janv. (162), et Saint-Germain-en-Laye, oct. 1624 (164) ; — Michel de Marillac, Paris, juin 1626 (166) ; — Charles de l'Aubespine-Châteauneuf, Versailles, nov. 1630 (168) ; — Arnaud de Corbie, Paris, 3 mars 1401 (170).

Liste des chanceliers d'Angleterre, par Henry Spelman (172) ; etc.

XVIᵉ et XVIIᵉ siècles. — 176 feuillets.

12-14.

Recueil de pièces et d'extraits historiques concernant la maison de Courtenay.

I (**12**). On remarque dans ce volume les pièces suivantes :
Préface de l'*Histoire généalogique de la maison de Courtenay*, par Jean Dubouchet, première édition supprimée, 1660, in-fol., *impr.* (1) ; — Extraits de chroniques, de cartulaires, de registres du Parlement, etc., relatifs aux membres de la maison de Courtenay, 1170-1561 (3-380).

II (**13**). Notes et documents concernant les empereurs de Constantinople de la maison Courtenay, 1185-1363. — On peut signaler dans ce volume l'opuscule de Gautier Cornu, archevêque de Sens, sur la couronne d'épines, publié d'après cette copie par Duchesne, *Scriptores*, t. V, p. 407 (135), suivi d'une note de Jacques Taveau, de Sens (147).

III (**14**). Tableaux généalogiques de la maison de Courtenay, d'après Camden et du Tillet (5) ; — Requêtes présentées à Henri IV, 22 janv. 1608 (15), et à Louis XIII, par MM. de Courtenay, 19 janv. 1621 (21), et 16 mars 1626 (25) ; — Lettre de Jacques Ier d'Angleterre à Louis XIII, Westminster, 9 juillet 1614 (53) ; — Extraits d'historiens et de chroniqueurs (60) ; — Mémoires sur la généalogie des seigneurs de Courtenay (83) ; — Lettre de N. Cousin à Pierre Dupuy, Moulins, 5 déc. 1618 (97) ; — Lettres des sieurs de Courtenay des Salles et Franville à Jacques Ier d'Angleterre, Abbeville, 12 déc. 1613 (115) ; — Réponse de Jacques Ier, 20 déc. (119) ; — Lettre de Jacques Ier à de Buisseaux, ambassadeur de France en Angleterre, Royston, 20 déc. 1613 (121) ; — Lettre de MM. de Courtenay au parlement de Paris, Calais, 29 déc. 1613 (123).

Notes sur les maisons alliées à la maison de Courtenay : de Melun (135) ; — Arrablay (137) ; — de Brenne (147) ; — Bourbon-Beccay (151) ; — L'Hospital (155) ; — Braque (156) ; — de Sancerre (161) ; — de Thianges (167) ; Courtenay-Champignelles, Courtenay-Boulainvillier, Courtenay-Faulcamberge (171).

Titres et mémoires de la châtellenie, terre et seigneurie de Courtenay (173), parmi lesquels on remarque les suivants : « Extrait du procez pendant en la cour entre le procureur général, demandeur aux fins de réunion au domaine du Roy [de] la chastellenie, terre et seigneurie de Courtenay, Piffons et Chantecoq, et les enfans et héritiers de feu Mre Philippes de Boulainvillier, comte de Dampmartin, et dame Françoize d'Anjou, sa femme » (195) ; — « Production de Mre Philippes de Boulainvillier, comte de Dampmartin, sieur de Courtenay, deffendeur et opposant à la saisie » (219) ; — « Responce à la requeste que Mr de Pranzac, prince du sang imaginaire, s'est persuadé avoir présentée au Roy », par Du Bouchet, Paris, 1667, in-fol. *impr.*, (265) ; — Arrêt du Parlement contre Alexandre Rhedon, marquis de Pranzac, convaincu d'usurpation du nom et des armes de la maison de Dreux, 7 févr. 1610, in-fol. *impr.*, (341) ; etc.

XVIe et XVIIe siècles. — 380 pages, 173 feuillets et 344 pages.

15.

« Mémoires pour l'histoire d'Espagne. — Vol. II. »

Notes, pièces, lettres, imprimées et manuscrites, en espagnol, en latin et en français, concernant l'histoire d'Espagne, de 1510 à 1630.

On remarque dans ce volume les pièces suivantes : Notes de P. Dupuy (4) ; — Titres de la noblesse d'Espagne, en espagnol (6) ; — « Recherches curieuses d'Espagne faites en l'an 1621, 1ᵉʳ mars » (22) ; — Réponse des habitants de Valladolid à une lettre des vice-rois de Castille, 30 janv. s. a., en espagnol (32) ; — Lettre du roi Emmanuel de Portugal à Louis XII, Almerim, 1ᵉʳ oct. 1510, orig., sceau (34) ; — « Extraict d'un recueil de lettres de l'empereur Charles V à son ambassadeur à Rome dom Diego de Mendoça, et des responses dudict ambassadeur audict empereur », 1547-1548 (35) ; — « La depposition du comte de Vimiosa, deux heures devant sa mort, à la persuasion de Père François Maldonat, de l'ordre des Deschaussez », 27 juillet 1582 (43) ; — Lettre d'[Alessandro Farnese], prince de Parme, à Philippe II, Nesle, 15 janv. 1592 (47) ; — « Extrait d'une lettre escrite de Venise, le 8ᵉ de septembre 1600, par sᵒʳ dom Juan de Castro au docteur F. Joseph Texere, portugais, conseiller et aumosnier du Roy très chrestien, demeurant aux Jacobins de Paris », et « Copie d'une lettre dudit lieu, de mesme datte, par le docteur F. Estiene de Sampayo au susdit F. Joseph Texere » (51) ; — Lettre de Henri IV à [F. Savary] de Brèves, ambassadeur à Rome, 23 juillet 1608 (53) ; — Instruction à [Antoine] de Loménie, sur le passage des Morisques en France, 1610, orig. (63) ; — Lettre de Philippe III à l'*estamento militar* du royaume de Valence au sujet de l'expulsion des Morisques, Escurial, 11 sept. 1609 (65) ; — Décret d'expulsion des Morisques du royaume de Valence, Valence, 22 sept. 1609 (67) ; — Lettres du gouverneur de Pau au vice-roi d'Aragon et au mestre de camp de Jaca, au sujet de l'entrée des Morisques en France, Pau, 18 juin 1610 (69) ; — Lettres adressées au gouverneur de Pau par Sant-Estevan, Canfran, 16 et 17 juin 1610, orig. (70 et 72), et par [Gaston de Moncada], marquis d'Aytona, Saragosse, 14 juin 1610, en espagnol (71) ; — Lettre du cardinal César Baronius à Philippe III, Tivoli, id. jun. s. a., en latin (73) ; — Édit de Philippe III portant condamnation du t. XI des *Annales* de Baronius, Escurial, 3 oct. 1620 (77) ;

— « Juramentum praestitum et praestandum quotannis, in die Con-
ceptionis beatae Mariae, omnibus religiosis aliisque de clero in regno
Neapolitano, jussu et mandato ducis de Ossuna, vice regis in dicto
regno », 8 déc. 1618 (79) ; — Lettres de Philippe III au cardinal
[Gaspar de] Borja, Madrid, 17 déc. 1618 ; de Philippe IV à la
duchesse d'Osuna, Madrid, 10 avril 1621 ; de la duchesse d'Osuna
au Roi et à don Baltazar de Zuniga, Naples, mai 1621 (87-88) ;
— « Memorial y capitulos que dio a Su M^d [Felipe IV] el reyno de
Napoles contra el duque de Osuna », 1621 (89) ; — Mémoire justificatif présenté à Philippe IV par le duc d'Osuna, 1621, en espagnol (92) ; — Notes de P. Dupuy sur l'arrestation de Rodrigo Calderon, la disgràce du duc de Lerma, etc., 1619 (98) ; — Mémoire
justificatif adressé à Philippe IV par le cardinal-duc de Lerma, 1621,
en espagnol, in-fol., *impr.* (100), et traduction française de ce mémoire, par Th. Godefroy (102) ; — Lettre de Philippe IV au président
du Conseil des finances et à Domingo de la Torre, pour faire supprimer les 72.000 ducats de rente concédés au duc de Lerma par
Philippe III, Madrid, 6 et 8 avril 1621 (107) ; — Mémoire justificatif adressé à Philippe IV par [Rodrigo Calderon], marquis de
Siete Iglesias, 1621, in-fol., *impr.* (110), et traduction de ce mémoire
par Th. Godefroy (112) ; — Relation du procès de Rodrigo Calderon,
1621, en espagnol, avec notes de P. Dupuy (120) ; — Sentence capitale prononcée contre R. Calderon, 1621 (128) ; — « Copia de una
carta, que escrivio un señor de sta Corte a un su amigo », 13 avril
1621, in-fol., *impr.* (130) ; — Relations de la mort de Philippe III
et de l'avénement de Philippe IV, Madrid, 15 avril 1621, en français (133 et 138) ; — Manifeste présenté à Philippe IV contre le
confesseur de son père, fr. Luis Aliaga (139) ; — Décret de Philippe IV, ordonnant l'inventaire des biens de tous les fonctionnaires, el Pardo, 14 janv. 1622 (140), avec deux ordonnances
complémentaires des 23 janv. et 1er févr. 1622, en français (144 et
149) ; — Lettres de représailles sur les Français, adressées au
corrégidor de la province de Guipuscoa, Madrid, 2 avril 1625, en
français (148) ; — « Prematica en que se amplia la ley diez, libro
sexto, titulo diez y ocho de la Nueva recapilacion .. », 1626 (150) ;
— « Relacion verdadera de la entrada, y recibimiento que la ciudad
de Barcelona hizo a la buena venida del señor Cardenal legado,
en 18 de março deste anno de 1626 », in-4°, *impr.* (152) ; — « Feli-
cissima entrada del rey nuestro señor [Felipe IV] en la ciudad de

Barcelona... », 1626, in-4°, *impr.* (154) ; — Ordonnance sur l'abaissement de la valeur du billon, Madrid, 7 août 1629, publiée à Bilbao par le corrégidor de Biscaye, in-4°, *impr.* (156) ; — « Breve relacion del auto de la Inquisition... », Tolède, 7 avril 1630 (158) ; — « Relacion verdadera de las grandiosas fiestas que se hizieron en Madrid al bautismo del principe nuestro señor [D. Baltasar Carlos], » 1629 (159) ; etc.

XVIe et XVIIe siècles. — 160 feuillets. — « 1632 ».

16.

« Epistolæ clarorum virorum. »

Originaux et copies de lettres écrites par les personnages suivants des XVIe et XVIIe siècles :

Pierre Gille à un ami, Alep, 4 non. april. 1549, copie de P. Dupuy (2).

Adrien Turnèbe à Charles IX, Epître dédicatoire de l'édition de S. Cyprien, 1564, in-fol., *impr.* (6) ; — au chancelier de L'Hospital, Paris, 14 kal. mart. s. a. (8) ; — et à Henri de Mesmes, Paris, 14 kal. mai. s. a. (9).

George Buchanan à Daniel Rutgers, Édimbourg, 9 nov. 1579, copie de P. Dupuy (10).

Claude Dupuy à Pietro Del Bene, Padoue, 6 kal. sextil. 1570, autogr. (14) ; — à Obertus Gifanius [Hubert van Giffen], Padoue, 4 id. sextil. 1570, autogr. (16).

Marc-Antoine Muret à Jacques Gillot, Rome, 17 kal. aug. 1584, (18) ; — au même, en français, Rome, 22 févr. et 18 juin 1584 (18 v° et 19) ; — à Fédéric Morel, Rome, s. a., copies (20).

Josias Mercier à Jean Douza le jeune, La Haye, 7 août 1591, en latin, autogr. (22).

« Jo[annes] Tumerius » [Jean de Thumery, sieur de Boissise], à [J.-A.] de Thou, s. d., en latin, autogr. (23).

Philippe Canaye de Fresnes à Isaac Casaubon, Venise, 2 non. jul. 1602, copie (25).

Isaac Casaubon à Philippe Canaye de Fresnes, Paris, 4 non. sept. 1602 (26 v°) ; — à [Paul Choart de] Buzanval, Paris, 23 sept. 1602, en français, copies de P. Dupuy (28 v°) ; — aux pasteurs du synode de Jargeau, Paris, prid. non. mai. 1601, copie (31) ; — à

J.-A. de Thou, Londres. 11 kal. mai. 1611 (35), kal. mart. (36 v°),
et 9 kal. aug. 1612 (39); — à [Pierre] Dupuy, Londres, 5° eid.
aug. 1613, en français, autogr. (40); — à [Ch.-Annibal] Fabrot,
Paris, kal. quint. 1607 (42), et Grigny, 6 kal. jun. 1610, copies
(42 v°).

[Paul Choart de] Buzanval à I. Casaubon, La Haye, 5 août 1602,
copie (27 v°).

Joseph [Juste] della Scala [Scaliger] à [Paul Choart] de Buzanval, Leyde, 27 oct. 1602, copie (29 v°).

Les pasteurs du synode de Jargeau à I. Casaubon, 21 mai 1601,
copie (33).

Jean Douza le jeune à « Franciscus Bredius », Heidelberg, prid.
non. mart. 1596, autogr. (44); — à son père Jean Douza, Francfort-
sur-le-Mein, Heidelberg, Strasbourg, Cracovie, Prague, Breslau,
1595-1596, copies (45-53).

« S. Boisius » à « Joannes Maludanus », s. d., autogr. (?)
(54).

Nicolas Rigault au cardinal Francesco Barberini, s. d., copie
(58); — à [Pierre] Dupuy, 6 id. mai. s. a., autogr. non signé (62);
— à [J.-A. de Thou], s. d., copie (64); — à Hugo Grotius, Paris, 10
kal. sextil. 1616, copie (66); — à Jean Gruter, s. d., autogr. en
partie (68); — à François de Thou, Paris, 10 kal. oct. 1618, autogr. (69); — à Daniel Heinsius, Paris, prid. non jul. 1627, copie
(72).

Dominique Baudius au chancelier Philippe Hurault de Cheverny, s. d., en latin, autogr. (77); — à « M. de Wouverd » [Jean
de Woveren], s. d., en latin, autogr. (83); — à J.-A. de Thou,
« ex prædio Olinvillæo », 15 kal. sept. 1595, copie (84).

Hugo Grotius à J.-A. de Thou, La Haye, 1601, 3 non. mart. (86);
prid. kal. aug. et 3 non. sept. (86 v°); prid. kal. oct. (87); 1608,
id. april. (87 v°); 1610, 4 avril, s. l. (88); 1614, non. feb., Rotterdam (89); — sans signature ni suscription, s. d. (90); — à [Jean]
Hotman, sieur de Villiers, La Haye, 26 août et 9 déc. 1614 (92 et
93); — à [Benjamin Aubery, sieur] du Maurier, Rotterdam, 13 mai
1615 (94); — à un inconnu, Paris, 8 mai 1621 (98); — à [Pierre]
Dupuy, 28 avril 1621, et s. d., autogr. (100 *bis* et 101).

Jean de Woveren à Christophe et Augustin Dupuy, avec un
post-scriptum, en latin et en français, adressé à Pierre Dupuy,
Leyde, 12 nov. 1599, autogr. (102); — à « Monsieur Bertier », s.

d., en français, autogr. (102 *bis*), et Paris, 12 sept., copie (104 v°) ;
— à « Thomas Segetus », Prague, 1 kal. jul. 1602, copie (103) ; —
à « D. Sinerus » (?), s. d. ; — à Cl[aude] Chrestien, Paris, 16 sept. s.
a. ; à Josias Mercier, 14 sept. s. a. (104) ; et à Frédéric « Tilio-
broga », Paris, 9 sept. s. a., copies (104 v°) ; — à Christophe Dupuy, Hambourg, 9 kal. apr. 1604, autogr. (105).

Raphael Thorius à J.-A. de Thou, Londres, 28 juin 1615 (107),
et à Hugo Grotius, Londres, id. jul. 1614, copies (109); — à Pierre
Dupuy, Londres, 15 oct. 1624, autogr. (115).

Jean Rutgers aux frères Dupuy, Dordrecht, 26 août 1610 (117);
— à P. Dupuy, Sedan, 30 juillet 1612 (118); La Haye, 13 juillet
1618 (120); s. d. (122) : Leyde, 7 juin 1623 (124); en latin, autogr.

Daniel l'Ermite à G[aspar] Scioppius, 1603, extrait (126).

« Cornelius a Breda » à « David Floritius » Riquebourg-Trigault,
médecin des princes de Condé et d'Orange, 9 kal. sept. 1614, copie (127).

Antonio Possevino à Pierre Dupuy, 1620, Mantoue, 5 juin (130
bis); 20 mars (131); 18 juillet (133); 1er août (135); 20 août (136) ;
15 oct. (149); 20 déc. (140 *a*); s. d. (141); en latin, autogr.

C. (?) de Harlay à [Pierre] Dupuy, « ex Palat[io] », 4 août 1621,
autogr. (141 *ter*).

Lucas Holstenius, à Peiresc, Rome, 24 nov. 1628 et 25 mai 1629
(147 et 149) ; — à Mathias Werteman, résident impérial à Paris,
8 févr. 1628 (151), copies.

On remarque en outre dans ce volume les pièces suivantes :

Harangues de réception composées par Nicolas Rigault et pre-
noncées au Parlement par le président Perrot et par F.-A. de
Thou, 1624, de la main de Rigault (73 et 75); — « De morbo et
morte cl. viri Isaaci Casauboni narratio », par Raphaël Thorius,
copie de P. Dupuy (111); — Lettre dédicatoire d'Ericius Putea-
nus à l'archiduchesse Isabelle-Claire-Eugénie d'Espagne, copie
(142).

XVIᵉ et XVIIᵉ siècles. — 151 feuillets. — « 1632 ».

17.

« Parlemens de France. Maistres des requestes. Grand
Conseil. Cours des Aydes. »

Ce volume contient principalement des extraits des registres et des copies de pièces, remontrances, arrêts du Conseil d'État, lettres royales, etc., concernant l'histoire des Parlements de Paris, 1495-1632 (5-75); — de Toulouse, 1444-1629 (76-88); — de Bordeaux, 1462-1630 (89-158 v°); — de Grenoble, 1461 (160-161); — de Rouen, 1540-1628 (164-174 v°); — de Provence, 1613-1629 (176-218 v°); — de Navarre, 1620-1624 (222-228 v°).

Documents divers concernant les maîtres des requêtes, 1413-1631 (231-238); le Grand Conseil, 1563-1625 (239-243); les Cours des aides de Paris, Rouen et Agen, 1613-1631 (245-279).

On y remarque en outre les pièces suivantes : Lettre de François de Luxembourg à Mr Jacob, prévôt de Troyes et bailli au duché de Piney, Pougey (?), 27 mai s. a., orig. (20); — « Ce sont les causes pour lesquelles l'entrée de la Court doibt estre interdicte à maistre Guillaume Mal-vault, conseiller en icelle, pendant le jugement du procès criminel de maistre Jean Poisle », in-fol., *impr.* (21); — Lettre du greffier du Tillet au chancelier [N. Brûlart] de Sillery, relative au président Lejay [1615], orig. (42); — Deux feuilles des registres du Parlement, arrachées par Louis XIII le 13 mai 1631; cf. Boutaric, *Actes du Parlement de Paris*, t. I, p. cclx, col. 1(60 et 62); — Notes sur le Parlement de Bordeaux (91); — Lettre du parlement de Grenoble au « Roy daulphin », Grenoble, 27 mai, orig. (162); — « Mémoires pour les privilèges et exemptions du Parlement de Rouen, touchant les imposts establis sur le vin », 6 pages in-4°, *impr.* (169); — Délibération du Parlement de Bordeaux relative à l'évacuation du château de Blanquefort, 24 sept. 1563, copie authentique, parchemin (240); — Lettre du président d'Aligre à MM^rs du Grand Conseil, Fontainebleau, 13 juillet 1625, autogr. (?) (241).

XVIe et XVIIe siècles. Parchemin et papier. — 278 feuillets. — « 1632. »

18.

« Lettres de Monsieur Boulliau, escrites à Mr Dupuy Saint-Sauveur, de Venise, Florence, Smyrne, Constantinople, et d'Allemagne, ès années 1645, 1646, 47, 51. »

Ce volume contient 106 lettres autographes d'Ismaël Boulliau à Jacques Dupuy, écrites de Venise, 1645-1646; Padoue, 1645; Florence, 1646; Livourne, 1646; Smyrne, 1646 et 1647; Constantinople, 1647; Dijon, Bâle, Strasbourg, Francfort-sur-le-Mein, Amsterdam, La Haye, Rotterdam, Anvers et Middlebourg, 1651.

On y trouve, en outre, la copie d'une lettre de Boulliau à [Nicolas Bretel], sieur de Gremonville, ambassadeur de France à Venise, Constantinople, 8 avril 1647 (182).

XVIIᵉ siècle. — 220 feuillets. — « J. Dupuy. 1655 ».

19.

« Danielis Heinsii Epistolæ ad diversos. »

Lettres autographes et originales, et copies de lettres adressées par Daniel Heinsius, de 1603 à 1629, aux personnages suivants :

A J.-A. de Thou, Leyde et La Haye, 1613-1617, copies de P. Dupuy (3).

A Isaac Casaubon, Leyde, 2 oct. 1603 (14), et 1ᵉʳ déc. 1604, copie de J. Dupuy (14 vº); 28 mars 1609, autogr. (15); 4 et 22 oct. 1608, copies (18); 9 août s. a., autogr. (19); postr. cal. nov. 1609, autogr. (20); distiques relatifs au commentaire de Casaubon sur Perse, autogr. (21); postr. cal. nov. 1609, autogr. (22); 19 nov., s. a., autogr. (23); 15 mai 1612, autogr. (24).

A François-Auguste de Thou, Leyde, 29 déc. 1620 (28); postr. cal. feb. 1622 (30); 1ᵉʳ août 1622 (32); 22 avril 1625 (34); 11 févr. 1626 (36); autographes.

A Benjamin [Aubery] du Maurier, ambassadeur de France à La Haye, Leyde, 15 juin 1617, autogr. (38).

A Jacques de Maussac, 20 mars 1620, copie de P. Dupuy (42).

A Antonio Possevino, Leyde, 20 mai 1620, copie de Possevino (46); avec une lettre de Possevino à P. Dupuy, Mantoue, 25 juillet 1620, autogr. (46 vº).

A Pierre Dupuy, 41 lettres autogr. ou orig. (sauf celle du fol. 56, 16 juin 1618, copie de J. Dupuy), datées de Leyde, Dordrecht et La Haye, du 16 mars 1615 au 8 août 1629 (40 et 50-123).

XVIIᵉ siècle. — 123 feuillets. — « 1632 ».

20.

« Description sommaire de l'Empire d'Alemagne, des

royaumes de Danemarc, Suède et Polongne, et du grand
Duché de Moscovie, » par Théodore GODEFROY.

Recherches historiques, généalogiques et géographiques sur les
pays et les souverains des pays nommés dans le titre original de
ce recueil. — Liste des membres du Conseil privé d'Angleterre,
10 juin 1660 (66).

XVIIᵉ siècle. — 66 feuillets. — « 1632 ».

21.

« Trattato dell'officio della santa Inquisitione di Venetia,
e di tutto lo Stato, del R. P. Fr. Paolo di Venetia [Paolo
SARPI]. »

Copie partiellement exécutée par P. Dupuy.

XVIIᵉ siècle. — 41 feuillets. — « 1630 ».

22.

« Mémoires pour l'histoire d'ESPAGNE. — Vol. I. »

Recueil de documents français et espagnols, relatifs à l'histoire
d'Espagne aux XVIᵉ et XVIIᵉ siècles.

On y remarque les documents suivants : Vie du roi Philippe III, 1609, en espagnol (8 32) ; — Traité sur le cérémonial de la
cour d'Espagne, les conseils royaux, etc., en espagnol (42) ; —
Rapport sommaire sur l'organisation de l'Espagne et du Portugal,
etc., de la main de P. Dupuy (54-60 vᵒ) ; — État détaillé de tous les
revenus de la Couronne espagnole, des dépenses faites par le Roi
dans ses possessions espagnoles et africaines, de la dépense de
la maison du roi et de la reine, des gages des officiers de la couronne et domestiques de la maison royale, 1610, en français
(62) ; — État des revenus de la couronne de Portugal et de ses dépenses, 1610 (89) ; — Documents concernant le style de la chancellerie espagnole, entre autres une « Pragmatica, en que se da la
orden y forma que se ha de tener y guardar, en los tratamientos
y cortesias de palabra y por escrito, y en traer coroneles, y po-
nellos en qualesquier partes y lugares, » Madrid, Pedro Madrigal,

1586, in-fol., *impr.*, (100), et une « Ordonnance du Roy nostre sire contenant la forme et la manière que doresnavant l'on debvra garder, et observer, ès traictements, courtoisies et tiltres, l'ung envers l'autre; tant par parolles que par escript, » Anvers, Plantin, 1596, in fol., *impr.* (104); — « Il modo d'escrivir titulos, cortecias y sobre escritos de que de los Reyes d'España usan en sus cortes con todas las personas a quien escriben » (108); — Mémoire sur l'état de l'Espagne et les moyens d'y faire la guerre (122).

XVIᵉ et XVIIᵉ siècles. — 129 feuillets. — « 1629 ».

23.

Recueil de pièces concernant l'histoire de la ville de Geʀ-nève et de la Suisse aux XVIᵉ et XVIIᵉ siècles. — Copies.

On remarque dans ce volume les documents suivants : Pièces concernant les différends entre cette ville et le duc de Savoie [Charles III], 1530-1531 (4), et entre ce même duc et la ville de Berne, janv. 1535 (5 vᵒ); l'agrandissement des limites de la juridiction de Genève, août 1538 (6 vᵒ); divers différends et accords survenus entre Berne et Genève, 1558, 1536, 1544 (7). Les fol. 4-8 sont de la main de Nicolas Pithou.

Statuts et ordonnances de la cité de Genève (16 vᵒ); — Traité conclu par le roi Henri III avec Berne et Soleure « pour la conservation et deffense de la cité de Genève et de son territoire », 8 mai 1579, copie de P. Dupuy (28); — Traité conclu entre Henri III, Berne, Soleure et Genève, 29 août 1579, copie de N. Pithou (32); — Sentence rendue par les syndics et conseil de Genève dans une affaire d'adultère, 15 juin 1599 (36); — Récit de l'attaque de Genève par le duc de Savoie [Charles-Emmanuel Iᵉʳ], déc. 1602 (37); — « Copie du traicté de paix faict entre Son Altesse de Savoye et la République de Genève, » 21 juillet 1603, in-8ᵒ, *impr.*; — Lettres patentes du roi Henri IV, supprimant le droit d'aubaine en France au profit des sujets de la république de Genève, Paris, juin 1608 (47); — « Verbal de ce qui s'est passé en la ville de Genève en l'arrest, évasion et recerche du sieur de Clausel, » 1631 (49); — « Discours pour deffendre et soustenir le traicté faict avec Berne et Soleurre pour la protection de Genève » (53); — Exposé des prétentions du duc de Savoie Charles-Emmanuel Iᵉʳ sur la ville de Genève, Hermence, oct. 1598 (60), et réponse des députés de Genève (63) ; — « Sommaire des droits et raisons du duc de Savoie sur la ville de Genève, » 1628, copie de P. Dupuy (74) ; etc.

XVIe et XVIIe siècles. — 79 feuillets. — « 1632 ».

24.

Recueil d'avis donnés, par écrit et sur son ordre, au roi HENRI III, en janvier 1577, sur l'opportunité de faire la guerre aux PROTESTANTS. — Copies.

Ces avis émanent des personnages suivants : la Reine mère (3) ; le duc d'Anjou (11) ; le cardinal de Bourbon (15) ; le duc de Montpensier (19) ; le Dauphin (20) ; le cardinal de Guise (23) ; le duc de Guise (27) ; le duc de Mayenne (28) ; le maréchal de Cossé (31) ; [Armand de Gontaut, baron] de Biron (35) ; le chancelier de Birague (39) ; [Jean] de Morvilliers (43) ; Sébastien de L'Aubespine, évêque de Limoges (49) ; Philippe de Lenoncourt (57) ; Philippe Hurault de Chiverny (61), et [Pomponne] de Bellièvre (65).

XVIe siècle. — 68 feuillets. — « 1625 ».

25.

Recueil de pièces concernant le TRÉSOR DES CHARTES.

Recherches sur l'histoire du Trésor des Chartes, sur ses trésoriers et gardes et sur les inventaires de cette collection, par P. Dupuy, autogr. (1) ; — « Inventaires des laiettes, coffres, registres, mémoires et sacs, ainsi qu'ils ont esté ordonnez et rangez par les srs Dupuy et Godefroy du temps de Monsr le Procureur général Molé, et comme encores ils sont en la présente année 1650 » (6) ; — Table alphabétique, de la main de P. Dupuy (43). — Au bas du fol. 6, on lit : « Nota que Mr Godefroy a faict les inventaires des layettes, coffres et sacs marquez d'une croix et M. Dupuy a faict les inventaires des layettes, coffres et sacs marquez avec ce traict —. »

XVIIe siècle. — 49 feuillets. — (S. d.).

26.

Recueil de pièces, lettres, traités, en latin, français, italien et espagnol, concernant l'histoire des duchés de MANTOUE et de MONTFERRAT, de 1536 à 1631.

On remarque dans ce volume les documents suivants : Généalogies des marquis de Montferrat (5), et de Mantoue (6) ; — Sentence de Charles-Quint dans l'affaire de la succession du Montferrat, Gênes, 5 nov. 1536 (8) ; — Notes de P. Dupuy et de Th. Godefroy sur le Monferrat et Mantoue (12 et 13) ; — Lettres du marquis d'Hinojosa à Louis XIII, Milan, 27 avril 1613, en espagnol (15) ; de Louis XIII audit marquis, Paris, 5 mai 1613 (15 v°) ; de la reine [Marie de Médicis] au prince de Condé, s. d. (16), et Paris, 9 mai 1613 (17) ; copies de P. Dupuy ; — Affaires du ¦Montferrat, 1627 (21) ; — Pièces relatives à l'ambassade du marquis de Saint-Chamond en Italie, 1627 (23) ; aux démêlés des deux marquisats avec le duc de Savoie, 1628 (37) ; à l'expédition du roi Louis XIII en Italie (98) ; aux négociations entamées par le sieur de Sabran, envoyé de Louis XIII, avec l'empereur Ferdinand II, au sujet des affaires d'Italie (123) ; — Manifeste du duc de Savoie Charles-Emmanuel, où il expose les raisons qui lui ont fait prendre les armes pour recouvrer le marquisat de Montferrat (145) ; — Extrait d'un discours sur les affaires de Mantoue et de Montferrat, prononcé au sénat de Venise par Renier Zeno, procurateur de Saint-Marc, 4 sept. 1629 (162) ; — Monition de l'Empereur au duc de Nevers [Charles II], 1629 (166) ; — Lettres patentes de l'empereur Ferdinand II contre le duc de Mantoue [Charles Ier], 26 sept. 1629 (168) ; — Projets d'armistice, oct. 1629 (172 et 177) ; — Bref d'Urbain VIII au roi d'Espagne [Philippe IV], oct. 1629, en italien (174) ; — « Puncta seu articuli tractatus instituendi », 1629, copie de P. Dupuy (176) ; — Ordre du comte de Collalto, général en chef des troupes impériales, à tous chefs ou soldats tenant des fiefs de l'Empire en Italie, de se retirer, et défense aux sujets du duc de Mantoue de lui obéir, 1629, en italien, copie de P. Dupuy (178) ; — Lettres de l'empereur [Ferdinand III] au pape [Urbain VIII], Vienne, 24 déc. 1629 (180) ; — Manifeste du duc de Savoie, 23 mars 1630, en italien (182), et manifeste d'un de ses ministres (187) ; — Articles proposés par le légat Antonio Barberini au cardinal de Richelieu, avec les réponses de Richelieu et les avis du marquis Spinola et de Collalto, mars 1630 (190); — Lettres de Louis XIII, portant nomination du maréchal de Châtillon à la lieutenance générale de l'armée royale en Savoie, Lyon, 5 mai 1630 (192); — Manifeste de Louis XIII, Lyon, 6 mai 1630 (194); — Lettre de Louis XIII à son frère [Gaston d'Orléans], Grenoble, 11 mai 1630 (196); — Lettre du maréchal de Schomberg au gouverneur de Pignerol, Saint-Jean-de-Maurienne, 14 juillet 1630 (200); — Lettre de Louis XIII au maréchal de Châtillon, au camp du Mouttier, 4 juin 1630 (201); — « Capitulations moiennant lesquelles le duc Charles de Gonzagues rendra la place de Porto aux sieurs barons, coronelz et sergeans général des armées de Sa Majesté impérialle, les sieurs Jean d'Aldringhen et Mathieu Galasso », 18 juillet 1630 (202); — Conseil politique tenu à Mantoue, 1630, en espagnol (204); — Suspension d'armes générale, camp de Rivalte, 4 sept. 1630 (208); — Plein pouvoir donné par le roi Louis XIII au maréchal de Schomberg pour négocier la paix en Italie, août 1630 (210); — Traité de paix entre l'empereur Ferdinand II et le roi Louis XIII, 13 oct. 1630, copie de P. Dupuy (212); — Lettres de Louis XIII donnant mission à Léon Brûlart de se rendre au congrès de Ratisbonne, s. d. (218); — « Traicté faict devant Casal, par l'entremise de M. Masarini [Mazarin], ministre de Sa Sainteté, entre les généraux des armées estant en présence l'une de l'autre, le 26ᵐᵉ oct. 1630 » (221); — Lettre de Matteo Galasso au duc de Mantoue, Acqui, 25 janv. 1631 (222); réponse du duc, 30 janv. (223); — Propositions de Léon [Brûlart], ambassadeur extraordinaire de Louis XIII, à l'Empereur, pour l'exécution de la paix d'Italie, févr. 1631, en italien (224); réponse de l'Empereur, en latin (226); — Accord conclu entre l'évêque de Mantoue [Vincenzo-Agnello Soardi] et Guastallo, Vienne, 12 févr. 1631, en italien (228); — « Aggiustamento per l'essecutione del trattato delli sei di aprile 1631, fatto in Cherasco tra li SS. ambasciatori et plenipotentiarii di Sua Maestà Cesarea, et di Sua Maestà Christianissima, li 19 di giugno dell'anno sudetto », Cherasco, 1631, in-4°, *impr.* (230); — Autres pièces relatives au traité de Cherasco (234); — « Ricevimento degl' ostaggii che fà la Santità di N. S. Urbano VIII per l'essecutione della pace d'Italia », Cherasco, 1631, 19 juin, in-4°, *impr.* (246); — Promesse faite par le duc de Feria d'observer la paix d'Italie, Pavie, 28 juin 1631, en italien, copie de

P. Dupuy (250) ; — Lettres de l'empereur Ferdinand II donnant
à Charles de Gonzague l'investiture des duchés de Mantoue et de
Montferrat, 2 juillet 1631 (251) ; — « Ragioni contro la demoli-
zione della citadella di Casale, » 1631 (256) ; etc.

XVIe et XVIIe siècles. — 259 feuillets. — « 1632 ».

27.

« Relations diverses de ce qui s'est passé aux guerres de
MANTOUE et de MONTFERRAT, 1628, 1629, 1630. » — Copies.

Les pièces contenues dans ce volume sont les suivantes : « Relation de ce qui s'est passé en l'armée de Son Altesse de Mantoue,
commandée par le sieur marquis d'Uxelles, » 5 août 1628 (4) ;
— « Rapport des affaires de Savoie et de Mantoue, » 1628 (12) ;
— Relation officielle du commencement de la campagne, camp de
Chaumont, 7 mars 1629 (18) ; — Relations du passage du col de Suze,
1629 (24) ; de la prise de Mantoue, 18 juillet 1630 (30) ; des événements survenus du 7 au 10 nov. 1630 (34), et du 15 au 29 août
1630, par le sieur de la Hoguette (36) ; — Histoire des affaires de
Mantoue et de Montferrat, de 1628 à 1630, par Particelli d'Émery,
intendant des finances et des vivres de l'armée royale (56) ; —
« Relation de ce qui s'est passé en Piémont, depuis le commencement de la trève jusques après le secours et la paix de Cazal, »
in-4°, *impr.* (106).

XVIIe siècle. — 111 feuillets. — « 1632 ».

28.

Recueil de pièces, instructions, lettres, mémoires, etc.,
concernant l'histoire de l'ITALIE, de la fin du XVe siècle au
commencement du XVIIe. — Originaux et copies.

On remarque dans ce volume les documents suivants : — « Description des passages pour entrer de France en Piémont et en Italie, » 1626, de la main de P. Dupuy (4) ; — « Des principaux estats
et seigneuries d'Italie », de la main de Th. Godefroy (8).

« L'origine et institution du conclave » (11) ; — « Instructiones

datæ R^{dis} patribus dominis L. de Angelis, prothonotario aposto-
lico, et Antonio de Fassis, sacri palatii apostolici causarum audi-
tori, ad M^{tem} Imp^{lem} [Fridericum tertium] S^{mi} D. N. [Sixti quarti]
oratoribus, » Rome, 1er déc. 1477 (13); — Propositions faites par
le pape Alexandre VI au roi de France Louis XII, au sujet des seigneuries, titres et offices possédés par ses neveux dans la partie
du royaume de Naples qui restera au pouvoir du roi, traduction
française (17); — Extraits du *Diarium* de Paride de' Grassi, 1513-
1520, de la main de P. Dupuy (21); — Sauf-conduit délivré par
Léon X à Claude de Seyssel, Rome, 5 juillet 1513 (33); — Pièces concernant le procès et la condamnation du cardinal Bendinello Sauli,
sous le pontificat de Léon X (34); — Convention passée entre
« Joannes Stafileus », évêque de Sebenico, nonce du pape Léon X,
et Francesco Vettori, ambassadeur de Florence, procureur de Laurent II de Médicis, duc d'Urbino, d'une part, et Jean d'Albret, seigneur d'Orval, et Arthur Gouffier, sieur de Boisy, procureurs de
Madeleine de La Tour, fille de Jean III, comte d'Auvergne et de Boulogne, au sujet du mariage projeté entre cette dernière et Laurent II
de Médicis, 16 janv. 1517 (38); — Lettre du roi François Ier au pape
Clément VII, Fontainebleau, 20 juillet 1531, orig. (40); — « Instructio R. P. D. de Angellis, de iis quæ acturus est nomine S^{mi} Dom.
N. [Sixti quarti] cum Imperiali Majestate [Federico tertio], » août 1478
(41); — Sommation faite au nom du pape au maréchal de Coligny
d'abandonner toute idée de prêter secours au duc de Ferrare,
orig. (?), en italien (47); — « Capitulatione tra la Sta de Nostro S. [Cle-
mente VII] et li agenti della M^{ta} Cæsarea [Carlo V] », Rome, 5 juin
1527 (49); — Lettre adressée par les cardinaux Thomas Wolsey,
Louis de Bourbon, Giovanni Salviati, Jean de Lorraine et Antoine Duprat, au pape Clément VII, Compiègne, 16 sept. 1527 (53); — Lettre
du cardinal Du Bellay « au président de Provence », copie authentique (57); — Déclaration de neutralité du pape Paul III, Rome,
24 avril 1536 (63); — Négociations pour un traité de paix et d'alliance entre Charles-Quint et François Ier, 1536, en italien (64);—
Lettre du cardinal de Mâcon [Charles Hémard de Denonville] au
chancelier [Antoine du Bourg], Rome, 20 juin et 10 mai 1537, orig. (70
et 76);— Acte concernant la vente, par Clément VII, tuteur de Catherine de Médicis, de « Casale Longeze, in partibus Latii situm, » Rome,
18 (s. m.) 1527 (72); — « Capitula sanctissimi fœderis initi inter
Summum pontificem [Paulum tertium], Cesareamque Majestatem

et Venetos contra Turcas. » 1538 (78) ; — Sentence prononcée par le pape Pie IV contre le cardinal Carlo Caraffa, 3 mars 1561 (82) ; — Lettre du marquis de Pisany à Henri III, Rome, 29 août 1585 (84) ; — Lettres de Henri III à Sixte-Quint, 16 août et 1er octobre 1685 (88) ; — « Discours des affaires de Rome sur la fin de Sixte [Quint] » (93) ; — Liste des 18 cardinaux créés par le pape Clément VIII, le 9 juin 1604, en italien (98) ; — Vœu du cardinal Baronius, pour la promotion au cardinalat de Jacques Davy Duperron, évêque d'Évreux, 1604, copie de P. Dupuy (100) ; — Mémoire relatif aux accusations portées contre la conduite de M. d'Alincourt, fils de M. de Villeroy, lors de son ambassade à Rome (102) ; — Mémoires relatifs au pape Clément VIII, en italien (118) ; — Lettre écrite de Rome [par un cardinal], le 18 mai 1605, et relative à l'élection de Léon XI (125) ; — Sur le conclave de Paul V (127) ; — Bref de Paul V à Sully, Rome, 5 octobre 1605, traduction française (129) ; — « Estratto d'una scrittura di conventione seguita fra...... Paolo V,... Philippo III, rè di Spagna, et li... archiduchi d'Austria, anno 1606 » (131) ; — Lettre de Jacques de Sirmond à [Nicolas] Le Fèvre sur la mort du cardinal Baronius, Rome, 10 juillet 1607, copie de P. Dupuy (133) ; — Satisfaction donnée au marquis de Cœuvres, 1619, en italien (135) ; — Conclaves des papes Grégoire XV (137 et 141), et Urbain VIII (155 et 163) ; — Pasquinades (152) ; — « Relation de la court de Rome, de l'an 1624, » de la main de J. Dupuy (169) ; — « Istruttione per Canacchio Rossi, » Rome, 21 févr. 1625, en italien, de la main de J. Dupuy (191) ; — « Elogium cardinalis S. Susannae [Scipione Cobellucci], per... J. Lorinum, S. J., » 1626 (193) ; — Pièces relatives au titre d'*Éminence*, donné aux cardinaux, 1630 (195).

Déclaration du marquis Nicolas III d'Este, au sujet des armoiries à lui concédées par le roi de France Charles VII, Ferrare, 10 mai 1432, dessin (204) ; — Lettre d'Alphonse d'Este, duc de Ferrare, à Louis XII, Ferrare, 5 oct. 1510, orig., sceau (206) ; — Lettres de la ville de Bologne, implorant la protection de Louis XII, 1502, copie (212) ; — Lettre des anciens de la république de Parme à Louis XII, 8 août 1505, orig., sceau (216) ; — « Oraison d'obédience pour le duc Octave [Farnese] de Parme au pape Sixte V, par Magnus », en latin (217) ; — Lettre où le roi Louis XII prend sous sa protection la Concorde, la Mirandole et leurs dépendances, Blois, 3 oct. 1510, copie authentique (222) ; — Bulle d'investiture du duché d'Urbino, expédiée par le pape Paul III, en faveur de Guidobaldo le jeune et de sa postérité, Rome, 5 kal. mai. 1548 (224); — Avviso relatif à la mort du prince [Federico-Ubaldo della Rovere], 10 juillet 1623 (242).

Documents divers sur Naples et la Sicile au XVe siècle : Déclaration de Jeanne II, reine de Naples, associant à la couronne son mari, Jacques de Bourbon, comte de la Marche, 18 sept. 1405 (245); — Capitulation conclue entre le roi Ferdinand II de Sicile et Gilbert de Bourbon, duc de Montpensier, Naples, 4 oct. 1495 (253); — Gabelles du royaume de Naples, 1496 (255); — Lettre de la commune de Tarente au roi Charles VIII, 14 mars 1496, orig., sceau (261); — « Avertimenti di Don Scipio da Castro dati al sig[re] Marcantonio Colonna, quando andò vicerè di Sicilia » (263); — Scandales à Naples, 1615, copie de P. Dupuy (289); — Manifeste relatif aux guerres d'Italie, Naples, 1630, en italien (291); — Nouvelles de Naples, 23 et 24 déc. 1631 (293); de Toulon, 29 janv., et de Gênes, 7 janv. 1632 (296); etc.

XVe, XVIe et XVIIe siècles. — 296 feuillets. — « 1632 ».

29.

Recueil de Lettres et instructions adressées par le roi de France HENRI III au cardinal de Joyeuse, au pape Sixte-Quint, au marquis de Pisany, [Jean de Vivonne], ambassadeur à Rome au duc de Savoie et à M. de Poigny [Jean d'Angennes], envoyé à la cour de Savoie, et réponses à la plupart de ces lettres, relatives surtout à l'affaire du marquisat de SALUCES, oct.-nov.-déc. 1588. — Copies.

XVIIe siècle. — 113 feuillets. — « 1633 ».

30.

« Arrests et délibérations du PARLEMENT DE PARIS et autres Parlemens sur les ordonnances à eux envoiées par les Rois. »

Ce volume contient des extraits des registres des Parlements de Paris, 1493, 1512, 1539, 1561, 1579 et 1629; de Toulouse, de Bordeaux et de Grenoble, 1629.

XVII[e] siècle. — 100 feuillets. — « 1631 ».

31.

« Mémoires des droicts et honneurs apartenans aux Chanceliers et Gardes des s[c]eaux de France ». — Vol. III. »

Copies d'ordonnances et de lettres, extraits des registres du
Parlement de Paris, lettres originales et notes historiques sur la
charge de chancelier et les chanceliers de France, depuis 1317 jusqu'à 1624.

On remarque dans ce volume les pièces suivantes : « Ordinatio
cancellarie magni sigilli Regis secundum tenorem cujusdam antique cedule de manu propria defuncti magistri Joannis de Crispeio...
scripte... », 1328 (6) ; — Liste des chanceliers, de Jean de Dormans à Bellièvre, d'après les registres de la Chambre des comptes
(7 v°) ; — Lettres de rémission accordées à Guillaume Flotte par
Philippe VI et confirmées par le roi Jean, Pont-Sainte-Maxence,
févr. 1352 ; en partie de la main de P. Dupuy (8) ; — Lettres de
Philippe VI aux conseillers Pierre de Hangest et Foulques Bar-
doul, 1348 (10) ; — Extraits des comptes des changeurs du Trésor,
1393, 1394, 1494 et 1496 (13) ; — Extraits des comptes du Trésor, 1380,
1402 et 1404, copie authentique, parchemin (15) ; — « Extraict de
l'advertissement de Jean Juvénal des Ursins... à son frère Mre Guillaume..., chancelier de France... », copie de P. Dupuy (26) ; —
Extraits des registres du Parlement de Paris, relatifs aux obsèques
du chancelier Jean de Ganay, 4 juin 1512 (32) ; à celles des chanceliers du Bourg, 18 nov. 1538 (49), Olivier, 18 avril 1560 (58),
Bellièvre, 15 sept. 1607 (87), et de la chancelière de Bellièvre, 19
mars 1610 (89) ; — Quatre lettres originales du roi François Ier au
chancelier [Duprat], Coucy, 17 avril [1524] ; Saint-Germain-en-
Laye, 8 juin ; château de Vigny, 9 févr. ; pont de Cherny, 14 avril ;
la dernière a un post-scriptum autogr. (37-40) ; — Extraits des
registres du Parlement de Paris concernant les plaintes adressées
contre le chancelier Duprat, 1525, de la main de P. Dupuy (41) ; —
Note sur l'entrée de François Ier à Tonnerre et la réception des
ordres sacrés par le chancelier Poyet, à l'abbaye de Saint-Michel de cette ville, 14 et 16 avril 1542 (51) ; — Lettre de Michel de
l'Hospital au cardinal de Lorraine, sur la mort du chancelier Olivier, Saint-Vallier, 23 avril 1560, copie de P. Dupuy (62) ; —
Lettre de Marguerite de France à M. de Belesbat [Michel Hurault

3

de l'Hospital, chancelier de Navarre], Turin, 16 janv. 1568, orig. (63); — Lettre de [Jean] de Morvilliers, évêque d'Orléans, au secrétaire d'État Pinart, Saint-Père-de-Melun, 16 avril 1571 (64); — Dernières lettres écrites par Michel de l'Hospital à Charles IX, Belesbat, 12 janv. (66), et à Catherine de Médicis, 22 janv. 1573 (67); — Brevet portant décharge au chancelier de Birague pour le sceau mis aux pouvoirs de la restitution des places rendues au duc de Savoie [Emmanuel-Philibert], Lyon, 7 oct. 1574; copies de J. Dupuy (68); — Brevet de Henri III, réglant le rang du duc de Montmorency au Conseil privé, Paris, 17 déc. 1577. copie de P. Dupuy (70); — Épitaphe du chancelier Jean de Morvilliers, évêque d'Orléans (72); — Harangue prononcée par Jacques d'Amboise, avocat au grand Conseil, à la réception de Philippe Hurault de Chiverny en l'office de chancelier, 13 déc. 1583 (73); — Procès-verbal de l'entérinement des lettres de provision de la charge de garde des sceaux, octroyées à François de Montholon, 23-28 nov. 1588 (81); et de celles de Louis de Brézé, évêque de Meaux, nommé par le duc de Mayenne, 18 août 1589 (83); — Brevet de Henri IV en faveur de N. Brûlart de Sillery, Paris, 10 sept. 1607 (85); — Lettres de provision d'un office de secrétaire des finances, octroyées à Mathieu Vivot, camp de Montauban, 31 août 1621 (91); — Plainte adressée à Louis XIII contre le chancelier Brûlart de Sillery par Charles Tuffereau, sieur de Trigonne, mai 1624 (97); — « Mémoire de M. de Fresnes-Forget... des clauses qu'il fault observer aux lettres qui se scellent en la grande chancellerye » (104); — « Copie d'un sciendum de chancellerie » (112); etc., etc.

XVIe et XVIIe siècles. Parchemin et papier. — 114 feuillets. — « 1632 ».

32.

Recueil de copies de pièces (interrogatoires, mémoires, lettres, etc.), relatives au procès criminel intenté devant le Parlement à CHARLES DE VALOIS, COMTE D'AUVERGNE, à sa sœur la marquise de Verneuil, à François de Balzac d'Entraigues, leur père, et à l'Anglais Thomas Morgan (1604-1605).

Les deux seules pièces originales de ce volume sont des instruc-

tions pour une correspòndance secrète (172), et une lettre autogr.
de [Jean] Savaron au roi Henri IV, Clermont, 31 déc. 1604 (173).

XVII⁰ siècle. Parchemiñ et papier. — 174 feuillets. — « 1632 ».

33.

« ANGLETERRE. ESCOCE. — Vol. II. »

Recueil de pièces en latin, français et espagnol, concernant
l'histoire intérieure et extérieure de l'Angleterre et de l'Écosse, de
126ð à 1269. — Originaux et copies.

On remarque dans ce volume les documents suivants : « Le
couronnement du roi Jaques, roi de la Grande Bretaigne, et de
la royne Anne de Dennemarck, son espouse, tiré et translaté de
l'original que ledit roy Jaques donna à l'archevêque de Cantorbéry » (1) ; — État du revenu ordinaire du roi d'Angleterre (18) ;
— Notes de P. Dupuy, sur divers usages de chancellerie (19) ; —
« Modus tenendi Parliamentum », copie de J. Dupuy (21) ; — Mémoire
sur certaines particularités de la chancellerie anglaise, etc., par
Th. Godefroy (31) ; — Traité d'Amiens, conclu entre le roi d'Angleterre et ses barons par l'entremise du roi Louis IX, texte latin
et traduction française, janv. 1263 (37) ; — Défi du roi Édouard III
au roi Philippe de Valois, et réponse de celui-ci, 1340, copies de
P. Dupuy (41) ; — Deux lettres du cardinal de Lorraine adressées,
la première, au pape Clément VII, Abbeville, 8 janv. 1531 (43), et
la seconde, au sacré Collège, même date (45) ; — Lettre de [Louis
de Perreau, sieur de] Castillon, au connétable de Montmorency,
Londres, 6 mars 1533, orig. (46) ; — Pièces émanant de l'empereur
Charles-Quint et concernant le divorce du roi Henri VIII et de
Catherine d'Aragon (48) ; — Mémoire écrit de la main du cardinal
[Jean] Du Bellay et relatif à la rupture du roi Henri VIII avec la
cour de Rome (52) ; — Deux lettres du roi d'Angleterre Henri VIII
à François I⁰ʳ, Greenwich, 9 nov. 1518 (65) et 20 mai 1527 (66),
orig., en français ; — Lettres autogr. du sieur de Castillon [Louis
de Perreau] à l'évêque de Paris [Jean Du Bellay], Londres, 17 nov.
[1533], cachet (67) ; au cardinal [Jean] Du Bellay, Chelsea, 5 nov. 1538
(70) ; — « Coustumæ et vectigalia per mercatores extraneos solvi
consueta », Bruxelles, 6 avril 1545 (71) ; — « Henrico Francorum

regi...... populus Anglicus reformatoresque huius praesentis degeneratae ac calamitosæ status Angliae S. P. D. », 11 mai 1555 (73) ; — Deux lettres de la reine Élisabeth d'Angleterre [1573] au roi Charles IX et à Catherine de Médicis (75 et 76), orig. ; — Récit d'un tournoi donné au palais de « Honisthasle », par la reine Élisabeth en l'honneur des ambassadeurs français, Londres, 19 mai 1581 (77-81) ; — Défis adressés par Henry Ompton, ambassadeur d'Angleterre, au duc de Guise ; le dernier est daté du 31 mai [1588] (83) ; — Notes concernant le désastre de la flotte espagnole sur la côte d'Irlande, sept. 1538 (84); — « Advis sur la constitution de l'Estat d'Angleterre et accidens desquelz il semble estre menacé », par [Guillaume du Vair, 1596] (86); — « Verba Elizabetæ, Angliæ reginæ, ad legatum Polonum », [1598] (90); — Apologie de Francis Bacon au sujet de ses relations avec le comte d'Essex, sous forme de lettre au comte de Devonshire, en français (92) ; — Deux épitaphes latines de la reine Élisabeth (103) ; — Épitaphe latine de Marie Stuart (103 v°); — Papiers relatifs à la succession au trône d'Angleterre (104).

Documents concernant le règne de Jacques Ier (118-249) : « Confession générale de la vraye foy et religion chrestienne... », 1603 (118) ; — Traité de commerce conclu entre la France et l'Angleterre, 24 févr. 1606 (124); — « Mémoire touchant l'entérinement du traicté de commerce de febvrier 1606...... » (133) ; — Lettre de la reine Anne à « Gunterot » (147) ; — « Alloquium Nicolai de Rebbe, canonici Insulensis, ad... Jacobum..., Magnæ Britanniæ regem, 27 julii 1613, in regali praetorio Thibalensi prope Londinum » (151) ; — « Relation de la vie et fin du comte de Sommerset et de la comtesse sa femme, 1616 », de la main de P. Dupuy (153); — Extrait d'une lettre d'un étudiant sur la réformation de l'Université de Cambridge, Collège de la Trinité, 24 déc. 1616, en franç. (159); — Inscription gravée sur les fonts conservés en l'église de Saint-Alban, près de Londres, et où l'on avait l'habitude de baptiser les enfants des rois d'Écosse (160) ; — Certificat de « Le Clerc », relatif à la fuite projetée de sir Walter Raleigh, Londres, 6 oct. 1618 (161) ; — Lettre du marquis de Buckingham au comte de Gondomar, ambassadeur d'Espagne à Londres, 1620 (163); — Lettres de Jacques Ier aux princes confédérés d'Allemagne, Greenwich, 2 mai 1621 (167), et à Thomas Richardson, député du Parlement et communauté d'Angleterre, Newmarket, 9 déc. 1625 (169);

— Mémoire donné à P. Dupuy par Grotius et intitulé : « Nuptiarum inter Angliam et Hispaniam consideratio » (173) ; — Documents relatifs au voyage du prince de Galles, Charles Stuart, en Espagne, 1623-1624 (171-193), et à son mariage avec Henriette de France (194, 222, etc.) ; — Lettres de Louis XIII à l'archevêque de Lyon [Denis Simon, cardinal de Marquemont], Saint-Germain-en-Laye, 31 juillet 1624 (206) ; au cardinal de Richelieu, au chancelier d'Aligre, au maréchal de Schomberg et à [Antoine] de Loménie, Saint-Germain, 20 août 1624 (208) ; — « Pouvoir donné par le roy de la Grande Bretagne [Jacques Ier] aux gens de guerre levez en ces royaumes pour le recouvrement du Palatinat », Newmarket, 17 nov. 1624, copie de J. Dupuy (214) ; — « Articles du mariage de Madame, sœur du Roi, et du prince de Walle, touchant la religion », en latin, copie de J. Dupuy (216) ; — Deux lettres de Pierre de Bérulle, plus tard cardinal, à M. de la Ville-aux-Clercs [Antoine de Loménie], Rome, 19 nov. 1624, autogr. (220), et 3 déc. 1624, copie (236) ; — Brefs d'Urbain VIII à Louis XIII, 30 déc. 1624 (234) ; à Henriette de France, 28 déc. 1624 (240), copies de J. Dupuy ; — Acte portant défenses au comte de Mansfeld, au nom du roi d'Angleterre, de rien entreprendre contre le roi d'Espagne et l'archiduchesse d'Autriche, Whitehall, 29 déc. 1624 (238) ; — Manifeste de Jacques Ier « omnibus Romani Imperii ordinibus », 1624, copie de J. Dupuy (242) ; — Lettre du comte de Mansfeld à l'Infante, Douvres, 19 janv. 1625 (244) ; — Lettres du marquis d'Effiat à Louis XIII, Londres, 23 sept. (211) et 3 nov. 1624 (232), 24 janv. 1625 (245) ; — Pièces relatives à la mort du roi Jacques Ier, avril 1625 (246), et au mariage du roi Charles Ier avec Henriette de France (250) ; — Documents concernant le règne de Charles Ier et le traité de 1629, particulièrement des lettres émanant du duc de Buckingham ou le concernant, 1627-1628 (257) ; — Lettre de J. Wake, ambassadeur d'Angleterre à Venise, aux quatre villes et cantons protestants de Suisse, 13 nov. 1627, en italien (270) ; — Proclamation de la reine Marie [de Médicis] annonçant la conclusion de la paix, 19 mai 1629, orig. (277), et « Ordonnance du roy pour la paix entre Sa Majesté et le roy d'Angleterre » [Aix, 1629], in-8°, *impr.* (280).

Pièces concernant l'histoire extérieure de l'Écosse, du XIIIe au XVIIe siècle (284-308), parmi lesquelles se trouvent les documents suivants : « Li estrais dou procès d'Escoce », copie de P. Dupuy (284) ; — « Preuve de l'Escosse françoise » (286) ; — Lettres patentes de Charles VII, relatives au mariage du dauphin Louis, avec Marguerite d'Écosse, Bourges, 3 juin 1436 (290) ; — Trois lettres du roi d'Écósse Jacques IV au roi de France Louis XII, Édimbourg, 24 févr., 7 déc. et 11 juillet s. a., orig. (292-294) ; — « Ce qui a esté advisé par les principaux officiers de la cour de Parlement sur le faict de l'administration du royaume d'Escoce, 1552 », de la main de P. Dupuy (295) ; — Épitaphe latine de Marie Stuart, suivie d'une pièce en distiques latins signée « H. N. gemens », 1587 (299) ; — Pièces concernant les relations de l'Écosse avec la France, 1599, et avec l'Angleterre, 1607 (301 et 303) ; — « Mémoires et instructions à... monsieur le duc d'Albanye [Jean Stuart], pour remonstrer au Roy tres-chrestien de France, pour et ou nom des marchans, manans et habitans du royaume d'Escosse, et avec luy révérend père en Dieu monseigneur l'arcevesque de Bourges », XVIe s. (307) ; etc.

XVIe et XVIIe siècles. — 308 feuillets. — « 1632 ».

34.

Recueil de mémoires et de lettres en latin, en français et en italien, concernant l'histoire politique et religieuse de la France. — « Vol. V ».

On peut signaler dans ce volume les pièces suivantes : Lettres autographes adressées à [Pierre] Dupuy par [Jacques] Lebatelier, [sieur d'Aviron], Évreux, 5 févr. et 3 juin 1618 (4 et 7) ; par Claude Saumaise, Dijon, 24 mars et 9 août 1618 (5 et 12) ; par Jean Besly, Fontenay-le-Comte, 23 nov. et 22 avril 1620 (27 et 32) ; — Lettres de « Johannes a Redinchoven » à Jean Hotman de Villiers, Dusseldorf, prid. cal. jun. 1612, autogr. (35) ; de [Jean] Perrot au chancelier [Philippe Hurault] de Cheverny, Paris, 27 nov. 1586, autogr. (70) ; — Observations et mémoires de Jean Besly (17), [Jean-Baptiste] Haultin (28), André Duchesne (29), et Théodore Godefroy (31), sur la généalogie des Gonzague, de Gaspar Scioppius ; — Lettre de [Claude Fauchet] sur les successeurs de Charlemagne, s. d., minute autogr. (?) (40) ; — Questions sur l'histoire de France, rédigées par P. Dupuy, suivies des réponses (44 et 46) ; — Notes de Th. Godefroy sur Fauchet (50) ; — Notes de Besly sur du Tillet (51) ; — Discours de la loi Sali-

que, par [François] Hotman (57) ; — Lieux de sépulture des rois
de France (64) ; — Ordonnance de François Ier, concernant l'amirauté de France, juillet 1517 (66) ; — « Verba R. Davidis Kimii in
Abdiam sub finem, de Francia et Hispania » (67) ; — « Extrait du
cartulaire des comtes de Champagne » (69) ; — Extraits de Gerbert [l. Guibert] de Nogent, par P. Dupuy (72) ; — Notes de
Théodore Godefroy sur la principauté de Dombes (78) ; — Dates de
la naissance des enfants du duc [François] de Guise (96) ; —
Pièces relatives au différend entre les Victorins, les Bénédictins
et les Génovéfains (82 et 88) ; la première est intitulée : « Rationes
et allegationes Victorianorum canonicorum ad regulam S. Augustini... repetentium primatum sibi surreptum imprudentia simpliciorum quorumdam fratrum, et fraude Benedictinorum », et
signée : « D. Coulomp, prior vicarius S. Victoris ; F. J. Picard,
sacerdos, Bibliothecarius Victorianus, » s. d., in-4°, *impr.* (82) ; —
Notes et documents sur les Franciscains et les Dominicains qui ont
été « utilement employez aux affaires d'Estat » (87) ; sur les enfants
du duc François de Guise (96) ; sur les Maronites (97) ; « de erroribus Abyssinorum » (100) ; — Règlements du Collège Romain, en
italien (102), et du Collège Anglican, en latin (110) ; — « S. D. N. D.
Pauli... papæ Quinti constitutio de magistris linguarum hebraicæ,
græcæ, latinæ, et arabicæ a Regularibus in suis studiis habendis »,
Rome, 1610, in-fol., *impr.* (112) ; etc.

XVIe et XVIIe siècles. — 113 feuillets. — « 1632 ».

35.

Édit dressé par Guillaume Du Vair, garde des sceaux, en
juillet 1618, à la suite des États-Généraux tenus à Paris en
1615, et de l'Assemblée des notables de Rouen de 1617.

XVIIe siècle. — 54 feuillets. — « 1632 ».

36.

« Lettres, mémoires et actes servans à l'histoire du roi de
Suède [Gustave-Adolphe], depuis qu'il entra en armes en
Allemagne en l'année 1630, jusques à sa mort, en novembre
1632. » — Copies.

Ce volume contient les documents suivants : Lettre du roi

Gustave-Adolphe aux Électeurs et aux princes allemands, Stockholm, 25 avril 1629 (2) ; — « Exempla litterarum aliquot inter Serenissimum Succorum Regem etc., et Rom. Imperii Electores ultro citroque missarum, ex quibus liquido apparet causarum evidentia, quibus S. R. M. mota justissima arma in Germaniam transstulit », La Haye, 1630, in-4º, *impr.* (6) ; — Manifeste lancé par Gustave-Adolphe lors de son entrée en campagne, juin 1630 (12) ; — Traité conclu entre Louis XIII et Gustave-Adolphe, 13 janv. 1631 (22) ; — Promesse de neutralité faite par Gustave-Adolphe à la Ligue catholique, 15 janv. 1631 (26) ; — Lettre de Gustave-Adolphe au duc de Lorraine [Charles III], Mayence, 29 déc. 1631, et réponse du duc, Nancy, 22 janv. 1632 (28) ; — Ligue défensive conclue entre Louis XIII et le duc de Bavière [Wolfgang-Guillaume], Fontainebleau, 30 mars 1631 (29) ; — Déclarations faites par Robert Anstruther, ambassadeur d'Angleterre, à l'empereur Ferdinand II, 14 juin 1631 (31) ; — « Journal de ce qui s'est passé entre le Roy de Suède, l'Électeur de Saxe [Jean-George Iᵉʳ] et le général Tilli, depuis le 26 aoust 1631 jusques au 2 octobre » (39) ; — Documents relatifs au rôle joué par l'archevêque de Trèves [Philippe-Christophe de Soetern] pendant les années 1631 et 1632 (43 et 73), particulièrement une lettre de l'archevêque au maréchal d'Estrées, 27 déc. 1632 (87) ; — Conditions auxquelles le Roi [de France] accordera à la ville de Cologne la neutralité et la liberté du commerce, en latin (45) ; — Copie de la lettre de l'empereur Ferdinand II à Louis XIII, 5 févr. 1632, en latin (47) ; — Récit de l'audience donnée par le pape Urbain VIII aux ambassadeurs de l'empereur Ferdinand II, qui lui demandaient des secours contre Gustave-Adolphe, févr. 1632, en italien (55) ; — Traité d'alliance conclu entre l'empereur Ferdinand II et le roi d'Espagne Philippe IV, Vienne, 14 févr. 1632 (59) ; — Lettre de l'empereur Ferdinand II au roi Louis XIII, 3 mars 1632 (63) ; — « Récit touchant le sieur de Sainct-Estienne », résident de France à Munich, mai 1632, en latin (65) ; — Pouvoir donné par l'Empereur au duc de Friedland [Wallenstein], 1632 (69) ; — Harangue de Gustave-Adolphe à ses officiers août 1632 (71) ; — Relation de la bataille d'Altenberg, 3 sept. 1632 (88) ; — Discours sur la bataille de Lützen, 6 nov. 1632 (91 bis).

XVIIᵉ siècle. — 96 feuillets. — « 1633 ».

37.

Recueil de pièces, en latin, français et italien, concernant les ordres religieux, le droit de régale, les bénéfices ecclésiastiques, les libertés de l'Église Gallicane, etc. — « Vol. I. » Copies.

On remarque dans ce volume les documents suivants : Lettre de Jean Besly à Pierre Dupuy sur la formule « regnante Christo », insérée dans la date de certains actes, Fontenay-le-Comte, 5 mai 1625, autogr. (4) ; — Mémoire du même sur la même question (8) ; — Mémoires de [Jacques] Leschassier sur divers points de droit ecclésiastique (14 et 181), entre autres un factum pour le chapitre de Senlis contre Antoine Roze, évêque de Senlis, copie de P. Dupuy (20) ; — Mémoire sur la juridiction épiscopale, de la main de J. Dupuy (22) ; — Lettre, non signée, écrite à un destinataire inconnu, qualifié de « Monseigneur », sur les droits respectifs de la juridiction séculière et ecclésiastique, Avize, 28 oct. 1623 (26) ; — Notes sur les rapports juridiques des rois de France avec le Saint-Siège, par Th. Godefroy (38) ; — « Mémoyre pour le faict de l'Inquisition afin de la réduyre en sa première forme » (44) ; — « Relation particulière de ce qui s'est passé en Sorbonne avant que d'arrester le décret touchant le serment qui porte de ne rien dire et escripre contre les décretz des Papes, » 1628 (49) ; — « Récit véritable de ce qui s'est passé en la dispute publique du chapitre général des religieux de saint Dominique, » au sujet de l'autorité du pape et du concile, Paris, 27 mai 1611 (58) ; — Mémoire du procureur général Bourdin en faveur des libertés de l'Église gallicane, minute (62) ; — Plaidoiries et factums concernant le droit de régale à Langres, 1521 (66), 1531 (115), et s. d., in-4°, *impr.* (131) ; à Angers, 1501 (99) ; en Languedoc (123) ; — Notes sur les légats du Pape en France, de 1414 à 1625 (135) ; — Relation des voyage et réception du cardinal Pietro Aldobrandini, légat en France, 1599, en italien (141) ; — Relation du voyage du cardinal [Antonio ?] Barberini, de sa réception en Provence et à Avignon, et de son arrivée à Paris, avril-mai 1625, copie de P. Dupuy, (153) ; — Discours du procureur général [Jacques] de La Guesle sur la mise en jugement des évêques, à propos de l'accusation de lèse-majesté portée contre [François de Corneillan], évêque de Rodez,

1591, minute, incomplet (193); — Mémoires tendant à prouver que les évêques français ne peuvent sortir de France sans l'autorisation du Roi, même s'ils sont mandés par le pape, minutes (212); — Mémoires de [Jean] Hotman sur diverses matières ecclésiastiques, copies de P. Dupuy (218, 225, etc.); — « Des dismes infeudées, » signé N. R. (252); — Mémoires de Pierre Pithou, répondant aux attaques lancées contre l'ordonnance de Blois de 1576 (262) dans l'écrit qui suit (270); — Rapports sur l'expédition des bénéfices en cour de Rome et les privilèges dont jouissent les Français en cette matière (278); — « Factum pour messire Jean de Vieupont, évesque de Meaux, contre maistre François Ellain, prieur de S. Pathus », s. d., in-4°, *impr.* (284); — « De sede episcopali : an et quomodo magistratus laici cum clericis sedere debeant in ecclesiis cathedralibus, » de la main de P. Dupuy (290); — Mémoire remis au procureur de La Guesle sur les conseillers ecclésiastiques des Cours souveraines (294); — « Advis pour l'union des bénéfices donné par Mr Boutiller aux Jésuites en 1606 » (301); etc.

XVIe et XVIIe siècles. — 302 feuillets. — « 1632 ».

38.

Recueil de copies d'arrêts, lettres d'abolition et autres pièces relatives aux PROCÈS DE LÈSE-MAJESTÉ ou procès analogues intentés aux personnages suivants :

Édouard II, roi d'Angleterre, comme duc de Guyenne, 1313-1318 (3); — Robert, comte d'Artois, 1316-1337 (9); — Jean Mulart, Jean de Briex et Nicolas de Savedan, etc., 1343 (64); — Charles le Mauvais, roi de Navarre, Philippe et Louis de Navarre, 4 mars 1353 et 16 juin 1378 (66 et 72); — le duc Charles de Normandie, 23 janvier 1355 (70); — Pierre de Craon, 16 août 1392 (74); — Jean, comte d'Armagnac, 1451, 1460, 1461 (76); 6 mai 1460 et 21 octobre 1461 (91); — Robin Cambel [Campbell] et ses complices, 8 août 1455 (88); — Adam de Hourdain, conseiller aux enquêtes, 23 juillet 1348, et Garraut Gayté, trésorier de France, et ses frères, 1327 (90); — Antoine de Chabannes, comte de Dammartin, 2 juillet 1463 (91 v°); — les partisans du duc Charles de Guyenne, Baugé, mai

1469 (92) ; — Charles d'Armagnac et Guillaume Maignial, 20 févr. 1471 (96) ; — Louis de Luxembourg, comte de Saint-Pol, connétable de France, 12 novembre 1475 (97), et 28 novembre 1475 (99) ; — Jean de Bourbon, comte de Vendôme, Thérouanne, avril 1477 (103) ; — René d'Alençon, comte du Perche, 1481-1483 (119 et 136) ; — François, comte de Dunois, 23 mai 1488 (147) ; — Charles de Bourbon, connétable de France, et ses complices, 1523-1528 (149 et 188) ; — Jean de Poitiers, sieur de Saint-Vallier, 1523 et 1527 (160) ; — Galéas de Saint-Séverin, 1520, orig. (221) ; — Jean Lallemant, trésorier et receveur général de Languedoc, Paris, 12 mai 1535 (227) ; — Philippe Chabot, amiral de France, 1540-1541 (235) ; — Jacques de Coucy, seigneur de Vervins, 1549, de la main du chancelier Michel de l'Hospital (255) ; — Oudard du Biez, maréchal de France (261) ; — Thomas Howard, duc de Norfolk, 1573 (262) ; — le vidame de Chartres (276) ; — Louis de Bourbon, prince de Condé, 1561 (278) ; — le duc de Mayenne et les duc et chevalier d'Aumale, Blois, févr. 1589 (280) ; — les habitants des villes de Paris, Orléans, Amiens et Abbeville, Blois, févr. 1589 (290).

On peut encore signaler dans ce volume la pièce suivante : Remontrances faites par le duc d'Orléans au Parlement au sujet des désordres de l'État et du gouvernement de la reine Anne de Beaujeu, 17 janv. 1484 (143) ; etc.

XVe, XVIe et XVIIe siècles. — 292 feuillets. — « 1631 ».

39.

Recueil de pièces, en latin et en français, concernant l'histoire politique et religieuse des PAYS-BAS, de 1295 à 1631. — Copies.

On remarque dans ce volume les pièces suivantes : Traités et accords conclus entre les comtes de Hollande, les comtes de Hainaut, les États généraux des Pays-Bas, d'une part, et d'autre part : les rois de France, 1295 (7) ; 1314 (13) ; 1624 (219) ; 1627 (232) ; 1630 (254) ; l'Angleterre, 1585 (27) et 1625, extrait (230) ; l'Angleterre et le Danemark, 1625, copie de P. Dupuy (228) ; les Villes hanséatiques, 1613-1616 (112 et 122) ; et la Turquie, 1612 (98).

Acte de réunion de la Hollande, de la Zélande et de la Frise à l'Empire, après la déchéance du comte Jean de Hainaut, déclaré rebelle par l'empereur Albert Ier, 1300 (11); — Protestation des nobles des Pays-Bas contre l'introduction de l'Inquisition dans ce pays, 1566 (17); — Concordat de Middelburg, 1577 (21); — Lettre de l'empereur Rodolphe II aux États généraux des Pays-Bas, avec la réponse, 1595 (23); — Lettre des ambassadeurs de l'empereur Rodolphe II aux États généraux, avec la réponse, 1599 (47); — Extraits de lettres de [Paul Choart] de Buzanval, ambassadeur en 'Hollande, à Villeroy, sept.-oct. 1606 (49); — Pièces relatives à la trève conclue entre l'archiduc Albert et les États généraux, 1607-1609 (53, 56, 67 et 85); — Pièces concernant le prince Maurice d'Orange, 1607-1609 (55, 60 et 192); — État des subsides octroyés aux États généraux des Pays-Bas par le roi de France Henri IV, de 1603 à 1610 (97); — Harangues et propositions faites aux États généraux par les ambassadeurs du roi Louis XIII, Du Maurier, Odet de la Noüe, de Boissise [Jean de Thumery] et le sieur d'Espeisses [Charles Faye], 1614-1628 (120, 129, 131, 147, 153, 165, 168, 172, 225, 242, etc.); — « Raisons que les ambassadeurs de Hollande ont apporté pour la conservation et maintenüe des droictz de pescherie allencontre des Anglois, » 1614 (116); — Relation de la victoire remportée par les Hollandais sur les Portugais aux Indes orientales, près de Malacca, 1616 (124); — Avis de Daniel Tilenus sur les querelles religieuses en Hollande, copie de P. Dupuy (135); — Harangues et propositions des ambassadeurs de Jacques Ier, roi d'Angleterre, aux États généraux, 1618, copie de P. Dupuy (143); — Déclaration écrite par « Leydenberg » avant de se donner la mort, 1618, copie de P. Dupuy (175); — Pièces relatives au procès du grand pensionnaire Jean Barneveldt, avril-mai 1619, copies de P. Dupuy (176-191); — « Doléance et supplication des Remonstrants de ce païs à illustre et puissant prince le prince d'Orange, gouverneur de Hollande et Zélande » (192); — Noms des professeurs, pasteurs et « seniores », et des gentilshommes venus à l'assemblée de Dordrecht (202); — Propositions faites aux États généraux de la part des Archiducs, 1621 (206), et du roi d'Angleterre, 1630 (262); — Papiers concernant le procès de lèse-majesté et la fuite de Hugo de Groot [Grotius], 1622-1623 (208); — Capitulation de Bois-le-Duc, 1629 (250); — Lettre de César, duc de Vendôme, à l'évêque de Bruges [Servat

Quinker], 2 juin 1631 (265) ; — Considérations sur le rang des ambassadeurs des Provinces-Unies à la cour de France (266), etc.

XVIIe siècle. — 267 feuillets. — « 1632 ».

40.

Récit des voyages de M. D'Aramont, ambassadeur de France dans le Levant, de Paris à Constantinople et en Perse, par Jean Chesneau, son secrétaire (1547-1548).

XVIe siècle. In-4°. — 36 feuillets. — « 1650 ».

41.

Récit des négociations entamées en 1525 avec le roi d'Angleterre Henri VIII et le cardinal d'York [Thomas Wolsey], par Gabriel de Grandmont, évêque de Tarbes, le vicomte François de Turenne et le président Le Viste, ambassadeurs du roi François Ier, au sujet du mariage de la fille de Henri VIII avec François Ier et d'un projet d'alliance contre l'empereur Charles-Quint pour la délivrance des enfants de France ; par Claude Dodieu, conseiller au Parlement de Paris.

XVIIe siècle. — 90 feuillets. — « 1630 ».

42.

Recueil de pièces, en français, espagnol et catalan, concernant la Frontière Franco-Espagnole (1510-1618).

On remarque dans ce volume les pièces suivantes : Lettre de M. de Marillac au roi Henri IV, Bayonne, 15 mars 1599, orig. (3) ; — « Mémoire touchant la rivière de Bidasso, qui sépare la France d'avec l'Espagne, » s. d., in-4°, *impr.* (5) ; — Sentence du premier président du Parlement de Bordeaux dans l'affaire de la Bidassoa, 1510 (11) ; — Procès-verbal des commissaires du roi Louis XII et de la reine de Castille au sujet de la frontière franco-espagnole du côté de la rivière d'Hendaye, 1511 (13) ; — Papiers relatifs à la même affaire, 1518-1617 (23-71 vᵒ) ; et à l'affaire de Soccoa et d'Urrugne, 1618 (73-89) ; — « Ratificacion de lo asentado sobre las diferencias de los confines de Navarra », 1614, copie de Dupuy (91) ; — « Carta de pax de la val de Asun et de Thena », 1544 (95) ; — Sentence arbitrale et transaction dans les différends entre les syndics des vallées de Barrèges (France) et de Brotho (Espagne), 1575 (107), et 1624 (113) ; etc.

XVIᵉ et XVIIᵉ siècles. — 117 feuillets. — « 1630 ».

43.

« Instructions d'Ambassadeurs. — II. »

Recueil d'Instructions des Ambassadeurs Français en Suisse, en Allemagne, en Angleterre, en Piémont, à Rome, à la Porte Ottomane, en Espagne et en Lorraine, dont les noms suivent :

Pierre de la Guiche et Antoine Le Viste, sieur de Fresne, 1515 (4) ; André Leroy, 1515 (14) ; l'évêque de Lavaur [Georges de Selve], et de « Heslin », 1540 (18) ; le sieur d'Alluye [Florimond Robertet], 1563 (24) ; de Biron (30) ; le sieur du Fargis, 1570 (36) ; Mario Bandini, 1585 (46) ; de Lancosme [Jacques Savary], 1585 (60) ; de Bongars, 1593, 1594, 1595, 1599 (68) ; de Sancerre, 1598 (100) ; [Robert] de La Vieuville, 1606 (109) ; le baron de La Châtre, 1608 (113).

Suivent trois tables d'instructions non contenues dans ce volume, de la main de P. Dupuy (117).

XVIᵉ et XVIIᵉ siècles. — 120 feuillets. — « 1630 ».

44.

Recueil de lettres et de documents concernant les règnes de François Iᵉʳ, Henri II et Henri III (1524-1592). — Originaux et copies.

Les lettres contenues dans ce volume sont adressées aux personnages suivants :

A Louise de Savoie, par François Iᵉʳ, après la bataille de Pavie, 1524 (3), et s. d. (7 et 8) ; copies ;

A l'empereur [Charles-Quint], par François Ier, 1524, copie (5) ;
— par le connétable de Bourbon, Milan, 10 juin 1525, copie de P.
Dupuy (16) ;

A [François II de Dinteville], évêque d'Auxerre, ambassadeur
à Rome, par le grand-maître [Anne de] Montmorency, Dieppe,
19 janv. 1532, orig. (18-19) ; — par [le cardinal Jean du Bellay],
s. d., autogr., non signée (21) ;

Au roi [François Ier], par Georges d'Armagnac, évêque de Rodez,
et G[eorges] de Selve, évêque de Lavaur, Venise, 15 et 7 mars 1536,
orig. (24 et 26) ; — par le cardinal de Mâcon [Charles Hémard de
Denonville], Rome, 15 févr. 1536, orig. (30) ;

A [Philibert Babou de la Bourdaisière], par le cardinal Philibert,
son fils, avec chiffre et déchiffrement, s. d. (39 et 40) ;

Au roi [Henri II], par François de Lorraine, [duc de Guise],
Macerata, 1er août 1557, orig. (43) ; — par Odet de Selve, Rome,
21 août 1557, orig. (49) ;

Au sieur de Lavigne, ambassadeur à Constantinople, par Henri II,
Compiègne, 24 juin 1557 (53) ;

A un correspondant inconnu, qualifié de « Monseigneur », par
Henri de Mesmes, Valence, 24 janv. s. a., orig. (62) ;

Au roi [Henri III], par le marquis de Pisany, 13 déc. 1588 (63),
avec la réponse du roi, 3 janv. 1589 (65) ; — par le cardinal de
Joyeuse, 12 déc. 1588 (66), avec la réponse, 4 janv. 1589 (68 v°) ; —
par [Albert] de Gondi, [duc de Retz], 14 déc. 1588 (69), avec la réponse, 4 janv. 1589 (73 v°) ; — par M. de Vulcob, 12 déc. 1588
(74), avec la réponse, 4 janv. 1489 (74 v°) ; — par le sieur de Lancosme [Jacques Savary], 22 oct. 1588, avec la réponse, 4 janv. 1589
(76) ; — par « M. de Pongny », [Jean d'Angennes, sieur de Poigny],
18-30 déc. 1588, avec une réponse du 4 janv. 1589 (76 v°-84 v°) ;

A M. de Vignay [Robert Hurault], par le roi Henri III, 4 janv.
1589 (74 v°).

On peut, en outre, signaler dans ce volume les pièces suivantes :
Lettre d'un personnage de la suite de François Ier, sur l'entrevue de Charles-Quint avec le Roi et la Reine, s. d. (10) ; — « Instruction remise à Martin Lutet, hérault d'armes du Roy, de ce
qu'il a à faire devers Mgr. le marquis de Manthoe [Frédéric II de
Gonzague], où Mgr. le grant maistre, lieutenant général pour le
Roy deçà les mons, l'envoye présentement », s. d. (14) ; — Instructions, lettres, etc., du roi d'Espagne Philippe II, du duc de

Parme Alexandre Farnèse, etc., concernant les affaires de la Ligue, 1590-1592, copies (85 et suiv.); etc.

XVIe siècle. — 128 feuillets. — « 1631 ».

45.

Recueil de pièces, en latin, français et italien, concernant l'histoire des villes de Venise, Milan, Florence, Sienne, Pise et Gênes (1477-1628).

On remarque dans ce volume les documents suivants : Relation de l'entrevue entre le pape [Pie V] et l'ambassadeur impérial au sujet du couronnement du grand-duc de Toscane [Cosme Ier de Médicis], en italien, copie de P. Dupuy (3); — Discours sur les forces et le gouvernement de Venise, 1608 (7); — Vidimus, par le roi Philippe le Bel, déc. 1306, de divers actes relatifs à la croisade, 1281, copie (12); — Sommations et déclaration de guerre faites aux villes de Venise et de Crémone par Montjoye, roi d'armes de France, au nom du roi Louis XII, et réponse du doge, 1509 (20); — Lettre de la ville et du peuple de Brescia au roi Louis XII, 20 mai 1509, orig. (24); — Copie authentique du traité conclu entre le doge de Venise, Leonardo Loredano, et le roi Louis XII, 1513 (25); — Remontrances faites à la seigneurie de Venise par l'évêque de Rodez [Georges d'Armagnac] (31); — Harangue [du même?] à la même seigneurie, en latin (33); — « Abrégé du voiage faict par le sieur de Langey [Guillaume du Bellay] en Ytalye », rédigé par lui-même (35); — Déclarations faites au doge de Venise par Hurault de Maisse, ambassadeur de France, 6 févr. 1593, copie de P. Dupuy (43); — « Tradimento del 1618 nel mese di maggio in Venezia » (45); note sur le même incident, en français (47); de la main de P. Dupuy; — Lettre de [Pedro Giron], duc d'Ossuna, au pape [Urbain VIII], contre les Vénitiens, 1627, en italien (49); — Relation de Venise, 1627 (51); — Pièces, en français et en italien, concernant l'attentat commis contre Renier Zeno, 1627-8 (54); — Harangue du comte d'Avaux [Claude de Mesmes] au doge et à la seigneurie de Venise, 1628 (67); — Lettres du doge Zuane Cornaro, investissant le duc de Candale du commandement de toutes les troupes ultramontaines au service de la république, 23 juin 1628 (69); — Protestation faite au pape Urbain VIII par l'empereur Ferdinand II, au sujet du patriarcat d'Aquilée, 1628 (71).

Formule du serment à prêter au roi de France Louis XII par Galéas « Palvesin » [Pallavicini] et les commandants des places de Sarzana, Sarzanello et autres villes, Gênes, 12 mai 1507, orig. (76); — Lettre du sénat de Milan au roi Louis XII, 1er décembre 1511, en lat., orig. (78); — Lettre du conseil de la ville de Crémone au roi Louis XII, 10 oct. 1517, en ital., orig., cachet (79); — Pièce relative au mariage de Louis, duc de Touraine, plus tard duc d'Orléans, et de Valentine Visconti (80); — Lettre de D[enys Briçonnet], évêque de Saint-Malo, et de Léon Bellon au chancelier de Milan, [Étienne Poncher], Rome, 31 déc. [1518], orig. (84); — Copie d'une bulle de Léon X, relative aux bénéfices consistoriaux du duché de Milan [1518] (86); — Avis du sénat de Milan sur le même objet (90); — Copie d'une lettre de Robert, comte de Cajazzo, au roi Louis XII, sur la mort de Galeaz Maria Sforza, duc de Milan, Tours, 18 déc. 1477 (92); — « Avertimenti di Don Scipio da Castro, dati al Duca di Terranova, quando andò governatore in Milano » (93); — Lettre des marquis Malaspini aux princes d'Italie, en italien, suivie d'un acte de citation, en latin, du roi d'Espagne Philippe III, 1605 (101); — « Inscription mise par le comte de Fuentès sur le portal de son fort », en italien (105); — Lettre en latin ainsi adressée : « Illustriss. Regenti Corio Saccus s. d. », relative à une sédition, Milan, 23 août 1629, in-fol., *impr.* (107).

Traité de paix conclu à Blois entre les ambassadeurs de Florence et de Pise, 13 févr. 1502, orig., en franç. (110); — Lettre du gouvernement florentin au roi Louis XII, 25 oct. 1508, en ital., parch. (112); — Harangue de Claude de Seyssel, évêque de Marseille, à la seigneurie de Florence, en italien (113); — Documents relatifs au principat d'Alexandre et de Cosme de Médicis, copies de P. Dupuy, 1530-1538 (115); — « Orazione di M. Claudio Tolommei, ambasciador di Siena, recitata dinanzi ad Henrico II, christianissimo Rè di Francia, » [1556] (123); — « Capitoli stabiliti trà il re Filippo [II] et il duca Cosmo di Medici per il cose di Siena », en latin, 1557 (143); — Lettre du duc de Florence [Cosme de Médicis] au duc de Savoie [Emmanuel-Philibert], sur le titre de « grand-duc de Toscane, » Florence, 11 déc. 1569, avec la réponse, Turin, 27 déc. 1569, en italien (153); autres pièces sur le même sujet, 1570-1575

(155) ; — Transaction entre la Reine mère [Catherine de Médicis] et le grand-duc de Toscane [Ferdinand de Médicis], au sujet de la succession de Laurent de Médicis, duc d'Urbino, 1588 (171) ; — Convention passée entre le roi Henri IV et le grand-duc de Toscane Ferdinand Ier, au sujet du château d'If, Florence, 1er mai 1598 (181).

« Discorso fatto sopra le cose di Genova per la M^{tà} del Rè Christ^{mo} », 1606 (189) ; — Pièces concernant la guerre entre Gênes et le duc de Savoie Charles-Emmanuel, 1624-1628 (195 et suiv.) ; etc.

XVIe et XVIIe siècles. Papier et parchemin. — 225 feuillets. — « 1632 ».

46.

Recueil d'instructions, de lettres, de traités, etc., en latin, français, italien et espagnol, concernant l'histoire de la Savoie, du XIVe au XVIIe siècle, ses prétentions sur l'île de Chypre, et l'affaire du marquisat de Saluces. — Copies.

On remarque dans ce recueil les documents suivants : Acte établissant la régence de Bonne de Bourbon, comtesse de Savoie, pendant la minorité de son fils [plus tard Amédée VIII, premier duc], Chambéry, 8 mai 1393 (8) ; — Traité d'alliance entre le roi Charles VII et le duc Louis de Savoie, 27 oct. 1452 (10) ; — Traité entre le roi Henri IV et le duc Charles-Emmanuel, 27 fév. 1600 (16-19 v°) ; — Pouvoirs donnés par le roi Henri IV à [Nicolas Brûlart] de Sillery et au président Jeannin, et par le duc Charles-Emmanuel à ses envoyés, pour traiter de l'échange du marquisat de Saluces contre le pays de Bresse, Chambéry, 27 nov., et Turin, 31 oct. 1600 ; suit le texte du traité, Lyon, 17 janv. 1601 (24-36 v°) ; — Capitulation de la ville de Chambéry, 21 août 1600 (44) ; — Traité de paix entre le duc Charles-Emmanuel et la république de Genève, 21 juillet 1603 (48) ; — Pouvoir et instructions donnés par Henri IV et Louis XIII à [Claude] de Bullion, ambassadeur en Savoie, 1609 et 1611 (56 et 82) ; — Lettres du duc Charles-Emmanuel et du duc de Nemours à Villeroy, Turin, mars 1610 (68) ; — Lettre de Henri IV à André de Cochefilet, baron de Vaucelles, ambassadeur en Espagne, 1er nov. 1610 (74) ; — « Propositions faites par le... cardinal [Alessandro] Ludovisi et le seigneur [Philippe] de Bettune, ambassadeur... en Italie, au seigneur dom Pedro de

Toledo », avec les réponses, Turin, 27 oct. 1616 (100) ; — « Traicté de paix entre Son Altesse [Charles-Emmanuel, duc de Savoie] et Monsieur le duc de Nemours [Henri de Savoie], faict le **14** de novembre 1616 », Lyon, 1616, in-8°, *impr.* (104) ; — Contrat de mariage de Chrestienne de France, sœur du roi Louis XIII, et de Victor-Amédée de Savoie, 1619 (112) ; — Mémoires adressés au Conseil du Roi par le connétable [François de Bonne, duc de Lesdiguières], alors à la tête de l'armée royale en Piémont, avec les réponses, oct.-nov. 1625 (122) ; — Édit de Louis XIII, contre tous ceux qui sont au service de la Savoie, Lyon, 6 mai 1630 (138) ; — « Discours de ce qui s'est passé en Savoye depuis que le Roy y est entré », mai 1630 (140) ; — Supplique des syndics, conseil et ville de Chambéry à Louis XIII, 16 mai 1630, avec la réponse (142) ; — Capitulation du château de Chambéry, 17 mai 1630 (146) ; — Note sur l'établissement du Conseil souverain de Savoie par Louis XIII, juin 1630 (148) ; — Harangue adressée à Louis XIII par le président [Claude] d'Expilly, président au Parlement de Grenoble, juin 1630 (150) ; — Lettre de Louis XIII à d'Expilly, Saint-Germain, 6 juillet 1631 (152).

Mémoire concernant les prétentions du duc de Savoie sur le royaume de Chypre, en italien (154) ; autres pièces relatives à la même question, 1462-1630, de la main de J. Dupuy (158).

Documents relatifs au marquisat de Saluces, 1486-1601 (173) ; etc.

XVI⁰ et XVII⁰ siècles. — 194 feuillets. — « 1632 ».

47.

« Histoire particulière de ce qui se passa à Paris au jour des Barricades et autres jours suivans, au mois de may de l'année 1588 ; escrite par un partisan de Mʳ de Guise. »

XVII⁰ siècle. — 30 feuillets. — « 1628 ».

48.

« Vie de Messire Henry de Mesmes, sieur de Roissy, escrite par lui-mesme. »

En déficit.

(Cf. Coll. Duchesne, vol. 57, fol. 56-71, et Mémoires inédits de H. de Mesmes (1532-1556), p. p. Ed. Frémy, 1886, in-18.)

49.

Recueil de lettres et instructions, concernant les événements survenus depuis le 23 février 1631, jour où la Reine mère, Marie de Médicis, fut emprisonnée à Compiègne, jusqu'au 28 juillet suivant, date de sa fuite hors de France. — Copies.

Outre la correspondance échangée entre Louis XIII, Marie de Médicis, le maréchal d'Estrées et Antoine de Loménie pendant cette période, on remarque dans ce volume les pièces suivantes : Lettres du Roi aux Parlements et aux gouverneurs de provinces, 23 fév. (3); Versailles et Saint-Germain-en-Laye, 20 juillet (208 et 209); — au comte d'Alais [Louis de Valois, duc d'Angoulême], Auxerre, 22 mars (98); — au Parlement de Paris, Monceaux, 10 août (245).

Instructions pour le maréchal d'Estrées, Compiègne, 22 fév. (7); — pour le sieur de la Ville-aux-Clercs [Antoine de Loménie], Senlis, 24 fév. (9); — pour le marquis de Saint-Chaumont, Dijon, 2 avril (126), Fontainebleau, 16 avril (144 et 147).

Lettres du sieur d'Argouges à « Cotignon », Paris, 6 mars (58); — du P. [Jean] Suffren au Roi, Compiègne, 25 mars (117); — du comte d'Alais à A. de Loménie, Compiègne, avril (125, 133 et 139); — de la Reine mère au Parlement, aux prévôt des marchands et échevins de Paris, Avesnes, 27 juillet (232 et 236); — de Richelieu à A. de Loménie, Leuville, 2 juin (195 v°), et à la Reine mère, s. d. (262); — du P. de Chantelouve au Roi, s. d. (264).

Déclaration du Roi en faveur de Richelieu, Fontainebleau, 26 mai 1631 (179); — « Relation de ce qui s'est passé à Compiègne, Messrs de Schomberg et de Roissy y estans allez trouver la Reine mère de la part du Roi, le 22 mai 1631 » (191); — « Discours d'un vieil courtisan désintéressé sur la lettre que la Royne mère du Roy a escrite à Sa Majesté après estre sortie du royaume », 1631, in-4°, *impr.* (216); — « Information faicte par Mr de Nesmond, m^e des requêtes, sur la sortie de Compiègne et du royaume de la Reine mère du Roy », 23 juillet (240); — « Déclaration du Roy, sur la sortie de la Reine sa mère et de Monseigneur son frère, hors du royaume... », 1631, in-8°, *impr.* (246); etc.

XVIIe siècle. — 265 feuillets. — « 1632 ».

50.

Recueil d'opuscules écrits par Georges CASSANDER ou composés en son honneur.

Ce volume contient les pièces suivantes : « Georgii Cassandri de Articulis religionis hac aetate inter praecipuas Ecclesiae partes controversis, ad Ferdinandum imperatorem Augustum, et Maximilianum II, imperatorem Augustum, ejus filium et successorem, consultatio » (1-108) ; — « Acta colloquii habiti a Georgio Cassandro cum Joanne Kremer a Castorp..., anabaptismi causa captivo in arce Dinslachen »..., 1558 (109) ; — Poème latin de Jean Isaac en l'honneur de Georges Cassander, 1566 (113).

XVI⁰ siècle. — 113 feuillets. — « 1633 ».

51.

« Harengues, discours et mémoires de Mʳ Guillaume LE CLERC, conseiller du Roy en son conseil d'Estat et premier président en sa cour des Monnoies, [successeur de Claude Fauchet, 1599], touchent le faict des Monnoies ». — Autographe.

Le fol. A préliminaire et les fol. 114 v⁰-116 v⁰ contiennent des pensées et maximes diverses, en latin et en français.

XVI⁰-XVII⁰ siècle. — 116 feuillets. — « 1631 ».

52.

Recueil de pièces concernant l'histoire des terres et propriétés du DOMAINE royal.

Copies, dont plusieurs sont authentiques ; quelques originaux.
Pièces concernant le comté de Foix, 1278, 1433, 1618 (6-30) ; — baronnie de Châteauneuf-en-Thimerais, XI⁰-XVII⁰ s. (32-45 et 133) ; — Vaucouleurs (48-50 v⁰) ; — Saint-Dizier, de la main de Th. Godefroy (52) ; — terres de Nesle et de Brennes (53) ; — Montferrand et Riom (55 et 63) ; — domaine aliéné d'outre Seine et Yonne (71) ; — ville et châtellenie de Suèvres, près d'Orléans : inventaire de titres adressé par Charles de Balzac, gouverneur des duchés d'Orléans, Étampes, etc., au président Jeannin, orig. (84) ; — Mortagne,

contre les prétentions de la ville de Bellême (90); — comté et
vicomté de Châteaudun, 1439 (98); — seigneuries de Berre, Martigues et Istres, 1484 (102); — comté de Périgord, 1490 (112); —
biens de Catherine de Médicis en Auvergne, 1534 (116); — seigneurie de Monceaux, 1555 (119); — seigneurie de Gercy, dans le
comté de Marle, copie authentique (136); — terres et seigneuries
de Flandre, Brabant, Artois et Cambrésis, 30 mai 1598, copie authentique (140); — comtés d'Auvergne et de Lauraguais, 1618 (142);
— baronnie de La Tour, 1617 (162); — terre souveraine de Dona-
zan, 1630 (181-198); — Château-Regnault, Linchamp, Mohon, la
Tour-à-Glaire, 1629 (199); avec un inventaire de titres (207); —
Pignerol et la Pérouse, 1598 et 1632 (219-223); — Chantilly, 1633
(225); — Dammartin, 1633 (227).

On remarque en outre dans ce volume les pièces suivantes :
Factum « pour dame Élizabeth de Nassau, duchesse de Boüillon,
vefve de défunct Messire Henry de La Tour, duc de Boüillon,
premier mareschal de France, tutrice des enfans dudit défunct
et d'elle, deffenderesse, contre le sieur d'Alesme, conseiller en la
cour de Parlement de Bourdeaux et consors, demandeurs aux fins
d'une commission du vingt-neufième juillet mil six cens vingt-
quatre », dans l'affaire de la baronnie de Saint-Pierre d'Oléron,
in-4°, *impr.* (72); — « Sommaire du procès d'entre messieurs
maistres Gilles de Geneste, sieur de Fabvars..., président au Parlement de Bordeaux, et Guillaume d'Alesme, conseiller du Roy au
mesme Parlement, Christophle George Babiaud, sieur de Bellades,
et dame L'Estice de Gourgues, seigneurs barons de la baronie
de Saint-Pierre d'Oléron, demandeurs..., contre René Grenier,
escuyer, sieur de la Pelonnière .., et Madame Élizabeth de Nassau, duchesse de Bouillon... », in-4°, *impr.* (78); — Lettre de François Ier au chancelier [Antoine Du Bourg], au sujet de l'abandon
au marquis de Rothelin du revenu du grenier à sel de Montereau, Carignan, 21 nov. 1537, orig. (118); — Lettres patentes
de François II, concernant les joyaux de la couronne, Paris,
11 juillet 1559 (123); inventaire desdits joyaux, 5 nov. 1570 (125);
— Lettre de Dumesnil, G. Bourdin et Boucherat à Catherine de
Médicis, au sujet du procès d'Alençon et de la baronnie de Châteauneuf, Paris, 21 janv. 1562 (133); — Lettre de J[ean] de La
Guesle [au Parlement], Paris, 2 juillet 1571, orig. (135); etc.

XVIe et XVIIe siècles. — 228 feuillets. — « 1634 ».

53.

Recueil de pièces et de mémoires concernant METZ et le pays messin, et, en particulier, les abbayes de Gorze, Verga-ville et Autrey (762-1608). — Copies; quelques originaux.

On remarque dans ce volume les documents suivants : Acte de transport, par le cardinal de Lorraine au roi [Henri IV], d'une partie des droits régaliens par lui exercés à Metz, 19 déc. 1556 (4) ; avec les consentements donnés à ce transport par le chapitre de la cathédrale de Metz, 2 avril 1557, et par la municipalité de Metz, 8 janv. 1556 (6 et 8) ; — Ordonnance de Henri IV, portant que les étrangers ne pourront posséder aucun bénéfice dans les évêchés de Metz, Toul et Verdun, sans la permission royale, et que les bénéficiers ne pourront aliéner leurs bénéfices, Metz, 24 mars 1603, copie authentique (12) ; — Mémoires relatifs à l'établissement d'une Chambre royale et d'un Parlement à Metz (14 et 22) ; — « Des usurpations et entreprises par les ducs de Lorraine sur les villes et éveschez de Metz, Toul et Verdun, et les abbayes de Sainct-Arnoul, Gorze et autres bénéfices... » depuis 1552 (28) ; — Mémoires de Th. Godefroy sur Metz, Toul et Verdun (32) ; — Rapport sur l'administration du duc d'Épernon à Metz (40) ; — « Mémoire donné par quelques abbéz de Metz des entreprises de Mʳ de Lorraine [le duc Henri II] sur plusieurs bénéfices dépendans desdites abbayes, pour joindre à la primace de Nancy », 20 août 1618 (46 et 50).

Mémoire sur l'abbaye de Gorze (54 et suiv.) : — Notes sur Gorze, par Th. Godefroy et P. Dupuy (56 et 59) ; — Acte de fondation de l'abbaye de Gorze, 17 kal. jul. 762 (57) ; — « Villages usurpés sur l'abbaye de Gorze... » (60) ; — « Mémoires touchant l'abbayée de Wargaville et le temporel d'icelle » (62) ; « sur les contentions et difficultez suscitées pour l'abbaye de Wargaville et la jurisdiction d'icelle » (66) ; « ... Abrégé des mémoires recueillis par le procureur général du roi au pays Messin... » (70) ; « Articles accordez par les depputez de Monseigneur de Vaudemont, fondateur de l'abbaye de Wergaville... à la dame abbesse... », Metz, 4 juillet 1609 (72) ; — Mémoire sur l'abbaye d'Autrey (74) ; — Requête du procureur général du Roi à Metz contre l'élection de l'abbé de Saint-Symphorien, 1606-1607 (76) ; — Lettres de protection octroyées à

la ville de Metz par François II (78) ; — Notes sur Nomeny, par
P. Dupuy (80) ; — Déclaration du conseil de ville de Metz au sujet
de l'administration de la justice, 26 oct. 1596 (81) ; — Notes sur
l'évêché de Metz, par P. Dupuy (83); — Avis du premier président
du Parlement de Metz sur le conflit soulevé au sujet du droit de
justice entre le chapitre et le conseil de ville de Metz, (84) ; — Documents, dont l'un est *impr.*, in-4° (87), concernant le sieur d'Ar-
quian, bailli de Metz, démissionnaire en faveur de Henri de Gour-
nay, sieur de Marcheville (86) ; etc.

XVIe et XVIIe siècles. — 97 feuillets. — « 1631 ».

54.

Recueil de pièces concernant l'histoire de la ville et du
comté de VERDUN aux XIVe, XVe et XVIe siècles. — Copies.

On remarque dans ce volume les documents suivants : Lettres
des empereurs Charles-Quint, 1542 (83), Ferdinand Ier, 1560 (86),
Maximilien II, 1566 et 1570 (5, 10 et 14), Mathias, 1612, copie de
Th. Godefroy (19), Ferdinand II, 1628 (24) ; — des rois de France
Philippe VI, 1331 et 1333 (29 et 33), Louis XI, 1465 (80), François Ier, 1542 (82 et 85), François II, 1560 (38), Henri IV, 1607
(134), Louis XIII, 1627 (57) ; — du duc de Lorraine Charles III,
1589 (63) ; — des Électeurs de l'Empire au roi Louis XIII, 1627 (22).

Traité conclu entre le roi Charles VI et Liébault de Cousance,
évêque de Verdun, 1389 (37) ; — Notes de Th. Godefroy sur Verdun (42) ; — Documents concernant la députation envoyée au roi
Louis XIII par le conseil de ville de Verdun, pour lui demander
la confirmation des privilèges de la cité, 1627 (43, 45, etc.) ; —
« Inventaire des pièces et tiltres que les gouverneurs et gens du
Conseil de la cité de Verdun ont produit par devers Monseigneur
le duc de Lorraine, Bar et cæt., à ce qu'il lui plaise que les bourgeois et citoyens de ladite ville puissent sans difficulté tenir biens,
succéder et se marier en ces terres et pays » (67) ; — Acte notarié
relatif à la mise en liberté de Guillaume de Haraucourt, évêque
de Verdun, 31 oct. 1482 (69) ; — Promesses solennelles de Herric
de Lorraine, évêque-comte de Verdun, au roi Henri IV, 1601 (72) ;
— « Acte de prestation... de serment de fidélité des évesque... et
habitans de la ville de Verdun au roi Henri IV, 24 sept. 1601 »,

copie de J. Dupuy (73); — Serment prêté par Charles de Lorraine, évêque de Verdun, 21 août 1613 (76); — « Pour la provision aux abbayes de Verdun », note de P. Dupuy (78); — Bulle du pape Léon X, intitulée « Communicatio concordatorum Germaniae pro insigni ecclesia Virdunensi », 1519, Verdun, 1617, in-fol., *impr.* (79); — Procès-verbal et jugement contre ceux qui avaient abattu les armes et sauvegarde du roi Louis XIII au village de Belleville, dans le Verdunois, 1611, (88); — « Mémoire touchant la seigneurie de Creux, l'une des quatre pairies de l'évesché de Verdun... » (102); — « Procès verbal de la conférence pour le chapitre de Verdun », 1601-1602 (104); — Accord intervenu entre les archiducs Albert et Isabelle, d'une part, et le chapitre de Verdun, d'autre part, au sujet des villages de Peuvillers, Écurey, Moirey, Bréhéville, Lucey, Haumont, Crepion, etc., 1607 (118); documents relatifs à cet accord (134 et suiv.); — Lettres patentes, arrêts, requêtes, etc., concernant le règlement et l'administration de la justice à Verdun, 1599-1625 (158-234); etc.

XVe, XVIe et XVIIe siècles. — 234 feuillets. — « 1631 ».

55.

Recueil de pièces relatives à la sédition de Bordeaux, en 1548 et 1549. — Copies.

XVIIe siècle. — 42 feuillets.

56.

« Table [alphabétique] des registres du Conseil du Parlement de Paris », par Théodore Godefroy.

Fiches originales montées. — A la fin, concordance des feuillets de la table avec les années des registres.

XVIIe siècle. — 68 feuillets. — « 1623 ».

57-59.

« Table [alphabétique] des registres des Ordonnances [des rois de France], par Théodore Godefroy. — Autographe.

Fiches originales montés. — Le premier volume est précédé d'une table et contient les lettres A à D inclusivement.

II (**58**). Lettres E-O. — La table qui se trouve au commencement du volume est de la main de P. Dupuy.

III (**59**). Lettres P-Z. — La table qui se trouve au commencement du volume est de la main de P. Dupuy. — Au fol. 90 se lit une courte instruction pour l'usage de la table contenue dans ces trois manuscrits.

XVIIe siècle. — 110, 117 et 90 feuillets.

60.

Correspondance échangée entre la reine Marguerite de Navarre et [Gui du Faur, sieur de] Pibrac (1581). — Copies.

XVIe et XVIIe siècles. — 34 feuillets. — « 1628 ».

61.

Recueil de lettres, la plupart originales, adressées aux rois Henri III et Henri IV, et de pièces relatives à l'histoire de France, de 1589 à 1592.

Les lettres adressées aux rois Henri III et Henri IV émanent des personnages et villes dont les noms suivent :

1589. — Consuls de la ville du Puy, 28 janv. (5) ; — maréchal de Montmorency, Pézenas, 31 janv., autogr. (7) ; — Morenard, Saint-Germain, Chenerailles, Tournoilles et Saint-André d'Apchon, Saint-Germain, 1er fév. (9) ; — divers personnages intercédant auprès du Roi en faveur de l'archevêque de Lyon[Pierre d'Espinac], Josserands, près Dallys, 4 févr. (11) ; — de Saint-Vidal, Le Puy, 4 fév. (13) ; — maires et échevins de Châtellerault, 3 mars (16) ; — de Rouhet, Châtellerault, 3 mars (18) ; — Parlement de Bordeaux, 28 juillet (22) ; — maréchal de Matignon, Bordeaux, 2 août (24) ; Saint-Macaire, 4 août (26), et Bordeaux, 18 août (36) ; — [Louis] de Salignac, évêque de Sarlat, 3 août (28) ; — consuls de Limoges, 22 août (38) ; — Méry de Vic, Limoges, 28 août (40 et 43) ; — Jacques [Maury], évêque de Bayonne, 14 sept. (45) ; — A[dam de Hurtelou], évêque de Mende, 19 sept. (51) ; — [Michel Hurault de l'Hospital, sieur] du Fay, autogr. (53) ; — Tiers-état de Languedoc, Béziers, 16 oct. (59) ; — deux lettres non signées, de mains différentes, et dont la première est datée du 24 oct. 1589 (61 et

62); — J.-L. de Lavallette, [duc d'Épernon], Angoulême, 11 nov., copie (63); camp de Villebois, 7 déc. (67); Mareuil, 9 déc., autogr. (69 et 71); — C.-L. de Barbesières, 16 nov. (65); — [Guillaume] Daffis, Bordeaux, 12 déc. (73); — maire et jurats de Bordeaux, 15 déc. (75); — avocats et procureur généraux du Parlement de Bordeaux, 20 déc. (77); — F. de Foix, [comte de Candale], Castelnau, 22 déc., autogr. (79).

1590. — Le sieur de Frontenac, Bordeaux, 3 janv., autogr. (83); — Parlement de Bordeaux, 10 janv. (87 et 89); 10 fév. (102); 31 mars (121); 25 oct. (191); 15 nov. (195); 20 nov. (199); — A[ntoine Prévost] de Sansac, archevêque de Bordeaux, 12 janv. (91); — le maréchal de Matignon, Bordeaux, 12 janv. (93); Bordeaux, 28 févr. (109); 13 nov. (193); — le président P. [de] Nully, La Guyonnière, près Montaigu, 17 janv., autogr. (97); — [François, marquis d']Oraison, Cadenet, 20 janv., autogr. (99); — « Bouthery », Vienne, 21 janv., copie (101); — A[ntoine] de Senectere, [Senneterre], évêque du Puy, 12 fév. (104); — J.-Louis de Lavallette, [duc d'Épernon], Saintes, 26 fév. (106); 3 mars, autogr. (111); 4 mai (127); 16 mai, autogr. (131); Sisteron, 14 juin (133 et 135); Caumont, 27 juillet, autogr. (141); Manosque, 29 août (123); 30 août, autogr. (154); Toulon, 17 oct. (185); — Sabatier, président du Parlement de Toulouse, Carcassonne, 12 mars (115); — le maréchal de Lesdiguières, Serres, s. d., (117); 14 sept. (157); — maire, échevins, conseillers et pairs de La Rochelle, 10 mars (119); — magistrats municipaux de Montpellier, Nimes et Uzès, 17 avril (123); — [vicomte de] Turenne [Henri de la Tour d'Auvergne, plus tard maréchal et duc de Bouillon], Nérac, 25 avril, post-scriptum autogr. (125); — avocats et procureur généraux du Parlement de Bordeaux, 16 mai (129), et 17 nov. (197); — A[dam de Hurtelou], évêque de Mende, 30 juin (139); — Maurice de Nassau, prince d'Orange, Niemeghen [Nimègue], 28 juillet (143); — [Henri Ier], duc de Montmorency, Béziers, 18 août (145 et 147); 27 août (151); 24 sept. (161); Cabesta[i]ng, 17 oct. (187); — Charles de Mailly, Gisors, 22 août, autogr. (149); — [Michel de] Montaigne, Montaigne, 2 sept. (155); — maire et jurats de Bordeaux, 15 sept. (159); — Antoinette de la Marck, [duchesse de Montmorency], s. d., autogr. (189).

1591.—J. Pélissier, procureur général au Parlement de Dauphiné, Romans, 3 janv. (207);—Jean-Louis de Lavallette, Sisteron, 6 janv., avec post-scriptum autogr. (213); — « Dyllin », premier président du Parlement de Dauphiné, Romans, 23 janv. (215); — consuls et habitants de Romans, 23 janv. (217); — « Arvieu », Montauban, 22 fév. (219); — Dupin, La Rochelle, 12 mars, autogr. (221); — maire et jurats de Bordeaux, 21 mai (222); — [Claude], duc de la Trémoïlle, 4 juillet, s. a., autogr. (224); — « Gibron » (?), avocat général au parlement de Toulouse, Carcassonne, 6 nov. (226); — R. Castagner de la Rochepozay, Le Dorat, 19 déc. (228).

1592. — Le maréchal de Matignon, Bordeaux, 4 janv. (230) et 20 avril (269); — R. Castagner de la Rochepozay, Le Dorat, 18 janv. (232); La Guerche, 7 fév. (244); Mirebeau, 10 fév. (248); Ahuy, 2 mars (259); — Parlement de Bordeaux, 27 janv. (234); 4 mars (267); — maire et jurats de Bordeaux, 29 janv. (238); — [Henri Ier] de Montmorency, Castelnau, 1er fév. (242), et 17 fév. (250); camp d'O[u]veillan, 22 nov. (296); — [Aimar de] Chastes, Polignac, 12 fév. (246); — « Turquant », Limoges, 28 fév. (253); — procureur général du Parlement de Bordeaux, 5 mars (261); — [Anne de Lévis, duc de] Ventadour, Meymac, 3 avril (265), et Corrèze, 28 avril (271); — [vicomte de] Turenne [Henry de la Tour d'Auvergne, plus tard duc de Bouillon], Caumont, 8 mai (273); — Guillaume de Gada(y)gne, [sieur de Bothéon], Vienne, 8 mai (275); — [Michel Hurault de l'Hospital, sieur] du Fay, Villehenry, 10 juin (277); — Parlement de Provence, Sisteron, 29 juin (279); — [Louis de] Revol, secrétaire d'État, Saint-Denis, 6 juillet, copie (281); — divers « seigneurs et gentilshommes de Périgord catholiques », s. d. (283); — maréchal de Lesdiguières, Grenoble, 12 août, autogr. (284); — [de] Lavauguyon, 25 août (286); — Alphonse d'Ornano, Romans, 29 oct. (288); — [sieur de] Thémines, Milhac, 2 nov. (290); — de Belloy, Pézenas, 9 nov. (292); — de Vicose, Brecayras, 14 nov. (294); — I[nigo] de Sponde, en Brouage, 13 déc. (300).

1593. — J.-Louis de Lavallette, Brignoles, 22 mars (263).

On peut encore signaler dans ce volume les documents suivants : Lettre du roi de Navarre au maréchal de Matignon, s. d. (15); — « Articles accordés par le Roy de Navarre....., gouverneur et lieutenant général pour le Roy en... Guienne, au sieur de Rouhet, gouverneur... de Chastellerauld... », 2 mars 1589, copie authentique (20); — Remontrances faites au Parlement de Bordeaux par les avocats et procureur généraux, en présence du maréchal de Matignon, 17 août 1589 (30); — Lettre de M. du Ba-

rannau, sénéchal d'Armagnac, au maréchal de Matignon, s. d.,
copie (34) ; — Lettre du sieur de Beaudan à M. du Barannau,
Aux, 17 août 1589, copie (35) ; — Mémoire politique sur le pays de
Velay, par des fonctionnaires du Puy, Pézenas, 16 sept. 1589, orig.
(47) ; — Délibération du Parlement de Bordeaux au sujet de la reconnaissance de Henri IV comme roi de France, 14 oct. 1589,
copie (55) ; — Lettre du vicomte d'Aubeterre au duc d'Épernon,
Aubeterre, 25 nov. 1589, copie (64) ; — Instructions remises au
maréchal de Matignon par les partisans de Henri IV, copie (85) ;
— Articles proposés par du Barannau, sénéchal d'Armagnac, à la
noblesse assemblée à Lisle pour délibérer sur les affaires de Gascogne (95) ; — Résignation, par Antoine Duprat, de son office de prévôt de Paris, en faveur du duc d'Épernon, 4 nov. 1589, copie (108) ;
— Lettre de Chrestienne d'Aguerre, [femme d'Antoine de Blanche-
fort-Créquy], au duc de Lesdiguières, Pertuis, 4 mars, s. a., orig.
(113) ; — Instructions de [J.-Louis de] Lavallette au sieur de Péronne, qu'il dépêche auprès du roi Henri IV, Sisteron, 14 juin 1590,
orig. (137) ; — Mémoire sur les troubles survenus à Toulouse en
1590 (163) ; — Relation du voyage du duc de Parme en France,
par lui envoyée au comte d'Olivarès, 1590, en espagnol (167) ; —
Lettre des magistrats et habitants de Montpellier, Nîmes et Uzès
[au maréchal de Montmorency], s. d., copie (177) ; Délibération
des mêmes, 16 oct. 1590, copie (181) ; — Délibération du Parlement ligueur de Grenoble contre Henri IV, 22 nov. 1590, copie
authentique (201) ; — Lettre de [Claude-Catherine de] Clermont,
maréchale de Retz, à « Dupin, conseiller du Roy et intendant de
ses finances », Mâchecoul, 6 janv. 1591, orig. (209) ; et réponse de
Dupin, La Rochelle, 14 janv., copie (211) ; — Lettre de J.-Louis
de la Valette, [duc d'Épernon], au Parlement de Bordeaux (236) ;
aux maire et jurats de la même ville, Saintes, 18 janv. 1592 (240),
copies authentiques ; — Dépêche chiffrée de Villeroy à M. de Ver-
rière (258) ; — Ordonnance du duc Henri de Montmorency, gouverneur de Languedoc, camp d'O[u]veillan, 21 nov. 1592, copie
(298); etc., etc.

XVIe et XVIIe siècles. — 301 feuillets. — « 1632 ».

62.

« Lettres de plusieurs grands et autres emploiez dans les

affaires d'Estat, escrites au Roi [Henri IV], ès années 1593, 1594 et 1595. — Vol. II ».

Recueil de lettres, pour la plupart originales, adressées au roi Henri IV, et de pièces en français, latin et espagnol, relatives à l'histoire de France, de 1593 à 1595.

Les lettres adressées au roi Henri IV émanent des personnages et des villes dont les noms suivent :

1593. — Guillaume de Gada(y)gne, [sieur de Bothéon], Romans, 6 mars (10), 2 nov. (41), et 16 nov. (42); — D. de Laylhère [Jean-Denis de La Hillière], Bayonne, 4 avril (12); — Alphonse d'Ornano, Moras, 8 avril (14), 1er mai (18), et Grenoble, 30 oct. (39); — [Anne de Lévis, duc de] Ventadour, Corrèze, 28 avril (16); — [maréchal de] Lesdiguières, Grenoble, 16 août (21); Embrun, 1er sept. (31); — magistrats, consuls, syndic et députés au Conseil de la ville et diocèse d'Uzès, 7 sept. (35); — Parlement de Provence, « Maurasque », 27 nov. (44); — [Henri Ier], maréchal de Montmorency, Beaucaire, 8 déc. (53); — Fontralhas [de Fontrailles], Loytore [Lectoure?], 25 déc., autogr. (60).

1594. — J.-Louis de Lavallette [duc d'Épernon], Valensole, 6 janv. (62); fort d'Aix, 9 janv., autogr. (64); Brignoles, 1er mars (76); 1er mars, autogr. (78); Peyrolles, 19 avril (107); Riez, 20 mai, autogr. (115), Sisteron, 16 oct. (184); — duc de Lesdiguières, Grenoble, 31 janv. (66); 1er mars (80); Puymore-lès-Gap, 20 sept. (162); « Beuvy », 17 oct. (186); Diblon, 29 oct. (192); Gap, 11 nov. (193); — vicomte de Turenne [Henri de la Tour d'Auvergne], Nérac, 10 fév. (67); — maréchal de Montmorency, Pézenas, 5 mars (82); s. d., autogr. (84); Pézenas, 18 mars (98), 4 avril (102), 12 juin (121), 17 juillet (128); Beaucaire, 9 août (143); s. l. [août], autogr. (145); Baignols, 25 août (154); Lyon, 11 (195) et 16 déc. (197); — Louise de Budos, [femme de Henri Ier, maréchal de Montmorency], s. d., autogr. (86); — A[dam de Hurtelou], évêque de Mende, Chérac, 10 avril (100); — [Jean] Daffis, Toulouse, 29 avril (111); — de Caumelz, avocat général au Parlement de Toulouse, 29 avril (113); — [Bertrand de Salignac] de la Mothe-Fénelon, Fénelon, 21 mai (117); — Charles, b[âtard] de Valois, [comte de Clermont], Clermont, 22 mai (119); — [Louis d']Arpajon, [marquis de Séverac], Séverac, 17 juin (123); — Chamberet, lieutenant-général, Limoges, 5 juillet (125), et s. l., 20 juillet

(141) ; — [François, marquis d']Oraison, Aix, 14 juillet (130), et
sept., cachet (164) ; — [Jean de Morlhon, baron de] Sauveuse, s. d.
[20 août] (148) ; — Alexandre Carretto, marquis de Final, Vareilles,
24 août, cachet (152) ; — Charles de Lorraine, duc de Mayenne,
Bruxelles, 6 sept. (160) ; — Guillaume de Gada(y)gne, [sieur de Bo-
théon], Lyon, 29 sept. (166) ; — consuls d'Aix, 5 oct. (170) ; — J. de
Caumont, s. d., autogr., cachets (172).

1595. — Consuls d'Aix, 9 janv. (199), 25 janv. (205), 20 août
(242) ; — Parlement de Bordeaux, 10 janv. (201) ; — maire et
jurats de Bordeaux, 11 janv. (203) ; — maréchal de Matignon,
Bordeaux, 29 janv. (207), Beaumont, 16 juin (216) ; Saint-Lys,
29 juillet (238) ; — J. Gincestre (?), prédicateur du Roi, Toulouse, 30 janv., autogr. (209) ; — [Guillaume] Daffis, Bordeaux,
31 janv., autogr. (211) ; — D. de Laylhère [Jean-Denis de Lahil-
lière], Bayonne, 2 févr. (213), 27 juin, cachet (224), et 21 juillet
(234) ; — M[éry] de Vic, Castres, 20 juin, autogr., cachets (220) ;
— Parlement de Toulouse, Béziers, 6 juillet (226) ; — Pierre [Pel-
tier], évêque d'Auxerre, Béziers, 5 juillet (228) ; — Guillaume de
Gada(y)gne, Lyon, 28 juillet (236) ; — J.-Louis de Lavallette, [duc
d'Épernon], Riez, 26 août (244) ; Brignoles, 31 déc. (268) ; —
« gens tenantz la chambre ordonnée en temps de vaccations » au
Parlement de Provence, Aix, 29 août (246) ; — maréchal de Lesdiguières, Grenoble, 13 oct. (252) ; — André Aube, prévôt et vicaire
général de l'église d'Arles, Arles, 21 nov. (254) ; — commis des
États du diocèse du Puy et du pays de Velay, Yssingeaux, 28 nov.
(262) ; — Pujols-Dufaur, Pujols, 18 déc. (264).

Parmi les autres documents contenus dans ce volume, on peut
signaler les suivants : Lettres du maréchal de Montmorency au
pape Clément VIII, Beaucaire, 18 janv. 1593, copie (6), et Uzès,
11 août 1593, copie (20) ; — Bref du pape Clément VIII au maréchal de Montmorency, Rome, Saint-Pierre, 1er mai 1593, copie (8) ;
— Traité conclu entre le duc de Savoie [Charles-Emmanuel Ier] et
le duc de Lesdiguières au nom du roi Henri IV, copie (25) ; — « Coppie d'une lettre de Mr le colonnel Purpurat à Monsieur Desdiguiè-
res », Pignerol, oct. 1593 (27) ; — Lettre du maréchal de Lesdiguières à M. de Sancy [Nicolas de Harlay], 31 août 1593, copie (33) ; —
à [François] d'Oraison, Grenoble, 3 janv. 1594, copie (65) ; aux
consuls de Digne, Grenoble, 31 janv. 1594, copie (71) ; « à MM. de
l'Esglize refformée du diocèze de Nismes », Aix, 9 juillet 1594, copie

(139) ; — Lettres de l'archevêque de Lyon, [Pierre] d'Espinac, s. d., et des consuls-échevins de la ville de Lyon, 30 sept. 1593, toutes deux à [Guillaume de Gadaygne], sieur de Bothéon, copies (37 et 38) ; — Lettre des sieurs de Crose et de Carces au Parlement de Provence, Aix, 19 nov. 1593, copies authentiques (46 et 47) ; — Lettres de Henri IV au duc d'Épernon, Dieppe, 27 nov. (48) ; Vernon, 8 déc. (49) ; Mantes, 10 juin 1593 (51), copies ; — Lettre de [François d']Oraison au connétable [Henri] de Montmorency, Manosque, 1er sept. (55), avec la réponse, Beaucaire, 8 sept. 1593 (57), copies ; — Mandement de Henri IV [au Parlement de Provence], Mantes, 23 déc. 1593, copie (59) ; — « Rolle des villes et places qui demeurent soubz l'obéissance du Roy en Provence », 1594 (63 *bis*) ; — Lettre, non signée, au sieur de Saint-Canat, Pertuis, 22 févr. s. a., orig. (69) ; — Lettre des consuls d'Aix au duc d'Épernon, 4 févr. 1594, orig. (72) ; — Lettre du Parlement de Provence au même, Aix, 4 fév. 1594, orig. (74) ; — « Instruction pour le sieur de Saint-Aubin de ce qu'il aura à dire au Roy de la part de Mgr le duc de Montmorency... », orig. signé, cachet (88) ; — Lettres des consuls de Marseille, 19 mars 1594 (109), et des consuls d'Arles au duc d'Épernon, 27 mars 1594 (110), copies ; — Lettre du comte de Carces, Aix, 10 juillet 1594 (127), et des consuls d'Aix au connétable [Henri Ier de Montmorency], 9 juillet 1594 (140), copies ; — Lettre du Parlement de Dauphiné au connétable de Montmorency, Grenoble, 4 nov. 1594, orig. (137) ; — Lettre de Charles de Lorraine, [duc de Mayenne], aux villes de Bourgogne, Bruxelles, 19 août 1594, copie (147) ; — Procès-verbal de la délibération des consuls de Rodez du 19 août 1594, copie authentique (150) ; — Ordonnance du duc Henri de Montmorency, relative aux affaires de Provence, Beaucaire, 20 août 1594, orig. (156) ; — Lettres de l'ambassadeur de Savoie en Espagne, Madrid, oct. 1594, en italien et espagnol (173 et 180) ; — Lettre « à Mademoiselle de Silleri », Chambéry, 23 sept., orig., signature déchirée (168) ; minute (179) ; — Lettre de Charles de Lorraine, [duc de Mayenne], au cardinal de Joyeuse, Bruxelles, sept.-oct. 1594, copies (175) ; — Ordre du maréchal de Lesdiguières à diverses localités, oct. 1594, copie (182) ; — Ordre du duc d'Épernon, Sisteron, 14 oct. 1594, copie (183) ; — Lettre de « Lafleur » à [Soffrey] de Calignon, chancelier de Navarre, « Beuvy », 18 oct. 1594, orig. (188) ; — Lettres de J.-Louis de la Valette, [duc d'Épernon], à [Pomponne] de

Bellièvre, conseiller d'État, intendant de justice à Lyon, Sisteron, 19 oct. 1594, orig. (190), et Brignoles, 24 nov. 1594, sans adresse, autogr. (194); — Lettre d'Antoine Possevin [Possevino] au connétable de Montmorency, Pont-d'Ain, 12 fév. 1595, en français, copie (215); — Lettre de [Hector de Pardaillan, sieur de Montespan et de] Gondrin, au maréchal de Matignon, s. d., orig. (218); — Documents relatifs au procès de haute trahison intenté à Pierre Dor de Châteaumartin devant le Parlement de Bordeaux, juillet 1595, copie (230); — Lettre de [Henri II] à la reine [Élisabeth] d'Angleterre, 15 août 1595, minute (240); — Mémoire relatif aux intrigues du duc d'Épernon avec l'Espagne, Milan, 3 sept. s. a., orig., en espagnol (248), suivi d'une traduction française (250); — Documents relatifs au clergé d'Arles, dont le premier porte le sceau plaqué du roi Henri IV, nov. 1595 (256, 258); etc.

XVIᵉ et XVIIᵉ siècles. — 269 feuillets. — « 1632 ».

63.

« Lettres de plusieurs grands et autres emploiez dans les affaires d'Estat, escrites au Roi [HENRI IV], ès années 1596, 1597, 1598, 1599, 1600, 1601, 1602, 1603, 1604, 1605 et 1606. — Vol. III ».

Recueil de lettres, la plupart originales, adressées au roi Henri IV, et de pièces relatives à l'histoire de France, de 1590 à 1601.

Les lettres adressées au roi Henri émanent des personnages et corps constitués dont les noms suivent :

1590. — [Michel de] Montaigne, Montaigne, 18 janv., s. a., autogr., cachet (77).

1591. — Parlement de Bordeaux, 7 févr. (36), et 22 mars (38); — [Jean]-D[enis] de Laylhère [Lahillière], Bayonne, 20 juin (58).

1596. — Le cardinal Pierre de Gondi, Villepreux, 18 janv. (7), — de Vyvonne, marquis de Pisany, Saint-Germain-en-Laye, 18 janv., autogr. (9); — maréchal de Lesdiguières, Grenoble, 29 fév. (13); — P[ierre] Dufaur de Saint-Jorry, Castelsarrazin, 29 fév. (15); — Nicolas Harlay de] Sancy, Grünswisch [Greenwich], 22 avril (17), et 24 avril (19), autogr.; — de Vicose, Bordeaux, 24 avril (21); — Maurice de Nassau, Middelbourg, 26 avril, autogr., cachet (23); — A[chille] de Harlay, 1ᵉʳ mai, autogr., cachet (25); — Nicolas Brûlart [de Sillery], Chaumont en Dauphiné, 25 juillet, autogr. (31).

1597. — Consuls de Rodez, 27 mars (40); — Parlement de Bordeaux, 20 avril (42); — C[harles II de Cossé-]Brissac, Rennes, 25 avril, autogr. (50); — [Gaspard de] Schomberg, Saumur, · 29 avril (52); Châtres sous Montlhéry, 7 juillet (60); — Charles de Breta(i)gne, [comte de Vertus et de Goëllo], Vertus, 4 mai (54); — [François] de Clary, Toulouse, 11 mai (56); — Don Giovanni Medici [Jean de Médicis], Casteldiff (sic), 5 août, en italien (62).

1598. — [Guillaume] Daffis, Bordeaux, 20 juillet, autogr. (65); — Dylline (?), Grenoble, 18 août (67); — [François] de Clary, Toulouse, 29 nov., autogr. (69).

1599. [François] de Clary, Toulouse, 18 janv., autogr. (71); — Baumevieille et divers, cachet, s. d. (73); — le connétable de Montmorency, s. d., copie (74); — Charles de Lorraine, [duc de Guise], Marseille, 13 et 20 mars, cachets (79 et 81), 8 avril (84); — A[chille] de Harlay, Paris, 4 avril, s. a. (83); — P[ierre] Dufaur de Saint-Jorry, Toulouse, 24 avril (86), et 31 juillet (90); — Béziers, 31 juillet (90); — [Anne de Lévis, duc de] Ventadour, Toulouse, 5 juillet (88); Béziers, 26 juillet (?) (104); — [Philibert de] La Guiche, Lyon, 4 août (92); — [Jean de] Fossé, évêque de Castres, 31 août (94); — M[éry] de Vic, Grenoble, 28 sept., autogr. (96); — F. [de] Nesmond, Angoulême, 30 sept. (98); — le président F. de Meynard, Brive-la-Gaillarde, 12 sept., autogr. (100); — Abdias de Chaumont, Lesques, 14 oct. (102); — [Philippe] de Fresne-Canaye, Castres, 20 oct. (108); — J.-Louis de Lavallette, [duc d'Épernon], Gimont, 25 oct., autogr. (110); — B[ertrand] d'Echaus, évêque de Bayonne, Toulouse, 27 oct., autogr. (112); — le président de Paulo, Castres, 11 et 15 déc., s. a., cachet (113, autogr., et 115); — Parlement de Toulouse, 18 déc. (117).

1600. — Maréchal de Montmorency, Pézenas, 24 janv., s. a., autogr. (119); — Parlement de Toulouse, 26 janv. (121); — Assam-Bassa, « Roy d'Alger », 1ᵉʳ mai, cachets (123); — [Anne de Lévis, duc de] Ventadour, Avignon, 31 juillet (125); — Parlement de Bordeaux, 4 sept. (127); — Hurault de Maisse, Marseille, 14 oct. (129).

1601. — Cardinal Aldobrandini, Avignon, 3 fév., autogr., en Italien (135); — [de Sade, sieur de] Lagoy, 3 févr., s. a., autogr., cachets (137); — [Antoine] Séguier, [sieur de Villiers], Venise, 30 janv. (139); — [Charles de Lorraine, duc de] Guise, Aix, 1ᵉʳ mai (147).

1602. — [Nicolas] de Verdun, [Toulouse], 26 juin (162); — maréchal de Lesdiguières, Grenoble, 1ᵉʳ oct. (165); — [Philibert de] La Guiche, Lyon, 13 déc. (167).

1603. — Desaigues, Bord[eaux], 15 avril (168); — [Nicolas] de Verdun, Toulouse, 8 mai (170); — [Anne de Lévis, duc de] Ventadour, Pézenas, 23 mai (176); la Voulte, 8 nov. (178); — Charles de Valois, [comte d'Auvergne], autogr., cachet, s. d. [Grenoble, 1603] (180, 181 et 183); — J. Merault, Chalus, 26 oct., autogr., cachets (184).

1604. — [Nicolas] de Verdun, Toulouse. 24 janv., 18 mai, 7 juin et 7 août, autogr. (187, 195, 201 et 205); — J.-P de Lussan, Blaye, 4 févr. (191); — Alphonse d'Ornano, maréchal de France, Bordeaux, 3 avril (193) ; — [Anne de Lévis, duc de] Ventadour, Pézenas, 4 sept. (207), et 12 oct. (210) ; — [Charles de Lorraine, duc de] Guise, Antibes, 1ᵉʳ déc. (212).

1605. — [Guillaume] Daffis, Bordeaux, 8 fév., autogr. (214), et 7 fév. (218) ; — [Anne de Lévis, duc de] Ventadour, Lodève, 12 déc. (220) ; — de Verteuil et J.-J. de Mesmes, Limoges, 16 déc. (121); — [Charles de Lorraine, duc de] Guise, Marseille, 20 déc., autogr. (224).

1606. — [Nicolas] de Verdun, Toulouse, 23 fév., cachet (228), et 20 janv., autogr. (245) ; — Alphonse d'Ornano, Agen, 22 mars (235), et 31 mars (239) ; — maréchal de Lesdiguières, Grenoble, 7 avril, autogr. (237); — maréchal de Montmorency, Pézenas, 7 déc. (241).

1607. — Parlement de Bordeaux, 10 janv. (226).

Parmi les autres pièces contenues dans ce volume, on peut signaler les suivantes : Lettre du sieur de Vicose à [Philippe Canaye, sieur] de Fresne, Rodez, 10 févr. 1596, autogr. (11); — « Addition à l'instruction qui a cy devant esté baillée au sieur Delbene, conseiller du Roy en son Conseil d'Estat, de ce qu'il aura à faire pour le service de Sa Majesté au voyage qu'il va faire par son commandement à Romme », mai 1596 (27) ; — Lettre de l'ambassadeur de Savoie au duc [Charles-Emmanuel I], Madrid, 6 déc. 1596, et sommaire des dépêches du duc, datées des 24 et 27 oct., copies (33); — « Extrait des registres de la Cour de Parlement » de Bor-

deaux, 19 avril 1597, in-fol., *impr.* (44); — « Coppye de lettres escripte par La Saignhe, chef des séditieux de Périgord, à ses adhé-
rans » (45), et « à M^rs de la ville [de] Domme, ensemble de celle
que leur escript le s^r de Giverzac » (46); — Lettre chiffrée, avec un
déchiffrement interlinéaire, [du grand-duc de Toscane Ferdinand
II de Médicis], à Francesco Guicciardini, son ambassadeur près
Philippe II d'Espagne, 23 avril 1597, cachets (48); — Mandement
de Henri IV au Parlement de Provence, Angers, 17 mars 1598,
copie (64); — Procès-verbal relatif à un attentat contre le château de Sommières, dressé et signé par le duc de Ventadour,
31 août 1599 (106); — Lettre de Henri IV au duc de Montmorency, au chancelier de Bellièvre et à [Philippe Canaye, sieur]
de Fresne, Corinthe près Chambéry, 11 nov. 1600, orig. (131);
— « Advis au feu roy Henry le Grand sur la prétention qu'il avoit
à l'Empire », chiffre avec déchiffrement interlinéaire, 1601 (133);
— Lettre d'Ancel à Henri IV, Prague, 27 janv. 1601, déchiffrement (143); — Lettre de [Paul Choart de] Buzanval [à Villeroy],
La Haye, 26 févr. 1601, orig., avec déchiffrement (144); — Lettre
de [Charles de Gontaut, duc de] Biron, au duc de Villeroy, Bourg,
5 mars 1601, autogr. (149); — Lettres [de Henri IV] à M. de Boissise [Jean de Thumery], 20 mars 1602 (153), et Paris, 8 mars 1602
(156); — Lettre de Henri IV au sénéchal des Lannes [Landes],
Paris, 7 janv. 1602, copie authentique (154); — Lettre de [Nicolas]
de Verdun au duc de Villeroy, Toulouse, 13 avril 1602, autogr.
(158); — Procès-verbal de l'arrestation de [Charles de Valois],
comte d'Auvergne, déc. 1603, copie authentique (185); — « Déclaration secrète que je faict à monsieur le premier présidant de
Bourdeaux », signée : « Jehan-Pierre de Puidefort », autogr.
(216); — Lettre de Henri IV au maréchal d'Ornano, Paris, 14 mars
1606, minute signée (233); — Lettre du maréchal [Jean de] Monluc,
[sieur de Balagny], à [Philippe Canaye, sieur] de Fresne, s. d.,
orig. (243); etc.

XVIe et XVIIe siècles. — 246 feuillets. —« 1632 ».

64.

Recueil de lettres, autographes ou originales, adressées à
HENRI IV, de 1594 à 1605, par les personnages suivants :

[Pomponne de] Bellièvre, alors conseiller d'État, plus tard

chancelier de France, Lyon, 24 juin 1594, avec les signatures de
Bellièvre et de M[éry] de Vic (7) ; 22 juillet (13) ; 29 juillet (18) ;
29 sept. (21) ; 4 oct. (23) ; 7 oct. (25) ; 18 oct. (27) ; 13 oct., orig.
(29) ; 23 oct. (33) ; 24 oct. (36) ; 9 nov. (40) ; 10 nov. (42 et 43) ; 18 nov.
(44) ; 19 nov. (47) ; 27 nov. (52) ; 6 déc. (54) ; 11 déc. (56) ; 2 janv.
1595 (58) ; 1er fév. (60) ; 10 fév. (62) ; 12 fév. (64) ; 14 juillet (66) ;
15 fév. (68) ; 22 juillet (70) ; 30 juillet (72) ; 31 août (75) ; Paris,
21 avril 1596, avec les signatures de Bellièvre et de [Philippe
Hurault, comte de] Cheverny (78) ; 29 avril (81).

[Guillaume] du Vair, premier président de Provence, puis garde
des sceaux, Marseille, 20 avril 1597 (84) ; 11 avril, orig. (89) ; 15
janv., orig. (91) ; 25 janv. (95) ; 15 août, orig. (105) ; 20 août (107) ;
1er juillet (109) ; 22 juin (111) ; 1er nov. (113) ; 23 août, orig. (115) ;
Aix, 7 oct. 1599, orig. (117) ; Marseille, oct. 1599, orig. (120) ;
Aix, 26 oct., orig. (121) ; 16 juillet (123) ; 5 août (125) ; 26 mai
1600, orig. (127) ; 6 juillet, orig. (129) ; 19 fév. 1601 (131) ; 9 juillet,
orig. (133) ; 3 déc. 1602 (135) ; 13 mars (137) ; 8 oct. (139) ; 9 fév.
1603, orig. (141) ; 13 janv. (143) ; 4 août 1604, orig. (145) ;
9 janv. 1605, orig. (147) ; 12 avril, orig., post-scriptum autogr.
(149).

[Jean] de Thumery, [sieur de Boissise], conseiller d'État, du 20
juillet 1594 au 5 mars 1601 : Limoges, 20 juillet 1594 (153) ; Tulle,
8 août (155), et 30 déc. (157) ; Limoges, 23 juin (159), et 26 août
1595 (161) ; Londres, 28 janv. 1601 (166), et 7 fév. (169) ; 13 fév.
(170) ; 20 fév. (173) ; 23 fév. (176) ; 5 mars (179).

On remarque en outre dans ce volume les lettres et pièces suivantes : Lettres de Bellièvre au duc d'Épernon, Lyon, 20 juillet
(11), et 27 oct. 1594 (31), minutes ; à M. de Nemours [Charles de Sa-
voie], Lyon, 27 et 28 juillet 1594, copies (17), avec une réponse
du 28 juillet (17 v°) ; à [Pierre Forget, sieur] de Fresne, oct. 1594,
autogr. (34, 35 et 38) ; au maréchal d'Ornano, 15 nov. 1594, copie
(49) ; — Note de Bellièvre sur l'évasion du duc de Nemours, autogr.
(20) ; — Lettre du maréchal d'Ornano à Bellièvre, Morancé, 8 nov.
1594, orig. (50).

Déposition de « frère Chérubin, de la maison de Bocicault,
natif d'Arles, capuchin... », Lyon, 29 juillet 1595, copie de Bellièvre (73) ; — Lettre de « Curtio Piquena » à G. Du Vair, château
d'If, 20 avril 1597, en français, autogr. (87).

« Discours de ce qui s'est passé avec le seigneur dom Johan

de Médicis despuís son arrivée », signé : G. du Vair, et daté de Marseille, 22 juin 1597, orig. (97).

Lettres de Jean de Thumery au duc de Villeroy, Londres, 28 janv. (164), et 7 fév. 1601 (169) ; à [Jacques Gillot, conseiller au Parlement de Paris, Londres, 27 juillet 1599 (184), et à Pierre Dupuy, La Haye, 4 oct. 1618 (186) ; 21 nov. (188) ; 23 déc. (190) ; 12 fév. 1619 (192) ; 27 fév. (194), autogr.; — « Noms des juges qui ont assisté au jugement des comtes d'Essex et de Southampton » (183) ; etc.

XVIe et XVIIe siècles. — 195 feuillets. — « 1632 ».

65.

Recueil de plaidoyers de Simon MARION, avocat au Parlement de Paris. — Copies collationnées par Th. Godefroy et P. Dupuy.

Ce volume contient trois plaidoyers : le premier, pour la souveraineté du Roi au duché de Bar, contre le duc de Lorraine [Charles II], qui avait mis une taille sur les habitants de Mongnainville [Magnéville], sujets du baron [Louis de Clermont] de Bussy d'Amboise, 2 juillet 1572 (3) ; le second, pour Bussy d'Amboise, sieur de Mongnainville, contre le duc de Lorraine (49) ; le troisième, pour Louis de Bourbon, duc de Montpensier, touchant le comté d'Auvergne (65).

XVIIe siècle. — 120 feuillets. — « 1631 ».

66.

« Procès verbal des commissaires députez par les rois très-chrestien [François II] et catholique [Philippe II] sur le différend touchant l'abbaye de SAINT-JEAN-AU-MONT lez Térouenne, 1560 ». — Copie.

XVIe siècle. — 67 feuillets. — « 1626 ».

67.

Recueil de traités conclus par les divers CANTONS SUISSES

entre eux et avec leurs voisins (1400-1600). — En allemand.
— Copies.

Ce volume contient les traités suivants : entre l'empereur Maximilien Ier et les Grisons, 1518 (1) ; — charte de la haute ligue grise,
1424 (5) ; — entre la haute ligue grise et le canton de Glaris,
1400 (9) ; — entre la haute ligue grise et les sept cantons de Zurich, Lucerne, Uri, Schwitz, Unterwald, Zug et Glaris, 1497 (12) ;
— entre Zurich et la ligue de la Cadée, 1470 (14 v°) ; — entre la ligue
de la Cadée et les sept cantons des ligues, 1498 (19) ; — charte des
trois ligues des Grisons, 1524 (21) ; — entre les trois ligues grises
et Ferdinand Ier, roi des Romains, 1534 (24 v°-35) ; — entre les communes du Bergell, de l'Engadine, de l'Oberhalbstein et du Luers
d'une part, et Bianca-Maria Sforza, duchesse de Milan, de l'autre,
1467 (35 v°) ; — entre le Roi des Romains, Galeaz Visconti, duc de
Milan, et les ligues Suisses, 1499 (36 v°) ; — entre le Valais et les
trois ligues des Grisons, 1600 (42) ; etc.

XVIIe siècle. — 44 feuillets. — « 1630 ».

68.

Édits de Charles-Quint contre les PROTESTANTS. Worms, 8
mai 1521 (1), et Ratisbonne, 30 juin 1548 (19).

XVIe-XVIIe siècle. — 65 feuillets. — « 1630 ».

69.

Relation de l'ambassade extraordinaire du maréchal DE
BASSOMPIERRE en Suisse (oct. 1625-avril 1626). — Copies.

XVIIe siècle. — 541 feuillets. — « 1646 ».

70.

Dissertation de droit canonique sur les CAUSES MAJEURES. —
En français.

Les fol. 1 à 9 r° sont de la main de P. Dupuy ; les suivants ont
été collationnés par lui.

XVIIe siècle. — 30 feuillets. — In-4°.

71.

Mémoires relatifs aux biens de la MAISON DE BOURBON. — Minutes et copies.

XVIᵉ et XVIIᵉ siècles. — 131 feuillets. — « 1628 ».

72.

Recueil de pièces relatives à la fuite hors de France du PRINCE DE CONDÉ (1609-1610).

On remarque dans ce volume les documents suivants : « Relatione della fuga di Francia d'Henrico di Borbone, prencipe di Condé,... et di quello che ne segui sino al suo ritorno a Parigg i », par le cardinal Bentivoglio, 1609-1610 (1) ; — « Mémoire de la retraicte de Mgr le Prince de Condé avec Madame sa femme hors du royaume de France, ez années 1609 et 1610 », écrit par Virey pour de Thou, autogr. (36) ; — Lettre de [Claude-Enoch] Virey à [Nicolas] Rigault, avocat au Parlement de Paris et garde de la Bibliothèque du Roi, Châlon-sur-Saône, 9 fév. 1625, autogr. (42) ; — Itinéraire du prince de Condé, du 25 nov. 1609 au 16 juillet 1610, copie de P. Dupuy (44) ; — Ordre donné par Henri IV au chevalier du guet de procéder à l'arrestation du prince de Condé, orig. (?) (52) ; — Lettres de Henri IV à [André de Cochefilet, baron] de Vaucelas, ambassadeur en Espagne, 5 déc. 1609 (56) ; aux gouverneurs des provinces, 17 déc. 1609 (62) ; — Lettres du prince de Condé à sa mère [Charlotte-Catherine de La Trémoïlle], Bruxelles, 25 et 26 déc. 1609 (64 vᵒ et 67), et Milan, 31 mai 1610, copie de P. Dupuy (82) ; — Lettres adressées au prince de Condé par Sully, déc. 1609 (66 et 68) ; par le roi d'Espagne [Philippe II], Madrid, 26 janv. 1610 (72), et par le connétable [Henri] de Montmorency, Paris, 9 mai 1610 (81) ; — Lettre du cardinal Du Perron à un correspondant non désigné (70) ; — Procès-verbal de la visite faite à Bruxelles au prince de Condé par Annibal d'Estrées, marquis de Cœuvres, et les autres envoyés du Roi, le 16 fév. 1610, copie de P. Dupuy (73) ; — « Mémoire de ce que j'ay traitté avec M. le prince de Condé à Milan, suivant le commandement et les mémoires que m'a donné Monsieur l'Ambassadeur, et sommaire

discours de ce qui s'est passé entre nous », par [Guillaume du Broc]
du Nozet, abbé d'Aumale (?) (75) ; etc.

XVIIe siècle. — 82 feuillets. — « 1631 ».

73.

Recueil de poèmes, latins et français, relatifs à la fuite hors
de France du PRINCE DE CONDÉ, par Claude-Enoch VIREY et
Jeanne BIOT, sa femme (1609-1610).

Ce volume contient les pièces suivantes : « Clandestina fuga
sive Henrici Borbonii Condæi... cum uxore in Belgium ac Insu-
briam occulta profectio, Mediolani commoratio ejusque in Gal-
liam reditus », poème latin en trois chants de Claude-Enoch Virey
(4) ; — « L'Enlèvement innocent, ou la retraitte clandestine de
Mgr. le Prince avec Madame la Princesse sa femme hors de
France... », poème français du même, dédié à Louis Dollé, avocat au Parlement de Paris (35) ; — « Voiage de Mgr. le Prince de
Bruxelles à Milan... ». poème français du même (59) ; — « Epis-
tre d'Aminte à Cloridon sur la retraitte de Mgr. le Prince avec Madame la Princesse sa femme en Flandres », poème français de
Jeanne Biot, femme de Claude Virey, 1609 (85) ; — « La Prison volontaire ou l'entrée de Madame la Princesse en la Bastille », 1617,
poème français, probablement de Claude Virey (93).
Ce manuscrit porte de nombreuses corrections et annotations
de l'auteur.

XVIIe siècle. — 110 feuillets. In-4°. Rel. veau fauve. — « Donné à la
Bibliothèque du Roi par M. le marquis de Quincye, le 5 mai 1774. —
C[a]p[eronnie]r ».

74.

Recueil de documents, en latin, français et italien, relatifs
à l histoire de la COMPAGNIE DE JÉSUS aux XVI° et XVIIe siècles. — Copies ; quelques originaux.

On remarque dans ce volume les pièces suivantes : « Catalo-
gus provinciarum Societatis Jesu et collegiorum ac domorum so-
ciorumque, qui in unaquaque provincia sunt » (3) ; — « Estat des

colléges de la Compaignie de Jésus en la province d'Aquitaine »
(7), et dans la province de Lyon (17) ; — « Advis requis sur les
affaires publicques de Verdun, concernantes le service de Sa Majesté » (27) ; — Extraits de Thomas Sanchez (35) ; — Notes sur les
Jésuites et, en particulier, lettres de et à Claudio Acquaviva, général de la Compagnie, 1590 (37) ; — « Ex casibus conscientiæ Jacobi Gordonii Huntlæi » (43) ; — Deux lettres latines, non signées, exhortant Claude Dupuy à s'opposer à l'entrée de son frère
Clément dans la Compagnie de Jésus (45 *bis* et 46) ; — Lettres de
G. Maran, docteur en droit à Toulouse, au cardinal de Joyeuse, 1614
(48) ; — Lettre du nonce Corsini, archevêque de Tarse, à l'évêque de
Séez [Jacques Camus], Paris, 26 déc. 1623, en italien (54) ; — Mémoire
contre les Jésuites, postérieur à l'assassinat de Henri IV (56) ; — « Advis touchant les Jésuites » (58) ; — Consultation dans l'affaire de l'Université de Paris contre les Jésuites, par J. Dechappes, J. Canaye, Robert, Du Mesnil, Du Vair, A. de Thou et Pasquier, Paris, 24 mars 1564,
copie de P. Dupuy (60) ; — « Histoire mémorable de la très-damna-
ble conjuration de Charles Ridicauve d'attenter à la personne du
feu Roy, fidellement extraicte des actes du procès », 1593 (62) ; —
« Avvisi d'Inghilterra della morte del superiore delli Padri Gie-
suiti in quel regno [Henry Garnett] et del suo compagno », 1606
(68) ; — Bref de Clément VIII à George Blackville, 5 oct. 1602
(70) ; — Lettres patentes de Henri IV, relatives au rétablissement
des Jésuites en France, Rouen, sept. 1603 (72) ; — « Escrit dressé
par les Jésuistes, sur la tenue des procceddures de leur restablissement, oppositions, difficultez et remontrances qui ont esté faictes
à Sa Majesté par ceux de sa cour de Parlement, avec les responses
et solutions du Roy et plusieurs autres particularitez sur ce subject », 1603-1604, de la main de P. Dupuy (76) ; — Inventaire de
pièces relatives au rétablissement des Jésuites, 1603-1610 (86) ; —
« Quæstiones spiritui immundo ad explicandum propositæ a P.
Cottono Societatis, quam dicunt, Jesu, ex autographo expressæ cum
fide », in-fol., *impr.* (98) ; — Lettre du P. Cotton à Mme de Claren-
sac, Paris, 10 juin 1603, copie de P. Dupuy (101) ; — Récit de la
prise de possession du collège de Bourges par les Jésuites (102) ;
— Notes de P. Dupuy, sur l'ouvrage de Juan Mariana, *De rege et
regis institutione libri III* (103) ; — « Prosopopée de la Pyramide »,
stances, épigrammes, épître contre le P. Cotton, etc., 1605 (105) ;
— Requéte de Philibert Du Sault, prieur de Comprian, au Conseil

du Roi, contre les Jésuites de Bordeaux, 1606 (121); procuration pour la résignation du prieuré de Comprian, Bordeaux, 4 mars 1606, copie authentique (122); — « Prologue de La Porte, comédien, prononcé à Bourges, le 9 de septembre mil six cens sept, contre les Jésuites qui le vouloient empescher de jouer, sous peine d'excommunication à tous ceux qui iroient », 1607 (125); — Extrait de l' « Antidoto alle velenose considerazioni di fr. Paolo di Venetia, composto per il P. Hernando della Bastida », S. J., 1607, de la main de P. Dupuy (127); — Lettres patentes de Henri IV, relatives au rétablissement des Jésuites en Béarn, 19 fév. 1608 (128), avec l'arrêt d'enregistrement du Conseil souverain de Pau, 11 fév. 1610 (129), copies authentiques; — « Mémoire envoyé par Mr de la Force [Jacques-Nompar de Caumont], touchant ung escolyer jésuite espagnol fuitif en France », 1608 (132); — Arrêt contre les Jésuites de Nancy, Paris, 29 juillet 1611 (134); — « Arrest donné par les conseillers et députez des trois Ligues grises contre les Jésuites, en une diète tenue à Coire, le 24 juin 1612 », de la main de P. Dupuy (136); — Interrogatoire du jésuite Jean Spies, extrait des registres du greffe du bailliage de Sedan, 26 juillet 1614 (137); — Testament de François Pithou, 20 nov. 1617, extrait des registres du greffe du bailliage de Troyes, copie authentique (139); — Lettres de Louis XIII, relatives au rétablissement des Jésuites à Orléans, Paris, mars 1617 (141); — Arrêt du Conseil d'État, portant rétablissement des Jésuites au collège de Clermont, Paris, 15 fév. 1618 (145); — « Arrest du bannissement des Jésuites du royaume de Bohême, à eux signifié le 1er juin 1618 », de la main de P. Dupuy (147); — « Decretum ordinum Moraviae in Jesuitas », Brünn, 6 mai 1619 (149); — Note et arrêt relatifs au P. [Pierre] Grangier, Rouen, 1er juillet 1620 (150 et 151); — Actes, lettres, etc., concernant le différend survenu entre Henri-Louis Chastaigner de la Rochepozay, évêque de Poitiers, et les Jésuites, 1620, copies de P. Dupuy (153); — « Lettres patentes du Roy [Louis XIII], sur l'establissement des Pères jésuites en la ville d'Aix en Provence... », 1621, in-4°, *impr.* (162); autres documents relatifs aux Jésuites d'Aix (170); — Lettre du P. [Jean] Arnoux au connétable [le duc Albert de Luynes], 1621 (180); — « Mémoire contenant les principaux points des lettres que le Père Arnoux, jésuite, avoit escrites à un nommé Oudin, après qu'il fut chassé de la court... » (182); — Lettre du connétable [de Luynes] au P. Si-

guerand, 27 nov. 1621 (188); — Lettres et documents concernant
le différend survenu entre l'évêque d'Angoulême [Antoine de la
Rochefoucauld], et les Jésuites, 1622, copies de P. Dupuy (190);
— « Décret des Estats du Païs-bas contre les Jésuites et autres
gens d'Eglise catholiques... », 26 fév. 1622 (196); — « Très-
humble remonstrance des Pères jésuites au Roy en son Conseil »,
signée : Pierre Coton, copie de P. Dupuy (198); — Requête de
l'Université de Paris au Roi contre les Jésuites (199); — Arrêt du
Conseil dans l'affaire entre l'Université de Paris et les Jésuites,
copie de P. Dupuy (202); — « Arrest du Parlement de Tholoze,
donné en faveur des Universitez de Tholoze, Valence et Cahors,
contre les Jésuites et collège de Tournon », 19 juillet 1623, in-fol.,
impr. (204); — « Copie d'une lettre de Mr Oronce, chanoine en
l'église de Cahors », 10 déc. 1623 (205) ; — Brevet accordé, sur
la demande de l'évêque de Troyes [René de Breslay], aux Jésuites de cette ville, et portant autorisation d'y établir « une
maison et église », Paris, 30 janv. 1623 (207); — Arrêt du Conseil d'État, relatif aux prieurés de Chaudefontaine et de Vassy,
revendiqués par les Jésuites de Reims, Fontainebleau, 29 juillet
1625 (208); — Documents concernant le P. Ambroise Guiot, 1625
(210); — « Decretum ordinum regni Poloniae adversus Jesuitas
pro Academia Cracoviensi », Varsovie, 4 mars 1626, copie de P. Dupuy (214); — « Arrest du Conseil privé du Roy, donné le XXVIIe de
mars 1626, pour les Universitez de France joinctes en cause, contre
le s^r [Just-Henry, baron] de Tournon, demandeur en évocation du
parlement de Thoulouze, et les Jésuites joinctz », Paris, 27 mars
1626 (216); — Arrêts du parlement d'Aix, relatifs aux Jésuites
d'Arles, de Fréjus, de Marseille, 1627, copies authentiques (218),
et d'Aix (222); — Avis de Constantinople, 27 janv. 1628, copie
de P. Dupuy (224); — Pose de la première pierre de la nouvelle
construction du collège de Clermont, procès-verbal extrait des
registres de l'Hôtel-de-ville de Paris, août 1628, copie authentique
(225); etc.

XVIe et XVIIe siècles. — 227 feuillets. — « 1629 ».

75.

« Apologie d'[Antoine-Honoré de Castellane], sieur DE BE-
ZAUDUN, contre Monsr de Savoie [Charles-Emmanuel Ier], con-

tenant ce qui est advenu en Provence durant les troubles des années 1589, 1590, 1591 et 1592. » — Copie.

On remarque, en tête du volume, une lettre de Besauduu au duc de Lesdiguières, Aix, 4 mars 1594, orig. (2) ; — à la fin, une lettre du duc de Savoie [Charles-Emmanuel Ier] à sa femme, Catherine d'Autriche, Aix, 18 oct. 1592, en italien (48) ; et un « Manifeste et déclaration de la noblesse de Provence, contenant les causes qui l'ont meüe de prendre les armes contre le sieur d'Espernon, 1595 » (52).

XVIIe siècle. — 60 feuillets. — « 1628 ».

76.

Recueil de pièces concernant les Cérémonies observées dans les lits de justice, dans les mariages royaux et princiers, dans les processions publiques, dans les baptêmes des rois et princes et dans les festins publics, de 1378 à 1630 environ. — Copies.

On remarque dans ce volume les documents suivants : Ordre observé dans les lits de justice tenus : par Charles VIII, fév. 1487 (11) ; par François Ier, 26 juillet 1527 (13) ; 15 janv. 1536 (17 et 19) ; par Charles IX, Rouen, 17 août 1563 (23) ; Bordeaux, 11 et 12 avril 1564 (27 et 29) ; — « Description du plan du théâtre fait à Orléans pour l'assemblée des trois Estatz, avecq un brief discours de la séance des tenans et représentans lesdits Estatz », 3 déc. 1560 (21) ; — « Procès verbal de la publication faitte par Monsr. le cardinal de Vendôme [Charles de Bourbon]... en la Cour des aides à Paris,... des éditz des thoilles (sic) et doublement des aides et de l'érection d'une eslection de Rozoy-en-Brie », 19 déc. 1586 (37) ; — Liste des notables convoqués à l'assemblée de Rouen, 4 nov. 1596 (39) ; — Relation des lits de justice tenus par Louis XIII à Paris, 14 mai 1610 (45), 2 oct. 1614 (51), 7 sept. 1616 (61), 18 fév. 1620 (64), 3 avril 1621 (66) ; 12 mars 1619 (81) ; Rouen, 11 juillet 1620 (83) ; Bordeaux, 28 sept. 1620 (91) ; Paris, 18 mars 1622 (103) ; — Procès-verbal du lit de justice tenu par Louis XIII à Bordeaux, 10 déc. 1615 (53) ; — Plan de la salle où se tint l'assemblée des notables de Rouen, 4 déc. 1617 (62).

« La réception faicte par les depputez du roy d'Espaigne [Philippe II] de la Royne leur souveraine dame [Elisabeth de France], à la dellivrance quy leur en a esté faicte en l'abaye de Roncevaux... par le roy de Navarre [Antoine de Bourbon] et [le] cardinal de Bourbon... », 1560 (108) ; — Cérémonies du mariage de Charles IX avec Elisabeth d'Autriche, 1570, et autres documents relatifs à ce mariage (115) ; — Relation du mariage de Henri de Bourbon, plus tard Henri IV, avec Marguerite de Valois, 1572, copie de P. Dupuy (133) ; — « Ordre du mariage de la Royne [Marie de Médicis], fait à Florence par le grand-duc [Ferdinand Ier] comme procureur de Henry le Grand », 1600, et autres documents relatifs à ce mariage (135) ; — Relations du mariage d'Élisabeh de France avec l'infant d'Espagne, plus tard Philippe IV, oct. 1615 (139 et 153) ; — « Ordre observé aux fiançailles et mariage de Monsieur, frère du Roi [Gaston d'Orléans], avec madamoiselle de Montpensier, célébrez à Nantes... les 5e et 6e jour d'aoust 1626 » (151) ; — Relation d'une procession où François Ier assistait en personne, 11 mars 1523 (155) ; — Ordre de la procession générale faite sur l'ordre de François Ier à cause des hérésies, janv. 1534 (158) ; — Relation de la descente des corps saints à Saint-Denis, 28 avril 1552 (168) ; — Ordre de la procession pour la prise de Calais, 16 janv. 1557 (172) ; — « Procession générale pour la pluie et descente de la châsse Saincte-Geneviefve », 10 juin 1611 (182) ; — Ordre de la procession générale du 23 oct. 1614 (184).

Cérémonies observées au baptême de Charles-Orland, fils de Charles VIII, en la chapelle du parc du Plessis-les-Tours, 13 oct. 1492 (189), et au baptême du dauphin [François], 25 avril 1518 (192).

— « Ordre et triumphe du baptesme de... Louis, second filz de France, duc d'Orléans, fait à Saint-Germain-en-Laye le 19 mai 1549 » (196) ; — Cérémonie du baptême de Charles-Emmanuel, prince de Piémont, Turin, 1567 (200) ; — Relation des fêtes données à l'occasion de la circoncision du sultan Méhémet, fils du sultan Mourad, 1582 (206) ; — Documents concernant la naissance du dauphin Louis, 1601 (219), de Madame [Elisabeth de France], 1602 (223), de « Monsr. d'Orléans », 1607 (233), de la troisième fille de France [Henriette-Marie], 1609 (237) ; et le baptême du dauphin Louis et de ses deux sœurs, 1606 (225 et 255), de « M. et Madamlle. de Verneil » [Henry et Gabrielle], s. d. (239) ; de [Anne Marie-Louise d'Orléans, duchesse de Montpensier] (241).

« L'assiette à table du disner de l'empereur Charles IV et son fils
Wenceslaus, roy des Romains, avec le roy Charles Ve, en la salle
du Pallais à Paris », 6 janv. 1378 (246) ; etc., etc.

XVIᵉ et XVIIᵉ siècles. — 256 feuillets. — « 1629 ».

77.

« *Extraict d'un gros registre intitulé* : Processus contra
Templarios, *qui contient une proceddure faicte dans Paris par
des commissaires du pape Clément V contre l'ordre des Templiers en général, depuis le mois d'aoust 1309 jusques au mois
de juin 1311. — Mémoires concernans le dict ordre des Templiers et leur condemnation* ».

J. Dupuy a biffé cette notice dans le Catalogue original et a écrit
en marge : *Imprimé.* — Ce manuscrit était sans doute la copie qui
a servi à l'impression de la première partie du volume intitulé :
*Traittez concernant l'histoire de France, sçavoir la condamnation
des Templiers, avec quelques actes; l'histoire du Schisme..., et quelques procez criminels*, composez par M. Dupuy... Paris, 1654, in-4ᵘ.
(Un exemplaire de cet ouvrage, aux armes des Dupuy, se trouve
à la Bibliothèque nationale, sous la cote L⁴⁶ 8, Réserve.)

78.

Recueil de mémoires et documents relatifs à l'administration du Domaine de la Couronne et aux Finances royales.

Le premier, dédié à Henri IV, à Marie de Médicis et au chancelier Nicolas Brûlart de Sillery, est signé : « Bizet » ; les suivants
concernent Charles Paulet et Alexandre Marchant.

XVIᵉ-XVIIᵉ siècle. — 103 feuillets. — « 1631 ».

79.

Inventaire des titres et papiers d'État trouvés chez François

DE MONTHOLON , garde des sceaux de France, et remis à François Errault, sieur de Chemans, son successeur, en 1543.

XVIe siècle. — 46 feuillets. — « 1628 ».

80.

Vie d'ANNE DE MONTMORENCY, grand-maître et connétable de France.

XVIe-XVIIe siècle. — 41 feuillets. — « 1627 ».

81.

Recueil des TESTAMENTS de différents personnages dont les noms suivent :

Guy VII, sire de Laval, 1265 (3) ; — Jeanne de Châtillon, comtesse de Blois, 1291 (9) ; — Charles II, roi de Sicile, 1308 (31) ; — Philippe le Bel, 1314 (49) ; — Jeanne de Bourgogne, femme de Philippe le Long, 1325 (55) ; — Louis, duc d'Orléans, frère de Charles VI, 1403 (65) ; — Thiébaut, sieur de Neufchâtel, maréchal de Bourgogne, 1463 (80) ; — Louis XI, 1482 (101) ; — Jeanne, reine de Jérusalem et de Sicile, 1498 (107) ; — Louis XII, 1505 (119) ; — Louis Malet, sieur de Graville, amiral de France, 1513, copie de P. Dupuy (121) ; — Ferdinand le Catholique, roi d'Aragon, 1516, en espagnol (123) ; — G. Marillac. avocat au Parlement, 1551 (127) ; — Pierre Ramus, 1568, copie de Claude Dupuy (131) ; — Jeanne, reine de Navarre, 1572, in-8°, *impr.* (133) ; — Louis de Bourbon, duc de Montpensier, 1571 (141) ; — le cardinal Charles de Lorraine, 1571 (153) ; — le chancelier Michel de l'Hospital, 1573, copie de P. Dupuy (159) ; — Jacques Mangot, avocat au Parlement, 1587 (163) ; — Jacques Cujas, 1590 (165) ; — Jean-Savius Zamoyski, chancelier de Pologne, de la main de P. Dupuy (167) ; — Henri Ier, duc de Montmorency, connétable de France, 1606 (169) ; — Nicolas Rapin, 1608, copie de P. Dupuy (175) ; — le cardinal de Givry [Anne de Peyrusse des Cars], évêque de Metz, 1612 (177) ; — Nicolas Le Fèvre, 1612 (181) ; — Guillaume Du Vair, évêque de Lisieux, 1620, copie de P. Dupuy (185) ; — Jean de Moisset, conseiller-secrétaire du Roi, 1620 (189) ; — Georges Turgot, maître et proviseur du collège d'Harcourt, 1621 (193) ; — François de Bonne, duc de Lesdiguières, connétable de France, 1624-1626 (199) ; — Antoine Séguier, 1624 (217) ; — Henri de Mesmes, 1650, copie de J. Dupuy (229) ; — Catherine de Gonzague, duchesse douairière de Longueville, 1625 (233) ; — comte Ernest de Mansfeld, 1626, copie de P. Dupuy (239) ; — Nicolas Chevalier, premier président à la Cour des aides, 1630 (242) ; — amiral Coligny, 1569, copie (251), et olographe (258).

On peut signaler en outre dans ce ms. les deux pièces suivantes : Lettres du bailli de Blois, portant exhérédation, par Guillaume Poisson, procureur du Roi au bailliage de Blois, et Olive Saussaye, sa femme, de leur fille Madeleine, suspecte d'avoir adhéré à l'Église réformée, 1557 (129) ; — Lettre d'Alphonse Martin, conseiller au présidial d'Orléans, au président de Ménars, pour lui offrir le testament olographe de l'amiral Coligny, Orléans, 4 juin 1698, autogr. (250).

XVIe et XVIIe siècles. — 264 feuillets. — « 1631 ».

82.

Autobiographie de [Henri de La Tour, vicomte de Turenne], duc DE BOUILLON, sous forme de lettre à son fils. — Copie de J. et P. Dupuy.

XVIIe siècle. — 54 feuillets. — In-4°. — « 1627 ».

83.

Extraits des registres du PARLEMENT DE PARIS, de 1492 à 1556.

Nombreuses notes marginales de Th. Godefroy.

XVIe siècle. — 476 feuillets. — « 1624 ». — Provient d'A. de Loménie.

84.

Recueil de pièces concernant les règnes de LOUIS XI et de CHARLES VIII. — Originaux et copies.

On remarque dans ce volume les documents suivants : Discours des envoyés de Charles VII au dauphin Louis, alors retiré chez le duc Philippe de Bourgogne, 1456 (3) ; — Révision et confirmation des privilèges de la ville de Perpignan, 1463 (21) ; — Lettres d'abolition pour cette même ville, 1463 (29) ; — Traité

conclu entre les chefs de la Ligue du Bien public et Louis XI,
1465 (33) ; — Lettre de F[rançois] Baraton à Louis XI, Paris,
22 fév. s. a., orig. (43) ; — Lettres de Louis XI au sieur de
Saint-Pierre, grand sénéchal de Normandie, s. d. (44) ; et du
duc Charles de Bourgogne à Louis XI, Bruges, 19 juin 1467 (46) ;
— Lettres patentes de Louis XI, portant privilège au roi René de
Sicile de sceller en cire jaune, Montilz-les-Tours, 28 janv. 1468,
copie de P. Dupuy (48) ; — Traité conclu entre Louis XI et le duc
de Nemours [Jacques d'Armagnac], Tours, 8 déc. 1469 (50) ; —
Lettres patentes de Louis XI, contenant le statut des mines d'or,
d'argent et autres métaux, et les privilèges accordés aux mineurs,
1471 (70) ; — Lettres patentes en faveur de Pierre de Laval,
Ponts-de-Cé, 28 juin 1472 (74) ; — Arrêts prononcés contre Jean
Hardy, 1473, copies de P. Dupuy (75) ; — Lettres d'anoblissement
concédées à Olivier le Daim, Chartres, oct. 1474 (76) ; — Remise
à Louis XI, par le Parlement, de certaines sommes provenant des
consignations, 19 août 1475 (78) ; — Serment de Louis XI à son
avènement, copie de P. Dupuy (84) ; — Formule du serment à
prononcer solennellement par plusieurs marchands de Tours, 1481
(85) ; — Instruction donnée par Louis XI au dauphin Charles,
1482 (88) ; — Remontrances faites par le duc Louis d'Orléans au
Parlement contre le gouvernement d'Anne de Beaujeu, 17 janv.
1484 (103) ; — Délibération du Parlement, relative à la Pragmatique sanction, 18 janv. 1486 (109) ; — Arrêt concernant la compétence de l'Échiquier du duc [René] d'Alençon, 9 juillet 1487 (111) ; —
Lettres patentes de Charles VIII et Louis XII, concernant Gilles de
Saint-Paul, fils naturel du connétable, 1488-1502 (113) ; — Lettres
patentes de Charles VIII, octroyant le droit de garde des enfants du
duc René d'Alençon à Marguerite de Lorraine, leur mère, 1492-
1496 (119) ; — Lettres et actes concernant la mise en fermage des
terres du domaine royal situées en Normandie, 1494, copie authentique (124) ; etc.

XVe, XVIe et XVIIe siècles. — 129 feuillets. — « 1631 ».

· 85.

Recueil de pièces concernant les règnes de Louis XII et de
François Ier. — Originaux et copies.

On remarque dans ce volume les documents suivants : Actes de procédure et arrêts du Parlement relatifs à la prorogation de la légation du cardinal Georges d'Amboise, mars-avril 1503 (3) ; — Demandes, par le Roi au Parlement, de l'argent des consignations, nov. 1503 (11), juillet-oct. 1153 (31), 6 sept. 1515 (50) ; — Lettres de Louis XII, instituant Claude de France sa « seulle et vraye héritière, « Blois, 31 mai 1505 (17) ; — Promesse solennelle faite à Louis XII par Antoine de Gimel, son ambassadeur à Rome, de n'accepter du Pape aucun bénéfice, Blois, 16 mars 1505, copie de P. Dupuy (18); — Arrêt du Parlement contre les curés de Paris qui refusent la sépulture aux défunts dont on ne produit pas le testament, 21 juin 1505 (19); — Promesses de Bérault (sic) Stuart, seigneur d'Aubigny, de Jean Stuart et de Guillaume de la Marche sieur de Montbazon, relatives à l'exécution des dernières volontés de Louis XII, Blois, 30 sept. et 19 oct. 1505 (20); — Ordonnance de Louis XII sur le fait des gens de pied, contresignée par six capitaines, entre autres Bayart, orig., 1508 (26); — « Convocatio generalis concilii ex parte cardinalium », 1511, in-fol., impr., exemplaire authentiqué par deux notaires (28); — Convocation analogue à la précédente, mais « ex parte principum », in-fol, impr., exemplaire authentique (29); — Lettre du jurisconsulte milanais Filippo Decio à Louis XII, Lyon, 1512, en latin, autogr. (30) ; — Enquête financière ordonnée [par Louis XII] en Dauphiné (38).

« Extraict d'une Histoire du roy François premier, faicte par un secrétaire du chancelier Du Prat », copie de P. Dupuy (43) ; — Renonciation, par Louise de Savoie, au pouvoir à elle octroyé par Louis XII d'accorder des lettres de rémission dans les terres à elle données par le Roi, 9-10 mars 1514 (48) ; — « Déclaration des deniers de la saincte Cruciade trouvés ès trons et capses du diocèse de Troyes... », du 26 déc. 1516 au 20 oct. 1518, et du 20 oct. au 27 déc. 1518, orig. (52 et 56); — « Inquisitio... contra D. Carolum ex marchionibus Ceve, Ulmete, etc. », 1518 (60) ; — Procès-verbal des commissaires députés par Louis XII pour informer contre les gens de l'Université de Paris et autres personnes qui avaient assisté aux assemblées tenues par ladite Université au sujet du Concordat, 1518, extrait, de la main de P. Dupuy (70) ; — Lettres patentes de François Ier contre les Cordeliers de Toulouse, Paris, 13 août 1519, et Saint-Germain-en-Laye, 21 oct. 1522, copies authentiques (72 et 82); — Bulle d'excommunication de Léon X contre Thomas de Foix, fils de Lautrec, Rome, 6 kal. aug. 1521 (74); — Demande d'emprunt par le Roi aux églises, des « biens, richesses et joyaux » conservés dans leurs Trésors, juin 1522 (80); — Bref de Clément VII à Louise d'Angoulême, mère de François Ier, après la bataille de Pavie, Rome, 4 mars 1525 (90); — Projet élaboré entre François Ier, alors prisonnier, et le vice-roi [de Naples, Charles de Lannoi], au sujet de la délivrance du Roi, 1525 (92); — Lettres de naturalisation délivrées par François Ier à Jules César de Lescalle de Bourdonis [Jules-César Scaliger], Paris, mars 1528, copie de P. Dupuy (95); — Propositions faites par François Ier dans l'assemblée de la noblesse du 28 sept. 1529, copie de P. Dupuy (97); — Mémoire envoyé en Allemagne pour la justification de François Ier, minute (99); — «Mémoire d'exhortation pour la procession générale de par M. de Paris [J. du Bellay] », s. d., minute (109); — Lettre, non signée et non datée, au pape [Paul III], au sujet de l'élévation au cardinalat de Jean du Bellay, évêque de Paris, minute (113); — Protestation du Parlement contre l'autorisation donnée par le duc de Guise, gouverneur de Champagne, aux chanoines de N.-D. de Reims, de vendre leur blé en leurs maisons et greniers, 8 mai 1532 (114); — Bulle de Clément VII, concernant les décimes, 1532 (116); — Extrait des registres du Parlement, relatif à l'élargissement du poète « Borbonius » [Nicolas Bourbon, de Vendeuvre], 19 mars 1534, copie de P. Dupuy (120); — Lettres de François Ier au sujet de l'offre de trois décimes faite par le clergé de Chartres, Bourgtheroulde, 3 avril 1535 (121); contre les rebelles qui ont brûlé l'édit royal sur la réformation de la justice en Provence, Aix, 23 avril 1537, copie authentique (124); — Lettres de rémission accordées par Charles-Quint à René de Bellanger, Paris, janv. 1539 (130); — Extrait des registres du Parlement et lettres concernant la mort de François Ier, 1546 (134); etc.

XVIe et XVIIe siècles. — 143 feuillets. — « 1631 ».

86.

Recueil de pièces concernant les règnes de HENRI II, FRANÇOIS II et CHARLES IX.

On remarque dans ce volume les documents suivants : « Histoire particulière de la cour de Henri II » (2); — Déclaration de Henri II, portant que la Reine est reçue à plaider au Parlement par

son procureur comme le Roi par le sien, Paris, 30 nov. 1549 (35) ;
— Lettres patentes de Henri II au sujet des pouvoirs donnés par
le Pape au P. Mathieu Orry, inquisiteur de la foi, Saint-Germain-
en-Laye, 22 juin 1550 (37) ; — Lettres du connétable de Montmorency au Parlement, Yvoy, 23, et Sedan, 26 juin 1552 (43) ; — Déclaration de Henri II, concernant les monastères de Chezal-Be-
noît, S. Sulpice de Bourges, S Allyre près Clermont, S. Vincent
du Mans et S. Martin de Séez, 7 juillet 1552 (45) ; — Déposition
faite par Henri II au Parlement, au sujet de Jean d'Etampes,
comte de Penthièvre, juin 1556 (49) ; — Documents relatifs à la
guerre d'Italie sous Paul IV, 1556-1557 (65) ; — Arrêt sur la police des pauvres de Paris, 1556 (69) ; — Récit de l'expédition en
Italie de François de Lorraine, second duc de Guise, Civitella,
8 mai 1557 (74) ; — Don fait par Henri II au duc de Guise, d'une
maison sise à Calais, fév. 1557 (76) ; — Instruction remise par
Blaise de Montluc à de La Tour, son envoyé près le duc de Guise,
Verteuil, 22 juillet 1559, copie de P. Dupuy (78).

Lettres de provision, données par François II à [Philibert de
Marcilly], sieur de Sipierre et à [François] de Carnavalet, de la
charge de gouverneurs des ducs d'Orléans, d'Angoulême et d'Anjou,
frères du Roi, Montiers-sur-Saulx, 4 oct. 1559 (80) ; — Lettre de Gui
Faur de Pibrac au cardinal Charles de Lorraine, 1559, en latin (86).
« Vita Caroli noni, Galliæ regis », par Papyre Masson (91) ; —
Convocation de deux présidents du Parlement à une assemblée
tenue pour régler un différend survenu entre le prévôt de Paris
et le prévôt des marchands, 4 mai 1561 (97) ; — Dépêche, adressée au roi Charles IX par Sébastien de L'Aubespine, évêque de Li-
moges, ambassadeur en Espagne, Madrid, 1er oct. 1561, orig. (99) ;
— Lettres du prince de Condé au roi de Navarre [Antoine de
Bourbon], Orléans, 13 juin 1562 (109), et à la reine [Catherine de
Médicis], même date (111) ; — Avis relatif à l'exécution du décret
qui fixe le commencement de l'année au premier jour de janvier,
1563 (113) ; — « Les Estats de France opprimez par la tyrannie de
Guise, au Roy leur souverain Seigneur », in-fol., *impr.*, s. l. n. d. (115);
— Lettre de Charles IX, relative à la vente du temporel des ecclésiastiques, Saint-Germain-en-Laye, mai 1563 (116) ; — Lettre de Renée
de France, duchesse de Ferrare, à Jean Calvin, Montargis, 21 mars
[1563], orig. (120) ; — Partage de biens fait entre leurs enfants par
le connétable Anne de Montmorency et Madeleine de Savoie, son

épouse, 1563 (126) ; — Bulle de Pie IV : *Injunctum nobis aposto-licæ*..., Rome, id. nov. 1564(136); — « Histoire du diable de Laon », 1565 (142) ; — Arrêt purgeant l'amiral Coligny de l'accusation de meurtre sur la personne de François de Lorraine, duc de Guise, et autres documents relatifs à Coligny et à sa famille, 1566-1571 (144) ; — Conclusions du procureur général Bourdin contre le cardinal Odet de Châtillon, minute (150); — Remontrances du cardinal de Lorraine, au Roi, 12 janv. 1566 (154) ; — Propos sur le cardinal Charles de Lorraine, tenus au Conseil privé par le chancelier Michel de L'Hospital, 1566 (156); — Lettre du baron de Fourquevaux, ambassadeur en Espagne, à Charles IX, Ségovie, 4 août 1566 (162); — Pièces relatives aux attributions et prérogatives du procureur général de la Reine mère, juillet-août 1566 (164) ; — Accord signé entre Charles IX et Jean des Gallans, sieur de Pézerolles, qui « avoit un secret en main pour transmuer tous métaux imparfaictz en fin or et argent », 5 nov. 1567 (172); — Octroi au Roi par le Parlement des deniers des consignations, sept. 1567 (174) ; — Lettres de Charles IX, instituant lieutenant général du royaume son frère, le duc d'Anjou, Paris, 12 nov. 1567 (178) ; — « Serment des associez de la ligue chrestienne et roiale », copie de P. Dupuy (186); — Degrèvements d'impôts accordés aux villages où aura logé la garde royale, nov. 1570 (188); — Discours de Charles IX au Parlement, 12 mars 1571 (190) ; — Brevets et lettres octroyés au duc de Longueville et réglant son rang, Paris, 5 avril 1571 (192), et 16 oct. 1575 (193); Duretal, déc. 1571 (194) ; copies authentiques ; — Lettres, mémoires et instructions de Charles IX à M. de Ferrals, ambassadeur à Rome; au cardinal-légat Michele Bonelli; au sieur de Beauville, envoyé extraordinaire à Rome, janv.-août 1572 (197); — Lettres de Charles IX et de Catherine de Médicis à Gaspard de Schomberg, originaux et copies, sept. 1572-avril 1573 (205, orig.; 213; 215, orig.; 221); etc.

XVI⁰ et XVII⁰ siècles. — 223 feuillets. — « 1632 ».

87.

Recueil de pièces concernant le règne de HENRI III.

On remarque dans ce volume les documents suivants : Consultation signée « Gabriel Barbisonus », relative aux biens laissés à ses enfants par Alessandro Capponi, 1587 (1 *bis*) ; — Extrait d'un journal du règne de Henri III, en partie de la main de P. Dupuy (3) ; — Récit d'un complot tramé contre Henri IV, 1604, copie de P. Dupuy (37 v°) ; — Remontrances des villes de Troyes, Reims, Châlons, Paris, Guise, Langres, Chaumont et Bar-sur-Aube, à Henri III, 1575 (39) ; — Remontrances de la ville de Paris, 1575 (45) ; — Lettres d'abolition accordées à Jacques de Coucy, fils du maréchal de Biez, Paris, sept. 1575 (51); et ordre du Roi à Valois, héraut d'armes, d'assister aux funérailles du maréchal de Biez, Paris, 24 mars 1576 (53) ; — Lettres et actes divers concernant la fuite de la cour de François, duc d'Alençon, frère du Roi, 1575 (54) ; — Lettres de convocation des États généraux de Blois, août 1576 (84); — Lettres de Henri III, portant réorganisation du Conseil privé, Paris, oct. 1576, copie authentique (89); — « Actes relatifs à l'« association du Roy » (92), entre autres une « forme d'association faicte entre les princes, seigneurs, gentilshommes et autres... subjectz et habitans de nostre bonne ville [et] cité de Paris », Blois, 12 janv. 1577, parch. (96) ; — Réponse des États de Normandie aux lettres patentes de Henri III du mois d'août 1578 (101) ; — Requête et articles présentés à Henri III par les députés de l'assemblée générale du clergé de France tenue à Melun, juin-août 1579 (103 et 109) ; — « *Retentum* des Grands jours de Poitiers »,19 sept. 1579 (125).

Lettre de François, duc d'Alençon, au Parlement de Paris, Alençon, 20 mai 1581, orig. (127) ; — Oraison funèbre de Jean L'Evesque La Cassière, chevalier de Malte, en latin (131) ; — Déposition de Nicolas de Salzède, 1582, copie de P. Dupuy (136), et extraits du Journal de Henri III, relatifs à la conspiration et à la mort de N. de Salzède (141) ; — Récit de l'expédition et de la défaite de Philippe Strozzi, colonel-général de l'infanterie française, 1582 (145); — Discours prononcé par Henri III à Saint-Germain-en-Laye, 19 nov. 1583 (151) ; — Pièces concernant la brouille du roi de Navarre, plus tard Henri IV, avec Marguerite de Valois, sa femme, 1584 (153) ; — Lettre de Paul de Foix à Henri III, Rome, 23 avril 1584 (187) ; — Lettre du cardinal Charles de Lorraine au même, s. d. (195) ; — Traité conclu à Joinville entre Jean-Baptiste Taxis et François de Roncherolles d'une part, et Henri de Lorraine, duc de Guise, et Charles de Lorraine, duc du Maine, d'autre part, 31 déc. 1584 (203) ; — Déclaration du cardinal Charles de Bour-

bon, Péronne, 31 mai 1585 (209); — Conditions de la mise en
liberté de François de La Noue, prisonnier de Philippe II, roi
d'Espagne (217); — Bref de Sixte-Quint à Henri III, 27 avril 1585
(219); — Conversation entre Catherine de Médicis et le roi de
Navarre, 26 déc. 1586 (220); — Lettre du marquis de Pisany à
Henri III, 27 juillet 1587, extrait (222); — Expédition des reîtres,
1587 (224); — Lettre de [Louis de Saint-Gelais, sieur de] Lanssac, ancien ambassadeur à Rome, à Sixte V, août 1587, (225); —
Entrevue entre Henri III et « Hilaret le Cordelier, le théologal
d'Orléans, et Renard le Jacobin », nov. 1587, (226); — Lettre de
F. Piédefer à Perrot, sieur de la Malmaison, avec la liste des morts
et des blessés de la journée de Coutras, 12 nov. 1587, autogr. (231);
— Harangue prononcée par Faye, avocat du Roi, lors de la réception
du duc d'Épernon en la charge d'amiral de France, 11 janv. 1588,
copie de P. Dupuy (235) ; — « Aucuns articles proposez en l'assemblée de Nanci, en janvier, pour estre arrestez en la générale de
mars prochain » contre les hérétiques (236) ; — Lettre du roi de Navarre à [Jacques] de Ségur[-Pardaillan], Saint-Jean-d'Angély, 4 avril
1588, copie de P. Dupuy (238) ; — Déclaration de Henri III lors de son
départ après les Barricades, Chartres, 15 mai 1588 (240) ; — Lettre
du Parlement à Henri III, Paris, 13 mai (242), et au chancelier
[Philippe Hurault], 14 mai 1588 (243), copies de P. Dupuy ; —
« Harangue et proposition faicte au Roy sur l'union de toute la noblesse catholique de France, présentée au Roy le vingtiesme jour de
juillet 1588, par Monsieur de Mande [Renaud de Beaune de Sem-
blançay], archevesque de Bourge » (244) ; — « Acte qu'on faisoit
signer à ceux qui entroient dans le party de la Ligue », 1588, copie
de P. Dupuy (247); — Lettre de Henri III à [Guillaume] Rose, évêque
de Senlis, Paris, 16 nov. 1588, copie de P. Dupuy (249) ; — « Articles accordez au nom du Roy entre la Royne sa mère d'une part,
Mgr le cardinal de Bourbon, et M. le duc de Guise... », 1588 (250);
— Procès criminel intenté à « frère Valerio de Fayvis, dit l'Her-
mite », du diocèse de Milan, à Jeanne Arnaude, d'Aix, et à « Fermin
Gondran, chirurgien de Fayence », 23 déc. 1588, copie de P. Dupuy (253) ; — Lettres écrites par de Révol, secrétaire d'État, lors
des États de Blois, 1588 (257) ; — Lettre de [Claude] de La Châtre
au prévôt des marchands de Paris, alors aux États de Blois, camp
de Montagu, 9 déc. [1588] (265) ; — « Dépêches vues et commandées par le Roy [Henri III] au mois de janvier » 1588 (266).

« Instruction qui fut envoiée au pape [Sixte-Quint, ou, plus exactement, au commandeur de Dion, ambassadeur de la Ligue à Rome] au mois de janvier 1589, incontinant après la mort de Messrs les princes catholiques [les Guise] » (274) ; — Pièces concernant la mission à Rome du doyen Frison, envoyé de la Ligue, 1589, copies de P. Dupuy (278) ; — « Abrégé d'un discours secret faict à Sa Saincteté entre aucuns ses confidans après le départ de M. de Paris [Pierre de Gondi], trouvé entre les papiers de feu l'advocat David », 1589 (280) ; — Liste des personnages composant le conseil général des Quarante (282) ; — Extraits des registres du Parlement, 21 janv.-4 déc. 1589, de la main de P. Dupuy (284) ; — Élargissement de Claude Dupuy, par ordre du Conseil de l'Union, 28 mars 1589, copie authentique (288) ; — Proclamation de la trêve conclue entre Henri III et le roi de Navarre, Tours, 29 avril 1589, copie de P. Dupuy (290 v°) ; — Récit, adressé à Henri III, de certains faits d'armes de l'armée royale contre l'armée de la Ligue, par Poictevin, président du présidial de Provins, 26 juillet 1589, orig. (293) ; — « Articles accordez... entre les confrères de la Confrairie du S. nom de Jésus.... pour la manutention de la religion catholique, apostolique et romaine souz l'authorité du Roy, des princes et magistrats catholiques », 1590, in-8°, *impr.* (299) ; — Lettres de [Pierre] Forget, sieur de Fresnes, à Henri III, juin-juillet 1589 (315) ; — Enquêtes faites à la suite de la mort des Guise, 1589-1590, copies de P. Dupuy (319); — « Quello che Papa Sisto Quinto disse alla presenza di Cardinali circa l'assassinamento et morte del Cardinal di Guisa », 1589 (337); etc.

XVIe et XVIIe siècles. — Papier et parchemin. — 339 feuillets. — « 1631 ».

88.

Recueil de pièces concernant le règne de Henri IV, du mois d'août 1589 à l'année 1599 inclusivement.

On remarque dans ce volume les documents suivants : Notes sur la famille de Henri IV, écrites à la fin d'une Bible de Jacopo Giunta (1549), par Claude Régin, évêque d'Oléron (3) ; — Traité conclu entre Henri IV et les seigneurs, camp de Saint-Cloud, 3-4 août 1589 (5); — « Extraict d'un journal » historique, 1589-1593, de la main de P. Dupuy (7) ; — Horoscope de Henri IV, par Élisée Rosslin, médecin de Haguenau, en latin, avec fig. (17) ; — Traité conclu à Bâle entre Nicolas de Harlay-Sancy, fondé de pouvoirs de Henri IV, et le représentant de Frédéric, prince de Montbéliard, 1589, orig. (23) ; — « Discours pour la rencontre entre Arques et Dieppes », sept. 1589 (25) ; — Procès-verbal de l'autopsie de Charles, cardinal de Bourbon, 1590, orig. (32) ; — Procès-verbal d'une assemblée tenue à l'évêché de Troyes, le 21 mai 1590, en présence de M. de Chevreuse, gouverneur de Champagne et de Brie (34) ; — Manifeste de Henri IV aux habitants de Paris, Saint-Denis, juillet 1590 (44) ; — Acte de cession, par Henri IV à sa sœur [Catherine], des duché d'Albret, comté d'Armagnac, etc., camp de Gisors, 23 oct. 1590, copie authentique (51) ; — Remontrances du clergé, de l'Université et du corps de ville de Paris, au duc de Mayenne, 28 oct. 1590 (53) ; — Lettre de [Henri, duc] de Joyeuse à [Henri de Bourbon, duc] de Montpensier, [1588] (55) ; — Note sur la mort du pape Sixte-Quint, 1590 (56 vᵒ) ; — Thèses de théologie de Nicolas Perrinot, élève des Cordeliers de Troyes, in-fol., *impr.* (61) ; — Extrait d'une lettre d'Ancel, résident en Allemagne, à Henri IV, 18 déc. 1590 (62) ; — « Instruction au sʳ de Harambure de ce qu'il doibt proposer au Roy [Henri IV] de la part de Madame d'Angoulesme, en faveur du mariage de Monsieur le conte d'Auvergne, son nepveu », signée : Diane L. de France, 1591, orig. (64) ; — Lettres d'obédience des princes et seigneurs catholiques au nouveau pape [Grégoire XIV], camp devant Chartres, 6 avril 1591 (66) ; — Instruction remise au duc de Luxembourg, ambassadeur à Rome (68) ; — Réponses du roi Henri IV aux nouvelles observations à lui présentées par la reine [Louise de Lorraine-Vaudemont, veuve de Henri III], au sujet du douaire qui lui est dû en vertu de son contrat de mariage, Mantes, 7 juillet 1591, orig. (78) ; — Arrêt du Parlement, séant à Châlons, contre des libelles intitulés « Bulles monitoriales » et imprimés à Reims, 1591 (82) ; — Arrêt du Parlement ligueur contre le Parlement séant à Châlons, 8 juillet 1591 (84) ; — Lettres du cardinal Pierre de Gondi au cardinal de Bourbon et aux prélats réunis à Mantes, Noisy, 16 août 1591 (88) ; — Lettre de don Diego de Ybara au roi [d'Espagne Philippe II], Reims, 7 sept. 1591, en français (89) ; — Lettre, non signée, datée de Reims, 5 oct. 1591 (94) ; — Thèses de théologie de Claude Delabarre, 1591 (107), et de Jean Nodin, cordelier, 1591, in-fol., *impr.* (108) ; — Procès-verbal d'une assemblée de ligueurs, 2 nov. 1591, de la main de P. Dupuy (109) ;

— Réponse des chefs de la Ligue à la proposition à eux faite, par des partisans du roi de Navarre, d'une union commune contre les hérétiques (113); — Rapport adressé à Henri IV par François de Luxembourg, Sainte-Menehould, 18 janv. 1592, orig. (115); et convention signée entre François de Luxembourg et Jean de Haussonville, représentant du duc [Charles III] de Lorraine, Sainte-Menehould, 17 janv. 1592, orig. (119); — Lettre de Henri IV pour l'assemblée de Compiègne, s. d. (123); — « Lettres du secrétaire d'Estat de Sa Majesté », camp de Neufchâtel, 7 févr. 1592 (125); d'Alexandre Farnèse, prince de Parme, s. d. (127); de Jean Maldonado, S. J., au roi d'Espagne [Philippe II], s. d., en français (127 v°); copies de Nicolas Pithou; — Lettre du commandeur de Dion, ambassadeur à Rome pour la Ligue, au duc de Mayenne, Rome, 5 avril 1592, orig., cachet (129); avec déchiffrement (131); — Lettre de Henri IV au cardinal de Bourbon, « Varicarville », 5 mai 1592 (135); — « Conditions proposées de la part du duc de Mayenne aux ministres du Roy catholicque et au duc de Guyse pour son intérest particulier, avant que de venir à l'élection d'ung roy et royne, ensemble les responses faictes sur lesdictes demandes » (137).

Pièces concernant le règlement du douaire de Louise de Lorraine-Vaudemont, veuve de Henri III, 1592-1593 (141 et 191); avec le contrat de mariage de Henri III et de Louise de Lorraine-Vaudemont, 1575 (145), copies authentiques; — Arrêt du Parlement, relatif aux bénéfices ecclésiastiques confisqués, 30 mai 1592 (149); — Lettres de créance du cardinal-légat Filippo [Sega], évêque de Plaisance, Rome, 15 avril 1592, et pièces y relatives (151), entre autres des extraits des sermons de Boucher (153 v°); — Pièces relatives à la conversion de Henri IV, 1592 (156 et 193); — Lettre de Madame [Catherine de Bourbon] à son frère le roi Henri IV, 1592, copie de P. Dupuy (166); — Lettres du duc de Villeroy au président de Bellièvre, et du président de Bellièvre au duc de Villeroy, 26 et 30 déc. 1592 (167 et 177); — Remontrance au Roi [Henri IV], signée « L. B. », 1592 (185); — Lettre de l'évêque de Plaisance [Filippo Sega] au duc de Parme [Alexandre Farnèse], 1592, en français (190); — Extrait des registres du Parlement, 28 juin 1593, in-4°, *impr.* (192); — Instruction remise au sieur de La Borde, envoyé de Henri IV en Guyenne, Chartres, 5 oct. 1593, orig. (194); — Arrêt des Grand chambre et Tournelle, rela-

tif à la vente de la baronnie de Montdoubleau, Tours, 27 oct. 1593
(198) ; — Documents concernant l'assassinat de Henri III, 1594
(200); — Mémoires relatifs à la soumission du duc de Mayenne,
1594 (212) ; — Lettres du cardinal François de Joyeuse à M. de
Monpesat, à Madrid ; et à l'archevêque de Lyon [Pierre d'Espinac],
Rome, 15 fév. 1594 (222 et 223); — Lettre du baron de Senecey
à « Bernard », avocat à Dijon, Rome, 14 fév. 1594 (222 v°), copies
de P. Dupuy; — « Noms de ceulx qui sortiront de la ville de Paris
suivant la volonté du Roy », 1594 (224); — Lettre du roi d'Espagne
[Philippe II] au pape [Clément VIII], Madrid, 4 fév. 1594, en espagnol, copie de P. Dupuy (226) ; — Lettre de Henri IV à [François
d'Escoubleau, seigneur] de Sourdis, Paris, 22 mars 1594 (227) ; —
Annulation, par le Parlement, de tous arrêts, décrets, etc., donnés depuis le 20 déc. 1588, et révocation des pouvoirs du duc de
Mayenne, 30 mars 594 (1228).

Nomination d'André de Brancars [Brancas], sieur de Villars, à
la charge de gouverneur des bailliages de Rouen et Caux, avril-
mai 1594, copie authentique (232); — Rétablissement du Parlement de Provence, et lettres d'abolition pour le pays de Provence,
27 juin 1594, copies authentiques (236 et 238); — Lettre du duc
de Feria au roi d'Espagne [Philippe II], Bruxelles, 31 août 1594
(240); — « Advis du duc de Feria sur la proposition qui fut faicte
à Bruxelles en l'Assemblée du 25 aoust 1594, » copies de P. Dupuy
(240 v°); — Lettre de M. de Guise [Charles de Lorraine] au pape
[Clément VIII], nov. 1594, copie de P. Dupuy (246); — Suppression d'un arrêt rendu au nom du roi Charles X, 3 déc. 1594 (250);
— Lettre de Villeroy à [Jacques] Bongars, Paris, 27 déc. 1594
(252); — Sentence de dissolution du mariage de Nicolas Damer-
val, sieur de Liancourt, et de Gabrielle d'Estrées, 1595 (254) ; —
Arrêt contre Charles de Lorraine, duc d'Aumale, 6 juillet 1595
(258); — Lettre de [Jacques Davy] Du Perron, et d'A[rnaud] d'Ossat, plus tard cardinaux, à Henri IV, Rome, 2 sept. 1595 (260); —
Lettre de Lodovico [Gonzaga, duc de Nevers], au Conseil d'État,
Saint-Quentin, 7 sept. 1595 (262); — Arrêt du Parlement de Provence contre le duc d'Épernon, Aix, 17 nov. 1595, copie authentique (266).

« Somme de deniers qui ont esté accordez par plusieurs traictez
et compositions de provinces, villes, chasteaux et forteresses et
hommes qui se sont reduictz en l'obéissance du Roy, comprins ce

qui a esté accordé à M^r le duc de Lorraine », 1595 (270) ; — Relation d'une conférence tenue entre Henri IV et trois de ses confi-
dents, sur les moyens de parvenir à la dignité impériale, 1595
(272) ; — Supplique présentée à Henri IV en faveur de Charlotte-
Catherine de La Trémoïlle, veuve de Henri de Bourbon, prince de
Condé, et autres pièces concernant la même princesse, 1595-1596
(280) ; — Brefs de Clément VIII à Henri de Bourbon, prince de
Condé, et au marquis de Pisany, 10 mai 1596 (290 et 292) ; —
Harangue de M. de Bourges [Renaud de Beaune de Semblançay],
en latin (291), et du prince [François] de Conti, au cardinal de
Lorraine, légat en France, avec la réponse du légat, 21 juillet
1596, en français (293) ; — Pièce de procédure contre François de
La Ramée, qui prétendait être fils de Charles IX, 1596 (294) ; —
« Articles secretz et particuliers accordez par le Roy à M. le duc
de Mayenne... », Folembray, 24 janv. 1596 (296) ; — Pièces relatives à l'enregistrement du traité conclu entre Henri IV et le duc
de Mayenne, 1596 (301) ; — Lettre de Henri IV à [Arnaud] d'Ossat,
La Fère, 22 mai 1596 (312) ; — Ordonnance de Henri IV, enjoignant aux soldats du duc de Mercœur de porter en évidence les
insignes de leur parti, Rouen, 28 oct. 1596, in-fol., *impr.* (318) ;
— Harangue de Henri IV au Parlement, 19 avril 1597 (319) ; —
Lettre de Henri IV à Schomberg, Wignacourt, 31 mars 1597, copie
de P. Dupuy (320) ; — Sommaire de mémoires envoyés à Henri IV
par le maréchal de Brissac, en avril 1597 (322) ; — Lettre du cardinal Albert d'Autriche à un mestre de camp, saisie le 26 août 1597
(326) ; et autres documents relatifs à l'histoire de la ville d'Amiens
en 1597 (327) ; — Lettre [d'Hotman-Villiers?] à Henri IV, 1597 (330).

« Extraict des articles secrets accordés par le Roy à M^r le duc
de Mercœur », 2 mars 1598 (334) ; — Donation du duché-pairie
de Vendôme par Henri IV à son fils César, 3 avril 1598, copie
authentique (336) ; — Lettre du cardinal de Joyeuse à Henri IV
sur la jonction des deux mers, 1598 (338) ; — Lettre du duc de
Mercœur [Emmanuel de Lorraine] au duc d'Aumale [Charles II
de Lorraine], La Roquette, 14 (ou 24) juillet 1599, copie de P. Dupuy (340) ; — Lettre de Bellièvre au Parlement, 18 août 1599, copie
de P. Dupuy (344) ; — Ordre d'arrestation lancé par le Parlement
contre le prince de Joinville [Charles de Lorraine], 17 août 1599,
copie de P. Dupuy (345) ; etc.

XVIe et XVIIe siècles. — 345 feuillets. — « 1631 ».

89.

Recueil de pièces concernant le règne de Henri IV, de l'année 1600 au mois de mai 1610.

On remarque dans ce volume les documents suivants : Bref de Clément VIII à Catherine de Bourbon, sœur de Henri IV, 15 janv. 1600 (3) ; — Discours d'Arnauld d'Ossat à Clément VIII, au sujet du mariage de Henri de Lorraine avec Catherine de Bourbon, en latin (6) ; — Relations de la conférence tenue à Fontainebleau, le 4 mai 1600, et où Du Perron, évêque d'Évreux, plus tard cardinal, soutint les accusations portées par lui contre le livre de Duplessis-Mornay, intitulé *L'Institution de l'Eucharistie* (28 et 31) ; — Lettre de Henri IV au président [J.-A.] de Thou, Lyon, 10 août 1600, orig. (36) ; — Lettres d'abolition octroyées à Louis d'Orléans, avocat au Parlement, s. d. (37) ; — Pièces relatives au mariage de Henri IV avec Marie de Médicis, 1600 (39) ; — Interrogatoire de Nicolas de Noyon, curé de Plaisir, près Villepreux, 15 mars 1601 (48) ; — Lettre du duc de Villeroy à Henri IV, Paris, 7 nov. 1601, autogr. (60) ; — Interrogatoire de frère Hilaire de Grenoble, capucin, en présence du nonce à la cour de France [Innocenzo Bubalo], évêque de Camerino, nov. 1601 (61) ; — Lettre de Henriette de Balzac, [marquise de Verneuil], au frère Hilaire, autogr. (62) ; — Lettre de Henri IV au cardinal d'Ossat et à Sully, Saint-Germain-en-Laye, 21 et 22 mars 1612 (66) ; — « Mercuriale de M. de Rosny » (70) ; — Lettre des gens du roi, Servin, de La Guesle, Marion, au chancelier [Pomponne de Bellièvre], Paris, 21 mai 1602 (71) ; — Interrogatoires relatifs au procès du maréchal de Biron [Charles de Gontaut], 1602, extraits par P. Dupuy (72).

Décret du chapitre de Paris sur certaines inconvenances de tenue des chanoines, bénéficiaires, etc., 1602, expédition orig. (76) ; — Lettres d'abolition pour le baron de Lux, Fontainebleau, nov. 1602 (77) ; — Lettres patentes autorisant l'union de l'abbaye d'Ouville à la congrégation de N.-D. des Feuillants, 1602 (79) ; — Lettres patentes réunissant les offices de voyer de Paris et de grand-voyer de France en faveur de Sully, Fontainebleau, 1er juin 1603 (83) ; — Extrait d'une lettre de la reine Élisabeth d'Angleterre à son ambassadeur en France, 1602 (87) ; — Lettres et documents relatifs à la rébellion de Henri de La Tour d'Auvergne, duc de Bouillon, 1603-1606 (89) ; — Interrogatoires divers dans des affaires intéressant la sûreté de l'État, 1602-1605, copies de P. Dupuy (119).

Promesses faites par Henri IV à François de Balzac, sieur d'Antragues, au sujet de sa fille Henriette-Catherine de Balzac, 1er oct. 1599 (146) ; — Lettres de légitimation de Gaston de Foix, marquis de Verneuil, Paris, janv. 1603 (147) ; — Acte de légitimation de Gaston-Henri, marquis de Verneuil, Paris, janv. 1603, copie authentique (151) ; — Discours et pièces politiques, 1556-1605 (153) ; — Harangue de Henri IV au Parlement, 28 fév. 1604 (174) ; — Ordre d'arrêter et interroger trois complices de François Lhoste, 15 mai 1604, parchemin (177) ; — Arrêt contre Nicolas Lhoste, commis de Villeroy, 1604 (178) ; — Mandement royal, au sujet de l'affaire de Nicolas Lhoste, minute de la main de Villeroy (180) ; — Pièces concernant le complot ourdi par Louis de Lagonia, sieur de Mérargues, 1605 (181) ; — « Le gentilhomme Alemand... au roi Henry quatriesme... », sur les villes de sûreté retirées aux réformés, 1605 (185) ; — Lettres patentes en faveur de François d'Aerssan, gentilhomme brabançon, Fontainebleau, mars 1605 (195) ; — Arrêt du Parlement de Grenoble contre le franciscain François de Nobilibus, accusé de sorcellerie, 1606, copie de P. Dupuy (199) ; — Lettres d'abolition octroyées à Charles de Valois, comte d'Auvergne, s. d. (201) ; — Documents concernant la Chambre de justice, 1606-1607 (203 et 251) ; — Cahiers de l'assemblée du clergé, tenue à Paris en 1606, copie de P. Dupuy (211) ; — Lettre de [Philippe de] Béthune au cardinal Du Perron, Paris, 23 janv. 1607, orig. (239).

Revenus et dépenses de la France en 1607 (243) ; — « Copie d'une lettre escrite de La Haye en Hollande, contenant l'arrivée de quelques ambassadeurs des Indes orientales vers... le prince Maurice », 1608, in-4°, *impr.* (255) ; — Arrêt d'expulsion contre Thomas Morgan, 13 déc. 1607 (259) ; — Lettre du président Jeannin, La Haye, 9 déc. 1607, copie de P. Dupuy (261) ; — Brevets en faveur de Raymond Phélipeaux et Balthazar Gobelin, 28 fév. 1608, copies authentiques (268) ; — Supplique à Henri IV, s. d. (270) ; — Lettres patentes en faveur de Charles, comte de L'Hospital, pour le commerce au Cap de Bonne-Espérance, Paris, 1608 (274) ; — Lettre de Cosme de Rogiers [Cosimo Ruggieri] à Henri IV, contenant l'horoscope de Gaston d'Orléans, alors duc d'Anjou,

1608, autogr. (280); — Lettre de Prague, 15/25 mai 1608 (282);
— Arrêt contre Bartolommeo Borghese, qui se disait fils du pape
Paul V, nov. 1608, copie de P.Dupuy (284).

Lettre de Henri IV au duc de Lesdiguières, 4 mai 1609 (286);
— « Discours de ce qui s'est passé le vendredy xvii d'octobre MDCIX
entre le Roy et M. le maréchal Des Diguières dans la galerie de la
Reine, à Fontainebleau », copie de P. Dupuy (288); — Lettre de
l'assemblée du Clergé au Roi, 15 déc. 1609, copie authentique (294);
— Édit des monnaies, Paris, août 1609, copie de P. Dupuy (304);
— Édit concernant le règlement des habits et prohibition des
soies, pierreries, etc., 1609 (307); — Discours du prince de Condé
[Henri de Bourbon], aux États généraux, 1610 (314); etc.

XVIᶜ et XVIIᶜ siècles. — Papier et parchemin. — 317 feuillets. — « 1631 ».

90-94.

Recueil de pièces concernant la fin du règne de HENRI IV et
le règne de LOUIS XIII.

Originaux et copies dont beaucoup sont de la main de P. Dupuy.

I (90). 1610-1613. — On remarque dans ce volume les documents suivants : Pièces relatives à la régence de Marie de Médicis (2); — Procès-verbal de l'autopsie de Henri IV, 15 mai 1610
copie de P. Dupuy (4); — Interrogatoire de Ravaillac, 14 mai (6);
— Arrêt contre Ravaillac, copie de P. Dupuy (17); — Sur la
mort de Henri IV, par Hotman-Villiers (18); — Sermon prononcé
par le P. Gontery, jésuite, en présence du Roi, en l'église Saint-
Gervais, 1610 (22); — Documents concernant le meurtre de Henri IV
(24); — Relation des séances du Parlement des 14-15 mai 1610,
au sujet de la régence (30); du 23 juillet, au retour de Milan du
prince de Condé (51); du 23 août 1610, au sujet du rétablissement
du Collège des Jésuites (53); du 1ᵉʳ déc. 1610, au sujet du livre
du cardinal Bellarmin *De potestate Pontificis* (57); etc.; — « Censura sacræ facultatis theologiæ Parisiensis contra impios et exe-
crabiles regum ac principum parricidas », 1610 (69 vᵒ); — Arrêt
du Conseil souverain de Béarn et de la chancellerie de Navarre,
relatif à la régence de Marie de Médicis, en juin 1610, en catalan,
copie authentique (82).

Procès-verbaux des prestations de serment de fidélité à Louis XIII, à Marie de Médicis et aux princes du sang par les habitants d'Orléans, copie authentique (84); et par ceux d'Étampes, 15 mai 1610, parch., orig. (89); de Vendôme, 16-20 mai 1610, copie authentique (90); de Châteaurenard en Gâtinais, 20 juin, orig. (105); de Beaugency, 15 mai, orig. (110); de Janville, 16 mai 1610, parchemin orig. (114); de Neuville, gouvernement d'Orléans, 19 mai, orig. (115); de Suèvres, 16 mai, copie authentique (117); de Pithiviers, 18 mai, copie authentique (124); d'Issoudun, 27 mai, copie authentique (133); de Blois, 25 mai 1610, copie authentique (135); de Beauvais, 15 mai 1610, orig., sceau (137); de Compiègne, 17 mai 1610, orig. (139); de Soissons, 8 juin, copie authentique (141); du bailliage de Coucy, 13 juin 1610, orig., parchemin (143); de Laon, s. d., orig., cachet (144); de Noyon, chapitre et ville, 23 et 14 juin (146 et 148); de Chauny, 22 juin 1610, orig., parchemin (150).

Enquête sur une accusation de lèse-majesté intentée à Adonis Le Vasseur, de Vendôme, 31 mai 1610, orig. (151); — Lettres patentes de Louis XIII, concernant les gardes du corps de la Reine mère, Paris, 24 mai 1610 (181); — Notes sur les conseils tenus après le meurtre de Henri IV, 5-15 juin 1610 (183); — Harangue de [Jean de Thumery], sieur de Boissise, aux États assemblés à Clèves, juin 1610 (187); — Requête adressée au Parlement par Charles Gendron, commis de Jean de Moisset, août 1610 (191).

Condamnation du livre du cardinal Bellarmin intitulé *Tractatus de potestate summi Pontificis...*, 26-30 nov. 1610, in-fol., *impr.* (193); — Mémoire relatif au prince de Condé, janv. 1611 (195); — Ordre donné aux officiers de la Couronne, gouverneurs de province, etc. présents à Paris, de venir rendre leurs devoirs et service au Roi, 14 janvier 1611, in-fol., *impr.* (201 v°); — Défense de porter des pistolets, sous peine de mort, 14 janv. 1615, in-fol. *impr.* (202); — Lettres de Louis XIII et de Marie de Médicis à Sully, au sujet de la Bastille, Paris, 28 janv. 1611 (203); — Démission donnée par Sully de sa charge de surintendant des finances et de capitaine de la Bastille, 26 janv. 1611 (204); — Assemblée de la Faculté de théologie au sujet du livre de Mariana, 1er fév. 1611, en latin (210 et 213); — « Loci Marianæ, quibus nituntur defendere sententiam auctoris Apologiæ... », in-4°, *impr.* (212); — Relation de la séance du Parlement où fut présenté le rapport sur les lettres patentes

relatives à l'établissement des Carmes réformés et déchaussés, 5 fév. 1611 (217) ; — Supplique adressée au Parlement par Joachim Forgemont et autres docteurs en théologie de l'Université de Paris, au sujet de la *Responce apologétique à l'Anti-Coton*, fév. 1611 (219) ; — Interrogatoires relatifs à l'emprisonnement de Jean Ravaillac, juin 1611 (221) ; — Arrêt du Conseil d'État, réduisant d'un quart les taxes imposées aux officiers royaux, Paris, 9 août 1611, parchemin, copie authentique (229) ; — Arrêt du Parlement, déclarant Estienne Sauvage, valet de M. d'Entragues, Jacques Gaudin, commissaire du prévôt des marchands, Charlotte du Tillet et Henriette de Balzac, marquise de Verneuil, non coupables du meurtre commis sur la personne de Henri IV, 30 juillet 1611 (230).

« Decretum Sorbonæ Paris. adversus librum Phil. Mornaei Plessei, cui titulus : *Mysterium iniquitatis* », 22 août 1611 (231) ; — Brevets portant décharge, en faveur de Raymond Phélypeaux, de l'emprunt ordonné sur les officiers de finances, 11 sept. 1611 et 28 fév. 1608, copies authentiques (233 et 234) ; — Documents relatifs à la mission de l'abbé Du Bois à Rome et à son arrestation, 1611 (235) ; — Supplique des officiers de justice à Louis XIII, afin d'être exemptés des nouvelles taxes à eux imposées, 1611 (243); — Lettre de Sully à Marie de Médicis, 1611 (247) ; — « Articles adjoustez de nouveau au Parti de la Paulette », 1er oct. 1612 (249) ; — Revenus annuels des offices du Parlement de Paris (250) ; — Lettres de provision de l'office de procureur général au Parlement, vacant par le décès de Jacques de La Guesle, en faveur de Nicolas de Bellièvre, Paris, 6 janv. 1612 (251); — Mission du duc de Bouillon en Angleterre au sujet des mariages espagnols, 1612 (253) ; — Procédure extraordinaire dirigée contre un Flamand, nommé Guillaume de Garfontaine, par Jean Gillet, lieutenant de justice à Verdun, juin 1612, expédition authentique (257); — Documents relatifs à l'affaire d'Edmond Richer, syndic de la Faculté de théologie de Paris, 1612 (261) ; — Lettres adressées à Marie de Médicis par César de Vendôme, Anet, 16 sept. 1612 (269) ; par Françoise de Lorraine, femme du duc de Vendôme, s. d. (270), et par le grand écuyer [Roger de Saint-Lary, duc de Bellegarde], déc. 1612 (270 v° et 272) ; — Arrêt condamnant le livre de Gaspar Scioppius, intitulé : *Ecclesiasticus*, 24 nov. 1612, in-fol., *impr.* (271).

Lettre de défi adressée par le baron de Luz au chevalier de Guise [François-Alexandre-Paris de Lorraine], 31 janv. 1613 (274);

— Satisfaction du marquis de Nesle [René aux Épaules, dit de Laval] au comte de Brenne [Henry-Robert de la Marck], et réponse du comte, fév. 1613 (275) ; — Lettre de Marie de Médicis au duc de Nevers [Charles de Gonzague-Clèves], Paris, 9 mai 1613 (276) ; — Lettre du duc de Nevers à Villeroy, Casal, 22 juin 1613 (280) ; — « De l'ordonnance et arrest de quatorse cens fidelles de ceste ville [Poitiers], hardiment résolus de mourir pour la manutention de la foy catholique, apostolique et romaine et service du roy Loys XIIIe » (282) ; etc. — XVIIe siècle. — 283 feuillets.

II (91). 1614-1615. — On peut signaler dans ce volume les documents suivants : Procès-verbal dressé par Paul Le Jau, sieur de Vertau, trésorier général de France en Champagne, en résidence à Châlons, et relatant les outrages à lui infligés le 7 janvier 1614 (2) ; — Supplique de Henri de Bourbon, prince de Condé, au Parlement, contre le sieur de Marsillac (6) ; — Instruction pour le duc de Ventadour et [Jean Thumery], sieur de Boissise, envoyés par Louis XIII et Marie de Médicis auprès du prince de Condé, à Châteauroux, Paris, 7 fév. 1614 (10) ; — Lettre de Henri de Bourbon, prince de Condé, au cardinal Du Perron, Mézières, 19 fév. 1614 (14) ; — Documents relatifs aux intrigues du prince de Condé (15, 20, 24, 25, etc.) ; — Instruction pour le sieur Delachaulme, exempt des gardes du corps de Marie de Médicis, envoyé par elle près du maréchal de La Châtre, à Orléans, et près du comte de Maran, à Sancerre, 15 mars 1614, orig. (22) ; — Lettres du duc de Ventadour à Marie de Médicis, Soissons, avril 1614, orig. (28 et 43), et à [Antoine] de Loménie, avril 1614, orig. (30, 63, 68, 71) ; — Lettres de J.-A. de Thou, P. Jeannin, J. de Thumery, [sieur de Boissise], et [Claude de] Bullion à Marie de Médicis, Soissons, avril 1614, orig. (31, 33, 41, 44) ; — Lettres du duc de Ventadour, J.-A. de Thou, P. Jeannin, J. de Thumery à Marie de Médicis, avril 1614, orig. (61, 66, 69) ; — Lettre des précédents et de [Claude de] Bullion à la même, 20 avril 1614, orig. (64) ; — Lettres de J.-A. de Thou et J. de Thumery à Marie de Médicis, Soissons, avril-mai 1614, orig. (80, 86, 101) ; — Lettre de Henri de Bourbon, prince de Condé, à Marie de Médicis, Saint-Amand, 2 mai 1614, orig. (82) ; — Lettre de J.-A. de Thou à [Antoine] de Loménie, Soissons, 1er mai 1614, autogr. (84) ; — Lettres de J.-A. de Thou et Jean de Thumery à [Antoine] de Loménie, Soissons, mai 1614, orig. (88 et 99) ; — Lettres écrites par Marie de Médicis, en avril et mai 1614,

au prince de Condé (25, 26, 54, 59, 78) ; aux ducs de Nevers,
Mayenne, Longueville et Bouillon (27, 50, 74, etc.) ; à ses envoyés
auprès du prince de Condé (37, 38 bis, 47, etc.) ; à De Ville, et
au vicomte de Brigueil, gouverneurs de Noyon (90, 91, 92) ; aux officiers de Noyon (93) ; à d'Haraucourt (94) ; au Parlement (115) ; etc.

Documents concernant l'argent retiré de la réserve de la Bastille,
1614 (103) ; — Lettre du duc de Bouillon au prince de Condé,
8 juillet 1614 (117) ; — Lettres patentes, portant convocation des
États généraux, Paris, 9 juin 1614 (118) ; — Procès-verbal de l'élection des députés du Berry aux États généraux, 23 juillet 1614,
expédition authentique (122) ; — « Ordre gardé au bailliage d'Orléans sur la convocation des trois Estats d'iceluy... », 1576, 1588
et 1614 (132) ; — Requête des gens du Tiers État de Provence au
Roi (138) ; — Arrêt du Conseil d'État, concernant le rang des députés aux États généraux, Paris, 15 nov. 1614 (140) ; — « Requestes présentées au Roy et à MM. les depputez des Estatz par le
sieur de Vertau, trésorier général de France en Champagne »
(142) ; — Lettres écrites par Louis XIII, le jour de sa majorité, au
Parlement et à la Reine mère, oct. 1614 (147) ; — « Procès verbail
de ce quy cest passé en la cour de Parlement, lors de la rébellion
et violence des prisons faicte aux faubours Saint-Germain », nov.
1614 (148) ; — Bref de Paul V aux États-généraux, prid. cal.
febr. 1615 (159), et au cardinal de Joyeuse, même date (161) ; —
Requête des députés du Tiers État à Louis XIII, avec une centaine
de signatures, orig. (163) ; — Harangue du marquis de Senecey à
Louis XIII, en lui remettant le cahier de la noblesse, 1615 (166) ;
— Arrêts du Conseil d'État, relatifs aux taxes des députés aux États
généraux, Paris, 26 mars 1615 (172) ; et à la vénalité des offices,
Paris, 13 mai 1615 (174), copies authentiques ; — Ordre concernant
les compagnies de chevau-légers, Poitiers (?), 3 sept. 1615 (176) ; —
Lettres de Louis XIII à M. de Montigny, gouverneur de Metz, Toul
et Verdun, Paris, mai-juin 1615, orig. et minutes (178-183) ; — Affaire
de l'archevêque d'Aix [Paul Hurault de L'Hospital], 1615 (184) ; —
Lettre de Louis XIII au prince de Condé, Paris, 26 juillet 1615 (186),
et réponse, Coucy, 28 juillet (186 v°) ; — Bref de Paul V à Louis XIII,
17 août 1615, traduction française (188) ; — Lettres de provision d'office de maître de camp, et commissions de levées de gens d'armes,
délivrées par le prince de Condé, 1615, parchemin et papier, orig.,
sceaux plaqués (190, 192, 194) ; — Lettres de Henri de Bourbon,

prince de Condé, au maréchal de Boisdauphin [Urbain de Laval, marquis de Sablé], Coucy, 4 sept. (195), avec la réponse d'U[rbain] de Laval, camp de Meaux, 6 sept. 1615 (196); et aux prévôt des marchands et municipalité de Paris, camp de Noyon, 5 sept. 1615, copie authentique (200); — Déclaration contre le prince de Condé, Poitiers, sept. 1615, copie de Th. Godefroy (202); — Arrêt du Parlement contre le prince de Condé, 18 sept. 1615, copie authentique, parchemin (208); — Lettre du Parlement de Paris à Louis XIII, 18 sept. 1615, orig. (209); — Mémoire sur le Parlement (210); — Lettre de Henri de Mesmes à Louis XIII, 18 sept. 1615, orig. (212); — Passeport délivré par Claude de Prouville, capitaine de l'armée de Condé, à quatre soldats du régiment de Picardie, 18 sept. 1620 (214); — Lettre du duc de Mayenne aux maire et échevins de Beauvais, Clermont, 18 sept. 1625 (215); — Manifeste du prince de Condé aux habitants de Jonquières, camp de Clermont, 19 sept. 1615 (216); — « Bref discours de ce qui s'est passé à Sens à la venue de l'armée du Roy, conduicte par M. le mareschal de Boisdauphin, et des approches de celle de M. le prince » (218); — Lettres de provision, en faveur du duc de Guise, de la charge de lieutenant général en Provence, Bordeaux, 27 nov. 1615 (222); — « Extraict des registres de Parlement », relatif à la défense de la Guyenne, Bordeaux, 29 déc. 1615, in-fol., *impr.* (225); — Ordonnances analogues, du même jour, in-fol., *impr.* (226 et 227); — Mémoire contre le maréchal d'Ancre [Concino Concini], Rome, 14 août 1615, en italien (228); — « Du désordre qui est à présent aux monnoyes de Poictou, Bordelois et Bayonnois », rapport signé « Poullain » et adressé au chancelier [Nicolas Brûlart de Sillery], Bordeaux, oct. 1615 (232); — Extrait du procès criminel intenté à Balthazar Flotte de Montauban, comte de La Roche, François Faurre, François-Louis, dit La Chaussée, et André Jacquier, dit L'Espérance, soldat, 1614 (236); — Mémoire et lettres relatives au comte Martinengo, en français et en italien, 1613 (242): — Remontrances faites au Roi par le corps de la ville de Paris, au sujet de l'arrêt du 30 juin, relatif aux élections des échevins, 1er août 1615, copie authentique (246); etc. — XVIIe siècle. — 249 feuillets. — « 1630 ».

III (92). 1616-1625. — On remarque dans ce volume les documents suivants : Pièces relatives aux négociations entamées par Louis XIII avec le prince de Condé, 1616 (6); — Remontrances faites au Roi par les prévôt des marchands et échevins de Paris, sur la création des offices triennaux de receveurs et contrôleurs des rentes de l'Hôtel de ville, 4 avril 1616, copie authentique (20); — Procès-verbal d'une enquête ouverte par le président Nicolas de Verdun, au sujet d'une conspiration ourdie contre la personne de Louis XIII, avril 1616 (24); — Lettres de provision, en faveur de Claude Mangot, seigneur de Villarceau, de la charge de secrétaire d'État, Paris, 9 août 1616 (44); — Extraits de l'interrogatoire de Pierre Du Jardin, dit La Garde, dans l'enquête ouverte au sujet du meurtre de Henri IV (46); — Déclaration de Louis XIII, sur la détention du prince de Condé, sept. 1616 (49); — « Articles accordez par M. de Montigni, mareschal de France et lieutenant général pour le Roi au païs de Berri en l'absence de Mgr. le prince, au sieur de La Lande, commandant en la grosse tour de Bourges », 9 sept. 1616, orig. (55); — Bref de Paul V à Louis XIII, 15 oct. 1616 (57); — Lettres de Louis XIII donnant la préséance à Richelieu sur tous les autres secrétaires d'État, Paris, 30 nov. 1616 (59), et le nommant secrétaire d'État en remplacement de Claude Mangot, Paris, 30 nov. 1616 (61); — Lettre de Louis XIII [au duc de Bouillon?], Paris, 27 déc. 1616 (63); — Lettre de Henri de la Tour d'Auvergne, [duc de Bouillon], à Louis XIII et à Marie de Médicis, Sedan, 14 déc. 1616 (65), 6 janv. 1617 (66), et 2 juillet 1618 (100); — Requête présentée par des officiers et conseillers au Châtelet de Paris à Louis XIII, lors de l'Assemblée de Rouen, 1613 (69); — Lettre du duc de Nevers [Charles de Gonzague-Clèves] à Louis XIII, Soissons, 31 janv. 1617 (75); — Lettre de César de Vendôme, Henri de Lorraine et Henri de La Tour, [duc de Bouillon], à Louis XIII, 2 fév. 1617 (76 v°); — Condamnation à mort d'Alphonse Du Travail, de Grenoble, convaincu d'avoir voulu attenter à la vie de Marie de Médicis, 10 mai 1617 (79); — Documents relatifs au procès de Concino Concini [le maréchal d'Ancre] et de Leonora Galigai, in-fol., *impr.* (81); — Lettres patentes de Louis XIII, annulant le droit de préséance accordé à Richelieu sur tous les autres secrétaires d'État, Paris, 18 avril 1617, copie authentique (91); — Condamnation à mort de Jean de Geniers, sieur de Massac, convaincu d'avoir voulu attenter aux jours de Louis XIII, 4 oct. 1617 (93); — Extrait du livre des conclusions de la Faculté de Théologie de Paris, 1er fév. 1618 (95); — Lettres de Henri de La Tour, [duc de Bouillon], à deux correspondants non désignés, Sedan, 29 mai et 2 juillet 1618 (97 et 98 v°); — Condamnation à mort de François et André Sity et

d'Étienne Durand, auteurs de libelles contre le Roi, 19 juillet 1618
(103) ; — « Advis des mareschaux de France sur le différent de M. de
Vendosme et de M. le mareschal de Brissac », 1618 (105) ; — Lettre
anonyme à Louis XIII (107) ; — Notes sur d'Albert de Luynes (113) ;
— « Response à l'appollogie de Luynes, avec une briefve exhortation au Roy » (117) ; — Offres d'argent faites au Roi par le sieur de
Crutzembourg, 1618 (123) ; — Condamnation à mort de Jean de
Vaudetar, sieur de Bournonville, et de Henri de Vaudetar, sieur de
Persan, coupables de lèse-majesté, 30 août 1618 (125) ; mémoire
sur cette affaire (127) ; — « Extraict des raisons et plaintes que la
Reyne mère du Roy faict au Roy son filz » (133) ; — Lettre de l'évê-
que de Luçon [Richelieu] à Louis XIII, s. d. (139) ; — Déclaration
de Louis XIII en faveur du duc d'Épernon (141) ; — Manifeste de
Marie de Médicis, Blois, 3 nov. 1618 (143) ; — Lettres de Marie de
Médicis à Louis XIII et au garde des sceaux [G. Du Vair], 1619-1620
(145, 168, 203) ; — Lettre de Louis XIII au prince de Condé, 8 avril
1619 (151) ; — Convention signée à Angoulême, le 12 mai 1619, entre
Louis XIII et Marie de Médicis (152) ; — Brevet de la charge de surintendant des finances en faveur de [Henri] de Schomberg, comte
de Nanteuil, Tours, 6 sept. 1619 (157) ; — Liste des chevaliers du
Saint-Esprit nommés au chapitre tenu à Saint-Germain-en-Laye,
le 5 déc. 1619 (161) ; — Notice et extraits, faits par Pierre Dupuy,
du livre de « Hérimand Conrad, baron d'Infrindembourg et comte
du Palatinat », intitulé : « Discours et advis sur les causes des
mouvemens de l'Europe » (162) ; — Harangue du premier président
[Nicolas de Verdun] au Parlement, 18 fév. 1620 (165) ; — Édits et
déclarations de Louis XIII et de Marie de Médicis, juillet 1620 (172) ;
— Lettre de Louis XIII adressée aux personnages suivants : duc
de Montbazon [Hercule de Rohan], duc de Bellegarde [Roger de
Saint-Lary et de Termes], archevêque de Sens [Jean Davy Du Per-
ron], président Jeannin, Caen, 21 juillet 1620 (180) ; — « Articles
accordez par le Roy à la Royne sa mère en sa faveur à ceux qui
l'ont assistée en ses derniers mouvemens », Ponts-de-Cé, 11 août
1620 (181) ; — Sur l'entreprise de Navarrenx et Mongiscar (183) ; —
Extraits de lettres de M. Du Fargis [Charles d'Angennes, comte de
la Rochepot], ambassadeur en Espagne, à Péricard, Escurial, sept.-
nov. 1620, de la main de P. Dupuy (187) ; — Lettre du maréchal
de Lesdiguières au pape [Grégoire XV], 15 fév. 1621 (189) ; — Brevet de continuation des rentes accordées par Louis XIII à Marie de

Médicis, Paris, 5 mars 1621 (191) ; — Bref de Grégoire XV à Louis XIII, 10 juillet 1621 (192) ; — Lettres du connétable de Luynes au sieur de Modène [François de Raimond de Mormoiron], grand-prévôt de France, devant Montauban, 10 nov. 1621 (196) ; au P. Seguiran, S. J., Nérac, 27 nov. 1621 (199) ; au duc de Montbazon, Toulouse, 18 nov. 1621 (200) ; — Lettre de Louis XIII à Marie de Médicis, Damazan, 15 déc. 1621 (205) ; — Extrait des registres du Conseil d'État, concernant la bibliothèque de [Philippe II Hurault] de Boistaillé, évêque de Chartres, 8 mars 1622 (207) ; — Pièces relatives au procès de Charles de Gonzague de Clèves, prieur de N.-D. de la Charité de Nevers, contre Dom Jean Michel, frère Jean Aimera, Jean Thomas et Louis de Lorraine, cardinal de Guise, in-fol. et in-4°, *impr.* (209) ; — Arrêt du Parlement en faveur de Louis de Monsigot, conseiller secrétaire du Roi et maître des comptes, Nicolas Graillet, Martin Moynerie et François Maudinier, 1er sept. 1622, copie authentique (243) ; — Extraits de lettres du chevalier de Sillery [Noël Brûlart], ambassadeur à Rome, à Péricard, ambassadeur en Flandre, 24 déc. 1622 et 22 juillet 1623 (245) ; — Arrêt du Parlement, séant à Marseille, contre Lazarin Doria, sieur de Satournon, Balthazar Beissan, sieur de Saint-Savornin, Honoré de Montoliou, chevalier de Saint-Jean de Jérusalem, etc. 21 juin 1623, in-fol., *impr.* (246) ; — Lettre datée de Rome, 14 janv. 1624 (247) ; — Arrêt du Conseil du Roi, touchant la procédure indue de Me Pierre Garande, archidiacre d'Angers, sur les censures contre lui prononcées par [Charles Miron], évêque d'Angers, fév. 1624, in-4°, *impr.* (249); — Monitoire de Louis XIII contre le marquis de La Vieuville, surintendant des finances, Saint-Germain-en-Laye, 13 août 1624 (251) ; — Lettres de provision de la charge de surintendant des finances en faveur de Bochart de Champigny et Michel de Marillac, Saint-Germain-en-Laye, 27 août 1624 (253), suivies du règlement des finances, du 2 sept. (254); — Bulle du pape Urbain VIII à son neveu Francesco Barberini, cardinal-diacre de Sainte-Agathe, nommé légat en France, 11 kal. mart. 1624 (257), et documents relatifs à l'enregistrement de cette bulle, avril 1625 (261); — Arrêts du Parlement concernant les religieuses Haudriettes, dites de l'Assomption N.-D., 19 déc. 1624 (264), et 11 avril 1625 (265); etc. — XVIIe siècle. — 268 feuillets. — « 1631 ».

IV (93). 1625-1630. — On remarque dans ce volume les documents suivants : Arrêt prononcé par la Chambre de justice contre Vincent Bouhier, sieur de Beaumarchais, trésorier de l'Épargne,

25 janv. 1625 (5) ; — Lettre encyclique d'Urbain VIII, 25 mars
1625 (9) ; — Lettres de Capriata, 28 mars (11), et d'Asti, 12 juillet 1625, sur les opérations militaires en Italie (39) ; — Lettre de
Dijon, mai 1625, sur le « miracle » de Bourg (15) ; — Cahiers remis à Louis XIII par les bourgeois et marchands de Lyon, avec les
réponses du Roi (19) ; — Inscription latine relative à la ville de
Verrua, en Piémont, 1625 (40): — Récit de la capitulation de la ville
et du château de Gavi, près Gênes, 2 août 1625 (41) ; — Arrêt de bannissement perpétuel contre le poète Théophile de Viau, 1-10 sept.
1625 (62) ; — Règlement relatif à l'artillerie de l'armée d'Italie,
Fontainebleau, 4 oct. 1625 (64) ; — Lettre de Charles de La Vieuville à sa femme, orig., mutilée (66) ; — Lettres ordonnant la mise
en jugement du marquis de La Vieuville, Fontenaibleau, 4 oct.
1625 (67) ; — Arrêt du Parlement de Provence contre divers contrevenants aux édits royaux sur l'exportation du blé, 12 nov. 1625,
in-fol., *impr.* (69) ; — Arrêt du Conseil du Roi, portant cassation de
l'arrêt du Parlement en faveur du marquis de La Vieuville, 29 oct.
1625 (70) ; — Mandement relatif à la réception des ambassadeurs
extraordinaires étrangers, Saint-Germain-en-Laye, 4 nov. 1625 (72) ;
— Lettre du maréchal de Thémines [Pons de Lauzière] au marquis
De Portes, La Rochelle, 9 janv. 1626 (73) ; — Nouvelles de Bordeaux,
8 mars 1626 (77) ; — Lettre de Louis XIII au Parlement de Provence,
Saint-Germain-en-Laye, 20 oct. 1625, suivie de la réponse du
Parlement, Aix, 20 nov. 1625, au sujet de l'envoi du duc de Guise
[Charles de Lorraine] en Provence (79) ; — « Quæstiones quodlibe-
ticæ huic tempori accommodatæ, disputandæ in antiqua Sorbona
Parisiensi, mense septembri, diebus saturnaliciis », dédiées au cardinal de Richelieu, 1625 (81) ; — Lettres de Louis XIII au Parlement,
au sujet de l'Assemblée du clergé, Paris, 10 et 11 mars 1626 (89 et
90) ; — Lettres patentes de Louis XIII, relatives à la réponse de l'évêque de Chartres [Léonor d'Étampes-Valençay] à des libelles diri-
gés contre la personne du Roi, avec corrections de N. Rigault, s. d.
(91) ; — « Raisons des prélatz de France : 1° contre l'entreprise de
Louistre ; 2° pour leur déclaration contre ledit Louistre ; 3° contre
le dernier bref du Pape » (93) ; — Lettre des prélats français à
Urbain VIII, s. d. (97) ; — Lettres de provision de l'office de trésorier de l'Épargne en faveur de Thomas de Mozant, sieur du Mesnil-
Garnier, Paris, 12 mars 1626 (99) ; — « Mémoire à donner au Roi, à
la Roine mère, et à MM. de son Conseil », par Henri de Bourbon,

[prince de Condé], Bourges, 21 mars 1626 (101) ; — Extraits des registres du Parlement, concernant l'enlèvement de Marthe d'Oraison, dame d'Alemagne, mars-avril 1626 (103) ; — « Relation des charges résultants du procez de Campredon », avril 1626 (105) ; — Lettres relatives à l'arrestation du maréchal d'Ornano, mai-août 1626 (109 et 110) ; — Lettre datée de Raguse, 21 mai 1626 (113) ; — Lettres de provision de la charge de surintendant des finances en faveur du marquis d'Effiat [Antoine Coiffier-Ruzé], Blois, 9 juin 1626 (115) ; — Arrêt du Parlement d'Aix, faisant défenses aux officiers de l'Amirauté de s'opposer à l'exportation du blé, 23 juin 1626 (119) ; — Requête contre le maître du port d'Arles, 25 juin 1626 (120) ; — Documents relatifs à l'Université de Paris, 1626 (123, 146, 151 et 169) ; — Lettres patentes établissant une Chambre de justice, Nantes, août 1626 (129) ; — Lettre [de la mère de Chalais] à Louis XIII, s. d. (133) ; — Arrêt contre [Henri de Talleyrand, comte] de Chalais (135) ; sa mort, 1626 (137) ; — Nouvelles datées d'Aix, 26 août 1626, orig. (140) ; — Lettre de Louis de Bourbon, comte de Soissons, à sa mère [Anne de Montafié], Neufchâtel, 13 oct. 1626 (142) ; — Arrêt du Conseil d'État, réglant le départ des courriers de Lyon, Saint-Germain-en-Laye, nov. 1626 (144) ; — Bref d'Urbain VIII à l'archevêque de Lyon [Charles Miron], 2 déc. 1626 (148) ; — Pièces relatives au naufrage de deux navires espagnols, 1626-1627 (159) ; — Lettre de Louis XIII au Parlement, au sujet de [Nicolas de Neuville, marquis] d'Alincourt, Paris, 29 janv. 1627 (167) ; — Nouvelles adressées de Venise à P. Dupuy, janv. 1627 (170) ; — Bref d'Urbain VIII à Louis XIII, accréditant en France comme nonce Gianfrancesco Bagni, archevêque de Patras, plus tard cardinal, 27 fév. 1627 (172) ; — Lettres patentes, portant que les faubourgs Saint-Germain, Saint-Michel et Saint-Jacques seront compris dans l'enceinte de la ville de Paris, Paris, avril 1627 (174) ; — Nouvelles de Paris, avril 1627 (176) ; — Arrêt du Parlement, portant commutation de la peine de mort prononcée contre Jacques Rondin, sieur de La Hoquetière, originaire de Bayeux, 27 avril 1627 (178) ; — Pièces relatives à la suppression de la congrégation des frères de la Mort, 1627 (180) ; — Documents concernant la condamnation et la mort de François de Montmorency, comte de Bouteville, et du comte des Chapelles, 1627 (182) ; — Actes émanant du cardinal de Richelieu, en tant que grand-maître de la navigation et commerce de France (190), parmi lesquels un

congé pour l'exercice du cabotage, in-fol., *impr.* (192) ; — Lettres
datées de Bordeaux et de Fort-Louis, août-sept. 1627 (195 et 203) ;
— État des forces navales anglaises, 1627 (199) ; — « Discours véritable de tout ce qui s'est passé en l'isle de Ré depuis quinze jours,
avec l'heureuse arrivée des pinaces », 25 août-7 sept. 1627 (201) ;
— « Instruction donnée à M. le duc de Guise sur ce qu'il a à faire
pour le service du Roy au commandement de son armée navalle »,
Saint-Germain-en-Laye, 27 août 1627 (205) ; — Lettres écrites du
fort de Saint-Martin, les 23, 27 et 28 sept., par ordre du maréchal
de Toiras [Jean de Saint-Bonnet] « à Mr N. » (209) ; — Lettre datée
de La Haye, 7 oct. (213) ; — Lettre de Gaston [d'Orléans] à Marie
de Médicis, du camp d'Aytré, 9 oct. 1627 (215) ; — Relation du
voyage du prince de Condé dans le Lyonnais, le Dauphiné et le
Languedoc, déc. 1627 (216) ; — Arrêt de mort contre Jean Barbo-
tin, Balthasar Boullay et Jean Maniveau, auteur d'un libelle contre
Richelieu, 3 janv. 1628 (225) ; — Relation du procès de François
de Cossé, marquis d'Assigny, 1628 (227) ; — Documents concernant le différend survenu entre Mme de Créqui et Charles de Créqui, comte de Sault, son mari, 1628 (235) ; — Lettres patentes
concernant l'administration de la justice et police et la direction
des hôpitaux de l'armée royale, camp devant La Rochelle, 9 fév.
1628 (249) ; — Discours du prince de Condé à l'ouverture des États
de Languedoc, Toulouse, 2 mars 1628 (251) ; — Brevet de Gaston
d'Orléans, concernant un différend entre le président Le Congneux
et Duplessis-Montescat, 2 avril 1628 (255) ; — Ouverture des États
de Provence, 20 mai 1628 (256) ; — Arrêt contre Dominique Gon-
zalès, moine espagnol, Aix, 23 mai 1628 (260), avec un billet
[de Peiresc] à P. Dupuy, autogr. (261) ; — Actes concernant l'établissement des religieuses de la congrégation de Notre-Dame à
Troyes, juin 1628 (263) ; — Arrêt condamnant à dix ans de galères,
Jean Hugues dict Bourbon, de Malemoisson, coupable de lèse-
majesté, Aix, 10 juillet 1628, in-4°., *impr.* (267) ; — Pièces relatives
aux sœurs de S. Louis de Poissy, 1624-1628, en partie *impr.*, in-4°
(269) ; — « Relacion verdadera de la reduccion de la ciudad de La
Rochela à la obediencia del vitorioso Rey Christianissimo de Francia Luis Decimotercio deste nombre... », Madrid, 1628, in-fol., *impr.*
(280) ; — Arrêt du Parlement d'Aix, rompant les relations entre
Nice, la Savoie et le Piémont d'une part, et la Provence de l'autre,
23 oct. 1628, in-fol., *impr.* (287) ; — Arrêt du Conseil d'État contre

les levées faites dans le Dauphiné sans lettres du Roi par le maréchal de Créquy, La Rochelle, 15 nov. 1628 (288) ; — Procès-verbal du lit de justice tenu le 15 janv. 1629, et lettre de Louis XIII
à [Antoine de Loménie], sieur de la Ville-aux-Clercs, Dijon,
31 janv. 1629 (292) ; — Arrêt du Conseil d'État, relatif aux opérations de la Trésorerie, Paris, 16 janv. 1629 (293) ; — Extrait d'une
lettre de l'évêque de Vintimille [Gianfrancesco Gandolfo], ambassadeur extraordinaire du duc de Savoie [Charles-Emmanuel] en
Espagne, à « Pazère », ministre dudit duc, Madrid, 19 janv. 1629
(295) ; — Lettre de Marie de Médicis au Parlement, Paris, 2 fév.
1629 (296) ; — Discours prononcés par Virey, maire de Châlons-sur-
Saône, devant Louis XIII, lors de son passage en cette ville, 3-5 fév.
1629 (298) ; — Arrêt du Conseil, relatif au produit de divers offices
du Poitou, de Lyon et de La Rochelle, Paris, 24 fév. 1629 (302) ; —
Arrêt du Parlement d'Aix, relatif à la réquisition de huit cents
mulets pour le transport des vivres de l'armée royale en Piémont,
26 fév. 1629, in-fol., *impr.* (304) ; — Arrêt de la Cour des comptes
d'Aix, relatif au service des subsistances de l'armée en Provence,
3 avril 1629, in-fol., *impr.* (305) ; — Lettre de Louis XIII à Marie de
Médicis, Suse, 24 mars 1629 (306) ; — Ordonnances du duc de
Guise, prince de Joinville, gouverneur de Provence, avril 1629
(307) ; — Convocation, au nom de Marie de Médicis, du jésuite
« Rigoult » [Alexandre Regourd] et de [Jean] Mestrezat, ministre
de Charenton, pour conférer ensemble, en présence du sieur de
Marsilly, chez la duchesse d'Elbœuf [Catherine-Henriette de
France], Paris, 7 juillet 1629 (308) ; — Acte de soumission de
François de Harlay, archevêque de Rouen, au sujet des erreurs re-
levées dans son *Ecclesiasticæ Historiæ liber primus*, Paris, 17 juillet 1629 (309) ; — Cassation, par le Parlement, d'une sentence
rendue contre les officiers de la ville et bailliage de Loches par
l'assesseur de la maréchaussée du Blanc en Berry et officiers du
siège du Dorat, Paris, 21 juillet 1629, in-4°,*impr.* (311) ; — Lettres
patentes, nommant Richelieu principal ministre, Paris, 21 nov.
1629 (313) ; en faveur des doyens et sous-doyens des quatre quar-
tiers des maîtres des requêtes, même date (315) ; appelant au Conseil d'État le marquis d'Effiat, surintendant des finances, même
date (317) ; — Décret du syndic de la Faculté de théologie, arrêtant
la formule du serment à prononcer par les bacheliers lors de leurs
actes publics, 2 janv. 1630 (319) ; — « Declaratio Edmundi Richerii

super editione libelli sui *De ecclesiastica et politica potestate* »,
7 déc. 1629 (32) ; etc. — XVIIIe siècle. — 321 feuillets. — « 1631 ».

V (94). 1610-1631. — On remarque dans ce volume les documents
suivants : Pièces relatives aux premiers actes de Louis XIII, 1610
(5); — Conseil d'État du 26 juin 1610 (20); — Documents concernant
le douaire de la reine-mère, Marie de Médicis, 1611-1612 (22) ; —
Pièces émanant des créanciers du duc d'Anjou, 1607-1613 (32) ; —
Lettres patentes nommant [François Savary, comte] de Brèves, gouverneur de Gaston, duc d'Anjou, frère du Roi, 4 juillet 1614 (34) ; —
Acte d'union des princes et des seigneurs après l'arrestation du
prince de Condé, 1615 (36) ; — Pièces relatives à diverses sommes
tirées du trésor de la Bastille, juillet-août 1615 (38) ; — Procès-
verbal d'une perquisition opérée, sur l'ordre de Louis XIII, à l'hôtel
de Henri de Bourbon, prince de Condé, au faubourg Saint-Germain,
1er sept. 1616 (56) ; — Déclaration en faveur du maréchal de Vitry
[Nicolas de L'Hospital] et de ceux qui l'accompagnaient lors du
meurtre de Concini, Paris, 20 mai 1617 (60) ; — Procès-verbal
d'exécution d'une bulle de Grégoire XV prescrivant l'établissement
d'un couvent de Carmélites à Morlaix, 13 juillet 1622 (64); —
Plainte d'un certain « Lesecq » contre le duc d'Épernon, 3 fév.
1624 (74) ; — Arrêt du Conseil du Roi, portant cassation de l'arrêt
du Parlement de Paris en faveur du marquis de La Vieuville, Saint-
Germain-en-Laye, 29 oct. 1625 (76) ; — Déclaration de Louis XIII,
de Marie de Médicis et de Gaston d'Orléans, Paris, 31 mai 1626 (80);
— Brevet destiné au personnage qui serait pourvu de la charge
de surintendant des finances, 1626 (82); — Bref d'Urbain VIII au
cardinal de Bérulle, concernant la réforme des Augustins de Paris,
30 mai 1628 (83), et lettres patentes de Louis XIII, relatives aux
mêmes religieux, camp devant La Rochelle, 31 juillet 1628 (85); —
Lettres patentes déférant à Gaston d'Orléans la tutelle de sa fille
[Mademoiselle de Montpensier], Villeroy, 24 juillet 1627 (87) ; —
Mandement de Jean-François de Gondi, archevêque de Paris, relatif à la suppression de la congrégation des frères de la Mort, Paris,
20 août 1627 (91); — Commission aux sieurs de Châteauneuf [Guil-
laume de l'Aubespine], conseiller d'État, de la Tuillerie et d'Estampes, maîtres des requêtes, pour l'administration et intendance
de la justice et police et direction des hôpitaux de l'armée royale
campée devant La Rochelle, au camp, 9 fév. 1628 (99) ; — Ordonnance du cardinal de Richelieu, général de l'armée du Roi devant

La Rochelle, au camp, 29 fév. 1628 (101); — Brevet donnant pouvoir à Marie de Médicis de juger sans appel le différend survenu entre le président Le Coigneux et le sieur de Montescot, Paris, 2 avril 1628 (103) ; — Décision du Conseil dans cette affaire, 16 mai 1628 (104) ; — Passeport délivré par Marie de Médicis en sa qualité de gouverneur des provinces de deçà Loire pendant l'absence du Roi, nov. 1627 (109); — Formule d'ordonnancement adressé au trésorier de l'Épargne par Marie de Médicis, 10 fév. 1628 (111); — Ordonnance de Marie de Médicis, concernant le service des postes, Paris, 7 mars 1629 (113) ; — Lettre de Louis XIII à Richelieu, La Tour-du-Pin, 13 fév. 1629 (115); — Lettre de Richelieu à Louis XIII, Siran, 13 fév. 1629 (116); — Arrêt dressé au lit de justice tenu à Paris le 15 janv. 1629 (119); — Arrêts du Conseil d'État, portant dérogations à l'ordonnance de Marillac, 16 janv., 24 fév. 1629, et 12 fév. 1630 (121, 125 et 131); — Lettre de cachet de Marie de Médicis au Parlement, Paris, 2 fév. 1629 (123).

Lettre de Louis XIII au Parlement, au sujet des troubles apportés à l'exercice du service divin dans les diocèses de Lescar et d'Oloron, Paris, 12 fév. 1630 (128); — Relation d'une sédition survenue à Dijon en 1631 (133) ; — Pièces relatives au rapt commis par le chevalier [Louis] de La Valette sur la personne de Gabrielle d'Aymar, dame de Monsallier, 1630 (135); — Discours prononcé par l'assesseur Martelli au conseil général tenu à Aix sur la place des Prêcheurs, lors de la peste (141); — Déclaration de Louis XIII contre son frère Gaston et ses partisans, Dijon, 30 mars 1630, parchemin (147); — Lettres de Gaston d'Orléans au roi d'Espagne [Philippe IV], à la reine [Élisabeth de France] et à l'ambassadeur français à Madrid, [Antoine Joubert, comte] de Baraud, à l'occasion de la naissance du prince d'Espagne, Orléans. 5 avril 1630 (148); — Lettres de Louis XIII au Parlement, sur les affaires de Savoie, Troyes, 24 avril 1630 (149); — Affaires de la principauté d'Orange, avril 1630 (151); — Requête de Gaston d'Orléans au Parlement contre Richelieu, s. d.(165); — Documents concernant une enquête financière ordonnée par le marquis d'Effiat, Dijon et Lyon, avril-mai 1630 (167); — Lettres de Louis XIII au Parlement, en lui envoyant les lettres de nomination de Gaston d'Orléans à la charge de lieutenant-général du royaume, Lyon, 8 mai 1630 (175); à [François] Foucquet, [vicomte de Vaux], au cardinal de La Rochefoucauld, aux présidents Le Jay et Le Congneux, etc.,

sur le même sujet, même date (176) ; aux évèques, camp de Mou-
tier, 6 juin 1630 (179) ; à Gaston d'Orléans, Grenoble, 11 mai 1630
(181) ; — Arrêt du Conseil d'État et lettres patentes accordant la dispense de la quarantaine aux officiers de judicature et de finances,
qui résignent leurs fonctions, Chambéry, 15 juin 1630 (183), et
Saint-Germain-en-Laye, 21 déc. 1630 (195) ; — Arrêt du Parlement
de Toulouse, contre l'édit d'établissement de 22 élections dans le
Languedoc, 31 août 1630, in-fol., *impr.* (185) ; — Arrêt du Conseil
d'État, relatif à l'arrestation de plusieurs soldats du marquis d'Urfé,
mis aux chaines par le prévôt des maréchaux de Langres, Lyon,
18 sept. 1630 (186) ; — Lettre de Louis XIII à [Mathieu] Molé, Lyon,
26 sept. 1630 (188) ; — Lettre adressée au P. Jacquinot sur la ma-
ladie du Roi, Lyon, 1ᵉʳ oct. 1630 (189) ; — Lettre de l'empereur
[Ferdinand II] au pape [Urbain VIII] ; Ratisbonne, 13 oct. 1630,
en latin (194) ; — Lettre de Louis XIII au maréchal de Schomberg,
sur les agissemements équivoques du maréchal de Marillac, Versailles, 12 nov. 1630 (197) ; — Lettre de Richelieu à Marie de Médicis, déc. 1630 (199).

Lettres d'abolition en faveur de Charles de Besançon, Paris,
janv. 1631 (201) ; — Arrêt des maréchaux de France, Bassompierre
et Schomberg, contre ledit Besançon, Beaucaire, 7 juillet 1629
(205) ; — Harangue du premier président Nicolaï, 10 fév. 1631 (209) ;
— Lettre de Marie de Médicis à Louis XIII, Compiègne, fév. 1631
(213) ; — Lettres patentes, portant nomination du comte de Soissons
[Louis II de Bourbon] à la charge de gouverneur de Paris, Paris,
10 mars 1631 (214) ; — Documents officiels concernant Aix, Avignon,
Tarascon et toute la Provence, 1631, sept pièces in-fol. et in-4º,
impr. (216) ; — Documents relatifs à la rébellion des princes du
sang, 1631 (233) ; — Lettres de Gaston d'Orléans au Parlement et
à Louis XIII, 1631, copies authentiquées par le duc (266-291) ; —
Lettre du duc de Bellegarde [Roger de Saint-Lary et de Termes]
à [Paul Hay, sieur] du Chastelet, 1ᵉʳ août 1631 (305) ; — Nouvelles
de Toulon, 27 août 1631 (307) ; — Procès-verbal de la visite faite,
au nom du Roi, au duc de Bellegarde, alors retiré à Langres, par
Paul Hay, sieur du Chastelet, intendant de Bourgogne et Bresse,
7 août 1631 (313) ; — Lettre de Jacques Dupuy à Pierre, son frère,
Paris, 1631, autogr. (317) ; — Lettres de Louis XIII, ordonnant au
Conseil d'État d'instruire le procès de Charles Senelle, un des médecins de Louis XIII, et de ses complices, accusés de s'adonner à

l'astrologie judiciaire. 1er sept. 1631 (319); — Supplique de Pierre Pasquier, sieur de la Louvière, à la Chambre de justice de l'Arsenal, in-4°, *impr.* (325); — Lettres patentes contre les faux-monnayeurs, Saint-Germain-en-Laye, 14 juin 1631 (329), et Compiègne, 16 sept. 1631 (330 v°); sur l'organisation de la Chambre de justice, Troyes, 26 sept. 1631 (333); — Lettre datée du camp de Florenville, dans le Luxembourg, 1er nov. 1631 (335); — Lettres de Louis XIII au conseiller de Villemontée et au maréchal de La Force, Château-Thierry, 3 et 4 nov. 1631 (337); — Extraits d'une lettre datée de Château-Thierry, 9 nov. 1631 (339); etc. — 338 feuillets. — « 1632 ».

XVIIe siècle. — Papier et parchemin. — 5 volumes.

95.

Recueil de pièces concernant la FLANDRE : traités et hommages, en latin et en français (1199-1364).

Ces documents émanent des personnages suivants :

Philippe, comte de Namur, Paris, janv. 1199 (1);

Ferrand, comte de Flandre, Paris, janv. 1211 (2 et 99 v°); et Jeanne, sa femme, Melun, avril 1225 (5 v°); Paris, déc. 1226 (7 v°);

Honorius III, Latran, 10 kal. mart. anno 8° [1224] (2 v°);

Louis VIII, Melun, avril 1225 (4);

Thomas, comte de Flandre et de Hainaut, et la comtesse Jeanne, Compiègne, déc. 1237 (9);

Marguerite, comtesse de Flandre et de Hainaut, Pontoise, 12 janv. 1244 (11 v°); oct. 1246 (12);

Guillaume de Dampierre, Pontoise, oct. 1246 (13 v°);

Gui, comte de Flandre, Valenciennes, fév. 1275 (15 v°);

Édouard Ier, roi d'Angleterre, Walshingham, 2 fév. 1296 (19);

Louis de France, comte d'Évreux ; Robert II, duc de Bourgogne, chambrier de France; Amédée V, comte de Savoie ; Jean II, comte de Dreux ; Jean, seigneur de Cuyck ; Jean, seigneur de Sothiengerhen ; Jean de Gavres, seigneur d'Estornay; et Guerrat Le Mort, Athies, juin 1305 (21, 28);

Robert de Flandre, fils aîné du comte Gui, Paris, juillet 1305 (25, 28 v°); Paris, avril 1309 (29); Pontoise, 11 juillet 1312 (39 v°); Arras, 31 juillet 1313 (41); 17 juillet 1315 (52 v°);

Philippe le Bel, Paris, 16 déc. 1309 (35), et 11 août 1314 (43 v°);

Louis Ier, fils aîné du comte de Flandre, comte de Nevers et de Rethel, puis comte de Flandre et de Nevers, Paris, mai 1315 (45 v°); Paris, fév. 1322 (54 v°, 62, 66 v°, 68, 71, 73 v°);

R[obert de Courtenay], archevêque de Reims; G[uillaume de Durfort], évêque de Langres; G., évêque de Laon; J[ean de Marigny], évêque de Beauvais; Charles, comte de Valois et d'Anjou; et Mahaut, comtesse d'Artois, 30 juin 1315 (47);

Charles IV le Bel, « maison du Val-Coquatriz », près Corbeil, 19 avril 1326 (75 v°);

Guillaume [de Loudun], archevêque de Vienne; Guillaume [Duranti II], évêque de Mende; Hugues [de Besançon], évêque de Paris; Hugues, évêque d'Orange; et Charles IV le Bel, 26 avril 1326 (80 v°);

Philippe VI de Valois, Paris, 11 juin 1328 (85 v°) et 12 juin (87 v°); Vincennes, 13 janv. (92 v°);

Pierre [Barrière], évêque de Senlis, commissaire apostolique, Senlis, 27 fév. 1328 (93 v°);

Guillaume [de Champagne], archevêque de Reims, Compiègne, 1196 (99);

Charles V, roi de France, Compiègne, 27 juin 1364 (100).

Au commencement de ce volume se trouve une table analytique du contenu, dressée à la fin du XVIe ou au commencement du XVIIe s., et en tête de laquelle on lit : « Extraict d'un manuscrit couvert de rouge, escrit en vieille lettre en parchemin, qui m'a esté presté par monsieur Dupin. »

XIVe et XVIIe siècles. — Papier et parchemin. — 111 feuillets.

96.

« Mémoires et titres concernans les DROICTS DU ROI sur aucuns roiaumes, principautez, villes et grandes seigneuries. »

Recueil de pièces relatives au domaine royal, de 1151 à 1606 environ.

On remarque, dans ce volume, les documents suivants : Mémoire de Jean Du Tillet, concernant les droits de Henri II sur la Provence et la rivière de Gênes, Nice, la Savoie, le Piémont, la Bresse, Gênes, Savone, Florence, Lucques, etc., (3); — Mémoire (mariages et successions, donations, confiscations, achats, échanges et conquêtes), sur la réunion au domaine royal des duchés, comtés et autres grandes seigneuries de France : Vermandois, Champagne et Brie, Bourgogne, etc. (11); — Extraits des arrêts de la Chambre des enquêtes du Parlement, relatifs au domaine, 1532-1534 (24); — Mémoire remis à la Chambre des comptes par Étienne Badère, solliciteur des procès et affaires du domaine, 18 juin 1571 (49); — Notes sur La Fère-en-Tardenois, le comté de Vertus, La Ferté-Milon, Gardelus, Courtenay, Crécy, La Ferté-Bernard, Sézanne, Blois, Châteaudun, Luzarches, Beaumont-sur-Oise, etc., XVIe s. (51); — « Mémoire des gens du Conseil de l'antien domaine du Roy à la Fère pour les terres de Picardie » (54); — Exposé des droits du Roi sur le Roussillon, la Sardaigne, les royaumes d'Aragon et de Valence, la Catalogne, etc., 1492 (60); — Mémoire analogue, relatif aux royaumes d'Aragon, de Majorque et de Minorque, au Roussillon et à la Sardaigne, 1520 (84); — Notes de P. Pithou sur diverses parties du domaine royal (100); — Mémoire sur le comté de Vertus, 1532 (103); — Lettre d'Innocent III « abbati Cisterciensi et P. de Castro novo », *Significante venerabili fratre*..., Viterbe, xii kal. sept. anno 10 (Potthast, 3163); extraite, pour Pierre Pithou, du registre original, alors conservé au collège de Foix, à Toulouse (105); — Ordonnance de Louis VII, Saint-Jean-d'Angely, 4 non. febr. 1151 (106); — Lettre de Philippe-Auguste à l'archevêque de Rouen [Gautier de Coutances], 1189 (107); — Formules des hommages, prêtés par Drogon de Mello à Philippe-Auguste, pour Loches et Châtillon-sur-Indre, 1205 et 1223 (111); — Actes relatifs au règne de saint Louis, 1242-1246 (113); — Hommage prêté à Philippe III le Hardi par Henri Ier, roi de Navarre, pour le comté de Champagne et de Brie, 1271 (119); — Arrêt du Parlement concernant les comtés de Poitiers et d'Auvergne, 1283, parchemin (120); — Acte de cession, par Catherine de Courtenay, de tous ses droits sur la seigneurie de Courtenay, l'empire de Constantinople, etc. à Charles, comte de Valois, fils de Philippe le Hardi, Saint-Cloud, 28 janv. 1301 (121); — Actes relatifs aux règnes de Philippe le Bel, Charles VI et Charles VII, 1301-1446 (123); — Extrait du procès-verbal d'une enquête faite en Guienne sur l'ordre du roi d'Angleterre Édouard II, vers 1312 (170); — Acte relatif à la seigneurie de Trévoux, 1304-1316 (178); — Lettres de Philippe le Long au Parlement, concernant ses domaines privés, Bois de Vincennes, 21 déc. 1316 (190); — Décisions relatives au domaine royal, prises par Philippe le Long aux conseils tenus à Vincennes, en avril 1321 et en 1322 (191); — Lettres patentes, portant prestation d'hommage-lige à Philippe VI par le roi d'Angleterre Édouard III, comme duc de Guienne et pair de France, Eltham, 30 mars 1331, parchemin (205); — Traités conclus entre Henri, comte palatin du Rhin et duc de Bavière, et Jean de Luxembourg, roi de Bohême, 1333 (206); — Notes sur le comté et les comtes de Bigorre, 1360 (224); — Lettres de Charles VI, portant confiscation du duché de Guienne, Vincennes, 13 mai 1370 (228); relatives à la réunion de la ville de Chauny à la couronne, Paris, oct. 1411 (236); — Lettres de Charles, duc d'Orléans, portant donation à son frère Jean, bâtard d'Orléans, de la vicomté de Châteaudun, Calais, 21 juillet 1439 (241); — Arrêts concernant la réunion à la couronne de la vicomté de Thouars, 1478-1483 (243); — « Roole de ce qui a esté trouvé ès archifz du Roy en Provence, touchant les alliénations des places qui s'ensuyvent, et du droict que les feux contes et contesses de Provence avoient pour le passé ès dictes places, pour advertir et informer le Roy, suivant les lettres missives que ledit seigneur en a escript », 1486; ces places sont : Aubaron, Bourbon, Châteaurenard, Cabanes, Saint-Audiol (?), Orgon, Sénas, Roquemartine, Maillanne, Lambesc, Agulhe (?), Gardanne, Queuelongue et Cabriès, Aubagne, Peynière, Merargues, Bouc, Châteauneuf-le-Rouge-lieu, Artigue, Pélissanne, Allanson, Ystre, Foix-de-Martigues, Châteauneuf-les-Martigues et les Pennes, la Fare, etc., (263) ; — « De controversia regni Portugalliæ », par Jacques Cujas, 1578 (299) ; — Donation, par la reine Marguerite au dauphin, de ses biens meubles et immeubles, Paris, 10 mars 1606 (301); — Vente, par la princesse de Conti [Louise-Marguerite de Lorraine] au Roi, des terres souveraines de Château-Renault, Linchamp, Mohon, La Tour-à-Glaire, etc. Paris, 14 janv. 1629 (307); etc.

XVIe et XVIIe siècles. — Papier et parchemin. — 313 feuillets. — « 1631 ».

97.

Histoire documentaire des relations de Louis XII et de Ferdinand le Catholique, par Philippe HANETON, premier secrétaire et audiencier du roi de Castille (1498-1507).

XVIIe siècle. — 95 feuillets. — « 1627 ».

98.

Recueil de promesses et CONTRATS DE MARIAGE des rois, princes et grands personnages, dont les noms suivent :

Jean[-Tristan], fils de Louis IX, et Yolande, fille aînée d'Eudes, duc de Bourgogne, juin 1258 (7) ;

Marguerite, fille de Charles II, roi de Sicile, comte de Provence, et Charles de Valois, frère de Philippe le Bel, 1289 (9) ;

Philippe de Valois, plus tard roi de France, et Jeanne de Bourgogne, 1313 (13) ;

Robert d'Estouteville et Marguerite de Montmorency, 1351 (17) ;

Jean de Bourbon, comte de la Marche, et Catherine de Vendôme, 1364 (21) ;

Louis de Bourbon, comte de Vendôme, et Blanche de Coucy, 1414 (29) ;

Jeanne de France, fille de Charles VII, et Jean de Bourbon, comte de Clermont, 1446 (37) ;

Jean de Bourbon, comte de Vendôme, et Isabeau de Beauvau, 1454 (45) ;

Louis de Bourbon, comte de Vendôme, et Jeanne de Laval, 1424 (52) ;

Jeanne de Lorraine et Charles d'Anjou, comte du Maine, 1473 (77) ;

François de Bourbon, comte de Vendôme, et Marie de Luxembourg, comtesse de Saint-Pol, 1487 (83) ;

Engilbert de Clèves et Charlotte de Bourbon, 1489 (95) ;

Charles VIII et Anne de Bretagne, 1491 (107) ;

Louis XII et Anne de Bretagne, 1499 (111) ;

François d'Orléans, comte de Dunois, et Françoise d'Alençon, 1505 (113) ;

François de Valois, comte d'Angoulême, plus tard François Ier, et Claude de France, 1506 (120) ;

Ferdinand le Catholique et Germaine de Foix, 1505 (119) ;

Charles de Bourbon, comte de Vendôme, et Françoise d'Alençon, 1513 (123) ;

Claude de Lorraine, premier duc de Guise, et Antoinette de Bourbon, 1513 (133) ;

Antoine de Bourbon, duc de Vendôme, et Jeanne d'Albret, 1548 (137);

Charles II. duc de Lorraine, et Claude de France, fille de Henri II, 1558 (139) ;

Philippe II, roi d'Espagne, et Élizabeth de France, fille de Henri II, 1559 (142) ;

François de Clèves, duc de Nevers, et Marie d'Estouteville, 1559 (146) ;

Antoine de Croy et Catherine de Clèves, 1560 (151) ;

François II de Clèves, et Anne de Bourbon, seconde fille de Louis de Bourbon, duc de Montpensier, 1561 (160);

Charles IX et Isabeau, deuxième fille de l'empereur Maximilien II, 1570 (165);

Marguerite de France, troisième ¦fille de Henri II, et Henri, roi de Navarre, 1572 (171);

Henri III et Louise de Lorraine, 1575 (176);

Charles de Lorraine, duc de Mayenne, et Henriette de Savoie, 1576 (178);

Ferdinand Ier, grand-duc de Toscane, et Chrestienne de Lorraine, 1589, original (183);

César, duc de Vendôme, et Françoise de Lorraine, 1598 (197);

Henri de Lorraine, duc de Bar, et Catherine de Navarre, 1593 (203);

Henri IV et Marie de Médicis, 1600 (208 et 212) ;

Charles de Bourbon, comte de Soissons, et Anne, comtesse de Montafié, dame de Bonnétable et de Lucé, 1601 (214);

François de Bourbon, prince de Conti, et Louise-Marguerite de Lorraine, fille de Henri Ier de Lorraine, duc de Guise, 1605 (224) ;

Henri de Lorraine, duc de Bar, et Marguerite de Gonzague, fille de Vincent de Gonzague, duc de Mantoue 1606 (228);

Philippe-Guillaume de Nassau, prince d'Orange, et Éléonore de Bourbon, fille de Henri Ier de Bourbon, prince de Condé, 1606 (234) ;

Gaston d'Orléans et Marie de Bourbon, duchesse de Montpensier (promesse de mariage), 1608 (237 et 240) ;

Henri II de Bourbon, prince de Condé, et Charlotte-Marguerite de Montmorency, 1609 (242);

Henri II d'Orléans, duc de Longueville, et Louise de Bourbon, fille de Charles de Bourbon, comte de Soissons, 1617 (249);

Victor-Amédée de Savoie, prince de Piémont, fils du duc Charles Emmanuel Ier, et Chrestienne de France, seconde fille de Henri IV, 1619 (252) ;

Charles de Lorraine, duc d'Elbeuf, et Catherine-Henriette de France, fille légitimée de Henri IV et de Gabrielle d'Estrées, 1619 (255) ;

Charles III de Lorraine, fils de François, comte de Vaudemont, et Nicole de Lorraine, fille de Henri II duc de Lorraine, 1621 (259) ;

Charles de Créquy, maréchal de France, et Françoise de Bonne, fille du duc de Lesdiguières, 1623 (261) ;

Thomas de Savoie, fils du duc Charles-Emmanuel Ier, et Marie de Bourbon, fille de Charles de Bourbon, comte de Soissons, 1624 (265) ;

Gaston d'Orléans et Marie de Bourbon, duchesse de Montpensier, 1626 (271).

XVIe et XVIIe siècles. — 273 feuillets. — « 1631 ».

99.

« Actes et mémoires servans à l'histoire d'ALLEMAGNE. — Vol. III. »

Recueil de pièces originales et de copies de pièces relatives à l'histoire d'Allemagne, de 1283 à 1600.

On remarque dans ce volume les documents suivants : Lettres d'affranchissement, octroyées aux habitants de Montbéliard par Renaud de Bourgogne, comte de Montbéliard, et Guillemette, sa femme, 1283 (11) ; — Déclaration de Louis XI, portant que son alliance avec le roi de Bohême, Georges [Podiébrad], n'implique nullement son adhésion aux erreurs religieuses alors en cours dans ce pays, Neuville près Villequier, 15 juillet 1464 (17) ; — Confirmation, par Charles VIII, du traité signé entre Louis XI et la Hanse Teutonique, Amboise, sept. 1483 (19) ; — Traité conclu à Blois entre Louis XII, les ambassadeurs de l'empereur Maximilien Ier, et Philippe le Beau, roi de Castille, 1504-1505 (30) ; — Lettre de Maximilien, roi des Romains, au cardinal Georges d'Amboise Strasbourg, 13 mars 1506, en français, orig. (36) ; — Articles de la ligue conclue entre Maximilien Ier et les ambassadeurs de

Ladislas VI, roi de Hongrie, 1510 (37) ; — Négociations entre François Ier et Charles-Quint, 1536-1537 (39-48) ; — « Réponse des protestans faicte aux présidens le xxviiie de novembre », au sujet de la confession d'Augsbourg, s. a. (49) ; — Minute d'une lettre du roi [François Ier] aux princes et villes impériales d'Allemagne (52) ; — Récit des démarches faites près du pape Jules III par le sénat de Strasbourg, pour affecter à l'École de cette ville les revenus de l'église collégiale de Saint-Thomas (58) ; — Lettre de Vienne, relative aux anabaptistes, en italien (60) ; — Discours de l'Empereur aux princes et aux électeurs de l'Empire, au sujet de la Savoie et du futur concile, s. d. (67) ; — Ratification du traité de Passau, 1552 (69) ; — Harangue des ambassadeurs de plusieurs princes allemands [à Charles IX], en faveur des protestants français (75) ; — Pièces concernant le duc [Guillaume] de Clèves et ses ambassadeurs, 1540-1543 (79) ; — Promesses de Charles-Quint aux princes du Saint-Empire, après son élévation à la dignité de roi des Romains, 3 juillet 1519 (91) ; — Supplique des ambassadeurs des alliés à Augsbourg, avec la réponse de Charles-Quint (97) ; — Lettres de l'électeur de Saxe [Jean le Constant] et du landgrave de Hesse [Philippe le Magnanime] à Charles-Quint, vers 1530 (98 v°) ; — Traité conclu à Chambord entre les princes allemands, 15 janv. 1551 (103) ; — Lettres des empereurs Charles-Quint et Maximilien II, concernant la succession aux duchés de Clèves et de Juliers, 1546-1566 (113) ; — « Forme de l'élection de l'évesque de Strasbourg » [Jean de Manderscheid], 27 nov. 1568 (125) ; — Serment de fidélité de Frédéric III, comte palatin du Rhin, à l'empereur Ferdinand Ier, 1559, traduction française (133) ; — Lettre de [François] Damours à [Odart] Bizet, à Metz, Strasbourg, 31 déc. 1570, autogr. (135) ; — Remontrances faites à Henri III par [Jean-]Casimir, fils de Frédéric III, électeur Palatin, en faveur des calvinistes, et réponse de Henri III, Paris, 27 juillet 1567, avec notes de N. Camusat (137) ; — « Instruction de Mgr. [François, duc d'Alençon], à M. de Dompmartin, conseiller et chambellan ordinaire de S. A., allant de sa part vers M. le duc Casimir », sept. 1583 (141) ; — Ratification, par l'empereur Rodolphe II, du traité conclu entre lui et la Turquie, Vienne, 26 mai 1583 (145) ; — Remontrances faites à Henri III par les ambassadeurs des princes protestants d'Allemagne, avec la réponse du Roi, oct. 1586 (149) ; —

Propositions faites par [Jacques] Bongars aux princes et villes d'Allemagne, 1589, en latin (157) ; — Actes relatifs à la Chartreuse de Strasbourg, mars-avril 1600 (163) ; etc.

XVIe et XVIIe siècles. — Papier. — 169 feuillets. — « 1631 ».

100.

« Edicts, actes, mémoires et traitez touchant ceux de la RELIGION PRÉTENDUE RÉFORMÉE, depuis l'an 1621 jusques en l'année 1630. — Vol. IIII. »

Recueil de pièces concernant l'histoire du protestantisme de 1621 à 1630.

On remarque dans ce volume les documents suivants : Lettres de Henri de La Tour d'Auvergne à Louis XIII, Sedan, janv. 1621 (5) ; — Lettre des envoyés d'Angleterre à MM. de la ville de La Rochelle, 11 fév. 1626 (9) ; — Lettre du connétable de Lesdiguières à l'assemblée de La Rochelle, Grenoble, 23 fév. 1621 (11) ; — « Derniers articles présentez [à Louis XIII] par les députés généraulx de ceux de la Religion », mars 1621 (13) ; — « Ordre et règlement de milice et finances pour les églises réformées de France et souveraineté de Béarn », La Rochelle, mai 1622 (14) ; — « Règlement général faict par les députez de l'assemblée de La Rochelle », 10 mai 1621 (27) ; — Résolutions de l'assemblée générale des églises réformées de Béarn, 14 mai 1621 (31) ; — Promesses de Louis XIII à Duplessis-Mornay au sujet de Saumur, 16 mai 1621 (33) ; — Formules du serment à prêter par les protestants de Paris et de Saintes, à la suite de la déclaration royale de Niort, du 27 mai 1621 (35) ; — Sommation faite par un héraut d'armes à [Benjamin de Rohan, sieur] de Soubise, enfermé dans Saint-Jean-d'Angely, 3 juin 1621 (39) ; — Règlement provisoire de l'amirauté, La Rochelle, 5 juin 1621 (43) ; — Bref de Grégoire XV à Louis XIII, 10 juillet 1621 (47) ; — Lettre du cardinal Bentivoglio à Louis XIII, Rome, 16 juillet 1621, en italien (48) ; — Extraits des délibérations de l'assemblée de La Rochelle, juillet 1621 (52) ; — « Minute d'une harangue que le Roy avoit commandé au feu s^r Du Vair pour la faire au Parlement de Toulouse... », juillet 1621 (56) : — Trois commissions en blanc délivrées par l'assemblée de La Rochelle, orig. scellés, 1621

(68, 69 et 70) ; — Rapports sur une sédition survenue à Charenton, 26 sept. 1621, orig. (71-79) ; — Décret de l'assemblée réformée de Nîmes contre M. de Châtillon [Gaspard de Coligny], 20 oct. 1621 (90) ; — Lettre des députés de l'assemblée de Nîmes au conseil des Églises de l'Ile-de-France, Picardie, Champagne et pays Chartrain, 1621 (92) ; — « Règlement faict par... Isaac Blandin,... sieur des Herbiers,... maire et capitaine de la ville de La Rochelle..., pour obvier aux désordres... qui se pourroyent commettre en l'armée navale... », 3 nov. 1621, signé, in-fol., *impr.* (94) ; — « Déclaration de Mr de Soubize, contenant les raisons pour lesquelles il a esté contrainct de reprendre les armes, le 8 novembre 1621 » (95) ; — Articles accordés par Louis XIII aux habitants de Royan, 11 mai 1622 (97), et de Sainte-Foy, 24 mai 1622 (100 et 102) ; — Lettre du pape [Grégoire XV] au Roi, 21 mai 1622 (98) ; — « Extraict de lettres du 20 d'octobre, de Montpellier » (106) ; — Harangue des ministres de Montpellier au Roi (107) ; — Édit de Louis XIII, ordonnant à tous ses sujets de respecter la paix qu'il a accordée à ses sujets protestants, oct. 1622, in-fol., *impr.* (109) ; — Lettre de Louis XIII au prévôt de Paris, camp de Montpellier, 19 oct. 1622 (110) ; — Brevets accordés aux habitants de Montpellier, 18 oct. 1622 (112) ; aux réformés de Nîmes, Uzès, Castres et Millaut, 25 oct. 1622 (113) ; à tous les réformés du royaume, 24 oct. 1622 (114) ; aux députés réformés désignés par le duc de Rohan pour résider près du Roi, Arles, 31 oct. 1622 (116) ; au duc de Soubise, même date (117) ; — Lettres de Louis XIII, portant engagement du duché de Valois au duc de Rohan, Montpellier, oct. 1622 (118) ; — Relations de l'attaque par mer dirigée contre La Rochelle, 27 oct. 1622 (120 et 124) ; — Harangue des députés des églises réformées de France et de Béarn au Roi, 1622 (126) ; — Lettres de jussion et autres pièces relatives à l'enregistrement, par le Parlement de Bordeaux, de la déclaration de paix du 20 oct. 1622 (127) ;

Déclarations des réformés contre les factieux, Paris, 21 janv. 1625 (141), et 5 fév. 1625 (142) ; — Formule de sauf-conduit délivré par Rohan-Soubise, Oléron, 4 mars 1652 (143) ; — Lettres de [Benjamin de Rohan, sieur de] Soubise, à [Hercule de Rohan], duc de Montbazon, et à de Cussé, président du Parlement de Bretagne, Oléron, 20 mars 1625, autogr. (144 et 145) ; — « Extraict des actes du Synode provincial de l'Isle-de-France, Picardie, Champagne et Beausse, tenu à Charenton le 17 avril 1625 et autres jours... »

(146); — Lettre de l'ambassadeur de Hollande en France à Soubise, Paris, 12 avril 1625 (148), et réponse de Soubise, Oléron, 29 avril 1625 (149); — Lettre des députés protestants aux habitants de La Rochelle, Paris, 5 mai 1625 (152); — Ordre de Jacques David, maire de La Rochelle, 6 juillet 1625 (153); — Lettre des Rochelois [au Parlement de Paris?], 29 juillet(155); — Événements du 15 sept. 1625 (157-163); — Articles accordés par Henri, duc de Montmorency, grand-amiral de France, aux habitants de La Rochelle, sept. 1625(165); — Articles accordés par le Roi aux Rochelois, Paris, 6 fév. 1626 (167); — Extraits du cahier des remontrances présenté au Roi par les Rochelois avec les réponses, 7 fév. 1626 (169); — Déclaration de Henry Rich, baron de Kensington, comte de Holland, et de Dudley Carletton, ambassadeurs extraordinaires du roi d'Angleterre [Charles Ier], Paris, 11 fév. 1626 (171); — Extrait des actes du synode national de Castres, 1626(173);

Déclaration du duc de Rohan, où il expose les raisons qui l'ont obligé à implorer l'aide de l'Angleterre et à prendre les armes pour la défense des Églises réformées de France, 1627 (174); — Déclaration analogue, où sont exposés les motifs qui ont poussé les habitants de La Rochelle à se joindre à l'armée anglaise, 1627(189); — « Harangue de Monsr Becher », envoyé du duc de Buckingham (196); — Lettres patentes de Louis XIII, portant interdiction aux réformés de s'entremettre d'aucunes affaires politiques, et aux ministres de sortir du royaume sans permission, Paris, 14 avril 1627 (198); — Arrêt du Conseil d'État, interdisant le port de la robe rouge dans les temples aux conseillers huguenots du Parlement de Pau, Paris, 19 mai 1627 (200); — Sentence du présidial de La Rochelle contre plusieurs porteurs de commissions du roi d'Angleterre et de Soubise, 7 juin 1627 (201); — Lettre écrite de Nîmes, 13 juillet 1627 (203); — Délibération de l'assemblée d'Uzès sur l'élection du duc de Rohan comme général des Églises réformées et sur l'union desdites Églises avec les Anglais et les Rochelois, 11 sept. 1627 (204); — Documents relatifs à l'affaire de l'île de Ré, sept.-nov. 1627 (209 et 217-221); — Lettre datée d'Orange, 24 sept. 1627 (211); — Déclaration du Roi contre le duc de Rohan et ses partisans, 14 oct. 1627 (213); — Relation de l'expédition du duc de Rohan dans le pays de Foix, 1627 (222); — Arrêt du Parlement de Provence, ordonnant la célébration d'une messe d'actions de grâces et une procession solennelle, à l'occasion de la victoire remportée à l'île de Ré sur les Anglais par l'armée royale, 1er déc. 1627, in-fol., *impr.* (230);

Relation du coup de main tenté par le duc de Rohan sur la citadelle de Montpellier, janv. 1628 (231); — Arrêt du Parlement de Toulouse contre le duc de Rohan, fév. 1628 (237); — Lettres écrites de Toulouse, 6-7 fév. 1628 (239); — Arrêt du Parlement de Provence, ordonnant la saisie des sommes d'argent dues par certains habitants de la Provence à des habitants de Nîmes, déclarés rebelles, 24 fév. 1628, in-fol., *impr.* (241); — Arrêt du même Parlement, interdisant tout commerce, direct ou indirect, avec les Anglais, sous peine de confiscation de corps et de biens, 24 fév. 1628, in-fol., *impr.* (242); — Arrêt du Parlement, prononçant la peine de mort contre Annibal de Glandèves, sieur d'Ajon, 11 mai 1628 (243); — « Ordre que Mgr. le cardinal de Richelieu veult estre gardé et observé par le chevalier de Vallancé [Achille d'Étampes-Valençay], commendant les vaisseaux de l'armée devant La Rochelle », mai 1628 (244); — Liste des navires de l'armée royale, qui se trouvent devant La Rochelle, mai 1628 (249); — Ordre donné par l'archevêque de Paris [Jean-François de Gondi], à tous les curés, vicaires et prédicateurs de Paris, d'interdire au peuple de molester les protestants de fait ou de parole, 26 mai 1628, orig., in-4°, *impr.* (250); — Remontrances des Rochelois au roi d'Angleterre [Charles Ier], 23 juillet 1628 (252); — « Advis salutaire pour ceux de La Rochelle, par un de leurs concitoyens » (255), « distribué en même temps que l'escript du 20 aoust 1628, et secrettement » (257); — Sentence capitale prononcée par le maréchal de Schomberg contre un Rochelois porteur d'un billet du maire de La Rochelle, adressé aux députés de cette ville en Angleterre, Périgny, 26 août 1628 (258); — Lettres de Louis XIII et de [Raimond] Phélippeaux au duc d'Angoulême [Charles de Valois], Saint-Germain-en-Laye, 13 sept. 1627 (261); — Lettre de Phélippeaux au maréchal de Marillac, même date (263 v°); — « Articles accordez par Mgr. le duc de Montmorancy.., gouverneur.... en Languedoc, » aux habitants de Gallargues, 11 oct. 1628 (265); — Lettre des consuls d'Arles au premier président d'Oppède, 13 oct. 1628 (266); — « Relaition des choses qui se sont passées en Languedoc » (267); — Conditions faites par Louis XII aux Rochelois, château de la Saussaye, 28 oct. 1628 (271); — Lettre du Roi au Parlement, La Rochelle, 30 oct. 1628 (273); — Interrogatoire de Charles Le Venier, dit Grossetière, Poitiers,

24 nov. 1628 (274); et proc ès-verbal de son exécution (277); —
Déclaration de fidélité à l'alliance anglaise, rédigée par les députés réformés de l'assemblée provinciale des Cévennes, tenue à An-
duze, 25 nov. 1628 (281 et 296); — Bref d'Urbain VIII à Louis XIII,
29 nov. 1628 (283); — Acte de translation du siège épiscopal de
Maillezais à La Rochelle, 28 mars 1647, en latin (284); — « Sommaire des points principaux qui doivent obliger ceux de la Religion prétendue réformée à remettre toutes les villes en l'obéissance du Roy », par le sieur de La Hoguette, 1628 (287); — Lettre
du prince de Condé à [Benjamin] de Rohan, 1ᵉʳ nov. 1628 (292), et
réponse (294); — Récit de la prise de la ville de Pamiers, 1628
(298);

Déclaration de l'assemblée générale des Églises réformées
de France, tenue à Nîmes en 1629 (302); — Lettre de « Se-
gond » au [marquis] de Gallerande [Henri de Clermont d'Amboise]
et à [Isaac] Basin, députés généraux des églises de France près
du roi Louis XIII, « terroir de Sᵗ-Paragoire », 12 janv. 1629, autogr. (307); — Ordonnance du prince de Condé contre les réformés
de Charost, Saint-Florent-sur-Cher, 18 fév. 1629 (308); — Négociations du duc de Rohan avec l'Espagne, Madrid, 3 mai 1629 (310);
— Relation officielle de la défaite infligée au duc de Rohan par le
maréchal d'Estrées à « Cauvisson », mai 1629 (316); — Pièces concernant la prise de la ville de Privas, mai 1629 (322), entre autres
une lettre du Roi et une lettre de Richelieu, Privas, 30 et 31 mai 1629
(324); — Articles accordés par Louis XIII au duc de Rohan, à Soubise et à tous les habitants des places soulevées contre lui, Alais,
27 juin 1629 (330); — Édit et lettre du Roi au Parlement, relatifs
aux articles précédents, camp de Lézignan, 28 et 29 juin 1629 (334
et 335); — Lettre du Roi au duc de Monbazon, Nîmes, 15 juillet 1629
(337); — Lettres patentes accordant aux présidents et conseillers
catholiques du parlement de Navarre la préséance sur les présidents
protestants, Paris, 24 déc. 1629 (339); — « Appologie de M. le
duc de Rohan sur les derniers troubles de France à cause de la religion », 1629 (341); — Pièces concernant une contestation sur la
préséance, survenue entre les officiers catholiques et protestants
du parlement de Bordeaux, 1630 (353); — Arrêt du Conseil d'État,
supprimant l'exercice de la religion réformée dans la terre
d' « Hulins », près Lyon. Lyon, 20 juin 1630 (365); etc.

XVIIᵉ siècle. — 366 feuillets. — « 1630 ».

101.

Traité des terres et seigneuries patrimoniales échues au
roi Henri IV, tant du côté paternel que du côté maternel,
par Jean-Jacques de Mesmes, sieur de Roissi, comte d'Avaux.

XVIIᵉ siècle. — 53 feuillets. — « 1630 ».

102.

Recueil de lettres de Calvin et d'autres théologiens du
XVI siècle.

Les lettres de Calvin sont adressées aux personnages suivants :
les ministres de l'église de Lyon, 13 mai 1553 (2 et 13 vᵒ); — la
reine de Navarre [Jeanne d'Albret], s. d. (2), et 25 janv. 1563, en
français (40); — le roi de Navarre, 1561 (2 vᵒ et 37); 14 déc. 1557,
en partie autogr. (4); s. d. (66 vᵒ); — Guillaume Farel, Genève, eidib. febr. 1546, autogr. (3); — le duc de Somerset, protecteur d'Angleterre, Genève, 22 oct. 1545 (7); — [François de
Beaumont], baron des Adrets, Genève, (13 mai 1553 (13(; — le
Roi [Édouard VI d'Angleterre], Genève, 12 mars 1553 (14 vᵒ); s.d.
(29); — la duchesse de Ferrare [Renée de France], 20 juillet 1558
signée « Charles d'Espeville », (15); s. a. (38 vᵒ); — « Madamoiselle de Longemeau, prisonnière à Paris », 14 déc. 1557, même
signature (16); — le prince N[icolas Radziwil], Genève, 4 cal. sept.
1560 (17); s. d. (20 et 33); — les ministres de l'église de Berne,
Genève, 4 non. apr. (17 vᵒ), et 3 non. mai. 1555 (21); — les ministres de l'église de Neufchâtel, Genève, 21 nov. 1548 (18); — un
prince non désigné, prid. cal. oct. 1549 (18 vᵒ); — les ministres
de Suisse, Genève, s. a. (19); — les pasteurs de Zurich, Genève,
13 nov. 1554 (22 vᵒ); — Henri Bullinger, Genève, 3 kal. apr. 1557
(24); Pentecôte [5 juin] 1552 (28 vᵒ); Genève, kal. feb. 1561 (45);
— Philippe Mélanchthon, Genève, 6 id. sept. 1557 (25); — « Christophorus Trecius », Genève, s. d. (25 vᵒ) — « Stanislaus Sarnicius»,
Genève, s. a. (26); — « Jacobus Sylvius », Genève, s. a. (27); août
1563 (51); — Théodore de Bèze, 24 déc. 1561 (27 vᵒ); non. dec.
1557 (28); Genève, 13 sept. 1557 (57 vᵒ); — la marquise de Rothelin [Jacqueline de Rohan], 5 janv. 1558, signée « Charles d'Es-

peville » (30 v°) ; et MM. de Longueville, même date (31) ; — les
réformés de ..... et de Dieppe, même date et même signature (32) ;
—Philippe [Iᵉʳ le Magnanime], landgrave de Hesse, Genève, 29 sept.
1559 (34) ; — « Andreas Tricesius, eques Polonus ». Genève, s. a.
(35) ; — « Joannes Bonerus...., castellanus Biecensis », Genève,
4 cal. janv. 1555 (35 v°) ; — Jean Gellin, Genève, Pâques [14 avril]
1570, signée « Carolus Passellius » (36) ; — Jean Haller, ministre
de Berne, Genève, 6 cal. dec. 1549 (36 v°) ; — les surveillants et
diacres de l'église de Nîmes, 1ᵉʳ juin 1561, en français (38) ; — les
réformés de Francfort. Genève, 3 mars 1556, en français (39) ; —
l'amirale [de Coligny, Jeanne de Laval], 4 sept. 1558, en français
(41) ; — les réformés d'Aix-en-Provence, 1ᵉʳ mai 1561, en français
(42) ; — le comte de Haran [James Hamilton] et Jacques [Stuart],
Genève, 11 juillet 1561, en français (42 v°) ; — « Madamoiselle de
Pons », 20 nov. 1553, signée « Charles d'Espeville », en français
(43) ; — [Louis de Bourbon], prince de Condé, Genève, 13 sept.
1563, signée aussi de Théodore de Bèze, en français (46) ; — « D.
de Spina », 1567 (48) ; — M. de Challenay [Théodore de Bèze], 17
sept. 1561, signée « Carolus Passelius » (48) ; — « comes Bechhor-
diensis » [le comte de Bedford], s. d. (48 v°) : — Pierre Martyr,
Genève, 6 non. mart. 1559 (49) ; 16 mars 1562 (49 v°) ; 13 oct.
1557 (50) ; 20 juillet 1557 (50 v°) ; 5 id. mai. 1560, autogr. (54) ;
— « M. de Richebourg », traduction française, incomplète de la fin
(52) ; — un destinataire anonyme, sur les principes de la doctrine, en français, autogr. (62 bis) ; — [Gaspard de Coligny],)
16 avril 1561, en français (63) ; — le roi [Charles IX], s. d. (66) ; —
[les réformés de Troyes], trad. française, s. d. (68) ; — Francesco
Stancaro, de Mantoue, s. d. (72).

Les auteurs des lettres à Calvin contenues dans ce volume sont
les personnages suivants :

« Nicolaus Zerchintes » [Zwerkinden], « Neodunum » 6 fév. 1546,
et Berne, 27 août 1551 (74) ; 1ᵉʳ fév. 1555 (74 v°) ; 21 avril 1556, et
7 avril 1554 (75) ; « ex Bonomonte », 31 mars 1538 (75 v°) ; Berne,
29 mai 1562, autogr. (161) ; — T. Sultzerus, Berne, 20 oct. 1546
(79) ; prid. cal. febr. 1543 (79 v°) ; 24 juillet 1542 (80) ; 19 mai 1544
(80 v°) ; 4 oct. 1542 (81) ; — Pierre Viret, fév. 1542, autogr. (83) ;
— Jean Utenhove, Londres, 5 fév. 1550 (84) ; — Matteo Gribaldi,
V[enise], id. nov. 1549 (85) ; — Guillaume Farel, Neufchâtel,
20 janv. 1554 (86) ; 24 janv. 1551 (86 v°) ; 9 nov. 1554, autogr. (88) ;

— « Joannes Cechus », Padoue, 12 oct. 1554 (89); Greenwich, 22 mai 1553 (89 v°) ; — Paolo Gaddi, de Crémone, Teglio dans la Valteline, 29 nov. 1554, autogr. (91); — « Petrus S[tatorius] Tonvillanus », « Pinczoviæ », 20 août 1559, autogr. (93) ; — Charles Berger, Strasbourg, 5 id. oct. 1555 (95) ; — [Jean] Loquet, Strasbourg, 29 juin 1555 (96) ; — les ministres de l'église de Pologne, « ex synodo Pinczoviensi », 2 mai 1556 (97) ; — « Valerandus Pollanus », Francfort, 6 avril 1556 (99) ; — « Macarius », 26 juin 1558 (100) ; — Silvestro Tiglio, de Foligno, « Aquariæ » [Yvoire], prid. cal. aug. 1558, autogr. (101) ; — « Claudius Textor », Lausanne, 6 cal. febr. 1558, autogr. (103) ; — « Gossuinus Zevelius », Spire, 16 janv. s. a. (105 et 176) ; — Les ministres de Genève, 11 juillet s. a. (106); — les ministres de l'église de Turin, 1er mars 1558 (107 v°) ; — « R. Stagno », Poitiers, 8 fév., s. a. (108) ; — « Sta... us », Cracovie, 20 juillet 1563 (109) ; — William Cecil, Greenwich, 22 juin 1559 (111); — « H. Suræus », Orléans, 1er mars 1562 (113) ; — les ministres de l'église de Toulouse, 13 cal. jul. 1559 (127) ; — « Petrus Colonius, alias Agrippa », « Montoio », 5 id. mart. 1559, autogr. (131), — « Joannes Infantius », Bockenheim, 21 nov. 1559 (133) ; Andrehousen, 19 août 1560, autogr. (144) ; — Guglielmo Grataroli, Bâle, 26 fév. 1559 (134) ; — « Stanislaus Wardesius », « Bichaviæ » [Biechow], 21 juin 1560 (135); — « David Weterus », Saint-Gall, 26 juillet 1560 (136); — l'église gallicane de Londres : pétition signée des anciens et du diacre, avec un billet adressé à Calvin par Edmund Grindall, évêque de Londres, et une apostille des ministres et des anciens de l'église belge de Londres, 18 mars 1560, orig. (137) ; — « Julius Cæsar Paschalis », Bâle, 3 mars 1560, autogr. (139); — « Gregorius Paulus », de Cracovie, 1er oct. 1560, autogr. (141) ; — La Croix [Sadéel], Paris, 22 juillet 1561, adressée « à M. d'Espeville » (143); — « Le Buisson » [« Morellanus » ap. Reuss], Montargis, 3 août 1561, autogr., adressée « à M. d'Espeville » (145); — « Franciscus Lismanninus », Cracovie, 14 déc. 1561 (147) ; — Jacob Rüger, Schaffhouse, 8 avril 1561 (151) ; — les ministres de l'église de Wilna, 23 juillet 1561 (152); — Nicolas Radziwill, Wilna, 14 juillet 1561 (154); — les anciens de l'église de Cracovie, 13 déc. 1561 (156); — « Joannes Leningus », 22 fév. 1561 (158); — L. De Nort, Toulouse, 10 févr. 1562, adressée à M. d'Aspeville », autogr. (159); — « Stanislaus Sarnicius », Cracovie, 28 avril 1563 (163); — « Christo-

phorus Threcius », Zurich, 12 avril 1563 (165); — « Joannes The-
naudus Biturigus », « Pinczovia », 21 juillet 1563 (167) ; Zurich,
6 id. april., s. a., autogr. (172); — « Du Pasquier » [« Marloratus »
ap. Reuss], Rouen, 11 juillet 1561 (169) ; — « Nicolaus Lucerna-
nus », « Caburri, ex monasterio nostro Beate Marie, ordinis Bene-
dictini », s. d., autogr. (170); — Gilbert de Vaux, Milhau, 5 avril
s. a., en français (174); — « J. Boquinus·», Heidelberg, 14 déc.
(177); — Marguerite [de Navarre], La Chaussière, 25 juillet s.
a., en français (179); — « Johannes Pelletus », « Valreaci »,
1er sept. s. a. (180) ; — « J. Diazius », « Bursini », 7 aug. s. a.
(181); — William Whitingham, Londres, 27 mai s. a., autogr. (182).

On remarque en outre dans ce volume les documents suivants :
« Ex Calvini epistola de usuris » (55) ; — Lettres du Conseil de
Berne, absolvant Guillaume Farel, Calvin et Pierre Viret, des accusations portées contre eux par Pierre Caroli, 7 juin 1537, en
français (70); — Lettres du même Conseil adressées à Viret,
1er nov. 1536, en français (70 vº) ; — « L'ordre que proposent les
ministres de l'église de Genève à... MM. les syndicque(s) et Conseil sur le faict de la visitation », par Calvin (71) ; — Lettre des
ministres de Strasbourg aux syndic et Conseil de Genève, 1er sept.
1541, en latin (78) ; — Lettres écrites à ou par les églises réformées de Metz, Genève, etc., de 1536 à 1560 environ (114-127) ; etc.

XVIe et XVIIe siècles. — 182 feuillets. — « 1630 ».

103.

Recueil de lettres originales et de copies de lettres, mémoires, etc., relatifs aux doctrines et à l'histoire du PROTES-
TANTISME. (1524 à 1608).

Les lettres autographes ou originales contenues dans ce volume
sont adressées : à Guillaume Farel, par « Girardus Ruffus », Meaux,
24 août 1524, (7), et « Angelus », Meaux, 1er janv. 1524 (8); —
à un destinataire inconnu [Calvin?], par « Martinus Micronius »,
12 avril 1557 (43); — à [l'église de Genève], par « Andreas Prass-
monius », pasteur de l'église de Cracovie, « Christophorus Thretius » et « Paulus Gilonius », Cracovie, 10 cal. jul. 1573 (74) ; —
à Jean Dousa, par « D. Rogerius », Amsterdam, 12 oct. 1575

(96), et par les huit députés du synode général des églises d'Écosse, 17 avril 1596 (182); — à Mathieu Béroalde, par Laurent Dürnhofer, Nuremberg, 13 cal. mart. 1576 (98); — à M. de Changobert [Nicolas Pithou], par Charles Perrot, au nom des ministres de l'église de Genève, 10 juillet 1591 (127).

On remarque, parmi les copies de lettres, celles qui sont adressées par Jean Canaye à Guillaume Farel, Paris, 3 id. jul. s. a. (15); — Pierre Viret à Henri Bullinger, Lausanne, 8 mars 1550 (17), et à Jean Calvin, Lausanne, s. a. (17 v°), 16 fév. 1544 (18), 4 oct. 1548 (19 v°), 16 mai 1549 (20); — Émile Perrot à Guillaume Farel, s. d. (21); — Henri Bullinger à Jean Calvin (?), 26 août et 22 nov. 1543 (23), et à Girolamo Zanchi, Zurich, 10 mai 1568 (71); — les ministres de Genève aux ministres de Berne, 16 fév. 1555 (33), et de Lausanne, 21 nov. 1536, en latin (33 v°); — Jean-Antoine Caracciolo aux ministres de l'église d'Orléans, s. d. (44); — Pierre Martyr à « Sansonus », ministre à Londres, Zurich, 15 juin 1559 (46); — « L. Danæus » à Jean Crusius, Gand, 7 id. jul. 1582 (71); — Laurent Humfrey à la reine d'Angleterre Élisabeth, s. d. (72); — « Sturmius » à G. Zanchi, Strasbourg, 7 sept. s. a., et « Cassiodorus » à Th. de Bèze, Strasbourg, 9 avril 1567 (73); — François Du Jon à Simon Goulart, Heidelberg, 18 avril 1591 (121), à Th. de Bèze, Heidelberg, 10 juin 1590 (121 v°), et à Jean Barnevelt, Leyde, 13 fév. 1595 (179); — un anonyme à « Lubertus, pastor ecclesie Frankensis », Genève, 29 août 1593 (131); — Frédéric, comte de Würtemberg, aux ministres de l'église française [de Berne?], s. d. (165), et réponse (166); — un anonyme à [Everardus] Vorstius, Genève, 8 juillet 1597 (184).

On peut encore signaler dans ce volume les documents suivants : Conférence entre Jérôme [Hermès] Bolsec, d'une part, et Jean Calvin et d'autres ministres de Genève), d'autre part, traduction latine (9); — Ordonnances relatives à l'exercice du culte et émanant des conseils de Genève, Bâle, Zurich et Schaffhouse, 1530-1553 (25); — « Doctrina [Simonis] Mennonis de incarnatione Christi Domini in libello adversus Mart. Micronium... », 1557 (35); — « Ex actis synodi Woldzislariensis celebratæ 1561, die 22 septembris... » (47); — Résolutions, relatives à la Trinité, des synodes et églises de Cracovie, oct. 1562 (49); de Zurich (49 v°); d'Angleterre et de Pologne (50); de Pinchow, 1561 (50 v°); — Déclaration relative à certaines propositions religieuses, souscrite par Théodore de Bèze, Charles Perrot et autres docteurs de Genève, 25 juin 1568 (51) ; — Lettre adressée de Genève à l'église belgo-germanique de Londres, 2 juillet 1568 (54) ; — « Tableau de l'œuvre de Dieu, 1569 », *impr.*, caractères gothiques, avec la traduction latine manuscrite d'Antoine Corran [de Bellerive] (57) ; — « Censures sur le Tableau de l'œuvre de Dieu, faites par M. de La Forest, lors ministre à Noortwitz » (67) ; — Procès-verbal des résolutions prises par l'assemblée des réformés de Montbéliard, 12 janv. 1573 (77) ; — « Fides, doctrina et confessio Johannis Matthæi Smalkaldensis, theologiæ doctoris, de una divina essentia et sancta personarum Trinitate », fév. 1574 (88) ; — « Confessio Johannis Matthæi Smalkaldensis de pædobaptismo » (92) ; — « Confessio de sancta Trinitate contra eos qui ecclesias Minoris Poloniæ Arrianismi et pluralitatis deorum accusant, edita Pinczoviæ, in synodo seniorum et ministrorum », 20 août 1562 (94) ; — « Formulaire d'un baptesme d'un jeune campagnard, aagé environ de dix-huit ans, lequel estant né à Cologne de père natif de Bruges et de mère née audit Cologne, tous deux anabaptistes, n'avoit point esté baptizé..... », 22 déc. 1577 (99).

Lettres et pièces relatives à l'affaire de Claude Auberi, 1587-1588 (101, 109, 123 et 149) ; — Lettre du duc Louis et du comte Frédéric de Wurtemberg au Conseil de Berne, 8 déc. 1588 (120) ; — « Petitionis delineatio brevis Senatui [Bernensi] offerenda », en français et latin (129) ; — Déclaration des pasteurs et ministres de l'église française réfugiés à Bâle, 6 août 1591, orig. (130) ; — « Confessio fidei christianæ ecclesiæ Basiliensis », 21 janv. 1534 (133) ; — Opinions de l'église de Bâle sur le jugement dernier (137), sur l'Eucharistie (141), sur la justification, 4 déc. 1590, en latin (143) ; — Extraits de pièces concernant l'introduction de l'Arianisme dans les églises réformées de Pologne et les croyances des sectateurs de Blandrata, en latin (145) ; — « Capitula responsionum DD. Bovii et Merulæ... » (149) ; — « De obligatione juramentorum » (151) ; — Sur l'Eucharistie, en latin (153) ; — Sur les droits des magistrats vis-à-vis des sujets et des sujets vis-à-vis du souverain, en latin (155) ; — Extrait d'une lettre de Th. de Bèze à Alamanni, perturbateur de l'église de Lyon, en latin (161) ; — « De veteris et novi hominis conditione » (162) ; — Pièces relatives à Antoine de L'Escaille, 1590-1591 (169) ; — « Remonstrance aux Bernois, pour les ministres et diacres de la classe de Morges », 1608 (186) ; etc.

XVIᵉ et XVIIᵉ siècles. — 186 feuillets. — « 1630 ».

104.

Recueil de lettres autographes et de copies de lettres de Théodore DE BÈZE et de ses correspondants, du 29 mars 1557 au 20 mars 1605 environ.

Les destinataires des lettres de Th. de Bèze contenues dans ce volume sont :

Jean Calvin, Strasbourg, 17 oct. s. a., autogr., en latin (3) ; — « Monavius », Genève, 4 mai s. a, en latin (5) ; — Pierre Pithou, Genève, 22 mai 1565, autogr. (9) ; 30 sept. 1569, autogr. (15) ; Genève, 1569, autogr., mutilée (16) ; G., 12 fév. 1572, autogr. (18) ; s. d., autogr., mutilée (20) ; — M. de Chaugobert [Nicolas Pithou], 26 mars 1566, copie signée (10) ; Genève, 29 nov. 1572, autogr. (17) ; Genève, 4 mai 1573, autogr. (18 *a*) ; Genève, 14 juillet 1573, autogr. (19) ; 18 oct. 1573, autogr., non signée (21) ; Genève, 19 mai 1573, autogr. (23) ; Genève, 9 juin 1573, autogr. (24) ; Genève, 30 mars 1574, autogr. (25 A) ; 20 avril 1574, autogr. (27) ; — [Charles] d'Espeville [Calvin], Saint-Germain, 24 oct. 1561, en latin (14) ; — Pierre Viret, Lausanne, 15 fév. 1559, en latin (14 v°) ; — [Mathieu] Béroalde [Brouard], Strasbourg, 27 août 1574, autogr., signée « La Butte » (28) ; Villefranche, 4 août 1574, autogr., même signature (29) ; — un correspondant non désigné, Genève, 31 juillet 1579 (31) ; — François [Pithou?], 1599, en latin (33) ; — un membre de la famille Pithou, Genève, 1er sept. 1599 et 3 janv. 1600, souscriptions autogr. (34 et 35).

Notes de Th. de Bèze, 16 janv. 1601 et 30 mai 1604, autogr., en latin (36 et 37).

Les auteurs des lettres à Th. de Bèze contenues dans ce volume sont :

Raphael Seiler, Augsbourg, 29 mars 1557, autogr., en latin (39) ; — « Joannes Skenœns, Scotus », Wittemberg, 10 fév. 1574, autogr. (42) ; — « Rodolphus Gualtherus », Zurich, 2 juillet 1580 (44), 1er avril 1565 (44 v°), et 28 août 1577 (66) ; 23 fév. 1581, autogr. (78) ; 10 mars 1581, autogr. (79) ; 4 avril 1581, autogr. (80) ; 11 nov. 1582, autogr. (81) ; 6 sept. 1581 (82), et 20 nov. 1575 (83 v°) ; — Cappone Capponi, Lyon, 9 juin 1566, autogr., en français (48) ; — R. Jalluard, Lyon, 19 avril 1567, autogr., en français (52) ; — G. Du Buc, Lausanne, 16 sept. 1591, en français (54) ; —

Thomas Sampson, Londres. 20 juillet 1567 (54 v°); — « Christophorus Thretius », Heidelberg, 13 juin 1570, copie (55), et Cracovie, 10 mars 1571, autogr. (57); — « Daniel Tossanus », « ex Insula nostra », 4 cal. dec. 1571, autogr. (59); 30 mars s. a., autogr., en français (147); — « Johannes Matthæus, Smalkaldensis », Bâle, 13 avril 1574, autogr. (60); — Jean Haren, Strasbourg, 20 oct. 1576, en français (62); — W. Zuleger, Neustadt, 26 avril 1579, en latin (68); — « Gerardus Vesterman et Jacobus Basilicus », ministres d'Enckhuisen, 16 mai 1586 (72); — « Villerius » [Jean Hotman, sieur de Villiers?], Anvers, 20 fév. 1580, autogr. (74); — « Thomas Fabricius, Tholnensis », Wittemberg, 5 non. mai. 1581, autogr. (76); — « Vitus Polites », Nuremberg, 14 cal. dec. 1583, autogr. (86); — « Bartholomæus Rhodingus, Marpurgensis », Zurich, 6 août 1582, autogr. (87); — « Rutgherus Spey », « Schoniæ supra Heidelbergam », 6 déc. 1583, autogr. (88); — « Henricus M. », 18 mars 1585 (90), et s. d., non signée (94); — « J. M[onavius] », 19 juin 1585, autogr. (96); — Eberhard, comte de Solms, Heidelberg. 25 déc. 1585, en latin (98); — « David Pareus », Heidelberg, 19 sept. s. a. (99); — « Georgius Kügelman », Grünbach, 25 mars 1585, autogr. (100); — « Simeon Theophilus Turnovius », « Luthomirsci », 12 mars 1586, autogr. (102); — « T. Dürnhoferus », 10 nov. 1588, autogr. (104); — N. Séguier, Payerne, 31 oct. 1587, orig., en français (105); — « Paulus Crocius », Francfort-sur-le-Mein, postrid. id. sept. 1588, autogr. (106); — « Jo[annes] Rodolphus Stumphius », 12 avril 1588, autogr. (108); — « Johannes Piscator », Herborn, 12 mars 1589 (109); — « Adamus Thobolius, Polonus », Strasbourg, 27 avril 1590, autogr. (111); — J. Castol, Londres, 22 juillet 1590, autogr., en français (113); — « Joan[nes] Conradus Ulmerus », Schaffhouse, 14 fév. 1590, autogr. (115); — « Adamus Hertzogh », Nuremberg, 28 janv. 1593, autogr. (116); — Jean Taffin, La Haye, 7 août 1592, autogr. (118); Amsterdam, 15 déc. 1593 (120); — « P. Hübnerus », Berne, 9 nov. 1593, autogr. (119); — « Johannes Hallerus », Berne, 21 juin 1593, autogr. (122); Berne 6 mai 1594, autogr. (130); — « Joh[annes] Mallendorffius, Transylvanus », Heidelberg, 1er janv. 1593, autogr. (124); — « Georg[ius] Jenischius, Neurodensis Silesius », Bâle, 16 août 1593, autogr. (126); — « Æneas », « Namislii » (?), 15 juillet 1593, autogr. (127); — « Sebast[ianus] Ambrosius », Keismark, 19 fév. 1594, autogr. (128); — [Jean] de Serres, Serres,

25 juillet et 21 juin 1594, autogr. (132 et 134); Montpellier, 17 août 1597 (135); Lyon, 25 juillet 1597, autogr. (136); s. d., adressée, comme les précédentes, à « M. Le Verd » [pseudonyme de Th. de Bèze] (137); — « Johan[nes] Jonstonus », Saint-Andrews, 18 fév. 1595, autogr. (139); — « [Joannes Jacobus] Grynæus », Bâle, 19 août s. a. (141); 22 juin s. a., et 19 déc. 1602 (142); — « Henr[icus] Smetius, med[icus] », Heidelberg, 21 juin 1601, autogr. (144); — J. Coüet, Bâle, mai 1602, autogr. (145); — T. Rolland, Nancy, 20 mars 1605, autogr. (146).

XVIe siècle. — 147 feuillets.— « 1630 ».

105.

Mémoire historique, adressé à [Louis XI, sur les différends entre les rois de France et d'Angleterre, par Jean JOUVENEL DES URSINS.

XVIIe siècle. — 69 feuillets. — « 1630 ».

106.

Pièces relatives aux relations politiques de la France et de la BOURGOGNE au XVe siècle.

Ce volume contient les deux ouvrages suivants :
Traité des différends qui existent entre les maisons de France et de Bourgogne, par Jean d'Auffay, maître des requêtes de Maximilien d'Autriche, duc de Bourgogne (1); — Discours sur le différend survenu entre Louis XI, d'une part, et Maximilien d'Autriche et Marie de Bourgogne, d'autre part, au sujet des duché et comté de Bourgogne et des comtés de Mâcon et d'Auxerre, 1476-1477 (99 et 142).

XVIe et XVIIe siècles. — 147 feuillets. — « 1627 ».

107.

« Histoire des choses mémorables advenues du règne des

rois Louis XII et François Iᵉʳ, jusques en l'an 1521, par messire Robert de La Marck, seigneur de Fleurange et de Sedan,
mareschal de France. »

XVIIᵉ siècle. — 147 feuillets. — « 1630 ».

108.

« Actes et mémoires des grandes querelles entre les maisons d'Orléans et de Bourgongne ». (1405-1429.)

On remarque dans ce volume les pièces suivantes : Remontrance
du duc Jean de Bourgogne, du duc Antoine de Limbourg et du
comte Philippe de Nevers à Charles VI, 26 août 1405 (2) ; — « Extraict d'une Chronicque manuscripte du roy Charles VI dès l'an
1380 jusques en l'an 1422, autrement dicte la Chronicque de Jean
Juvénal des Ursins », 1407 (8) ; — Extraits des registres du Parlement, relatifs à l'accord conclu entre les ducs Jean de Bourgogne
et Charles d'Orléans, 2-9 mars 1408 (12) ; texte de cet accord,
Chartres, 9 mars 1408 (14) ; — Lettres de Charles VI, déclarant
rebelles les ducs Charles d'Orléans, Jean de Bourbon, Jean
d'Alençon, ainsi que les comtes Bernard d'Armagnac et Charles
d'Albert, Paris, 3 oct. 1411 (22), et 14 oct. 1411 (28) ; — Traité conclu entre le duc Jean de Bourgogne, d'une part, et le duc Charles
d'Orléans, Philippe, comte de Vertus, Jean, comte d'Angoulême,
et Marguerite leur sœur, d'autre part, Auxerre, 22 août 1412 (32) ;
— Extraits des registres du Parlement, 27 août 1412 (38) ; 28
avril-1ᵉʳ juillet 1413 (42) ; — Lettres d'abolition octroyées aux
ducs de Berry, d'Orléans, de Bourbon et d'Alençon, et aux comtes
d'Armagnac et d'Albret, Paris, 5 sept. 1413 (48) ; — Traité conclu
entre Charles VI et le duc de Bourgogne, Paris,   fév. 1414 (54) ;
— « Articles baillez sur le traicté faict et passé à Pontoise, en aoust
1414, entre le roy de France, le daulphin, le duc de Bourgongne, et
les ducs d'Orléans et de Berry » (62) ; — Arrêt portant que Pierre
Jehannin, dit Michel, curé de « Lozian-lez-Victry-en-Partois », partisan du duc de Bourgogne, sera extrait du Châtelet et rendu à
l'évêque de Paris, 26 nov. 1417 (64) ; — Manifeste du duc de Bourgogne contre les régents, Hesdin, 25 avril 1417 (65) ; — Lettres de
Charles VI, confirmatives du traité conclu entre le dauphin [le
futur Charles VII] et le duc de Bourgogne, Paris, 16 sept. 1418 (73) ;

— Traité conclu entre le dauphin et le duc de Bourgogne, Pontoise, 19 juillet 1419 (79) ; — Lettres d'abolition de Charles VI, publiées à la suite du traité de Pontoise, 19 juillet 1419 (85) ; — Traité conclu entre le dauphin et le duc de Bourgogne, sur le ponceau sis près Pouilly-le-Fort, 11 juillet 1419 (91) ;

Lettres de Charles VI, aux Parisiens, Troyes, 17 janv. 1419 (97) ; — confirmatives des lettres d'abolition octroyées aux meurtriers du duc de Bourgogne, sept. 1419 (105) ; — confirmatives du traité conclu entre le dauphin et le duc de Bourgogne, Pontoise, 19 juillet 1419 (113) ;

Arrêt de déchéance prononcé contre Charles de Valois, dauphin de Viennois, après le meurtre du duc de Bourgogne, 12 nov. 1420 (117) ; — Traité conclu entre Jean, duc de Bedford, régent du royaume, Philippe le Bon, duc de Bourgogne, et Jean, duc de Bretagne, Amiens, 17 avril 1423 (118 et 120) ; — Édit de Charles VII en faveur de ses anciens partisans, Compiègne, 22 août 1429 (122) ; — « Extraict du registre intitulé *Pictavis*, fol. vi^{xx}vii », contenant les requêtes de Charles VII au Parlement, Bourges, 8 juin 1436 (126), et les réponses du Parlement (127) ; etc.

XVIIe siècle. — 129 feuillets. - « 1630 ».

109.

« Observations militaires de Monsr de Saint-Luc [François d'Espinay], grand maistre de l'artillerie de France. »

XVIe-XVIIe siècle. — 143 feuillets. — « 1627 ».

110.

Recueil de pièces concernant l'histoire des ordres de chevalerie, les duels et les cérémonies funéraires. (1240-1629.)

On remarque dans ce volume les documents suivants :

Statuts et ordonnances de l'ordre de Saint-Georges, ordinairement appelé de la Jarretière, 1349 (5) ; — Acte de fondation, statuts et cérémonies de l'ordre du Saint-Esprit, 1352 (21 et 30) ; — Relation de la séance du Parlement de Paris où l'empereur Sigismond créa chevalier Guillaume Seignet, 16 mars 1415 (28) ; — Cérémonial observé lors de la remise de l'ordre de la Jarretière à Henri III, 1584 (38), et à Henri IV, 1596 (44) ; — Cérémonial à observer dans la collation à un gentilhomme, de l'ordre de Saint-Michel (46); — « Cérémonie observée au Temple, à Paris, à la réception de M. le chevalier de Vandosme pour chevalier de Malte » (50); — Pièces relatives à la création, par Henri IV, de deux chevaliers d'honneur, « Thomas Dosequin », capitaine des gardes du roi d'Angleterre [Jacques Ier], et Jean Ramsay, janv. 1604 (52); — Extrait d'une lettre de Henri IV à [Joachim, baron de] Dinteville, gouverneur de Champagne et de Brie, concernant l'ordre du Cordon jaune, 1606 (56); notes sur cet ordre (57); — Création de deux chevaliers du Saint-Esprit, les ducs de Segni [Francesco Sforza] et de « Sancto Gemini » [Giovanni-Antonio Orsini], par M. d'Alincourt [Charles de Neuville, marquis de Villeroi], ambassadeur de France à Rome, 1608 (58);

Ordonnances de saint Louis, 1240 (65), et de Philippe le Bel, contre les combats singuliers, 1296 (65); — Pièces concernant la querelle de Ludovico Rangone et du comte Giovanni-Pietro-Maria de Sansecondo, 1534-1537 (69), et celle du comte Guido Rangone avec Emilio de Cabriana, seigneur de Noville et Vitry, 1538, orig. (72 et suiv.); — Pièces de la querelle entre le sieur de Vassé et le comte Guillaume de Furstenberg, 1540 (80); — Procès-verbal du duel survenu entre François de Vivonne, sieur de la Chasteigneraie, et Puy Chabot, sieur de Montlieu, 10 juillet 1547 (86); — Lettre du duc Ludovic de Birague au roi [Charles IX], Turin, 4 juillet 1561 (94), et déclaration du même duc (96); — Lettre de Bussy d'Amboise au roi [Henri III] contre Caylus, Suresnes, 3 fév. 1578 (98); — Satisfaction de M. de Saint-Phal à Duplessis-Mornay, 1597 (99); — « Discours de ce qui se passa lundy xxvie d'octobre, au logis de Monsr le chancelier [Philippe Hurault, comte de Cheverny], à la Chambre du Conseil, entre M. d'Espernon et le s^r de Rosny, présens MM. le chancelier, d'Estrées et de Bellièvre », 1598 (102); — Satisfactions du sieur de Marsilly au président Chevalier, 12 nov. 1600 (104); du prince de Joinville à M. le Grand [écuyer, Roger de Saint-Lary et de Termes, duc de Bellegarde], 1601, et du maréchal d'Ornano au duc d'Épernon, 25 mars 1601 (106); — Extrait d'une lettre relative à l'affront fait à Valladolid, le 17 juillet 1601, à M. de La Rochepot, ambassadeur de France (107); — Discours au vrai du différend advenu entre le comte de Soissons et le s^r de Rosny ès mois d'aoust et autres, 1603 » (107); — Promesses d'accord faites à Louis XIII par d'Au-

mont et J.-E. de La Tour-Landry, 18 août 1612 (109); — Requête
adressée à Louis XIII par Charles de Gonzague, duc de Nevers,
pour obtenir l'autorisation de défier en duel Charles de Lorraine,
duc de Guise, prince de Joinville, 1622, in-4°, *impr.* (113); — Sommation faite par un héraut d'armes de Louis XIII à Benjamin de
Rohan, sieur de Soubise, 3 juin 1621 (115);

Récit des cérémonies funéraires faites en l'honneur des personnages suivants : Charles, prince d'Espagne, 1568 (121); — André
de Brancas, sieur de Villars, amiral de France, 1595 (125) ; —
[François], duc d'Alençon, 1584 (139); — Françoise d'Orléans-
Longueville, veuve de Louis de Bourbon, prince de Condé, 1601
(141); — N., duc d'Orléans, frère de Louis XIII, 18 nov. 1611,
orig. (149); — Marie de Bourbon, duchesse d'Orléans, 1627 (151);
— la princesse douairière de Condé [Charlotte-Catherine de la
Trémoïlle, veuve de Henri de Bourbon], 1629 (199).

XVIe et XVIIe siècles. — 214 feuillets. — « 1631 ».

111.

Recueil de lettres italiennes et latines de frà Paolo Sarpi,
d'octobre 1608 à juillet 1617.

Les 40 lettres italiennes, contenues dans la première partie de
ce volume et signées de divers noms, sont toutes autographes, sauf
les quatre dernières, qui ont été copiées par J. et P. Dupuy. Les
premières paraissent toutes adressées « à Monsieur Castrino [très
probablement un pseudonyme], à Paris »; les quatre dernières, au
président de Thou. Elles ont été écrites de Venise, sauf quelques-
unes, aux dates suivantes :

1608, 13 oct. (7); 2 nov. (8); 25 nov. (10); 9 déc. (12); 23 déc.(14);
1609, 3 fév. (15); 17 fév. (17); 31 mars (18); 12 mai (19); s. d.,
non signée (20): 23 juin (21); 1er sept. (22); 15 sept. (23); 13 oct.
(24); 10 nov. (26); 25 nov. (27); 9 déc. (29); 22 déc. (30);
1610, 5 janv. (31); 20 janv. (32); 3 fév. (33); 16 fév. (34); Ferrare, 20 mars (35); 27 avril (36); Padoue, 25 mai (37); 6 juillet (38);
20 juillet (40); Ferrare, 3 août (41); 17 août (44); 30 août (45); 26
oct. (48);23 nov. (50);
1611,18 janv.(52); 31 janv.(53); 1er mars (54);Parme, 15 mars (55).
Les lettres au président de Thou sont datées des 9 avril 1611
(56); 8 juin 1610 (57); 6 juin 1607 (58); 23 mars 1604 (60).

Les lettres latines et italiennes contenues dans la seconde moitié du volume sont adressées aux personnages suivants : [Jacques] Gillot, 1609, 12 mai (62) ; 7 juillet (63 v°) ; 15 sept. (64) ; 29 sept. (66) ; 8 déc. (68) ; 1610, 2 mars, extrait (70) ; 12 oct. (71) ; 7 déc. (73) ; 1612, 14 fév. (75) ; 14 août (77) ; nov. (78) ; 1616, 14 juin (79) ; 24 nov. (81) ; 1617, 27 fév. (82) ; 6 juin (85) ; 4 juillet (87) ; toutes en latin ; — à [François] Hotman, [abbé] de Saint-Mard [Saint-Médard de Soissons], s. d., en italien (89) ; au même (?), 30 mars s. a., en italien (91) ; — à Isaac Casaubon, 8 juin 1612 (95), avec la réponse de Casaubon, Londres, 7 kal. jul. 1612 (96).

On peut signaler encore dans ce volume une liste d'axiomes relatifs aux fondements et aux limites de l'autorité civile, en italien (93), et le chiffre dont frà Paolo se servait dans ses lettres italiennes, autogr. (100).

XVIIe siècle. — 101 feuillets. — « 1630 ».

112.

Relation de la conférence tenue à Marc, près Ardres, en présence du cardinal Reginald Pole, légat du Saint-Siège, entre les commissaires de Charles-Quint et ceux de Henri II, rédigée par Charles DE MARILLAC, évêque de Vannes, puis archevêque de Vienne, l'un des commissaires de Henri II (1555).

XVIIe siècle. — 52 feuillets. — « 1631 ».

113.

Recueil de pièces concernant la FRANCHE-COMTÉ : traités de neutralité, aveux et hommages, terres de surséance, villages mi-partis et tri-partis, questions de frontières entre la France et le comté de Bourgogne. (1237-1628.)

On remarque dans ce volume les documents suivants : « Raisons et moyens du duc d'Austriche [Maximilien] et de Madame la duchesse de Flandres et de Bourgogne [Marie de Bourgogne], pour monstrer que les duché et comté de Bourgogne, Mascon et Auxerre leur apartiennent, avec les raisons au contraire du roy Louis XI,

pour le duché [de] Bourgogne s'entend » (6) ; — Mémoire « pour
sçavoyr quel droict le roy Jehan avoyt en la duché et en la comté
de Bourgongne, qu'il bailla à son filx Philippe » (10) ; — Avertissement de la Chambre des comptes au chancelier de Bourgogne, au
sujet des salines du comté, 1500 (15) ; — Pièce relative au droit
d'aubaine et à des lettres de naturalité accordées à certaines personnes originaires du comté de Bourgogne, janv. 1545 (17) ; —
Hommage de Jean, comte de Bourgogne et de Châlon, à Hugues,
duc de Bourgogne, pour le comté de Mâcon, « in crastino octa-
varum Pentecostes » 1237 (19) ; pour Château-Salins, Chaucins, etc.,
avril 1252 (20) ; — Traité de mariage de Jeanne, fille d'Othon,
comte de Bourgogne, avec l'un des deux fils de Philippe le Bel,
vigile de la Pentecôte 1291 (23) ; — Lettres de Philippe, duc de
Bourgogne, à Estienne Armenier, président du Parlement de Bourgogne, et Philippe de Courcelles, bailli de Dijon, au sujet de la
question des frontières du comté de Bourgogne, Bourges, 21 juillet 1449 (27) ; — Lettres de Louis XI, portant surséance des procès
concernant les limites du royaume et de l'Empire, Abbeville, 5 oct.
1464 (29) ; — Lettres de Henri IV, interdisant aux personnes originaires des comtés de Bourgogne et de Besançon de posséder aucun
bénéfice en France et particulièrement dans le duché de Bourgogne, Paris, 10 mars 1600 (31 et 65) ; — Traités de neutralité
des duché et comté de Bourgogne, Bade, 11 juillet 1555 (33) ;
Soleure, 15 déc. 1562 (39 v°) ; Bade, 1er mars 1580 (47) ; Lyon, 22
sept. 1595 (57) ; — Requête adressée à Henri IV par le chevalier
d'Ayala, résident des archiducs à Paris, avec les réponses du Roi
dans la marge, sept. 1606 (69) ; — Traité de neutralité entre les
duché de Bourgogne, vicomté d'Auxonne et pays de Bassigny,
d'une part, et la Franche-Comté de Bourgogne et la ville de Besançon, d'autre part, Paris, 12 déc. 1610 (73) ; — Lettres de la
gardienneté de Besançon, octoyées par le duc Philippe le Bon,
Besançon, 21 mars 1421 (81) ; — Requête adressée par le Parlement de Dijon au chancelier de Bourgogne, au nom des habitants
d'Auxonne, au sujet de la juridiction de l'archevêque de Besançon
[Antoine de Vergy], orig. (85) ; — Requête de l'archevêque de
Besançon au roi [Louis XII ou François Ier] pour demander la confirmation de ses privilèges de justice (87) ;

Pièces concernant diverses terres de surséance, XVIe s. (91 et
suiv.) ; 1612 et 1614 (157 et suiv.) ; — Documents relatifs aux limites

et enclaves du royaume de France dans le comté de Bourgogne,
XVIᵉ s. (117) ; — Remontrance de J. Vintimille sur le fait des terres de surséance, 1560 (133) ; — « Mémoires et articles pour le
faict de l'entreprise faicte sur les frontières de Langres par les officiers du roy d'Espagne [Philippe II] au comté de Bourgongne »,
1571 (143) ; — Arrêt du Parlement de Paris, ordonnant la réintégration des armes de France sur les places publiques de Vougecourt,
Grignoncourt et Lironcourt, 1601 (149 et suiv.) ; — « Mémoire de ce
qui s'est passé entre les députés des Altesses Sérénissimes comtes
de Bourgongne, et ceux de Son Altesse de Loraine, touchant le partage des terres de surséance qui sont sur la frontière de Champaigne restées et non partagées par MM. les commissaires du Parlement de Bourgongne, délesguez par Sa Majesté pour la décision desdites terres de surséance et difficultés des frontières », s. d. (201) ;
— « Receuil des tiltres que Mᵉ Robert Legros, prévot de Passavant,
fournira pour justifier les justes prétentions que le Roy a ausdites
terres de surséance », s. d. (203 vᵒ) ; — « Proposition faicte entre
Mᵉ de Bréval et le prévost de Passavant... sur les entreprises et
différents qui regardent la prévosté dudit Passavant », s. d. (211) ;
— Lettres de Massot, président à la Chambre des comptes de
Dijon, 6 fév. 1625 (217), et du président B. Le Goux de La Berchère, Dijon, 12 oct. 1628 (220), à [Antoine] de Loménie, comte de
Brienne, sur les titres concernant les terres de surséance récla-
mées par Louis XIII d'une part et le roi d'Espagne Philippe IV
de l'autre, autogr. ; etc.

XVIᵉ et XVIIᵉ siècles. — 221 feuillets. — « 1631 ».

114.

Sommaires, en latin et en italien, des divers Traités conclus
par les papes, les rois de France, les empereurs d'Allemagne,
les républiques de Venise et de Florence, les Suisses, etc., de
1510 à 1559.

XVIᵉ-XVIIᵉ siècle. — 15 feuillets. — In-4ᵒ. — « 1630. »

115.

Recueil de plaidoiries, factums, arrêts et consultations des
XVIᵉ et XVIIᵉ siècles.

On remarque dans ce volume les pièces suivantes : Plaidoyer de Coqueley, sur l'interprétation des articles de la Coutume de Paris relatifs aux donations entre vifs, minute (3) ; — Consultation sur le devoir conjugal, en latin (13) ; — Plaidoyer par [Philippe de] Bertier, [sieur de Montrabe], sur les droits et prérogatives de l'église et archevêché de Narbonne (17) ; — « Factum pour le différent d'entre le roy de Navarre [Henri II] et Mr de Nevers [François de Clèves], pour raison du comté de Dreux et récompense d'iceluy », 1551 (27 v°) ; — Arrêts et factums divers, 1576 et années suivantes (28 v°) ; — Extraits des registres du Parlement, relatifs à l'enlèvement de Marie de Vienne par Saveuse et ses complices, fév. 1617, in-fol., *impr.* (43) ; — Sur les rentes constituées en écus (45) ; — Consultation sur un mariage entre parents à un degré prohibé par le droit canon, 1606, minute (49) ; sur un règlement de tutelle par Papon, Montbrison, 22 fév. 1580 (51) ; — Arrêt du Parlement sur une permutation frauduleuse de prébende en l'église Saint-Cyr d'Issoudun, 6 sept. 1603 (55) ; — Mémoires au sujet de la validité d'un contrat de rente (59), et sur des dommages-intérêts alloués à la veuve et aux enfants d'un homme assassiné, par Bullion, avec l'arrêt des Requêtes, Paris, 31 mars 1608 (63) ; — Plaidoyer du sieur de La Réole, de Toulouse (71) ; — Analyses d'arrêts divers, 1575-1586 (77) ; — « Partage du procès d'entre Mesdames d'Elbeuf, [Marguerite Chabot, dame de Pagny] et de la Trimouille [Charlotte-Brabantine de Nassau], départy au profit de ladite dame d'Elbeuf sur la fin du Parlement de l'année 1613 » (85) ; — « Trois arrestz sur des partages de procés faitz à Castres et départiz en la Chambre de l'Edict de Paris », 1608-1610 (87) ; — « Recueil de quelques pointz de la remonstrance de M. Servin, advocat du Roy, à l'ouverture du Parlement après la Saint Martin, le lundy vingt-deuxiesme novembre mil cinq cens quatre » (91) ; — Arrêts du Parlement de Rouen, 1530-1534 (94) ; — Analyses d'audiences et d'arrêts du Parlement de Paris, 1572-1610 environ (95, 103, 109, 112, 174, etc.) ; — « Instruction pour le Parquet, par Monsr Brisson » (99) ; — Plaidoyers de Brisson sur le droit de régale (107), et sur la misère des procès (111) ; — Consultations de J. Gentillet, sur la question de savoir si les fiançailles constituent une parenté, 1513 (121), et de [François] Hotman, sur la même question, Bâle, 26 mai 1582, en latin (127) ; — Audience du Parlement du 14 mai 1608, où fut plaidée l'opposition de Mme de la Trémoïlle

à la vente de la terre de « Lisledesguillon » (131); — Factum pour
Jacques Du Faur, avocat au Parlement de Toulouse, contre
Jean-Antoine Du Faur et consorts, au sujet d'un acte de donation
non enregistré, 1602 (134) ; — Mémoire sur un procès consécutif à
la réduction des rentes au denier seize, 1603 (138) ; — Plaidoyers
d'Antoine Arnauld : un fils majeur peut se marier sans le consentement de son père (142); dans le procès entre César d'Este, duc
de Modène, et Anne d'Este, duchesse de Nemours, au sujet de
l'héritage d'Alphonse II d'Este (144 v°) ; — Mémoire sur la nullité
d'un testament fait en pays de droit écrit, 1574 (150); — Plaidoyer
d'Arnauld sur le terme de prescription des crimes d'assassinat et
de vol, 1604 (154); — Arrêt relatif à la prescription d'un crime
perpétré 28 ans auparavant, Paris, 22 janv. 1600 (156); — Autres
arrêts relatifs à la prescription par vingt ans d'un assassinat,
Paris, 18 déc. 1599 (157); 14 fév. 1598 (164); 27 juillet 1596 (166);
— Plaidoyer « célèbre » d'Arnauld (170); — Plaidoyer du même
pour Antoine et Pierre Lhuillier, Jean Colas et autres marchands
de la ville de Tours, contre Jean-Baptiste Magdelaine, Genevois
(180); — Arrêts et pièces concernant le chapitre de Saint-Martin
de Tours et le monastère de femmes de Beaumont, 14 mars 1603
(202) ; l'église N.-D. de Moulins, 28 juin 1594 (204); les Cordeliers
de Tours (218); Saint-Gatien et Saint-Martin de Tours (237 v°); —
Plaidoyers d'Isaac Arnauld (242); — Analyse de procès intentés
à Claude Largentier, de Troyes, au sujet de la vente d'une maison, 17 mars 1603 (273 v°); aux prévôt et échevins de Paris, au
sujet de l'élargissement de la rue « qui du pont Nostre-Dame se
va rendre au Palais », 10 fév. 1604 (274) ; à l'abbé de Cîteaux,
12 fév. 1604 (274 v°); au fermier du « droit de visconté » de Boulogne, 17 janv. 1605 (278); au receveur du trésor commun des
chevaliers de Saint-Jean de Jérusalem, par l'héritier de frère
Juvénal de Launoy, de la commanderie de Troyes, 29 janv. 1604
(284); — « Extraict des plaid[oiers] de Mrs Duret et Buisson pour
Mrs de Luxembourg et d'Espernon, pour la préséance » (291 v°);
— Consultation de Chartier, J.-J. de Mesmes et P[ierre] Rebuffi
sur la sécularisation de l'église de Vézelay, 1538 (?) (295); —
Autre consultation de P[ierre] Rebuffi, sur la question de savoir
si Louise d'Estampes peut recueillir la succession de son arrière-
grand-père, orig. signé (307); etc.

XVIe et XVIIe siècles. — 311 feuillets. — « 1630 ».

116.

Récit du voyage fait à l'île de Terceira et à Fajal da Terra
(Açores) par Aimar DE CHASTE, commandeur de l'ordre de
Malte, gouverneur de Dieppe et Arques. (1583).

XVIIᵉ siècle. — 24 feuillets. — « 1629 ».

117.

Recueil contenant le texte du CONCORDAT conclu entre
François Iᵉʳ et Léon X, et des pièces relatives à l'histoire de
sa publication. (1516-1517.)

On remarque dans ce volume les documents suivants : « S'en-
suit ce que le Pape octroya au Roy très chrestien... l'an 1515, à
Boulogne... » (6) ; — Lettres de François Iᵉʳ, portant publication
du texte du Concordat, Amboise, 12 avril 1518, en latin (8) ; —
« Coppie des articles du Concordat d'entre le Pape et le Roy », en
latin (36) ; — Pièces relatives à l'abrogation de la Pragmatique
sanction, 1516 (38 et 58) ; — Instruction de François Iᵉʳ et protes-
tations de l'Université de Paris au sujet de la suppression des
élections canoniques, 1517 (40 et 50) ; — Remontrances du Parlement de Paris à François Iᵉʳ contre le Concordat (81), suivies de la
réponse du chancelier Antoine Du Prat, déc. 1517 (104); — Procès-
verbal des incidents survenus lors de l'envoi du Concordat au Parlement de Paris, 1516-1517 (158); 1524-1525 (186 et 188) ; — Plaidoyer de Jean Bochart « pour l'Université de Paris, opposante et
empeschante la publication du Concordat », prononcé en présence
de François Iᵉʳ, séant au Parlement en son lit de justice (168) ; —
Défenses faites par l'Université de Paris à ses imprimeurs et ses
libraires jurés, d'imprimer ou de faire imprimer le Concordat,
27 mars 1517, orig. (176 et 177) ; — Lettres patentes de François Iᵉʳ contre l'immixtion des Universités dans l'affaire du Concordat, Amboise, 25 avril 1518 (183) ; — Rapport des cardinaux
députés par le sacré Collège sur l'affaire de la suspension des
privilèges, 1531 (190); — Réponse de François Iᵉʳ au rapport
précédent, 18 juillet 1531, orig. signé (192); avec une traduction
française (199); — Bref de Clément VII à François Iᵉʳ, 2 juin 1531

(209) ; — Avis du légat [Du Prat] sur la suspension des privilèges,
7 août 1532 (213); — Instructions de François Iᵉʳ à l'évêque
d'Auxerre[François de Dinteville], ambassadeur à Rome, au sujet
de la suspension des privilèges, 9 déc. 1532, orig. (217); — Lettre
de Christophe de Thou à Henri III, 20 fév. 1577, autogr. (221); etc.

XVIᵉ et XVIIᵉ siècles. — 222 feuillets. — « 1630 ».

118.

« Traicté contenant les raisons et moiens pour monstrer
que le Concile de Trente ne doit estre receu ni publié en ce
roiaume, et que l'on ne doit avoir aucun esgard à la déclaration du Clergé de France, faicte sur ce sujet au mois de
mai de l'an 1615, par P. Dupuy. » — Autographe.

Le texte de ce traité est précédé d'extraits des procès-verbaux
de l'assemblée du Clergé de France, 19 mai — 7 juillet 1615.

XVIIᵉ siècle. — 49 feuillets. — « 1616 ».

119.

« Actes et mémoires de la conversion et absolution de
Henry IIII, roi de France et de Navarre. »

On peut signaler dans ce volume les pièces suivantes : « Pour
l'absolution du Roy, par Mʳ du Mans [Claude d'Angennes de Ram-
bouillet], 1592 (2) ; — Lettre de Henri IV à l'évêque de Chartres
[Nicolas de Thou], l'invitant à assister à sa conversion solennelle,
à Saint-Denis, 18 mai 1593, orig. (4) ; avec la réponse de l'évêque de
Chartres au chancelier, 27 mai 1593, orig. (9) ;— Lettres de Henri IV
à la seigneurie de Berne, s. d. (6); à la reine d'Angleterre [Élisabeth],
Ivry, 15 mars 1590 (7) ; à la ville de La Rochelle, Saint-Denis, 25
juillet 1593 (8); « à certains gentilshommes de la religion », s. d.,
(8 v°); — Lettre du même à l'archevêque de Bourges [Renaud de
Beaume], Dreux, 8 juillet 1593, minute (10); — « Profession de
foy faicte et présentée par le Roy lors de son absolution », 25 juillet 1593 (11) ; suivie de l'acte d'abjuration, 26 juillet (13 v°); —
« Procès-verbal de ce qui s'est passé à Saint-Denys, à l'instruction

et absolution du roy Henry IIII, 1593, juliet » (16) ; — Lettres de
Henri IV, au sujet des villes restées fidèles à la Ligue, Saint-
Denis, juillet 1593 (23) ; au sujet de sa conversion, 25 juillet 1593,
orig. (24) ; — Lettre du cardinal Charles de Bourbon, de Renaud
[de Beaume], archevêque de Bourges, et autres prélats au pape
[Clément VIII], Saint-Denis, 8 id. aug. 1593, en latin (26) ; — Déclaration de Henri IV, Mantes, 27 déc. 1593 (27) ; — « Harangue
sur la conversion du Roy » (37) ; — « Copia litterarum... cardinalis Placentini [Philippi Segæ], in regno Franciæ legati, ad univer-
sos ejusdem regni catholicos », Paris, 23 juillet 1593 (40) ; —
Lettre de la Sorbonne au pape [Clément VIII], Paris, 4 non. sept.
1593, texte latin (44) ; — Mémoires envoyés de Rome au duc de
Nevers [Louis de Gonzague] par le sieur de La Clièle, sept.-oct.
1593, en italien (46), et en français (48) ; — Lettre de Henri IV au
pape [Clément VIII], Saint-Denis, 8 août 1593 (51) ; — Discours
du duc de Nevers au Pape, en italien (52) ; — « Relatio dictorum
a Clemente papa VIII, die 20 decembr. 1593, in consistorio » (54 et
56) ; — Autorités ecclésiastiques et juridiques concernant le pouvoir du Pape sur les choses temporelles, de la main de P. Dupuy
(60) ; — « An Henricus Borbonius sit absolvendus et ad regnum dis-
pensandus », par le cardinal [Arnaud] d'Ossat, 1593 (64) ; — Avis
sur l'absolution du Roi, par l'espagnol Loaysa, en italien (70) ; —
« Apologeticus. De admittendis in Ecclesiam relapsis. R. P. Cæsar
Baronius. MDXCVI. » (74) ; — « Responsio ad Apologeticum....R.
P. Cæsaris Baronii » (81) ; — « Ad... Clementem VIII... Cæsaris Baronii ad Apologeticum Apologia » (82 vº) ; — Lettres de créance
de Henri IV pour Jacques Davy Du Perron, évêque d'Évreux, et
Arnaud d'Ossat, envoyés extraordinaires près le pape Clément VIII,
1595 (92) ; — « Mémoires et advertissemens sur le contenu de
la bulle de l'absolution du Roy » (94) ; — « Articles proposez
et demandez à Rome aux procureurs du Roy, lors de son absolution, mais non accordez par eux » (110) ; — « Benedittione et su-
prema assolutione data da... papa Clemente VIIIº ad Henrico
Borbone, re di Francia e di Navarra », 1595 (112) ; — Lettre de
Henri IV au Pape, Abbeville, 20 juin 1596 (128) ; — « Cérémonies
observées à Rome par le sieur évesque d'Évreux [Du Perron] et
d'Ossat en l'absolution du Roy, » 22 sept. 1595 (132) ; etc.

XVIᵉ et XVIIᵉ siècles. — 133 feuillets. — « 1630 ».

120.

« *Originaux de plusieurs lettres italiennes de rois et princes à Madame* [Marguerite] de Savoie, 1563. »

En déficit.

121.

Recueil d'instructions données à divers ambassadeurs, de 1527 à 1617.

Ce volume comprend les pièces suivantes : Sommaires de 83 instructions dressées par Nicolas de Neufville, sieur de Villeroy, et Pierre Brûlart, marquis de Sillery, vicomte de Puisieux, de 1586 à 1618 (3) ; — Mémoire contenant les décisions prises par François Ier de concert avec le cardinal [Jean] Du Bellay, Saint-Quentin, 26 juin 1535, orig. (27) ; — Instructions à l'évêque de Paris [Jean Du Bellay] et [Pierre] de La Guiche, envoyés extraordinaires de François Ier près Henri VIII, roi d'Angleterre, 1527 et 1553 (29 et 33) ; — Instructions au s^r de Malras, ambassadeur de Charles IX près le Saint-Siège, Vaujours, 31 oct. 1571, orig. (41) ;

Réponse du Roi aux députés du chapitre de Cambrai, au sujet de l'abbaye de N.-D. de Vaucelles, s. d. (45) ; — Mémoire remis par Charles IX à [Gaspard] de Schomberg, envoyé en Allemagne pour annoncer et expliquer à divers princes allemands le meurtre de l'amiral Gaspard de Coligny, Paris, 25 août 1572, orig. (47) ; — Instructions et lettres de créance remises par Henri III au duc de Nevers [Louis de Gonzague], à [Charles] de Birague et au sieur de Sauve, au sujet de la restitution au duc de Savoie [Emmanuel-Philibert] des villes de Pignerol, Savillan [Savigliano] et La Pérouse, Lyon, 21 oct. 1574 (49); — Instructions remises par Henri III à Louis Chasteigner de La Roche-Pozay, sieur d'Abain, envoyé à Rome, Paris, 31 mars 1576, orig. (65) ; au cardinal [Pierre] de Gondi, ambassadeur à Rome, 1588 (69) ; à [Pierre] Forget, sieur de Fresne, ambassadeur près Philippe II d'Espagne, 3 avril 1589 (73), avec le discours de Forget à Philippe II, après l'assassinat de Henri Ier de Lorraine, duc de Guise, 1587 (79) ; — Harangue au pape Sixte-Quint par le commandeur de Diou, ambassadeur de la

Ligue, 1589 (93); avec la lettre de Charles de Lorraine, duc de)
Mayenne, au pape [Sixte-Quint], Paris, fév. 1589 (100 v°);

Instructions remises par Henri IV à [François Savary, marquis
de Maulévrier, comte] de Brèves, ambassadeur à Constantinople,
Champs, sept. 1592 (103); — au sieur de La Clièle, ambassadeur
près Ferdinand Ier, grand-duc de Toscane, Saint-Denis, 8 août
1593 (133); — au duc de Nevers, ambassadeur à Rome, Melun,
13 août 1593 (149); — au sieur de Morlas, envoyé extraordinaire
près Élisabeth d'Angleterre, Saint-Denis, juillet 1593 (159); avec
une lettre de la reine d'Angleterre au Roi, s. d. (169 v°); — à [Nico-
las Brûlart, marquis] de Sillery, et à [Charles de Gontaut, baron]
de Biron, plénipotentiaires près le duc de Savoie Charles-Emmanuel Ier, 1596 (171); — à [Pomponne] de Bellièvre et à [Nicolas
Brûlart, marquis] de Sillery, plénipotentiaires à Vervins, Paris,
28 janv. 1598 (185); — au sieur de Chevrières, envoyé en Savoie,
Paris, mars 1607 (199); — au cardinal de Vicence, [Giovanni Del-
fino], envoyé en Toscane, Paris, nov. 1609 (217); — au sieur de Vaucelas, envoyé en Savoie, Fontainebleau, 16 avril 1607 (225); — au
président [Pierre] Jeannin et à [Paul Choart] de Buzenval, plénipotentiaires en Hollande, Fontainebleau, avril 1607 (237); — à l'é-
vêque de Bayonne [Bertrand d'Echaus], pour traiter avec les commissaires espagnols, au sujet des diverses questions de frontières,
s. d. (257); — au marquis de Cœuvres, envoyé en Flandre, Paris,
janv. 1610 (275);

Instruction remise par Louis XIII au maréchal [François de
Bonne, duc] de Lesdiguières, alors en négociations avec le duc de
Savoie [Charles-Emmanuel Ier], Fontainebleau, 25 oct. 1611 (261);

Instruction remise par Richelieu à [Gaspard] de Schomberg,
comte de Nanteuil, envoyé en Allemagne, 1616 (280).

XVIe et XVIIe siècles. — 288 feuillets. — « 1627 ».

122.

« Histoire de la conqueste du duché de MILAN, faicte l'an
1499 », par Jean D'AUTON.

Copie du ms. français 5089 de la Bibliothèque nationale,
fol. 26-51.

XVIIe siècle. — 47 feuillets. — « 1630 ».

123.

« Mémoires des choses plus remarquables passées en l'assemblée du Parlement tenu en Angleterre, l'an 1628 », avec
corrections de P. Dupuy.

A la fin (53 et suiv.), proclamations du roi [Charles Ier], de cette
même année 1628, et « Extrait d'une lettre d'Allemagne, du 27
d'aoust 1628 » (64).

XVIIe siècle. — 67 feuillets. — « 1630 ».

124.

Recueil de pièces concernant l'histoire du comté de Toul,
et spécialement des abbayes de S. Mansuy et de S. Epvre,
ainsi que l'administration de la justice dans ce comté, de 884
environ à 1619.

On peut signaler dans ce volume les documents suivants : Notes
historiques sur la ville de Toul (5, 11, 15) ; — Mémoires sur la juridiction royale dans la ville et prévôté de Vaucouleurs (17, 25 et 29) ; —
« Dénombrement des prévostés, chastellenies et villaiges de l'évesché et chappitre de Thoul... » (33) ; — Actes relatifs à Toul, de 1223
à 1408 environ (42-80) ; — Minute d'un acte de Charles II, duc de
Lorraine, 6 mai 1608 (82) ; — « Inventaire des pièces et productions que le procureur du Roy en la ville et comté de Toul entend
justifier que la dite ville et faubourgs de Toul sont soubz la souveraine protection du Roy, et que les villages qui en sont usurpez
y doivent estre réunis », XVIIe s. (85) ; — Bulle de Paul III, relative
à l'église de Verdun, 5 non jul. 1544 (93) ; — Acte de l'official de
Spire, relatif aux biens de l'église de Toul, 1er avril 1534 (95) ; —
Actes de l'empereur Rodolphe II, relatifs à la juridiction de l'évêque de Toul, 1593-1594 (105-114) ; — Analyse de lettres de Louis XI,
confiant la garde de Toul et Verdun à Jean II, duc de Calabre et
de Lorraine, 20 oct. 1465 (116) ; — Lettres patentes de Henri IV,
relatives aux bénéfices des évêchés de Metz, Toul et Verdun, Metz,
24 mars 1603 (118) ; — Serment de Christophe de La Vallée, évêque
de Toul (120 et 122) ; — Procès-verbal de prise de possession de

l'évêché de Toul par Jean de Pourcelets, 1608 (124) ; — Pièces concernant l'abbaye Saint-Léon de Toul (129) ; — Cession des régale, fiefs et arrière-fiefs de l'église de Toul au duc de Lorraine [Charles II] par T[oussaint de Hocedey], évêque de Toul, 13 mars 1562 (132 et 134) ; — Déclaration de Charles IX, en faveur des droits de juridiction de l'évêque et du chapitre dans la ville de Toul, 18 fév. 1569 (140) ;

« Discours du procureur du Roi à Toul, de la souveraineté et protection du Roi en la ville de Toul et abbaye de S. Mansuy », vers 1607 (143 et 156) ; et mémoire sur la même question (164) ; — Inventaire des chartes et titres de l'abbaye de S. Mansuy, 884-1561 (169) ; — Notes de Th. Godefroy et de P. Dupuy (175 et 177) ; — Acte d'échange entre frère Wyart, abbé de Saint-Epvre de Toul, et l'évêque G[illes de Sorcy], 21 déc. 1258 (181); — Lettres patentes de Jean, sire de Joinville, déc. 1264 (182), et de Thibaut de Champagne, mai 1265, en français (187) ; — Lettres de Conrad [de Tubingen], évêque de Toul, vigile de la Madeleine [21 juillet] 1290, en français (188) ; — Lettres d'amortissement de Louis, roi de Navarre [plus tard Louis X], en faveur de l'abbaye de Saint-Mansuy, pour des acquisitions faites au village de Rivey, Bar-sur-Aube, mai 1314 (191) ; — Signification faite, au nom de Charles VII, par Jean Du Lis, prévôt de Vaucouleurs, aux habitants de Toul, d'avoir à respecter les personnes et biens des abbé et couvent de Saint-Mansuy, 6 mai 1451 (195) ; — Lettres de naturalité octroyées par Henri IV à de Jean des Porcellets, abbé désigné de S. Mansuy, 14 août 1604 (198) ; — Lettres de Henri IV, commettant au sieur de Selve, président en la justice de Metz, l'examen des titres des abbayes de S. Mansuy et de S. Epvre, 6 juillet 1606 (202 et 204); — Autres pièces relatives à l'abbaye de Saint-Mansuy, 1282-1608 (204 v° et suiv.) ; — Règlements généraux promulgués par Charles IX, Henri IV et Louis XIII, et autres pièces relatives aux rapports entre la ville de Toul et les officiers royaux, 1569-1619 (229 et suiv.) ; etc.

XVIe et XVIIe siècles. — 285 feuillets. — « 1631 ».

125.

« Nicolai FABRI Observationes in Novum Testamentum,

et animadversiones in commentarios Theodori Bezæ. » —
Copie de P. Dupuy.

XVIIe siècle. — 19 feuillets. — In-4°.

126.

Recueil de pièces concernant les États généraux de 1355.

« Extraict des principaux articles des règlementz faictz par l'ordonnance du roy Jehan, et adveu des trois Estatz généraulx du
royaulme... », 28 déc. 1355 (3) ; — « Ordonnance du roy Jehan
faicte sur l'assemblée des trois Estats à Paris, pour establir les
aydes et gabelles et officiers sur iceux, et plusieurs autres grandz
réglemens », 28 déc. 1355 (5).

XVIIe siècle. — 31 feuillets. — « 1628 ».

127-128.

Recueil de pièces concernant l'administration financière
et militaire de la France, de 1539 à 1626.

I (127). De 1539 à 1626. — Ce volume se compose des documents suivants :
Comptes de la maison de Charles IX, 1560 (4), et de Henri III,
1580 (60) ; — Extraits des comptes de la maison du dauphin, qui
fut plus tard Henri II, et du duc Charles d'Orléans, 1539 (98) ; —
Mémoire sur les dépenses du Roi, s. d. (104) ; — Rôle des gouverneurs des provinces et villes du royaume sous Louis XIII, 1621
(120). — « 1631 ».

II (128). De 1566 à 1626. — On remarque dans ce volume les
documents suivants :
Règlement du Conseil des finances, Moulins, 18 fév. 1566 (6) ;
— Liste des personnages admis à siéger dans le Conseil du roi
Charles IX, 7 déc. 1560 (8) ; — « Relation de ce qui se passa à
Orléans le lendemain de la mort du roy François second.., le vi^e
jour de déc. 1560 », extraite du registre de [Claude] de L'Aubespine, secrétaire d'État, 7 déc. 1560 (9) ; — Règlements du Conseil
des finances, Angers, 11 janv. 1570 (15); Fontainebleau, 21 juillet

1575 (17) ; Paris, 7 fév.1573 (18) ; Saint-Germain-en-Laye, 27 nov. 1594 (19) ; Paris, 8 avril 1600 (27), et 5 fév. 1611 (35) ; Fontainebleau, 21 juin 1611 (39) ; Paris, 2 mars 1613 (45) ; — Règlement pour les parties casuelles, Paris, 4 fév. 1614 (49) ; — Règlement pour la Chambre des comptes, Paris, fév. 1614 (53) ; — Règlement des Conseils du Roi, Paris, 21 mai 1615 (57), et avril 1616 (78) ; — « Estat des taxes que le Roy [Louis XIII] veult estre gardées et observées par les trésoriers de son Espargne au faict et despence des voiages qui se feront pour les affaires et service de Sa Majesté », Paris, 12 janv. 1617 (63) ; — Règlements, pour l'expédition des placets, Fontainebleau, 21 juin 1617 (65) ; pour l'acquit des dons assignés sur les deniers extraordinaires, Tours, 22 août 1619 (71) ; pour le Conseil de la direction des finances, même date (72) ; — Brevet ordonnant la retenue des six premiers mois de revenu sur tous les bénéfices à la collation du Roi, et de trois de ceux dont il admettra la résignation, Paris, 17 mai 1618 (74) ; — Brevet ordonnant la retenue du dixième denier des acquits qui se payeront à l'Épargne et l'emploi de cette retenue à la construction du tombeau d'Henri IV, 17 mai 1618 (76) ; — Brevets, règlements et commissions concernant l'administration des finances et de la guerre, 1619-1625 (82 et suiv.) ; etc. — Provient d'A. de Loménie.

XVIᵉ et XVIIᵉ siècles. — 143 et 101 feuillets.

129.

« Fors et coustumes du roiaume de Navarre deça ports », avril 1611. — En catalan.

XVIIᵉ siècle. — 70 feuillets. — In-4°. — « 1628 ».

130.

« Relatione et lettere di Jeronimo Conestaggio [a Nicolò Petrococcino, proveditor di Casa d'India] dell' apparecchio per sorprendere Algieri, con la risposta [d'Alvaro Galindo] e replica [di Galindo Alvarez = J. Conestaggio] », 1601.

La relation sur les moyens de prendre Alger par surprise est écrite en italien (3) ; les deux lettres qui suivent sont en espagnol (13 et 17).

XVIIe siècle. — 35 feuillets. — In-4°. — « 1632 ».

131.

Recueil des lettres écrites par [Antoine] DE PÉTREMOL à Charles IX, à Catherine de Médicis, à Antoine de Bourbon, roi de Navarre, aux ambassadeurs de France à Venise, etc., pendant son séjour à Constantinople, en qualité d'agent du Roi, de juillet 1561 à novembre 1566. — Copies.

XVIe siècle. — 146 feuillets. — « 1629 ».

132.

Recueil de pièces extraites des registres du PARLEMENT, de 1373 à 1592 environ.

Ce volume contient les pièces suivantes :

Extraits des registres de Parlement, de 1373 à 1564, de la main de P. Dupuy (9) ; — du 4 janv. au 29 déc. 1517, avec notes marginales de Th. Godefroy (15) ; — du 12 nov. 1558 au 17 fév. 1583 (81) ; — du 17 oct. 1587 au 22 déc. 1592 (128) ; — mars-avril 1562 (235) ;

« Répertoire du registre intitulé : Les Antiennes ordonnances, estant au greffe de la Cour de Parlement, alias lesdictes ordonnances dictes le Olim de la cour de Parlement », par P. Dupuy (239) ;

Extraits des registres du Parlement, de 1501 à 1563, par P. Dupuy (245) ; de 1429 à 1498, par le même (249) ; — « Incipit registrum placitorum Parlamenti quod incepit 1391, le 13 novembre » (255) ; — « Incipit registrum, alias manuale Parlamenti nuncupatum, quod incepit die martis in crastino festi beati Martini 12 nov. 1392 » (267) ;

Extraits des registres des années 1395 (275) ; 1397 (275 v°) ; 1398 (276) ; 1436-1442 (279) ; 1457-1462 (289) ; 1474-1509 (301) ; 1482-1560, de la main de P. Pithou (305-312 v°) ; 1561 (313).

XVIe et XVIIe siècles. — 327 feuillets. — « 1627 ». — Provient d'A. de Loménie.

133.

Recueil renfermant les quatre ouvrages, dont les titres suivent :

« Discorso di Mons. [Guglielmo] Sirleto sopra molte cose notabili di Roma, et specialmente sopra la chiesa di Santa Maria Maggiore » (2) ; — « Brevis tractatus de basilica S^{tæ} Mariæ Majoris, alias ad præsepe, Romæ » (20) ; — « Relatione di Carlo Quinto, Imperadore, del clar^{mo} Messer Federico Badovero, ambassador Veneto » (40) ; — « Discorso sopra la corte di Roma, di Monsig^r [Gianfrancesco] Comendone, vescovo del Zante, fatto poi cardinale da papa Pio quarto » (248).

XVIe siècle. — 378 feuillets. — « 1615 ».

134.

Recueil de documents historiques, en latin et en français, concernant la Normandie, le Poitou, le Dauphiné, etc., de 1080 à 1378 environ. — Copies.

Ce volume contient les pièces suivantes : Concile de Lillebonne, 1080 (1) ;

Actes émanant des personnages suivants : Renaud [de Dammartin], comte de Boulogne, et autres seigneurs normands, Rouen, nov. 1205 (3) ; — G[autier Cornut], archevêque de Sens, G[autier], évêque de Chartres, et M[ilon de Châtillon-Nanteuil], évéque de Beauvais, 1226 (4 v°) ; — Saint Louis, Paris, mars 1268 (5 et 7 v°) ; — Philippe le Bel, Paris, déc. 1285 (5 v°), Paris, « die lune post mediam quadragesimam » 1302 (23), Pontoise, sept. 1307 (31), et « lundi devant la feste saint Denis », [6 oct.] 1298 (44) ; — Philippe le Hardi, Paris, juin 1267 (6 v°), Paris, 1284 (8) ; — Charles V, Paris, 2 juin 1364 (9) ; — Jean, duc de Berry, mars 1374 (13), 8 sept. 1374 (15) ; Paris, 13 juillet, et L'Écluse, 4 nov. 1386 (16 et 17 v°), Paris, 18 fév. 1366 (16 v°) ; — Charles VI, L'Écluse, 4 nov. 1386 (19 v°), Orléans, 26 avril 1383 (65 et 67) ; — Philippe le Long, convention avec la ville de Lyon, 13 juin 1320 (40 v°) ; — Philippe, comte d'Évreux, roi de Navarre, Vincennes, juillet 1336 (48 v°) ; — Charles le Mauvais, roi de Navarre, Saint-Denis, déc. 1360 (51 v°) ; Pampelune, mai

1366 (53 v°) ; Paris, juin 1371 (56 v°) ; Pampelune, 4 mai 1370
(57 v°) ; — collège des cardinaux, 9 août 1378 (60, 63 et 85) ; — Clément VII, antipape, Avignon, id. april. a° 5° [1382] (64 v° et 66),
8 id. nov. a° 12° [1390] (68) ; — Innocent IV, Lyon, 12 kal. jun. a°
5° [1248] (77) ; s. d. [1251] (93) ; Lyon, 7 kal. jun. a° 5° [1248] (93 v°) ;
— B[érenger de Frédol), évêque de Béziers, R[aimond], évêque
d'Agde, I[thier de Bordeaux], évêque de Lodève, et autres prélats,
requête à Philippe [le Bel], s. d. (93) ; — P., évêque de Césarée, R.,
évêque de Bethléem, et autres prélats, requête à Philippe [le Bel],
1er oct. s. a. (94 v°) ; — Jean XXII au roi Charles [le Bel], s. d. (95) ;
— Grégoire X à Jean, cardinal des Quatre-saints-couronnés, nonce
en Angleterre, s. d. [1275] (96 v°) ; — papes non désignés, XIIIe-
XIVe s. (97 v° et suiv.) ; — Procope, marquis de Moravie, à Charles
[VI ou VII] roi de France, Prague, 12 fév. s. a. (100) ; — Léopold,
duc d'Autriche, au roi de France, Vienne, 18 déc. s. a. (100 v°) ;
— Charles [V], à Venceslas, roi des Romains, s. d. [1377] (100 v°) ;
   Acte de renonciation de Béatrice de Viennois, 1er août 1344 (101) ;
— Convention entre Jean, duc de Normandie, et Humbert, dau-
phin de Vienne, 7 juin 1344 (103 v°) ; — Lettres de Philippe, duc
d'Orléans, abbaye de Maubuisson-lez-Pontoise, sept. 1349 (105 v°) ;
— Lettres de Béatrice de Viennois, Marseille, 5 sept. 1345 (106 v°) ;
— Convention entre Humbert, dauphin de Vienne, et Philippe le
Bel, Paris, déc. 1294 (107).

   XVe siècle. — Parchemin. — 108 feuillets. — « 1630 ».

                              135.

   Recueil d'extraits et d'inventaires partiels d'ORDONNANCES,
jugements et pièces diverses des XIVe et XVe siècles, tirés
du Trésor des chartes, des registres de la Chambre des
comptes, du Parlement et du Châtelet, et concernant principalement l'administration de la justice, les limites de la compétence de la justice séculière et de la justice ecclésiastique,
le droit international, la noblesse de Champagne, la régale,
etc.

   Au fol. 348, on remarque un « Inventaire de certaines lettres
et escriptz trouvez ès besongnes de feu monseigneur le président

Doriolle, au jour de son décès, en l'ostel de madamoiselle Lamye, assis en la rue du Temple à Paris, où il décéda. »

En tête du volume se trouve une table sommaire des matières.

XVIe siècle. — 542 feuillets. — In-4°.

136.

Recueil de pièces la plupart rédigées en italien, relatives à l'histoire de l'Europe, et particulièrement à celle de l'Italie, au XVIe siècle.

On remarque dans ce volume les documents suivants :

Relation de Rome, par Bernardo Navagero (3) — Relation de Turquie, par Gabrio Serbelloni (33) ; — Discours sur le titre de grand-duc, que l'on doit donner au duc de Florence et de Sienne (35) ; — Discours sur la question de préséance entre l'Espagne et la France (41) ; — « Capituli parlando di tuti li colli, de li passi de venire de Francia in Italia... », itinéraire du Piémont, du Montferrat, d'une partie de la Lombardie et de la Rivière de Gênes (73) ; — « Tariffa delle speditione beneficiali et matrimoniali, con tutti li loro gradi et con tutta la spesa, che bisogna in Roma... » (89) ; — Instructions générales à l'usage des ambassadeurs (106) ; — Liste de toutes les chancelleries de l'État ecclésiastique, province par province, avec le produit approximatif annuel de chacune d'elles (119) ; — « Memoriale a lo Illmo et exmo Monsr il Connestabile » sur les moyens de s'emparer de Casal et du Montferrat, s. d. (127) ; — Avis des « forusciti » corses au roi de France [François Ier], sur la conquête de la Corse (129) ; — Entrevue du cardinal [Agostino] Trivulzio avec Charles-Quint, au sujet de l'archevêché de Reggio, 1524 (131) ; — Lettre adressée « al signor Archone », sur le discours prononcé par l'Empereur [Charles-Quint] en présence du pape [Paul III] et du Sacré Collège, Rome, 17 avril 1536 (133) ; — Propos tenus par l'Empereur devant le Pape et divers autres personnages, parmi lesquels les ambassadeurs de France et des autres puissances, le mardi qui précéda son départ (134 v°) ; — Discours de [Jean] de Montluc, ambassadeur de France, à la seigneurie de Venise, 1543, de la main de Claude Dupuy (137) ; — Mémoire sur la république de Venise, 1555 (142) ; — Relation d'Angleterre, par Gio. Michele Venuti, 1557 (148) ; — Relation

d'Espagne, par Michele Suriano (172) ; — Devises appliquées à
tous les princes et potentats du monde (192); — Sommaire des
articles acceptés et jurés par les cardinaux du conclave, et que
devra observer le futur Pape (196) ; — Relation du couronnement
du grand-duc de Toscane [Cosme de Médicis], 4 mars 1570 (202) ;
— Lettre du prince Doria [à la seigneurie de Venise], Gênes,
20 août 1575 (204) ; — Mémoire sur l'Écosse, par Francesco Mar-
caldi, 1580 (207) ;

Conclaves de Grégoire XIII, 1562 (220) ; de Sixte-Quint, 1585 (230) ;
d'Urbain VII, 1590 (250); de Clément VIII, 1592 (260); — Récit de
de la mort de Henri III, avec une prophétie de saint Louis, 1er août
1590 (274) ; — Traductions italiennes de lettres de Henri de Bourbon, roi de Navarre (plus tard Henri IV), à la reine [Élisabeth]
d'Angleterre, Ivry, 15 mars 1590 (280), et à Charles de Savoie, duc
de Nemours, s. d. (286) ; et du cardinal de Vendôme [Charles de
Bourbon] au duc de Luxembourg [François, duc de Piney], Ivry,
1590 (289 v°) ; — Relation de Rome, par le Vénitien Delfino, 1598
(294); — « Sonetto del Petrarca applicato al presente stato di
Francia » (358) ; — Sommaires, en latin, des décrets de Sixte-
Quint, relatif aux titres honoraires des cardinaux, 27 juillet 1587
(358 v°), et de Clément VIII, sur la résidence des évêques, 1595
(356) ; — Propositions de la Sorbonne, 14 mai 1590, en latin (360) ;
— Bref de Sixte-Quint à Henri III, 20 juillet 1587 (360 v°) ; —
« Osservationi nella prigionia del conte di Overnia [Charles de
Valois] et duca di Birone, [Charles de Gontaut] », 1602 (362); —
« Risposta all' osservationi del conte d'Overnia et duca di Birone »
(392 et 406) ; — Rapport d'un capitaine anglais, nommé « Gifort »,
au grand-duc de Toscane [Ferdinand Ier], au retour de son entreprise contre la flotte du dey d'Alger, 1604 (411) ; etc.

XVIe et XVIIe siècles. — 415 pages. — In-4°.

137.

Recueil de pièces concernant l'histoire de FRANCE au XVe et
au XVIe siècle.

On remarque dans ce volume les documents suivants :
« Processus summarius cum arresto defuncti ducis Alençonii
[Jean II] », 1458 (1) ; — Pièces relatives à ce procès, 1458 (2) ; —

Lettre de François, duc d'Anjou, à Villeroy, Condé, 5 janv. 1579 (13) ; — Lettre de [Henri de Bourbon, duc] de Montpensier, Rennes, 12 mars 1578 (21) ; — Harangue prononcée à Londres, au Conseil privé d'Angleterre, par Barnabé Brisson, président au Parlement de Paris, 9 avril 1581 (23) ; — Articles du mariage projeté entre Élisabeth d'Angleterre et le duc d'Anjou (29) ; — Avertissement sur la réception et publication du concile de Trente, par [Jacques Faye, sieur] d'Espeisses, 1583 (32) ; — Lettre des docteurs de Sorbonne à Sixte-Quint, 24 avril 1590 (50) ; — Arrêt du Conseil privé, au sujet du biffement d'un arrêt de partage du Parlement, Meulan, 24 sept. 1563 (58) ;

Extraits des registres du Parlement de Paris, 1397-1586 (61 et suiv.), entre autres, arrêts contre plusieurs marchands et bourgeois d'Orléans, 13 fév. 1562 (61) ; *contre* Poltrot, 26 mars 1562 (64) ; *contre* l'amiral Coligny et plusieurs autres seigneurs, 11 nov. 1562 (65) ; *contre* Pierre de Montdoré et autres, 21 nov. 1562 (66) ; *contre* Geoffroy Vallée, 8 fév. 1564 (68) ; *contre* Nicolas Salcède, 20 oct. 1582 (71) ; *contre* des sorciers de la châtellenie de Beaujeu, 10 mars 1583 (72) ; *contre* Antoine Oudouart, dit « le capitaine Michery », 23 juin 1584 (73) ; *contre* Pierre Desquets, sieur de Belleville, 1er déc. 1584 (74) ; *contre* des nécromanciens italiens, 21 fév. 1587 (75) ; *contre* Nicolas Dadon, régent au collège du cardinal Lemoine, 1er fév. 1586 (81) ; *contre* Radegonde et Claude Foucault, hérétiques, 30 juin 1588 (85) ; *contre* Pierre Guitet, trinitaire et anabaptiste, 28 juillet 1588 (86) ; *contre* les luthériens, 29 juillet 1535 (89) ; *contre* Odet et Guillaume Tarquet, 6 avril 1554 (99) ; *contre* François Le Breton, avocat au Parlement, 22 nov. 1586 (107) ; *contre* Jean, duc d'Alençon, 18 juillet 1474 (110) ; *contre* le connétable de Saint-Pol, 19 déc. 1475 (110 v°) ; *contre* Philippe de Commines, 24 mars 1488 (111) ; *contre* Claude de Chauvreux, conseiller au Parlement, 24 déc. 1496 (111 v°) ; *contre* Semblançay, 9 août 1527 (112 v°) ; *contre* Baptiste Croquoison, étudiant, 20 mai 1557 (113) ; *en faveur* du prince de Condé, 13 juin 1561 (113 v°) ; *contre* François d'Escoubleau, cardinal de Sourdis, 30 déc. 1606 (116 v°) ; *contre* le chancelier Guillaume Poyet, 24 avril 1545 (119) ; *contre* les régents et docteurs suspects d'adhésion à la Réforme, 21 août 1568 (120 v°) ;

« Prière qui se faisoit tous les jours en la chambre de M. le Prince [de Condé], par M° Théodore de Besze, lors que ledit Prince tenoit la ville de Paris assiégée, et qu'il estoit malade, en décembre 1562 » (93); — « Prière des médecins de M. le Prince malade... » (95); — Lettre de [Pierre] Viret à la princesse de Condé malade, Lyon, 19 juin 1564 (97); — « Doléance que a faicte Mre Gilles Bourdin, procureur général du Roy, sur la cruauté commise en la personne de Me Baptiste Sapin, en son vivant conseiller du Roy en sa cour de Parlement », 12 nov. 1562 (113 v°); — Arrêt du grand Conseil contre Sebastiano de Montecucullo, accusé d'avoir empoisonné le dauphin François, Lyon, 7 oct. 1436 (118); — Arrêt contre Jacques Spifame, évêque de Nevers, Genève, 23 mars 1566 (119); — Lettre de Ramus à l'Université de Paris, 1568, copie de P. Dupuy (121);

« Extrait des choses notables contenues en un registre de la cour de Parlement, jugées et arrestées depuis le mardi 9 aoust 1401 jusques au 21 déc. 1431 » (121 v°); — Enfants de Henri II et de Catherine de Médicis (125); — Abjuration de Claude d'Espence en l'église Saint-Merry, 22 juillet 1543 (126): — « Discours des raisons et persuasions de la paix », par le chancelier Michel de L'Hospital, 1568 (129 v°); — « Dialogue [politique] de Mercure et et Proserpine, à l'imitation de ceux de Lucian », 1591 (137); — Lettre de Henri III au comte de Montbéliard, pont de Saint-Cloud, 1er août 1589 (141 v°); — Relation authentique des derniers moments de Henri III, 1589 (142); — « Copie de la déclaration envoyée à M. le premier président de Harlay pour jurer et signer la Ligue », août 1589 (144); et réponse du président à M. de Branvinelli(?), qui lui avait transmis cette déclaration (144); — Extrait des registres du Conseil général de la Ligue, concernant le président [Étienne] de Nully [ou Neuilly], 31 août 1589 (144 v°); — « Advis sur la bulle du pape Sixte V, touchant la fulmination du roi de Navarre et du prince de Condé », 1585 (145); — « Discours sur la préséance débattue entre les roys d'Espagne [Philippe II] et de France [Henri III], fait par Messire Augustin Cravaller, à Rome, 1585 » (155 v°); et « Response à ce que les Françoys allèguent au contraire de ce que cy-dessus a esté déduict » (157); — « La dernière demande des princes de la Ligue au Roy [Henri III], 1587 », lettre (158 v°); — Lettres du duc de Mayenne au Roy [Henri III] », 1587 (159); — « Advis au roy de Navarre, du 10 febvrier 1587 » (160 v°); — Lettre de [Jacques] de La Guesle, procureur général au Parlement, au président [Jean] de La Guesle, son père, Paris,

25 juin 1587 (163 v°) ; — Testament de Catherine de Médicis, 1589
(164 v°) ; — Lettre du roi de Navarre aux Suisses, 1585 (166) ; —
« Discours de Mᵉ Th. Sibilet, advocat en Parlement, sur les affaires
de l'année 1589 » (168) ; — Lettre d'Angleterre, sur la conspiration ourdie contre la reine Élisabeth, 13 sept. 1586 (170 v°) ; —
— « Le combat des sieurs de Jarnac et de la Chastigneraie », 1547
(171 v°) ; — Lettre de [Pomponne] de Bellièvre au duc d'Épernon,
1595 (180 v°); — Lettre d'un partisan de Henri IV, écrite de
Tours, le 11 fév. 1594 (183 v°) ; — Griefs des Lyonnais contre
[Charles de Savoie], duc de Nemours, 1593 (185 v°) ; — « Discours, envoyé de Brignolles en Provence, sur un estrange accident
advenu... à Monsʳ d'Espernon, et comme il en a esté garanti mira-
culeusement », 26 sept. 1595 (186 v°) ; etc.

XVIIᵉ siècle. — 188 feuillets. — In-4°. — « 1600 ».

138.

« Della dignità et eccellenza dell'huomo. »

XVIᵉ siècle. — 39 feuillets. — In-4°.

139.

« Principiorum aliquot theologicorum ad usum pietatis
subnotatio », par Charles Perrot. — Autographe.

XVIIᵉ siècle. — 11 feuillets. — In-4°. — « 1648 ».

140.

Recueil de pièces relatives au procès de lèse-majesté intenté à Henri de La Tour, duc de Bouillon, 1602.

En tête de ce volume on a ajouté, au commencement du XVIIIᵉ
siècle, la minute des lettres de commission adressées par le Roi au
Parlement de Paris contre le duc de Bouillon, de la main de Jacques
de La Guesle (7), et deux lettres autographes du duc adressées,
l'une à la princesse d'Orange [Éléonore de Bourbon-Condé], et l'autre
à Mᵐᵉ de La Trémoïlle, duchesse de Thouars [Charlotte-Brabantine
de Nassau], toutes deux datées de Sedan, 27 fév. 1606 (8 et 9).

XVIIᵉ siècle. — 112 feuillets.— Reliure en maroquin rouge, aux armes
d'Antoine de Loménie. — « 1629 ».

141-142.

Inventaires et extraits des mémoriaux de la CHAMBRE DES COMPTES.

I (141). — XIVᵉ-XVIᵉ siècles. — Dans ce volume, il y a une lacune entre les fol. 125 et 126, mais elle est comblée par les fol. 190 et 191, reliés par erreur à la fin du volume ; par suite d'une erreur analogue, il existe une seconde lacune entre les fol. 134 et 135, comblée en partie par les fol. 192 à 195. — Les fol. 153 à 168 sont occupés par des copies de diverses ordonnances et lettres patentes de Louis XII; on y remarque le « Compte particulier de maistre Florimond Robertet, conseiller du Roy... et trésorier de France » (169 v°). — Notes de P. Pithou, particulièrement aux fol. 81, 82, 100, etc. — In-quarto.

II (142). — XIIIᵉ-XVIᵉ siècles. — On lit, au fol. 3, de la main du procureur général Joly de Fleury : « Nota que ce livre ou répertoire ne contient pas à beaucoup près la table de tout le registre de la Chambre des com[p]tes y mentionés. Celuy qui l'a fait, qui est vraysemblablement Mʳ Pithou, n'a fait cette table que des pièces qui luy ont paru les plus importantes, n'y en ayant pas dans ce livre la 20ᵉ partie de ce qui est dans les Registres. » — Les fol. 4 et 139-143 contiennent des notes de P. Pithou.

XVIᵉ siècle. — 195 et 144 feuillets.

143-146.

Recueil de lettres, mémoires, actes, instructions et contrats, relatifs au mariage de HENRIETTE-MARIE DE FRANCE avec CHARLES Iᵉʳ, roi d'Angleterre. (1624-1625).

I (143). — Du 6 février au 13 août 1624 environ. — « 1628 ».

II (144). — Du 11 mai 1624 au 23 janvier 1625 environ. — « 1627 ».

III (145). — Du 21 janvier 1625 au 22 juillet 1625 environ. — « 1627 ».

IV (146). — De mai 1624 à juillet 1625 environ.

XVIIᵉ siècle. — 509, 491, 486 et 318 feuillets. — Les trois premiers volumes sont revêtus d'une reliure en maroquin rouge, aux armes d'Antoine de Loménie ; le dernier est de la même provenance, mais sa reliure, également en maroquin rouge, ne porte pas les armes.

147.

Recueil de pièces concernant les privilèges accordés, principalement par les rois de France et d'Angleterre, aux maires, échevins, conseillers pairs et habitants de La Rochelle, ainsi que l'administration de cette ville. (1199-1614).

XVIIe siècle. — 345 feuillets. — Reliure en maroquin rouge, aux armes d'Antoine de Loménie.

148-149.

Recueil de pièces concernant les apanages des ENFANTS DE FRANCE, de 1225 environ à 1627.

I (148). On remarque dans ce volume, outre de nombreuses lettres patentes de Philippe le Hardi, Philippe le Bel, Louis X, etc., les documents suivants : Mémoire de Jean Du Tillet sur les apanages des enfants de France (12) ; — « Mémoires du procureur général en la Chambre des comptes : des dots et douaire des Roynes, apanage des puisnez et dot des filles de France » (16) ; — Testament de Louis VIII, juin 1225 (28) ; — Lettres patentes de Robert d'Artois, juin 1237 (32) ; — Arrêt adjugeant le Poitou et l'Auvergne à Philippe III le Hardi, 1283 (38) ; — Pièces relatives à l'apanage de Philippe, duc d'Orléans, frère de Charles V, 1366 (124) ; — Arrêt du Parlement de Paris, relatif à la vérification des lettres d'apanage des ducs d'Anjou et d'Alençon, frères de Charles IX, 1565 (265) ; — Évaluation du revenu des duchés, comtés, etc., donnés en apanage à Henri, duc d'Anjou, plus tard Henri III. 1570 (310) ; — Actes d'opposition de Marie Stuart et de la reine Élisabeth à la donation des duchés de Touraine et de Berry faite au duc d'Alençon par Henri III, son frère, comme supplément d'apanage, 1576 (381 et 384) ; etc. — Reliure en maroquin rouge, aux armes d'Antoine de Loménie. — « 1627 ».

II (149). 1226-1630. — On remarque dans ce volume les documents suivants : Lettres de Philippe, dit Hurepel, comte de Boulogne, mars 1226 (9) ; — Notes de P. Pithou sur les apanages, 1228-1322 (31) ; — Arrêt prononcé contre Eudes IV, duc de Bourgogne, au profit de Charles IV le Bel, au sujet du comté de Poitiers, 1322 (37) ; — Lettres de Henri III, commettant à Antoine Nicolaï, président à la Chambre des comptes, l'évaluation du revenu du duché de Berry, janv. 1575 (79) ; — Lettres analogues pour le comté de Vermandois, janv. 1577 (87) ; pour les duchés d'Auvergne et de Bourbonnais, août 1577 (89) ; — Pièces concernant la vente du comté de Limours, faite par le cardinal de Richelieu à Louis XIII, 4 déc. 1626-16 janv. 1627 (98) ; etc. — « 1632 ».

XVIe-XVIIe siècles. — 414 et 160 feuillets.

150.

« Mémoires, actes et instructions pour monstrer et justifier les droicts du Roi sur plusieurs villes, terres et seigneuries que possède le duc de SAVOIE. » — De 1374 à 1606 environ.

On peut signaler dans ce volume les documents suivants : Mémoire sur les droits de Louise de Savoie (7) ; — Relation des négociations entamées par le sieur de Bordillon, envoyé de Charles IX, avec les députés du duc de Savoie Emmanuel-Philibert, Turin, 15 sept. 1562 (9) ; — Mémoire concernant les droits de la couronne de France sur diverses terres d'au-delà des Alpes, revendiquées par le duc de Savoie (16) ; — Remontrances de Louis de Gonzague, duc de Nevers, à Henri III, sur la restitution de Pignerol et de Savigliano, 25 sept. 1574 (23) ; — Instructions et pièces remises aux députés de Henri III pour la restitution des villes de Pignerol, Savigliano et La Pérouse au duc de Savoie Emmanuel-Philibert, Lyon, 21 oct. 1574 (35) ; — Procès-verbaux de la délimitation de la Bresse et de la Savoie par les commissaires de Henri IV et de Charles-Emmanuel Ier, 1605-1606 (81 et 107) ; — Lettres, mémoires, etc., concernant les négociations des commissaires de Henri IV avec ceux de Charles-Emmanuel Ier (123) ;

Pièces relatives au marquisat de Saluces, parmi lesquelles on remarque les documents suivants : Long mémoire en latin (143), et liste des « terres vieilles du marquisat de Saluces », XVIe siècle (153) ; — Avis du 1er mars 1374 (155), et arrêt du Parlement, 1er mars

1374 (155) ; — Arrêt du Conseil du Roi, 14 juin 1400 (157) ; — Lettres patentes de François Ier, relatives à Jean Bertrand, premier président au Parlement de Toulouse, Paris, 2 janv. (158), et Saint-Germain-en-Laye, 31 janv. 1536 (159) ; — Testament de Jean-Louis, marquis de Saluces, Beaufort-en-Vallée, 2 sept. 1563, en italien (162) ; — « Mémoires baillez au pape Clément VIII de la part de Henry III... contre Charles-Emmanuel..., touchant le différend du marquisat de Saluces » (164); — Mémoire sur la terre d'Entrevaux (170) ; etc.

XVIe et XVIIe siècles. — 173 feuillets. — « 1630 ».

151.

« Titres antiens pour monstrer que le comté de PIÉMONT est une des dépendences des comtez de Provence et de Forcalquier », recueillis sur l'ordre de François Ier, par les secrétaires et archivistes de la Chambre des comptes et des archives royales de Provence, tant dans leurs archives que dans celles de la tour du Trésor, au palais royal d'Aix. (1203-1437.)

Les documents contenus dans ce volume sont relatifs au Piémont en général, 1306 (4), 1309 (6), 1320 (46), 1273 (96), 1373 (98 et 102) ; — aux villes et terres de Mondovi, 1337 (16) ; Cherasco, 1203 (36) ; Alba, 1307 (38), 1303 (60), 1259 (70) ; Aste, Savigliano et Fossano, 1324 (40) ; Savigliano, 1320 (50) ; « Bastita Caraxoni, » 1376 (52) ; Aste, 1310 (54) ; Alba et Cherasco, 1259 (72) ; Fossano, 1307 (76) ; « Buscha », 1322 (80) ; « Dragonerium », 1342 (82), et 1313 (88) ; « Garretium », « Murus Sicus », « Proencha », « Corosola », « Ulmeta », Massimino et Bagnasco, 1270 (92) ; « Santale », 1437 (106) ; etc.

XVIIe siècle — 109 feuillets. — « 1633 ».

152.

Recueil de traités conclus entre la FRANCE et l'ANGLETERRE, et entre l'Angleterre, l'ESPAGNE et les princes de la maison d'AUTRICHE. (1254-1595.)

On remarque dans ce volume les documents suivants : « Trac-

tatus matrimonii regis Angliæ [Richardi secundi] et dominæ
Ysabellis Franciæ », 9 mars 1395 (8); — Lettres de Benoît XIII,
accordant la dispense nécessaire pour le mariage de Richard II
d'Angleterre et d'Élisabeth de France, Avignon, kal. sept. 1396
(17); — Serment de Richard II, Calais, 20 oct. 1396 (19); — Traités conclus entre Charles VI et le prince de Galles, Paris,
14 juillet 1404 (21); entre Charles VI et Henri IV, pour la Picardie,
Glocester, 5 déc. 1407 (27); entre les mêmes, pour la Guyenne et
le comté de Toulouse, Paris et Westminster, 7 oct. 1408 (31), et
« Lenlingham », 21 juin 1410 (43); entre les mêmes, pour la Picardie et la mer, Paris-Lenlingham, avril-juin 1410 (55); — Extrait
des traités conclus, en 1527 et 1537, entre la France et l'Angleterre (67); — « Tractatus [inter Franciscum primum et Henricum
octavum] pro solutione annua certæ quantitatis salis », Hamptoncourt, 2 déc. 1530 (75); — Instructions remises au cardinal
Jean Du Bellay, au maréchal [Oudart] Du Biez, à Pierre Rémon et à Claude de L'Aubespine, chargés de négocier la paix avec
Henri VIII d'Angleterre, 1544 (78); — Protestation faite au nom
du roi [Charles IX], par son ambassadeur en Angleterre, à la reine
[Élisabeth], 20 avril 1565 (98); — Lettre de Paul de Foix,
ambassadeur en Angleterre, à Catherine de Médicis, Londres,
21 août 1562, orig., cachet (104); — Serment de la reine Élisabeth
lors du traité de Blois, Westminster, 15 juin 1572 (106); — « Articles proposez de la part de la royne d'Angleterre [Élisabeth] au
Roy très chrestien [Henri IV] et à son conseil, auxquels elle attend
la responce dudit Roy et du conseil en toute rondeur et sincérité »,
avec les réponses datées de Rouen, avril 1592 (108); — « Mémoire
au sieur du Maurier [Benjamin Aubery?], despesché par le Roy
vers la Reyne d'Angleterre et le sieur de Beauvoyr, son ambassadeur près d'elle, » minute (110); — Instruction donnée par
Henri IV à [Henri-Auguste] de Loménie [de Brienne], ambassadeur
en Angleterre, 1595, orig. (112); — Instruction donnée par la
reine d'Angleterre [Élisabeth] à son envoyé en France, Roger
Willems [Williams?] (116); — Lettres de Henri IV à Élisabeth,
Paris, 5 oct. [1595] (118 et 122); — Lettres de créance remises par
Henri IV à Antoine de Loménie pour divers grands personnages anglais, 1595 (120); — Lettres de Robert, comte d'Essex, à
Antoine de Loménie, 2 oct. 1595, autogr. (124), et s. d., orig.
(133); — « Proposition faicte par M. de Loménie à la reine d'Angle-

terre » (126) ; — Cinq lettres de R. de Lafontaine à Antoine de Loménie, Londres, 29 et 30 oct., deux sans date, et 8 nov. 1595, orig. (128-132) ; — Journal du voyage en Angleterre d'Antoine de Loménie, 1595, autogr. (135);

Traités conclus entre Alphonse X de Castille et Henri III d'Angleterre, Tolède, 10 cal. mai. 1254 (139) ; entre Alphonse X et Édouard, fils aîné de Henri III, Burgos, 1er nov. 1254 (141) ; — « Mémoire des traictés entre l'Angleterre et la maison d'Austriche [de]puis l'an 1495 jusques en 1545 » (143); — Traités de commerce conclus entre Henri VII d'Angleterre et Philippe le Beau, duc de Bourgogne, 24 fév. 1495 (147), et 18 mai 1499 (175); et entre Henri VIII et l'empereur Maximilien d'Autriche, 28 juillet 1502 (185) ; — Ratification du traité de commerce conclu entre Henri VIII et Charles-Quint, 15 avril 1520 (187) ;

Paix perpétuelle conclue entre Charles-Quint et Henri VIII, Londres, 11 fév. 1542 (193) ; — « Forme du traicté de mariage » entre Philippe d'Espagne, fils de Charles-Quint, et Marie Tudor, 1554 (197) ; — « Actes des Estatz d'Angleterre » relatifs à ce mariage (203); etc.

XVIe et XVIIe siècles. — 208 feuillets. — « 1630 ».

153.

« Mémoires et titres pour la principauté de Béarn. » — De 1286 environ à 1633 environ.

On remarque dans ce volume les documents suivants : Mémoires de la souveraineté de Béarn, par Pierre de Marca, copie de J. Dupuy (2) ; — Lettre de [Jean] Besly à P. Dupuy, Fontenay, 10 janv. 1621, autogr. (12) ; — Extrait d'une lettre de Besly au P. Sirmond, Fontenay-le-Comte, 1er nov. 1620 (15) ;

Fragment de P. de Marca sur l'histoire de Béarn, copie de Besly, (19) ; — Notes de P. Dupuy (21) ; — Noms des six « parsans » de Béarn (25) ; — « Extraicts de l'Inventaire du Trésor de Béarn », par P. Dupuy (26 et 30) ; — « Extraict des mémoires de Mgr. le chancelier de L'Hospital, touchant la vicomté de Béarn » (27); — Actes et extraits d'actes de Gaston VII, vicomte de Béarn, 1268-1274 (34, 46 et 48); — Lettre de [Pierre de] Marca à [Antoine]

de Loménie de Brienne, accompagnée d'un dessin, sur parchemin, du sceau de Gaston de Béarn, Pau, 29 janv. 1633, autogr.
(43) ; — « Mémoire envoié à Bordeaux pour la correction des tiltres qui ont esté envoiez par Monsieur....., advocat du Roy », par
P. Dupuy (56) ; — Notes de Besly (58) ; — Extraits des registres de
Béarn et de la connétablie de Bordeaux, copies de P. de Marca (59) ;
et de ceux du bureau des finances et domaine royal en Guyenne
(61) ; — Acte de François de Tovia, évêque d'Urgel, et de Jean de
Grailly, comte de Foix et de Bigorre, relatif aux privilèges des
habitants du val d'Andorre, 13 août 1433, en catalan (65) ; — Instruction de Henri II, roi de Navarre, à Jean Doucet, chargé de négocier avec le pape la nomination de Gérard Roussel à l'évêché
d'Oloron, 1542, orig. (71) ; — Lettres d'Antoine de Bourbon et de
Jeanne d'Albret, conférant la lieutenance-générale de la Navarre
à Louis d'Albret, évêque de Lescar, et à Arnaud de Saint-Geniès,
Saint-Germain-en-Laye, 20 janv. 1561 (73) ; à Antoine de Gram-
mont, Pau, 22 mars 1563 (75) ; au baron d'Arros, Nérac, 30 août
1568 (79) ; — Documents relatifs à l'administration politique, religieuse et militaire du Béarn, sous les règnes de Jeanne d'Albret
et de Henri, qui fut plus tard Henri IV, et sous Louis XIII, 1569-1613,
copies authentiques (81-183) ; — « Procédure faicte au Conseil de
Béarn à la requeste du sieur [Jean-Paul] de Lescun, cy-devant commissaire de la part dudit Conseil devers Sa Majesté, touchant sa-
dite députation », 13 déc. 1612, orig. (184) ; — Cahier de doléances présenté à Henri IV par les réformés de Béarn, minute
(192) ; — Brevet de survivance et lettres patentes octroyés au marquis de La Force, fils ainé du gouverneur de Béarn, Paris, 24 avril
1613 (202) ; — Requêtes adressées au Conseil du Roi, par le syndic des
prêtres et bénéficiers de l'église Saint-Pierre d'Orthez, 1614 (206) ; —
Pièce relative au procès de l'évêque de Lescar [Jean de Salette], Pau,
10 nov. 1614, en catalan (210 ; cf. 190) ; — Arrêts portant défense de
prendre les armes, 10 oct. 1615 (211) ; Pau, 12 oct. 1615, en catalan
(214) ; — Lettre des « capitaines des Parsans » à Louis XIII, 3 oct.
1615, orig. (216) ; — Lettre des consuls et jurats des villes de Pau, Lescar, Sauveterre, Navarreux, Oloron, Orthez, Morlaas, Nay, Salies
et Bellocq, à Louis XIII, Morlas, 20 oct. 1615, orig. (218) ; — Lettre
de l'évêque de Lescar [Jean de Salette] à l'évêque d'Oloron [Arnaud
de Maytie de Mauléon], 20 janv. s. a. (220) ; — Requête de ces
deux évêques au Roi, s. d. (224) ; — Pièce relative au rétablisse-

ment de la religion catholique en Béarn (226) ; — Lettre de [Jean-Paul] de Lescun au baron de Benac [Bernard de Montaut], s. d. (228); — Lettre de l'assemblée d'Orthez aux églises de La Rochelle, Montauban, etc., signée : « Du Casse », s. d. (230); — Lettres patentes ratifiant les réponses mises en marge du cahier de doléances des Églises de France et de Béarn, Paris, 6 août 1616 (232) ; — Lettre de l'Église de Béarn « à MM. de Bouilhon, Rohan, Lesdiguières, Sully, et autres sieurs de la religion, à un chacun d'eux », 1617, signée : « Du Casse » (234) ; — « Copie de la lettre escrite de Sedan le 15 sept. 1617 par M. le duc de Boüillon... à M. Du Vair, garde des sceaux... », in-8°, *impr.* (236); — Procès-verbal dressé par le Conseil de Pau au sujet de ses dissentiments avec le maréchal de La Force [Jacques-Nompar de Caumont], avril 1617. orig. (240); — « Forme des sermens prestés par les députés des trois ordres des Églises du royaume de Navarre et souveraineté de Béarn, et des députés des provinces du haud Languedoc et basse Guyene, assemblés en synode en la ville de Pau, le 8 avril 1617 » (248) ; — Pièces relatives au synode de Pau, avril 1617, en catalan et en français, orig. et copies authentiques (250) ; — Déclaration de Louis XIII, interdisant le duel en Navarre et Béarn, Paris. 15 oct. 1617 (258); — Mémoires pour la Chambre des comptes de Nérac, 1617 (260) ; — Mémoire relatif à l'interdiction de transporter l'argent d'Espagne en Navarre, 1618 (264); — « Extraict... du cayer présenté au Roy par les députez des Églizes réformées de France assemblées à Grenoble... », 1619 (266), et « des... articles proposez par Mgr. le Prince [de Condé] aux députez envoiez par le Roy en la conférence de Lodun, avec les responces... » (268 v°) ; — Lettres patentes portant publication du serment prêté par Louis XIII en l'assemblée des États de Pau, 19 oct. 1620 (272); — Arrêts du Conseil d'État, portant qu'il sera passé outre à la lecture et publication de l'édit d'union de la couronne de Navarre à celle de France, du mois d'oct. 1620, par les officiers de la chancellerie de la basse Navarre, Fontainebleau, 23 avril 1621 (274) ; qu'une somme de 2,900 l., attribuée aux Capucins de Pau, sera remboursée aux réformés d'Orthez, Paris, 11 déc. 1624 (276); — Requête des États de Navarre au Roi, au sujet de la procédure de l'action poursuivie par Mme de Boudeville, dame de Luz, devant la chancellerie de Navarre, s. d. (278); etc.

XVIe et XVIIe siècles. — Papier et parchemin. — 283 feuillets. — « 1632 ».

154.

« Titres et mémoires pour le comté de Provence. » (1239-1630.)

On remarque dans ce volume les pièces suivantes: « Mémoire pour monstrer que le comté de Provence a tousjours dépendu de la couronne de France »(3) ; — Mémoire pour Charles VIII contre les prétentions de la maison de Lorraine sur la Provence et Forcalquier, avec notes de P. Dupuy, impr. dans Godefroy, *Hist. de Charles VIII*, p. 476 (5) ; — Notes autographes de P. Dupuy et de Peiresc, relatives à l'*imprimé* in-4° qui suit et qui concerne les droits de la couronne de France sur la Provence et la Lorraine (16) ; — Acte de donation, par Douce, comtesse de Provence, à son mari Raymond, de ses biens et de ses droits dans les comtés de Provence et de Rodez, id. janv. 1112 (30) ; — Diplôme de l'empereur Frédéric II, privant Raymond-Bérenger IV, comte de Provence, du comté de Forcalquier, déc. 1239 (32) ; — Testament de Charles II, roi de Sicile, Marseille, 16 mars 1308 (34) ; — Ratification, par Charles III, comte de Provence, des donations faites par le roi René à la reine Jeanne, 19 juillet 1480 (48) ; — Arrêt du grand Conseil, concernant les seigneuries de Berre, Martigues, L'Alençon et Istres, Paris, 29 juillet 1484 (54); et transaction passée entre François de Luxembourg et Palamède Forbin, sieur de Soliers, au sujet desdites seigneuries, Montargis, 14 oct. 1484 (55) ; — Déclaration de François Ier, portant qu'il n'a jamais eu le dessein de réunir au domaine royal les parties du domaine royal de Provence aliénées avant l'union de la Provence à la couronne, Châteaubriant, 20 juin 1532 (61) ; — « Roolle de ce qui a esté trouvé ès archifz du Roy en Provence touchant les aliénations des places qui s'ensuivent et du droict que les feuz comtes et comtesses de Provence avoient pour le passé èsdites places, pour en advertir et informer le Roy, suivant les lettres missives que ledict sieur en a escript »; ces places sont : Aubaron, Bourbon, Châteaurenard, Les Cabanes, Orgon, Sénas, Roquemartine, Maillanne, Lambesc, etc. (65) ;

« Factum pour les consuls de la ville de Marseille, sur l'exemption des droicts de traicte foraine et domaniale », s. l. n. d. (mais après 1600), in-4°, *impr.* (100) ; — Deux projets adressés à Henri IV par Hieronymo de Comans, l'un relatif à la construction d'une nouvelle ville forte dans la presqu'île de Giens, l'autre concernant une invention « pour rendre le nettoyement du port de Marseilles fort aysé, » avec deux dessins au lavis, 1606 (103) ; — Instruction aux sieurs de La Potterie et d'Aubray, envoyés en Provence en qualité de commissaires royaux, Saint-Germain-en-Laye, 3 déc. 1630 (111) ; — « Lettres patentes du Roy, pour messire Nicolas de L'Hospital, marquis de Vitry, premier mareschal de France, par lesquelles Sa Majesté luy donne la charge de gouverneur, et son lieutenant général en Provence, publiées au Parlement de Provence le 17 may 1632 », Aix, Estienne David, 1632, petit in-4°, *impr.* (117) ; etc.

XVIIe siècle. — 125 feuillets. — « 1632 ».

155.

« Mémoires servant à l'histoire de Provence et de la ville de Marseille pour les années 1593, 1595 et 1596. »

On remarque dans ce volume les pièces suivantes : Arrêts du Parlement de Provence, portant reconnaissance du roi [Henri IV], 13 oct. 1589 (2) ; enjoignant aux habitants de la Provence de s'opposer aux entreprises du duc de Savoie [Charles-Emmanuel], 24 oct. 1589 (6) ; contre Hubert de Vins, 7 nov. 1589 (9) ; — Harangues des députés de Provence au duc de Savoie, s. d. (11) ; — Lettre des consuls de Marseille au pape [Clément VIII], 27 mars 1593 (13) ; — Instruction remise au sieur Mauroy par le duc d'Épernon [J.-Louis de Lavallette], Graveson, 7 déc. 1593, orig. scellé (15) ; — Lettre du président Bernard à « Mgr. » [le duc d'Épernon ?], Marseille, 12 déc. 1595 (17) ; — Lettre des viguier et consuls de Marseille à l'archiduc d'Autriche, 5 janv. 1596, orig. (19) ; — Confirmation des privilèges et réforme de l'administration de la ville de Marseille par Charles de Lorraine, duc de Guise, gouverneur de Provence, Toulon, 10 fév. 1596, orig. (21) ; — Réponse aux articles du traité du capitaine Pierre [de Bazon] de Libertat (23) ; — Lettre de P. de Libertat à Henri IV, Marseille, 20 mars 1596, orig. (25) ; — Instructions données à François Benedicti, conseiller au Parlement de Provence, envoyé vers Henri IV par ledit Parlement (27) ; — Remontrances des consuls de Marseille à Henri IV, 22 avril 1596, orig. (35); — Lettre chiffrée, adressée à Ferdinand Ier, grand-duc de Toscane, par son ambassadeur en Espagne, et relative au château d'If, 10 mai 1597, en italien, orig. (41); — Lettre de Guillaume Du Vair, alors président du Parlement d'Aix, à Henri IV, 18 mars 1601, autogr. (46) ; — « Coppie des mémoires concernans l'entreprise que le duc de Savoie mène sur Marseille par le moyen de Maurier de Lisle » (48) ; — Relation du coup de main tenté sur la Provence par le duc de Savoie (50) ; — Lettres de Henri IV à [François Savary] de Brèves, ambassadeur à Constantinople, Paris, 20 mars 1599 (54); aux consuls français dans le Levant, Paris, 24 mai 1600 (54 v°); — Lettre missive du même roi à de Brèves, Paris, 27 mai 1600 (56) ; — Sentence du lieutenant de l'Amirauté dans l'affaire de Brèves, Marseille, 29 nov. 1605 (57).

XVIe et XVIIe siècles. — 59 feuillets. — « 1632 ».

156.

« Contracts de mariages entre les maisons de FRANCE et d'ESPAGNE, depuis l'an 1559 jusques en 1615. »

Ce volume contient les contrats de mariage des personnages suivants : Philippe II d'Espagne avec Élisabeth de France, fille de Henri II, 20 juin 1559 (5) ; — Charles IX avec Élisabeth d'Autriche, fille de l'empereur Maximilien II, 14 janv. 1570 (12 et 24); — Louis XIII avec Anne d'Autriche, 22 août 1612, en espagnol (66), et en français (74); — l'infant d'Espagne Philippe, depuis Philippe IV, avec Élisabeth de France, 25 août 1612 (99 et 112), 1615, in-4°, *impr.*

On peut, en outre, signaler dans ce volume les pièces suivantes : Actes relatifs au mariage de Charles IX avec Élisabeth d'Autriche, 1569-1570 (34-58) ; — « Articles de la Ligue deffensive faicte en considération des mariages entre les couronnes de France et Espaigne... », 1611 (60) ; — Bref de Paul V accordant les dispenses nécessaires pour le mariage de Louis XIII et d'Anne d'Autriche, 12 fév. 1613 (86), et attestation par Roberto [Ubaldini], évêque de Montepulciano, que le pape a accordé à Louis XIII lesdites dis-

penses, 13 juillet 1615 (88) ; — Documents concernant les prépa-
ratifs et cérémonies du mariage de Louis XIII, 1616 (92) ; etc.

XVIIe siècle. — 124 feuillets. — « 1627 ».

157.

« Mémoires pour l'histoire des Pais-Bas, principalement
depuis l'an 1625 jusques en 1632. » — (1211-1632.)

On remarque dans ce volume les documents suivants :
Acte de cession, par Fernand, comte de Flandre et de Hainaut,
à Louis, fils aîné du roi Philippe [Auguste], des villes de Saint-
Omer et d'Aire, fév. 1211 (5) ; — Lettre des Gantois au roi
[Charles VI], 11 avril s. a. (7) ; — Hommage de Jean d'Avesnes,
comte de Hainaut, au roi [Philippe le Bel], pour la terre d'Ostre-
vant, samedi après l'Exaltation de la Croix [16 sept.] 1290 (8) ; —
Traité conclu entre Philippe le Bel et Guillaume Ier, comte de Hainaut, Ligny-sur-Marne, 28 oct. 1314 (11) ; — Extraits des registres
de la Chambre des comptes, relatifs au Hainaut, vers 1340 (15),
et au Luxembourg, orig. (17) ; — Vente, par Guillaume, duc de
Saxe, landgrave de Thuringe, etc., à Charles VII, du duché de
Luxembourg et des comtés de Chimay et de La Roche en Ardenne,
3 juin 1459 (31) ;
Lettres de Louis XI, étendant sa protection sur les pays de
Liège, duché de Bouillon et comté de Loos, Paris, 23 sept. 1461
(45) ; — Traité d'alliance entre Charles-Quint et les Liégeois, Saragosse, 19 déc. 1518 (47 et 52) ; — Réponse de Louis XIII aux
députés liégeois, Pont-à-Mousson, 6 juillet 1632 (60) ; — « Articles
reconfirmés aux bourgeois... de la ville de Liège » par Louis XIII,
Pont-à-Mousson, 7 juillet 1632 (61) ; — Lettres de l'infante Isabelle-
Claire-Eugénie aux Liégeois, Bruxelles, 17 juillet 1632 (64) ; —
Lettres de Henri IV, mettant sous sa protection la ville de Cambrai
et le Cambrésis, Saint-Germain-en-Laye, avril 1594 (68) ; — Procès-
verbal des négociations des plénipotentiaires français, relatives au
procès pendant entre Hippolyte de Luxembourg, veuve de Pierre
de Melun, et la comtesse de Ligne, au sujet de la principauté
d'Épinoy, 28 nov. 1601 (78) ; — Pièce relative à la même principauté (96);

« Conclusions du procureur général [Pierre] Lizet, et arrest sur icelles contre l'empereur Charles-Quint, comme comte de Flandres et d'Artois, vassal du roy [François Ier], 15 fév. 1521 (101) ; — Lettres, remontrances, pamphlets de 1566 (108) ; — Traités conclus entre [Hercule-François], duc d'Anjou, et les États généraux des Pays-Bas, 1578 (114), et 1580 (118) ; — « Descriptio tumultus Antverpiensis », par [Jacques] Lectius (130) ; — Récit des troubles d'Anvers, par Jean Bodin (134) ; — Lettre du cardinal Albert d'Autriche, archevêque de Tolède, à l'électeur de Cologne [Ernest de Bavière], Bruxelles, 8 déc. 1597 (136) ; — Acte de cession des Pays-Bas, par Philippe II, à l'infante Isabelle-Claire-Eugénie, Madrid, 6 mai 1598 (137) ; — Lettre du roi d'Angleterre [Jacques Ier] à l'Infante, Whitehall, 3/13 janv. 1625 (141), et réponse de l'Infante, Bruxelles, 30 janv. 1625 (141 v°) ; — Lettre du comte de Mansfeld à l'Infante, Douvres, 19 janv. 1625 (143) ; — Proposition du roi d'Espagne [Philippe IV] aux États des Pays-Bas, 1627 (144) ; — Requête des ecclésiastiques et nobles des Pays-Bas à l'Infante s. d. (152) ; — « Articles accordez aux ecclésiastiques et quatre membres de Flandre par le roi d'Espagne [Philippe IV], 1631 » (158) ; — Note de P. Dupuy sur les formules de suscription des lettres échangées entre les archiducs de Flandre et les rois de France (164) ; — Lettre des États généraux de Hollande au roi [Henri IV], La Haye, 26 fév. 1594 (166) ; — « Pouvoir et commission de M^{rs} les Estats des Provinces Unies aux s^{rs} Arsens et Vosberg, leurs ambassadeurs extraordinaires en France », 27 nov. 1627 (168) ; — Lettre du roi [Louis XIII] aux États, Paris, 22 déc. 1629 (172) ; — Traité conclu entre Louis XIII et les États, ratification, La Haye, 21 juin 1630 (174) ; — Lettre du roi d'Angleterre [Charles Ier] aux États, 11 déc. 1630 (182) ; — « Articles accordez » par Frédéric-Henri de Nassau, prince d'Orange, et ses lieutenants, de juin à sept. 1632, aux villes et commandants des villes de Venlo (184), Maëstricht (186 et 188), Limbourg (192 et 196) ; — Lettre de l'Infante à Henri de Bergh, Bruxelles, 11 juin 1632 (200) ; — Lettres et déclarations du comte Henri de Bergh, juin 1632 (201) ; — Lettres du prince d'Orange à Henri de Bergh, Maestricht, 18 juin 1632 (208), et de l'Infante aux États, Bruxelles, 25 juin 1632 (212) ; — Lettre de la même aux membres du Conseil privé de l'archevêque-électeur de Cologne, prince-évêque de Liège [Ferdinand de Bavière], Bruxelles, 26 et 30 juin 1632 (218 et 224) ; — Lettres adressées à la même

par les États généraux d'Artois, Arras, 29 juin 1632 (222); les ecclésiastiques et quatre membres de Flandres, Gand, 3 juillet 1632
(226); les États de Lille, Douai et Orchies, Lille, 4 juillet 1632
(227) ; — Lettres de Philippe IV contre Henri de Bergh, Malines,
5 juillet 1632 (228) ; — Lettres du même aux États de Flandre,
juillet 1632, en espagnol (234) ; — Lettre de [François] de Caron-
delet aux échevins de Douai, Bouchain, 17 août 1632 (235) ; —
Déclaration des États généraux des Provinces unies des Pays-Bas
aux provinces des Pays-Bas espagnols, La Haye, 22 mai et 11 sept.
1632 (238) ; — « Remonstrance des ambassadeurs des rois de
France et de Suède aux Estats généraux des Provinces Unies des
Pays-Bas, touchant les propositions de paix ou de trefve desdictes
provinces avec le roy d'Espagne [Philippe IV] », oct. 1632 (242) ;
etc.

XVIe et XVIIe siècles. — 245 feuillets. — « 1633 ».

158.

Recueil de documents relatifs à l'histoire du DANEMARK,
de la SUÈDE, de la POLOGNE, de la PRUSSE et de la RUSSIE.
(1534-1632.)

On peut signaler dans ce volume les documents suivants :
Lettres du roi de Danemark [Christian III?] à François Ier, Copenhague, s. d., et 6 mai 1534 (3 et 4) ; — Sommation au roi de
Danemark par le comte palatin Frédéric, duc de Bavière, Heidelberg, 30 sept. 1535 (5); — Traité conclu entre François Ier et Christian III, Fontainebleau, 22-29 nov. 1541 (6); — Lettre de Chris-.
tian III à Henri II, relative aux îles Orcades, Copenhague, 28 sept.
1549 (14); — Traité conclu entre Christian IV et Gustave-Adolphe,
trad. du suédois, 29 juin 1624 (16); — « Literæ monitoriæ ordinum Saxoniæ inferioris, propositæ Brunswici a. d. IV martii
1626... » (24); — Édit de Christian IV, Wolfenbüttel, 2 mars
1626 (25); — « Exemplar literarum Christiani IV... ad Electores
ecclesiasticos et Duces Bavariæ », Rothenburg, 21 janv. 1626 (26);
— Lettres de Christian IV à Louis XIII, à Marie de Médicis et au
cardinal de Richelieu, Bleckede, 3 juin, 24 mai 1627 (30); — Lettre
de J. Camerarius sur les articles du traité conclu, le 14 janvier 1628,

entre la Suède et le Danemark, La Haye, 19 juin 1628 (32) ; —
Traité conclu entre l'empereur Ferdinand II et Christian IV, Lübeck,
mai 1629 (33) ; — Lettres patentes de Christian IV, en faveur des
marchands français passant par le détroit du Sund pour se rendre
en Russie, Eutin, 14 juillet 1629, in-fol., *impr.* (37) ; — Réponse
de Christian IV aux doléances de la ville de Hambourg, au sujet
d'un péage établi par lui sur les navires et marchandises provenant de ce port, Glückstadt, 20 avril 1630 (38) ; — « Mémoire sur la
querelle entre le roy de Dannemarck et les Estats généraux des
Pays-Bas unis », 1612 (40) ;

Description de la Suède, en latin, 1623 (45) ; — Articles proposés
à Gustave Wasa par Christophe Richer, ambassadeur de François Iᵉʳ, en latin, 1542 (50) ; et réponse du Roi, 14 août 1543, orig.,
cachet, en latin (58) ; — Lettre de Gustave Wasa à François Iᵉʳ,
en lat., « ex Stekeburgo », 14 août 1543, orig. (69) ; — « Discours
de la prinse du roy de Suède, faicte par ses frères le jour Sᵗ-Mi-
chel », 1568 (70) ; — Lettre de Jean III de Suède à Étienne
Batthori, roi de Pologne, Upsal, 6 juillet 1582 (80) ; — Lettre du
chancelier Jean-Savius Zamoyski à Charles Sundermann, Weissen-
fels, 16 août 1602 (82) ; — Traité d'alliance entre Gustave-Adolphe
et les États-généraux des Pays-Bas, La Haye, 5 avril 1614 (83) ;
— Mémoire sur les affaires de Pologne et de Suède, 1627 (87) ; —
Lettre de Ludovicus Camerarius, La Haye, 5/15 avril 1627 (89) ; —
Trêve conclue entre Gustave-Adolphe et Sigismond III de Pologne,
Altmark, 15 sept. 1629 (92) ;

Relation de la victoire remportée par Sigismond Iᵉʳ sur le vaïvode de Moldavie, par l'ambassadeur de Pologne à Bruxelles,
22 août 1531 (101) ; — Documents concernant l'élection du duc
d'Anjou [plus tard Henri III] au trône de Pologne, 1573 (106) ; en
particulier la copie, par P. Pithou, d'une proclamation faite à
Cracovie par le crieur public, le 15 juillet 1575, en latin (116) ;
— « Instructio statuum et ordinum Prussiæ, data nunciis suis
ad instantia regni comitia generalia, a. d. 7 maii anni hujus
præsentis 1607 Varsoviæ a Sᵃ Rᵃ Mᵗᵉ indicta..... » (123) ; — Formule du serment prêté au roi de Pologne [Sigismond III] par
l'électeur de Brandebourg [Jean-Sigismond], Varsovie, 17 nov.
1611, en latin (129) ; — Discours prononcé à Varsovie par le duc
« Janussius » Radziwill, 1613, en latin (131) ; —Lettre d'Alexandre,
gentilhomme suisse, chevalier du Saint-Sépulcre, à un prince polo-

nais, sur la défaite de Tomscha, usurpateur de Valachie, 1615, en latin (135) ; — Traité conclu entre Ladislas Sigismond, fils aîné de Sigismond III, élu empereur de Moscovie, et les États généraux de Pologne et de Lithuanie, 1617, en latin (139) ; — Lettres latines de Sigismond III au Grand Seigneur [Ahmed ou Mustapha Ier], 1617 (143), et à Louis XIII, 20 juillet 1619 (147) ; — Harangue de l'ambassadeur de Pologne au roi d'Angleterre [Jacques Ier], Londres, mars 1621, en latin (149) ; — Trêve conclue entre Gustave-Adolphe et Sigismond III, 1629 (153) ; — Lettre de Ladislas VII, roi de Pologne, au roi de Suède [Gustave Adolphe], Varsovie, 18 nov. 1632 (163) ;

« Causa et progressus belli Moscovitici breviter comprehensa et ad Cæsarem pro informatione missa » (166) ; — Lettre des États moscovites au Conseil royal de Pologne, trad. du polonais, 1609 (171) ; — Nouvelles de Moscovie, avril 1610 (173) ; — Récit des événements survenus en Moscovie depuis le règne d'Ivan Vasilivitch jusqu'à Vasili Ivanovitch Souski, par Pierre de La Ville, sieur de Dombasle, 1611 (175) ; — Traduction française d'une lettre de Michel Feodorovitch au sultan Achmet Ier, 1613 (184) ; — Lettre du vaïvode de Pleskow à Deshayes-Courmenin, envoyé de France en Moscovie, 24 sept. 7058 (192) ; — Lettre du grand-duc de Moscovie [Michel Fedeorovitch] à Louis XIII, Moscou, 12 nov. 1629 (194 et 198) ; etc.

XVIe et XVIIe siècles. — 200 feuillets. — « 1633 ».

159.

« Titres et actes touchant la république de GÊNES. » — De 1392 à 1514 environ.

On remarque dans ce volume les documents suivants : Traités conclus entre les Génois, Charles VI et Charles VII, fév. 1392 (10), 6 juillet 1396 (14), juin 1458 (100) ; — Actes concernant la cession de la seigneurie de Gênes au roi de France [Charles VI], oct.-déc. 1396 (26-56 et 66-75) ; — Lettres patentes de Charles VI, au sujet de Gênes, Paris, 11 déc. 1396, copie sur parchemin (58) ; — « Actes du serment de fidélité, tant de ceux de Gênes que des autres villes et communautez de leur Estat, faicts au Roy entre les mains de Mre Jean

Le Meingre, dit Boucicault, mareschal de France, gouverneur de Gênes », nov.-déc. 1401 (76) ; — Copie authentique de lettres d'abolition octroyées par Charles VII aux Génois, Tours, juillet 1444 (96) ; — Pièces relatives aux relations de Charles VII avec Gênes, juin 1458-déc. 1460 (100-139) ; — Lettres de Francesco Sforza, duc de Milan, relatives à Gênes et Savone, 25 janv. 1464 (140 et 144) ; — Lettres de Louis XI, confirmant la possession des états de Gênes à Giangaleazzo-Maria Sforza-Visconti, Amboise, 25 mars 1467 (166) ; — Actes relatifs à la même affaire, 1467-1476 (188-208) ; — Serment de fidélité des Génois à Giangaleazzo Sforza, 2 nov. 1488 (210) ; — Décret des Génois, instituant une fête annuelle commémorative du 26 août, jour de l'entrée du roi [Louis XII] à Gênes, 17 nov. 1502 (226) ; — Arrêt du grand Conseil, portant condamnation de Daniele Sgarampi, podestà de Gênes, 10 fév. 1502 (228) ; — Lettres d'abolition octroyées par Louis XII aux Génois, mai 1507, minute orig. (232) ; — Lettres de la balia de Gênes à Louis XII, 25 nov. 1507, en italien, orig., cachet (240) ; — Lettre des « protectores comperarum Sancti Georgii communis Janue », 4 avril 1501, en ital., orig. (242) ; — Accord passé entre le roi [Louis XII], d'une part, et Antoniotto et Hieronimo Adorni, d'autre part, pour la reprise de Gênes, Blois, 4 avril 1513 (243) ; — Entrée des ambassadeurs génois à Rome, 28 mai 1514 (247) ; etc.

XVIe et XVIIe siècles. — Papier et parchemin. — 247 feuillets. — « 1632 ».

160.

« Bulles, titres et actes concernans les roiaumes de Sicile et de Naples. » — De 1311 à 1556 environ.

On remarque dans ce volume les documents suivants : Diplôme de l'empereur Henri VII, portant déposition de Robert, roi de Sicile, Pise, 7 kal. mai 1311 (9) ; — Adoption de Louis II, duc d'Anjou, par Jeanne Ire, Naples, 29 juin 1380 (17), et de Louis III par Jeanne II, 1er sept. 1423 (135) ; — Bulle de l'antipape Clément VII, ratifiant le don du duché de Calabre, fait par la reine Jeanne Ire à Louis, duc d'Anjou, Avignon, 10 kal. aug. 1380 (33) ; — Deux autres bulles de Clément VII, relatives à la même affaire, 2 kal. jul. 1381 (41), et 1er juin 1385 (47) ; — Serment de fidélité à Louis d'Anjou par les gouverneurs et nobles de Sicile, 15 sept. 1384 (51) ; — « Advis au Roy sur la succession de sa royalle maison de Bourbon au royaume de Naples et autres qui en dépendent », par Jean de Rémond, procureur du Roi à Castres, 1405 (55) ; — Association à la royauté, par Jeanne II, de son mari Jacques de Bourbon, 8 sept. 1415 (57) ; — Investiture du royaume de Sicile donnée à Louis II par le pape Alexandre V, Pise, 14 kal. sept. 1409 (71) ; à Louis III, par Martin V, Florence, 2 non. dec. 1419 (99) ; — Révocation, par Jeanne II, de l'adoption par elle faite du roi d'Aragon [Alphonse V], Nola, 21 juin 1423 (129), et de Louis d'Anjou, Capuana, 4 avril 1433, en espagnol (151) ; — Révocation, par Pie II, de la bulle de Calixte III (Rome, 4 id. jul. 1458), portant dévolution au Saint-Siège du royaume de Sicile *citra pharum*, Rome, 8 non. dec. 1458 (153) ; — Bulle de Pie II, nommant gouverneur de Terracine Ferdinand d'Aragon, roi de Sicile, Rome, 4 id. nov. 1458 (159) ; — Pouvoir de Ferdinand d'Aragon pour la remise au pape [Pie II] de la ville de Bénévent, Barolo, 18 fév. 1459 (167) ; — Testament du roi René de Sicile, 22 juillet 1474 (171) ; — Extrait du testament de Charles d'Anjou, 1481, copie collationnée par P. Pithou (177) ; — « Du droit de Charles VIII aux roiaumes de Naples, Sicile et Aragon », par Léonard Baronnat, maître en la Chambre des comptes de Paris, 1491 (183), avec un inventaire de pièces relatives à la même question (198) ; — Protestation du procureur général du Parlement contre le titre de roi de Sicile et comte de Provence, usurpé par le duc de Lorraine [René II], 11 déc. 1493, (207) ; — Extraits du Diarium de Burchard et de l'Histoire de Guichardin, par Th. Godefroy (211) ; — Traité conclu entre Louis XII et Ferdinand le Catholique pour le partage de la Sicile, 1500 (213) ; — Bulle de Jean XXIII, portant excommunication contre Ladislas, prétendant au trône de Sicile, 3 id. aug. 1411 (223) ; — Traités conclus entre Louis XII et Frédéric II d'Aragon, roi de Naples, Blois, mai 1502 (247) ; Louis XII et Ferdinand le Catholique, Blois, 12 oct. 1505 (265) ; — Procès-verbal de prestations de serment à Louis XII par des députations de la noblesse de Naples, 1502 (253-263) ; — Bulle de Jules II, donnant à Ferdinand le Catholique l'investiture du royaume de Sicile *citra pharum*, 5 non. jul. 1510 (275) ; — Bulle analogue de Jules II, en faveur de Philippe d'Angleterre [plus tard Philippe II], fils de Charles-Quint, 10 cal. nov. 1554 (319) ; — Instructions de Louis XII à Guillaume Gouffier, sieur de Boisy, à Estienne Poucher, évêque de Paris, et à Jacques Olivier, ses ministres plénipotentiaires, chargés de traiter avec ceux de Ferdinand le Catholique, 1516 (291) ; — Acte de cession, par François Ier à Charles-Quint, de ses droits sur Naples, Milan, Gênes et Asti, et pièces relatives à cette cession, 1530 (307) ; — Traité conclu entre Paul IV et Henri II, Rome, 15 déc. 1555, en italien (326) ; — « Protestatio procuratoris fiscalis Cameræ apostolicæ contra Carolum V et regem Philippum, ejus filium, in præsentia Pauli IIII, P. M. », 27 juillet 1556 (338) ; — Lettres de créance remises par Henri II au cardinal de Lorraine [Charles de Lorraine], envoyé extraordinaire à Rome, 1555 (344) ; — Pouvoirs donnés par Henri II à François de Lorraine, duc de Guise, pour la réception de l'investiture du royaume des Deux-Siciles, 1556 (350), et pour le commandement de l'armée d'Italie (354) ; etc.

XVIIe siècle. — 363 feuillets. — « 1632 ».

161.

« Titres, actes et mémoires concernans AVIGNON et le comté de Venisse [COMTAT-VENAISSIN], extraits de la Tour du trésor et archives de Provence. » — De 1125 à 1624 environ.

On remarque dans ce volume les documents suivants : Analyse des pièces contenues dans les fol. 1 à 9 de ce recueil, par P. Dupuy (9) ; — Traité conclu entre Alphonse Jourdain, comte de Toulouse, et Raymond Bérenger III, comte de Barcelone, 16 kal. oct. 1125 (21) ; — Aveu et hommage rendu au comte G[uillaume II] de Forcalquier par Imbert d'Agout et autres seigneurs d'Oppède, Cabrières, etc., 1182 (25) ; — Convention entre G[uillaume II], comte de Forcalquier, et R[aimond VI], comte de Toulouse, 1195 (27) ; — Restitution de ses franchises à la ville d'Avignon, par Raimond VII, comte de Toulouse, Laurac, 9 kal. sept. 1236 (29) ; — Convention entre Raimond Bérenger et le pape Grégoire IX, 4 id. nov. 1239 (31) ; — Hommage rendu pour le fief de Ménerbes, par Imbert d'Agout et autres seigneurs, à G., comte de Forcalquier, 14 kal. janv. 1242 (33) ; — Mise en gage, par Raimond VII, de la ville de Pernes, comme garantie d'une pension due à doña Sancha, fille du roi d'Aragon, « Cerdue », prid. kal. mai. 1246 (35) ;

—Convention signée entre Alphonse, comte de Toulouse, et Charles d'Anjou, comte de Provence, mai 1251 (37) ; — Cession, par Philippe le Bel à Charles II de Sicile, de ses droits sur Avignon, Paris, sept. 1290 (45) ; — Confirmation par Robert, roi de Jérusalem et de Sicile, d'une charte de Charles II, 29 janv. 1291 et 10 janv. 1310 (47) ; — Hommage-lige et serment de fidélité prêtés par les syndics d'Avignon à Jeanne et Marie, filles de Charles de Calabre, 12 avril 1331 (53) ; — Lettre de Robert, roi de Sicile, au sujet des comtés de Provence et de Forcalquier, Naples, 21 déc. 1334 (57) ; — Ouverture du testament du roi Robert, 27 janv. 1343 (59) ; — Vente d'Avignon par la reine Jeanne Ire au pape Clément VI, Avignon, 9 juin 1348 (71) ; — Ratification, par le roi Robert, du traité de mariage conclu entre Charles, duc de Calabre, et Marie de Valois, Avignon, 22 janv. 1324 (85) ; — Révocation, par Jeanne Ire, des donations et aliénations par elles précédemment faites, 26 mai 1365 (87) ; — Acte réglant le remboursement du prix desdites aliénations, Nice, 31 janv. 1364 (93) ; — Cession à la ville d'Avignon, par Raimond, fils de Raimond VI, comte de Toulouse, de ses droits sur Caumont, Jonquières, etc., Avignon, 8 kal. april. 1220 (97) ; — Aveu et hommage rendu audit Raimond pour les terres spécifiées dans l'acte précédent, même date (101) ; — Promesse, par les podestats d'Avignon, de rendre au comte de Toulouse [Raimond VII], dès qu'il se sera acquitté envers eux, Beaucaire, Malaucène et le Venaissin, 6 kal. jun. 1226 (105) ;

Bulles de Grégoire IX, adressées à saint Louis, à Blanche de Castille et à Raimond VII, comte de Toulouse, au sujet de la restitution du comtat Venaissin, Reate, 3 et 4 non. mart. aº 5º [1232], et Latran, 19 kal. feb. aº 7º [1234] (107-113) ; — Donation, par Frédéric II à Raimond VII, du Venaissin et de tous les fiefs tenus par lui dans le royaume d'Arles, Montefiascone, sept. 1234 (115) ; — Donation, par le même au même, des droits de fief et juridiction sur les seigneuries de Carpentras, Caderousse, etc., Haguenau, déc. 1235 (117) ; — Vente d'une partie du domaine de L'Isle en Venaissin au comte Raimond VII, id. oct. 1246 (119) ; — Lettres de Barail, seigneur des Baux, janv. 1252 (122 et 123) ; — Cession à Marguerite de Provence, par le roi Jacques d'Aragon, de tous ses droits sur la Provence, Barcelone, 16 kal. aug. 1258 (127) ;

Testament de Jeanne, comtesse de Toulouse, femme d'Alphonse de Poitiers, juin 1270 (129) ; — Lettre de Grégoire X à Philippe le

Hardi, au sujet de la restitution faite par lui au Saint-Siège du comtat Venaissin, Lyon, 11 kal. dec. a° 2° [1273] (137) ; — Ratification, par le cardinal Georges d'Amboise, de la convention conclue entre les commissaires de Louis XII et ceux de Jules II au sujet des limites du comté d'Avignon du côté de la Provence, 21 fév. 1506 (142); — Mémoire « sur ce que monseigneur le légat d'Avignon prétend à avoir les deniers provenuz de seelz venduz de la creue en Avignon et autres terres du pape pour le temps que ladite creue a eu lieu... » (148) ; — Pièce relative aux limites du royaume du côté d'Avignon, Roquemaure, 1532 (150); — Lettres de naturalité octroyées à divers habitants d'Avignon, 1551-1595 (152-166); — Confirmation des privilèges d'Avignon par Henri IV, Rouen, oct. 1596 (168); — Convention signée à Noves entre Louis XIII et Urbain VIII, avec les pièces annexes, 9 déc. 1622-23 nov. 1624 (177); etc.

XVIe et XVIIe siècles. — 192 feuillets. — « 1632 ».

162-169 et 171.

Minutes de l'inventaire du TRÉSOR DES CHARTES, commencé le 1er juin 1615, par Pierre DUPUY et Théodore GODEFROY.

I (162). Extrait des registres du Conseil d'État, confiant à P. Dupuy et à Th. Godefroy la rédaction de l'inventaire du Trésor des chartes, 23 mai 1615 (3). Titres relatifs à l'ILE-DE-FRANCE : Paris et ses environs (8) ; — Melun (48) ; — au Gâtinais (50 v°); Étampes (51 v°); Senlis (52 v°); Montargis (58) ; Mantes et Meulan (61) ; — au Valois (62); Courtenay (84 v°); Beauvais (86); — et à l'ORLÉANAIS : Orléans (96); Chartres (100 v°) ; Vendôme (112); Blois (113) ; Tours (117); Le Mans (126) ; — à l'Anjou (130) ; Craon (141) ; — au Poitou (142 v°- 185); — au Berry (163 v°); etc. — 209 feuillets. (Autogr. de Dupuy et de Godefroy.)

II (163). Titres relatifs à la CHAMPAGNE. — 170 feuillets. (Autogr. de Godefroy.) — « 1620 ».

III (164). Titres relatifs à la NORMANDIE (7); au Perche (69); — à la PICARDIE (75); au Vermandois (92 v_o) ; au Ponthieu (102 v°);

au comté de Boulogne (120) ; — à la Bretagne (132). — 162 feuil·
lets. (Autogr. de Dupuy et de Godefroy.) — « 1621 ».

IV (165). Titres concernant la Bourgogne (130) ; le Nivernais
(114) ; — le Lyonnais; le Forez, le Beaujolais, la Marche (195) ;
l'Auvergne et le Bourbonnais (205); Lyon (221); le Dauphiné et le
Valentinois (237), et la Provence (284). — 289 pages. (Autogr. de
Godefroy et Dupuy.) — « 1622 ».

V (166). Titres concernant la Guyenne (1) ; les comtés d'Armagnac (4) et de Bigorre (12) ; le Languedoc (21) ; Toulouse (47);
Nîmes (339); Pamiers (342); Narbonne (346); Béziers (347); Montpellier (352); etc. — 368 pages. (Autogr. de Godefroy et de Dupuy). — « 1622 ».

VI (167). Mélanges concernant les élections d'évêques ou d'ab-
bés (1); et les seigneurs d'Albret (515). — 517 pages. (Autogr. de
Dupuy). — « 1618 ».

VII (168). Mélanges : Différend entre Philippe IV le Bel et Boniface VIII (1) ; — Serments de fidélité de plusieurs villes (446). —
448 pages. (Autogr. de Godefroy et surtout de Dupuy.) — « 1623 ».

VIII (169). « Table[s] de sept [des sept premiers] volumes des
Inventaires des Chartes du Roy. » — 133 feuillets. (Autogr. de
Dupuy). — « 1623 ».

IX (171). Mélanges : Angleterre (5) ; — Antibes (194); — « gui-
chet IX, sac de tittres meslez » (200). — 203 feuillets. (Autogr.
de Godefroy et surtout de Dupuy, sauf quelques pages.) —
« 1630 ».

170.

Recueil de traités et pièces diverses concernant l'histoire
de Genève.

On remarque dans ce volume les documents suivants : Traités
conclus entre Henri III et les seigneurs de Berne, Soleure, etc.,
pour la défense de Genève et de son territoire, 29 août 1579 (5);
— entre Henri III, d'une part, et les seigneurs de Berne et de Genève, 19 avril 1589 (25) ;

Premières lettres de naturalité octroyées par Henri IV aux bourgeois de Genève, Folembray, janv. 1596 (34); — Requêtes des députés de Genève à Henri IV, avec les réponses du Roi 1602 (40-55); — Extrait de la requête présentée au Conseil du Roi par Gaspard Corneglia, fermier des péages de la « traverse et demy pour cent ès pays de Bresse, Bugey », etc., avec les réponses, et autres pièces, 1603-1605 (56); etc.

XVIIe siècle. — 60 feuillets. — « 1650 ».

172.

« Traictez entre Charles VII, [alors dauphin], Louis XI, Charles VIII et Louis XII, rois de FRANCE, et Philippes le Bon et Charles, ducs de BOURGONGNE, et Philippes, archiduc d'Austriche, seigneur des provinces des PAÏS-BAS, depuis l'an 1435 [*lisez* 1419] jusques en l'an 1498. »

Ce volume contient en particulier une série de pièces relatives au traité d'Arras de 1435 (32), — le traité conclu à Arras entre Louis XI d'une part, et Maximilien d'Autriche et ses enfants d'autre part, 23 déc. 1482 (113), — le traité conclu à Francfort entre Charles VIII, Maximilien et l'archiduc Philippe, 20 juillet 1489, in-4°, *impr.*, extrait de l'Histoire de Charles VIII publiée par Théodore Godefroy, Paris, 1617, in-4° (161), — et le traité de Senlis, 23 mai 1493 (171); etc.

XVIIe siècle. — 196 feuillets. — Reliure en veau brun, aux armes et au chiffre de Michel Particelli d'Hémery. — « 1627 ».

173.

« Traictez entre LOUIS XII et FRANÇOIS Ier, rois de France, d'une part, et l'empereur Maximilien Ier, [Philippe Ier le Beau, roi de Castille, Jules II, Ferdinand V, roi d'Aragon], depuis l'an 1501 jusques en l'an 1516. »

Beaucoup des documents contenus dans ce volume sont relatifs au traité de Cambrai de 1508 (55), et aux négociations du mariage de Renée de France, fille de Louis XII, avec Charles d'Espagne, qui fut depuis Charles-Quint (103).

XVIIe siècle. — 148 feuillets. — Reliure en veau brun, aux armes et au chiffre de Michel Particelli d'Hémery. — « 1627 » .

174-176.

Texte et pièces annexes des traités conclus entre FRANçois Ier, HENRI II, Charles d'Espagne, d'abord gouverneur des Pays-Bas, puis empereur sous le nom de CHARLES-QUINT. (1516-1555.)

I (174). De 1516 à 1525. — Traités de Cambrai (8), Noyon (24), Bruxelles, 1516 (77); Calais, 1521 (95), pour la pêche du hareng; Bréda, 1525 (113). — A la fin du volume se trouve une lettre de l'archevêque d'Embrun [François de Tournon] et du président [Jean] de Selve, à Louise de Savoie, au sujet de la délivrance de François Ier. Tolède, 19 juillet 1525 (119).

II (175). De 1526 à 1529. — Traités de Madrid et de Cambrai. — On remarque dans ce volume les documents suivants : Récit des négociations de l'évêque de Tarbes [Gabriel de Gramont] et du président de Bordeaux [Jean de Selve?], Palencia, 15 sept. 1527 (82); — Bulles de Clément VII, confirmant le traité de Cambrai, 18 kal. apr. 1529 (155), et déliant François Ier de son serment relatif à l'inaliénabilité du domaine royal, 3 kal. dec. 1529 (157 v°); — « Acte de la reddition des titres que le Roi a faict bailler aux ambassadeurs de l'Empereur touchant Naples, Milan, Gênes et Ast, en exécution des traictez de Madrit et Cambray, 1529 » (219); — Lettres de François Ier, commettant à François [de La Tour], vicomte de Turenne, d'épouser en son nom Éléonore d'Autriche, reine de Portugal, Blois, 7 mars 1529 (239); autres pièces relatives à ce mariage (243); — « Lettres d'emprunct fait au Roy d'Angleterre [Henri VIII] pour la délivrance de Messieurs les enffans de France, ostages en Espagne pour la rançon du roy François Ier », 6 août 1529 (263); etc.

III (176). De 1537 à 1555. — Traités et trêves de Bomy-lez-Thérouanne (7); Monzon, 1537 (13); Nice (32); La Fère (54); Tolède, 1588 (58); Crespy-en-Laonnois, 1544 (62); Vaucelles, 1555 (140).

— On remarque dans ce volume des lettres patentes originales de
Charles III, duc de Savoie, 21 nov. 1538, sceau plaqué (53) ; — la
protestation du dauphin Henri, plus tard Henri II, contre le
traité de 1543, 2 déc. 1544, orig., parch. (97) ; — et un « Discours
des différents qui sont entre le Roi [Henri II] et l'Empereur, re-
monstrant l'iniquité des traitez de Madril, Cambray et Crépy... »,
par le chancelier Olivier (110); etc.

XVIe et XVIIe siècles. — Papier et parchemin. — 125, 267 et 159 feuillets.
— « 1627 ».

177.

Recueil de documents relatifs aux négociations et à la signature du traité conclu à Cateau-Cambrésis, entre Henri II
et Philippe II. (1558-1559.)

A la fin de ce volume se trouvent le texte du traité conclu à
Cateau-Cambrésis, en 1559, entre Henri II et Élisabeth d'Angleterre (128) ; — et un « Mémoire de ce qu'a proposé et fut respondu
au sieur de Smith venant de la part de la reyne d'Angleterre à
Saint-Maur-des-Fossés », 29 avril 1567 (134).

XVIe siècle. — 135 feuillets. — « 1627 ».

178.

Recueil de documents (instructions, lettres, etc.) relatifs
aux négociations et à la signature du traité de Vervins, conduites par Pomponne de Bellièvre et Nicolas Brûlart, marquis
de Sillery, pour Henri IV, — par Jean Richardot, J.-B. de
Taxis et Louis Verreiken, pour Philippe II, — et par Gaspard
de Genève, marquis de Lullin, pour Charles-Emmanuel Ier,
duc de Savoie. (1598.)

A la fin du volume se trouvent une commission au comte de
Saint-Pol pour aller recevoir des Espagnols les villes de Calais,
Ardres, le Mont-Hulin et Doullens, 22 juin 1590 (297); — et une
instruction au comte de La Rochepot [Charles d'Angennes, sieur du
Fargis], ambassadeur en Espagne, 1600 (299).

XVIIe siècle. — 319 feuillets. — « 1626 ».

179.

Recueil de documents relatifs aux traités conclus entre les rois de FRANCE et d'ESPAGNE, de 1293 à 1598 environ.

On remarque dans ce volume les documents suivants :
« Mémoire pour montrer que l'Espagnol n'observe jamais les traictez » (4) ; — Serment des Castillans, qui s'engagent à reconnaître comme reine, faute d'héritiers mâles, Bérengère, fille d'Alphonse de Castille, Palencia, 5 mai 1293 (10) ; — Lettres patentes de Charles, fils de Philippe le Hardi, roi d'Aragon, Pontoise, « die dominica post mensem (*sic*) Pasche », 1293 (13) ; — Renonciation de Philippe le Bel et de Charles de Valois, son frère, aux royaumes d'Aragon et de Valence et au comté de Barcelone, 20 juin 1295 (14) ; — Traités conclus entre Louis XI et Jean II d'Aragon, Mauléon de Soule, 3 mai 1462 (16) ; Charles VIII et Ferdinand et Isabelle, Barcelone, 19 janv. 1493 (20) ; — entre Louis XII, Ferdinand et Isabelle, et le roi Emmanuel de Portugal, Marcoussis, 5 août 1498 (38) ; — entre Louis XII et Ferdinand le Catholique, Blois, 12 oct. 1505 (52) ;

Lettre de Ferdinand le Catholique à Louis XII, Molinillo, 27 août 15.., en espagnol, orig. (37) ; — Pièces relatives au mariage de Ferdinand le Catholique avec Germaine de Foix et au traité de Blois, 1505 (60) ; — Traité de mariage entre Charles d'Autriche, plus tard Charles-Quint, et Renée de France, 24 mars 1514 (86), et août 1516 (102) ; — Lettre de Guillaume Briçonnet, évêque de Meaux, et de R[oger] Barme, à François Ier, Rome, 12 sept. [1516], orig. (112) ; — « Petitz advertissemens sur les matières qui se doibvent traicter à Cambray », 1516 (116) ; — Traité de mariage entre Charles-Quint et Isabelle, sœur de Jean III, roi de Portugal, 1526 (124) ; — Relation d'une séance du Conseil du Roi, au sujet de la délivrance de François Ier, minute (129) ; — Négociations avec l'Espagne, 1527 (132) ; — Copie authentique du traité de Cambrai, 1529 (138) ; — Traité de mariage entre Philippe, prince d'Espagne, plus tard Philippe II, et Marie Tudor, plus tard reine d'Angleterre, 1542 (166) ; — Traités de Crespy, sept. 1544 (172), et de Câteau-Cambrésis, avril 1559 (196), avec divers documents relatifs à ce dernier traité (216) ; — Documents concernant le traité de Vervins, 1598 (254) ; etc.

XVIe et XVIIe siècles. — 264 feuillets. — « 1632. »

180.

« Jacobi Augusti Thuani [epistolæ] ». — Copies de P. et J. Dupuy.

Ces lettres, d'un caractère politique, sont adressées, la première à Jean de Thumery, Loudun, prid. non. mai. 1616 (2); la seconde, au président Jeannin, Villebon, prid. kal. apr. 1611 (25).

Ce volume contient en outre une liste de noms à clef : *Debitor* = Villeroy, etc. (1 v°); — quatre vers latins qui s'appliquent peut-être à la seconde lettre (24); — une déclaration de cardinaux, en italien, 22 fév. 1655 (31), — et enfin une pièce de vers latins adressée à [Nicolas] Brûlart, [marquis de Sillery], et datée de Fontainebleau, 3 non. mai. 1611 (36).

XVII° siècle. — 36 feuillets. — « 1631 ».

181-186.

Documents concernant la mouvance du comté de Saint-Pol.

I (181). — « Procès-verbal de la conférence tenüe à Saint-Ricquier et autres lieux , par les députez du Roy [Henri IV], [Louis Le Fèvre, sieur de Caumartin, et Claude Mango], et ceux des archiducs d'Autriche [Jean de Bennink, Renon Le Bailly et Charles Malineus], touchant la mouvance du comté de Saint-Paul et autres différens des limites de Picardie et d'Artois, 1602 » (11 mai 1602.-7 déc. 1603). — « 1627 ».

II (182). — « Contredicts fournis par le procureur général du Roi [Henri IV] » contre les huit productions et inventaires fournis par le procureur général des Archiducs « sur le différent de la tenue et mouvance feudale du comté de Saint-Paul », juillet 1602-nov. 1603. — « 1626 ».

III (183). — « Inventaires des huict productions fournies par le procureur général des Archiducs... sur le différent de la mouvance... du comté de Saint-Paul. » — « 1626 ».

IV (184). — « Inventaire de la production du procureur général du Roy contre le procureur général des Archiducs... » (5); —

« Inventaire des tiltres pour monstrer que le droit de reprise du conté de Sainct-Paul appartient au Roy, eu que ledit conté est mouvant de Sa Majesté à cause de son conté de Boulongnoys » (73). — A la fin : *Sic vos non vobis*, avec la signature de P. Pithou. — « 1627 ».

V (185). — « Salvations du procureur général du Roy aux contredicts du procureur général des Archiducs... ». — « 1627 ».

VI (186). — « Contredicts fournis par le procureur général des Archiducs contre la production du procureur général du Roi... » 1603. — « 1626 ».

XVIIe siècle. — 375, 260, 141, 81, 106 et 77 feuillets.

187.

« Synodes des églises prétendues réformées de France. »

Ce volume contient les pièces suivantes: « De l'estat et gouvernement des églises prétendues réformées de France, de leurs assemblées générales, consistoires, colloques, synodes tant provinciaux que nationaux, et de leur cercle » (8); — « Recueil des synodes des églises réformées au royaume de France, commençant à celuy tenu à Paris l'an 1559 » : synodes de Paris, mai 1559; Poitiers, Lyon, Nîmes, Montélimart, Languedoc, 1561 ; Orléans et Lyon, 1563 (26-43) ; — Actes des synodes nationaux de Montpellier, 26 mai 1598 (45); de Gap, 1er oct. 1603 (61); de Privas, 24 mai 1612 (97) ; — Extraicts des actes du synode de La Rochelle, 1er mars 1607 (89).

XVIe et XVIIe siècles. — 135 feuillets. — « 1626 ».

188.

« Conférences tenues entre les députez du Roy [Henri IV, puis Louis XIII] pour la ville de METZ, et les députés de M^r le duc de LORRAINE [Henri II], touchant quelques terres et droicts dont ilz estoient en contestation ». (1609-1612.)

Ce volume contient les documents suivants : Procès-verbal de la première conférence tenue à Urville entre les députés du duc de Lorraine et ceux de la ville de Metz, pour régler le différend pendant entre les sieurs de Pange et Thomas Duchat, au sujet de la mouvance « des lieu et contrée dit en Mazin » et du pont de Domangeville, avec pièces annexes, 14 juin 1609 (3) ; — Procès-verbaux de la seconde conférence, également tenue à Urville, 4 août 1609 (28), et de la conférence tenue à Novéan, 30 juillet-14 août 1612 (36).

XVIIe siècle. — 97 feuillets. — « 1627 ».

189.

« Traictez faicts par ceux de la ville de Metz avec plusieurs princes leurs voisins, depuis l'an 1325 jusques en l'an 1535. »

Les traités et conventions contenus dans ce volume ont été conclus entre la ville de Metz, d'une part, et, d'autre part :

Jean de Luxembourg, roi de Bohême ; Baudouin de Lutzelbourg, archevêque de Trèves ; Ferri IV, duc de Lorraine, et Édouard Ier, comte de Bar, 3 mars 1325 (8) ; — Josse, margrave de Brandebourg, administrateur du duché de Luxembourg, 17 mars 1407 (11) ; — Charles Ier, duc de Lorraine, 10 oct. 1423 (19 v°) ; — Charles VII, 28 fév. 1444 (22) ; — le roi René, 18 avril 1445 (24 v°) ; — le dauphin Louis, fils de Charles VII, 28 fév. 1444 (27 v°) ; — Georges de Bade, évêque de Metz, 4 août 1465 (vendaige : Moulin et Montigny) (30 v°) ; — Nicolas, duc de Lorraine, 9 mai 1474 (45 v°) ; — Yolande d'Anjou, reine de Sicile, et René II de Lorraine, son fils, (salines de Château-Salins), août 1481 (50), et 9 mai 1493 (71 v°) ; — Jean II de Bade, archevêque de Trèves, et les précédents, 1490 (64) ; — Philippe le Beau, duc de Bourgogne et de Luxembourg, 2 janv. 1497 (74 v°) ; — le marquis [Christophe] de Bade, 8 janv. 1476 (82 v°) ; — Philippe, comte palatin du Rhin, 1501 (86) ; — Charles II de Lorraine, 18 juin 1604 (98), avec la ratification de Henri IV (107) ;

« Titres touchant la terre et seigneurie de Malatour [Mars-la-Tour], mouvante de l'évesque de Metz, » 1379-1500, copies précédées d'analyses de Th. Godefroy (114) ; etc.

XVIIe siècle. — 161 feuillets. — « 1627 ».

190-191,

Recueil de pièces relatives à la frontière du nord de la
FRANCE. (1339 à 1628.)

I (190). De 1563-1618. — « Actes, escritures et autres pièces
fournies et communiquées aux conférences faictes ès années 1563,
1564, 1565 et 1618, entre les commissaires députez par les rois de
France Charles IX et Louis XIII (Pierre Séguier et Gui Du Faur,
sieur de Pibrac, en 1563-1564; le sieur de Sénarpont, gouverneur
de Picardie, Christophe de Harlay, Adrien Du Drac, en 1565), et
[les rois] d'Espagne Philippe II et Philippe III, pour terminer le
différend concernant le fort de L'ESCLUSE, rivière de Gravelines,
etc. » — « 1626 ».

II (191). De 1339 à 1628. — On remarque dans ce volume les
documents suivants : « Du comté d'Artois » (2) ; — Procès-
verbaux des négociations de Cambrai, 1544 (4) ; — « Extraict des
registres du Conseil privé du Roy [Henri IV]», portant exemption
de plusieurs tailles et levées, en faveur des habitants de diverses
enclaves de l'Artois, du comté de Saint-Pol et du bailliage de Saint-
Omer, 1600-1618, in-4, *impr.* (46) ; — Procès-verbal de la saisie,
faite au nom de Louis XIII, de la terre de Maiserolles, mouvante
du Roi à cause de son château de Doullens, 1er janv. 1628 (50) ; —
Lettres patentes de Louis XI, concernant la cession du comté de
Boulogne au Roi par Bertrand, seigneur de La Tour, comte d'Auvergne et de Boulogne, Plessis-lez-Tours, janv. 1477 (54), et
Tours, 11 nov. 1479 (67) ;

« Discours de l'estat ancien et moderne de la ville et cité de
Cambray et duché de Cambrésis » (70) ; — Lettres de Charles V,
relatives à la protection royale accordée à la ville de Cambrai,
Vincennes, nov. 1378 (84) ; — Lettres de l'empereur Frédéric au
roi de France L[ouis?], 4 aug.,13 indict. (88) ; — Lettre des habitants de Cambrai, reconnaissant la souveraineté du roi de France
[Louis XI], juillet 1477 (90) ; — Lettre du roi [Henri III] à [Paul]
de Foix, au sujet de l'abbaye de Vaucelles, 1575 (92) ; — « Mémoire de ce qu'a dit Tassis de la part du roy d'Espagne [Philippe II]
à la reine Catherine de Médicis, et les responses de ladite dame
touchant le royaume de Portugal et la ville de Cambray » (94) ;

— Discours du maréchal [Jean de Monluc, sieur] de Balagny, sur les événements survenus à Cambrai le jour de Pâques, 6 avril 1586 (98), avec deux lettres originales du maréchal à Henri IV, Cambrai, 16 sept. et 7 nov. 1591, cachets (108 et 110) ; — Requête de Madame de Balagny [Renée de Clermont, dame] d'Amboise, à Henri IV, au nom du maréchal, son mari, et des « membres, ordres et estats du país de Cambrézis », orig. (113), et articles présentés à Henri IV par la même dame au nom des mêmes personnes, 18 janv. 1592, orig. (114), avec les réponses (118) ; — Autres requêtes de Balagny (122 et 124), et réponse du Roi (126) ; — Lettres du prévôt et des échevins de Cambrai à Henri IV, 17 fév. (128), et 21 juillet 1592, orig. (134) ; — Traité passé entre le duc de Longueville [Henri Ier d'Orléans] et Jean de Balagny, au sujet des tailles perçues en Picardie, avril-juillet 1592, orig., cachet (130) ; — Lettre de J[ean] de Monluc, [sieur de Balagny], à Henri IV, Cambrai, 20 avril 1592, orig. (132) ; — Autres pièces relatives à Balagny (136) ;

Documents relatifs à l'affaire du canal de Gravelines et émanant d'Édouard III d'Angleterre, Charles VI et Jean sans Peur ; Philippe le Bon ; Jean de Luxembourg ; Louis de Luxembourg, comte de Saint-Pol ; etc., de 1366 à 1628 (140) ; — à la fin, « Responses fournies par le substitut du procureur général des Archiducs aux demandes et conclusions fournies par le substitut du procureur général du Roi, pour le faict du canal de Gravelines », 4 août 1618 (174), avec carte coloriée (218) ;

« Mémoire envoyé par M. de Vallançay [Jacques d'Estampes], gouverneur... en la ville de Callais et pays de nouvel reconquis », 18 oct. 1628 (219) ; etc. — « 1630 ».

XVIe et XVIIe siècles. — 92 et 221 feuillets.

192.

Recueils de documents relatifs à la ville de La Rochelle et à l'île de Ré. — De 1224 à 1611 environ.

On remarque dans ce volume les pièces suivantes : « Déclaration des priviléges octroiez par les rois de France et autres seigneurs à ceulx de la ville de La Rochelle », remise à Gilles Berthelot, maître de la Chambre des comptes de Paris, de la part des maire, échevins, pairs et bourgeois de La Rochelle, 8 nov. 1501 (5); cette pièce est précédée d'un sommaire de Th. Godefroy (3); — Documents relatifs aux privilèges de la ville de La Rochelle, émanant de Louis VIII, Philippe VI, Jean le Bon, Charles VI, Louis XI et Louis XIII, 1224-1611 (21); — « Entrée du roy François premier en sa ville de La Rochelle », 20 déc. 1542 (67) ;

Pièces concernant les privilèges des habitants de l'île de Ré et émanant de Charles VI, Charles VII et Louis XI, 1408-1472 (87); etc.

XVIIe siècle. — 107 feuillets. — « 1629 ».

193.

« Mémoires, lettres et traictez touchant la succession des duchez de JULIERS, CLÈVES et BERG, et comtez de la Mark et de Ravensberg, et seigneurie de Ravenstein. » (1609-1614.

On remarque dans ce volume les documents suivants : Mémoire sur les prétentions de la maison de Saxe à la succession des duchés de Juliers, Clèves et Berg, par l'ambassadeur du duc de Saxe [Christian II], 1609 (5); — Lettre de « T. D. Godofredus » [Th. Godefroy] à Jean-Sigismond, marquis de Brandebourg, orig., 1609 (9); — Instructions remises à Jacques de Bongars, ambassadeur de Henri IV en Allemagne, mai-nov. 1609 (11 et 27), et documents divers relatifs à cette ambassade (35); — Copies de lettres relatives à la succession de Juliers, Clèves, etc., et émanant de Villeroy, Henri IV, Jean de Thumery, sieur de Boissise, Hotman, etc., 1609 (72); — Négociations avec la Grande-Bretagne au sujet de la même succession, 1609 (92); — Lettre du roi [Henri IV] à [François Savary] de Brèves, ambassadeur à Rome, vers la fin de 1609 (100); — Traités conclus entre l'électeur de Brandebourg, Jean-Sigismond, et le duc Louis-Philippe de Neubourg, Halle, 27 janv. 1610 (104), et Xanten, 12 nov. 1614 (142); — Documents relatifs à l'expédition du maréchal Claude de La Châtre en Allemagne : récit de la prise de la ville de Clèves, 1610 (112); articles de la capitulation accordée aux habitants, 2 sept. 1610 (140); etc.

XVIIe siècle. — 163 feuillets. — « 1630 ».

194.

« Meslanges de lettres de divers grands personnages. »

Recueil de lettres, presque toutes autographes, écrites de 1564 à 1610 environ.

Les lettres contenues dans ce volume sont adressées aux personnages suivants :

A Catherine de Médicis, par A[ntonio Carracciolo], prince de Melfi, Châteauneuf-sur-Loire, 20 fév. 1564, orig. (3) ; — par Blaise de Monluc, Montauban, 15 mars 1565, orig. (5) ;

Aux rois Charles IX, Henri III et Henri IV, par Châtillon [l'amiral Gaspard de Coligny], Châtillon, 12 fév. 1572, orig. (7), et 29 mai 1572 (9) ; — par Farvaques [Guillaume de Hautemer, sieur de Fervaques], La Flèche, 21 fév. s. a. (23), et Fervaques, 31 déc. s. a. (25) ; — par [Jacques de L'Hospital, marquis de] Choisi, Combreux, 14 mai 1572, orig. (27) ; — par Jacqueline de La Trémoïlle, [veuve de Louis de Bueil, comte de Sancerre, grand échanson de France], « au boys », 28 sept. 1573, orig. (29) ; — par Mlle Philippe d'Avrion (?), s. d. (31) ; — par P[ierre] de Gondy, évêque de Paris, 27 oct. 1576 (33) ; — par Roger de [Saint-Lary, sieur de] Bellegarde, [maréchal de France], Carmagnole, 16 sept. s. a. (35) ; — par [René de] Villequier, [baron de Clairvaux], Evry, 9 fév. 1589 (37) ; — par [Albert] de Gondy, [duc de Retz, maréchal de France], Cracovie, 10 mars s. a. (39) ; — par Jacqueline Dantremons [Jacqueline de Montbel, comtesse d'Entremonts, veuve de l'amiral Coligny], Châtillon, 22 oct. s. a. (41) ; — par Saint-Maigrin [Paul de Stuer de Caussade, comte de Saint-Mégrin], Angoulême, 23 fév. s. a. (43), et Saint-Mégrin, 28 déc. s. a. (45) ; — par Renée de Rieux [de Châteauneuf], Marseille, 20 déc. s. a. (46) ; — par Pienne [Louise de Halluin, femme de Philibert de Marcilly, sieur de Cipierre], s. d. (48) ; — par Anne de Pisseleu, s. d. (51) ; — par [François] Miron, Cormery, 17 janv. 1589 (52) ; — par M. de Belleville [Marie Touchet], s. d. (54, douteux ; 55 et 60) ; — par [Louis de] Maugiron, s. d. (57) ; — par Henry de La Tour, [vicomte de Turenne], Sedan, 15 juillet s. a. (61) ; — par [Charles de Gontaut, duc de] Biron, [maréchal de France], Dijon, 17 mars s. a. (82) ; — par [Philippe Hurault, sieur de] Cheverny, Paris, 5 mars 1599 (83) ; — par P[omponne de] Bellièvre, Paris, 23 oct. s. d.,

(84) ; 28 oct. 1599 (90) ; 28 juin 1601 (93) ; 22 juin 1601 (94) ;
25 juin 1601 (97) ; 11 juillet 1602 (101) ; — par P[omponne de]
Bellièvre et Rosny [Maximilien de Béthune, duc de Sully], Paris,
26 mai 1600, de la main de Bellièvre (89) ; — par G[uillaume] Du
Vair, Aix, 2 juin 1608 (116) ; — par le président Jeannin, Paris,
23 août 1605 (120) ; 13 mai s. a., orig. (122) ; — par un anonyme,
s. d. (124) ; — par Gaspard de Schomberg, Paris, 8 nov. 1595
(126) ; — par les protestants de la Chambre de l'Édit, Castres,
24 nov. 1599 (130) ; — par [Philippe] Canaye, [sieur] de Fresne,
Castres, 4 janv. 1600 (132) ; — par [Pierre] Forget, [sieur de]
Fresnes, Fresnes, 7 et 10 mai 1599 (142 et 144) ; — par Rosny
[Maximilien de Béthune, duc de Sully], Paris, 29 avril 1605 (147) ;
10 mars 1605 (149) ; 26 mars 1605 (150) ; sous le nom de « M. de
Béthune » : Paris, 3 juin 1608 (156) ; 1er juin 1608 (157) ; 3 juin s. a.
(158) ; — par Sigogne, s. d., copie de P. Dupuy (204) ; — par « R. »,
sur les affaires de Flandre, s. d. (228) ; — par [Guillaume] Reboul,
Rome, 29 oct. 1607 (238) ;

A [Catherine de Médicis] et à un correspondant inconnu, par le
chancelier M[ichel] de L'Hospital, minutes autogr. (11 et 12) ; —
à sa fille Madeleine [mariée à Robert Hurault, sieur] de Belesbat,
Vignay, 8 avril 1571 (13) ; sous forme de memorandum, s. d. (14) ;
17 avril 1571 (16) ; 8 mars 1571(18) ; 25 août 1572 (19 *bis*) ; — à
une inconnue, s. d., minute (17) ;

A Charles et à ses frères [Michel, Robert et Paul Hurault de Be-
lesbat], par [Madeleine] de L'Hospital, leur mère, Paris, 5 mai s.
a. (20) ;

Au chancelier [Michel de L'Hospital], par le lieutenant-criminel
Jean Morin, Paris, 20 juin s. a. (21) ;

A la princesse d'Orange [Éléonore de Bourbon-Condé, femme de
Philippe-Guillaume de Nassau], par Henri de La Tour, [vicomte de
Turenne], Sedan, s. a. (59) ; 27 fév. 1606 (63) ; 15 août s. a. (64) ;
25 déc. s. a. (68) ; s. d. (71) ;

A Mme de La Trémoïlle, duchesse de Thouars [Marie de La Tour,
femme de Henri de La Trémoïlle], par Henri de La Tour, Sedan,
27 fév. [1606], autogr. (72) ;

A [Antoine] de Loménie, [sieur de La Ville-aux-Clercs], par A[r-
naud], cardinal d'Ossat, Rome, 6 fév. 1601, orig. (73) ; 29 oct. 1588,
orig. (75) ; 24 sept. 1588 (76) ; — par P[omponne] de Bellièvre,
Paris, 10 juillet 1602 (99) ; — par N[icolas] Brûlart, Paris, 10 juillet

1602, orig. (110); 22 et 24 mars 1608 (112 et 113) ; — par G[uillaume] Du Vair, Aix, 9 juin s. a. (114) ; — par [Philippe] Canaye, [sieur] de Fresne, Castres, 25 nov. 1599 (129) ; — par [Jacques-Nompar de] Caumont, [marquis de La Force, maréchal de France], Pau, 31 mai s. a., orig. (178); — par [Denys-Simon de] Marquemont, Rome, 6 mars 1606, cachet (206) ; — par J. Lafin (?), Aubusson, 29 juillet 1610 (224); — par « de Laval », sur la monnaie royale, Paris, 10 avril 1603 (226) ;

Au duc de Bouillon, maréchal de France, par Morlas, s. d., copie (77);

A [Florent] Chrestien, par [Gui Du Faur, sieur de] Pibrac, Paris, 23 mai 1581, orig. (79);

A [Pierre] Pithou, par de Neufville [Villeroy], Paris, 27 fév. 1582, orig. (80) ; — par G. Du Vair, Paris, 27 août s. a. (118); — par [Gilles de] Noailles, évêque de Dax, Acqs, 20 juillet 1585, orig., avec un post-scriptum autogr. (202), et Bordeaux, 27 juillet 1584, orig. (203);

Aux gens de la Chambre de justice établie en Guyenne, par de Neufville [Villeroy], Paris, 20 déc. 1582, orig., avec un post-scriptum autogr. (81) ;

A un inconnu, par P[omponne de] Bellièvre, Blois, sept. 1599, (87);

Au procureur [Jacques]de La Guesle, par P[omponne de] Bellièvre, Fontainebleau, 9 et 13 mai 1604 (103 et 104) ; 8 mai 1604 (109);

Au cardinal [Jacques Davy] Du Perron, évêque d'Évreux, par P[omponne de] Bellièvre, Paris, 2 nov. 1604 (105); 1er janv. 1605 (106); — par [Philippe] Canaye, [sieur] de Fresne, Paris, 26 nov. 1602 (134); Lyon, 17 sept. 1601 (135); Venise, 13 et 6 août 1601 (138 et 140) ; — par [Pierre] Forget, [sieur de] Fresnes, Fontainebleau, 10 sept. 1605 (145) ; — par Rosny [Sully], Paris, 12 mars 1605 (153), et 17 nov. 1605, orig. avec un post-scriptum autogr. (155); Saumur, 29 juin s. a., signée : « le duc de Sully » (160); s. d., orig. (161); — par [Philippe de] Béthune, Paris, 1er sept. 1606, orig. (162); Montargis, 28 oct. 1606, orig. (164); Fontainebleau, 18 sept. 1606, orig. (166); Rome, 24 août 1604 (169); Paris, 30 et 3 janv. 1607, orig. (170 et 172); Paris, 19 fév. 1607, orig. (174); — par [Charles de Neufville, marquis] d'Alincourt, Rome, 17 avril 1608, cachet (176); — par [François Savary, comte de] Brèves, Alexandrie d'Égypte, 10 déc. 1605, orig. (180);

Rome, 25 juillet 1608, orig., cachet (182); 12 déc. 1608, orig. (184); 7 août 1608, orig. (186); 15 oct. 1609, orig. (188); 2 sept. 1609, orig. (190); 20 mars 1609, orig. (192); — par l'archevêque d'Urbino [Giuseppe Ferrero], Avignon, 6 juin 1608, orig., cachet (196); 23 janv. 1608 (198); 16 fév. 1608, orig., avec un post-scriptum autogr. (200); en italien; — par [Denys-Simon de] Marquemont, Rome, 29 juin 1608, cachet (208); — par [Henri de Gondy], évêque de Paris, 26 juin s. a., cachet (210); — par Armand [Du Plessis de Richelieu], évêque de Luçon, s. d., orig. (212); — par [Jean] Bertaut, Paris, 19 août 1606, cachet (214); — par le frère Bruno, général des Chartreux, Grande-Chartreuse, 20 déc. 1604, orig., cachet (216); — par Jacques Soarez de Sainte-Marie, Paris, 4 juillet 1605, cachet (218); — par [Louis de Chasteigner de La Rochepozay, sieur d']Abain, Rome, 6 janv. 1609 (220); — par [l'abbé] de Sève, Rome, 22 mars 1608, cachet (222); — par G[uillaume] Reboul, Rome, 11 déc. et 26 nov. 1607 (234 et 236); 8 janv. 1608 (240); 16 nov. 1607, orig. (242);

A [François] de Ségur [-Pardaillan], par [Philippe Canaye, sieur] de Fresne, s. d. (128);

A « M^r de La Brosse », par [François Savary, comte de] Brèves, Rome, 18 fév. 1610, orig. (194);

A Villeroy, par un anonyme, Rome, 21 juin 1613, copie (230);

Au duc de Sully, par G. Reboul, Rome, 29 oct. 1607, autogr. (232).

XVIe et XVIIe siècles. — 248 feuillets. — « 1629 ».

195.

« Procès pour les comtez de PROVENCE, Forcalquier et terres adjacentes, entre René, duc de Lorraine, demandeur, et le procureur général du roi Louis XII, deffendeur. »

On trouvera dans ce volume, outre les productions et réponses des deux parties, les pièces suivantes :

Testaments de Louis II, roi de Sicile, 27 avril 1417 (87); — Alphonse II, comte de Provence, sept. 1204 (201); — Raymond Bérenger, 1238 (205); — Charles II d'Anjou, 1308 (213); — René, roi de Sicile, 1474 (229); — Charles III d'Anjou, 10 déc. 1481 (247); — Jeanne II de Sicile, 2 fév. 1435 (316); — Louis III, 13 nov. 1434 (329);

Lettres et bulles relatives au duché de Bar, au royaume de Sicile et au comté de Provence, émanant de René, Aix, 15 nov. 1479
(95); Clément VII, Avignon, 11 kal. aug. a° 2, 1380 (97); Charles VIII, oct. 1486 (289); et Jeanne II, sept. 1423 (301);

Inventaires des pièces concernant les comtés de Provence et de
Forcalquier, produites par le roi de Sicile et comte de Provence
(109), et des titres produits dans la même cause par Louis XII
(295); etc.

XVII° siècle. — 332 feuillets. — « 1630 ».

196.

« Procès, escritures et production de messire Pierre, duc
de Bourbonois, seigneur de Beaujeu, et de madame Anne de
France, sa femme, fille aisnée du roi Louis XI, pour raison
du comté de Provence et des biens meubles et immeubles
donnez audit roi Louis XI par Charles [III], roi de Sicile, et
autres prétentions, contre le procureur général du Roi. »

On peut signaler dans ce volume les documents suivants :
Pièces relatives à l'exécution du traité de mariage entre Anne
de France, fille de Louis XI, et Nicolas, marquis du Pont, fils du
duc de Lorraine Jean II de Calabre, 1er août 1466 (87; cf. 19);
— Testament de Charles III d'Anjou, déc. 1481 (37); — Constitutions de douaire par Charles VI en faveur d'Isabeau de Bavière,
juillet 1394 (59); et par Louis XI en faveur de la veuve de
Charles VII, Marie, fille de Louis II d'Anjou, 16 oct. 1461 (69);
— Révocation des dons de terres domaniales faits par Charles VI,
29 fév. 1407 (75); — Traité de mariage entre Jean, duc de Bourbonnais et d'Auvergne, et Jeanne de France, 23 déc. 1446 (99); —
« Mémoire des pièces et tiltres dont Monsieur le duc et Madame la
duchesse de Bourbon avoient requis qu'il pleust au Roy leur faire
faire communication » (115); etc.

XVII° siècle. — 118 feuillets. — « 1630 ».

197.

« Procès verbal de la conférence faicte en l'abbaïe de

St-André au Bois entre les députez des rois très-chrestien [Henri III] et catholique [Philippe II], sur le différend de la propriété, feudalité, ressort et souveraineté de la chastellenie de BEAURAIN, en décembre l'an 1579. »

Les commissaires de Henri III étaient René Hennequin, sieur de Sermoises, Jean de Refuge et Simon Marion ; — ceux de Philippe II, Jérôme de France, Pierre Belvalet, Pierre Grenet, sieur de Fermont, et Pierre Payen, sieur de Bellacourt.

XVIIe siècle. — 105 feuillets. — « 1628 ».

198-202.

« Négotiation de la trêve entre le roi d'Espagne [Philippe III] et les archiducs de Flandre d'une part, et les Estats généraux des sept Provinces unies des Païs-Bas d'autre, traictée soubs l'autorité du feu roi Henry IIII par monsieur le président Jeannin. » — Mai 1607-juillet 1609.

I (198). Mai-août 1607.
II (199). Août-décembre 1607.
III (200). Janvier-août 1608.
IV (201). Août-décembre 1608.
V (202). Janvier-juillet 1609.

XVIIe siècle. — Papier. — 226, 216, 222, 193 et 187 feuillets. — « 1630 ».

203.

Recueil de discours, avis et lettres politiques du président JEANNIN, du maréchal de Bouillon, d'Anne d'Autriche, du duc de Guise, d'Ant. d'Espeisses, du duc d'Épernon, du chancelier Pomponne de Bellièvre, de Sully, etc. (1588 à 1623 environ).

Ce volume contient les pièces suivantes : « Advis donné au Roy [Henri IV] sur la paix de France avec l'Espagne, avant qu'elle fust faicte à Vervins », 1595 (3) ; — « Advis donné au Roy par M^r le président Jeannin sur la réduction du marquisat de Saluces en l'obéissance de Sa Majesté », 1599 (11) ; — « Préface faicte par M. le

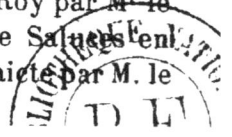

président Jeannin sur l'histoire de la vie du feu Roy », 1606 (13) ;
— « Harangue faite par M^r le p. J[eannin] estant en Holande pour
faire obtenir aux catholiques libre exercice de leur religion » (17) ;
— « Remonstrance de M. le président Jannin baillée aux Estats [des
Pays-Bas] pour et au nom des rois de France [Henri IV] et d'Angleterre [Jacques Ier] », 1608 (19) ; — « Propos tenus en l'assemblée
générale des Estatz par M. le président Jeannin, affin de leur représenter l'administration des finances pendant la régence de la
Royne [Marie de Médicis] », 1614 (26) ; — Lettre de [Henri de La
Tour], maréchal de Bouillon, au président Jeannin, Sedan, 9 juin
1615 (32), et réponse de Jeannin. 26 juin 1615 (34) ; — « Propoz
tenuz en l'assemblée des notables à Rouen, le 14 décembre
1617, par M. le président Jannin... » (41); — Lettre de Marie
de Médicis à Jeannin, Angoulême, 10 mars 1619 (45), avec la
réponse, Paris, 17 mars 1619 (46) ; — Lettre du Roi [Louis XIII]
à la Reine mère, composée par Jeannin, Tours, 31 mai 1619 (47) ;
— « Escript faict par M^r le président Jeannin, au mois de febvrier
1620, sur le subject des troubles d'Allemagne, et des moyens d'y
remédier » (48) ; — « Advis » du même, « pour faire la paix avec
ceux de la religion prétendue réformée », 1621 (54) ; — Lettre de la
Reine [Marie de Médicis] au prince de Condé, composée par Jeannin, fév. 1614 (60) ; — « Escript faict par M^r le président Jeannin
peu après la paix faicte avec ceux de la religion prétendue réformée, contenant son advis et les moyens de la faire durer » (64) ; —
« Escript » du même, « contenant ses raisons pour faire la paix »,
vers février 1622 (68) ; – « Discours apolégétique... de sa conduite
durant les troubles de la Ligue, et depuis soubz les règnes du feu
roy Henry le Grand, et du roy à présent régnant, 1622 », par le
même (74) ; — Lettre du même au Roi [Louis XIII], Paris, 23 avril
1622 (90) ; — « Discours » du même, « peu de jours avant son dé-
cedz, sur les affaires de Hollande... », déc. 1622 (92) ; — Lettre
du même au Roi [Louis XIII], en faveur de son gendre, M. de Castille, Paris, 22 janv. 1623 (98).

« Advis trouvé en l'année 1588 entre les papiers d'un grand
[Henri de Lorraine, duc de Guise], après sa mort au château de
Blois », par l'archevêque de Lyon [Pierre d'Espinac] (102) ; —
« Coppie d'une lettre escritte au Roy [Henri III], et extraict d'une
autre aux princes et seigneurs françoys, du 17e jour de may 1588 »,
par le duc de Guise (106) ; — Lettre d'[Antoine] d'Espeisses à

« M. de Sermoise », 31 déc. 1589 (108) ; — « Lettre d'un François à un Ligueur de Paris », du camp du Mans, 6 déc. 1589 (110) ; — « Réadvis et abjuration d'un gentilhomme de la Ligue... » (114) ; — Harangue de M. Buisson, « advocat pour la Roine demandant vengeance de l'assassinat du Roy son mary, à Mante » (122) ; — Lettre du duc d'Épernon au connétable [Henri de Montmorency], Brignoles, 31 déc. 1594 (140) ; — Lettre de [Pomponne] de Bellièvre au roi de Navarre, après les Barricades, 1588 (152) ; — Lettres du même au président Jeannin, Grignon, 13 déc. 1592 (154), et au duc d'Épernon, 1595 (161) ; — Lettre adressée à Bellièvre par un correspondant inconnu, 1593 (165) ; — Lettres du comte d'Auvergne [Charles de Valois] au Roi, 10 juin s. a. (166) ; — « Conseil donné à la Royne mère du Roy, pour le gouvernement et conservation de l'Estat, par trois des principaulx de son Conseil, et ausquelz le deffunct Roy Henry le Grand communiquoit ses plus importantes affaires », 1610 (169) ; — Lettre écrite à la Reine [Marie de Médicis] après le meurtre de Henri IV, sans nom d'auteur (181) ; — Lettre de l'évêque de Beauvais [René Potier de Blancménil] au Roi [Louis XIII], 1615 (189) ; — Lettre de Sully à la Reine mère, après sa retraite (191).

XVIᵉ et XVIIᵉ siècles. — 194 feuillets. — « 1630 ».

204.

Recueil de documents, manuscrits et imprimés, concernant l'histoire de la Lorraine, de 1344 à 1630 environ.

On remarque dans ce volume les pièces suivantes : « Mémoire touchant Namur et Lorraine, escrit de la main de Monsʳ le Cancelier de L'Hospital » (7) ; — Notes de Th. Godefroy et de P. Dupuy sur le mot « marquis » (9) ; — Documents relatifs à la succession au duché de Lorraine, 1344-1625 (13, 29, 31, 43, 51, 69, 195, 218) ; — Enquête du bailli de Chaumont sur les limites du royaume du côté de la Lorraine, 1390 (21) ; — Lettres de rémission octroyées par Charles VI au duc Charles Iᵉʳ de Lorraine, Paris, déc. 1397 (27) ; — Procuration du duc Nicolas pour son mariage avec Marie de Bourgogne, juin 1473 (39) ; — Requête du duc de Lorraine [René II] au Parlement, contre Robert de La Marche, au sujet de la seigneurie de Neufchâtel, 8 août 1496 (55) ; — Lettres de naturalité octroyées par Louis XII à Philippe de Gueldres, duchesse de Lorraine, et à Claude de Lorraine, fils du duc [René II], Lyon, mars 1506 (59 et 60) ; — Testament de René, duc de Lorraine, 25 mai 1506, copie de J. Dupuy (63) ; — Lettres de Ferdinand, roi des Romains, portant convention entre l'Empereur [Charles-Quint] et Antoine, duc de Lorraine, Nuremberg, 26 août 1542 (71) ; — Affaires de Lorraine sous le roi Henri II, 1549-1552 (75) ; — Lettres patentes de Henri II, portant érection de la baronnie de Joinville en principauté, Joinville, avril 1551 (77) ; — Serment prêté par le prince de Vaudemont à Henri II, 1551 (85) ; — Sur le droit d'aubaine en Lorraine, août 1555 (86) ; — Lettres patentes de Charles II, duc de Lorraine, organisant une cour de justice à Saint-Mihiel, Nancy, 8 oct. 1571 (88) ; — Présentation des coutumes de Bassigny au Parlement, 18 juin 1585 (104) ; — Négociations et traité entre Henri IV et Charles II de Lorraine, 1594-1595 (106 et 112) ; — Lettres de neutralité octroyées au duc Charles II par Henri IV, Abbeville, 19 juin 1596 (118), et par le roi d'Espagne Philippe II, Bruxelles, 8 janv. 1596 (124) ; — Traité de mariage entre Catherine de Navarre, sœur de Henri IV, et Henri de Lorraine, duc de Bar, Monceaux, 5 août 1598 (132) ; — Lettres de Henri IV pour la vérification au Parlement du traité conclu entre la France et la Lorraine. Calais, 4 sept. 1601 (142) ; — Bulles de Clément VIII, concernant l'érection de l'église de Nancy en primatiale, 16 mars 1602 (148 et 152) ; — Arrêt de bannissement rendu par l'échevinage de Nancy contre Claude Villermin, 11 mai 1604 (176) ; — Lettres de naturalité octroyées par Louis XIII aux enfants de François de Lorraine, comte de Vaudemont, Paris, juin 1610, copie de Th. Godefroy (177) ; — Copie du testament de Henri II, duc de Lorraine et de Bar, « prise sur l'original » par J. Dupuy et N. Rigault, 1621-1623 (181) ; — Trois ordonnances de Henri II, duc de Lorraine, sur le commerce, principalement des grains, 1622, in-fol., *impr.* (185, 186 et 187) ; — Requête au pape [Urbain VIII], par Charles de Lorraine, prince de Vaudemont, 1623 (188) ; — Bailliages, prévôtés et juridictions ressortissant à la Cour des Grands Jours de Saint-Mihiel, 1625 (189) ; — Lettres patentes du duc Charles III, relatives à la chancellerie de Lorraine, Nancy, 12 juin 1625 (195) ; — Sommation faite par Marguerite de Gonzague, veuve du duc Henri II, au duc Charles III, d'exécuter le testament du feu duc, Nancy, 28 juillet 1625 (197) ;

— Lettre du duc Charles III à la princesse de Conti, Nancy, 16 nov. 1625 (201) ; — Lettres du duc François II à la princesse de Conti et au duc de Chevreuse, s. d. (201 v° et 202) ; — Traité entre les ducs François II et Charles III, nov. 1625 (203) ; — « Résultat des Estats généraux convoquéz à Nancy le 2 mars 1626 » (209) ; — Lettre d'un anonyme au maréchal Louis de Marillac, Simières, 3 déc. 1625 (216) ; — « La vérité déclarée en l'ordre de la succession aux duchés de Lorraine et de Bar » (227) ; — Serment prêté aux États de la Lorraine par le duc Charles III, mars 1626 (237) ; — « Ordonnance de Son Altesse [Charles III, duc de Lorraine], sur la résolution des Estats Généraux assemblez à Nancy le deuxième du mois de mars 1626 », 1626, in-4°, *impr.* (240) ; — Relation des violences commises par les soldats lorrains, lors de la mise à exécution de la sentence impériale qui adjugeait au duc la ville de Sarwerden *et autres lieux*, 1627 (246) ; — Mandement de l'empereur Ferdinand II au duc François II, Spire, 3 août 1629 (248) ; — Sentence du même, au sujet de l'affaire de la maison de Lorraine contre la maison de Nassau, même date (249) ; — Lettres de Louis XIII, portant commission à Louis de Marillac et autres conseillers d'État de s'aboucher avec les députés du duc de Lorraine [Charles III], La Rochelle, 5 août 1628 (254), avec la lettre d'envoi de cette commission *à Marie de Médicis*, 6 août 1628 (255) ; — Lettres du Roi à ses envoyés près le duc de Lorraine, Lyon, 17 août 1630 (258) ; etc.

XVIe et XVIIe siècles. — 258 feuillets. — « 1631 ».

205.

Recueil de pièces relatives aux négociations entamées, au nom de Louis XIII, avec l'empereur Ferdinand II et les princes protestants d'Allemagne, par Charles de Valois, duc d'Angoulême, Philippe, comte de Béthune, et De Préaux. (1620-1621.)

XVIIe siècle. — 276 feuillets. — « 1630 ».

206.

Recueil de pièces concernant la Lorraine et le Barrois, de 1220 à 1539 environ. — Copies.

On remarque dans ce volume les pièces suivantes : Hommage

rendu par Mathieu, duc de Lorraine, à Blanche, comtesse de Champagne, et à Thibaut IV, pour Neuchâteau, juillet 1220 (7); — Lettres de rémission octroyées par Charles V au duc Jean Ier de Lorraine, Paris, 23 sept. 1367 (9); — Pièces relatives à Neuchâteau, 1390-1391 (13-25); — Lettres de rémission octroyées par Charles VI au duc Charles Ier, Paris, fév. 1412 (27); — Lettres de Louis XI, portant cession au duc de Calabre des châtellenies de Neuchâteau, Montfort, etc., Paris, oct. 1465 (43); — « Explication de la lettre de Philippe le Bel, du mois de juliet 1300 », relative à Neuchâteau, par le procureur général [Jacques] de La Guesle, minute autogr. (47); — Lettres de Thibaut II, comte de Bar, concernant le château de La Mothe, Troyes, fév. 1272 (52); — Lettres de Charles VI, Compiègne, 11 mai 1391, et de Louis XI, Bordeaux, 11 mars 1461, « pour faire aparoir que les duchés de Bar et chastellenie de L[o]uppy.. sont tenuez en foy et hommaige du Roy » (55); — Lettres d'Isabelle de Lorraine, reine de Sicile, au sujet de l'hommage à elle dû par Jacques, seigneur de Hans, Bar, 10 juillet 1442 (59); — Lettres de Charles VIII, portant réunion à la Couronne des places de Château-sur-Moselle et Blainville, situées aux confins du Barrois, Amboise, avril 1483 (61); — Extraits des registres du Parlement, relatifs à la cession, par François Ier, au duc [Antoine] de Lorraine de Blainville et Château-sur-Moselle, juin-sept. 1518 (63-69); — Plaidoyer en faveur des droits de justice et de souveraineté du roi de France « en la rivière de Meuse, devers Sevigny », 3 mai 1520 (71); — Supplique de Manon Varin, femme de Nicolas Thomas, de Chaumont, adressée au prévôt de Bar-le-Duc, XVIe s. (79); — Documents relatifs à Ligny, 1541 (81); Gondrecourt, 1570-1593 (85 et 91); Commercy, 1315-1539 (107-140); etc.

XVIe et XVIIe siècles. — 140 feuillets. — « 1631 ».

207.

« Inventaire des livres de M^r [Antoine] DE LOMÉNIE », avec notes et table de P. Dupuy.

Ce volume contient un inventaire sommaire de 349 manuscrits, aujourd'hui conservés à la Bibliothèque nationale sous la dénomination de « Collection de Brienne ».

XVIIe siècle. — 108 pages.

208.

« Assemblées des Notables ». (1596-1627.)

Les documents contenus dans ce volume sont les suivants :
« Estat des noms des députez convoquez par le Roy [Henri IV]
en l'assemblée tenue à Rouen. . en l'année 1596, départiz en trois
chambres... » (4) ; — Cahiers de cette assemblée (5 v°).

Plan gravé de l'assemblée des Notables tenue à Rouen en 1617,
in fol. (30); — « Ordre tenu en la première séance » de cette assemblée, in-fol. oblong *impr.* (31); — Cahiers de cette assemblée (32).

Copie d'une lettre anonyme, relative à l'ouverture de l'assemblée
des Notables tenue à Paris en 1626 et 1627 (64); — Liste des députés de cette assemblée (68), et cérémonial qui y fut observé
(70); — Harangue du cardinal de Richelieu, 2 déc. 1626 (82); —
Cahiers de l'assemblée de 1627 (88); — « Estat des taxes de Messieurs les Notables », 1627 (148).

XVIIe siècle. — 150 feuillets. — « 1627 ».

209-210.

Recueil de pièces concernant le Barrois. (1220 à 1626 environ.)

I (209). — De 1220 à 1626 environ. — On remarque dans ce volume les documents suivants : Note de Joly de Fleury relative aux
volumes 208 à 215 de la Collection Dupuy (1) ; — Mémoire concernant les droits du Roi sur le duché de Bar par deçà la rivière de
Meuse (3), et déclaration de ces droits par les officiers du Roi au
bailliage de Sens, 1539 (5) ; — Notes sur divers documents relatifs
au duché de Bar (11) ; — Copies de lettres patentes des comtes
de Bar, Henri II, 1220, et Henri III, Bruges, 1301 (16) ; — Dénombrement des terres, villes, châtellenies, etc., pour lesquelles
Henri III, comte de Bar, rendit l'hommage à Philippe le Bel, 1301
(25) ; — Lettres patentes des comtes de Bar, Henri III, déc. 1301 (31),
et Édouard Ier, Bar, 22 juillet 1334 (34) ; — Arrêt du Parlement,
prononcé à la requête d'Yolande de Flandre, veuve du duc Henri,
5 juin 1353 (41) ; — Don fait par René, roi de Sicile, à son fils na-

turel Jean et à sa descendance, du marquisat de Pont-à-Mousson, 1473 (48) ;

Lettres de François Ier et de Henri II, relatives à l'administration judiciaire du duché de Bar, 1539-1552 (54, 73 et 84) ; — Mémoire des officiers royaux du bailliage de Sens, tendant à prouver que le duché de Bar, y compris les châtellenies de La Mothe, Conflans, etc., sont mouvants en plein fief du Roi et que leurs habitants sont justiciables du bailli de Sens, 1539 (59) ; — Réponse des gens du Roi aux objections du duc sur la question précédente (63) ; — Lettres du duc Antoine de Lorraine et de son fils François, duc de Bar, 15 nov. 1541 (67) ; — Déclaration de François Ier, portant que le duché de Langres, les villes de Bar et Ligny, et le pays de Barrois continueront à ressortir au bailliage de Sens, Saint-Germain-en-Laye, mai 1544 (72) ; — « Copie des [noms des] fiefs et villages qui viennent à présent aux assises de Bar », 1558 (77) ; — Déclaration de Henri II, portant qu'il appartient au seul bailli de Bar de connaître des appels des juges subalternes du bailliage de Bar, et que le présidial de Sens ne peut connaître que des appels interjetés dudit bailli de Bar, Compiègne, 7 déc. 1552 (83 et 92) ; — Lettres du duc François Ier et de son frère Nicolas de Lorraine au roi François Ier, Vitry, 16 juin [1544], orig. (86) ; — Extraits des registres du Parlement de Paris, concernant la tutelle de Charles, duc de Calabre, janv.-fév. 1548 (88) ; — Supplique et lettres du duc Charles II au Parlement de Paris, Nancy, 12 janv. et 12 fév. 1563, orig. (94-96) ;

Convention conclue entre Charles IX et le duc Charles II, pour les droits de régale et de souveraineté dans le duché de Boulogne-lez-Paris, 25 janv. 1571 (97) ; — Contrat relatif aux mêmes droits, même date (101) ; — Discours de [Guy] Du Faur, [sieur de Pibrac], au Parlement, en présence du Roi (110) ; — Lettre des gens du Roi, Gui Du Faur de Pibrac, J[ean] de La Guesle et C[hristophe] de Thou, au secrétaire d'État Pinart, 18 nov. 1572, orig. (114) ; — Lettres de Henri III, au sujet des conventions avec la Lorraine, Paris, 8 août 1575 (116) ; — Mémoires relatifs au duché de Bar, 1575, minutes (118 et 122) ; — Lettre de Marguerite de Savoie à [François de Luxembourg], duc de Piney, son fils, 16 nov. 1579, orig. (124) ; — Extraits des registres du Parlement, concernant des conflits entre la justice royale et celle du duché, 1581-1582 (125 et 129) ;

Enquête ouverte au nom de Henri III contre François de Rosières, archidiacre de Toul, auteur d'un livre intitulé : *Stemmata Lotharingiæ ac Barri ducum*, 1583 (131) ; — Pièces relatives à la même affaire (148-158) ; — Déclaration de Henri IV, relative au traité par lui conclu avec le duc Charles II, Fontainebleau, 15 oct. 1599 (159) ; — Requête du duc Charles II au Conseil du Roi, 1600 (161) ; — Supplique des habitants du carrefour de la ville haute de Bar-le-Duc au Parlement, au sujet du droit de régale, 1600 (163) ; — Impôts levés sur la ville et bailliage de Bar de 1588 à 1601 (167) ; — Remontrances du Tiers-État du duché de Bar aux États tenus à Bar par le duc Charles II, avril 1603 (169) ; — Remontrances des habitants de la « ville haulte » de Bar au procureur général du Roi, 1605 (177) ; — Discours prononcé dans la Chambre de la noblesse, aux États généraux, par M. de Bréval, agent du duc de Lorraine [Henri II], 5 fév. 1615 (183) ; — Lettres de Louis XIII, portant confirmation des traités de 1571 et de la déclaration de 1575 en faveur du duc de Lorraine, Bordeaux, 16 oct. 1615 (187) ; — Arrêt du Conseil d'État, relatif à des conflits de juridiction survenus dans le duché de Bar, Saint-Germain-en-Laye, 9 sept. 1623 (189) ; — Arrêt du Parlement, relatif au droit d'aubaine dans le duché de Bar, 18 fév. 1626 (191) ; — « Mémoire des droits de nomination qui appartiennent au Roy dans le Barrois », in-4°, *impr.* (194) ; — « Que le Roy pourveoit aux hospitaux et maladeries du duché de Bar, et luy en appartient la réformation », notes de Th. Godefroy (199) ; — Notes concernant les droits du Roi sur le prieuré de Rups-aux-Nonnains, par Th. Godefroy (201) ; — Lettre des gens du Roi au sujet des affaires de Bar, minute, s. d. (205) ; — Lettres de Charles IX au bailli de Sens, s. d. (206) ; — Mémoire sur le droit du Roi de nommer l'abbé de Flabemont (208) ; — Arrêt du Parlement contre Jean de La Vallée, religieux de L'Ile-en-Barrois, au profit d'Antoine Sève, abbé dudit monastère, 14 août 1626 (212) ; etc. — « 1631 ».

II (210). — De 1391 à 1604 environ. — On remarque dans ce volume les documents suivants : Mémoires et remontrances concernant les droits de souveraineté des empereurs d'Allemagne et des rois de France (de Charles VIII à Henri II) sur le duché de Lorraine et de Bar (4-47, 77, 95 et 102) ; — « Remonstrances

faites au Roy... en son Conseil privé, ... par la bouche de
M⁰ Jacques Cappel..., touchant le faict du duché de Barroys et
autres terres situées ès frontières de Champaigne », 18 avril 1539
(48-76) ; — Notes sur Bar-le-Duc, 1392-1548 (84) ; — Mémoires des
officiers du Roi au bailliage de Sens, au sujet des affaires de Bar
et de Lorraine (111-142) ; – « Articles présentez par M. le duc de
Lorraine [Charles II], sur lesquelz il supplye luy estre pourveu
par Sa Majesté pour l'entretenement et observation des traittez,
faictz avec les Roys ses prédécesseurs, touchant les droitez de ré-
galle et souveraineté dudict sieur duc ez bailliage de Bar et prévostez de la Marche, Chastillon, Conflans et Gondrecourt, vulgai-
rement dictes Terres de la mouvance... », avec notes marginales
du procureur Jacques de La Guesle, 1604 (143) ; etc. — « 1627 ».

XVI⁰ et XVII⁰ siècles. — 213 et 150 feuillets.

211.

Recueil de LETTRES, la plupart autographes, de ROIS et REINES
de FRANCE, et autres grands personnages français des XVI⁰ et
XVII⁰ siècles.

Ces lettres émanent des personnages suivants : François I⁰ʳ,
alors comte d'Angoulême et duc de Valois, à Louis XII, Châtellerault, 13 sept. s. a., orig. (3) ; — à Louise de Savoie, sa mère,
s. d., deux lettres (4 et 6).

Éléonore d'Autriche à François I⁰ʳ, 4 lettres dont la dernière
seule est datée, Amboise, 1⁰ʳ sept. s. a. (8, 8 *bis*, 9 et 10).

Marguerite [de Navarre] à « M. le général » [Philippe Hurault, comte de Cheverny], Blois, 23 nov. s. a., orig., avec un
post-scriptum autogr. (10 *bis*).

Catherine de Médicis, au chancelier, s. d. (11) ; — au roi de
Navarre [plus tard Henri IV], Port-Sainte-Marie, 21 janv. 1579,
(12) ; Hoch [Auch], 24 nov. 1578 (13) ; Saint-Maur-des-Fossés,
12 juin 1582 (15) ; Paris, 31 mars 1585 (?) (26) ; s. l. n. d.
(27) ; — à [Pomponne] de Bellièvre, Chenonceaux, 17 sept. 1584,
autogr. (14) ; — à Henri III, Chenonceaux, 22 avril 1582 (17) ; s. d.
(19) ; s. d., orig. (21) ; — à Charles IX, Nancy, 24 nov. 1573 (23) ;
Jenville, 13 nov. 1573 (24).

Marguerite de France, [duchesse de Savoie] : au Roi [Charles IX],
s. d. (28, 29 et 32) ; — à [Robert Hurault], sieur de Belesbat,
Turin, 12 avril 1573 (34) ; — au chancelier Michel de L'Hospital,
Turin, 15 août 1568, orig., avec un post-scriptum autogr. (35) ;
22 fév. 1573 (35) ; s. d. (37).

Jeanne d'Albret, reine de Navarre, à Henri, son fils, Tours,
21 fév. s. a., avec un post-scriptum [de Catherine de Navarre?]
(38) ; 25 s. m. n. a. (41) ; Brion, 21 janv. s. a. (42) ; — au Roi
[Charles IX], La Cortille, 30 août s. a. (40) ; — à la Reine [Élisabeth
d'Autriche], s. d. (43).

Henri [III], duc d'Anjou, roi de Pologne, puis roi de France, au
Roi [Charles IX], [de Pologne], 30 janv. s. a. (46) ; Paris, s. d. (48) ;
La Rochelle, s. d. (50 et 53) ; s. l. n. d. (52) ; s. l. n. d. (54 et 55) ;
Cracovie, 22 mars 1574, orig. (56) ; « Trioche » [Troki ?], 12 janv.
s. a. (58) ; « Metzoryet » (?), 25 janv. s. a. (60) ; Cracovie, s. a. (61) ;
s. d. (62) ; — au roi de Navarre Henri, plus tard Henri IV, Paris,
2 mai s. a. (63) ; camp d'Étampes, 5 juillet 1587 (64) ; Amboise, 1587
(65) ; Poitiers, s. d. (66) ; — à [Claude] Dupuy, conseiller au Parlement de Paris, 12 sept. 1581, orig. (67) ; — à M. de Candalle,
s. l. n. d., autogr. (68) ; — au même (?), duplicata, Blois, s. d.
(69) ; — au sieur de Longnon, Blois, 16 fév. 1587 (70).

Louise [de Vaudemont, veuve de Charles IX], au Roi [Henri IV],
s. d. (71 et 72), et à M. de Châteauneuf, Moulins, 13 janv. (?) 1588,
orig. (75).

Louise de Savoie à François Ier, s. d. (74).

François, [duc d'Alençon], au Roi [Charles IX ou Henri III], Moulins, 22 mars, s. a. (76) ; Nieul, 14 juin s. a. (77) ; s. d. (80) ; — à
[Claude] Dupuy, Moulins, 10 avril 1576, orig. (81).

Charles II, duc de Lorraine, au Roi [Charles IX ou Henri III],
Nancy, 5 déc. et 5 mars s. a. (82 et 84) ; — à son fils le prince de
Lorraine [Henri, plus tard duc de Lorraine sous le nom de
Henri II], Nancy, 6 janv. 1599, orig. (86).

Le cardinal Charles de Lorraine au Roi [Charles IX], s. d (88),
et Rome, 10 sept. s. a. (89) ; — à l'abbé de Saint-Père, conseiller
au Parlement de Paris, Blois, 12 nov. 1559, orig. (91) ; — à
[Henri III], Bar, 13 mars 1599 (92).

Henri de Lorraine, [duc de Guise], au Roi [Henri III], s. d. (93 et
95) ; Troyes, 20 mars, s. a. (97) ; — au roi de Navarre [plus tard
Henri IV], non signée (99).

Charles de Lorraine, [duc de Mayenne], au Roi [Henri IV?], Moulins, 17 fév. s. a. (100), et Venise, 12 juin s. a. (102).

Lodovico Gonzaga [Louis de Gonzague, duc de Nevers], au Roi [Henri III], Saint-Maixent, 29 nov. 1586, orig. (104).

Henri, bâtard d'Angoulême, au Roi [Charles IX ou Henri III], s. d. (106), et Poitiers, 29 janv. s. a. (108).

Claude de France à « Monsigneur » [François Ier?], s. d. (110).

Françoise d'Orléans au Roi [Charles IX], s. d. (111), et Château-dun, 16 août 1573, orig. (113).

Léonor d'Orléans, [duc de Longueville], au Roi [Charles IX], Boulogne, 5 août 1572 (115).

La marquise de Verneuil à un correspondant inconnu, s. d , copie (117).

Sœur Françoise de Foix [Madame de Candalle], au Roi [Henri IV], Verdun, 24 sept. 1604 (118), et monastère du Moncel, 7 mai 1605 (119).

Au fol. 44 se trouve en outre la copie d'une lettre, attribuée par une note au duc d'Alençon.

XVIe et XVIIe siècles. — 120 feuillets — « 1629. »

212.

Recueil de lettres de François de Luxembourg, duc de Piney, pair de France, écrites à Henri IV et à Villeroy, secrétaire d'État, pendant son ambassade à Rome, avec les réponses. (Décembre 1596-août 1598.) — Copies.

XVIIe siècle. — 287 feuillets. — « 1629 ».

213.

Recueil de procès-verbaux et de cahiers d'assemblées tenues par les Réformés. (1582-1625.) — Copies.

Ce volume contient les documents suivants : Note adressée par Joly de Fleury à Caussin de Perceval, relative à la copie, par Pitorre, des volumes 213-218 de la Collection Dupuy (3) ; — Procès-verbal de l'assemblée de Saint-Jean-d'Angely, 1582 (6) ; — Cahier de l'assemblée de Mantes, 9 déc. 1593 (12) ; — Procès-ver-

baux des assemblées de Châtellerault, 26 juillet-9 août 1605 (48),
et de Saumur, 22 mai-12 sept. 1611 (66) ; — Organisation des Conseils des cercles, 9 août 1611 (124) ; — Règlement pour les Conseils
et assemblées provinciales, 14 juillet 1611 (128) ; — « Serments et
signature de l'union générale des Églizes, » 28 mai 1611 (130) ; —
Lettres de Louis XIII et de Marie de Médicis à l'assemblée de Saumur, mai-sept. 1611 (134, 140 et 154) ; — Cahier et instructions remis aux sieurs de La Caze, Courtaumer, Ferrier, de Mirande et
Armet, députés à Henri IV par l'assemblée de Saumur, juin 1611
(136 et 138) ; — Supplique remise par les députés de Saumur à
[Claude] de Bullion (142) ; — Cahier général présenté à Henri IV de
la part des députés de Saumur, avec les réponses du Roi dans la
marge (144) ; — Cahier de Béarn (151 v°) ; — Lettres du duc de Bouillon [Henri de La Tour, vicomte de Turenne] et du maréchal de Lesdiguières aux Églises réformées de France, Paris, 8 juillet 1612
(156) ; — « Raisons de ceux qui estoient d'advis de nommer les
deputez avant que de voir le cahier » (158) ; — Cahier des Réformés,
août-sept. 1615 (162) ; — Extrait des actes de l'assemblée de Loudun, 25 sept. 1619 (168) ; — Cahier de 1625, avec les réponses
de Louis XIII (190) ; etc.

XVIIe siècle. — 199 feuillets. — « 1627 ».

214.

« Traitez d'Angleterre. » (1259-1624.) — Copies, pour la
plupart authentiques.

Ce volume contient les traités conclus entre Henri III et saint
Louis, Londres, oct. 1259 (2) ; — Édouard 1er et Philippe le Bel,
Montreuil-sur-Mer, 14 juillet 1299 (3) ; — Élisabeth et Charles IX,
Blois, 29 avril 1572, en latin et en français (4 et 15) ; — Charles 1er
et Louis XIII, au sujet du mariage de Henriette-Marie de France
avec le roi d'Angleterre, 1624 (25).

XIVe, XVIe et XVIIe siècles. — 32 feuillets. — Parchemin. — « 1632 »

215-216.

« Arrests de la cour de Parlement de Paris et divers extraicts tirez des registres d'icelle, concernans l'autorité, drois, prééminances et præérogatives de ladite cour, et autres matières. » — Copies.

I (215). — 1344-1630. — On remarque dans ce volume les pièces suivantes : Prérogatives accordées au Parlement par le pape Jean XXIII, 12 sept. 1414 (10) ; — Lettres de Louis XI, portant exemption, en faveur des conseillers du Parlement, même possédant fief, d'envoyer des gens d'armes à l'armée royale, Issoudun, 5 mai 1465 (18) ; — Lettres du même, fixant la reprise des séances du Parlement au 12 octobre, Paris, 11 oct. 1465 (20) ; — Lettres du même, ordonnant que l'exécution des arrêts du Parlement et des Requêtes de Paris aura lieu dans les ressorts des Parlements de Bordeaux et de Toulouse sans lettre de *pareatis*, Puiseaux, 2 sept. 1474 (22) ;

Lettres patentes de Charles VIII, relatives aux privilèges du Parlement, Amboise, 12 sept. 1483 (26) ; — Lettres du même, exemptant les conseillers et officiers du Parlement du ban et de l'arrière-ban et de l'obligation de faire la déclaration de leurs fiefs et rentes, Paris, fév. 1484 (32) ; — Délibération du Parlement, portant que deux frères conseillers ne peuvent être reçus en même temps dans la Grand'Chambre, 1502 - 1503 (39) ; — Arrêt relatif à l'autorité du Parlement sur la Chambre des comptes, 24 mai 1511 (41) ; — Visite du roi de Navarre [Jean d'Albret] au Parlement, 3 avril 1514 (43) ; — Suppression de la plaidoirie prononcée par l'avocat du Roi contre le duc d'Alençon, 18 janv. 1514 (44 ; cf. 98) ; — Prières pour le Roi et les princes du sang, 25 sept. 1515 (48) ; — Délibération de la Cour, décidant qu'elle n'ira pas en corps au devant du cardinal de Luxembourg, légat *a latere*, 24 janv. 1516 (50) ; — Abolition de la Pragmatique sanction, 5 fév. 1516 (52) ;

Enquête au sujet de certaines ratures faites au registre du Conseil, 29 mai 1527 (56) ; — Convocation d'urgence du Parlement par le Roi, 24 juillet 1527 (57) ; — Arrêts contre le connétable de Bourbon, 27 juillet 1527 (58), et contre le conseiller Pierre Laydet, 20 juin 1528 (59) ; — Ordonnance portant qu'il sera informé contre Charles de Rohan, sieur de Gyé, coupable d'avoir prononcé des paroles injurieuses contre le Parlement, 8 juillet 1527 (60) ; — Semonce du Roi au Parlement, 24 juillet

1527 (61); — Envoi d'une députation de 40 conseillers au devant de l'archevêque de Sens [Antoine Duprat], légat et chancelier de France, 27 déc. 1530 (65); — Enquête au sujet d'une
autorisation donnée par le duc de Guise, gouverneur de Champagne, aux chanoines de N.-D. de Reims, pour la vente directe
de leurs blés, 8 mai 1532 (67); — Députation de l'échevinage de
Paris, venue au Parlement pour l'inviter à se faire représenter à
l'élection d'un prévôt des marchands et de deux échevins, 16 août
1532 (68); — Procession générale pour la santé du pape [Clé-
ment VII], 18 août 1534 (70); — Avis demandé au Parlement au
sujet d'une difficulté de chancellerie, 10 avril 1535 (72); — Privilège accordé à Simon de Colines et à Galiot du Pré pour l'impression d'une continuation du *Supplementum supplementi Chro-
nicorum*, 17 juin 1535 (75); — Procès des îles d'Oléron, 14-16
août 1532 (76); — Lettre de J[ean] Du Tillet à son « très humble
serviteur et cousin », s. d., autogr. (78); — Visite du premier
président du Parlement de Toulouse, 7 sept. 1532 (80); — Arrêt
contre le conseiller René Gentil, 3 mai 1542 (82); — Lettres de
Henri II en faveur du Parlement, contre la Chambre des comptes,
Saint-Germain-en-Laye, 26 juillet 1550 (84); — Signification de
l'arrêt (relatif au château de Villiers-Viveux) qui avait provoqué
les lettres précédentes, 29 janv. 1550 (90 et 94); — Arrêt concernant les créanciers des conseillers du Parlement, 21 fév. 1551
(100); — Remontrance du Parlement, au sujet d'un arrêt de la
Chambre du domaine autorisant des parties privées à prendre
connaissance des papiers du Roi, 11 mars 1551 (102);

Ordre d'enquête sur les âge et mœurs d'Achille de Harlay avant
sa réception, 10 mars 1557 (104); — Arrêt du Conseil d'État, réglant
un conflit entre le Parlement et la Chambre des comptes, Paris,
fév. 1557, parch. (106); — Arrêt contre Anne Du Bourg, 31 août
1559 (107; cf. vol. 216, fol. 114); — Lettres de Charles IX et de
Catherine de Médicis au Parlement, 10 déc. 1560 (109); — Procédure contre le conseiller Paul de Foix, 6 fév. 1560 (115); — Ordonnance de Charles IX, faisant défenses à tous présidents, conseillers et autres juges de se présenter à l'audience du Roi sans
son expresse permission, 1er août 1561, avec la délibération du
Parlement sur cette ordonnance, 1er sept. 1561 (119); — Arrêt
concernant l'entretien des religieux mendiants étudiants à Paris
« pendant la cherté des vivres », 4 oct. 1565 (123); — Brevet

accordé à Arnault Du Ferrier, président aux Enquêtes, par Charles IX, alors à Blois, 6 déc. 1569 (125); — Arrêt relatif aux prérogatives des conseillers qui résignent leurs offices après vingt ans de services, 13 avril 1576 (126); — Arrêts portant rejet d'édits bursaux, 6 et 9 sept. 1578 (128); — « Arest de la court de Parlement de Paris donné contre Maistre Jean Poille, conseiller, sur le procès criminel à luy faict, exécuté par la-dicte Court le vingt-neufiesme jour de may 1532 », petit in-4°, *impr.*, (132; cf. 136);

Lettres de Henri III aux conseillers d'État et avocats généraux du Parlement de Paris, au sujet de la prompte expédition des affaires pendantes, Paris, 19 fév. 1588 (138); — Question de préséance entre les maîtres des Requêtes et les conseillers du Par_ lement, au sujet de la présidence en l'absence du président de la Grand Chambre, Tours, 12 juin 1589 (139); — Arrêt portant que les substituts du procureur général n'auront point de séance au parquet, Tours, 22 juin 1589 (141); — Lettres de Henri III au Parlement de Tours, au sujet de l'expédition des affaires pendant les vacations, Saint-Denis, 1 août 1590 (143); — Visite faite au Parlement par le prince de Condé [Henri II de Bourbon], à son retour de Flandre, 23 juillet 1610 (145); — Délibération portant que remontrances seront faites à la Reine régente au sujet du trop grand nombre des illégalités judiciaires, 6 juillet 1613 (148); — Délibérations et arrêt concernant les violences commises par le duc d'Épernon dans les prisons du faubourg Saint-Germain et au Palais contre l'autorité du Parlement, nov. 1614 (149-164); — Arrêts relatifs à l'organisation et aux prérogatives du Parlement, 1615-1621 (166-174); — Affaire Jacques Hallé et Claude De Seyne, 1626 (175-181); — Police, 30 oct. 1626 (182), et 4 nov. 1626 (184); — Arrêts rendus dans des procès concernant divers membres des cours souveraines, 1626 (185-201); — Arrêt relatif aux contrôleurs et vendeurs de bière, 15 nov. 1627 (202); — Lettre de Louis XIII au procureur général Molé, La Rochelle, 15 nov. 1627 (204); — Lettre du président [Nicolas] de Bellièvre à Michel de Marillac, garde des sceaux, 1er juin 1628 (206); réponse de Marillac, La Rochelle, 24 juin (207); — Lettre du Parlement au Roi [Louis XIII], 16 juillet 1628 (208); réponse du Roi, La Rochelle, 29 juillet (212); — Lettres de Louis XIII au Parlement, en faveur de Pomponne de Bellièvre, Paris, 12 fév. 1629 (214); au sujet de la partialité des officiers des cours souveraines pour leurs parents et alliés, Paris,

14 janv. 1629 (216) ; — Arrêt sur l'établissement du contrôle des productions et droits de deux sols pour livre des épices, 9 mars 1630 (218) ; etc. — « 1630 ».

II (216). — De 1296 à 1595 environ. — On remarque dans ce volume les pièces suivantes : « Ordenance dou Parlement dou reaume et de l'Eschaquier (*sic*) et des Jours de Troyes », 1302 (3) ; — Ordonnances concernant le Parlement, 1319 (11), et 1320 (15) ; — « Serment exigé par la cour [de Parlement] de deux gentilshommes [Jean et Philippe de Fosseux] de bien traicter leur mère », 18 janv. 1408 (21) ; — Conflits entre le Parlement et l'Université, 22 nov. 1410 (22) ; entre le Parlement, l'évêché de Paris, l'échevinage et l'Université, 17 fév. 1412 (25) ; — Députation du Parlement à la Bastille, pour entendre la lecture du procès-verbal des aveux du comte de Saint-Pol, faite en présence du prisonnier, 11 déc. 1475 (27) ; — Enregistrement du serment prononcé au sacre par le roi Louis XI, 22 avril 1482 (28) ; — Admission en la Cour, sur ordre exprès du roi [Charles VIII], de l'évêque d'Avranches [Louis de Bourbon-Vendôme], ancien conseiller, 8 avril 1485 (31) ; — Réponse à l'évêque de Langres [le cardinal Jean d'Amboise], qui récusait le premier président, 10 déc. 1487 (33) ; — Procédure suivie dans le jugement du procès relatif au comté de Périgord, 13 mai 1488 (35) ; — Refus du Parlement d'autoriser, sans l'avis des intéressés, la levée d'un dixième sur le clergé, 16 juin 1489 (37) ; — Remontrance du Parlement au chancelier [Guillaume, et non] Pierre de Rochefort, 5 juin 1489 (39) ; — Arrêt concernant les appointés au Conseil aux plaidoiries, 7 sept. 1490 (41) ; — Arrêt décidant que, malgré les lettres patentes à lui octroyées, l'archevêque de Sens [Tristan de Salazar] ne sera pas reçu à opiner à la Cour comme l'évêque de Paris et l'abbé de Saint-Denis, 22 déc. 1490 (42) ; — Arrestation d'un huissier du Grand Conseil, coupable d'avoir signifié une évocation, 14 juin 1491 (47) ; — Affirmation du procureur général, que les avocats du Roi doivent plaider en son nom, 1er août 1492 (48) ; — Procès intenté au conseiller Martin de Bellefaie, accusé d'avoir reçu de l'évêque de Chartres [René d'Illiers] une prébende pour son fils, après avoir été rapporteur dans un procès gagné par ledit évêque, 13 nov. 1493 (51) ; — Remontrance du Roi [Charles VIII] au Parlement, qui recevait les appels d'officiers et gouverneurs révoqués de leurs charges, 29 mars 1492 (59) ; — Arrêt contre un conseiller coupable d'a-

voir aidé à dresser une fausse procuration, nov.-déc. 1496 (61) ;
Séance où le grand-maître de Rhodes, Émery d'Amboise, vint
saluer le Parlement avant de quitter la France, 27 mars 1503
(68); — Arrêt concernant la prévôté de Paris, juillet 1503 (69) ;
— Délibération concernant une prétention élevée par les maîtres
des requêtes au sujet des nominations de prélats et collateurs,
31 mai 1503 (73); — Invitation au Parlement, par l'abbé de
Saint-Denis [Aimar Gouffier de Boisy], d'assister à son entrée,
16 mars 1519 (74) ; — Remontrance des maîtres des requêtes au
Parlement, 23 janv. 1521 (75) ; — Remontrances du Parlement au
Roi [François Ier], particulièrement contre le projet d'ouvrir le
Parlement à Poitiers, juin 1523 (79) ; — « Instructions baillées
par la Chambre des vacations à aucuns conseillers envoiez vers le
Roi [François Ier], touchant le faict de [Louis] Berquin », 13 oct.
1526 (85); — Conflit entre le Parlement et la Cour des aides,
24 mars 1545 (89) ; — Délibération au sujet des appels interjetés
par les hérétiques, 13 nov. 1552 (93 v°); — Obsèques d'Éléonore
d'Autriche, reine douairière de France, 23 avril 1558 (98) ; — Arrêts touchant un différend survenu entre les présidents Christophe de Thou et François de Saint-André, 16 fév. 1559-mai 1560
(100-112) ; — Extraits relatifs au procès d'Anne Du Bourg, août-
déc. 1559 (114), et à l'interdiction du premier président Le Maistre,
août-oct. 1561 (150); — Réception du cardinal [François] de
Joyeuse comme conseiller d'honneur, 23 août 1585 (174) ; — Réception du cardinal [Pierre] de Gondi, venu pour saluer la cour
avant son départ pour Rome, 21 mars 1588 (176); — Affaire du
conseiller François de Vertamont, 30 déc. 1589-27 oct. 1590 (177);
— Réception d'une lettre du roi Henri IV, enjoignant au Parlement
d'aller saluer le prince de Condé comme premier prince du sang,
20 nov. 1595 (180); — Séances des conseillers du Parlement de
Bretagne au Parlement de Paris, 7 juillet 1571 (182), et 3 juin 1575
(183) ; — Affaire de la transaction conclue entre le roi [Henri III]
et feu la duchesse de Ferrare [Renée de France], 10 fév. 1576
(186) ; — Interrogatoire d'un conseiller qui était demeuré à Paris
pendant la Ligue et demandait à être rétabli dans son office,
3 mars 1595 (188); etc. — « 1631 ».

XVIe et XVIIe siècles. — Papier et parchemin. — 220 et 189 feuillets.

217.

Recueil de 134 lettres autographes de Marguerite DE NA-
VARRE à Henri IV, avant et après son avènement au trône de
France ; à Antoine de Loménie et à divers autres personnages.
(1593-1610.)

Les lettres adressées au roi de Navarre se trouvent aux fol. 2-23
et sont signées d'un monogramme, ainsi que les lettres des fol. 64
et 154 ; aucune n'est datée. La 11e (fol. 21) est incomplète du
commencement.

Les lettres adressées à Henri IV remplissent presque tout le
reste du volume. Jusqu'au fol. 117, elles sont datées d'Usson (1593-
1610), Issy (1602 et 1605), Boulogne (1601 et 1605), Bonneval
(1601), Chartres (1602), Étampes (1605), Paris (1603-1608), « Ar-
tene » [Arthenay ?](98). A partir du fol. 119, elles ne sont plus
datées que par exception.

Les destinataires autres que le roi Henri sont : la marquise [de
Roquelaure ?], 1597 (61) ; — Antoine de Loménie, 1599-1607 (63,
76, 90, 103, 108, 114 ; s. d., 121, 138, 139, 141, 146, 179, 180,
183) ; — [Antoine] Séguier, 1602, orig. (74) ; — la princesse de
Condé, 1604 (97) ; — la Reine [Marie de Médicis], s. d. (151) ; — enfin,
une personne qui n'est désignée que par un monogramme composé
de deux C adossés et entrelacés, surmontés d'une croix (64).

On remarque, en outre, dans ce volume, une lettre autographe
du duc Charles [II] de Lorraine à Marguerite, Nancy, 17 sept.
s. a. (82) ; et des copies de lettres de Marguerite et de Henri IV,
ainsi que diverses notes de la main de Dupuy (188 et suiv.).

XVIe et XVIIe siècles. — 192 feuillets. — « 1628 ».

218.

Recueil de RÈGLEMENTS faits par les rois de France pour l'administration de leur maison et des affaires du royaume, de 1567
à 1625 environ.

On remarque dans ce volume les documents suivants : Limites
géographiques des départements des quatre secrétaires d'État,
24 oct. 1567 (8), 12 nov. 1567 (9), 1er janv. 1589 (254), 5 fév. 1624

(299) ; — Lettre de Catherine de Médicis à Charles IX, « peu après sa majorité » (11) ; — Règlements de Charles IX « pour la conduite et direction de ses affaires, service de sa personne, police et règlement de sa maison et suitte ordinaire de sa cour », 24 oct. 1572 (17 et 136) ; — Règlements d'août 1578 (21), et du 1er janv. 1585 (59 et 79) ; — « L'ordre pour les commandeurs du Saint-Esprit que Sa Majesté [Henri III] veut servir près de sa personne pendant l'année... 1585... », 31 déc. 1584 (129) ; — « Reiglement des huict gentilhommes près de la personne du Roy... » (131) ; — Règlements du 10 oct. 1582 (137), et s. d. (141) ; — Ordonnance de Charles IX pour la police de la cour et règlement de sa suite, Saint-Germain-en-Laye, 7 août 1570 (150) ; — Ordonnance de Henri III « sur le faict des querelles qui avenir en son logis pourroient, ou à la suite de sa cour... », Paris, 12 janv. 1578 (154), et s. d. (157) ;

Règlement fait par Henri IV « pour les logis de sa cour », Paris, 7 juillet 1606 (160) ; — « Ordre du Conseil et ceux qui y doivent entrer à l'avènement du reigne du roy Henri second... », 13 avril 1546 (165) ; — Règlements pour le Conseil du Roi, 1585 et 1574 (167 et 184) ; — Règlements relatifs aux Conseils, 31 mai 1582 et 21 mai 1615 (186 et 205), et aux procès pendants devant le Conseil privé, Paris, 20 janv. 1580 (196) ; — Projet de règlement des Conseils, dressé à la conférence de Loudun, avril 1616 (212) ; — Règlements pour le chancelier (219), et pour les secrétaires d'État, Blois, 15 sept. 1588 (227) ; — Serment des secrétaires d'État (233) ; — « Reiglement... sur l'état des officiers domestiques... », 30 mars 1610 (236) ; — Supplique du duc de Guise [Henri Ier de Lorraine], grand-maître de France, à Henri III, avec la réponse du Roi, Lyon, 25 sept. 1574 (237) ; — Ordres pour les capitaines des gardes (240), les capitaines des cent gentilshommes de la maison du Roi (241), pour le capitaine de la porte de la maison du Roi (243) ; — Rôle des princes, seigneurs et dames qui doivent entrer en carrosse et à cheval dans la cour du Louvre, 8 fév. 1611 (244) ; — Ordres pour le grand-prévôt de l'hôtel du Roi, 31 oct. 1573 (246), et 1er janv. 1585 (249) ; — « Articles sur lesquels le sieur de Richelieu, prévost de l'hostel, grand prévost de France, requiert estre pourveu par Sa Majesté... », 18 avril 1580 (252) ; — Documents relatifs aux gardes du corps, 1576-1618 (260 et 270) ; — Ordres pour l'introducteur des ambassadeurs,

1ᵉʳ janv. 1585 (271); pour les maréchaux de France, janv. 1594 (272); pour le sacre du Roi, 17 oct. 1610 (273); pour la procession générale du 26 oct. 1614 (274); pour les devoirs à rendre au Roi par ses officiers, 13 janv. 1611 (276); — Ordonnances défendant à toutes personnes de porter des pistolets et « autres bastons à feu », 14 janv. 1611 (277); aux pages et laquais de porter des épées, dagues ou bâtons, 11 août 1616 (278);

Règlement pour les chasses, sept. 1608 (280); — Ordre et règlement pour les officiers de la ville de Paris, 14 avril 1587 (282); — Règlement de Henri IV concernant « la direction et distribution des vivres et magazins de son royaume, tant en son armée et celles des provinces que villes frontières... », Mantes, 17 janv. 1594 (287); — Ordre au comte de La Mark, capitaine des Cent-Suisses, d'envoyer sept Suisses à Blois, pour le service de la Reine mère, 22 mai 1617 (293); — Ordre pour le capitaine des gardes de Gaston d'Orléans, 11 juillet 1617 (294); — Extrait d'un arrêt du Conseil privé, relatif aux privilèges des officiers domestiques et commensaux des maisons du Roi, de la Reine et autres princes et princesses, Amboise, 2 janv. 1572 (295); — « Forme que l'on observe pour servir le Roy lorsqu'il est au lit malade » (296); — « Cérémonie qui s'observe lorsque le Roy donne le bonnet à un cardinal » (297); — Ordonnance de Charles IX, portant que les officiers de la Couronne précéderont les ducs, marquis et comtes créés depuis la mort de Henri II, Moulins, 18 mars 1566 (300); — Ordre « que le Roy [Charles IX] veult estre observé en sa chambre et quant il yra en son cabinet... », 26 fév. 1567 (301); — Règlement pour les secrétaires d'État, Blois, 15 sept. 1588 (303); — Ordonnance de Louis XIII contre les pages, laquais et vagabonds, Compiègne, 2 avril 1624 (307); — Règlement pour les maîtres des requêtes, Compiègne, 22 mai 1624 (309); — Règlement pour les Conseils des finances, d'État et finances, et des parties, Compiègne, 1ᵉʳ juin 1624 (310 et 312); — Règlement pour les secrétaires d'État, pour ce qui concerne le département de la guerre, Saint-Germain-en-Laye, 29 avril 1619 (314); — Ordre aux fourriers de ne pas marquer à la craie les maisons des secrétaires du Roi à Fontainebleau, 14 mai 1626 (316); — Ordonnance relative au logis de [Henri d'Orléans, marquis de] Rothelin, lieutenant-général du grand-maître de l'artillerie, alors à l'armée d'Italie, Fontainebleau, 4 oct. 1625, petit in-fol., *impr*.

(318) ; — Déclaration de Louis XIII, interdisant aux officiers honoraires du Parlement et autres cours souveraines de prendre rang au Conseil d'État qu'après résignation de leurs offices et inscription à l'état des appointements ordonnés par le Roi à ses conseillers, 12 oct. 1622 (320) ; — Table incomplète des matières contenues dans le présent volume (349) ; etc.

XVIIᵉ siècle. — 354 feuillets. — « 1624 ». — Provient d'A. de Loménie.

219.

Recueil de documents concernant la Guyenne, les pays d'Armagnac et de Comminges, de Foix et de Tursan, de Marsan et de Gavardan, le Bazadais, le Limousin, le Périgord et le Béarn.

On peut signaler dans ce volume les pièces suivantes : « Extraictz faictz des registres de la connestablerie ou comptablerie de Bourdeaux, pour ce qui concerne le roy de Navarre », avec notes de P. Pithou (2) ; — « Brief extraict de la gén[é]alogie de la maison d'Armaignac » (8) ; — Mémoires relatifs aux procès soulevés par la succession d'Armagnac, en latin et en français, avec notes de P. Pithou (12 et 42) ; — Lettres de Henri II, relatives au duché d'Albret, Saint-Germain-en-Laye, déc. 1556 (52), et Paris, 6 mars 1556 (55 vᵒ) ; — Lettre de..... à [Pierre] Pithou, Bayonne, 29 juillet 1582 (58) ; — Acte d'Arsius, évêque de Bayonne, relatif aux possessions de son église, s. d. (59) ; — Lettre de Pascal II à B[ernard d'Astarac], évêque de Bayonne, 5 id. apr. 1106 [et non 1206] (60) ; — Lettres de Charles IX, relatives aux vicomtés de Marsan, Tursan et Gavardan, mars 1573 (64) ; — Mémoire concernant les droits du Roi sur Narbonne (66) ; — Lettres de Charles VII, portant érection du parlement de Toulouse, Saumur, 11 oct. 1443, avec notes de P. Pithou (70) ;

Lettres du roi Jean en faveur de Roger Bernard, comte de Périgord, Breteuil, août 1356, avec notes de P. Pithou (72) ; — Notes de P. Pithou, contenant, entre autres choses, le fac-similé d'une inscription trouvée sous les ruines d'un autel de l'église Saint-Front de Périgueux, le 6 déc. 1583 (77 vᵒ) ; — « Extraict d'un viel fragment des évesques de Périgueux », par P. Pithou (78) ; — Notes sur Bergerac, contenant, entre autres, une inscrip-

tion métrique latine, de la main de P. Pithou (81) ; — Notes sur
le Béarn, par le même (84) ; — Description sommaire des pays de
Béarn, de Soule, Basse-Navarre, Labourd, et d'une partie des
pays de Bigorre, d'Armagnac et des Landes (86) ; — « Des fors anciens de Béarn », par P. Pithou (91) ; — Lettre de Suavius, abbé
de Saint-Sever, à Pascal II, extraite d'un cartulaire de Saint-Sever,
par P. Pithou (93) ; — « Extraict d'aucuns anciens tiltres des Pan-
chartes de l'Église de Narbonne », par P. Pithou (98) ; — Organisation judiciaire du comté d'Armagnac et des terres qui en dépendent (100) ; — Notes sur le comté de Castres, par P. Dupuy
(103 v°) ; — « Table des lieux recognus en ce volume, et première-
ment d'Armagnac », [puis Fézensac, Lomaigne, Fezensaguel,
Gimoes, Pardiac, Lisle-Jordain, etc.] (104) ; — Liste des gentilshommes « qui ont recognu tenir en foy et hommage du conte
d'Armagnac » (122) ; — Lettres de François Iᵉʳ, concernant la
succession de Jean d'Armagnac, Compiègne, fév. 1514 (126) ; —
Acte de cession des terres d'Armagnac par François Iᵉʳ à Charles,
duc d'Alençon, Amboise, déc. 1516 (130) ; — Arrêt en faveur du
roi de Navarre [Henri II], contre la ville de Limoges, sept. 1538
(138) ; — Lettres de Henri III, relatives à l'administration de la
justice dans les comtés de Périgord et vicomté de Limoges, Lyon,
oct. 1575 (139) ; — Description du Périgord (142) ; — Liste des paroisses de l'élection de Périgord (152) ; — Notes sur le Périgord, par
P. Pithou (178) ; — « Procès-verbal de la réunion du domaine
usurpé au ressort de Sarlat, sénéchaussée de Périgord », 26 mai
1581 (180) ; — Lettre de P. Ardent, procureur du Roi à Limoges,
[à P. Pithou], 6 déc. 1583, autogr. (207) ; — Lettre de « Thelies (?) »
au procureur général du Roi en la cour de justice de Périgueux
[P. Pithou], Sarlat, 25 nov. 1583, autogr. (208) ; — « Coppia pan-
chartæ prioratus Sancti Martini, Brivæ », bulle de Grégoire IX,
4 id. nov. 1232, avec fac-similé de la « rota » (211) ; — Actes relatifs au Périgord, au Limousin, presque tous copiés ou annotés par
P. Pithou, et émanant des personnages suivants : Philippe de
Valois, Breteuil, avril 1347 (213) ; Henri III, Paris, mars 1575
(213) ; Henri II, Villers-Cotterets, 25 oct. 1555 (215) ; Philippe le
Bel, Pontoise, sept. 1307, vidimus par Charles VII, Chinon, mars
1434 (217) ; le pape Jean XXII, 15 et 10 kal. sept. a° 1° [1317]
et (223 227), et Avignon, non. febr. a° 2° [1318] ; Louis XI, Alluye
rès Bonneva 1, avril 1463 (235) ; — Arrêt du Conseil d'État sur le

rétablissement du siège de sénéchal à Uzerche, 21 juin 1483
(239); — « Articles du contract de mariage d'entre Monsieur le
prince de Béarn et Madame Marguerite, sœur du roy de France »,
Angoulême, Jean de Minières, 1572, petit in-4°, *impr.* (245); —
Lettres de Henri III, relatives au contrat de mariage de la reine
de Navarre, Paris, 18 mars 1578 (249); — « Amandes de la cour
de la sennéchaussée d'Agennois », 1er janv. 1579-1582 (255); —
« Estat des charges des domaines d'Agennois, Gascoigne, Rouergue,
Quercy, Gavre, jugeries de Rieulx, Rivière-Verdung et Albigeois,
estrait du livre de l'évaluation faicte des domaines par Messieurs Tamboveau et Laubigeois, conseillers du Roy et commissaires à ce députez par Sa Majesté » (258); — Mémoire « touchant
la requeste présentée par les sieurs évesques de Lescar et d'Oloron
», avec nombreuses additions et notes de P. Pithou (267); etc.

XVIe et XVIIe siècles. — 273 feuillets.

220.

Recueils de documents sur la Guyenne et le Languedoc, le
Bazadois, l'Agénois et le Condomois, les pays d'Armagnac,
de Comminges, de Foix, de Quercy, et la Saintonge. — (XIe-
XVIe siècle.)

Ce recueil est formé de papiers provenant de P. Pithou.
On remarque dans ce volume les pièces suivantes : Charte de
Guillaume d'Aquitaine en faveur de l'église Saint-André de Bordeaux, sous l'épiscopat d'Aimé, copie de P. Pithou (1); —Charte de
fondation du monastère de Saint-Sever, fév. 1470 (8); — Extraits
du cartulaire de l'église de Condom, par P. Pithou (24); —« Extraict
d'un ancien livre de la maison de ville de Bourdeaux », par P. Pithou
(29); — Lettres de Louis XI concernant l'établissement du Parlement de Bordeaux, Chinon, 12 juin 1462 (35); — « Extraict des
anciens registres de Bourdeaux... », par P. Pithou (37); — Actes
relatifs à Bordeaux, émanant des rois de France et d'Angleterre,
XIIIe-XVe siècles (38); — Traités conclus entre les rois de France et
d'Angleterre, 1259-1303 (41); — Cession, par Alphonse de Castille
à Édouard d'Angleterre, de ses droits sur la Gascogne, Burgos,
1er novembre 1254 (47); — Lettres de Charles V, portant com-

mise de la Guyenne, Vincennes, 14 mai 1370 (49) ; — Lettres de Charles VII, confirmant le traité conclu avec les États de Bordeaux et de Guyenne, Saint-Jean-d'Angély, 20 juin 1451 (53) ; — Lettres de Charles IX, portant ratification des privilèges du Bordelais et de la Guyenne, Fontainebleau, mars 1561 (60) ; — Lettres de Louis XI, relatives au Parlement de Bordeaux, Saintes, 1ᵉʳ juin 1472 (63) ; — Lettres de rémission octroyées par Charles VII aux Bordelais, Montils-lez-Tours, 11 avril 1453 (65) ; — Sédition de Bordeaux, 1548 (69) ; — Police de Bordeaux pendant la guerre civile (73) ; — Notes de P. Pithou sur la sénéchaussée de Saintonge (79) ;

« Extraict des terres, seigneuries et chastellenyes du siège et ressort de Xaintes, tant spirituelz que temporelz » (83) ; — Charte de la fondation de Notre-Dame de Saintes par Geffroy Martel, 1047 (89) ; — Lettres de Louis VII en faveur du même monastère, Orléans, 5 kal. janv. 1140 (93), et Saint-Jean-d'Angély, 1141 (94) ; — Extraits du cartulaire de l'abbaye Notre-Dame de Saintes, par P. Pithou (95) ; — « Description des pays, terres, seigneuries et juridictions des dextroitz, et juridiction du siége présidial de Condom et ressort d'icelluy » (99) ; — Liste des villes ressortissantes à la cour présidiale de Condom (100) ; — Liste des villes et juridictions de l'Agénois (103) ; — Lettres de Charles IX, concernant l'administration de la justice à Condom, Paris, 16 mars 1571 (111), et 2 août 1566 (115) ; — Arrêts du Conseil privé et du Parlement, relatifs au siège présidial de Condom, 23 juin 1566 (119), et 21 juillet 1580 (121) ; — Certificat des magistrats présidiaux de Condom, attestant que deux de leurs collègues appartiennent à la religion prétendue réformée, 7 janv. 1583, orig. (127) ;

Assiette de la taille ordinaire, Dax, 8 fév. 1580 (129) ; — Confirmation, par Charles VII, des privilèges et franchises de la ville de Dax, Taillebourg, juillet 1451 (133) ; — Réunion de Dax au domaine royal, Taillebourg, sept. 1451 (136) ; — Confirmation des privilèges accordés à la ville de Dax par Édouard Iᵉʳ d'Angleterre, Taillebourg, sept. 1451 (136) ; — Lettres de Charles, duc de Guyenne, concernant Blanquefort, Saintes, août 1469 (141) ; — Notes de P. Pithou sur le Limousin (145), sur Fronsac (148), sur Lesparre (150) ; — Lettre de P. Ardent, procureur du Roi à Limoges, au procureur général de la Chambre de

justice établie en Guyenne [P. Pithou], 17 août 1582, autogr.
(153); — Érection de Châtellerault en duché-pairie par François Iᵉʳ, en faveur de François de Bourbon, Paris, fév. 1514
(155); — Pièces relatives au procès pendant entre la reine douairière de France, Élisabeth d'Autriche, et la ville de Poitiers, d'une
part, et la ville de Limoges et Jeanne de Bourbon, abbesse de
Sainte-Croix de Poitiers, d'autre part, au sujet de l'établissement
d'un siège royal en la ville de Belat, pour les châtellenies de Belat,
Rancon et Champagnac, 1578-1581 (161); — « Extraict des registres
de la court de justice ordonnée par le Roy en ses pays et duché de
Guienne suyvant ses édicts », Agen, 26 mai 1583, in-4°, *impr.* (167);

Lettres relatives à la vicomté de Turenne et émanant de Philippe le Hardi, Paris, août 1280 (173), Jean le Bon, Villeneuve-
lez-Avignon, déc. 1350 (174), Louis, frère de Charles V, Carcassonne, janv. 1372 (175); — Organisation judiciaire de la vicomté
de Turenne (178); — Lettres de Louis XI, concernant les châtellenies de Blanquefort, Duras et Villandraut, Tours, 27 fév. 1472
(181); — Érection de la baronnie de Batz, par Louis XI, en faveur
de Pierre de Castelnau, Bordeaux, mars 1461 (185); — Arrêt du
Parlement de Bordeaux en faveur du seigneur d'Espellette contre les
habitants de Gostoro, 1566 (188); — Confirmation, par Charles VII,
des privilèges des monnayeurs de Guyenne, Taillebourg, sept. 1451
(193); — « Inventaire des lettres d'Angoulmois » (195); — Inventaire
de titres concernant les seigneurs de Parthenay, 1405-1531 (199);
— Lettres de Louis XII, portant affectation héréditaire à la maison de Navailles, de la commanderie et hôpital de la Madeleine de
Bessault en Marsan, de l'ordre de Saint-Jacques de l'Épée rouge,
Vincennes, 20 juin 1514 (205); — « Extraict du livre de reco-
gnoissances faictes à feu noble Jacques Luillier, en son vivant
secrétaire du Roy et seigneur du lieu de Barbairan... », formule
de reconnaissance de cens en Languedoc, 1534 (209); etc.

XVIᶜ et XVIIᵉ siècles. — 214 feuillets. — Provient de P. Pithou.

221.

Recueil de pièces concernant la PROVENCE, le DAUPHINÉ, la
BRESSE, la SAVOIE, le PIÉMONT, la principauté d'ORANGE, AVI-
GNON, etc. — De 1125 à 1568 environ.

On peut signaler dans ce volume les documents suivants :
Mémoire et notes sur le royaume d'Arles (2-3); — « Mémoires et
instructions des tors et usurpations que les ducs de Savoye ont
faict et font au Roy nostre souverain seigneur comme daulphin
de Viennois, comte de Valentinois et Diois... », 1574 (7); — Notes
de P. Pithou (31); — Mémoire historique de [François] Roaldès
sur la ville de Valence (32);

Copies de documents relatifs au Dauphiné et émanant de Philippe VI, Vincennes, 23 avril 1343 (44); de Humbert II, dernier
dauphin de Viennois, Romans, 30 mars 1349 (57); et de Philippe,
duc d'Orléans, abbaye de Maubuisson, sept. 1349 (55); — « Nomina castrorum Dalphinalium una cum pensione annuali castella-
norum ibi et aliorum officialium Dalphinalis (sic) », extrait des Mémoriaux de la Chambre des Comptes (76); — Lettres de Charles V,
Paris, août 1367 (78); de Charles VI, Paris, 17 nov. 1410 (96); de
Humbert de Bletterens, garde du sceau royal au bailliage de Mâcon :
vidimus de lettres de Charles V, datées de Paris, 4 juin 1374 (108);
d'Amédée VIII, duc de Savoie, Paris, 17 nov. 1410 (112 v°);
de Clément [V ou VI?], Villeneuve-lez-Avignon, 3 non. aug. a° 3°
(113); — Mémoire concernant les droits du Roi sur la Provence,
contre la maison de Lorraine, avec notes de P. Pithou (118); —
Mémoire, en latin, sur la généalogie et l'histoire de la maison de
Duras (124); — Traité de paix conclu entre Alphonse Jourdain,
comte de Toulouse, et Raymond-Bérenger III, comte de Barcelone, 16 kal. oct. 1125 (130); — Testaments de Charles d'Anjou,
10 déc. 1481 (134 et 146), et de René de Sicile, 22 juillet 1474 (138);
— Lettres de René de Sicile, portant érection des baronnies de
Berre et de Martigues en vicomté de Martigues, en faveur de
Charles d'Anjou, comte du Maine, Marseille, 9 oct. 1473 (150); —
Mémoire concernant les droits du Roi sur Naples et la Sicile, juin
1516 (152); — Arrêt du Parlement, relatif à la vicomté de Martigues, contre Sébastien de Luxembourg, comte de Penthièvre, 25
sept. 1568 (154); — « Inventaire des documens et pièces qui
servent pour le rachapt de la ville d'Avignon, aliénée par la royne
Jehanne » (158); — Vidimus, par le cardinal Aimeri de Châlus,
légat à Naples, de lettres du pape Clément VI, datées d'Avignon,
3 kal. febr. a° 3° [1345] (159); — Lettres du président du Parlement de Provence, Barthélemy de Chasseneux, au chancelier
[Antoine Du Bourg], Avignon, 18 sept. 1536, autogr. (166); —

Lettre des gens de la Chambre des comptes de Provence au même, 7 déc. s. a., autogr. (168).

Testament d'Amédée VIII, duc de Savoie, 6 déc. 1439 (182) ; — Lettres du dauphin Louis, « Lagehyère-le[z]-Sainct-Antoine », 15 sept. 1455 (191), et du duc Louis de Savoie, Genève, 1ᵉʳ oct. 1455 (194) ; — Mémoire sur les trois principaux différends pendants entre les maisons de France et de Savoie (197) ; — Négociations entre la France et la Savoie, déc.-janv. 1561, de la main de P. Pithou (203) ; — « Inventoyre des pièces et documens extraictz de la Chambre des comptes et archifz du Roy nostre sire en Prouvence, pour démonstrer... que la cité de Nice... de toute ancienneté est des appartenances... du conté et pays de Prouvence... » (210) ; — Traité conclu entre Louis, roi de Sicile, et Amédée VIII, comte de Savoie, 5 oct. 1419 (213) ; — « Inventaire des tiltres... concernans les royaulme de Naples, estatz de Milan, seigneuries de Gennes, Savonne et conté d'Ast, duché de Savoye, conté de Bresse, principaulté de Piedmont, marquisat de Salluces et duché de Gueldres, envoyés par Mgr. le chancellier à Mgr. le grant maistre » (228) ; — Histoire sommaire du marquisat de Saluces (236) ; — Notes relatives aux droits du Roi sur Saluces (240) ; — Trois lettres de Claude Bellièvre au chancelier [Antoine Du Bourg], Grenoble, 20 février - 2 mai 1537, autogr. (242-246) ; — Lettres de François Iᵉʳ au Parlement, contre François et Jean-Louis de Saluces, Paris, 2 janv. 1536 (247) ; — Lettre de Jean de La Baume, comte de Montrevel, et Jacques Godran au chancelier [A. Du Bourg], Bourg, 14 avril s. a., orig. (249) ; — Rapport de Jean de La Baume et de J. Godran sur le style à employer pour l'administration de la justice dans le pays de Bresse, même date, orig. (251) ; — Lettre de Lombard, abbé de Chésery, en Bresse, au même chancelier, Lyon, 3 avril s. d., orig. (254) ; etc.

XVᵉ, XVIᵉ et XVIIᵉ siècles. — 258 feuillets. — Provient de P. Pithou.

222.

Recueil de pièces diverses et d'extraits d'historiens réunis par P. Pithou et, pour la plupart, relatifs aux grandes ab-bayes de France. (500 à 1400.)

On remarque dans ce volume les pièces suivantes : Charte de

fondation de l'abbaye de Saint-Pierre-le-Vif, près Sens, oct. 500 (1);
— Donation, faite par Clovis à l'église Saint-Hilaire de Poitiers,
de terres situées en Champagne, 524 (7); — Privilèges octroyés
par Pépin à Saint-Hilaire de Poitiers, 8 cal. dec., ind. 11 [834],
« in Nerisio » (10); — Diplôme de Chilpéric, en faveur de Saint-
Lucien de Beauvais, Rouen, 3 non. mai. 606, ind. 9, copie de
P. Pithou (11); — Fac-similés d'écriture mérovingienne, par P.
Pithou (13);

Diplômes de Dagobert, en faveur de l'abbaye de Saint-Denis,
Clichy, 7 kal. jun. a° 2 (14); Compiègne, 3 kal. aug. a° 2 (14 v°),
et a° 10 (15); — Vidimus, par Charles VI (Paris, 26 août 1382),
du vidimus, par Charles le Bel (nov. 1325), du diplôme de Dagobert en faveur du prieuré de la Croix-Saint-Ouen (16); —
Ordre donné par Dagobert à Sigebert de remettre « Castrum
Alti Vici » aux mains d'un de ses officiers, Isenburg, 630 (18); —
Diplôme de Childebert, portant donation du domaine de Celles
à l'église de Paris, janv. a° 17°, copie de P. Pithou (19); —
Privilèges de Thierry IV, 12 jul. a° 3° (20), et de l'empereur
Lothaire, Strasbourg, 7 cal. aug. a° 21, ind. 3° (21), en faveur de
l'abbaye de Murbach, copies envoyées à P. Pithou par Amer-
bach; — Charte de Pépin, relative aux foires de Saint-Denis,
a° 2° (22); — Privilège de Charlemagne en faveur de l'église de
Brême, 2 id. jul. 788, copie de P. Pithou (24); — Charte de
Louis IV d'Outremer, relative à Rochard, évêque de Meaux, et à
l'abbaye de Compiègne, Noël, a° 1°, ind. 10, copie de P. Pithou
(25); — Diplôme de Louis le Pieux, en faveur de l'église de
Paris, Aix-la-Chapelle, 14 kal. nov., a° 7° (27); — Chartes de Philippe Ier, Paris, 1107, et de Louis VII, Paris, 1140, en faveur de
l'abbaye de Saint-Éloi, copies de P. Pithou (28); — Diplôme de
Charles le Simple, accordant l'immunité au cloître et aux maisons
des chanoines de l'église de Paris, « Cangiaco », 25 fév. 911, copie
de P. Pithou (29); — Précepte de Louis VII en faveur de l'église
de Paris, Paris, 1149, copie de P. Pithou (30); — Charte de Charles
le Chauve, relative au nouveau pont de Paris, Compiègne, prid.
id. jul., ind. 3°, a° 22° (32); — « Confirmationes, privilegia et im-
munitates monasterio Grandis Vallis (quod ad Juram montem,
non longè a Birsæ fonte situm est) concessæ »; ces actes émanent
de Carloman, s. d. (33), de l'empereur Lothaire, Remiremont,
8 kal. sept., a° 12°, et de Charles le Gros, Ratisbonne, 12 kal. oct.

884, ind. 3 (33 v°) ; de Lothaire, roi d'Austrasie, « in Arlegia », 4 kal. apr., a° 11°, et de Conrad de Bourgogne, 7 id. mart. 957 (34) ; — Chartes des rois Eudes, Chartres, 3 cal. janv. 889 (35), et Louis d'Outremer, Poitiers, non. janv. 942 (36), en faveur de Saint-Hilaire de Poitiers ; — Diplôme du roi Bérenger en faveur de l'église de Vérone, 4 non. mai. 895 (38) ; — Charte de Charles le Simple, relative à son mariage avec Frédérune, Attigny, 13 kal. mai [914], copie de P. Pithou (41) ; — Précepte du roi Robert en faveur de l'abbaye de Saint-Denis, 8 kal. feb., ind. 11, a° 1°, copie de P. Pithou (42) ; — Charte de Louis le Pieux, en faveur de Saint Benoît-sur-Loire, « Cusiaco », 9 kal. sept., a° 22 (43) ; — Diplôme du roi Lothaire en faveur de l'église de Paris, Compiègne, s. a. (47), suivi de sa confirmation par Philippe le Bel, Paris, 1309, copie de P. Pithou (51) ; — Acte de donation faite à l'église de Chartres par Hugues, duc de France, 13 kal. jul., a° 11, « regnante Hludowico rege » (52) ; — Confirmation, par Hugues Capet, des privilèges de l'abbaye de Corbie, Compiègne, 987, copie de P. Pithou (54) ; — Chartes du roi Robert, Paris, a° 2, et de Lothaire et Louis, Paris, s. d., en faveur de l'abbaye de Saint-Magloire, copies de P. Pithou (54 v°) ; — « Versus Odonis religiosi sacerdotis de Rogero presule » ; « Ex libro Fulcoii Belvacensis... » ; « Epitaphium Rogeri ex tabella ærea... », de la main de P. Pithou (55 v°) ; — Chartes du roi Robert, confirmant une donation faite à l'abbaye de Fécamp par le comte Richard, Senlis, 1005 ; et de Louis VII, en faveur de la même abbaye, Paris, 1170, copies de P. Pithou (56) ; — Charte du roi Robert, confirmative de la donation faite à l'église de Beauvais par le comte Eudes, Saint-Denis, 1015, copies de P. Pithou (58 et 85) ; — Charte de fondation de l'abbaye de la Trinité de Vendôme, par Geoffroy, comte d'Anjou, 1040 (62) ; — Concile de Lillebone, 1080 (66) ; — Acte de fondation de l'Ordre du Saint-Sépulcre de Jérusalem, 1099 (74) ; — Acte de Geoffroi, évêque de Beauvais, concernant le prieuré du Fresnoy, 1104 (82) ; — Lettres de Louis VI, Paris, 1108, et de Pascal II, 9 kal. febr. 1114, relatives à l'église de Paris, copies de P. Pithou (83), etc.

Les autres documents, émanant de rois, évêques, comtes, etc., et dont beaucoup sont de la main de P. Pithou, sont relatifs à Saint-Gatien de Tours, 1157 (87) ; — à Genève, 1162 (89) ; — à Poissy, 1174 (91), et 1317, parchemin (155) ; — aux comtes de

Boulogne, 1191-1233 (99); — aux bourgeois de Saint-Quentin, 1195 (105); — à la maison de Vassan, 1216-1275 (120); — au Louvre, 1310 (153); — à la Champagne, 1336 (166); — à l'abbaye d'Anchin, 1353 (180); — à la commune de Sens, 1367 (197); — à l'Auvergne, 1386 (201); — au comté d'Angoulême, 1394 (219); — aux ducs de Bavière, en vers allemands (243); — aux comtes de Blois (257); etc.

Les fol. 274 à 339 sont remplis de notes historiques de P. Pithou.

XVIe et XVIIe siècles. — Papier et parchemin. — 340 feuillets. — Provient de P. Pithou.

223.

Recueil de pièces concernant principalement l'histoire de la FRANCE, de la NAVARRE et de l'ESPAGNE, de 1400 à 1585 environ.

Ce volume contient, entre autres, les documents suivants : Acte de vente de la terre de Coucy, 15 nov. 1400 (2); — « Extraict de l'arrest du compte de la recepte de Coucy rendu en l'an V^e et XVI [1516] » (8); — Nomination, par Charles VI, de Philippe, comte de Nevers, à la charge de grand-chambrier, Paris, 22 août 1410 (9);— Lettres de Charles VII, portant réunion de la vicomté de Nevers à la Couronne, Paris, 18 déc. 1411 (15); — Traité d'Amiens, entre le duc de Bedford, Philippe de Bourgogne et le duc de Bretagne, 17 avril 1423 (19); — Traité de Pontoise, août 1313 (20); — Actes relatifs à l'agrandissement de l'hôtel des Tournelles, 17 fév. 1427 (21), et à l'achat, par la ville de Paris, des nouveaux égouts de la rue Saint-Antoine, nov. 1427 (23); — Vidimus, par Louis XI (Tours, oct. 1461), de lettres de Charles V concernant les prérogatives de justice de l'église du Mans, Vincennes, 3 sept. 1372 (27); — Lettres de Louis XI, relatives à la seigneurie d'Yvetot, Nancy, oct. 1464 (39); — Traité de Conflans, 29 oct. 1465 (41); — Arrêt du Parlement, portant maintien du Roi en la possession du comté d'Étampes, contre Marguerite d'Orléans, veuve de Richard de Bretagne, 18 mars 1477 (43); — Don du comté d'Étampes à Jean de Foix, vicomte de Narbonne, par Louis XI, Arras, août 1478 (44); — Acquisition du comté de Boulogne par

Louis XI, Tours, 11 nov. 1477 (47); — Vidimus (1508) des privilèges octroyés à la ville d'Amiens par Louis XI, Plessis-lez-Tours,
23 oct. 1480 (55); — Testament de Louis XI, Amboise, 21 sept.
1482 (61); — Documents relatifs à l'administration de la justice dans
le duché d'Alençon, 1487-1523 (65-69); — Notes sur le duché d'A-
lençon (71); — Arrêt de la Cour des comptes, relatif à l'Échiquier
de Normandie, Paris, 5 déc. 1500 (76); — Lettres de François Ier,
concernant l'administration de la justice à Gambais, Neaufles et
Saint-Léger, Villers-Cotterets, 23 août 1539 (82); — Lettres du
même, portant érection du duché de Beaumont, en faveur de
Françoise d'Alençon, sœur et héritière du duc Charles, Sainte-
Menehould, sept. 1543 (84); — Généalogie de la maison d'Anjou
(86); — Mémoire, remis à Charles VIII, sur le comté d'Anjou (87);
— Notes sur Beaufort-en-Vallée, par P. Pithou (94); — « Advertissement pour... le seneschal de Lyon... » (97); — Notes sur le
lit de justice du Roi (101); — « Du rachapt des rentes sur maison »,
note de P. Pithou (102 v°); — Traité de Troyes, 21 mai 1420 (103);
— Notes de P. Pithou sur les traités conclus entre les Suisses et
les personnages suivants : Galéaz Sforza, 1466 (107); Ferdinand
de Gonzague, gouverneur de Milan pour Charles-Quint, 1552 (107);
Sigismond, fils de Frédéric le Vieux, comte de Tyrol, 1474 (107 v°);
Maximilien Ier (108), et Charles-Quint, 1543 (108); le duc
Charles III de Savoie, 1512 (108 v°); — Lettre de Louis XI aux
habitants de Sens, avec le texte de la trève conclue entre la
France et l'Angleterre, 1475 (109); — Traités conclus entre
Louis XII, Ladislas VI, roi de Hongrie, et Jean-Albert, roi de Po-
logne, 14 juillet 1500 (111); entre Louis XII et Frédéric III d'A-
ragon, roi de Naples, Blois, mai 1502 (129); entre François Ier et
Maximilien Sforza, Pavie, 4 oct. 1515 (130 v°); entre Henri II et
Jean III, roi de Portugal, Saint-Germain-en-Laye, 13 déc. 1554
(133); — Notes de P. Pithou sur différentes villes et pays d'Italie
(135), de Suisse (157), et d'Allemagne (166); sur l'Espagne, le
Portugal, etc. (174-190).

Documents relatifs à la Navarre, parmi lesquels on remarque les
suivants : Lettre de Philippe de Beaumarchais, gouverneur de Navarre, à Philippe le Bel, sur l'entrée des rois de Navarre à Pampelune,
lors de leur avènement (191); — Lit de justice tenu par Charles VI,
contre Charles de Navarre, 2 mars 1386 (197); — « Lettre du dé-
laissement du droit et action que le roy [Charles] de Navarre avoit

en la conté d'Évreux et autres terres de la conté de Champaigne »,
Paris, 9 juin 1404 (200); — « Lettres du débrisement et action
que messire Pierre de Navarre povoit avoir ès contez de Champaigne, d'Évreux, d'Avranches et autres terres », Paris, 21 juin
1404 (201 vº); — « Lettre de la manière de délivrer par le roy
[Charles] de Navarre le chastel de Cherbourg », Paris, 9 juin 1404
(204); — « La créance des ambaxadeurs de France exposée au
roy de Castelle [Henri III] pour le roy d'Angleterre [Henri IV] »
(205); — « Sommacions et requestes faictes au roy de Castelle par
les ambaxadeurs du roy de France, considérées les responces
moins souffisantes faictes par ledict roy de Castelle au propos et
requestes faictes par lesdicts ambaxadeurs » (206); — « La
créance des rois de France et d'Angleterre faicte par les ambaxadeurs du roy de France à noble prince domp Jehan, infant d'Arragon, qui a espousé la fille aisnée du roy de Navarre » (207); —
« Expositio credencie ambaxiatorum domini ducis Burgondie domino regi Castelle conformiter ad credenciam ambaxiatorum regis
Francie » (207 vº); — Lettres de Charles VI, concernant la cession
du duché de Nemours à lui faite par Charles de Navarre, Paris,
9 juin 1404 (208); — Acte de Charles de Navarre, au sujet du partage, fait entre lui et sa sœur, la reine Blanche de Sicile, d'une
rente constituée au profit de leurs parents sur le trésor royal,
Paris, juin 1353 (210 vº), avec la ratification de ce partage par le roi
Jean, Paris, nov. 1353 (211); — Lettres du dauphin Charles V,
alors régent, portant substitution à la susdite rente constituée sur
le trésor royal, d'une rente assise sur diverses terres, Vernon,
Pontoise, Neaufles, etc., Pontoise, 21 août 1359 (211 vº), avec la
ratification du roi Jean, Paris, janv. 1360 (213); — Lettres de
Charles de Navarre, transportant à Pierre de Navarre toute la
succession de Blanche de Sicile, Lestelle, 1er sept. 1389 (213 vº); —
Lettres de Philippe de Valois, concernant l'octroi d'une rente
perpétuelle de 1000 l. t. à Agnès de Navarre, fille de Jeanne de
France, sur diverses terres : Les Marcies, Taillebourg, Montesquieu,
etc., Villeneuve-la-Guiart, 10 mai 1349 (214 vº);

Lettres de Charles VI, portant cession à Charles de Navarre
des châtellenies d'Ervy et de Courtenay, Tours, 10 déc. 1408 (217);
— « Instruction baillée à messire Pierre de Fontenay... et à
maistre Pierre de Vinsse, aumosnier du roy de Navarre, pour
aler de par le Roy... devers le roy de Navarre [Charles III] »,

14 juillet 1420 (220) ; — « Mémoire pour le roy de Navarre, duc
de Nemox » (223 v°) ; — « Instruction baillée à messire de Mont-
ferant..., à maistre Guillaume Le Breton, archediacre de Sens,
et à maistre Guillaume Envoye,... doyen de Reins..., pour aller de
par le Roy... et... le régent le royaume de France, duc de Bedford,
devers le Roy de Navarre » (225 v°) ; — « Instruction de par le
Roy... à messeigneurs les conte de Longueville et capita de Vuch,
Jehan de Raclif, seneschal de Guienne, messire Bérault de Montferrant, messire Menault de Favas,... maistre Guillaume Envoie,...
Guillaume Breton..., sur ce qu'ilz ont à dire, exposer et faire de
par le Roy..., et ce, envers mons^r Jehan, conte de Foix » (229) ; —
« Instructiones ex parte illustrissimi principis Henrici, Francie et
Anglie regis, et... Johannis, regentis regnum Francie, ducis Bed-
fordie, super hiis que dominus Benardus (*sic*) de Montferrant,...
magistri Guillelmus Britonis... et Guillelmus Envoie..., qui presen-
cialiter destinantur ad serenissimum principem regem Castelle...,
habebunt eidem exponere » (231) ; — Instruction aux mêmes,
« embassatoribus destinandis ad... regem Arragonie ...» [Alphon-
sum V^m] (232) ; — « Confirmation du Roy [Henri V] des articles
concordez et des moddiffications sur iceulx requises par le conte
de Foix », Amiens (?), 18 avril 1423 (233) ; — Autres actes relatifs
aux négociations avec le comte Jean de Foix, avril 1423 (237) ; —
Documents relatifs à la Navarre, du temps du vice-roi [Antoine
Manrique de Lara], duc de Nagera, vers 1520 (242-259) ; etc.

XVe, XVIe et XVIIe siècles. — 261 feuillets. — Provient de P. Pithou.

224.

« Origines des Offices de France. »

Outre une série de notes sur chacune des grandes charges de la
couronne, on remarque dans ce volume les documents suivants :
« Estat de la somme de 20.730 livres par nous [Henri III]
ordonnée pour estre convertye et employée au payement des vis-
admiraux de Normandie, Picardie et Bretaigne, ... et autres officiers
et pensionaires ordinaires de nostre marine de Ponant », 1577,
copie authentique (21) ;
Notes et documents sur la « gendarmerie » (42) ; — sur les commissaires et contrôleurs des guerres (58) ; — sur l'artillerie (60) ;

« Estat général du paiement des gaiges des officiers... de nostre artillerye... », 1541 (70);

Notes sur l'hôtel du Roi (82), et en particulier sous Charles VIII, 1488 (93), et sous Henri III, 1580 (98); sur les Parlements (137); sur les maîtres des requêtes (173), le grand Conseil (177), la Chambre des comptes (181), la Cour des Aides (189); sur les officiers du Palais de justice (201), les sièges présidiaux (215), les prévôts (228), les eaux et forêts (236), la Chambre des monnaies (244), la Chambre du trésor (251), les officiers comptables (272), les greniers à sel (292), les élus (302), etc.

XVIᵉ et XVIIᵉ siècles. — 317 feuillets. — Provient de P. Pithou.

225.

Recueil de notes et de documents sur les Parlements, les Chanceliers et les Pairs du royaume, de 1224 à 1579 environ.

Outre de nombreux extraits des registres du Parlement, on remarque dans ce volume les pièces suivantes : Notes sur les chanceliers, par P. Pithou, 1304-1568 (7); — Notes sur l'histoire du Parlement, par le même (9-19); — Règlement pour la chambre criminelle, signé : J[ean] Dutillet (35); — Formules employées dans les arrêts, recueillies par P. Pithou (43); — Arrêt prononcé contre Jacques Cœur, 1453 (51); — Supplique des procureurs du Parlement à la Cour, 1587 (61); — Règlements relatifs au greffe criminel (64); — Remontrances et suppliques diverses adressées par le Parlement aux rois de France, 1557-1579 (85-125); — Lettre du conseiller Durban au garde des sceaux [Jean Bertrand ?], Toulouse, 25 fév. s. a., orig. (126), suivie de plusieurs pièces, également relatives à l'affaire des cartons de rente, vers 1545 (128-136); — « Mémoire des affaires ordonnés par la court de parlement de Thoulouse estre poursuyviz devers le Roy et messieurs de son Conseil privé » (137); — Lettre du Parlement de Bordeaux au Roi [Charles IX], 1ᵉʳ juillet 1562, orig. (143); — Notes sur les pairs, 1224-1577 (145-170); — « Edict du Roy sur les procès et différents pour les préséances et prérogatives d'entre les Princes du sang Pairs de France, et tous autres Princes et Seigneurs Pairs, n'estant de la qualité de Princes du sang », Paris, Fédéric Morel, 1577, petit in-8°, *impr.* (171); — Pièces concernant la dévolution au Roi des successions des aubains et des bâtards, XVIᵉ s. (175) ; parmi ces pièces, on remarque un mémoire du procureur général G. Bourdin, orig. (175), et un arrêt contre Jacopo di ser Benedetto Pandolfi, marchand florentin, 31 mars 1569 (183) ; — Notes et arrêts concernant les lits de justice (242) ; le don mutuel (243), selon la coutume de Troyes, 20 déc. 1546 (244 vᵒ) ; l'estimation du grain (247 vᵒ) ; l'entretien du pavé de Paris, 10 mai 1538 (249 vᵒ) ; les rentes constituées en écus, 20 août 1560 (250 vᵒ) ; les contrats entachés d'usure, 27 mars 1533 (259) ; les baux à rente, 23 fév. 1548 (263 vᵒ) ; les donations en avancement d'hoirie, 13 avril 1548 (264 vᵒ) ; etc.

XVIᵉ et XVIIᵉ siècles. — Papier et parchemin. — 286 feuillets. — Provient de P. Pithou.

226-227.

Recueil de notes et de documents concernant la Champagne et la Brie, de 1025 à 1586 environ. — Copies.

I (226). — On peut signaler dans ce volume les pièces suivantes : Lettres du roi Jean, portant union à la Couronne de la Bourgogne, de la Normandie, de la Champagne et du comté de Toulouse, Paris, nov. 1361 (3) ; — Suppression, par Charles V, du ban des fours et moulin royaux de Troyes, « Cole en Champaigne », fév. 1326, copie de P. Pithou (6) ; — Actes du comte Thibaut IV, sept. 1230 (7), et 29 déc. 1242 (9) ; — Lettres de Charles le Bel, concernant les foires de Champagne et de Brie, Paris, mai 1327 (10), et de Charles VI, au sujet des aubains et bâtards décédés en Champagne et en Brie, Paris, 5 sept. 1386 (18) ; — Lettres de Jeanne de Navarre, concernant le régime des aubains et bâtards en Champagne, Coulommiers, 30 août 1344 (19) ; et de Philippe le Long, relatives au même objet, Paris, 20 août 1319 (19 vᵒ) ; — Monnaies, XIV-XVᵉ s. (21) ; — Contrat de mariage de Jeanne, fille de Louis X, et de Philippe, fils aîné du comte d'Évreux, 1317 (22) ; — Lettres d'Eudes IV, duc de Bourgogne, 21 juin 1347 (24) ; — Acte de Charles, frère de Philippe le Long, concernant la chasse de la forêt de Mantes, Paris, juillet 1319 (25) ; — Actes de Thibaut IV, 1225 et 1235 ; de la comtesse Blanche, mars 1303 ; et du comte Henri III, déc. 1273 (26-27) ; — Actes relatifs à Longeville, 1370-1399 (28) ; — Acte concernant N.-D.-des-Prés, près Troyes, 1389 (34) ; — Acte de Jeanne, comtesse d'Étampes et duchesse d'Athènes, relatif à Sacey, Troyes, 10 avril 1364 (35) ; — Acte de la comtesse Blanche, au sujet du partage des biens féodaux entre filles, 1212 (36) ; — Vidimus, par Philippe de Valois, d'un acte de Thibaut IV (mars 1233), concernant les possessions de l'abbaye de Molesmes à Essoyes, Verpillières et Poligny, Paris, avril 1329 (38) ; — Acte du comte Hugues, relatif à la même abbaye, Troyes, 5 non. apr. 1104 (39); — Lettres de Henri III, concernant les tailles de la généralité de Champagne, élection de Troyes, Saint-Germain-en-Laye, 12 nov. 1583 (42) ; — Tableau de l'élection de Troyes, « selon le département faict en 1520 », de la main de P. Pithou (46) ;

Documents relatifs aux abbayes de N.-D.-aux-Nonnains, Troyes, 1189 (51), de S.-Martin-ès-Aires de Troyes, 1179 (52), et de Foissy, 1159-1269 (53) ; — à l'Ordre du Temple, juin 1255 (56) ; — à Jacques, seigneur d'Aumont, Chappes et Clérey, 1448-1449 (58) ; — à Gaucher de Dinteville, seigneur de Vanlay, 1547 (62) ; — à Bar-le-Duc, Bruges, 1301 (64); — à Ligny-en-Barrois, Plessis-lez-Tours, sept. 1480 (68) ; — à la ville et à l'évêché de Reims, 1025-1586 (70 et 79-80) ; — à la maison de Braine, 1153-1241 (78 et 81 *bis*) ; — à l'abbaye de Larrivour, mai 1230 (84) ; — à Bar-sur-Aube, 1435 (88) ;

Chartes de Thibaut V, concernant Bar-sur-Aube, sept. 1261 (89), et de Thibaut IV, pour La Ferté-sur-Aube, 1231 (91-97) ; — « Extenta terre comitatus Campanie et Brie », extrait d'un registre de la Chambre des Comptes de 1394 (101) ; — « Chastellenies de l'ancien ressort du bailliage de Troyes », par P. Pithou (112) ; — Chartes des comtes Thibaut IV et Thibaut V, relatives à Bar-sur-Seine, 1227-1267 (113-118); — Lettres de François Ier, relatives à la chapelle Saint-Georges de Bar-sur-Seine, Paris, juillet 1528 (120).

Documents divers, concernant Bar-sur-Seine, XVIe s. (128) ; — Romilly, 28 mars 1519 (129) ; — Brienon, 9 juin 1523 (129 v°) ; — Méry-sur-Seine, juin 1577 (130) ; — Bray-sur-Seine, 1175 (142), et 1571, in-fol., *impr.* (144) ; — Nogent-sur-Seine, 1221-1226 (146) ; — les forêts royales des bailliages de Chaumont et Vitry, 1554-1571 (147) ; — Chaumont-en-Bassigny, Paris, janv. 1338 (153) ; — Vertus, Paris, 9 mai 1403 (159) ; — Rethel, 1554-1564 (161-187) ; —

les châtellenies de Beaufort, juin 1270 (199), Largicourt et Soulaines, Crécy, juin 1288 (200) ; — les bois de Soulaines, Chen-
negy, Villemaur, Ervy, etc. (203-209) ; — Pierre, comte de Bretagne, 1230-1234 (211) ; — les abbayes de Mores, mars 1218 (212),
et La Celle, janv. 1219 (213) ; — les sceaux et armoiries des
comtes de Champagne (214) ; — Bussy-le-Châtel, 1200 (215) ; —
Troyes, 1419 (217) ; — Molesme et Saint-Thiébault, 1097 (218) ; —
Chaource (222) ; — Montier-en-Der, 1209-1222 (223) ; — la Chartreuse de N.-D.-des-Prés-lez-Troyes, 1306 (229) ; — les bois d'Isles
et de Chaource, 1361-1536 (230) ; — Vendeuvre, 1337-1464 (254) ;
Ervy, 1182-1409 (276) ; — la succession des aubains, 1385 (291) ;
etc.

II (227). — On peut signaler dans ce volume les pièces suivantes : Lettres patentes du roi Jean, concernant le comté de Braine,
Amiens, nov. 1355 (3) ;

Documents concernant Montier-La-Celle, de 660 env. à 1234, en
partie de la main de P. Pithou (4, 15 et 87) ; — le prieuré de Joigny, 1303-1583 (26) ; — Langres, 1433 (32) ; — l'abbaye de Larrivour, 1162-1304 (34) ; — la maison des Templiers de Troyes,
1235-1305 (36 et 133) ; — Nogent-sur-Seine, 1299 (112) ; — le monastère de femmes de Nogent-l'Artaud, 1329, de la main de P. Pithou (114) ; — la rivière de Vannes (115) ; — les bois « bateiz »,
sis entre Piney, « Aillefo » [Gérosdot] et Brévonnes, 1232-1254
(130) ; — la commune de Meaux, 1179 (140) ; — Provins, 1020-
1273 (142) ; — le prieuré de Sainte-Foy, à Coulommiers-en-Brie,
1107-1189 (152) ; — l'abbaye de Lagny, 1018 (156) ; — les comtes
et le comté de Champagne, XIII° s. (159) ; — Bar-sur-Seine, 1198
(167); — Ervy, 1273 (168).

Lettres du duc Louis d'Orléans et de Charles VII, relatives au
mariage d'Isabelle de France avec Charles, comte d'Angoulême,
puis duc d'Orléans, 1404 (171 et 175) ; — Extraits de divers chroniqueurs et historiens, Joinville, Turpin, etc., en partie de la main
de P. Pithou (180) ;

Notes de Pierre Pithou, concernant les Grands Jours de Troyes,
1353-1395 (203) ; — Bray-sur-Seine, 1234 (215) ; — les fiefs de
Champagne (218); les « gista quæ dominus Campaniæ capit in
Campania » (219) ; — des inscriptions de Blois (229 et 338) ;

Extraits des registres du Parlement de Paris, 1270-1482 (236) ;

des Chroniques d'Anjou, de la Vie de Louis le Gros par Suger
(246) ; du *Liber principum Campaniæ* (270) ; du martyrologe du
prieuré de Joigny (277), et du cartulaire de Saint-Aubin-sur-Yonne
(278) ; — « Mémoire de Mr de Villemor » (280) ; — Extraits du
cartulaire de l'église de Meaux (284) ; des registres des bailliages
de Vitry (286), et de Troyes (288) ; — « Extenta terræ comitatus
Campaniæ et Briæ », vers 1280, de la main de P. Pithou (295) ; —
Notes de P. Pithou sur l'abbaye de Saint-Loup de Troyes (307) ; —
Extraits, faits par P. Pithou, des comptes de Champagne et de Brie
pour 1252 (315) ; des cartulaires de Saint-Pierre de Troyes (319),
de Montiéramey (322), et de l'église de Langres (326) ; du « livre
du Roy du bailliage de Meaux » (330) ; d'un ms. contenant les dénombrements faits par les vassaux de Bar-sur-Seine, vers 1380
(334) ; etc.

Au fol. 178 v° se trouve, en outre, un billet émanant de la direction de la Compagnie des Indes orientales et adressé à J.-A.
de Thou, 30 mars 1668, orig.

XVe, XVIe et XVIIe siècles. — 292 et 345 feuillets. — Proviennentt de P.
Pithou.

228.

Recueil de documents et de notes concernant la ville de
TROYES, de 1103 à 1586 environ.

On remarque dans ce volume les pièces suivantes : Extraits de
la compilation dite des « Chartres de la ville de Troyes », faite par
ordre de Nicolas de Fontenoy, bailly de Troyes, en 1377, de la
main de P. Pithou (6) ; — Copies de chartes relatives à la ville de
Troyes (1231-1270 env.), exécutées par ordre de « Messieurs tenans
les Grands Jours audit lieu » en 1398 (9) ; — Vidimus, par Philippe,
roi de Navarre, fils aîné de Philippe le Hardi, de deux chartes
de Thibaut IV et Thibaut V, Paris, 4 mars 1284 (15).

Documents concernant l'abbaye Saint-Loup de Troyes, éma-
nant d'Alexandre III, 1164 (17), et du comte Hugues Ier, 1103 (19) ;
l'église des Saints-Abraham, Isaac et Jacob, 1179 (20) ; — l'église
Saint-Étienne, 1173-1270 (21) ; — la cathédrale, 1207 (28) ; — l'Hôtel-
Dieu, 1270 (29) ;   le cimetière aux Juifs, 1306 (32) ; — la régale de
Troyes, 1269 (33) ; — Vertus, Boullancourt et Nogent-sur-Seine,
1288 (34) ; — la maladrerie des Deux-Eaues-lez-Troyes, 1335-1545

(40) ; — les corporations des savetiers et ravaudeurs, 1412 (42),
1428 (54) ; — les commissaires royaux « pour le faict des francs-fiefs
et nouveaulx acquestz ou bailliage de Troyes », sous François Ier
(66) ; — l'exemption du ban et arrière-ban pour les habitants de
la ville de Troyes tenant fief, 1486-1547 (68) ; — la noblesse
utérine, 1440 (77).

Extrait du « dénombrement baillé par messire Philbert de
Beaujeu, baron de Treignel et de Marigny », 1503 (79) ; — Charte
de la confrérie de Saint-Louis et Saint-Yves de Troyes, août
1510 (85) ; — Documents concernant la justice de l'église de
Troyes, 1517-1525 (91 et 94) ; les privilèges de Saint-Étienne, 1578
(93) ; l'échevinage de Troyes, 1493-1535 (95) ; — Inventaire des
« feuz et personnes demourans en la ville de Troyes » en janv.
1500, par Antoine Guiart, avocat du Roi, et François de Marisy,
maire (115) ; — Plaidoyer pour le clergé de Troyes contre le maire
et les échevins au sujet du guet, des portes, etc., 3 mai 1524 (117) ;
— Édits et arrêts relatifs aux gages des contrôleurs des deniers
des fortifications, 1526 (123) ; — Pièces relatives au droit de touage
(134) ; — Adresses des magistrats tenant les Grands Jours de
Troyes en 1535 (138) ; — Arrêt et lettres concernant les hôpitaux
de Troyes. 1535 (140) ; — « C'est le taux que le pain blanc de pro-
vende cuit en la ville et forsbourgs et banlieue de Troyes doibt
valloir... » (144) ; — Confirmation, par François Ier, des statuts
des apothicaires de Troyes, Compiègne, nov. 1539 (148); — Extraits des registres de la Cour des Aides, concernant les arbalétriers de Troyes, 1566 (158) ; — Règlement pour la garde de la
ville, publié par Joachim de Dinteville, gouverneur de Champagne
et de Brie, juin 1585, in-4º, impr. (162) ; — Arrêt de Henri III,
tranchant les différends survenus entre les arquebusiers et arbalétriers de Troyes, Paris, 4 déc. 1577 (178) ; — Autres documents
relatifs aux arbalétriers, 1564-1573 (179) ; — « Déclaration des
forsbourgs estans à l'environ de la ville de Troyes » (183) ; — Confirmation, par Charles VI, Charles VII, Charles VIII et Louis XI,
de la charte de Thibaut IV établissant le privilège des Bancelins,
1397-1486 (185) ; — État de la recette du domaine du bailliage de
Troyes, 28 août 1528 (213) ; — Pièces et notes relatives aux hoirs
Musnier, 1198-1568 (233) ; — « Esmotion naguères advenue en la
ville de Troyes sur l'occasion de l'exécution de quelques commissions concernans les mestrises des mestiers données à la Royne de

Navarre », juillet 1586 (235) ; — « Ce sont les articles des droictz que doibt avoir et lever l'exécuteur de la haulte justice en la ville de Troyes et ès marchez d'icelle », placard in-4°, *impr.*, gothique (237) ; — Mandement de Charles VI, ordonnant à l'évêque de Troyes [Étienne de Givry] d'assister en personne aux Grands Jours de Troyes, Paris, 6 août 1395, orig. sur parch. (238) ; etc.

On remarque, en outre, dans ce volume, la copie d'une charte de Pépin en faveur de l'abbaye de Saint-Denis, Soissons, 3 non. apr. ind. 4, a° 6, de la main de P. Pithou (31).

XIV°, XVI° et XVII° siècles. — Papier et parchemin. — 239 feuillets. — Provient de P. Pithou.

229.

Tables de divers registres concernant l'histoire de la CHAM-PAGNE et de la BRIE, avec notes de P. Pithou.

Ce volume contient : 1° la table du Cartulaire de Champagne (*Liber Prælatorum*), conservé aujourd'hui sous le n° 5993 A du fonds latin de la Bibliothèque nationale ; en tête du fol. 3, on lit cette note de P. Pithou : « M. le chancellier de Cheverny a le registre qui luy a esté baillé par M. Perrot, président des enquestes et lors ès requestes, l'ayant eu de M⁰ Formaget » (3) ; en outre, la fin de cette table contient l'analyse des 19 documents renfermés dans les feuillets 553 à 558 du ms., aujourd'hui disparus (45) ;

2° La table du *Liber Principum*, conservé à la Chambre des Comptes, qui se composait de 277 feuillets écrits et de 103 feuillets blancs, plus 48 feuillets préliminaires contenant la table (47) ;

3° La table du Cartulaire de Champagne de la bibliothèque de J.-A. de Thou, n° 14, auj. ms. latin 5992 de la Bibliothèque nationale ; cette table s'arrête au fol. 287 du ms., qui compte encore, bien qu'incomplet, 356 feuillets (95) ;

4° La table, par P. Pithou, du « livre qui fut à maistre Jaques de Roffey et depuis à Chatonne (?) et est à present à M⁰ de Villeprouvée, intitulé… : Ordonnances sur le faict et police des mestiers et aultres pour la ville de Troyes » ; en haut du fol. 129, à gauche, note de P. Pithou : « M⁰ le lieutenant général Bazin me l'a presté ; il estoit à M⁰ de Villeprouvée, conseiller, et depuis à son filz aisné, et l'a mon frère de Bierne à présent » (129) ;

5° Enfin, l' « Inventaire de tous les livres et registres, tant en parchemin que en pappier, estans en la chambre de Champaigne, dedans ung coffre neuf, joignant la cheminée, faicte de l'ordonnance de messieurs des Comptes..., l'an 1489 » (134).

XVIᵉ et XVIIᵉ siècles. — 141 feuillets. — Provient de P. Pithou.

230-231.

Recueil d'édits et d'ordonnances concernant l'Administration financière, judiciaire et militaire de la France, de 1254 à 1582 environ. — Copies.

I (230). — On remarque dans ce volume les pièces suivantes : Copies et extraits d'ordonnances, de 1228 à 1301 environ, concernant les Albigeois (3), la chasse (7), les tournois et joûtes (11), les Juifs (12 v°), les monnaies (15), la guerre et la justice (22), les ecclésiastiques tonsurés (30), les Lombards et autres financiers étrangers (32), le ban et l'arrière-ban (44), la vente des denrées à Paris (52), la succession des bâtards aubains et gens de mainmorte, etc. (56); — Ordonnances de 1302 (62 et 104), de 1338, vidimus de 1378 (97), et de 1303, vidimus de 1411 (110) ; — « Ordonnances [sur la perception des amendes et les métiers] faictes par le lieutenant de M. le bailli de Troies ès assises de Saint-Florentin », 13 avril 1386 après Pâques (113) ; — « Complainte du roy d'Engleterre, nommé Richart, qui fut desmis l'an IIIˣˣ et XIX » (118 v°) ; — Autres pièces de vers (119) ; — « Taux et ordonnance profitable ou fait du tabellionage de la prévosté de Troyes, selon l'avis de Symon de Bourgmont, garde et chancellier des foires de Champaigne....... » (120) ;

Ordonnances de finances et justice de 1318 (121), de 1319 (154) et 1320 (176) ; — Ordonnances relatives à la procédure et aux monnaies, 1330-1380 environ (179); — Lettres de Philippe de Valois, consacrant l'autorité du connétable sur tous les gens à la solde du Roi, sauf « les soudoyers de la mer », Sainte Gemme, fév. 1340 (193) ; — « Ordinacio seu declaracio facta super xiii punctis stili Parlamenti », 1344 (194) ; — « Littera super libertatibus Ecclesie et aliis articulis », 1355 (207) ; — Ordonnance concernant la gabelle et les impositions de quatre deniers pour livre, 1345 (232) ; — Ordonnances de saint Louis, concernant l'administration de

la justice, 1254 (236) ; de Louis X, en faveur des Juifs, 1315 (240) ;
du roi Jean, lors des États généraux de 1355 (244) ; de Charles V,
alors régent, 1356-1358 (296) ; — « Instructions, faictes par le
Grant conseil du Roy estant à Paris, sur la manière de lever l'ayde
ordonnée pour la délivrance du Roy... », 18 et 24 déc. 1360
(357) ; pour le sel (358) ; pour les aides, 1373-1398 (359-390) ; —
Lettres patentes du roi Jean, concernant le guet, 1363 (393), et de
Charles V sur la « cognoissance du sellé du Chastellet de Paris »,
1367 (399); etc.

II (231). — On peut signaler dans ce volume les pièces suivantes :
Ordonnances de Charles V, concernant sa succession, 1374 (5) ;
— Autorisation accordée à Audoin Chauvion, ancien prévôt de
Paris, d'acquérir des rentes dans la prévôté de Paris, 1384 (15) ;
— Lettres de Charles VI aux maîtres et enquêteurs des eaux et
forêts de Champagne et de Brie, concernant le droit de chasse,
Compiègne, 29 juin 1396 (21) ; — Autre ordonnance du même roi
sur la chasse, Paris, 10 janv. 1396 (21 v°) ; — Ordonnances concernant l'inaliénabilité du domaine royal, 1401-1402 (23) ; la confrérie de la Passion et résurrection de Nostre-Seigneur, fondée
en l'église de la Trinité à Paris, et les mystères qu'elle représen-
tait, 1402 (33) ; — Ordonnances concernant le domaine royal et les
aides, 1403-1410 (35) ; — Ordonnances Cabochiennes, 1413 (43) ; —
Ordonnance relative aux rachats des rentes, 1416 (82) ; — Ordonnance concernant l'administration de la justice, 1420 (102) ; —
« Instructions et ordonnances faictes et advisées par le Roy nostre
sire... sur la manière de lever et gouverner le fait des aides qui
soloient avoir cours pour la guerre... », 1435-1452 (104) ; —
Requête présentée à la Chambre des Comptes par Hugues Mail-
lart, procureur du Roi au Trésor, et Jehan Du Boys, collecteur et
receveur des mortes-mains et formariages au bailliage de Vermandois, 1450 (113) ; — Ordonnance de Montils-lez-Tours, sur la réforme de la justice, avril 1453 (117) ; — Ordonnances de François II,
sur les révisions de jugements, 1560 (145) ; de Louis XI, sur le
commerce, 1463 (147), sur l'armée, 1467 (151), et sur les privilèges des secrétaires du Roi, 1482 (153) ; de Charles VIII, portant
anoblissement desdits secrétaires, Paris, fév. 1484, copie de P. Pithou (163) ; de Louis XII et François Ier, sur les finances, 1511-1540
(165) ; — Édit de François Ier, concernant l'application au fisc des

biens, tant féodaux que roturiers, confisqués sur les criminels de
lèse-majesté, 1539-1540 (167); — Édit de François Iᵉʳ, contre les
gentilshommes et ecclésiastiques, exempts d'impôts, qui se li-
vrent à l'agriculture, Aumale, 4 avril 1540 (172); — Lettres de
Henri II, portant suppression du droit d'aubaine en faveur des
Flamands, 1449 (175) ; — Arrêts relatifs aux confrères de la Passion, 6 nov. 1574 (176), et 17 nov. 1548 (177); — « Ordonnance faicte
par le Roy sur les dons et récompenses que Sa Majesté distribue à
ses subjects et serviteurs », 1582, in-4º, *impr.* (179) ; — Formule
du serment des baillis et sénéchaux de France (183) ; — Lettres
de Louis XII, concernant les offices de judicature, s. d. (187);
— Extraits de l' « ordonnance des examynateurs... » (189);
et des ordonnances de Charles VI et ses successeurs sur l'amirauté, 1400-1523 (195) ; — Table du registre des ordonnances,
selon l'ordre des règnes, depuis Philippe II jusqu'au roi Jean
(227).

Documents concernant les amortissements, les francs-fiefs et
les nouveaux acquêts (237); on y remarque les pièces suivantes :
— « Ce sont les doubtes sur les finances des acquestz et les
responces et déclarations » (259); — Instructions sur le recouvrement de divers droits du domaine (263); — « Institution sur
les finances des acquestz par les églises et personnes non-nobles
en France » (275); — Mémoire de Jean Hennequin, « marchant
et bourgeois de Paris », dans son procès contre le chapitre
de Saint-Germain-l'Auxerrois, au sujet d'un rachat de rente,
1385 (287) ; — Lettres de Charles VI, relatives à des constitutions
de rentes pieuses ou charitables, par Michel du Sablon, conseiller des Comptes, Paris, mai 1404 (295); Antoine Debanesquer-
que, sieur de Fontaines, petit-fils de Jean de Mornay, Paris,
janv. 1404 (299); Hugues Bonsolas, secrétaire du Roi, Paris,
28 mai 1409 (301); le sieur de Bouconvillers, Paris, 10 juin 1406
(307); — « Instructions... faictes par le Conseil du Roy sur les
finances que on peult raisonnablement demander pour le Roy
aux gens d'église... » (311); — « Factum du sommaire de ce qui
est poursuivy pour le faict des rachapts deubs au Roy par aucuns particulliers eclésiastiques des pays d'Anjou, de Thouraine
et du Mayne... » (319); — Mémoire concernant la taxe des francs-
fiefs et nouveaux acquêts (323).

Pièces relatives aux droits et cas royaux (327), parmi lesquelles

on remarque les documents suivants : « Ce sont les cas royaulx
et privileiges prétanduz par les gens et officiers du Roy... au
baillaige d'Amyens... » (341) ; — « Ce sont les droiz royaulx desquelz au Roy... et à ses juges officiers appertient et doit apper-
tenir la congnoissance... » (345) ; — « Droiz royaulx servans à
tous siéges » (351) ; — « Ce sont les droitz et cas royaulx au
Roy... et dont à luy et à ses juges principaulx appartient la congnoissance, consentiz... par Mgr l'archeduc d'Autruche (*sic*), conte
de Flandres et d'Artois, aux officiers du Roy ou baillaige de province dantres (*sic*) et en ladite conté d'Arthois... », 1469 (361) ; —
Extraits des registres du Parlement, de 1203 à 1441 environ
(377) ; etc.

XVe, XVIe et XVIIe siècles. — 400 et 386 feuillets. — Proviennent de P.
Pithou.

232.

Recueil de documents concernant la Franche-Comté, la
Bourgogne, la Flandre et l'Artois, de 1197 à 1600 environ.

On peut signaler dans ce volume les pièces suivantes : Accord
conclu entre Étienne, comte d'Auxonne, et Eudes III, duc de
Bourgogne, 1197, de la main de P. Pithou (3) ; — Formule de
l'hommage rendu à Hugues IV, duc de Bourgogne, par Jean, comte
de Bourgogne et de Chalon, 1237 (4) ; — Acte relatif à un procès
entre la comtesse Jeanne de Flandre et Jean de Nesle, Paris, 1224
(4 v°) ; — « Généalogie et descendue des roys et contes de Bour-
goines... » (8) ; — Mémoire de Jean d'Offay, en faveur de la duchesse
Marie de Bourgogne (35) ; — Analyse de plusieurs « litteræ tangen-
tes comitem, comitatum et dominos de Cabilone », XIIIe-XIVe s.
(43) ; — « Causes motives de créer une chambre criminelle au Parlement de Bourgoigne » (45) ; — Vidimus des lettres du roi Jean,
portant octroi de privilèges aux habitants du duché de Bourgogne,
Saint-Bénigne de Dijon, 20 déc. 1361 (49) ; — « Charte des armes de
la ville de Dijon », octroyée par le duc Philippe, Rouvres, 22 sept.
1391 (50 et 109) ; — « Extraict des registres du Parlement de
Dijon », par P. Pithou, 1476-1501 (51) ; — « Les articles que les
Estatz de Bourgongne, apreez le trespas du duc Charles [le Témé-
raire]..., accordèrent au Roy [Louis XI]... », 1476 (53) ; — Docu-

ments relatifs aux privilèges et à l'administration de la Bourgogne, de 1476 à 1483 (56-84) ; — Lettres du lieutenant du bailli d'Amiens à Montreuil, contenant l'énumération des cas royaux pour l'Artois, mai 1469 (85) ; — Lettres de Philippe le Bon, duc de Bourgogne, portant nomination de son neveu Jean, comte d'Étampes, à la lieutenance-générale des comtés d'Artois, de Boulogne et de Ponthieu, Lille, 5 mars 1436 (89) ; — Lettres de Philippe le Bel, relatives à l'Artois, Senlis, 18 mai 1309 (103) ; — « Mémoires au long à Mgr Révérendissime Légat, pour luy donner à entendre le faict du différent de l'évesque de Cambray avec les officiers du Roy à Crèvecœur », s. d. (111) ; — Notes de P. Pithou sur le comté de Bourgogne (114) ; — « Accord fait en brief par les soubscriptz de Besançon (H. de Neufchastel, Joffroy, etc.) entre Mgr le gouverneur de Bourgoingne... », Vallesson, 3 juillet 1479 (116) ; — Lettres du duc Philippe le Bon, relatives à une question de frontière du comté de Bourgogne, pendante entre lui et Charles VII, Bourges, 21 juillet 1449 (117) ; — Pièces relatives à la neutralité du comté de Bourgogne, 1512-1600 (120-152) ; — Mémoire relatif aux différends survenus entre Louis XI, d'une part, et Maximilien d'Autriche et Marie de Bourgogne, d'autre part (154) ; etc.

XVIe et XVIIe siècles. — 190 feuillets. — Provient de P. Pithou.

233.

Recueil de notes et de documents concernant l'Administration des FINANCES, le DOMAINE de la Couronne et le TRÉSOR DES CHARTES, de 1210 à 1583 environ.

On peut signaler dans ce volume les pièces suivantes : Rapport sur une opération d'arpentage du royaume, XVIe s. (3) ; — État des paroisses de chacun des archevêchés et évêchés de France, 1568 (4) ; — Liste des bailliages, de la main de P. Pithou (7) ; — « Roolle arresté par le Roy [Henri III] en son Conseil pour l'assemblée des Estatz... tenue à Blois, au mois de décembre 1576, suivant l'ordre duquel furent les députez appellez et eurent reng en ladicte assemblée », copie de P. Pithou (9) ; — Liste des archevêchés et évêchés ressortissant aux divers Parlements (10) ; — Généralités et lieux où sont établis les sièges et bureaux des trésoriers généraux de France et receveurs généraux des finances, 1583 (12) ; —

Notes et copies de pièces relatives au domaine, 1580-1582 (15), à la Bretagne, 1582 (23), et aux affranchissements (25) ; — Inventaire des joyaux de la couronne, dressé en 1551 (27) ; — Gages des officiers de finances (29) ; — État des finances royales en 1520 (35), et en 1575 (42) ; — État des recettes en 1581 (44) ; — Liste des marchandises françaises qui font l'objet d'un commerce d'exportation (47) ; — Listes des denrées importées en France, avec l'indication de leur provenance, par P. Dupuy (48 v°) ; — Estimation du revenu ordinaire des princes de la chrétienté, 1560 (50) ; — État des recettes du royaume en 1566 (51) ; — État des dettes et engagements de la couronne en 1580 (52) ; — États de Normandie, 1578 (58) ; — « Estat au vray de ce que montent. . les payemens des gaiges... tant de la gendarmerie, chevaux-légiers, harquebuziers et pistoliers à cheval que des légionnaires, gens de pied françoys, suisses et lansquenetz » (62) ; — « Estat du train et bande d'artillerie que le Roy [Charles IX] ordonna ... au mois de septembre 1568... » (70) ; — « Estat sommaire des mortes payes entretenues ès villes et places de ce royaume, et de leur payement pour l'année 1571 » (72) ; — « Estat de la marine de Ponent en l'an 1574 » (73) ; — « Estat par le menu de ce que pourra couster l'avitaillement, entretenement et nolleaige d'un navire du port de cent tonneaux, fourny de soixante hommes d'équippage ferme, tant soldatz que matelotz, chefs et gens d'office, avecq les munitions, et utencilles qui en dépendent, pour un mois de voyage », 1574 (74) ; — « Estat abbrégé des officiers domestiques du Roy » [sous Charles IX], 1570 (77) ; sous François Ier, 1536 (79) ; — Instruction pour « la correction des comptes » (95).

Notes sur le Trésor des chartes et les gardes du Trésor, par P. Pithou (98) ; — Extraits divers du Trésor des chartes, par P. Pithou (100) ; — « Repertorium registrorum in Thesauro cartarum Regis repertorum », minute, fin du XVe s. (125); — Inventaire du Trésor des chartes, XVIe s. (157 v°) ; etc.

XVe, XVIe et XVIIe siècles. — 201 feuillets. — « 1645 ». — Provient de P. Pithou.

234.

Extraits des registres du PARLEMENT DE PARIS, de 1256 à 1563 environ, par P. Pithou.

On remarque, aux fol. 5 et 97 v°, la signature de P. Pithou.

XVJ° siècle. — 97 feuillets. — In-4°. — Provient de P. Pithou.

235.

Extraits des registres du PARLEMENT, [d'après les notes de Jean Du Tillet contenues dans le ms. français 547 du fonds Saint-Germain, aujourd'hui mss. français 18310 et 18311].

Ces extraits concernent particulièrement les fils de France et princes du sang, 1387-1490 env. (3); — les religieux mendiants et autres, 1356-1496 env. (15); — les cas royaux, 1277-1502 (23); — la régale, 1334-1567 env. (27) ; — le droit de guerre, 1260-1403 env. (54) ; — les marques, 1329-1498 env. (60) ; — les « asseuremens », trèves, paix et sauvegardes, 1277-1458 (65); — le droit de justice et la procédure, 1257-1526 env. (74); — les testaments, 1280-1428 env. (131) ; — la ville de Paris, 1256-1596 env. (132 v°); — Chartres, le Perche, Vendôme, Alençon, 1258-1496 env. (158); — la Champagne et la Brie, 1257-1488 env. (164); — la Picardie, 1254-1459 env. (174); — le Beauvaisis, 1274-1427 (176) ; — la Flandre, 1255-1487 env. (180) ; — la Normandie et le Vexin français, 1254-1457 env. (184); — l'Anjou, le Poitou, la Touraine, etc., 1257-1494 (194); — l'Angoumois (198); — la Saintonge (200); — la Guyenne, le Rouergue, etc., (202); — le Languedoc (210); — les généraux des aides (215); — les notaires et greffiers du Parlement (217); etc.

XVIe-XVIIe siècle. — 221 feuillets. — Provient de P. Pithou.

236.

Notes et documents sur les CHANCELIERS et les GARDES DES SCEAUX, depuis Clovis Ier jusqu'à Louis XIII.

Au fol. 307, se trouve une table alphabétique des noms des chanceliers et gardes des sceaux de France.

XVIIe siècle. — 314 feuillets. — Ancienne reliure en maroquin rouge, avec fers dorés; tranches dorées. — « 1626 ». — Provient d'Antoine de Loménie.

237.

Mémoires de la reine Marguerite de Valois. (1561-1579.)

(Publié par F. Guessard, dans la collection de la Société de l'Histoire de France, 1842, in-8°).

XVIIᵉ siècle. — 110 feuillets. — Reliure en maroquin rouge, aux armes d'Antoine de Loménie; tranches dorées. — « 1628 ».

238.

« Voiages [en Orient] et relations », en français et en italien.

Ce volume contient les pièces suivantes : Voyage de Gabriel d'Aramont, ambassadeur de France à Constantinople pendant les années 1547, 1548 et 1549, rédigé par Jean Chesneau, son secrétaire (75); cf. vol. 40 ; — Voyage de Philippe Canaye, sieur de Fresne, dans le Levant, 1572, en italien (23) ; — Voyage en Chine, par le sieur de Feine (59) ; — Relation de l'île de Malte, par Giovanni Battista Leone, 1582, en italien (71); — Récit de la mort de Sultan Mourad, de l'avènement du nouveau sultan Méhémet, son fils, et de son départ de Constantinople pour la guerre de Hongrie, dédié par le juif Salomon Usche à François Savary de Brèves, ambassadeur de France près la Porte ottomane, 1596, en italien (90); — Relation des principaux États de l'Italie, 1609, en italien (106).

XVIIᵉ siècle. — 115 feuillets. — « 1625 ».

239.

Traité de la servitude volontaire, par Étienne de La Boétie. — Copie de Claude Dupuy.

XVIᵉ-XVIIᵉ siècles. — 24 feuillets.

Les numéros 238 et 239 sont reliés en un seul volume.

240.

Recueil de Mémoires et de Discours politiques, intitulé : « Mémoires et discours sur diverses matières de conséquence. III. »

On peut signaler dans ce volume les pièces suivantes : Mémoire sur le couronnement des rois de France, 1593 (1); — « Opinion de plusieurs docteurs pour le gouvernement de France quand un roy est mineur, faicte l'an 1560 », copie de P. Dupuy (4); — « Pour la majorité du Roi très chrestien, contre les escrits des rebelles », par Jean Du Tillet (6) ; — Autre mémoire du même sur le même sujet, adressé à Catherine de Médicis, 1570 (14); — « Traicté de la régence, à la Reine régente », par Jean Savaron (22) ; — « De la qualité et dignité des premiers princes du sang en France » (31); — « De l'origine de la convocation des trois Estats en France, qui estoit jadis, soubs la première et seconde lignée de nos Rois, tenir le Parlement », 1581 (33) ; — « De l'estat du domaine du Roi ; en quoi il consiste, et accroissement d'icelui » (41 v°); — « Escrit présenté au Roy par Mᵉ Jean Du Tillet, touchant la paix des seconds troubles », autogr. (57); — « Discours à Monsʳ le duc d'Alençon, frère de Henri III » (75); — « Extrait d'aucuns mémoires trouvés entre les papiers de feu Charles de Marillac, archevesque de Vienne... » (79) ; — « Articles de crimes et offenses qui se commettent contre la majesté du Roy » (83); — Mémoire de Du Tillet sur le même sujet, autogr. (87); — Décision relative au droit de régale (95); contre les châteaux et places fortes (97) ; — « Discours de la Confidence », adressé au roi [Henri IV] par Ange Cappel, sieur du Luat, 1599 (98); — Discours de [Benjamin Aubery, sieur] Du Maurier à M. de Rosny (104 et 148 v°) ; — Lettre du chancelier de Bellièvre à l'évêque d'Évreux [Jacques Du Perron], après la conférence de Fontainebleau, 3 juillet 1600 (106); — Discours sur cette question : « s'il est loisible de porter les armes pour un prince de diverse religion et s'allier avec luy », traduit de l'italien (110); — « Advis sur trois articles des cahiers des Estatz, semblables et conformes », par le procureur général Jean de La Guesle, 6 fév. 1589 (130) ; — Mémoire politique d'Alleaume (140) ; — Discours sur les rentes de la ville de Paris, par Miron, 1605 (144) ; — Remontrances au Roi [Henri IV] sur les rentes, par J. Leschassier (150); — Remontrances au roi Louis XIII, 1617 (154) ; — « Harengue du procureur syndic des Estats de Normandie, prononcée au Conseil d'Estat de Sa Majesté contre quelques commissions », 1608 (160) ; — « Mémoires présentez à Mgr le duc de Sully, touchant le changement d'octroy observé en Normandie sur le faict des tailles », 1608 (164); — Harangue de l'évêque de Beauvais [René Potier de

Blancménil] au Roi [Louis XIII], 1615 (166) ; — Discours adressé au Roi [Louis XIII], au nom du clergé de France, par Paul Hurault de L'Hospital, archevêque d'Aix, 1619 (168); — Harangues et lettres de Lazare Coqueley, conseiller au Parlement, 1588-1599 (175); — « Moien de rendre en France les gouvernemens temporels, du consentement de ceux qui les tiennent », par [Jacques] Leschassier (201) ; — Discours du même au Roi [Henri IV] sur les offices royaux, in-4°, *impr.* (215); — Discours de Jean de La Guesle sur la vénalité des charges et offices, autogr. (218) ; — Mémoires sur la révocation du droit annuel (226); etc.

XVIᵉ et XVIIᵉ siècles. — 241 feuillets. — « 1629 ».

241.

« Noms et surnoms des princes et seigneurs, commandeurs et chevaliers de l'Ordre et milice du SAINT-ESPRIT. »

« Première création et réception faicte par Henry III, roy de France et de Polongne, chef et souverain grand maistre dudict Ordre, le dernier jour de décembre 1578, en l'église des Augustins de Paris. »
Suivent les créations de 1579 (14 v°), 1580 (15 v°), 1581 (16 v°), 1582 (17 v°), 1583 (18 v°), 1584 (20), 1586 (20 v°), 1587 (23), 1592 (23 v°), 1594 (24), 1595 (24 v°), 1597 (27 v°), 1598 (29 v°), 1607 (30 v°), 1610 (31 v°). 1619 (32 v°), 1622 (38), 1625 (38 v°), 1633 (39), et 1642 (42).

XVIIᵉ siècle. — 42 feuillets.

Les numéros 240 et 241 sont reliés en un seul volume.

242.

« *Procès criminel faict à Gilles [de Laval], sire DE RAYS, mareschal de France, convaincu de crimes exécrables de magie et de la mort d'une infinité de petits enfans, et fut exécuté à mort le 26 octobre 1440.* »

En déficit.

243.

« Procès verbal des propositions et délibérations de la Chambre du Tiers-Estat aux ESTATS DE LA LIGUE, tenuz à Paris l'an 1593. »

Suivi de diverses pièces relatives aux mêmes États (fol. 241).

XVIIe siècle. — 263 feuillets. — « 1625 ». — Provient de Peiresc.

244.

« Anciens tiltres concernans VERDUN et le Verdunois. » — Copie du cartulaire de Saint-Vanne de Verdun.

XVIe siècle. — 50 feuillets. — « 1631 ».

245.

Recueil de documents relatifs à l'histoire de FRANCE. (1589-1594.)

On remarque dans ce volume les pièces suivantes : Table du volume (5); — Extraits, par P. Dupuy, des dépêches du sieur [Hurault] de Maisse à Henri IV, pendant son ambassade de Venise, 1589-1594 (10); — Lettres du Roi [Henri III] à [Méry] de Vic, à [Aimar] de Chaste, aux Parlements de Provence et de Dauphiné, au marquis de Pisany, au cardinal de Joyeuse, etc., toutes datées du 24 déc. 1488 et écrites après l'assassinat du duc de Guise [Henri Ier de Lorraine] (55) ; — Instructions données au duc [François] de Luxembourg, envoyé près de Sixte-Quint par les princes et seigneurs catholiques de France, 16 août 1589 (77) ;— Lettres des mêmes à Sixte-Quint, même date (81) ; — Instructions données au duc de Luxembourg, envoyé près des princes d'Italie, 18 août 1589 (82) ; — Lettres de Henri III et des princes à la seigneurie de Venise, Neuilly, 18 août 1589 (84), et au sieur de Maisse, même date (84 v°); — Lettres de François de Luxembourg aux cardinaux réunis en conclave, Acquapendente, 26 oct. 1590 (85), et au nouveau pape [Grégoire XIV] (87 v°); — Lettres des princes, ducs-pairs et officiers de la couronne à M. de Maisse, 6 avril 1591 (89 v°), et au Pape [Grégoire XIV] (90) ; — Lettres du

Roi [Henri IV] au Sultan [Amurat III], au premier bassa, et au « capitaine de la mer » Assan Aga, 6 avril [1590] (92) ; — Mémoire remis par Henri III au sieur de Maisse, envoyé à la cour du duc de Ferrare [Alphonse II], Tours, 13 mars 1589 (97) ; — Requête présentée au Parlement de Paris par la duchesse de Guise [Catherine de Clèves, comtesse d'Eu], 1589 (101) ; — Enquêtes faites à la requête de Catherine de Clèves par Pierre Michon et Jean Courtin, au sujet de l'assassinat du duc de Guise, fév. 1589-mars 1590 (104) ; — Instruction au sujet de la mort du duc de Guise (139) ; — Autres lettres faisant partie de la correspondance de M. de Maisse, et où l'on remarque des lettres du cardinal de Bourbon et des princes de son parti au sieur de Maisse et à la république de Venise (142) ; une « credenza di maestro fra Alessandro Franceschi, data in scritto, d'ordine del Papa [Clemente VIII], al R^{mo} Card^{le} di Gondi, in Fiorenza, alli 14 d'ottobre 1592 » (146), et la réponse du cardinal (147) ; une lettre du duc de Mayenne [Charles de Lorraine], portée aux cardinaux par l'évêque de Lisieux [Anne de Pérusse, plus tard cardinal], 1592 (149) ; — Mémoire envoyé aux princes le 6 fév. 1596 (150) ; — Lettre autographe du grand-duc de Toscane [Ferdinand Ier] à Henri IV, Florence, 30 nov. 1592 (154) ; — Mémoire du cardinal Pierre de Gondi, Mantes, 26 avril 1593, orig. (156) ; etc.

XVIe et XVIIe siècles. — 165 feuillets. — Tranches dorées. – « 1633 ».

246.

Recueil de discours du chancelier Michel DE L'HOSPITAL, d'Antoine SÉGUIER, du garde des sceaux Guillaume DU VAIR, etc.

On remarque dans ce volume les pièces suivantes : Harangues de Michel de L'Hospital au Parlement, 5 juillet 1560 (3), 12 nov. 1563 (15), 26 juillet 1567 (27), 21 août 1567 (57) ; — Remontrances du Parlement de Rouen au Roi [Louis XIII], 19 mars 1618 (59) ; — Discours du président [Antoine] Séguier à l'assemblée des États de Provence, 22 nov. 1586 (63) ; — Discours du président Nicolaï, 1620 (71) ; — Harangue de G. Du Vair, « qu'il devoit faire au Parlement de Toulouse », 1621 (75) ; — Remontrance au Roi sur l'Assemblée du clergé, par M. du Mans [Charles de Beaumanoir de Lavardin?], s. d. (83) ; — Remontrances aux prévôt et échevins de la ville de Paris, lors de l'Assemblée du clergé à Melun, 20 sept. 1579 (87) ; etc.

XVIᵉ-XVIIᵉ siècle. — 96 feuillets. — « 1631 ».

247.

« ORDONNANCES antiennes. — Stile du CHASTELET de Paris. — Antiens arrets notables. »

XVᵉ-XVIᵉ siècle. — 370 feuillets. — In-4º. — « 1635 ».

248.

« De l'intérest des princes et Estats de la Chrestienté », par le DUC [HENRI Iᵉʳ] DE ROHAN.

XVIIᵉ siècle. — 56 feuillets. — Petit in-4º. — Provient d'Antoine de Loménie. — « 1634 ».

249.

« Origines de plusieurs MOTS FRANÇOIS, et observations sur les mots antiens de la langue françoise. »

On remarque dans ce volume les pièces suivantes : Essai de dictionnaire étymologique, par Claude Dupuy (?) (4) ; — Notes étymologiques d'Adrien Turnèbe (36) ; — Autres essais de dictionnaire étymologique (45 et 120) ; — Observations sur un certain nombre de mots français, la plupart vieillis, par Claude Dupuy (?) (152) ; etc.

XVIIᵉ siècle. — 232 feuillets. — « 1633 ».

250.

Recueil d'ARRÊTS, du 12 novembre 1400 au 12 avril 1433, et du 24 décembre 1440 au 5 juillet 1485.

XVIᵉ siècle. — 155 feuillets. — Petit in-4º. — « 1629 ».

Recueil de lettres latines adressées par fra Paolo Sarpi à Jacques Leschassier, du 7 septembre 1607 au 23 juillet 1613. — Copies de P. Dupuy.

A la fin du volume, se trouve un opuscule de Fra Paolo intitulé : « Delle contributioni che devono fare gl' ecclesiastici per l'occorrenze publiche » (164), et quelques lettres de Domenico Molino à J. Leschassier, du 28 fév. 1611 au 14 août 1612 (170).

XVIIᵉ siècle. — 177 feuillets. — « 1635 ».

252.

« Francisci Rhoaldi [Roaldès], J. C., prælectiones in libros quosdam Pandectarum et Codicis. — Varii item tractatus juris. »

Ce volume contient les traités suivants : « Ad librum I Pandectarum annotationes » (7-70) ; — « Ad titulum 3 : Si quis jus dicenti non obtemperaverit, lib. 2 Digestorum prælectiones priores » (71) ; — « Tractatus de pactis ad tit. XIIII lib. 2 Digestorum » (82) ; — « Tractatus de acquirenda et retinenda possessione » (107 v°) ; — « Ad tit. de pact. lib. 2 Dig. annotationes... exceptæ Cadurci anno 1564 (120) ; — « Ad legem unicam de sententiis quæ pro eo quod interest proferunt Fr. Roaldi prælectiones, tit. 47 lib. 7 Codicis » (123) ; — « Ad tit. de vulg. et pupillari substitutione... prælectiones lib. 28 Digestorum » (138) ; — « Ad tit. de justitia et jure Dig. priores prælectiones » (153) ; — « Prælectiones ad Justiniani constitutionem de caducis tollendis lib. 6. Cod., Tolosæ, 1559, mense augusto » (613 v°) ; — « Commentarius de edicto perpetuo..., Cadurci, 1563, mense novembri » (170 v°) ; — « In tit. de jurisdictione omnium judicum et sequentes aliquot tit. lib. 2 Digest. prælectiones exceptæ Cadurci, MDLXIII » (174-208) ; — Sur les titres 3, 4, 5, 6, 7 et 8 du livre II du Digeste (209-227) ; — « Prælectiones ad tit. de eo quod certo loco dari oportet (230), ad tit. de condictione triticiaria, lib. 13 Dig. (242), et ad tit. de usurpationibus et usucapionibus, lib. 41 Digest. » (257) ; — « Prælectio in l. 132 et l. 134 de verborum significatione » (266) ; — « Disputatio de locis et argumentis juris

civilis » (267); — « Ad legem Frater a fratre » (270); — De tribu-
tis et vectigalibus (271); — « Ex prioribus Fr. Rhoaldi de jurisdictione et imperio » (279) — « Vetus ratio judiciorum exercen-
dorum more Romano » (287); — « De dotibus et soluto matrimonio
tractatus, anno M. D. LXIIII, mense novembri » (295); — « Prælectiones ad lib. I Cod. Dn. Justiniani » (317); — « Ad interpre-
tationem tit. de edendo », lib. II Cod. (350); — « Ad interpre-
tationem tituli Si certum petetur » lib. IV Cod. (351); — « De
vectigalibus » (352); — « Ad tit. de summa Trinitate et fide catholica », Decretal. tit. 1 (354); — « Ad tit. de rebus creditis et
jurejurando, lib. 4 Cod. » (356); — « Ad tit. 2 Si certum petetur »
(358 v°); — « Ad tit. 3 de suffragio » (361).

XVIe siècle. — 361 feuillets. — In-4°. — « 1629 ».

253.

Extraits des registres du Parlement de Paris, relatifs au différend soulevé entre la Grand'Chambre d'une part et les Chambres des enquêtes et des requêtes d'autre part, au sujet des cas
où toutes les Chambres du Parlement doivent être assemblées
et de l'autorité dont doit émaner l'ordre de réunion. — Vers
1630.

On remarque dans ce volume les pièces suivantes : Nouvelles
datées de Mayence, 12 nov. s. a. (4) ; — « Mémoires communiquez par Messieurs de la Grande Chambre » (6), parmi lesquels se
trouve une pièce in-4°, *impr.* (44) ;
« Mémoires communiquez par Messieurs des Enquestes et des
Requestes du Pallais », pour prouver : 1° que toutes les Chambres
du Parlement doivent être assemblées pour délibérer sur les édits,
ordonnances, et autres affaires publiques, sans aucune attribution
particulière desdites affaires à la Grand'Chambre (51) ; 2° que,
jusqu'à l'ordonnance royale de 1446 et depuis, le Parlement assemblé a pris connaissance des procès et affaires notables des
particuliers (69) ; 3° que les Chambres ont été assemblées pour
délibérer et prendre connaissance de tous édits et autres affaires
publiques indistinctement (91) ; 4° que sur la simple réquisition
des députés des Enquêtes et Requêtes, les Chambres ont été

assemblées pour délibérer des affaires publiques, et sans que les conseillers de la Grand'Chambre en aient délibéré seuls (166) ; — Autres actes relatifs à la même affaire (190) ; etc.

XVIIᵉ siècle. — 205 feuillets. — « 1644 ».

254.

« Procès verbal et enqueste faicts pour les limites de PICAR-DIE et païs de CAMBRÉZIS et d'ARTOIS et pour la situation des abbayes de Dommartin et Femy, par M. Jean-Jacques DE MESMES, sieur de Roissy, maistre des requestes pour le Roi très chrestien [Henri II, puis François II], et Pierre GRENET, conseiller du roi d'Espagne [Philippe II] en son conseil d'Artois. — Faict l'an 1559[-1560]. » — Original.

XVIᵉ siècle. — 242 feuillets. — « 1644 ». — Provient d'Angenoust, sieur de Trancault.

255.

« Histoire journalière de ce qui se passa, soubs la conduite de Fr. Pierre D'AUBUSSON, grand-maistre de Roddes, au siège de la ville de RODDES, faict par Mahomet II, empereur des Turcs, en l'année 1480. »

Au fol. 127 vᵒ, on lit : « Achevé le XIIIᵉ jour de septembre. »

XVᵉ siècle. — 127 feuillets. — Peintures. — « 1633 ». — En haut du fol. 1, d'une main ancienne, le nom de « Françoys Guysmier ».

256.

Extraits de l'histoire de NAPLES de Gian Antonio SUMMONTE [*Istoria della città e regno di Napoli*, Naples, 1601-1643, 4 vol. in-4°] (3) ; — de l'histoire d'ARAGON de Geronimo ZURITA (14 et 32) ; — de l'histoire de PROVENCE, de NOSTRADAMUS (46) ; — de l'histoire de GÊNES d'Agostino GIUSTINIANI, évêque de Nebbio (51) ; — et de l'histoire des rois, ducs et comtes de BOURGOGNE et d'ARLES, par André DU CHESNE (59).

Copies de P. Dupuy.

XVIIᵉ siècle. — 80 feuillets. — In-4°. — « 1630 ».

257.

« Traictez concernants le transport faict au Roi [Charles VI] des comtez de Valentinois et de Diois ». (1404-1417.) — Copies.

XVIᵉ siècle. — 50 feuillets. — « 1629 ».

258.

« Meslanges pour l'histoire de France et d'Alemagne. Vol. I. » — Recueil de documents concernant l'histoire religieuse de la France et de l'Allemagne, de 1406 à 1555 environ.

On remarque dans ce volume les pièces suivantes : Table des matières (3); — Lettre de Charles, duc de Gueldre, à l'empereur Frédéric III, 1492 (9); — Lettre de l'empereur Maximilien Iᵉʳ aux États de Flandre, 1488, traduite du français (11); — « Responsio ad Maximiliani epistolam per Philalethem », également traduite du français en latin (13 vᵒ); — « Domini Maximiliani Imperatoris Augusti ad Antonii Justiniani, oratoris Veneti, supplicationem extemporanea responsio », 1509 (22); — « Quamobrem Angli Francie regnum ad se pertinere confirment » (22 vᵒ); — « Familiarum Lancastriæ et Eboracensis de regno Angliæ contentiones » (22 vᵒ); — Arrêt du Parlement de Paris « adversus abusus annatarum et aliarum usurpationum Papæ », 11 sept. 1406 (23 vᵒ); — Proclamation de l'élection de Charles-Quint, 28 juin 1519 (27); — Déclaration de Ferdinand, roi des Romains, de Hongrie et de Bohème, à ses sujets des provinces de la Basse-Autriche et du comté de Goritz, Vienne, 14 août 1554 (27 vᵒ); — Lettre du même à Frédéric Nausea, coadjuteur de l'évêque de Vienne, Gand, 17 avril 1540 (28 vᵒ);

Lettres de Charles-Quint à Jean-Frédéric, duc de Saxe, et au clergé de Cologne, 1537-1543 (28 vᵒ); — Ordonnance d'Édouard VI, Greenwich, 20 mai aᵒ 7ᵒ [1553] (29 vᵒ); — Traité conclu entre Charles-Quint et les princes protestants d'Allemagne, Nuremberg, 29 juillet 1532 (30); — Lettre des princes allemands à Charles-Quint, 9 sept. 1536 (32 vᵒ); — Sauf-conduit délivré à Jean Hus, Spire, 18 oct 1414 (33 vᵒ); — Lettre de Charles-Quint à Clément VII, Grenade, 28 sept. 1526 (34); — Lettre des envoyés français à l'assemblée de Spire, Nancy, mars 1544 (34 v°); — Discours des mêmes devant cette assemblée (35 v°); — Lettres adressées par François I^{er}aux princes d'Allemagne, 1534-1537 (47, 56 v°, 67, 84, 85 v°, etc.); — Discours prononcé par l'envoyé de François Ier à l'assemblée de Smalcalde, déc. 1535 (52 v°); — Discours prononcé par Charles-Quint à Rome, devant Paul III (59), et réponse de François Ier au discours précédent (61 v°); — Lettre apologétique de Guillaume Du Bellay, au sujet des querelles survenues entre François Ier et Charles-Quint, 1536 (70 v°); — Traité entre Charles-Quint, les princes allemands et les États de Bourgogne, Augsbourg, 26 juin 1548 (114); — Sentence capitale prononcée contre Jean-Frédéric, duc de Saxe, 7 mai 1547 (117); — Lettre de Charles-Quint aux Wurtembergeois, 14 déc. 1546 (119); — Lettres du même, mettant au ban de l'Empire Jean-Frédéric, duc de Saxe, et le landgrave Philippe de Hesse, Ratisbonne, 20 juillet 1546 (121 v°); — « De occasione belli Hungarici » (126); — Discours prononcé par Ferdinand, roi des Romains, à la diète impériale, contre le voiévode Jean, Spire, 1528 (126 v°); — « Belli a Leone X pont. max. Francis indicti occasio » (127); — Discours de « Raphael, Venetus », à Léon X (127); — Lettres de Louise de Savoie aux officiers royaux, 1525, et à Charles-Quint, Lyon, 3 mars 1525 (127 v°), avec la réponse de Charles-Quint, le tout en latin (127 v°); — « Testimonium Cæsaree voluntatis datum episcopo Atrebatensi [Granvelle] et exhibitum in concilio Tridenti », 1542 (128);

« Appellatio Universitatis Parisiensis a Leone X pont. max. », 1517 (128 v°); — Lettres de dispense matrimoniale, octroyées par le pape Jules II à Henri VIII d'Angleterre et à Catherine d'Aragon, 26 déc. 1503 (131 v°); — Sentence prononcée par Clément VII contre Henri VIII, 23 mars 1534 (132); — Lettre de François Ier à la diète de Spire, Beaugency, 6 oct. 1526 (132 v°); — « Apologia Madricianæ conventionis dissuasoria », 1526 (134); — Lettre de Charles-Quint aux électeurs et aux princes allemands, 29 nov. 1526, incomplète (137); — Traité de paix et d'alliance entre la France et l'Angleterre, 24 mars 1550 (139);

« Admonitio paterna Pauli III... ad invictiss. Cæsarem Carolum Quintum... », 1544 (152); — Lettres de Paul III à Charles-Quint, 24 août 1544 (152), et à la diète d'Aix-la-Chapelle, 1er janv. 1548 (158); — Bulle de Paul III, concernant la célébration du concile de Trente, 2 cal. jun. 1542 (164) ; — Bref de Paul III, permettant aux Juntes, à Antonio Blado et à Antonio Salamanca d'imprimer le Bréviaire, 3 juillet 1536 (167 v°) ; — « Consilium Pauli III..., datum Imperatori Carolo V per card. Farnesium », 1540 (168) ; — Bref de Paul III à Tommaso Campeggio, évêque de Feltre, 1er oct. 1540, et discours de Campeggio au congrès de Worms, 8 déc. 1540 (171) ; — Brefs de Paul III à Frédéric Nausea, évêque de Vienne, 14 mai 1540 et 18 fév. 1543 (172) ; — Lettre d'Otto Truchses, évêque d'Augsbourg, à Nausea, Nuremberg, prid. non. jul. 1543 (173 v°) ; — Bulle de Paul III, suspendant le concile, Bologne, prid. non. jul. 1547 (173 v°) ;

Lettres d'Adrien VI aux princes allemands réunis à Nuremberg, 25 nov. 1522 (176) ; — Instructions pour Francesco Chierigato, envoyé en Allemagne par Adrien VI (177 v°) ; — Réponse des princes allemands au légat apostolique, 1522 (180), et réplique du légat (183) ; — Lettre d'Adrien VI à l'électeur Frédéric [de Saxe], 5 oct. 1522 (185) ; — Lettre de Paul III à Charles-Quint, 26 août 1542 (189 v°) ; — « Consilium de emendanda Ecclesia..., Paulo III, ipso jubente, conscriptum et exhibitum », par les cardinaux Contarini, Caraffa, Sadolet, etc., 1537 (192) ; — « Consilium de ratione stabiliendæ et augendæ Romanæ ecclesiæ..., Paulo III, ipso jubente, conscriptum et exhibitum », par Robert Wauchop, archevêque d'Armagh, Tommaso Stella, évêque de Salpe, et le Grechetto [Dionysios Zanetinos], 20 août 1549 (196 v°) ; — Bulle d'indulgence de Paul III, id. dec. 1546 (201) ; — Lettre du cardinal Francisco Quiñones à Paul III, 1536 (202) ; — Lettres de Paul III à F. Nausea, 17 juin 1541 (204), et 19 mars 1539 (204 v°) ;

« Instructionis datæ Inquisitoribus exemplar », 31 mai 1550 (204 v°) ; — Déclaration de l'Université de Louvain, 26 mars 1550 (208) ; — Bulles de Jules III, relatives au concile de Trente, 18 kal. dec. (211), idib. nov. 1550 (212), 12 kal. jun. 1552 (216), et 9 kal. janv. 1554 (217) ; — Bulle de Paul IV, 8 id. mart. 1555 (217 v°) ; etc.

XVIe siècle. — 218 feuillets. — In-4°. — « 1626 ».

259.

« Trésor des ARMOIRIES. »

« Cy s'ensuivent les ordonnances appartenans à l'office d'armes, et les couleurs appartenans aulx blasons, et la manière de la fondation de l'ordonnance des héraulx » (3) ;

Armes de France (19) ; de « la comté de Charolois » (25) ; du roi d'Angleterre « et d'aulcuns seigneurs de son royaulme et du païs » (25 v°) ; de seigneurs écossais (27 v° et 34), allemands (31), gascons (42) ; du pays de Languedoc (45) ; de Touraine (47 v°) ; de Berry (48 v°) ; de Poitou (49 v°, 56) ; du Maine (52) ; de Bretagne (53, 56 v°) ; d'Anjou (62 v°) ; d'Auvergne (65) ; du Bourbonnais (66) ; du Viennois (67) ; de Savoie (69 v°) ; de Bourgogne (71 v°) ; du Barrois (76 v°) ; de Lorraine (79) ; de Champagne (80) ; de Normandie (85 v°) ; de Hainaut (86 et 131) ; du Ponthieu (93) ; de Corbie (96 v°) ; du Beauvaisis (98) ; du Vermandois (99 v°) ; de l'Artois (105) ; des Flandres (112) ; du Brabant (145) ; de Namur (149 v°) ; de Hollande (155) ; du Luxembourg (160 v°) ; de « Blankanbourg », et « du païs de Franque en Allemaigne » (161) ; du roi de « Béhaigne » (161 v°) ; de divers seigneurs allemands (162) ; de Pologne (165 v°) ; d'Aragon (166) ; de Castille (169) ; de Navarre (171) ; de Portugal (171 v°) ; « du roy de Hierlande » (172) ; armoiries de divers seigneurs (172 v°) ;

« Ce sont les chevaliers et escuyers qui firent leurs faicts d'armes devant Sainct-Homer, devant Ardres et devant Calais, l'an 1377, à cheval et à pied... » (178);

« Cy s'ensuivent les armes d'aulcuns roys chrestiens et des royaulme[s] à banière » (180 v°) ; « d'aulcuns et des roys sarazins à banière » (182 v°) ; « du roy de Galhot et de XXX roys qu'il conquesta » (184 v°) ; « du bon roy Charlemaigne le grand et de ses douze pers » (186 v°) ; « du roy Richard d'Angleterre et de ses compaignons » (187 v°) ; « du roy Arthur et d'aulcuns chevalliers de sa Table ronde » (188 v°) ; « du bon roy Allexandre et d'aulcuns de ses pers » (190) ; « des ... preux qui ont esté jusques à nostre temps » (191);

« Lignes » et armes de François de Choiseul, sieur de Précigny, tant du côté paternel que maternel (194) ; — « Lignes » d'Anne de Choiseul, « femme de M. de Précigny » (195 v°), etc.

Au fol. 2 v°, de la même main que le ms., on lit cette note : « C'est le double d'un livre qui a esté trouvé à la prinse de Calais, escript en vieil langaige picart, faict de l'an III^c IIII^xx, dont l'original est demeuré ès mains de Monsieur [Claude] d'Urfé, gouverneur du roy daulphin. »

XVIe siècle. — 196 feuillets. — In-4°. — « 1628 ».

260.

Minutes des lettres écrites de Rome et de Bologne par François DE DINTEVILLE, évêque d'Auxerre, ambassadeur à ROME,
du 26 août 1531 au 8 février 1533.

La plupart des lettres contenues dans ce volume sont adressées
au roi François Ier (14, 26, 31, 47, 54, 59, 62, 77, 83, 84, etc.), et
au grand maître [Anne de Montmorency] (4, 7, 13, 17, 24, 30, 32,
37, 38, 46, etc.).

Les autres sont écrites aux personnages suivants : au légat [An-
toine Du Prat] (8, 23, 33, 45 v°, 57, 82, 102, etc.); — à M. de
Bayonne, puis à M. de Paris [Jean Du Bellay] (10, 21, 43, 44, 53,
56, etc.); — à [Lazare] de Baïf, ambassadeur à Venise (12, 29, 88,
150, 171, 201, etc.); — au marquis de Saluces (16, 396 et 440);
— au cardinal Trivulce [Agostino Trivulzio] (20); — à Pomponio
Trivulzio (20 v°); — au cardinal [Gabriel] de Gramont (23, 35, 36,
54, 56 v°, etc.); — à M. de Vély [Claude Dodieu] (28, 202, 261,
355 et 417); — à M. d'Albanye [Jean Stuart] (25, 33, 34, 76,
81, etc.); — à Madame de Soubise (27, 292 v°, 300 et 306); — à
[Gilles] de La Pommeraye (42, 116, 150 v°, 154, 157, etc.); — au
président Gentil (55); — à M. de Villandry [Claude Le Breton] (58,
77 v°, 89, 95 v°, 99, 105, 120, etc.); — à [Philibert Babou, sieur]
de La Bourdaisière (87, 101, 136, 148 v°, 160 v° et 292 v°); — à la
« signora Lucretia de (sic) » (111); — à [Louis Dangerant, sieur de]
Boisrigault, et à [Lambert] Maigret, ambassadeurs en Suisse (128,
183, 216 v°, 242, etc.); — au cardinal [François] de Tournon
(133, 149, 190, 405, 415, 419, 428 et 434); — à M. de Barbesieux
(135); — à Maigret (138); — à [Nicolas] Raince (141); — à Mgr de
Côme [Cesare Trivulzio], ambassadeur du pape [Clément VII] (142,
165 v°, 194, 226 et 357); — à Boisrigault (155); — à M. de Toulouse
[Jean d'Orléans, cardinal de Longueville] (156); — à [Olivier] de
La Vernade (162); — à l'amiral [Philippe Chabot, comte de Charny]
(182 v°, 364, 378 v°, 410 v°, 423 et 427 v°); — à M. de Savoie [le
duc Charles III] (183 v°); — au baron de Saint-Blancart (202 v°);
au cardinal [Pompeo] Colonna et au marquis de « Layne » (203);
— au grand maître de Rhodes [Philippe de Villiers] (233, 237, 294
et 295); — au « conte Pierre-Marie Rosse, marquis de St-Segond »
(252); — à « Alexandro Vicinstino », ambassadeur de Plaisance

(267) ; — à Madame de Ferrare [Renée de France] (290 et 307) : —
à l'évêque de Toul [Jean, cardinal de Lorraine] (293) ; — à M. de
Châteaubriant (298 ; — à François Renault (305 v°) ; — au commandeur de Villiers, son neveu (308 et 349) ; — à Palamède Gon-
thier, trésorier de Bretagne (331) ; — à Berthereau (384 et 448) ; —
à M. de Longueville (388 v°) ; - au « lieutenant de Narbonne »
(412) ; — au légat d'Avignon [le cardinal Hippolyte de Médicis]°
(412 v°) ; — aux cardinaux de Tournon et Gramont (413 v°, 422 v
et 427) ; — à M. de Guise [Claude de Lorraine] (433 v°); etc.

On remarque, en outre, dans ce volume, les pièces suivantes :
« Dictum Pape 30 aug. 1531 » (9) ; — Lettre de François I⁰ʳ à
Dinteville, Abbeville, 23 déc. 1531, orig. (65) ; — « Extraict des
lettres de l'Empereur [Charles-Quint], escriptes de sa main à Ratisbonne, le IIIᵉ de juing » (238) ; — « Coppie d'une lettre de Mʳ l'abbé
de Foquermont [Foucarmont], escripte à Mgr d'Albanye [Jean
Stuart], le xxᵉ d'aoust 1532 » (330) ; — Lettre de Jacques Colin,
abbé de Saint-Ambroise, à Dinteville, Bourges, 9 oct. [1532] (365) ;
— « Lettre de M. Lazare de Baïf, envoyée à M. le grant maistre
[Anne de Montmorency] », 16 nov. 1532, copie (394 v°); — « Ce
que je diz le jour des Innocens au Pape et aux cardinaux et ambassadeurs », 28 déc. 1532 (400 et 403) ; — « Dict au Pape le xxviiⁱᵉ
décembre 1531 » (429) ; — Formule pour un reçu, de « de Cycon,
seigneur de Ransonnière », à François II de Dinteville, évêque
d'Auxerre, d'une somme de 110 écus d'or au soleil, sur une somme
dùe audit Cycon par François de Dinteville, oncle et prédéces-
seur dudit évêque d'Auxerre, Bologne, 8 fév. 1533 (452).

XVIᵉ siècle. — 453 feuillets. — Provient de Nicolas Camusat.

261.

« Lettres escrites du règne du roi Louis XII [et de François Iᵉʳ] touchant les affaires de l'Estat », la plupart autographes ou originales.

Ces lettres sont adressées aux personnages suivants :

A Louis XII et à François Iᵉʳ. par [Anne de] Montmorency, Bon-
nivet, 23 avril s. a. (3); — A. de Genly [Adrien de Hangest, sire de
Genlis, grand échanson de France], Briançon, 3 juillet (6), et
Grenoble, 8 juillet s. a. (8); — Gabriel d'Al(e)bret, vice-roi de
Naples, Saint-Marc, 31 mars s. a. (10) ; — J[ean] de Rohan, Brest,

26 mars s. a. (16); — « El marchese de Finale », Finale, 3 avril
1527, en italien (17); — [Antoine de] Dinteville et [Artus Gouffier, sire de] Boisy, Bayonne, 20 nov. s. a. (19) ; — « El vescovo
de Baieux » [Luigi Canossa, évêque de Bayeux], Venise, 3 juin 1527,
en français, incomplète du commencement (20) ; — [Gaspard de
Coligny, sire de] Châtillon, Ardres, 30 avril s. a. (24); — Bartolomeo
Liviano, Venise, 16 déc. 1514, en italien (26) ; — G[ilbert] de
Grassay, Saint-Marc, 2 avril s. a. (17); — [Alberto Pio, comte de]
Carpi, Rome, 4 juin (32); 28 mai (34); 4 juin (40); 11 mai (42);
25 avril s. a (48); — Michel Riz et Descoulobere (?), Florence,
26 juin s. a. (59); — Sébastien Ferryer, Milan, 24 juillet s. a. (66);
— Jean Lascaris, Venise, 20 août (68), et 11 juillet (71); s. a. (74);
— Thomas Bohier, « au camp, au pont de Lydes entre Boloigne et
Ymola », 22 mai s. a. (106); « au camp près Castelnofvo », 14 mai
s. a. (108) ; « au camp dudit lieu du Boudanel », 6 juin s. a. (110);
Guastalla, 7 juin s. a. (111); — G[aucher de] Dinteville, Lucerne,
29 juin s. a. (114); — François de Saluces, « devant Ysele »,
18 juin s. a. (119); — Francisque Medulla, Hall près Innsbrück,
13 juin s. a. (122); — Rigault Dourelle, « Brechme », 6 juin s. a.
(130); — Charles [de Bourbon], La Fère, 27 déc. s. a. (133); —
P. de Neufchastel, Gray, 24 janv. s. a. (137); — [Louis de Villeneuve, marquis de] Trans, Caderache, 24 juin s. a. (146); —
François Joubert, lieutenant de La Rochelle, 20 juillet s. a. (148);
— le bâtard de Vendôme, Bruxelles, 17 janv. s. a. (150); — J.
Dupuy, Bordeaux, 5 juillet s. a. (152); — « Ludovicus Helianus,
prothonotarius et apud Cæsaream Majestatem orator », Constance, 14 oct. 1510 (154); — l'évêque de Langres [Jean d'Am-
boise], Burgos, 9 janv. s. a. (161); — Bernabò Visconti, Turin,
18 avril s. a. (168); — A[ntoine] de Lamet, Lucerne, 24 mars s. a.
(175); — [Louis] de Hochberg, Neufchâtel, 7 mars s. a. (179) ; —
[Guillaume] Duplesseys et A[ndré] Le Roy, Fribourg, 31 et 29 mai
s. a. (181 et 183); — Armand de Polignac et autres chanoines, sur
l'élection épiscopale d'Antoine de Chabannes, Le Puy, 12 juillet
s. a. (191); — Guy de Laval, Guingamp, 24 juin s. a. (192); — sans
nom d'auteur, mais émanant d'un agent diplomatique, Madrid,
15 janv. s. a. (194);

A Florimond Robertet, trésorier de France, par les personnages
suivants : Imbert de Batarnay, [sieur du Bouchage], Lyon, 19 mai
s. a. (5); — F. Prijan, Gênes, 25 janv. s. a. (11); — Imbert de

Villeneuve, Zurich, 16 janv. s. a. (22); — [Jean Stuart, duc d']Al-
bany, Montfort, 22 sept. s. a. (30); — « Gurcensis episcopus »
[Mathieu Lang], Anvers, 28 mars 1509 (31); — [Alberto Pio, comte
de] Carpi, Rome, 7 mai s. a. (38) —; Michel Riz, Florence, 7-13
juillet (57); — Jeffroy Charles, cinq lettres, Milan, 14 avril-1ᵉʳ août
s. a. (78 et 85-102); — J[ean] de Ganay, Lyon, 16 mai s. a. (103);
— Marco da Martinengo, Nice, 14 juillet 1512, en italien (120); —
Louis de Solies, Rome, 8 juillet [1513], chiffrée, avec déchiffrement interlinéaire (121); — « Robertus Latinus Ursinus », Rome,
28 avril 1512, en italien, sans adresse (126); — Charles [Du
Hautbois], évêque de Tournai, Paris, 25 sept. s. a. (132); —
« le doyan d'Orléans » [Jacques Lucas], Rome, 2 avril s. a. (140);
— R. de La Clayette, Gênes, 4 sept. s. a. (144); — Jacques de
Beaune [Semblançay], Brignolles, 25 avril s. a. (174); — de Cry-
zolles [Jacques de Crussol?], Londres, 10 janv. et 8 août s. a. (209-
212); — [Jean] Bochart, Paris, 4 janv. s. a. (213);

Au légat [le cardinal Georges d'Amboise], par « Prijan », « en
Lomeline, devant Isele », 21 juin s. a. (13); — [Alberto Pio de]
Carpi, Rome, 7 mai, 29 avril, 9 mai, 28 mai, sans adresse (45, 51-
56 v°); — J[ean] de Ganay, Lyon, 19 mai, s. a. (104); — Robert
Surreau, Naples, 27 juin s. a. (124); — Raoul de Lannoy, « au
camp près Canoze », 23 août s. a. (138); — un correspondant dont
la signature est illisible, Rome, 16 juillet s. a. (159); — « Joannes
Antonius de Statis », Rome, 28 juillet 1510, sans adresse (186);

A M. de Marseille [Claude de Seyssel], par Sébastien Ferryer,
Chivas, 4 sept. s. a. (61); 30 août 1512 (63);

« Au gouverneur de Gênes » [François de Rochechouart], par
Ja[cques Hurault de Cheverny], évêque d'Autun, Florence, 23 janv.
s. a. (112);

A [Louis II] de La Tremoïlle, gouverneur du duché de Bourgogne, par P. de Mondragon, Lucerne, 3 sept. s. a. (128), et L[ouise?]
de Luxembourg, Salins, 14 août s. a. (158);

A [Jean de Poitiers, seigneur de] Saint-Vallier, gouverneur du
Dauphiné, par Pierre de Pruneley, Turin, 3 sept. s. a. (135);

A [Guillaume Briçonnet], cardinal de Saint-Malo, par Corbayran,
[sénéchal] de Foix, Cauterets (?), 12 août s. a. (156); — L. de
Hochberg [Louis d'Orléans, marquis de Rothelin], gouverneur de
Provence et le « grant écuyer de Marseille », Marseille, 24 juillet
s. a., sans adresse (166);

Au marquis de Rothelin [Louis d'Orléans], et au « grant escuier » [Galéas de Saint-Séverin], par G[uillaume Briçonnet], cardinal de Saint-Malo, l'évêque du Puy [Geoffroi de Pompadour], et le prieur d'Auvergne, Lyon, 21 juillet s. a., avec les réponses en marge (165);

A Jeronimo Porcio, secrétaire de la reine Isabelle d'Espagne, à Amboise, par Tommaso Tomacello, Barcelone, 26 août 1506, (170);

A « M. de La Guierche, tresorier de France », par l'évêque de Castres [Pierre de Mart'gny], Brignoles, 29 avril s. a. (173);

A Sébastien Ferryer, par « Augustinus Ferrerius », évêque de Verceil, 7 juillet 1512 (185);

A Jean François II, marquis de Mantoue, par Isabella [d'Este], sa femme, Mantoue, 13 mars s. a, en italien, copie (207);

On peut signaler encore dans ce volume une sorte de mémoire de l'évêque de Nice [Augustin Ferrier ?], intitulé « Ce que remostra l'évêque de Nyce au Roy tochant le fest de Jehanpaulo Baglon » [Giovanni Paolo Baglione] (14); — un feuillet écrit de la main de Jean Stuart, duc d'Albany (36; cf. vol. 262, fol. 24 et 25); — Lettre non signée, sans adresse, datée de Milan, 20 déc. (81); — Dépêches d'un agent diplomatique de France à Rome, s. a. (116-118); — « Double des lettres que le Roy a escript au pape pour l'évesque de Liége », s. d. (188); etc.

XVIe siècle. — 214 feuillets. — « 1628 ».

262.

« Lettres [autographes ou originales], escrites du règne de Louis XII [et de François Ier], touchant les affaires de l'Estat. »

Ces lettres sont adressées au roi de France par les personnages suivants :

Louis [d'Orléans, gouverneur de Provence], s. d. (3 v°);

G[uillaume Briçonnet], cardinal de Saint-Malo, l'évêque du Puy [Geoffroi de Pompadour], et le [grand] prieur d'Auvergne, Lyon, 27 juillet s. a. (4);

G , cardinal de Narbonne [Guillaume Briçonnet], Narbonne, 8 fév. s. a. (13);

[Louis, cardinal de] Bourbon, et [Jean, cardinal de] Lorraine, Rome, 10 mars s. a. (14) ;

Le cardinal de Final [Carlo'Domenico Carretto], Rome, 16 mars s. a. (15) ;

Le cardinal de Xainctes [Francesco Soderini], Rome, 13 mars 1513 (16) ;

Robert [de Guibé], cardinal de Nantes, Rome, 6 juillet s. a. (17) ;

F[ederico], cardinal de Saint-Sév[e]rin, et Louis Forbin, ambassadeur de Louis XII au concile de Latran, Rome, 8 juillet [1513] (18), et 8 mai (19) ;

P[ierre-]Louis [de Voltan], évêque de Rieux, Medina del Campo, 18 nov., s. a. (21) ; (et F. de Roqueberty), Lucerne, 18 fév. s. a. (26) ; Fribourg, 21 juin (34) ;

C[laude] de Seyssel, évêque de Marseille, Lucques, 14 juillet s. a. (39) ; Thonon, 19 sept. (43) ; Berne, 15 mai (44) ; Chambéry, 10 juillet (46) ; Florence, 17 juillet (47) ; Gex, 5 août (50) ; Lyon, 5 sept. (54) ; Rome, 29 juin (60) ; Gex, 4 juillet (61) ;

Louis d'Orléans, [duc de Longueville], et Imbert de Villeneuve, Dijon, 5 juillet s. a. (63) ;

F[rançois II] d'Orléans, Mont-de-Marsan, 13 sept. s. a. (65) ;

Gaston [de Foix, duc de Nemours], Milan, 20 juillet (67), et 5 août s. a. (69) ; Reige [Reggio], 19 janv. (71) ; Bresse [Brescia], 7 oct. (73), et 28 sept. (75) ; Parme, 13 janv. (77) ;

Philippe de Clèves, Gênes, 25 janv. (79) ;

Galeazzo Visconti, Lyon, 4 avril (81), et Alexandrie, 8 nov. 1528 (83) ;

Jo[anne] Ja[copo] [Jean-Jacques Trivulce, maréchal de France], camp de Condavel (?), 7 juin (86) ; Lucera, 5 fév. (88) ; Ours (?), 23 nov. (90), et 25 nov. (92) ; Sainct-Mathelin, 30 déc. (94) ; 11 avril (95) ; Milan, 6 déc. (97) ; le même, Jean de Selve et Sébastien Ferrier, Milan, 2 déc. (99) ;

Theodoro Trivultio, [maréchal de France], Padoue, 28 nov. 1514, en italien (101) ;

Odet de Foix, [sire de Lautrec], Bayonne, 9 janv. (105) ;

L[ouis II] de la Trémoïlle, Dijon, 21 août (106) ; Lyon, 23 juin (108) ; Dijon, 27 nov. (110) ; 26 déc. (112) ; 1er déc. (114) ; 8 sept. (116) ; 7 août (119) ; 22 août (123) ; janv. (127) ;

Louis de Halewin [Halluin], F. de Halewin, Baillet et autres, Péronne, 2 janv. (129) ; — L. de Halwin seul, Montreuil, 2 sept. (130) ; Montreuil, 21 juillet (135) ;

J. de Halluin, Thérouanne, 1ᵉʳ déc. (133) ;

F[rançois] de Rochechouart, et Pierre de Saint-André, Gênes, 28 oct. (139) ; — (seul), 28 sept. (141), et 12 janv. (143) ; Paris, 24 nov. (145) ;

[Jacques II de] Chabannes, [sire de La Palice], Saint-Jean-de-Luz, 8 janv. (147).

Les autres lettres contenues dans ce volume sont adressées aux personnages suivants :

A [Gaston de Foix], duc de Nemours, par le cardinal R[ené] de Pryc, Laon, s. a. (7) ;

A Florimont Robertet, par F[rançois-Guillaume de Castelnau, dit le] cardinal de Clermont, 20 mai s. a. (9); 12 et 18 juillet (10 et 12) ; — Claude de Seyssel, Genève, 15 avril (45) ; Lyon, 23 juin (52) ; Milan, 3 août (57); Genève, 10 août (58); — le bâtard [d]e Savoie, Toulon, 25 août (104) ; — L[ouis] de La Trémoïlle, Dijon, 23 sept. (121) ; — Louis de Halluin, Humbercourt, 30 mars (132) ; — [Gaspard Iᵉʳ] de Coligny, [sire d'Andelot], s. d. (146) ;

Au grand-maître [Jacques II de Chabannes, sire de La Palice], par P[ierre-] Louis [de Voltan], évêque de Rieux, F. de Roqueberty, Joanne Moresino et H. Moron, Lucerne, 24 juillet (30) ; — F. de Roqueberty, Lucerne, 15 juillet s. a., sans adresse (32) ; — P.-Louis [de Voltan], évêque de Rieux, Zurich, 19 janv. (36) ;

A [Louis II] de La Trémoïlle, par Claude de Seyssel, Thonon, 15 sept. (38), et « les ambassadeurs des Ligues », Lucerne, 31 août, copie (118) ;

Au légat [le cardinal Georges d'Amboise], par Claude de Seyssel, Berne, 15 mai (51) ; — L[ouis] de la Trémoïlle, Milan, 28 juin (125) ; — F[rançois] de Rochechouart, Gênes, 14 mai (137) ;

A [Pierre] de La Guiche, par Claude de Seyssel, « à la bastie d'Aix », juillet (59) ;

A « Madame » [Louise de Savoie], par le bâtard René [d]e Savoie, Lyon, 30 août (103); etc.

On remarque, en outre, dans ce volume, deux pages d'une dépêche adressée au Roi [par Jean Stuart, duc d'Albany], autogr. (24 et 25; cf. vol. 261, fol. 36) ; — des minutes de lettres, adressées par l'évêque de Rieux et Roqueberty au grand-maître [Chabannes],

Lucerne, 18 fév. (28) ; par l'évêque de Rieux « au nepveu de Nicolas Hasfort, à Berne », Lucerne, 18 fév. (28 vᵒ) ; par l'évêque de
Marseille [Claude de Seyssel] à la princesse d'Orange, Gex, 5 août
(41), aux ambassadeurs du duc de Savoie [Charles III] près les
Ligues[suisses], 5 août (42), et à Andrea Gritti, Florence, 17 juillet,
en italien (56) ; — et enfin, une requête, en italien, à J.-J. Trivulce, s. d. (91).

XVIᵉ siècle. — 148 feuillets. — « 1629 ».

263.

« Lettres escrites du règne du roi [LOUIS XII et du roi]
FRANÇOIS Iᵉʳ, touchant les affaires de l'Estat. »

Ces lettres, autographes ou originales, sont adressées aux personnages suivants :

François Iᵉʳ, par le collège des cardinaux, Rome, 2 déc. 1521,
en latin (5) ; — Charles [de Bourbon, connétable], Ast, 30 mai
(7) ; — « Doña Ysabel Fabia », Cordoue, 14 sept., en espagnol (22) ;
— « l'abbé de Payerne et Pinerol », Saint-Victor [Jean Nicolaï?],
L[ancelot] de Mondragon et G. de Courbonson, Thonon, 8 sept. (29) ;
— G., cardinal de Narbonne [Guillaume Briçonnet], Narbonne,
16 août (40), et 19 mars (41) ; — Claude de Lorraine, Esclairon,
3 juillet (60) ; — [Guillaume Gouffier, sire de] Bonnivet, 22 avril
(61) ; — Charles de Lannoy, 26 mars (63) ; s. d. (64) ; — [le connétable Anne de] Montmorency, Calais, 12 juillet (80) ; (et Olivier de
La Vernade), Calais, 15 juillet (83) ; — Olivier de La Vernade, [sire
de La Bastie], Calais, 6 juillet (85) ; — B. de Champaigne, [sire de
La Suze], Augsbourg, 26 fév. (90), et mars (92) ; — Julien de Médicis, 4 avril 1514, en italien (136) ;

Au trésorier Florimond Robertet, par Cl[aude] de Seyssel, Thonon, 19 sept. (6) ;

Au duc [Charles] d'Orléans, par [É]léonor[e] d'Autriche, Châtillon, 2 nov. (8) ; — le cardinal de Lorraine [Charles de Guise], s. d.
(28) ; — La Rochepot [François de Montmorency], Amiens, 25 janv.
1537 (105) ;

A Jean Du Bellay, évêque de Paris, puis cardinal, par la reine
[É]léonor[e] d'Autriche, Joinville, 6 sept. 1535 (9) ; — Charles [de
Bourbon-Vendôme], camp d'Assis-sur-Serre, 3 août (11) ; 29 et 30
juillet (12 et 20) ; Saint-Quentin, 13 sept. (13) ; 15 sept. (14) ; 25 sept.

1536 (16); 27 août (17); 23 août (18); Ham, 10 août (19); 21 août
(21); — Hip[polito d'Este], cardinal de Ferrare, Tivoli, 15 oct. 1550
(24) ; — Louis [de Vendôme], cardinal de Bourbon, Laon 2 nov.
(26); — le cardinal de Lorraine [Charles de Guise], Coucy, 12 juillet 1535 (27); Joinville, 10 sept. 1535 (31); — F[rançois], cardinal
de Tournon, (et le chancelier Antoine Du Bourg), Lyon, 16 nov.
1537 (32); (le cardinal seul), Lyon, 4 fév., sans adresse (33) ; 23 nov.
(34); Chaumont-en-Bassigny, 22 sept. (35 et 36); Lyon, 22 avril (37);
Rome, 9 oct. (38); Lyon, 6 mars et 3 fév., sans adresse (39 et 42);
30 août (43); Dijon, 8 nov. (44); Mâcon, 9 janv. (45 et 46); Lyon,
25 juillet (47), 12 fév. (48) et 28 nov. (49); — Robert, [cardinal de
Lenoncourt], évêque de Châlons, Lyon, 18 fév. 1535 (50); —
Claude [de Longwy], cardinal de Givry, Langres, 23 janv. (52); —
Guillaume, [duc de Clèves], Clèves, 26 nov. 1538 (53); — Claude [de
Lorraine], Reims, 20 août (54); — le marquis François de Saluces, Carmagnola, 2 janv. (56); Saluces, 15 mars (57); — [le
chancelier] Antoine Du Bourg, Lyon, 3 août (66); prieuré de
Saint-Nicolas-lèz-Senlis, 5 fév. (68); — [Philippe Chabot, amiral
de] Brion, Dijon, 5 nov. (69 *bis*); Pagny, 10 déc. (70), et 3 déc.
(72); Mâcon, 9 janv. (73); Calais, 8 juin (74); Fontaine-Française,
28 sept. (75); — Charles des Ursins, Rome, 12 avril 1536, sans
adresse (102); — La Rochepot [François de Montmorency], Amiens,
25 janv. 1537 (103); — Jacques [Colin], a[bbé] de Saint-Ambroise,
Lyon, 11 déc. (107); Dijon, 26 déc., sans adresse (109 et 111); Paris,
9 mars 1535 (110); Paris, 22 déc. 1535 (112); — Cosme Clausse, En-
net [Anet], 15 déc., sans adresse (113); — Palamède Gontier,
Septe (?), 3 mai (118);

A M. de Boisy, grand-maître de France [Guillaume Gouffier,
sire de Boissy], par Claude [de Lorraine, duc de Guise], s. d. (59);
— G[uillaume] de Croy, Bruxelles, 17 janv. (77);

Au bailli de Troyes [Gaucher de Dinteville], par C[laude] Dodieu,
La Charité, 12 avril (94); Paris, 2 mai (96);

A l'évêque d'Auxerre [François II de Dinteville], ambassadeur à
Rome, par [Claude] Dodieu, Bruxelles, 11 janv. (98); Malalbergo,
21 déc. (99); Bruxelles, 19 sept. (100); « Almonya »; 5 oct. (101);
— N. Le Coustelier, Rome, dernier février s. a., (114); etc.

Ou trouvera également dans ce volume des copies de lettres
adressées par le maréchal Robert de La Marche, [duc de Bouillon,
sire de Fleuranges], à [Charles de Bourbon-]Vendôme, Péronne,

9 sept. (10), et par Marguerite [d'Autriche], duchesse douairière de Savoie, à l'évêque de Tournay [Charles du Hautbois], Malines, 13 sept. 1507 (55) ; — le post-scriptum d'une lettre adressée au Roi et qui paraît émaner de Louis de La Trémoïlle (76) ; — une lettre chiffrée, avec déchiffrement interlinéaire (117) ; — un « mémoire [de François Ier] pour le gentilhomme qui ira en Angleterre », daté de Grenoble, 25 oct. 1537, orig. (119) ; — et une série de « pièces [en partie chiffrées], touchant les promesses faictes par les électeurs de l'Empire pour élire le roy François Ier empereur » (121) ; etc.

XVIe siècle. — 142 feuillets. — « 1629 ».

264

« Lettres escrites [pour la plupart] du règne de François Ier touchant les affaires de l'Estat. »

Ces lettres, originales ou autographes, sont adressées aux personnages suivants :

Au cardinal Jean Du Bellay, par « il cardinale Pisani » [Francesco Pisani, archevêque de Narbonne], Rome, 15 sept., 5 mai et 3 juillet 1536 (3-7 v°) ; — « N. car[lis] de Gaddis » [Niccolò Gaddi, évêque de Sarlat], s. l., 19 sept. 1534 (8) ; Rome, 4 avril et 9 mars 1536 (10-12) ; — « il comendatore di Porthoguallo », Rome, 15 juin 1536 (13) ; — « Giovanni Francesco », Sorano, 31 août 1536, (17) ; — Gregorio Casale, Rome, 22 sept. et 6 oct. 1534 (19 et 32) ; 5 janv., 14 et 21 mai, 2 juin 1535 (33, 30, 25 et 28) ; 11 mars et 13 avril 1534 (36 et 34) ; — Giovanni-Francesco Valerio, Rome, 2 juillet et 17 août 1534 (37-40) ; — Augustino [Steuco] Eugubio, Rome, 31 oct. et 18 nov. 1536 (41 et 43) ; — Latino Juvenale, Rome, 29 mai 1535 (45) ; — [Petermann]. 14 nov. 1537 (104) ; Strasbourg, mars (107) ; — « Nicolaus a Garefstorp-Ostreling », Paris, 26 avril 1533 (115) ; — Pietro-Antonio Pecci, Rome, 4 et 24 avril 1537, sans adresse (122-124) ; — « il car[le] di Carpi » et « il vescovo di Faenza » [Rodolfo Pio], Rome, 20 sept. 1538 (127) ; 3 oct. et 2 juillet 1534 (135 et 136) ; Montplaisant, 27 fév. 1536, en italien (137) ; — Paolo Sadoleto, Carpentras, 18 mars et 14 juillet 1536 (131 et 128) ; 15 sept., 30 juin et 29 juillet 1534 (133, 130 et 134) ; —

« Isydoro de Zegliacho », « Lindo », 25 mars 1535 (138); s. d. (140);
— un correspondant anonyme, Augsbourg, 17 nov. s. a., en français (142); — Ph. (?) de Liedekerke, Bruxelles, 9 sept. s. a. (144);
— Jacques Groslot, Paris, 25 nov. 1533, sans adresse (146); —
[Jean de] Marette, Rome, 15 avril, 13 sept. et 9 oct. 1534 (152,
179 et 151); 14 mai et 1er juin 1535 (155 et 153); 22 et 24 déc. 1536
(150 et 149); 8 janv. 1537 (147); — F. Du Laur, Londres, 20 juillet
et 23 oct. s. a. (157 et 158); — P. Decarte, Londres, 24 oct. s. a.
(160); — Boucher, Rome, 21 sept. 1550 (162); — Mannesi, Rome,
4 oct. 1550 (164); — Tronson, Paris, 28 sept., 4 et 24 oct. s. a. (169,
170 et 175); — J. d'Aspremont, Saragosse, 8 nov. 1536 (172); —
P. Herduet (?), Paris, 4 oct. 1536 (173); — N. Thibault, procureur
général du Roi, Paris, 26 sept. s. a. (176); — « Le Cagnin », prince
de Bozzolo, Baugé, 26 août 1535 (177); — Despujolle, Rome, 4 nov.
s. a. (178); — Denys Marquet, Paris, 7 juin s. a. (182); — Chap-
puys, Rome, 7 oct. s. a. (183; le fol. 181, en chiffre, s'y rattache
peut-être);

A François Ier, par Joachim de Moltzain (?), 12 mars s. a., en latin (47); — [François II de La Tour, vicomte de] Turenne, Sene-
gart (?), 21 déc. 1528 (70); — Gaspar Sormano, Ferrare, 14 juin 1529
(72), et 3 juillet 1529, en italien (74); — Mercurin de Gattinara, Grenade, 6 juin 1526 (73); — Renzo de Ceri, Barletta, 15 juin 1529, en
italien (76); — Her[cole d'Este], car[dinale] di Mantova, Mantoue,
30 juillet 1540, en italien (79); — « la duchecca de Maintua » (sic)
[Marguerite Paléologue], Mantoue, 31 juillet 1540 (80); — Joachim
[Passano, sire] de Vaux, 15 juillet 1529 (81), et Venise, 18 juillet
1529, en italien (91); — Guido Rangone, La Mirandole, 9 août 1536,
en italien (111); — F[rançois], cardinal de Tournon, et Antoine
Du Bourg, Lyon, 2 sept. [1536] (113); — G[uillaume Pélicier], évêque de Montpellier, Venise, 1er août 1540, minutes (117 et 118),
et 31 juillet 1540 (120);

A [Florimond] Robertet, trésorier de France, par Ludovico Canossa, Venise, 10 juin 1526, en italien (66), et Philippe de Clèves,
Compiègne, 19 fév. (68);

Aux ambassadeurs royaux (oratori Reggii), par Guido Rangone,
22 juillet 1536, en italien (78);

A Guillaume Du Bellay, par « Antonius Wrancius, prepositus
Budensis, secretarius regius », « ex Lochiis », 6 nov. 1534 (102);
et Petermann, Spire, 1537 (105);

A M. de Villandry [Claude Le Breton], par G[uillaume] Pélicier, évêque de Montpellier, Venise, 12 déc. 1540 (119);

A « Giovanni de Marecte » [Jean de Marette], par P[ier]loyǵi Farnese, [plus tard duc de Plaisance et de Parme], Capo de Monte, 24 août 1534 (125);

A [Antoine Du Prat], chancelier de France, par « N. Car. Rodulphus » [le cardinal Niccolò Ridolfi] », Parme, 12 oct. 1527 (185); etc.

On remarque, en outre, dans ce volume, les pièces suivantes : Mémoire sur les intrigues relatives à l'affaire du duché de Camerino, après la mort du duc Giovanmaria Varano, vers 1530, en italien (49); — Copie d'une lettre datée de Saragosse, 15 mai s. a., (55); — Lettre de François Ier à M. de Paris [Étienne Poncher], et MM. [François] de Tournon et De La Roche, ambassadeurs en Espagne, Paris, 8 fév. [1517], copie (58); — Lettre de T[homas Wolsey], cardinal d'York, à [J. Du Bellay], Londres, 7 août 1518, copie (60); — Lettre du cardinal de Clermont [François-Guillaume de Castelnau] au Roi [François Ier], Rome, 2 avril 1522, déchiffrement (61); — Lettre de [Joachim Passano, sire de Vaux], sans adresse, incomplète de la fin, orig. (97); etc.

XVIe siècle. — 186 feuillets. — « 1628 ».

265.

« Originaux de lettres de plusieurs AMBASSADEURS du règne de roy FRANÇOIS Ier. »

Ces lettres, presque toutes originales ou autographes, sont adressées aux personnages suivants :

[A François II de Dinteville], évêque d'Auxerre, ambassadeur à Rome, par Lazare de Baïf, ambassadeur à Venise, 21 lettres datées de Venise, du 25 janv. [1531] au 6 fév. 1533 (5-44);

[A Charles Hémard de Denonville], évêque de Mâcon, par Claude Dodieu, Naples, 1er janv. 1535 (46);

Au cardinal Jean Du Bellay, par Claude Dodieu, sieur de Vély, ambassadeur près l'Empereur, Naples, Cosenza et Casalnovo, 4 fév.-5 déc. 1535, six lettres (47-54); — G[eorges] de Selve, évêque de Lavaur, ambassadeur de France, Venise, 19 janv.-24 déc. 1535 (65-86), et 13 juillet 1536, dix lettres (85); —

[Jean de Langeac], évêque de Limoges, ambassadeur à Ferrare, Ferrare, 19 nov. et 1er sept. [1535] (96-99); — C[harles de] Marillac, ambassadeur en Allemagne, Augsbourg, 18 nov. 1550 (101); — J[ean de] Monluc, envoyé à Rome, Rome, 7 juillet 1540 (103); et 10 déc. 1538 (106); — [Antoine] de Castelnau, évêque de Tarbes, ambassadeur en Angleterre, Londres, 4 août 1536 (108); — Charles [Hémard de Denonville], cardinal-évêque de Mâcon, ambassadeur à Rome, Rome, du 21 fév. 1534 au 22 oct. 1537 env., trente-cinq lettres (139-218); — [Anne de] Montmorency, Chambord, 1er janv.; Paris, 12 mars; Rodez, 22 juillet; Bar-le-Duc, 22 août; au camp près Avignon, 31 août; Éclaron, 31 août (235); Villers-Cotterets, 26 juillet; Corps, 16 oct; Fontaine-Française, 28 sept. s. a , huit lettres (228-238); — François Ier, Villers-Cotterets, Louppy-le Château et Chaumont-en-Bassigny, 26 juillet-15 août 1535 (250-253); Valence et Saint-Vallier, 6 27 août 1536 (254-259); Montpellier, 16 janv. 1537, copie, et Grenoble, 25 oct. 1537 (261 et 262); — J[ean] Breton, secrétaire du Roi, seize lettres, Éclaron, 31 août 1535 (281); Mézieu près Lyon, 28 janv. 1536 (283); Lyon, 31 juillet 1536 (284); Valence, 16 août-1er sept. 1536 (285-292); au pont de Sorgues, 12 sept. 1536 (293); au camp près Avignon, 15 et 16 sept. 1536 (295 et 296); Arles, 20 sept. 1536 (297); Montpellier, 1er janv. 1537 (282); Manosque, 10 déc. 1537 (299); Arles, 16 déc. 1537 (300); Corbeil, 26 janv. 1538 (301); — Nicolas Raince, résident à Rome, dix-huit lettres, Rome, 1er juillet et 23 oct. 1534 (306 et 308); 21 mai-6 juin 1535 (311-316); 9 mars-27 juillet 1536 (316-332); 21 janv. et 3 oct. 1537 (334 et 335); 16 sept. 1538 (339); 25 oct. et 5 nov., incomplète 1550 (336 et 340);

Au roi [François Ier], par [Charles Hémard de Denonville], cardinal-évêque de Mâcon, et [Claude Dodieu], sr de Vély, Rome, 19 avril 1536, duplicata (55); (Charles Hémard seul), Rome, 11 et 19 janv. 1534, 27 janv. 1535, copies (111-122); 29 mai 1535, orig. (132); — G[eorges] de Selve, évêque de Lavaur, ambassadeur, Venise, 18 juin 1534 (89), avec déchiffrement (93); — Nicolas Raince, [Rome]. 20 nov. [1534], copie (310); — Georges d'Armagnac, évêque de Rodez, Venise, 31 juillet 1536 (348); Rome, 6 et 7 déc. 1540 (346 et 349); — [Alberto Pio] de Carpi, Rome, 15 sept. 1526 (351), et 29 nov. 1524, copie (353); — G[uillaume Pélicier], évêque de Montpellier, Venise, 29 nov. 1540 (357); — Robert de Lenoncourt, cardinal, Rome, 30 juillet 1540 (360);

A. M. de Mâcon [Charles Hémard de Denonville], par François Ier,
Saint-Germain-en-Laye, 22 fév. 1534, minute (128) ;

A [Charles], duc d'Orléans, fils de François Ier, par [Anne de]
Montmorency, du camp de La Loge, 12 nov. s. a. (220) ; Montpellier,
15 déc. (224) ; du camp de Carmagnola, 24 nov. (226) ; — le roi
François Ier, Corps, 27 oct. 1537 (243) ; « Merueys en Provence »,
8 déc. 1537 (244) ; Carmagnola, 24 nov. 1537 (246) ; Arles, 16 déc.
1537 (248) ; Manosque, 10 déc. 1537 (249) ; — J[ean] Breton,
neuf lettres, Montpellier, 1er-14 janv. 1537 (264-269), 21 et 24 déc.
1537 (278) ; Briançon, 9 nov. et 2 déc. 1537 (272 et 274) ; Carignan,
16 nov. 1537 (273) ; etc.

On remarque en outre, dans ce volume, le « double des lettres
envoyées par le cappitaine Rocque, solliciteur du sieur Hercules
Fregose, à l'évesque de Mascon », chiffre (152), et déchiffrement
(155) ; — une lettre [de Ch. Hémard de Denonville] à [Claude Do-
dieu], sieur de Vély, Rome, 2 janv. s. a., copie (163) ; — deux
lettres [d'Anne de Montmorency] au duc d'Orléans, La Mûre, 16
oct. s. a., copie (221), et au roi [François Ier], Lombez, 1er août
1526, copie (227) ; — Instruction relative à des négociations concernant Venise et Ferrare, Venise, 22 août [vers 1535] (343), etc.

XVIe siècle. — 361 feuillets. — « 1627 ».

266.

Recueil d'ordonnances, d'arrêts, de mémoires et de plaidoyers, de 1299 à 1608 environ.

On remarque dans ce volume les documents suivants : « Ordonnances du Roy touchant son Parlement et les seigneurs dudit
Parlement tant seulement », 1308-1344 environ (1 ter) ; — Constitutions de 1277 (8 v°) ; — Notes historiques et extraits des registres
de 1365 à 1407 (10), suivis d'extraits « ex libris consiliorum »,
1401-1413 (14), publiés par M. Tuetey sous le titre de *Mémorial de
Nicolas de Baye* (*Journal*, t II, p. 208) ; — Extraits des registres,
1299 (23) ; — « Ex libro qui incipit Olim » (29 v°) ; — « Status de la
geole de Chastellet de Paris signifiées au... prévost de Paris, par
maistre Richart de Gisors... » (64 v°) ; — « Droiz de souveraineté
et de ressort et autres droiz royaulx au Roy... appartenant,... et
lesquelz droitz ont esté baillés... à maistre Arnault Delar, secretaire

du Roy... », 8 mai 1372 (70) ; — « Lettres des ordonnances du rachapt et des criées des rentes et possessions de la ville et faulx-bourgs de Paris », nov. 1441 (82) ; — Sur le droit de marque, en latin (89) ; — « Archiepiscopatus et episcopatus regni Francie » (90) ; — Arrêt du Parlement sur un appel de l'évêque de Troyes [Oudard Hennequin], au sujet d'un cas privilégié, 18 déc. 1540 (91) ; — Arrêts relatifs au droit de juridiction et à l'administration des archevêques et évêques d'Auxerre, Reims, Le Mans, Amiens, Rouen, Saintes, Paris, etc., 1341-1398 environ (98) ; — « Recueil de plusieurs arrêts notables » du XVIᵉ siècle (25-197), parmi lesquels on remarque ceux qui ont été rendus en faveur des personnages suivants : Jean Carpentin, contre les bâtards du feu président Jean de Gouy, 1552-53 (125) ; Pierre Galland, principal du collège de Boncourt, contre Jean Carpentin, au sujet de la succession du président de Gouy, 1557-1559 (24 vᵒ) ; les bâtards du protonotaire d'O et de sa maîtresse Avoie de Sainte-Beufve, 1561 (130) ; les tré-sorier, chantre et chanoines de la Sainte-Chapelle, contre Guil-laume Buron, procureur au Châtelet, 1572 (140) ; [Guillaume] Viole, évêque de Paris, contre Jean Beauclerc, conseiller extraor-dinaire des guerres, 1567 (141) ; les boursiers du Collège de Forts contre les Génovéfains, 25 juillet 1557 (172) ; Gemelli, pourvu de la maîtrise du Collège de Bourgogne, contre Le Blanc, pourvu de cette maîtrise par lettres apostoliques, 1562 (181 vᵒ) ; l'évêque de Soissons [Charles de Rouci], contre Philibert De Lorme, abbé de Sᵗ-Serge d'Angers, 1562 (182) ; — Entérinement d'une transaction passée en 1543 entre le trésorier Morelet du Museau, et le roi Fran-çois Iᵉʳ, 1564 (183) ; — « Doutes, questions [juridiques], et autres matières diverses » (187 vᵒ) ; — Arrêts presque tous relatifs à des questions de succession, de 1581 à 1592 environ (198), parmi les-quels on peut noter ceux qui concernent la fabrique de l'église Saint-Eustache, 1526 (208) et 1593 (209 vᵒ), et celle de l'église Saint-Sauveur, 1527 (208 vᵒ), le P. Bernardin[o] Castor[i], recteur du Col-lège de la Compagnie de Jésus, déc. 1592 (214) ; — Arrêt rendu par la Chambre des requêtes dans le procès pendant entre les reli-gieux de Chartrage, demandeurs, et Jean Quillet et Pasquier Marat, défendeurs, après 1565 (229) ; — Plaidoyer de Brisson, avocat du Roi, sur la validité de la résignation faite par un chanoine du Bois-de-Vincennes au fils du médecin qui le soignait (234) ; — Plai-doyers de Servin, Bouchet et Robert dans l'appel fait par Marthe

Gauthier, veuve de François Champion, de la sentence et de l'exécution de la sentence capitale prononcée contre ledit Champion
par Pompée de Vignoles, lieutenant particulier au Mans, 24 janv.
1586 (240) ; — Arrêts prononcées en robes rouges par le président
Forget, dans un procès entre deux marchands de Chaumont (246),
et le président de Villiers, 9 avril 1602 (253 *bis*) ; — Plaidoyer de
Carpentier sur l'action de perfidie (259) ; autres plaidoyers du
même (263), parmi lesquels on remarque ceux qu'il prononça pour
le chapitre de Notre-Dame de Paris contre les syndics de Bretagne (267 v°), et pour l'évêque de Langres [Charles de Pérusse
d'Escars] contre les frères de Lyon (272 v°) ; — Harangue prononcée
par Louis Dollé au Parlement, lors de la présentation des lettres
de provision du gouvernement de Guyenne en faveur du prince de
Condé, 17 mars 1594 (275) ; — « Harangue de M. Al[eaume?] à
l'entrée de M. du Mayne, à Orléans » (278) ; — Harangue de Carpentier sur le « privilège de la Fierté », revendiqué par le chapitre de
Notre-Dame de Rouen (279) ; — « C'est le recueil des instances
pendantes en Parlement entre messire François de Luxembourg...,
duc de Piney..., demandeur..., et dame Anthoinette de La Roche-
foucault, dame de Beauvais, et consors..., défendeurs... », s. l. n.
d. [vers 1640], in-fol., *impr.* (282) ; — Requête adressée au Roi par
le « comte [Charles] de [Cossé] Brissac, baron et principal héritier
de Malestroit et Couetmen..., contre [Henri de Gondi], duc de Rais »,
s. l. n. d. [vers 1610], in-fol., *impr.* (304) ; — « Inventaire de production que met et baille par devant .. le Parlement messire Anne de
Levy, duc de Ventadour..., demandeur pour la restitution du marquisat de Villars, contre Messires Henry de Lorrayne, duc de
Mayenne, Henri marquis de Monpesat, et messire Emmanuel de
Savoye, detenteur dudit marquisat, deffendeurs », s. l. n. d. [vers
1610], in-fol., *impr.* (310) ; — Plaidoyer d'[Antoine] Séguier, sieur
de Villiers, fév. 1608 (116), etc.

XVIe et XVIIe siècles. — 332 feuillets. — « 1623 ».

267.

« Angleterre. Escosse. — Vol. I. » — Recueil de pièces
concernant les relations politiques de la France, de l'Angleterre et de l'Ecosse, de 1419 à 1567 environ.

On remarque dans ce volume les documents suivanls : Table sommaire (4) ; — Lettres de Philippe le Bon, duc de Bourgogne, portant approbation du traité de Troyes, Arras, 2 déc. 1419 (6) ; — « Nullitez du traité fait à Troyes », pièce latine extraite des registres du Parlement, 1419 (14) ; — Traités conclus entre Henri VIII d'Angleterre et l'empereur Maximilien Ier, 1513 (22), et 1516 (38) ; — Traités conclus à Londres entre François Ier et Henri VIII, 5 avril 1515 (28 et 54), 1518 (44 et 48) ; Westminster, 1527 (86) ; Arras, 1546 (134) ; — Traité de commerce conclu entre Henri VIII et Charles-Quint, 15 avril 1520 (66) ; — Autres traités conclus entre Henri VIII et Charles Quint, Calais, 1521 (72) ; Windsor, 1522 (82) ; Cambrai, 1529 (94), Londres, 1542 (98), Bruxelles, 1545 (118) ; Utrecht, 1546 (124 et 126) ; — Serment prêté par Élisabeth d'Angleterre pour l'observation du traité de Cateau-Cambrésis, 25 mai 1559 (142) ; — Traité de paix conclu entre Charles IX et Élisabeth d'Angleterre, Troyes, 12 avril 1564 (144) ; — Traité de mariage entre la reine Marie d'Angleterre et le prince Philippe d'Espagne, 1566 (152) ; — Négociations entre la France et l'Angleterre, 1592 (156) ; — « Discours de la négotiation de messieurs [Henri] de B[o]uillon et [Nicolas de Harlay] de Sancy en Angleterre, pour le faict de la ligue offensive et deffensive contre le roy d'Espagne [Philippe II], l'an 1596, faict par monsieur [Guillaume] Du Vair » (158) ; — Convention signée entre Jacques Ier, roi d'Angleterre et d'Écosse, et Henri IV, par l'entremise du marquis de Rosni [Sully], Hamptoncourt, 30 juillet 1603 (222) ; — Traité de paix conclu entre Philippe II d'Espagne, Jacques Ier d'Angleterre et les archiducs, Londres, 24 juillet 1604 (224) ; — Traité de commerce conclu entre Henri IV et Jacques Ier, 1606 (228) ; — Traité de renouvellement d'alliance conclu entre Louis XIII et Jacques Ier, 14 sept. 1610 (234) ; — Formule du serment prêté par Louis XIII de renouveler, lors de sa majorité, le traité signé avec Jacques Ier, 2 fév. 1620 (242) ; — « Traicté de paix entre le royaume de France, et la république d'Angleterre, d'Escosse et d'Irlande », Paris, Sébastien Cramoisy, 1655, in-4°, *impr.* (244) ; — « Articles secrets du traitté entre Louys XIV, roy de France, et la république d'Angleterre » (272) ; — Traité de mariage entre Charlotte de France et le roi d'Écosse [Jacques V], 26 août 1517 (273) ; — Contrats de mariage de Marie Stuart avec François II, avril 1558 (277), et avec Jacques, comte de Bothwell, 10 fév. 1567 (291) ; — « Capitulations de

paix d'entre les sieurs d'Escosse... », Perth, 23 fév. 1573 (293) ;
etc.

XVIe et XVIIe siècles. — 294 feuillets. — « 1626 ».

268.

« EPISTOLÆ THEOLOGORUM quorumdam Protestantium ad
Joannem CALVINUM et Theodorum BEZAM, etc. » (1524-1612.)

Ces lettres, autographes pour la plupart, sont adressées aux
personnages suivants :

A Guillaume Farel, par Jacques Lefèvre d'Étaples, Paris, 20 avril
1524 (2) ;

A l'église de Genève, par « Wolfgangus Capito, Simon Grynæus,
Martinus Bucerus, Joannes Sturmius », ministres des églises de
Strasbourg et de Bâle députés au colloque de Worms, Worms,
13 nov. 1549 (3) ; et F. Du Jon [Franciscus Junius], Schœnau,
11 août 1569, sans adresse (126) ;

A Calvin, par Philippe Mélanchthon, s. l., 11 fév. 1540 (7), et
8 oct. s. a. (8) ; — « Joannes Augusta », « in Bohœmia Junioris
Boleslaviæ » [Jung-Bunzlau], 13 kal. jul. 1541 (10) ; — « Immanuel
Tremellius », Berne, 14 juin s. a. (12) ; — « T. Sulcerus », Berne,
25 nov. 1546 (32) ; — « Carolus Molinæus », Augsbourg, 26 déc.
1554 (33), et Strasbourg, 25 sept. 1555, copie (38) ; — « Joannes a
Lasco », Emden, 13 mars 1554 (34), et Francfort, 2 avril 1556 (46) ;
— « J. a Sancto Andrea », Francfort, 14 sept. 1555 (36) ; — T[ho-
mas] Norton, Sheen, 25 nov. s. a. (39) ; — « Joannes Dodmerus »,
Lausanne, 17 déc. s. a. (43) ; — « Joannes Checus », Vérone,
7 août 1555 (45) ; — « Franciscus Perrucellus », Wesel, 20 oct.
1556 (50) ; — Guillaume, landgrave de Hesse, Marbourg, 4 cal. oct.
1557 (53) ; — « Petrus Martyr » [Pietro Vermigli], Strasbourg,
14 juin 1556, minute ou copie, sans adresse (56), et 12 août 1561,
copie (86) ; — « Joannes Laurentius », « ex majori Polonia Ostro-
roga », 4 déc. 1560 (77) ;`— « Nicolaus Gallasius », Londres, 2 id.
aug. 1560, adressée « à Monsieur Despeuille » (79) ; — Jean Sturm,
Strasbourg, 26 janv. [1561] (81), et 9 janv. 1561 (83) ;

A « Petrus Perna », par « Fl[acius] Illyricus » [Matthias Flach-
Francowitz], s. l. n. d. (9) ;

A « Eutychius Musculus », par Mélanchthon, 12 août et 10 nov. 1544, copies (13) ;

A Théodore de Bèze, par les personnages suivants : « Fœlix Cruciger », « Pyncoviæ, ex Synodo », 3 mai 1566 (48) ; — « Jacobus Andrea », Worms, 24 sept. 1557 (52) ; — « Simonius », 22 sept. 1567, en italien (121) ; — « P. Tossanus » [Pierre Toussaint], Montbéliard, 12 mai 1568 (123) ; — « Lasicius », Heidelberg, 20 avril 1568 (125) ; — « Mattheus Lanoius », Heidelberg, prid. kal. oct. 1573 (128) ; — « Andreas Stephang », « Evanczicium Moravorum », 3 déc. 1575 (135) ; — « Marcus Meningerus », Brême, 10 mars 1578 (139) ; — « Villerius », Anvers, 26 mars 1579 (146) ; — « Rodulphus Gualtherus », Zurich, 24 janv. 1581 (149), et 15 avril 1582 (151) ; — « Gaspar Olemanus », Herborn, 5 oct. 1585 (157) ; — Jacob Monaw, 14 janv. 1585 (159) ; 12 juin [1600] (222) ; 12 juillet 1600 (223) ; —« Jo. Guil. Stuckius », Zurich, 4 mars 1588 (187) ; — « Abrahamus Musculus », Berne, 19 mars 1588 (191) ; — « Heinrichus Wolphius Tigurinus », 8 mai 1590 (193) ; — « Franciscus Gomarus », Francfort-sur-le-Mein, 12 juin 1590 (194) ; — « Johannes Piscator », Herborn, 15 sept. 1593 (195) ; — « Johannes Heresbachius », Spire, 6 avril 1593 (196) ; — « Georg. Jenischius », Bâle, 24 avril 1593 (198) ; — « J. (?) Hotmanus », Bâle, 1er mai 1593 (200) ; — [Paul Choart de] Buzanval, La Haye, 12 mars 1594 (204) ; — « Raphael Eglinus », Zurich, 6 nov. 1598 (207) ; — « Wenceslaus Budowetz a Budowa », Prague, 1er avril 1598 (211) ; — « Hanschius Radivil, dux in Birze et Dubinlis (?) », Vienne, 2 déc. 1596 (218) ; — Daniel Toussaint, Heidelberg, 1er juin 1599 (219) ; — « Pantaleon Candidus », Deux-Ponts, 19 juillet 1601 (221) ; — « Andreas Lesczinski de Lessno », Lesno, 24 janv. 1601, cachet (225) ; — « Amandus Polanus à Polansdorf », Bâle, 22 avril 1605, cachet (229) ; — « Mart[inus Lydius Lub[ecensis?] », Francfort, 16 août s. a. (231) ; — De Lestre, « de Vic au Vexin françois », 19 mars s. a. (237) ; — « J[oannes Jacobus] Grynæus », Bâle, 26 mars s. a. (239) ; — « Philippus Camerarius », 11 sept. s. a. (240) ; — Claude Albery [Aubery], Lausanne, 16 août s. a. (241) ; — « Βροχθωνός » [Hugh Broughton], [Mayence], 14 sept. 1601, en grec (244) ;

A « Jacobus Andrea », par Wilhelm Widembach, « de re sacramentaria », Stuttgart, 15 sept. 1570, copie (119) ;

A « Petrus Bartholus, jurisconsultus », par «Ja. Capp. Tillius », Sedan, 10 cal. april. 1583 (130) ;

A [Mathieu Brouart, dit] Béroald, par Daniel Toussaint, Heidelberg, 6 fév. 1574 (133) ;

A Antoine Sadeele par « Dominicus Lamptenius, civis Leodiensis », Liège, 18 déc. 1582 (153), et 28 mai 1589, copie (155) ;

A [Charles] Perrot, par Nicolas Pithou, sieur de Changobert, s. l. n. d., avec les réponses (165-166) ;

A Jacques de Ségur-Pardaillan, par Gaspar Peucer, Harzgevode (principauté d'Anhalt), 31 juillet 1586 (184) ; et « Jacobus Brocardus », Nuremberg, 5 fév. 1588 (186) ;

A Simon Goulart, par « A[mandus] Polanus », Bâle, 14 janv. 1598 (206) ; et « Sibrandus Lubbertus », Francfort, 6 déc. 1604 (227) ;

A Henri IV, par Théodore de Bèze, Genève, 28 nov. 1598 (213), et 29 mars 1599 (214) ;

A « Joannes Vassavius », par « Gaspar Laurentius », Genève, 9 oct. 1605 (228) ; et « Sibrandus Lubbertus », Francfort, 16 mai 1606 (230) ;

A Isaac Casaubon, par Ja[mes Montagu], évêque anglican de Bath et Wells, 25 nov. 1610 (246) ; Royston, 27 et 31 janv., 5 fév. et 9 déc. 1611 (248-254) ; s. d. (256) ; — deux lettres, datées de « Wainsted, » 12 sept. 1611 (258), et de Newark, comté de Nottingham, 11 août 1612 (260), et dont la signature est indéchiffrable.

On remarque encore dans ce volume les pièces suivantes : « Ad D. Joannis Calvini propositiones Annotationes breves... », par Heinrich Bullinger, Zurich, nov. 1548 (14) ; suivies de la : « D. Joannis Calvini declaratio adjecta suis propositionibus et Bullingeri annotationibus... », Genève, 21 janv. 1549 (21 v°) ; et d'une : « Responsio Heinrichi Bullingeri ad declarationem Joannis Calvini », 15 mars 1549 (27) ; — Sermon prononcé le vendredi 22 sept. 1559 et commençant ainsi : « Nous vismes dernièrement pourquoy et à quelle fin Dieu a commandé l'homme de cultiver la terre... » (59) ; — Sermon de Calvin sur le Psaume LXXXIX (89) ; — Autres sermons commençant ainsi : « Nous desirons bien tous de nous resjouyr... » (93), et : « Nous avons veu cy dessus l'intention du prophète Jeremie... » (97 v°) ; — Sermon prononcé le jeudi 11 janv. 1560 : inc. (86) : « Entre les aultres miracles que Dieu a monstré au deluge... » (104) ; — Mémoire de Charles Perrot sur la réponse de

F. Du Jon à Haren, ancien ministre (161); — « Déclaration et instruction prinse de la sainte Escriture, pour monstrer selon icelle quel est le vray Messias, c'est-à-dire le sauveur ordonné de Dieu » (167) ; — Déclaration d'« Antonius Lescalleus » [Antoine de L'Escaille], 20 avril 1591, orig. (217) ; etc.

XVIe et XVIIe siècles. — 261 feuillets. — « 1628 ».

269.

« Lettres originales de messire Jean, cardinal Du BELLAY, de Guillaume Du Bellay, sieur de Langey, et de Martin et René Du Bellay, frères [du cardinal]. » (1533-1538.)

Les lettres (autographes ou minutes) du cardinal Du Bellay sont adressées aux personnages suivants : un de ses frères ou de ses neveux, Paris, 15 juin s. d. (3) ; — [Clément VII], pape, Paris, 9 janv. 1533 (4) ; — François Ier, Rome, 23 mars s. a., avec les deux signatures de J. Du Bellay et de Charles [Hémard de Denonville], évêque de Mâcon, cachet (6) ; s. d. (9) ; 30 déc. 1537 (13) ; Paris, 27 août 1536 (16) ; — [Charles de Bourbon, duc de] Vendôme, 9 août s. a. (8) ; — destinataires inconnus, Lyon, 13 juillet s. a. (11) ; Paris, 3 août s. a. (15).

Les lettres de Guillaume Du Bellay sont adressées aux personnages suivants : Jean Du Bellay, Paris, 26 juillet 1533 (20) ; Moncalieri, 23 janv. 1537 (28) ; Turin, 12 janv. 1537 (29) ; Murel[lo], 27 sept. 1537 et 22 oct. 1538 (32 et 48) ; entièrement chiffrées (41 et 58) ; Turin, 1er juillet et 9 mai 1538 (43 et 46) ; Turin, 12 avril s. a., incomplète (53) ; chiffrée, 1538 (60) ; Chalon, jour de la Pentecôte s. a. (61) ; en partie chiffrées, Turin, 2, 5, 6 et 24 juillet, 5 août 1538 (62-70) ; Lyon, 13 déc. 1538 (74), et 22 déc. 1539 (76) ; Turin, 1er août s. a. (75) ; — François Ier, Bâle, 12 août 1536 (22) ; Saint-Germain-en-Laye, 17 fév. s. a. (26) ; Turin, 12 janv. 1537, copie (38) ; Murello (?), 18 oct. 1538 (50) ; — [Anne de Montmorenci], grand-maître, Turin, 12 janv. 1537 (29) ; Turin, 1er août 1538, sans adresse (40) ; s. d. (51) ; Turin, 10 juillet 1538, sans adresse (54) ; Murel[lo], 21 oct. 1538, sans adresse (78) ; — [René] de Montejan, Turin, 20 janv., copie, et 12 déc. 1537 (33 et 36) ; s. d. (34) ; — [François] de Tournon, cardinal, Turin,

12 janv. 1537 (38 vᵒ) ; — [Antoine Du Bourg], chancelier, Turin,
12 janv. 1537, copie (39) ; Murel[lo], 18 oct. 1538 (55), et 29 sept.
1538 (57).

Les deux lettres de René Du Bellay sont adressées au cardinal
Du Bellay, Paris, jour de Saint-Denis s. a. (81), et 20 déc. s. a.
(82).

On peut signaler encore dans ce volume les pièces suivantes :
Copie d'une lettre de François Iᵉʳ à Guillaume Du Bellay, Lyon,
12 juillet 1536 (12) ; — Lettre adressée par un des frères Du Bellay à un autre d'entre eux, La Côte-Saint-André, jeudi saint 1537,
copie (17) ; — « Instruction et mémoire de ce que le sieur de
Langey [Guillaume Du Bellay], gentilhomme de la chambre du
Roy, que ledict seigneur laisse et ordonne cappitaine et gouverneur en la ville de Thurin et ès environs, aura à faire et accom-
plir pour le debvoir de sa charge, seureté et conservacion de la
dicte ville » (18) ; etc.

Les lettres de Martin Du Bellay ont disparu, ainsi que plusieurs lettres de R. et de G. Du Bellay. Cf. Lalanne et Bordier,
Dictionnaire de pièces autographes volées..., p. 114.

XVIᵉ siècle. — 83 feuillets. — « 1629 ».

270.

« Relatione della republica di Venetia fatta dal marchese
di Bedemar, cardinale de La Cueva, ambasciatore cattolico
presso la republica di Venetia. »

Ce volume contient une relation de la république de Venise, par
le marquis Alphonse de Bedmar, plus tard cardinal de La Cueva,
ambassadeur de Philippe III d'Espagne près la république de Venise (3), suivie d'une instruction laissée par le même marquis à
son successeur don Luis Bravo (91), le tout en italien.

XVIIᵉ siècle. — 111 feuillets. — « 1629 ».

271.

« Mémoires touchant le différent entre le Pape [Paul V] et
la république de Venise. — 1606. »

On remarque dans ce volume, outre une série de mémoires en italien sur divers points de ce différend (3), les documents suivants : Copie des vœux des cardinaux Baronius et [Ascanio] Colonna sur cette question (16) ; — Deux copies, l'une en italien, l'autre en latin, de la lettre du doge Leonardo Donato au clergé de la république, 6 mai 1606 (18) ; — Notes de Pierre Dupuy, qui paraissent être des analyses de lettres de l'ambassadeur de France à Venise, Philippe Canaye, sieur de Fresnes, 10 déc. 1605-28 juin 1606 (22) ;

Vingt-trois lettres autographes de De Fresnes-Canaye au cardinal [Jacques Davy] Du Perron, ambassadeur à Rome, Venise, 6 et 7 janv. 1606 (26 et 28) ; 11 mars (29) ; 1er juillet (32) ; 5, 12, 19 et 25 août (33, 36, 38 et 41) ; 8 sept. (40) ; 27 oct. (44) ; 5, 11, 18 et 25 nov. (45-52) ; 9, 16 et 23 déc. 1606 (54-58) ; 13, 20 et 27 janv. 1607 (59-63) ; 3 et 10 fév. (66-68) ; s. d. (69) ;

Copie d'une lettre du roi [Philippe III] d'Espagne au pape [Paul V], 5 juillet 1606, en espagnol (72) ; — Copie d'une lettre du cardinal Du Perron au Roi [Henri IV], Rome, 5 avril 1606 (73) ; — Lettre du doge Leonardo Donato au clergé vénitien, 21 avril 1607 (77 v°) ; la même, in-fol. *impr.*, (91) ; — « Accord entre le pape et la seigneurie de Venise », 1606 ou 1607 (79) ; — « Relatione di quello che è passato nel negotio dell' assolutione de' signori Venetiani concessa loro dalla Santità di Nostro Signore [Paul V] per mano del signor cardinal Gioiosa [François de Joyeuse] », 1607 (81) ; — « Instance de Monsieur d'Alincourt, ambassadeur ordinaire du Roy tres-chrestien à Rome, pour l'absolution des Vénitiens, et promesse du cardinal de Joyeuse et dudit seigneur d'Alincourt, sur l'accomplissement des conditions, faicte à la Saincteté de N. S. Père, et signée de leurs mains », in-4°, *impr.* (89) ; suivie, au verso, d'un « Advis du cardinal de Joyeuse touchant l'absolution des Véniciens, envoyé à Rome, avec lettres de Venise le 21 apvril 1607 », *impr.* (89 v°) ; — « Instance du comte de Castro, ambassadeur extra-ordinaire du roy catholique, et de Don Inico de Cardenas, ambassadeur ordinaire du mesme roy à Venise pour l'absolution des Vénitiens, et promesse dudit comte pour l'accomplissement des conditions, faicte à la Saincteté de notre S. Père, et signée de leurs mains », in-4°, *impr.* (90) ; suivie, au verso, de la « Copie d'une lettre du comte de Castro, ambassadeur extraordinaire du roy catholique à Venise, au marquis d'Aitone, de

Venise le 21 apvril 1607 », *impr.* (90 v°) ; — Note sur les mêmes
négociations (92) ; — Instruction donnée à l'évêque de Rimini
[Berlingero Gipsio], envoyé comme nonce à la république de
Venise par Paul V, 4 juin 1607, en italien (93) ; — Lettre de [Guil-
laume Du Broc, sieur] du Nozet, abbé d'Aumale, au cardinal
Du Perron, Venise, 6 oct. 1607, autogr. (99) ;

Pamphlets en vers et en prose, en italien et en latin, relatifs à
l'affaire de l'interdit (101-115) ; etc.

XVIIe siècle. — 115 feuillets. — « 1629 ».

272.

« Pauli Æmilii Veronensis de rebus a recentiore Francia
gestis liber primus. »

Début : « Paulus Aemilius Regi Christi^mo vitam, victoriamque
ac felicitatem D. — Ut Romanarum rerum scriptores... ». — Fin :
« ... Carolo est mandatum. » — Copie de P. Dupuy.

XVIIe siècle. — 29 feuillets. — « 1627 ».

273.

« Registre d'un secrétaire d'Estat du temps des roys François Ier et Henry II, contenant diverses provisions de charges,
etc. »

Les documents contenus dans ce volume sont rangés, dans la
table qui les précède (3-12), sous les rubriques suivantes : Matières d'État ; Connétable, Maréchaux et amiraux de France ; Gens
de guerre ; Pouvoirs ; Chevalerie ; Fortifications ; Vivres pour l'armée ; Traités de paix et trêves ; Érections ; Sauf-conduits ; Sauvegardes ; Traités pour le commerce des blés ; Galères et navires ;
Offices ; Retenues ; Commissions ; Pardons et rémissions, prisons ;
Baux ; Dons ; Annoblissements, légitimations et lettres de naturalité ; Fiefs et arrière-fiefs, Fois et hommages ; Eaux et forêts, bois
de chasse ; Exemptions de tailles et d'emprunts et main-levées ;
Permissions et congés ; Provisions et acquits ; Clergé, bénéfices,
évêchés et collations ; Lettres missives diverses.

A la fin de ce ms., on trouve les pièces suivantes : Liste des pairs de France qui assistèrent au sacre de François II (335 v°) ; — « Déclaration de partie des villes de ce royaume », par provinces (336) ; — « Superscriptions des villes de ce royaume » (337 v°) ; — « Forme que le Roy tient pour escrire au pape et aux princes » (340) ; — « Suscriptions comme le Roy escrit à ceulx des Ligues » [suisses] (341) ; — « Forme que le Roy tient quant il escript aux ellecteurs de l'Empire » (341 v°), « aux villes de Flandres » (342), etc. ; — Liste des élections (343 v°), et des bailliages et sénéchaussées de France (344) ; — Liste des greniers à sel de la Langue d'oil, de Normandie, de Picardie, d'Oultre-Seine (346) ; — Liste des villes franches du royaume (348).

XVIᵉ siècle. — 348 feuillets. — « Jacques Dupuy. — 1654 ».

274.

« Chroniques et coustumes du païs de VAUD, subjet de Messieurs de Berne. »

La chronique commence ainsi, au fol. 5 : « L'an après la création du monde 3789 et après le [Christ] 1547.... », et finit, au fol. 35 v° : «...à Friderich, empereur... de ce nom (*sic*). »
Les extraits des coutumes vont du fol. 36 au fol. 132, et sont suivis d'une table (135).

XVIᵉ siècle. — 155 feuillets. — In-4°. — « 1626 ».

275.

« Mémoires pour l'histoire du roi CHARLES VI. »

La première partie de ce volume se compose d'extraits du *Journal d'un bourgeois de Paris*, copiés par Claude Dupuy (2). — La seconde partie, copiée par P. Dupuy, est formée d'extraits du *Journal de Jean Jouvenel* (16).

XVIᵉ et XVIIᵉ siècles. — 37 feuillets. — « 1630 ».

276.

« Statuta sive capitula civitatis MASSILIÆ. — 1257. »

Copie de Pierre Dupuy. — Au fol. 2 v°, note de P. Dupuy sur les filles de Raymond Béranger, comte de Provence.

XVIIe siècle. — 26 feuillets. — « 1630 ».

277.

Cahier général du clergé assemblé aux États généraux de Blois. (1588.)

Ce cahier porte les signatures autographes d'Yves Le Tartrier, « secrétaire de l'assemblée », et de Martinet, « ung des secrétaires « de l'Assemblée, qui (dit-il lui-même) ay gardé l'original » (52). — A la suite de ce cahier se trouve une série de procès-verbaux des États, du mercredi 14 déc. 1588 au 14 janv. 1589 (54).

XVIe siècle. — 81 feuillets.

278.

Le livre des Lignages d'outre-mer.

Impr. par Thaumas de La Thaumassière : *Assises de Jérusalem*, 1690, in-fol.

XVIIe siècle. — 24 feuillets. — « 1629 ».

279.

Lettres autographes ou originales du cardinal Georges d'Amboise, de Louis d'Amboise, cardinal d'Albi, et de Charles d'Amboise, grand-maître de France.

Les lettres du cardinal Georges d'Amboise sont adressées au Roi [Louis XII], Lyon, 1er oct. (3) ; 22 sept. (6) ; Morimont, 3 août (18) ; Ham, 2 nov. (15) ; — à MM. Du Bouchage [Imbert de Batarnay] et [Florimont] Robertet, Lyon, 22 sept. (11) ; Gaillon, 4 déc. (13).

Les lettres de Louis d'Amboise, cardinal d'Albi, sont adressées au légat [Georges d'Amboise], « La Magnagne » (Italie), 25 avril (16), et au Roi, Milan, 17 mai (19).

Les lettres de Charles d'Amboise, gouverneur de Milan, sont

adressées au trésorier Florimond Robertet, « Biagras », 4 sept.
(20) ; Milan, 20 et 22 août (21 et 22) ; Milan, 2 janv. (23) ; Marignan,
18 janv. (24); Milan, 28 janv. (25); Brunel (?), 23 août (27) ; Milan,
2 fév. (28) ; Noyon, 2 nov. (30); Milan, 18 juillet (31); Gambe-
lor (?), 24 août (34) ; Milan, 4 fév. (35), et 27 janv. (37); — au roi
[Louis XII], Turin, 12 déc. (35) ; « Sainct-Raval », 16 et 19 avril
(38 et 39) ; Milan, 19 juillet (49); Milan, 28 janv. (52); au camp à
Castelnau, 15 mai (55); Milan, 16 et 28 janv. (57 et 60) ; Biagras,
26 nov. (61) ; — au légat [Georges d'Amboise], « Saint-Raval », s. d.
et sans adresse (40) ; au camp à Castelnau, 15 mai (41) ; « Brese »
[Brescia], 11 déc. (43) ; Milan, 23 août, sans adresse (44) ; « Saint-
Raval », 16 avril (46) ; Milan, 19 août (47) et 28 janv. (50) ; Milan,
30 janv. (53) ; — au duc de Nemours [Gaston de Foix], Milan,
20 janv. (59).

Ce volume contient en outre, au fol. 62, une lettre d'Anne d'Amboise [Anne de Bueil], adressée à Florimont Robertet, et datée de
Monfrin, 27 janvier s. a.

XVI⁰ siècle. — 63 feuillets. — « 1628 ».

280.

Conférence tenue à CALAIS entre les envoyés de Charles-
Quint et ceux de François Iᵉʳ, sous la présidence du cardinal
Thomas WOLSEY, archevêque d'York, médiateur, en 1521.

C'est une traduction du latin, exécutée par un Bourguignon, qui
dédie son travail à Marguerite d'Autriche, comtesse de Bourgogne. — En tête du volume se trouve une copie du sauf-conduit
délivré aux envoyés français par Charles-Quint (2).

XVI⁰ et XVII⁰ siècles. — 77 feuillets.

281.

Recueil de LETTRES originales ou autographes, émanant de
différents rois ou princes, particulièrement de MAXIMILIEN Iᵉʳ,
de CHARLES-QUINT, de MARGUERITE DE BOURGOGNE, d'ÉLISABETH
D'ANGLETERRE et de FERDINAND Iᵉʳ, grand-duc de Toscane. —
De 1510 à 1613 environ.

Ces lettres émanent des personnages suivants :

Grégoire XIII, à Charles IX, Rome, 11 janv. 1573, en italien, autogr. (2) ;

Maximilien Ier, à « Paulus de Laude », son secrétaire près le roi de France, Cologne, 17 juillet 1512 (4) ; — au grand-maître [Arthus Gouffier, sieur] de Boisy, à l'évêque de Paris [Étienne Poncher] et « autres deputez de nostre bon frere et cousin le roy de France à la journée de Cambrai », « chasteau de la Vueren », 4 mars 1516 (5) ; — au roi de France [Louis XII], Montbéliard, 14 sept. 1498, copie (6) ;

Charles-Quint, avant son avènement, au grand-maître [Arthus Gouffier], sieur de Boisy, Bruxelles, 6 mars 1516 (8) ; — après son avènement, à « son lieutenant et capitaine general » [Charles de Bourbon], Grenade, 12 juin 1526 (9) ; — à l'évêque d'Autun [Jacques Hurault de Cheverny], Grenade, 14 nov. 1526 (11) ; — à la duchesse de Lorraine [Renée de Bourbon-Montpensier], Valladolid, 31 juillet 1527 (12) ; — à un de ses alliés, s. d., autogr. (13) ;

[Jeanne la Folle], reine d'Espagne, à Louis XII, Madrid, 11 mars 1510 (14) ;

Marguerite de Bourgogne, au roi de France [Louis XII], Anvers, 2 juillet 1507 (15) ; Malines, 14 juillet 1511 (17) ; — à [Jean] de La Gruthuse, lieutenant et capitaine général de Picardie, Bruxelles, 2 août 1512 (19) ;

Philippe III, roi d'Espagne, au cardinal Du Perron, Escurial, 29 avril 1609, cachet (20) ;

Henri VIII, roi d'Angleterre, à Louis XII, Greenwich, 13 avril 1511 (21) ;

T[homas Wolsey], cardinal d'York, au Roi [Louis XII], Westminster, 26 déc. s. a. (22) ;

Élisabeth, reine d'Angleterre, au roi de France [Henri IV], s. d. autogr. (23 et 24) ; s. d. [9 avril 1591], autogr. (25) ;

Jacques Ier, roi d'Angleterre, au Roi [Henri IV], Falkland, 20 août 1600 (26) ;

Le duc de Calabre, au Roi [Louis XII?], Burgos, 29 janv. s. a., autogr. (28) ;

Philippe [II, duc de Savoie], au Roy [Louis XII], Turin, 3, 9 et 12 déc. s. a. (29, 30 et 32) ;

Le cardinal [Pierfrancesco] Ferrero à la reine de France [Catherine de Médicis], Rome, 28 oct. 1566 (33) ;

George-Frédéric, marquis de Brandebourg, à Jacques de Ségur-
Pardaillan, ambassadeur du roi de Navarre, Anhalt, 8 mars 1587
(35);

Le grand-duc de Toscane [Ferdinand Ier], au cardinal Du Perron, Pise, 5 mars 1604 (37); Poggio, 21 nov. 1607 (38); et Cafaggiuolo, s. d. (48); — au Roi [Henri IV], Ambrogiana, 6 mai 1608
(44);

La grande-duchesse de Toscane, Christine [de Lorraine], au
cardinal Du Perron, Pise, 20 avril 1609, cachet (42); Cafaggiuolo,
24 oct. 1607 (50), et Florence, 8 fév. 1613 (51);

Le grand-duc [Cosme II], au cardinal Du Perron, Livourne,
11 avril 1609 (46);

Charles [III, duc de Savoie] au Roi [Louis XII?], Chambéry,
17 août s. d. (54);

[Alof de] Vignacourt, grand-maître de l'Ordre de Malte, au cardinal Du Perron, Malte, 12 nov. 1620, cachet (55);

Hugues [de Loubenx de Verdalle], grand-maître de l Ordre de
Malte, à « M. de La Roche », 16 juillet 1588 (57);

Le duc de Mantoue [François IV], au cardinal Du Perron. Mantoue, 31 mars 1612, cachet (58).

XVIe et XVIIe siècles. — 59 feuillets. — « 1628 ».

282.

Extraits du Journal de Jean BURCHARD, maître des cérémonies du Palais apostolique. (1492-1505.)

Copie de P. et J. Dupuy.

XVIIe siècle. — 65 feuillets. — « 1649 ».

283.

« Mémoires concernans le duché de BRETAGNE. — Vol. III. »

Ce volume contient les pièces suivantes, qui sont toutes imprimées : « Factum pour Madame la Duchesse de Nemours, demanderesse en omologation de contract, contre Monsieur le Procureur
général du Roy, deffendeur » (6); — « Poincts principaux à
remarquer pour la dame de Mercœur, au procés qu'elle a pendant

et indécis en la cour, contre Messire Charles, comte de Vertus. Le tout divisé en unze chapitres », 1608 (26) ; — Mémoire historique intitulé : « Origine de la maison de Pointhièvre » (31) ; — « Responses pour Messieurs les duc de Lorraine et comte de Vaudemont à quelques nouvelles difficultez proposées à S.-Germain-en Laye, contre la requeste et remonstrances par eux presentées à sa Majesté, » août 1623 (67). — A la fin, une note de P. Dupuy, intitulée : « 1553. Pour la succession de la reine Caterine de Medici » (81).

XVIIe siècle. — 81 feuillets. — In-4°. — « 1632 ».

284.

« Variæ lectiones in IIII Evangelistas et Acta Apostolorum, ex vetustissimo codice Cantabrigiensi, ms. de l'Univ. de Cambridge Nn. II. 41, connu sous le nom de *Codex Bezæ*. »

En tête du ms. se lit une lettre adressée par l'auteur de la collation, Pa[tricius] Junius [Patrick Young], à Pierre Dupuy et datée de Londres, 1er oct. 1624, orig. (3). — Suit la copie, de la même main, d'une lettre de Théodore de Bèze, ancien possesseur du ms. collationné par Junius, adressée aux membres de l'Université de Cambridge, Genève, 8 id. dec. 1581 (23).

XVIIe siècle. — 23 feuillets. — « 1627 ».

285.

Recueil de pièces concernant l'histoire du royaume de Navarre au XVIe siècle. — Copies.

Ce volume contient les documents suivants : Instructions données par Catherine d'Albret, reine de Navarre, au licencié Biax et au s^r Dasques, Pau, 10 juillet 1516 (2), et à Dandonis, à Pierre de Biax et au sieur de Montfaucon, ses envoyés près Charles Ier, roi d'Espagne (plus tard Charles-Quint), Mont-de-Marsan, 29 janv. 1516 (6) ; — Remontrances faites à Charles Ier d'Espagne par le chancelier de Foix, au nom de Catherine d'Albret, avec les réponses, 25 août-19 sept. 1516 (10) ; — Remontrances de Jean-Jacques de Mesmes, sieur de Roissy, au sujet du royaume de Navarre, en présence des députés de Henri II et de Philippe II d'Espagne assemblés à l'abbaye de Cercamy (comté de Saint-Pol), nov. 1558 (26).

XVIIᵉ siècle. — 39 feuillets.

286.

« Lettres italiennes, [latines et françaises,] de divers cardinaux [et autres personnages ecclésiastiques], escrites à Mons. le cardinal Du Perron. » (1599-1619.)

Ces lettres, originales ou autographes, émanent des personnages suivants :

Le cardinal [Scipione] Borghese, Rome, 26 déc. 1607 (4); 16 sept. 1608 (5 et 11); 30 janv. 1609 (6); 23 janv. 1610 (10); 16 et 18 sept. 1607 (11 et 12); 24 juin 1608 (16);

Le cardinal [Carlo] Pio di Savoia, Ferrare, 14 déc. 1609 (17); 15 déc. 1608 (18); Rome, 19 déc. 1607 (19);

Le cardinal [Roberto] Bellarmini, Rome, 22 déc. 1607 (23); 24 janv. 1610 (24); 13 déc. 1608 (25);

Le cardinal [Andrea Peretti, dit] Montalto, Bagnaia, 25 sept. 1606 (28);

Le cardinal [Cesare] Baronio, « di casa », 10 avril 1607 (30);

Le cardinal Felice [Centini] d'Ascoli, Mileto, 12 déc. 1612 (33);

Le cardinal [Giambattista] Leni, Rome, 29 nov. 1608 (34);

Le cardinal [Marcello] Lante, Todi, 1ᵉʳ oct. 1610 (37);

Le cardinal de Nazareth [Michelangelo Tonti], Rome, 27 nov. 1608 (39); 23 janv. 1610 (40);

Le cardinal de Sourdis [François d'Escoubleau], Bordeaux, 27 déc. 1609 (43); 22 nov. 1609 (44); 15 avril 1608 (45);

Le cardinal [Orazio] Spinola, Ferrare, 4 déc. 1609 (49); 15 déc. 1608 (50); 10 déc. 1612 (51);

Le cardinal [Innocenzo] del Bufalo, Rome, 22 janv. 1610 (55); 10 déc. 1607 (56); 12 avril 1609 (57); 8 déc. 1608 (58);

Le cardinal [Ferdinando] Gonzaga, Mantoue, 4 avril 1608 (63); 22 janv. 1613 (117);

Le cardinal [Franz von] Dietrichstain, Kremsier, 22 déc. 1609 (65); Brunn, 16 déc. 1608 (66);

Le cardinal [Flaminio] Piatti, Milan, 17 déc. 1608 (69); Rome, 12 déc. 1609 (70);

Le cardinal [Antonmaria] Gallo, Rome, 12 nov. 1607 (73) ; 20 déc. 1609 (74) ;

Le cardinal [Giacomo] Sannesio, Rome, 12 déc. 1609 (77) ; 10 déc. 1607 (78) ;

Le cardinal [Pompeo] Arigoni, Bénévent, 10 janv. 1608 (81) ; Rome, 15 sept. 1608 (83 et 84) ; 26 sept. 1608 (85) ;

Le cardinal Fer[dinando Taberna]. cardinal de Saint-Eusèbe, Rome, déc. 1607 (89) ;

Le cardinal de Cosenza [Giovanni Evangelista Pallotti], Rome, 3 janv. 1609 (91) ;

Le cardinal [Francesco] Mantica, Rome, 27 mai 1608 (93) ; 4 août 1609 (96) ;

Le cardinal L[orenzo] Bianchetti, Rome, 4 avril 1609 (97) ; 9 déc. 1608 (98) ; 16 déc. 1609 (99) ;

Le cardinal de Vicence [Giovanni Delfino], Rome, 15 déc. 1612 (103) ; 12 déc. 1607 (104) ; 25 nov. 1607 (105) ;

Le cardinal Lanfranco [Margotti], 26 nov. 1608 (109) ;

Le cardinal A[lessandro] d'Este, Modène, 15 déc. 1607 (111) ; 18 déc. 1609 (112) ;

Le cardinal [Buonviso] Buonvisi, Rome, 1ᵉʳ avril 1599 (115) ;

Le cardinal [Ottavio] Bandino, Rome, 28 janv. 1613 (119) ;

Le cardinal [Fabricio] Verallo, 10 déc. 1609 (121) ; 29 nov. 1608 (12) ;

Le cardinal [Luigi] Capponi, Rome, nov. 1608 (125) ;

Le cardinal [Benedetto] Guistiniani, Bologne, 16 déc. 1609 (127) ; 26 mars 1611 (128); 13 déc. 1610 (131) : 20 déc. 1607 (132) ;

Le cardinal M[affeo] Barberini, plus tard Urbain VIII, Rome, 8 déc. 1619 (135) ;

Le cardinal [Filippo] Spinelli, Naples, 10 déc. 1608 (138); Aversa, 17 déc. 1609 (139) ;

Le cardinal [Domenico] Toschi, Rome, 23 juillet 1608 (142):

Le cardinal [Bonifazio] Bevilacqua, Rome, 29 janv. 1610 (144); 25 janv. 1613 (145) ;

A[nne de Peyrusse] Descars, cardinal de Givry, Rome, 25 juin 1608 (148) ; 10 déc. 1607 (149) ;

L[udovico de Torres], cardinal de Monreale, Rome, 3 sept. 1608 (152) ;

Le cardinal [Ottavio] Paravicino, Rome, 20 déc. 1609 (154);

Le cardinal [Bonifazio] Caetani, Ravenne, 8 nov. 1608 (156):

Le cardinal [Domenico] Pinello, Rome, 24 avril 1611 (158) ;

Le cardinal [Pietro] Aldobrandino, Ravenne, 2 sept. 1609 (160) ; Rome, 12 juillet 1601 (162) ; Turin, 3 nov. 1608 (164) ; Rome, s. a. (166) ;

Le cardinal Sérafin [Séraphin Olivier], Rome, 20 déc. 1607 (168).

Les autres lettres émanent de Virginio Orsino, Florence, 18 déc. 1608 (90) ; — « Claudius Aq[uaviva] », général des Jésuites, Rome, 24 juin 1608 (170) ; 22 oct. 1607 (172) ; — Decio [Caraffa], archevêque de Damas, nonce en Espagne, Madrid, 13 avril 1608 (164) ; — Belisario Vinta, Florence, 12 nov. 1601 (176).

Ce volume contient, en outre, une lettre du cardinal [Francesco] Mantica à Henri IV, Rome, 27 mai 1608 (94).

Ces lettres sont munies des cachets de leurs auteurs.

XVIe et XVIIe siècles. — 177 feuillets. — « 1626 ».

287.

« Ragionamento di Carlo Quinto imperatore al re Filippo suo figliolo nella consignatione del governo de suoi stati et regni, dove si contiene come si debbia governare in tempo della pace e della guerra. »

En italien.

XVIe siècle. — 91 feuillets. — In-4°. — « 1630 ».

288.

« Blason d'armoiries, contenant une instruction générale et brève méthode pour aprendre facilement la vraye intelligence d'icelles... »

Au commencement de ce volume, on remarque les armes des Loménie (6) et des Dupuy (8) ; — vers la fin, les armoiries des maisons régnantes (145), les pennons généalogiques des maisons de Lorraine et de Croy (164 et 165), une série de pennons, guidons, bannières, etc. (166), heaumes, bassinets, cimiers (169) ; harnais et housses (171 et 172) ; targes et écus (174) ; ordres de chevalerie (183).

XVIIe siècle. — 191 feuillets. — In-4°. — Reliure en cuir rouge, filets or. — Provient d'[Antoine] de Loménie. — « 1629 ».

289.

« Briefve instruction sur le faict de l'Artillerie de France. »

Cette instruction porte sur les points suivants : 1° Arsenaux et magasins ordinaires du Roi ; — 2°-6° Fonte des pièces d'artillerie ; affûts et roues ; cordages, escouvillons ; — 7°-10° Poudre à canon ; boulets ; poids des pièces ; — 11° Ponts de bateaux ; — 12°-13° Feux d'artifice et munitions ; — 14° Officiers ordinaires de l'artillerie ; leurs privilèges.

XVIe-XVIIe siècle. -- 60 feuillets. — In-4°. — « 1630 ».

290.

Histoire de la maison de Laval, par Pierre Le Bauld.

Publiée par d'Hozier, Paris, 1638, in-fol.

XVIe siècle. — 177 feuillets. — « 1634 ».

291.

« Diarium pontificatus Innocentii VIII papæ, autore Joanne Burcardo, ceremoniarum magistro, ab anno 1483 ad 1492. »

XVIIe siècle. — 873 pages. — « 1633 ».

292-295.

Journal de Paride Grassi, maître des cérémonies du Palais apostolique sous les pontificats de Jules II et de Léon X. (1506-1521.)

I (292). — Jules II. 1506-1508. — 486 pages.

II (293). — Jules II. 1509-1511. — 445 pages.

III (294). — Jules II. 1512-1513. — 170 feuillets.

IV (295). — Léon X. 1513-1521. — 1002 pages, suivies d'une table qui occupe les pages 1007 à 1058.

XVIIe siècle. — 4 volumes. — In-4°. — « 1634 ».

296-297.

Recueils d'instructions données par le pape PAUL V et le cardinal Scipione BORGHESE aux nonces et aux envoyés apostoliques, pendant les années 1621, 1622 et 1623. — En italien.

I (296). — 1621-1623. — Ces instructions sont adressées aux personnages suivants : [Vincenzo Landinelli], évêque d'Albinga, nommé collecteur en Portugal (6) ; — Mgr di Torres, archevêque d'Andrinople, ñonce en Pologne (26) ; — [Innocenzo] de' Massimi, évêque de Bertinoro, nonce en Toscane (64) ; — Mgr Pamfili, auditeur de rote, nonce dans le royaume de Naples (72) ; — [Alessandro] di Sangro, patriarche d'Alexandrie et archevêque de Bénévent, nonce près Philippe III d'Espagne (88) ; — [Carlo Caraffa], évêque d'Aversa, nonce près l'empereur Ferdinand II (126) ; — [Guillaume Du Broc], archevêque de Séleucie, auditeur de rote, envoyé à Avignon en qualité de vice-légat (174) ; — Mgr Corsini, archevêque de Tarse, nonce en France (184) ; — l'archevêque de Patras [Giovanfrancesco Guidi del Bagno], nonce en Flandre, 1623 (232) ; — [Alessandro Scappi], évêque de Campagna, nonce près les sept cantons catholiques suisses (260) ; — [Lodovico] Zacchia, évêque de Montefiascone, nonce à Venise (288) ; — Pietro Aldobrandino, lieutenant apostolique pour la levée en Allemagne d'un régiment de fantassins catholiques destinés à secourir l'empereur Ferdinand (318) ; — Matteo Pini, payeur des gens à soudoyer en Allemagne, au nom du pape, pour le service de l'empereur Ferdinand II (326) ; — Matteo Baglione, payeur des gens expédiés par le pape dans la Valteline (330) ; — le P. Tobia Corona, des clercs réguliers de Saint-Paul, envoyé près le roi Louis XIII et le duc Charles-Emmanuel Ier de Savoie (336).

II (297). — 1621-1623. — Ces instructions sont adressées aux personnages suivants : [Pierfrancesco] Montorio, évêque de Nicastro, nonce à Cologne, 21 juillet 1621 (7) ; — l'archevêque de Thèbes, nonce extraordinaire près le roi d'Espagne, pour les affaires d'Allemagne, 1621 (41) ; pour la ligue contre le Turc, 1621 (57) ; pour l'affaire de la Valteline, 1621 (81) ; pour les relations entre l'Espagne et le Saint-Siège, 1621 (101) ; — Mgr Verospi, auditeur de rote, nonce extraordinaire près l'empereur Ferdinand II, pour l'affaire du cardinal [Melchior] Klessel, 13 janv. 1622 (109); pour le mariage de l'empereur Ferdinand II (117) ; pour les affaires d'Allemagne, 1622 (123); — [Antonio] Albergati, évêque de Biseglia, collecteur en Portugal, 4 mars 1622 (155) ; — l'évêque d'Anglona [Alfonso Gilioli], nonce en Toscane, 20 août 1622 (177) ; — Leone Allaccio, « scrittore » grec de la Bibliothèque Vaticane, envoyé en Allemagne pour l'affaire de la Bibliothèque Palatine, 23 oct. 1622 (193); — [Giambattista] Lancellotti, évêque de Nola, nonce en Pologne, 10 déc. 1622 (205); — le duc de Fiano, envoyé par Grégoire XV pour recevoir le dépôt, au nom du Saint-Siège, des forts de la Valteline, 5 avril 1623 (245) ; — [Innocenzo] de' Massimi, évêque de Bertinoro, nonce en Espagne pour la dispense nécessaire au mariage de la sœur de Philippe IV avec le prince héritier d'Angleterre, plus tard Charles Ier (287).

XVIIe siècle. — 369 et 310 feuillets. — In-4°. — « 1641 ».

298.

Vie du pape Pie V, par Agatio Di Somma.

Cette biographie est suivie d'un traité sur la compétence et la procédure du Saint-Office ; en italien (96).

XVIIe siècle. — 175 feuillets. — In-4°. — « 1641 ».

299.

Relation des troubles de Mantoue, du 25 juin 1628 à 1631.

Cette relation est suivie (fol. 131) d'un recueil d'écrits composés par le P. Paolo Bombino, théologien du duc de Mantoue [Vincenzo Gonzaga], au sujet de la dispense nécessaire au mariage du duc avec la princesse Marie, sa bru ; le tout en italien.

XVIIe siècle. — 263 feuillets. — In-4°. — « 1641 ».

300.

Recueil de pièces et de lettres, en italien, en espagnol et en latin, relatives à l'histoire de l'Italie, aux rapports du Saint-Siège avec la France, etc., de 1560 à 1640 environ.

On peut signaler dans ce volume les pièces suivantes : Lettre de Philippe II à don Parafan Ribera, duc d'Alcala, vice-roi de Naples, sur l'emprisonnement du prince Charles, son fils, Madrid, 22 janv. 1568, en italien (4) ; — Relation de l'état ecclésiastique dans le royaume d'Espagne, en italien (8) ; — Interdiction faite par Philippe IV à Mgr Facchinetti, nonce apostolique, de continuer à exercer la juridiction ecclésiastique en Espagne, Madrid, 16 sept. 1639, en italien (20) ; — Relation sommaire de la conspiration tramée contre la ville de Venise par le capitaine Jacopo Pietro, avec la complicité du duc d'Ossuna, vice-roi de Naples, en italien (30) ; — « Copia de la carta del cardenal Borja al duque de Ossuna », 3 juin 1620 (68), avec la réponse du duc, 4 juin 1620 (68 v°), et d'autres lettres émanant de don Pedro Sarmiento, mai-juin 1620 (69), du duc d'Ossuna, 4 juin 1620 (70), du roi d'Espagne [Philippe III], à la duchesse d'Ossuna, Madrid, 10 avril 1621 (78), avec la réponse de la duchesse (78 v°), et une lettre de la même à don Baltasar de Zuniga (80 v°), le tout en espagnol ; — Requête présentée au pape par le cardinal Maurice de Savoie, pour être désigné comme tuteur du jeune duc, Charles-Emmanuel, son neveu, en latin (84) ; — Discours de Michele Lonigo au pape sur la question de préséance soulevée entre le résident de la reine, mère du roi de France [Marie de Médicis], et celui du roi de Pologne [Sigismond III ou Ladislas' VII], en italien (116) ; — « Monita privata Societatis Jesu, qualem se Societas præstare debeat, cum accipit alicujus loci fundationem » (144) ; — Inscriptions de la Salle royale au Vatican, de la main de Pierre Dupuy (168) ; — Passage supprimé de l'Histoire de Francesco Guicciardini (l. X, p. 465 D.), imprimé dans les *Monita Politica* publiés à Francfort, 1609, in 4° (170) ; — Discours de Mgr [Giovanni] Della Casa pour amener les Vénitiens à s'allier avec le Pape, le roi de France et les Suisses contre l'empereur Charles-Quint, en italien (172) ; — Indult du pape Paul III pour les bénéfices du cardinal Jean Du Bellay, Rome, 23 août 1535, orig. sur parchemin (200) ; — Lettre de J.-A. Lyrault à « Monsieur Colin, chanoyne de Rains, à Trente », Rome, 18 juin 1563, autogr. (201) ; — Lettre de Stan[islas Hosius], cardinal-évêque de Varmia [Ermland, en Pologne], à un cardinal français, Ferrare, 10 oct. 1569, orig., sans adresse (203) ; — Lettre du cardinal [William] « Alanus », Anglais, à un cardinal français, Rome, 18 août 1587 (204); — Bref de Paul V au cardinal Du Perron, relatif à la procédure du Parlement de Paris contre le livre du cardinal Bellarmin, Rome, 11 cal. janv. 1560, orig. sur parchemin (205); — Bref de Paul V aux archevêques, aux évêques et au clergé de France, leur demandant de subvenir aux besoins des Réformés qui se convertissent au catholicisme, Rome, 4 id. jun. 1608, orig. sur parchemin (206); — Extrait d'une lettre du maréchal d'Estrées, ambassadeur à Rome, à Bouthillier de Chavigny, au sujet de l'élévation de Mazarin au cardinalat, 27 juin 1639, copie de P. Dupuy (208); — « Mémoire pour montrer que les papes ont faict à l'instance de rois des cardinaux italiens », de la main de P. Dupuy (213); — Mémoire présenté par l'ambassadeur d'Espagne à tous les cardinaux, « pour prouver que les rois peuvent nommer aux papes des cardinaux italiens; en faveur de l'abbé Peretti », 1640, en italien (214); — Sentence condamnant à la peine capitale « Don Joannes Orificius, princeps Santiæ » pour crime de haute trahison, en latin, Naples, 12 janv. 1640, in-4°, *impr.* (220); etc.

XVIe et XVIIe siècles. — Papier et parchemin. — 221 feuillets. — « 1641 ».

301.

Extraits des registres du Parlement de Paris.

On remarque dans ce volume les pièces suivantes : Extraits des registres du Parlement de Paris, de 1402 à 1488 environ (4); — « Registre contenant memoyres de plusieurs choses memorables et non vulgaires, advenues tant au Parlement de Paris qu'en divers lieux de France, depuis le moys de novembre 1560 » jusqu'en août 1586 (85); — « Sommaires de divers arrestz memorables » (1555-1591), dont plusieurs sont relatifs à des ordres religieux et militaires : Saint-Jean de Jérusalem, sœurs du tiers-ordre de Saint-François (95 v°, 96, 102, 104 v°, 109); à l'industrie et au commerce (96 v°, 101, 101 v°); aux rentes de l'Hôtel-de-ville de Paris (96 v°, 105); etc.

XVIe siècle. — 109 feuillets. — In-4°. — « 1630 ».

302.

Mémoire de Raimond Talon, prévôt de Forcalquier, puis

élu de Sisteron, légat au Concile de Bâle, sur les droits du
roi Rεnέ à la succession du royaume de Sιcιlε.

XVᵉ siècle. — 14 feuillets. — In-4°. — « 1641 ».

303.

Recueil de lettres, originales ou autographes, émanant des
AMBASSADEURS ET ENVOYÉS FRANÇAIS A Romε au XVIᵉ siècle : Charles
Hémard de Denonville, cardinal-évêque de Mâcon ; Georges de
Selve, évêque de Lavaur ; Philippe de La Chambre, cardinal de
Boulogne ; Guillaume Pélicier, évêque de Maguelonne ; le
cardinal Georges d'Armagnac et Nicolas Raince, adressées au
chancelier Antoine Du Bourg, au cardinal Jean du Bellay et
à Guillaume Du Bellay. (1534-1537.)

Les trente-huit lettres du cardinal de Mâcon (9-77 et 98) sont
datées de Rome, du 10 janv. 1535 au 17 nov. 1536 (sauf celles des
fol. 9, 11 et 19, qui sont datées de Pérouse, 13, 29, et 29 sept. 1535),
et adressées au chancelier Antoine Du Bourg (sauf celle du fol 59,
adressée au cardinal Jean Du Bellay, 17 nov. 1537).

Les auteurs des autres lettres contenues dans ce volume sont
les personnages suivants :

Charles [Hémard de Denonville], évêque de Mâcon, et G[eorges]
de Selve, au cardinal [François] de Tournon, Rome, 24 oct. 1537,
orig. (80) ;

G[uillaume Pélicier], évêque de Maguelonne, au cardinal Jean
Du Bellay, Rome, 7 août [1536], orig. (84) ;

Philippe [de La Chambre], cardinal de Boulogne, au cardinal
Jean Du Bellay, Rome, 22 mai s. a., orig., avec un post-scriptum
autogr. (86) ;

Geor[ges] d'Ar[magn]ac, évêque de Rodez, au cardinal J. Du
Bellay, Venise, 15 juillet 1537, orig. (88) ;

Nicolas Raince, résident à Rome, à [Guillaume Du Bellay, sieur]
de Langey, Rome, 31 juillet 1534, orig., avec post-scriptum autogr. (90) ; — au chancelier [Antoine Du Bourg], Rome, 2 nov. 1535,
autogr. (91), 5 août et 4 sept. 1536, autogr. (92 et 96).

XVIᵉ siècle. — 99 feuillets. — In-4°. — « 1628 ».

304.

Recueil de pièces concernant la question de préséance soulevée entre le duc de FERRARE [Alphonse II d'Este] et le duc
de FLORENCE [Cosme de Médicis]. (1562.)

En italien.

XVIe siècle. — 44 feuillets. — In-4°. — « 1624 ». — Provient de
« M. Guiscardi ».

305.

Notes rangées alphabétiquement, concernant les DUCHÉS et
COMTÉS-PAIRIES ecclésiastiques; les duchés, comtés-pairie s
réunis à la Couronne; les duchés simples, les baronies et les
pairies réunis à la couronne; l'aliénation des duchés d'Orléans et de Chartres et du comté de Blois en 1626, etc.; avec
de nombreuses additions de Pierre Dupuy.

XVIIe siècle. — 136 feuillets. — Reliure en maroquin rouge, aux armes
d'A. de Loménie.

306.

Recueil de pièces concernant les relations politiques de la
FRANCE et de l'ANGLETERRE aux XIVe et XVe siècles. (1360-1452.)

Ces documents sont surtout relatifs au traité de Brétigny (5);
à la soumission du roi Charles de Navarre (64), et à celle des
Gantois (67); aux négociations pour la paix entamées entre la
France et l'Angleterre en 1390-1393 (68). — A la fin, se trou-
vent les lettres d'abolition octroyées aux Gantois par le duc de
Bourgogne Philippe le Hardi, Tournai, 18 déc. 1385 (89), et la
confirmation de l'édit donné à Compiègne, le 22 août 1429, par
Charles VII, Montbazon, 28 oct. 1452 (94).

En tête de ce volume se trouve une table analytique des documents qui y sont contenus, de la main de Claude Dupuy.

XVe, XVIe et XVIIe siècles. — 99 feuillets. — In-4°.

307.

Vie de fra Paolo Sarpi, par fra Fulgenzio, de Brescia.

En italien. — Copie de P. et J. Dupuy.

A la fin de ce volume se trouvent l'épitaphe de fra Paolo (126 v°), le catalogue de ses ouvrages imprimés (127), diverses épitaphes composées en son honneur (127 v°), et une lettre, non datée, de fra Fulgenzio au doge de Venise (128).

XVIIe siècle. — 131 feuillets.

308.

Recueil de pièces concernant l'histoire de la ville et du territoire de Verdun.

Ce volume contient des mémoires relatifs à « l'ancienne dénomination, estat et police de la ville de Verdun » (4), et aux prétentions du seigneur évêque et comte de Verdun (20).

XVIe siècle. — 104 feuillets. — « 1631 ».

309.

Recueil de pièces relatives au Colloque de Poissy (1561).

Originaux et copies.

On remarque dans ce volume les documents suivants : Journal des négociations entamées à Poissy et à Saint-Germain-en-Laye avec les ministres réformés, du 9 sept. au 13 oct. 1561, par Claude Despence (8) ; — Discours prononcé à Poissy, le 16 septembre 1561, par Charles de Guise, cardinal de Lorraine, en latin (17) ; — Pièces relatives aux démêlés de Théodore de Bèze avec les théologiens catholiques (25) ; — Lettre de Charles IX à [André Guillart, sieur] de Lisle, ambassadeur de France à Rome, Saint-Germain-en-Laye, 26 janv. 1561, orig. (32) ; — Lettre de G[eorges], cardinal d'Armagnac, à [Claude] Despence, Avignon, 1er oct. 1570, orig. (34) ; — Lettres de Charles de Guise, cardinal de Lorraine, au pape [Pie IV] et au Sacré Collège, Amboise, 22 mars 1560, en latin, copies (36 et 37) ; — Lettres de Catherine de Médicis à l'évêque de Rennes

[Bernardin Bochetel], ambassadeur près l'Empereur, 16 fév., 14 sept. et 18 oct. 1561 (40, 44 et 48); 22 avril 1562 (52).

XVIᵉ et XVIIᵉ siècles. — 54 feuillets. — « 1631 ».

310.

Mémoire dressé, d'après les documents du Trésor des Chartes, par Jean JOUVENEL DES URSINS, évêque de Laon, sur l'ordre du roi Charles VII, et relatif au traité à conclure entre la France et l'Angleterre. — A la suite (fol. 56), une série de documents concernant les relations politiques des deux royaumes (1259-1360).

XVᵉ et XVIᵉ siècles. — 93 feuillets. — In-4°. — La première lettre initiale est peinte aux armes de France

311.

Éloges du pape PAUL V et des CARDINAUX vivants en 1614, avec leurs armoiries en couleur.

A la fin du volume se trouvent les armoiries coloriées de la maison de Savoie, de la maison de Médicis, des Orsini, des Colonna, des Peretti, des Borghèse, des Capranica, des Gondi et d'autres grandes familles italiennes (51, 54, 56).

XVIIᵉ siècle. — 59 feuillets. — In-4°. — Peintures.

312.

« Que les Rois ne peuvent aliéner leur DOMAINE. » — Plaidoirie de Baptiste DU MESNIL, avocat au Parlement, pour les habitants de MONTARGIS contre la duchesse de Ferrare [Renée de France] et contre son gendre et sa fille [Jacques de Savoie et Anne d'Este], duc et duchesse de Nemours. (1571).

A la fin du volume (fol. 22 v° et suiv.), notes de P. Dupuy sur des affaires analogues.

XVIᵉ et XVIIᵉ siècles. — 24 feuillets. — In-4°. — « 1633 ».

313.

Harangues, remontrances, plaidoiries, arrêts et mémoires politiques. — De 1572 à 1596 environ.

On remarque dans ce volume les pièces suivantes : Harangue de [Guy Du Faur] de Pibrac, 24 nov. 1572 (5) ; — Harangues de [Pierre et Antoine] Séguier, à l'assemblée des États de Provence (19) ; sur une accusation portée contre lui et relative à ses fonctions (36) ; à l'ouverture du Parlement, 26 avril 1588 (40) ; lors de la présentation des lettres de lieutenant-général octroyées par le Roi au duc de Guise, 1588 (56) ; prononcée le 23 nov. 1592, extraits (62) ; à Tours, 13 nov. 1593 (63 v°) ; à l'ouverture des Grands Jours de Lyon, 26 août 1596 (70) ; « à la publication du pouvoir de Mgr le duc de Guise » au Parlement (110) ; dans un lit de justice (130) ; 22 nov. 1593 (138) ; 1596 (142) ; sur la déclaration de Henri IV en faveur des Ligueurs, 5 fév. 1594 (150) ; à l'ouverture du Parlement, 20 nov. 1596 (158) ; etc.

Harangues de [Jacques Faye, sieur] d'Espeisses, prononcées la première, à la séance d'ouverture du Parlement, le 24 nov. 1586 (23) ; la seconde, le 18 avril 1583 (29) ;

Harangues de Henri III, prononcées à Chartres, le 19 août 1588 (33), et à Saint-Germain-en-Laye, le 19 nov. 1583 (235) ;

Remontrances et harangues de Louis Dorléans, avocat au Parlement, 1589 (74) ; 1590 (84) ;

Harangues et plaidoyers de divers parlementaires et avocats : [Simon] Marion, 1598 (165), et 30 avril 1601 (289) ; Coquelet (167) ; de Marnef (173) ; de Pelejay (179) ; Robert (183) ; Servin, 23 nov. 1603 (292) ; Jacques Mangot (293) ;

« Rapport des députez envoyez par les provinces, contenant les doléances générales de tous les Estats, » s. d. (193) ;

Relation de la séance tenue par les États-généraux assemblés à Blois, le 21 mars 1575 (222) ;

Remontrances de [Pomponne] de Bellièvre à la reine d'Angleterre [Élisabeth], au sujet de Marie Stuart, avec la réponse d'Élisabeth (224) ;

« Complainte sur la mort de M. de Joyeuse, par M. [le cardinal] Du Perron » (239) ;

Arrêts rendus contre Jacques Cœur, 29 mai 1493 (249), et contre l'amiral Philippe Chabot (261) ;

Mémoire sur les libertés de l'Église gallicane (301); etc.

XVIe et XVIIe siècles. — 337 feuillets. — Provient d'A. de Loménie. —
« 1622 ».

314.

Correspondance diplomatique de Jean DE VARIGNIEZ, sieur
DE BLAINVILLE, ambassadeur extraordinaire en ANGLETERRE,
avec diverses lettres et pièces relatives à sa mission. (1625-
1626.) — Copies.

XVIIe siècle. — 300 feuillets. — « 1628 ».

315.

« Procès-verbal des commissaires du Roy [Louis XIII], des
archiducs-comtes de Bourgogne et du duc de Lorraine
[Henri II], concernant le différent de la mouvance de la terre
et seigneurie de SAINT-LOUP-EN-VOSGE, 1611. »

A la suite, quelques pièces relatives à cette seigneurie (1455-
1529). — Copies.

XVIIe siècle. — 78 feuillets. — « 1628 ».

316.

Recueil de lettres et de pièces, françaises et espagnoles,
dont beaucoup sont originales, concernant les négociations
entamées par les commisaires de Louis XIII et de Philippe III
pour régler la question des pâturages des montagnes d'AL-
DUDES. (1610-1615.)

Les lettres originales ou autographes contenues dans ce volume
sont adressées :

A la Reine mère [Marie de Médicis], par le maréchal [Jacques-
Nompar] de Caumont, Nérac, 8 mai s. a. (12); — par A[rmand]
de Caumont, Pau, 26 juillet 1611 (20); — par B[ertrand] d'Échaus,
évêque de Bayonne, Arranegui, 23 sept. 1612 (177); 31 mars, 12
et 29 mai, 5 juin (incomplète), 19 juin, 27 juillet, 8 août, 31 oct. et

23 déc. 1613 (244, 268, 275, 276, 322, 381, 394, 397 et 436) ; — par J[ean-] J[acques] Du Sault, évêque d'Acqs, Saint-Pantaléon près d'Acqs, 7 juillet 1612 (136) ; — par le vicomte Jean d'Échaus, Échaus, 4 nov. 1612 (204) ;

Au maréchal [Jacques-Nompar de Caumont, duc] de La Force, par d'Artigues, Pau, 13 juillet 1611 (15) ; — par Jean d'Échaus, Échaus, 10 fév. et 6 mars 1612 (102, 106) ; — par Jean de La Fourcade, Arranegui, 23 oct. 1613 (199) ; — par B[ertrand] d'Échaus, évêque de Bayonne, Arranegui, 25 janv. 1613 (212) ;

A Bertrand d'Échaus, évêque de Bayonne, par [André de Cochefilet, baron de] Vaucelas, Madrid, 3 août 1611 (22) ;

A [Antoine] de Loménie, par B[ertrand] d'Échaus, évêque d'Acqs, Sault, 9 déc. 1611 (88) ; Pau, 29 mars 1612 (121) ; Arranegui, 18 nov. 1612 (208) ; 17 fév., 5 mars, 12 et 29 mai, 19 juin, 8, 17 et 26 août, 31 oct. 1613 et 4 nov. 1612 (228, 236, 271, 279, 323, 393, 395, 396, 407, 409) ; — par Desquille, Arranegui, 24 sept. et 5 oct. 1612 (182 et 185) ; 6 mars et 19 juin 1613 (239 et 324) ; Saint-Jean [-Pied-de-Port], 14 juillet 1613 (344) ; Pampelune, 10 mai et 11 sept. 1614 (461 et 487) ; Arranegui, 5 août 1615 (520 et 521) ; montagnes d'Aldudes, 16 août et 2 oct. 1615 (527) ; Arranegui, 5 sept., 2 et 17 oct. 1615 (531, 534, 536 et 538) ; — par Jean de La Fourcade, Hortes, 8 et 18 mai 1612 (116 et 118) ; Arranegui, 20 août, 22 sept., 1er, 5 et 20 et 22 oct., 12 nov. 1612 (169, 174, 184, 190, 192, 198 et 205) ; 18 et 29 fév., 4 mars, 5 et 17 juin, 8 août, 24 oct. 1613 (229, 231, 233, 283, 320, 391 et 405) ; Pampelune, 10 mai 1614 (460) ; Madrid, 9 juin et 2 juillet 1614 (468 et 469) ; Arranegui, 1er, 3, 15 et 26 août 1615 (516 et 517, 524 et 526) ; — par le maréchal [Jacques-Nompar de] Caumont, duc de La Force, Pau, 3 août 1612 (149) ; Saint-Jean-Pied-de-Port, 16 juin 1613 (318) ; Saint-Palais, 27 juin [1612] (328) ; — par le vicomte Jean d'Échaus, Échaus, 4 nov. 1612 (202) ; 5 avril, 10 mai et 3 nov. 1613 (246, 266 et 408) ; — par J[ean]-J[acques] Du Sault, évêque d'Acqs, 7 juillet 1612 (137) ;

Au Roi [Louis XIII], par J[ean-] J[acques] Du Sault, évêque d'Acqs, Auch, 19 mai 1612 (120) ;

Au Conseil de Navarre, par les jurats de Saint-Jean-Pied-de-Port, 8 juin 1612, en espagnol (127) ;

A [Nicolas de Neufville, sieur] de Villeroy, par B[ertrand] d'Échaus, évêque de Bayonne, Arranegui, 23 sept. 1612 (180) ; 10 janv. 1613, duplicata (209) ; 5 mars 1613 (234).

Parmi les autres pièces contenues dans ce volume, on peut signaler les suivantes : Lettre du clergé de Roncevaux, 17 août 1609, en espagnol, orig. (6) ; — Procès-verbal des commissaires-enquêteurs français, orig. signé par Bertrand d'Échaus et Jean de La Fourcade (38) ; — Enquêtes secrètes de Desquille, procureur général en Navarre, sur les excès commis par les habitants de Valderro, Bastan, Estribar et autres villages de la haute Navarre au préjudice des habitants de Baigorri, en basse Navarre, orig , 1ᵉʳ déc. 1611 (76), et 1ᵉʳ fév. 1612 (94) ; — Enquête analogue de Bertrand de Saulguis, conseiller de la chancellerie de la basse Navarre, 28 avril 1612, orig. (108) ; — Propositions des commissaires espagnols, 12 juin 1613, avec une note autogr. de B. d'Échaus (305) ; — Copie d'une sentence du roi Charles III de Navarre, rendue dans un procès entre les habitants de Valderro et ceux de Baigorri, en espagnol, 1400 (353) ; — Estimation des terres ensemencées par les habitants de Baigorri dans les limites du territoire contesté, 23 juillet 1613, en espagnol (375); — Acte de procédure relatif aux prises d'argent faites par les gens de la haute Navarre sur ceux de la basse Navarre, orig. signé par Jean de La Fourcade, 13 nov. 1613 (414) ; — Lettre des habitants de Baigorri à la reine [Marie de Médicis], 17 nov. 1613, orig. (430) ;—Lettre de Marie de Médicis à B. d'Échaus, évêque de Bayonne, 20 nov. 1630, minute (432); etc.

XVIIᵉ siècle. — 545 feuillets. — « 1628 ».

317.

Recueil de pièces concernant principalement l'histoire de la Ligue. (1589-1590.)

On remarque dans ce volume les documents suivants : Mémoire contre les libertés de l'Église gallicane (5) ; — Pièces relatives à la Ligue (6, 10 et 18) ; — Testament de François, duc d'Alençon, puis d'Anjou, fils de Henri II, Château-Thierry, 8 juin 1584 (16) ; — « Justification de Monsieur le cardinal de Bourbon » (26) ; — Conversation entre Catherine de Médicis et le roi de Navarre, 25 déc. 1586 (34) ; — « Discours de la défaicte de M. le duc [Anne] de Joyeuse » (37) ; — Rapport fait au Roi [Henri III] par Claude [d'Angennes de Rambouillet], évêque du Mans, sur sa mission en Italie, Rome, 15 mars 1589 (41) ; — Discours prononcé au Parlement de Paris par le cardinal Enrico Caetani, légat en France, 1590, en latin (65) ; — Récits de la bataille d'Ivry, 14 mars 1590 (67 et 92) ; — Copies de lettres, édits et instructions diplomatiques des années 1589 et 1590 (73 et 156) ; — Copies d'affiches placardées aux carrefours de Paris en 1588 et 1589 (107) ; — Lettre latine des docteurs de la Faculté de Théologie de Paris au pape Sixte V, 29 avril 1590 (127) ; etc.

XVII⁰ siècle. — 220 feuillets. — Provient d'A. de Loménie. — « 1625 ».

318.

Recueil d'ordonnances et de documents divers concernant principalement l'histoire du Commerce de la France avec l'Orient, de 1279 à 1626 environ.

On remarque dans ce volume les copies d'une série d'ordonnances royales, portant privilèges octroyés aux villes d'Aigues-mortes, 1323 et 1386 (2 et 10) ; Harfleur, 1398 (18); Bordeaux, 1473 (20); Franchise-Arras, 1481 (24); Nantes, 1490 (57) ; Saint-Malo, 1493 (61, 67); et relatives aux foires de Lyon, 1461 (72), de Champagne et de Brie, 1326 et 1331 (79, 83), de Libourne, 1461 (86) ; aux fabricants de cervoise de Paris, 1369 (88) ; aux droits de douane à prélever sur les « espiceries, drogues et autres marchandises de Levant », 1488 (91); aux importateurs d' « épiceries et drogues », 1550 (95).

Vient ensuite une autre série de pièces relatives à la tentative commerciale faite en Accadie par le sieur Des Monts, 1603-1605 (100 et suiv.) ; à l'entreprise de Gérard De Roy et ses associés, Paris, 1ᵉʳ juin 1604, orig. sur parchemin, signé par Henri IV (115), et à celle de Pierre de Beringhen et ses associés, Fontainebleau, 29 mai 1604, orig. signé par trois des personnes associées pour organiser le commerce avec les Indes (117 et suiv.) ; — Contrats passés entre le cardinal de Richelieu et une société de Flamands, « Compagnie de la Nacelle de saint Pierre fleurdelisée », pour l'organisation des colonies et du commerce français, Limours, 19 mars 1626 (123) ; — Requête anonyme au Roi, sur les expéditions faites au-delà du Cap-Vert ou du méridien des Açores par les marins espagnols et sur les mauvais traitements par eux infligés aux marins français, s. d. (157) ; — Traité sur le droit de naufrage (159) ; —

Requête adressée au Roi par Charles de Montmorency, au sujet de l'amirauté de Ponant, s. d. (173) ;— « Qualité, droits et don du sieur de Dampville en l'admiraulté de Bretaigne », in-4°, *impr.* (177) ; — « Pour faire entendre la commodité des balisseurs que le Roy a ordonné estre créez par tous les havres, rivières, costes de mer et aultres lieux de son royaume » (181) ; — « Coustumes et aultres noblesses de la noble duché de Bretaigne » (183) ; et « Ordonnance pour quoy le viconte de Léon est à coustume ès féaulx » (185) ; etc.

XVIe-XVII siècles. — Papier et parchemin. — 186 feuillets. — Cartonné. — « 1629 ». — (Rétrocédé par la Bibliothèque Mazarine en 1890.)

319.

Recueil de documents relatifs au COMMERCE des pays autres que la France, de 1261 à 1629 environ. — Copies.

On remarque dans ce volume les pièces suivantes : Traité de commerce conclu entre l'empereur Michel Paléologue et la république de Gênes, 1261 (7) ; — Documents relatifs aux relations commerciales entre la Russie et l'Angleterre, 1555-1620 (19-50, 118) ; entre l'Angleterre, la Sénégambie, 1588 (57), et les Indes orientales, 1600 (63) ; entre la Hollande et les Indes orientales, 1602 (69) ; entre l'Angleterre, la Virginie, 1606-1620 (77 et 122), et Terre-Neuve, 1610 (81) ; entre la France et l'Angleterre, 1611 (86) ; entre l'Espagne, l'Allemagne, les villes hanséatiques et la Pologne, 1624-1627 (125) ; entre Dantzig, Lübeck, l'Espagne et l'Empire, 1627 (129 et suiv) ;

« Advertissement qu'on donne touchant la navigation, trafic, pescheries, commerce, qu'aultres (*sic*) choses appartenantes à la mer du Nort et de la mer Océane et des Indes, où trafiquent et habitent les rebelles de Sa Majesté et de Ses Altesses de Hollande, Zélande et Frize, par lesquelz moyens ils s'entretiennent et font la guerre et ceux (*sic*) que l'on fera pour les empescher et les réduire en fort peu de temps à l'obéyssance... », avant 1607 (141) ;

Notice sur la provenance d'un certain nombre de denrées coloniales (173) ; etc.

XVIe et XVIIe siècles. — 174 feuillets. — « 1629 ».

320.

« *Priviléges conceddez par les rois de* Fʀᴀɴᴄᴇ *aux* Mᴀʀᴄʜᴀɴs ᴅᴇ ᴅɪᴠᴇʀsᴇs ɴᴀᴛɪᴏɴs *trafiquans en leur roiaume* ».

« Acte des marchans de Plaisance touchant l'acte faict pour le traicté du commerce de Nismes, 1275 ; — Pareils actes des marchans d'Ast, de Luques, de Toscane et de Lombardie, de Gennes, 1277 ; — Priviléges accordez par Philippes le Hardy aux marchans de Toscane et de Lombardie traficcans en Languedoc, confirmez par Charles V, 1277, 1366 ; — Priviléges octroycz par Philippe III aux marchans de Toscane et de Lombardie demeurans à Nismes, 1278 ; — Priviléges des marchans de Portugal traficquans à Harfleur, conceddez par Philippe le Bel et confirmez par Philippe de Valois, 1309, 1341 ; — Priviléges accordez aux marchans italiens trafiquans en France par Philippe le Bel, Charles V et VI, 1313, 1365, 1385 ; — Priviléges conceddez par Philippe de Valois aux Génois, 1338 ;

« Priviléges accordez par Philippe de Valois aux marchans d'Aragon et de Maillorque fréquentans en France et spécialement à Harfleur, 1339 ; — Priviléges accordez par Philippe de Valois aux Castillans traficquans à Harfleur, confirmez par plusieurs rois, 1339, 1340, 1350, 1353, 1357, doubles ; — Priviléges accordez par ledit Roi aux Portugais et ceux des Algarves trafiquans à Harfleur et ailleurs en France, 1341, double ; autre, 1424 ; autre, 1364 ; 1350 ; — Priviléges donnez par Philippe de Valois à tous marchans françois et estrangers traficquans à Harfleur, 1344 ;

« Ordinatio super facto nundinarum Campaniæ et Briæ », 1345 ; — « Privilegia concessa mercatoribus regni Aragoniæ », 1345 ; — Priviléges des marchans de Castille traficquans en France, conceddez par Charles, [fils] aisné du roi Jean, 1363 ; — Priviléges accordez par Charles V aux Castillans traficquans à Harfleur, 1364 ; — Priviléges accordez aux marchans Castillans et Portugais fréquentans Harfleur et Leure par Charles V et amplifiez par Charles VI, 1364, 1391, 1397 ; — Priviléges des marchans de Castille trafiquans à Harfleur accordez par Charles V et VI, 1364, 1391, 1397, 1405 ; — Priviléges accordez aux marchans de Castille trafiquans à Harfleur et Leure en Normandie par Charles V, VI, VII et Louis XI, 1364, 1391, 1397, 1405, 1423, 1435, 1479 ; confirmation de Charles VIII, 1493; — Priviléges accordez aux Castillans en France, 1383; — Priviléges donnez par le roi Jean aux Castillans traficquans à Harfleur, confirmez par Philippe de Valois, 1339, 1340, 1350;

« Priviléges donnez par Charles V aux marchans de Plaisance trafiquans à Harfleur, 1369; — Priviléges donnez par Charles VI à quelques marchans Lombards de demeurer à Rouen, 1403; — Priviléges accordez par Louis XI aux marchands de Brabant, Flandre, Hollande et Zélande trafiquans à la Rochelle, à Bordeaux et autres lieux, 1491; — Priviléges accordez par Louis XI aux marchans de la Hanse Teutonique traficquans en France, 1464; — Confirmation des priviléges des marchans de Castille trafiquans en France, par le roi Charles VIII, 1493;

« Priviléges accordez par Charles VIII à quelques marchans Génois trafiquans en France, 1494; — Priviléges accordez par Louis XI aux villes de la Hanse Teutonique, 1483; confirmez par Charles VIII, 1485; — Priviléges accordez par Henry II aux marchans Milanois, Florentins, Luquois et Boulonois fréquentans les foires de Lion, 1550; — Priviléges accordez par ledit Roi à aucuns marchans Allemans y dénommez, fréquentans les foires de Lion, 1551; — Priviléges accordez par le Roi Henry II aux marchans Portugais appellez « nouveaux Chrestiens » venans demeurer en France, 1552;

« Confirmation faicte par Henry IV des privilèges accordez aux marchans des villes Impériales de la nation Germanique, Ausbourg, Nurenberg, Ulm, Constance, Strasbourg, Nordlinghen, Meninghen et autres traficquans en France, 1595; — Confirmation de Henry IIII des priviléges accordez par ses prédécesseurs aux marchans Florentins, Génois et Luquois traficquans à Lion, 1595; — Confirmation faicte par ledict Roi d'un privilége conceddé par ses prédécesseurs aux marchans Florentins résidens à Lion, 1594; — Confirmation des priviléges des marchans des villes de la nation et Hanse Teutonique, ditz « Ostrelins », 1604; — Lettres patentes addressées au Parlement pour l'enregistrement du traicté de commerce faict avec le roi d'Angleterre, 1606; — Traité entre le roi Henry IV et Jaques, roi d'Angleterre, sur la seureté et liberté du commerce entre leurs subjectz, 1606. »

En déficit.

321.

Procès-verbal des Ét**ats** Gén**éraux** de T**ours** (1483), rédigé
par Jean M**asselin**, official de Rouen.

XVIe siècle. — 207 feuillets. — « 1628 ».

322-323.

Édits, actes et mémoires concernant les P**rotestants**, de
1533 à 1620 environ.

I (322). — De 1533 à 1597 environ. — On remarque dans ce volume
les pièces suivantes : « Discours s'il faut faire la guerre à ceux de
la religion » (5) ; — Discours sur les résolutions que doit prendre
le Roi « en l'estat et troubles esquelz se trouve de présent son
royaume » (17) ; — « Extrait de la harengue funèbre sur la mort
du roy Henry IIII, faicte par Mre Pierre Fenouillet, évesque de
Montpellier » (55 et 58) ; — « Exemples des antiens Empereurs qui
ont donné la liberté de conscience pour le repos de l'Église », de
la main de P. Dupuy (56) ; — « Instruction donnée par M. de Bellièvre à M. de Pontcarré, sur le fait de l'édit de Nantes... » (57) ;
— « Mémoires et dattes des troubles de France », 1559-1599 (59) ;
— État des places fortes et des garnisons du gouvernement de
Bourgogne (61) ; — Lettres de François Ier au prévôt et au Parlement de Paris « pour le fait des hérésies », Moulins, 18 mai, et
Lyon, 10 déc. 1533 (63 et 67) ; — Extraits des registres du Parlement, relatifs aux hérétiques, 1535-1549 (68 et 72) ; — Instruction
donnée par Henri II au docteur « Oriz », pénitencier apostolique,
dépéché vers Renée de France, duchesse de Ferrare, « pour le fait
de la religion » (76) ; — Déclaration de Henri II, portant règlement
de la juridiction et connaissance des crimes d'hérésie, Compiègne,
24 juillet 1557 (78) ; — Requéte présentée à Charles IX par les
députés des Églises réformées, Orléans, 1560 (82) ; — Avis des ministres sur les articles de l'édit donné à Saint-Germain-en-Laye, le
17 janvier 1561 (84) ; — « Remonstrances du Parlement de Paris
au Roi [Charles IX], sur un édit faisant défenses de s'entre-injurier
pour faict de religion », 11 mai 1561 (86) ; — « Articles généraux
présentez au Roy par ceux de la Religion réformée, lesquelz ont
esté veuz et responduz par Sa Majesté séant en son Conseil privé »,

suivis d'une liste, par villes, des magistrats députés par Charles IX
« pour l'exécution et entretenement des articles de la conférence »,
14 oct. 1571 (92) ; — Lettres patentes de Charles IX, sur l'assistance
des officiers royaux aux assemblées, synodes et consistoires réformés, Saint-Germain-en-Laye, 14 fév. 1561 (106) ;

Extraits des registres du Parlement, mars-juillet 1562 (108) ; —
« Moyens proposés par M. le prince de Condé et les protestants pour
paciffier les troubles de la relligion en ce royaume et observer
l'édict de janvier, [Orléans], 2 may 1562 » (115) ; — « Déclaration de
la Royne [Catherine de Médicis], envoyée par M. de Lanssac, le
6 août 1562 » (118) ; — Requête présentée à Charles IX par les habitants de la ville de Bordeaux et sénéchaussée de Guyenne au sujet
de la Religion réformée, avec les réponses du Roi, 1564-1565 (122 ;
cf. 130 et 136) ; — Procès-verbal du synode provincial tenu à La
Ferté-sous-Jouarre, par les ministres des Églises réformées de
Champagne, Brie, Picardie, Ile-de-France et Vexin français,
adressé à Mme de Saint-Phal, 22 avril 1564 (134) ; — Lettre du
prince de Condé au vidame de Chartres, sur les motifs de son
mariage, Vendôme, 6 nov. 1565 (140) ; — Interrogatoire à faire
subir aux huguenots poursuivis sur l'ordre des procureurs généraux (141) ; — Arrêt du Conseil privé, déclarant l'amiral Coligny
innocent du meurtre du duc de Guise, Moulins, 29 janv. 1566 (144) ;
— Note sur la séance du Conseil privé tenue à Moulins, le 15 mars
1566 (146 et 160) ; — Sommation faite, de la part du Roi, au
prince de Condé et à ses partisans, Paris, 7 oct. 1567 (148 et
suiv.) ; — Extraits des registres du Parlement, 1568-1569 (154 et
suiv.) ; — Extrait des actes du synode national tenu à La Rochelle,
le 2 avril 1571 (162) ; — « Epistola historialis, tragicam lanienam
regni Galliæ complectens », 1572 (165) ; — Arrêt du Parlement
contre l'amiral Coligny, 27-29 oct. 1572 (175) ; — Lettres patentes
de Charles IX, au sujet des réformés de La Rochelle, Boulogne,
juillet 1573 (177) ;

« Abscheid » des députés des trois Ligues suisses, portant interdiction aux ministres de s'occuper des affaires publiques, 6 fév.
1575 (181) ; — Pouvoirs délivrés par et à Henri de Bourbon, prince
de Condé, 1575, originaux sur parchemin, scellés (183, 184 et
185) ; — « Articles proposez par ceulx de la religion, au mois
d'avril 1575 » (186) ; — « Protestation de ceux de la religion nouvelle du païs de Poitou, 1575 », de la main de Claude Dupuy

(190) ; — Relation de la séance tenue par les députés du Tiers-État à Blois, au sujet des affaires religieuses, 1576 (195) ; — Lettres patentes de Henri III, portant création d'un président et huit conseillers au Parlement de Paris, « pour juger selon l'édict de pacification de l'an 1576 », s. d. (202) ; — « Protestation faitte par ceulx de la Religion sur la tenue des Estats généraulx de France », 1576 (204) ; — Lettres de Henri III au Parlement de Bordeaux, sur les articles secrets de l'Édit de pacification de 1576, Saint-Maur-des-Fossés, 31 juillet 1581, copie authentique (208) ; — Règlement pour les Chambres de l'Édit, Ollainville, 29-30 juillet 1578 (218) ; — Ordonnance de paiement, adressée par [François de] La Noue au receveur général des provinces de Poitou, Saintonge, Angoumois et Aunis, en faveur du sieur de La Touche-Brisson, La Rochelle, 12 janv. 1576, orig. (224) ; — « Ordonnances militaires faictes par le Roy de Navarre, gouverneur... en Guienne... », Nérac, 15 avril 1580, copie authentique (225) ; — Protestation du roi de Navarre, lors de l'ouverture des hostilités, 1580 (229) ; — Lettre des réformés du Dauphiné au Roi, 11 juin 1581 (233) ; — Édit de Henri III, contre les réformés, Paris, juillet 1585 (237) ; — Déclaration du roi de Navarre, de Henri de Bourbon, prince de Condé, et de Henri, duc de Montmorency, au sujet de la paix conclue par eux avec les Guise, Saint-Paul-Cap-de-Joux, 16 août 1585 (241) ; — « Articles responduz par le Roy, pour l'exemtion de l'édit de quinzaine », Paris, 24 nov. 1585 (249) ; — Règlements pour l'exécution de l'édit relatif aux affaires religieuses, Paris, 23 déc. 1585 (253 et 259) ; — Relation de l'entrevue de Catherine de Médicis et du roi de Navarre à Cognac, déc. 1586 (265) ; — « Protestation et déclaration du roy de Navarre sur la venue de son armée en France », Fontenay-le-Comte, juin 1587 (271) ; — Instructions pour l'exécution des édits relatifs à la saisie des biens des réformés, Rouen, 14 juillet 1587 (273) ; — Lettre de Henri, roi de Navarre, à MM. de La Motte et de La Touche-Brisson, La Rochelle, 15 août 1587 (277) ; — Ordonnance de paiement, délivrée par M. de La Boulaye, commandant à Fontenay-le-Comte, en faveur de La Touche-Brisson, 26 nov. 1587, orig. (278) ;

Édit d'union, Rouen, juillet 1588 (281) ; — Promesses faites à Henri III par le roi de Navarre au sujet de la garde, administration et restitution de la ville de Gergeau [Jargeau], Pluviers, 25 juin 1589, orig. (285) ; — Lettres du roi de Navarre à MM. Le Gruyer

et de La Touche-Brisson, sur la mise en fermage des biens ecclésiastiques et de ceux des catholiques ligués ou absents du bas
pays de Poitou, La Rochelle, 8 juin 1588 (286 ; cf. 289) ; — Mandement adressé par le roi de Navarre à Louis Frouard, procureur
du Roi, et à Jean Brisson, sieur de La Touche, avocat au siège de
Fontenay, Saumur, 26 avril 1589, orig. scellé (291) ; — Lettre de
Théodore de Bèze au roi de Navarre, Genève, 20 mai 1589, orig.,
cachet (292) ;

Déclaration des princes, officiers de la couronne et seigneurs du
Conseil du Roi, au sujet de la conférence de Suresnes, Mantes,
16 mai 1593, orig. (294) ; — Lettres originales ou autographes
adressées au Roi [Henri IV], par Gabriel Damours, Saint-Jean
[-d'Angely], 20 juin 1593 (295) ; par Delespine, s. d. (300) ; par De
L'Osse et Pacard, au nom du synode national de Saumur, 15 juin
1596 (318) ; — Instruction remise à Duplessis[-Mornay] (304) ; —
Mémoire de Gabriel Damours, Saint-Jean-d'Angely, 29 juin 1593,
autogr. (306) ; — « Articles secretz accordez par le Roy aux habittans
de la ville d'Orléans... », Chartres, 26 fév. 1594 (310) ; — Lettres de
Henri IV, portant création d'une Chambre de l'Édit au Parlement,
Folembray, 24 janv. 1596 (311) ; — Lettre de Henri IV à [J.-A. de
Thou, sieur] d'Émery, Abbeville, 13 juin 1596, copie de P. Dupuy
(314) ; — « Instruction aux s[rs] de Vic et de Calignon, allans à
Loudun trouver les députez de la profession de la religion prétendue
refformée », Amiens, juillet 1596 (320) ; — Requête des réformés
au Roi [Henri IV], lors de l'Assemblée des notables, Rouen, 1597
(330) ; — « Articles accordez par M. de Schomberg..., attendant la
venue de MM. de Thou, de Vic et de Calignon », Châtellerault,
juillet 1597 (334) ; — Lettre des réformés de l'assemblée de Châtellerault à leurs coreligionnaires (338) ; — « Articles traictez avec
MM. de Schombert, de Thou, de Vicq et de Calignon, par MM. Duplessis et Desfontaines, députtez de l'assemblée génerale des
Églises réformées... », Châtellerault, août-sept. 1597 (348) ; etc. —
368 feuillets. — « 1629 ».

II (323). — 1597-1620. — On peut signaler dans ce volume les pièces suivantes : Instructions remises à MM. d'Émery [J.-A. de Thou],
président au Parlement, et de Calignon, chancelier de Navarre,
envoyés près l'assemblée des réformés à Châtellerault, Monceaux,
17 janv. 1598 (5) ; — Pièces relatives aux négociations de Henri IV

avec les réformés, 1598 (9) ; — État des sommes à payer aux gouverneurs et gens de guerre qui se trouvent dans les villes et
places données en garde aux réformés, 1er avril 1598, copie de
P. Dupuy (27) ; — Brevets accordés aux réformés par Henri IV,
1598-1610 (33) ; — Arrêt du Parlement, relatif à l'enterrement
d'un protestant d'Angers, 7 mars 1598 (38) ; — Relation d'une
séance du Conseil du Roi, s. d. (47) ; — Paroles adressées par
Henri IV au Parlement de Paris, lors de la vérification de l'édit de
Nantes, 7 janv. 1599 (48) ; — Documents relatifs à la Chambre de
l'Édit de Rouen, Blois, août 1599 (53 et 57), et à celle de Castres,
27 janv. 1604 et 21 nov. 1606 (63 et 72) ; — Autorisations de mariage accordées à des protestants ayant entre eux des liens de
parenté, Metz, 1601 et 1604 (59 et 67) ; — Résolution du synode de
Gap, sur l'organisation des écoles et académies des réformés,
1603 (60) ; — Lettres et brevets de Henri IV et de Louis XIII en
faveur des réformés de Paris, 1er août 1606 et 21 mai 1610 (75 et
77) ; — Pièces concernant les assemblées tenues par les protestants à Châtellerault, 15 oct. 1610 (79), et à Saumur, 2 mai 1611
(103) ; — Pièces relatives à l'église réformée de Jargeau, 1611 (80-
101) ; — Harangues prononcées par Sully devant l'assemblée
générale de Saumur, 1611 (104, 107 et 108) ; — Lettre de M. de
Chassepierre à M. de Fribaubault, sur l'assemblée de Saumur,
1611 (115) ; — Réponses de Louis XIII au cahier des Réformés,
1611 (119) ; — Lettre du chancelier [Nicolas Brûlart] de Sillery
aux maire et échevins de La Rochelle, Paris, 21 fév. 1612 (129), et
lettre de Marie de Médicis aux mêmes, même date (130), avec la
réponse des Rochelois, 12 mai (134) ; — « Extrait des actes du
Conseil de la province de Xainteonge, tenu à Taillebourg, touchant
la ville de Saint-Jean-d'Angely », 25 avril 1612 (133) ; — Relation
de la convocation du Conseil de la province de Saintonge, 1613
(137) ; — Lettre anonyme, écrite de La Rochelle, s. d. (145) ; —
Doléances de la province de Poitou, s. d. (149) ; — Nouvelles de
La Rochelle, janv. 1613 (151) ; — Actes du synode national tenu à
Tonneins, 4 mai 1614 (152) ; — Lettre de l'assemblée de Nîmes au
Conseil des églises de l'Ile-de-France, Picardie, Champagne et
pays Chartrain (183) ; — Condamnation du ministre Jérémie
Ferrier (187) ; — Lettre des pasteurs et anciens de l'Église de
France à Sully, s. d. (189) ; — Extraits des actes du synode
national de Privas (190) ; — Protestation des députés réformés de

la noblesse aux États Généraux, 1615, orig. (192) ; — Documents relatifs à l'assemblée de Grenoble, 1615 (193 et suiv.) ; — Pièces relatives à l'assemblée de Nîmes, nov. 1615-janv. 1616 (220-234) ; - Requête de l'assemblée de Loudun, avec les réponses, 1616 (236) ; — Lettres de Louis XIII aux maire et échevins de La Rochelle, Paris, 28 oct. 1616 (246), 4 fév. et 4 mars 1618 (247 et 254) ; — Lettre du duc de Bouillon à Louis XIII, Sedan, 13 fév. 1617 (250) ; — Lettre de MM. Bertreuille et Maniald, députés généraux des Églises réformées, aux maire et échevins de La Rochelle, Paris, 24 avril 1617 (256) ; — « Extraict des registres de Parlement », ordonnant la saisie d'un livre imprimé à Charenton et intitulé : *Fuittes et évasions,* 27 nov. 1618, in-fol., *impr.* (258) ; — Pièces concernant l'assemblée de Loudun, nov. 1619-avril 1620 (259-273 et 287-294) ; — « Cahier respondu le 24 mars 1623 en faveur de ceux de la Religion » (275) ; — Cahiers de l'assemblée de Loudun, 1620 (297) ; etc. — 320 feuillets. — « 1629 ».

XVIᵉ et XVIIᵉ siècles. — Deux volumes. — Papier et parchemin.

324.

« Cérémonies observées aux Enterremens des rois, princes et grands. » — De 1380 à 1627.

On peut signaler dans ce volume les documents suivants : Extrait des registres du Parlement, relatif aux obsèques de Charles V, 26 sept. 1380 (1) ; — Relation de l'ensevelissement du corps et du cœur de René d'Anjou, roi de Sicile, en l'église d'Angers, 1481 (2) ; — Extraits du Livre-journal de Bertrand Boysset, bourgeois d'Arles, concernant les cérémonies célébrées à Arles lors de la mort de la reine Jeanne de Sicile, 9 déc. 1384; à Avignon, lors du couronnement du roi Louis II de Sicile, 25 oct. 1389; et lors du mariage de la reine Yolande d'Aragon, nov.-déc. 1400 (12) ; Obsèques de Duguesclin, 1389 (16) ; — de Charles VI, 1422 (18) ; — de [François de Bourbon, comte] de Vendôme, 6 oct. 1495 (22) ; — de Charles VIII, 30 avril 1497 (26) ; — d'Anne de Bretagne, 1513 (32, 52, 54) ; — de François de Poncher, évêque de Paris, 12 sept. 1532 (58) ; — d'Isabelle de Portugal, femme de Charles-Quint, 1539 (59, 65) ; — de François Iᵉʳ, 1547 (69) ; — de Marguerite de Navarre, 1549 (81); — du cardinal de Bourbon, 20 mars

1556 (83) ; — de Henri II, 1559 (85) ; — de Charles-Quint, 1558
(101) ; — du prince d'Espagne, 20 sept. 1558 (107) ; — de Marie
de Lorraine, femme de Jacques V, roi d'Écosse, 1560 (109) ; — de
François de Guise, 1562 (111) ; — de l'empereur Ferdinand Ier,
1564 (117) ; — du connétable Anne de Montmorency, 12 nov. 1567
(119) ; — de Charles IX, 1574 (127 et 133) ; — de Cosme de Médicis,
duc de Florence, 1574 (138-153) ; — de l'empereur Maximilien II,
1577 (155) ; — du cardinal René de Birague, 1583 (159 et 167) ;
— du nonce du Pape, 30 août 1583 (171) ; — de François, duc
d'Anjou, fils de Henri II, 1584 (175 et 193) ; — de l'amiral Anne
de Joyeuse, 1587 (197 et 207) ; — de Marie Stuart, 1587 (209) ; —
du nonce, 20 mars 1587 (211) ; — du cardinal de Bourbon, 10 oct.
1594 (213) ; — du roi d'Espagne [Philippe II], 1599 (215) ; — du
chancelier [Philippe Hurault] de Chiverny, 10 déc. 1599 (219) ; —
de Louise de Vaudemont, 1601 (221) ; — de la princesse de Condé
[Françoise d'Orléans], 6 juillet 1601 (223) ; — du chancelier [Pom-
ponne] de Bellièvre, 1607 (225) ; — de Henri de Bourbon, duc de
Montpensier, fév. 1608 (229 et 233) ; — d'Anne-Marie Prunier,
veuve du chancelier Pomponne de Bellièvre, 19 mars 1610 (235) ;
— de Henri IV, 1610 (237, 245 et 246) ; — de la reine d'Espagne
[Marguerite d'Autriche, femme de Philippe II], 10 déc. 1611 (249
et 257) ; — de [Pierre] Forget, sieur de Fresnes (253) ; — du duc
d'Orléans, 18 nov. 1611 (255) ; — du maréchal Claude de La Châtre,
1614 (261) ; — de Marguerite de Valois, 27 mars 1615 (269) ; — de
l'empereur Mathias, 11 et 17 avril 1619, par Hector Le Breton,
roi d'armes de France (271), et par F[rançois Pot], sieur de Rhodes,
maître des cérémonies, autogr. (277) ; — de Marie de Bourbon,
femme de Gaston d'Orléans, 4 juin 1627 (280).

On remarque encore dans ce volume une lettre de P[hilippe]
Poncet à son fils [Claude] Dupuy, sur les obsèques du président
Christophe de Thou, Paris, 18 nov. [1582], autogr. (157) ; etc.

Ce volume et les deux suivants ont été utilisés par Théodore et
Denys Godefroy, dans leur *Cérémonial françois* (Paris, 1619, in-4°,
et 1649, 2 vol. in-fol.).

XVIe et XVIIe siècles. — 296 feuillets. — « 1629 ».

325.

« Cérémonies observées aux E<small>NTRÉES</small> des rois et princes. »
— De 1378 à 1633.

Ces pièces concernent l'empereur Charles IV et son fils Wenceslas, roi des Romains, Paris, 4 janv. 1378 (5); — Marguerite d'Écosse, Tours, 1436 (13); — Charles VIII, Paris, 1484 (15); — l'archiduc Philippe d'Autriche et l'infante Jeanne de Castille, nov. 1501 (19); — Ferdinand, roi d'Aragon, et Germaine de Foix, sa femme, Savone, 26 juin 1507 (41); — le cardinal Antoine Du Prat, légat du Saint-Siège, 7 déc. 1530 (43); — Clément VII, Marseille, 12 oct. 1533 (45); — Jacques V, roi d'Écosse, Paris, 22 déc. 1536 (49 et 51); — Charles-Quint, Bordeaux, nov. 1539 (53); Poitiers, 9 déc. 1539 (55); Orléans, 1539, sur parchemin (59); Paris, 1ᵉʳ janv. 1539 (67 et 71); — Henri II, Paris, 16 juin 1549 (79, 80 et 90); — Catherine de Médicis, 18 juin 1549 (98, 99 et 108); — Charles IX, Rouen, 12 août 1563 (114); Bordeaux, 1564 (116); Troyes, 23 mars 1564 (118); Dijon, 15 mai 1564 (122); Saint-Jean-de-Luz et Bayonne, 1565 (124); Toulouse, 2 fév. 1565 (130); Metz, 25 fév. 1569 (132); Paris, 6 mars 1571 (132, 134 et 135); — la reine Élisabeth d'Espagne, Bayonne, 1565 (128); — Élisabeth d'Autriche, femme de Charles IX, 29 mars 1571 (146); — François, duc d'Anjou et de Brabant, Anvers, 19 fév. 1582 (168); Gand, 20 août 1582 (170); — Henri de Gondi, évêque de Paris, 30 mars-1ᵉʳ avril 1598 (172); — Marie de Médicis, mai 1610 (176 et 177); — Louis XIII, Toulouse, 22 nov. 1621 (180); — Alphonse-Louis Du Plessis de Richelieu, archevêque d'Aix, Avignon et Aix, 1626 (184); — Procès verbal du lit de justice tenu par Louis XIII, le 12 avril 1633 (190); etc.

XVIᵉ et XVIIᵉ siècles. — Papier et parchemin. — 193 feuillets. — « 1629 ».

326.

« Discours des rangs et séances. — Meslanges de diverses CÉRÉMONIES. » — De 1434 à 1629.

Recueil de pièces concernant l'ordonnance des grandes cérémonies, les questions de préséance, les canonisations, les sacres et couronnements, etc.

On peut signaler dans ce volume les documents suivants : « Discours des rangs de préséance de France », 1605 (3); — Questions de préséance soulevées, en 1434, entre le duc de Bourgogne [Phi·

lippe le Bon] et le duc de Bretagne [Jean V] au concile de Bâle,
(11); et entre les ambassadeurs de France et d'Espagne à Rome,
4 août 1609 (13); — « Mémoire pour les rangs des princes et grandz »
(17); — Ordonnance de Charles IX, attribuant la préséance aux
officiers de la Couronne sur les ducs, marquis et comtes créés
depuis la mort du roi Henri II, Moulins, 18 mars 1566 (21); —
Notes sur diverses cérémonies du XVIᵉ siècle (23); — « Habitz
royaulx et pièces de la royauté » (27); — Notes sur les maîtres
des cérémonies et le « provost de l'Ordre » (29); — Mandements
de Henri III, de Henri IV et de Louis XIII, relatifs à la nomination à la charge de prévôts et maîtres des cérémonies des Ordres
du Roi, de Guillaume Pot, sieur de Rhodes, Paris, 2 janv. 1585
(31); de Guillaume Pot, sieur de Rhodes, fils du précédent, Paris,
16 juin 1603 (32); et de François Pot, sieur du Maignet, frère
de Guillaume II Pot, Tours, 24 fév. 1616 (33); — Sur le costume
que doivent porter les grands personnages à une réception diplomatique chez le Roi, XVIᵉ s. (37); — Ordonnance de Henri III,
concernant la chancellerie royale, 1582 (39); — « Reiglement
fait par le Roi [Louis XIII] pour le rang et séances des princes
enfans naturels des Rois et de ceux issus des maisons souveraines
estrangères », Fontainebleau, 15 sept. 1629 (41); — Déclaration
de Charles IX, portant reconnaissance de Léonor d'Orléans, duc
de Longueville, comme prince du sang, Duretal, déc. 1571 (42);
— Déclaration de Louis XIII, en faveur du duc de Longueville,
Fontainebleau, 20 oct. 1629 (44); — Ordre à observer dans les audiences diplomatiques (46).

Ordonnance des obsèques d'Isabelle de Portugal, femme de
Charles-Quint, Paris, 1530 (48); et notes relatives à des questions de préséance soulevées à l'occasion de diverses cérémonies (52 v°); — Cérémonial observé quand le Roi communie (60);
le jeudi saint, au lavement des pieds (61); lorsque le Roi touche
les écrouelles (62); lorsqu'il est malade et alité (66); lors de la
remise du chapeau à un cardinal (70); — Remise du chapeau au
cardinal de Bérulle, par Marie de Médicis, Paris, 26 oct. 1627
(72); — Canonisations de saint Jacques d'Alcala, à Saint-Pierre
de Rome, 9 juillet 1588 (74); de saint Charles Borromée, 1ᵉʳ nov.
1610 (84); — Actions de grâces pour la conclusion de la paix,
à Notre-Dame de Paris, 21 juin 1598 (98 et 106); — Conclusion
solennelle de l'alliance entre la Hongrie et la Bohême, Prague,

25 avril 1620 (102); — Processions générales du 29 sept. 1568 et du 23 oct. 1614 (108 et 113).

« Discours des entreveües » (117); — Entrevue de Louis XII et de l'archiduc Philippe d'Autriche, Blois, 1501, de la main de Th. Godefroy (118 et 121); — Messe solennelle célébrée à Savone en présence de Louis XII et du roi Ferdinand d'Aragon, 29 juin 1507 (123).

Documents concernant les cérémonies du sacre et du couronnement de Louis XI, Reims, 14 août 1461 (127); Jean d'Albret et Catherine de Navarre, Pampelune, 1494 (131); Henri [III], roi de Pologne (139); Henri IV, Chartres, 1594 (141); Marie de Médicis, 16 avril 1610 (153); Louis XIII, 1610 (157 et 167); Ferdinand, roi de Hongrie, 1618 : lettre de Thomas Beltoy, à « don Juan Roche », chez le nonce apostolique en France, Vienne, 4 juillet 1618, en espagnol (169); — « L'ordre et façon des Carintiens au couronnement de leurs princes » (173).

Entrée de Charles-Quint à Paris, 31 déc. 1539 (175); — Relation de la mission de Mme de Carnavalet au baptême du prince de Piémont, [1567] (185); etc.

XVIe et XVIIe siècles. — 190 feuillets. — « 1631 ».

327-331.

« Depesches de Christophle DE HARLAY, comte de Beaumont, escrites pendant son ambassade en ANGLETERRE au Roy [Henri IV] et à Mr de Villeroy, avec les réponses de Sa Majesté et dudit sieur de Villeroi, durant les années 1602, 1603, 1604 et 1605, divisées en cinq volumes. »

I (327). — 11 décembre 1601-13 janvier 1603. — 315 feuillets.

II (328). — 18 janvier-28 décembre 1603. — 321 feuillets.

III (329). — 6 janvier-21 juin 1604. — 232 feuillets.

IV (330). — 22 juin 1604-26 janvier 1605. — 234 feuillets.

V (331). — 27 janvier-26 octobre 1605. — 268 feuillets.

XVIIe siècle. — Cinq volumes. — « 1629 ».

332.

« Négotiation de M. le mareschal [François] DE BASSOM-
PIERRE, envoié par le Roi ambassadeur extraordinaire en
Angleterre ». (1626.)

XVIIe siècle. — 194 feuillets. — « 1627 ».

333.

« Additions aux premier et second volume des mémoires
et actes concernans ceux de la RELIGION PRÉTENDUE RÉFORMÉE,
depuis l'an 1533 jusques en l'année 1620. — Vol. III. »

On peut signaler dans ce volume les documents suivants : Mandement de François Ier à l'évêque de Paris [Jean Du Bellay], contre
les hérétiques, Lyon, 10 déc. 1533 (3) ; — Lettre des syndic et
conseil de Genève à Charles IX, 28 janv. 1561 (4) ; — Lettre de
Théodore de Bèze à la reine de Navarre [Jeanne d'Albret], Orléans, 13 mai 1561, copie (6) ; — « Sommaire récit de la calum-
nieuse accusation de M. le prince de Condé, avecques l'arrest de
la Cour contenant la déclaration de son innocence », 1561 (10) ; —
Relation de la mort de François de Lorraine, duc de Guise, 1562
(22) ; — « Response à l'interrogatoire qu'on dit avoir esté fait à
un nommé Jehan de Poltrot, soy disant seigneur de Merey, sur la
mort du feu duc de Guise, par M. de Chastillon, admiral de France,
et autres nommez audit interrogatoire, » Orléans, 1562, in-4°, *impr.*
(24) ; — Note sur le massacre de Vassy, 25 mars 1562, en latin
(36) ; — Arrêt du Parlement, suspendant de sa charge, pendant un
an, Antoine de Mouchy [Démocharès], procureur du Roi à Laon,
14 juillet 1562 (37) ; — Lettre d'Antoine Caracciolo, prince de
Melphe [Melfi], aux ministres et pasteurs de l'église d'Orléans,
26 fév. 1564 (39) ; — Requête des Réformés au Roi, après 1563 (41) ;
— Serment, prêté par le Parlement, d'observer l'édit de pacification, 21 mars 1571 (45) ; — Déclaration et lettres de Charles IX au
sujet du meurtre de l'amiral de Coligny, copies (47) ; — « Epistola
Caroli IX, Galliæ regis, de Catilinaria Admiralii ac sociorum in
regium sanguinem conspiratione eoque scelere punito,... ad præ-
cipuos quosdam Imperii principes, anno 1572 » (61) ; — Mémoire

des principaux événements survenus à Troyes en 1572, contenant
un récit de la Saint-Barthélemy à Troyes (65 v°) ; — « Articles de la
paix du comté de Venisse », 1576 (76) ; — Extraits des registres du
Parlement, fév.-mars 1577 (80-90) ; — Lettres du roi de Navarre
au Roi et à la Reine-mère (92) ; — Lettre datée de Blois, 7 fév.
1577 (93) ; — Articles de la conférence tenue à Nérac, 15 fév. 1579
(94) ; — Lettre de La Noue, 28 oct. 1585 (102) ; — Lettre de Henri de
Navarre à Henri III, Bergerac, 21 juillet 1585 (103) ; — Requête
du roi de Navarre en faveur des réformés, Mantes, 1593 (105) ; —
Mandement de Henri IV aux réformés assemblés à Loudun,
9 sept. 1596 (110) ; — Règlement de Henri IV, sur les différends
qui pourraient survenir entre les chambres du Parlement de
Rouen et la Chambre de l'Édit établie dans cette ville, Blois, oct.
1599 (111) ;

Extrait des registres du Conseil d'État, fixant les heures auxquelles peuvent avoir lieu les enterrements des protestants,
7 mars 1609, vélin, in-fol., *impr.* (112) ; — Cahier présenté à
Henri IV au nom de l'assemblée de Jargeau, 1609 (113) ; — « Pa-
ralelles de l'assemblée généralle dernière tenue à Saulmur et de
l'assemblée du cercle tenue à La Rochelle », 1611 (121), — « Extraict des articles de l'assemblée tenue à Saumur », mai 1612,
avec les signatures autographes de Philippe de Mornay, [sieur du
Plessis-Marly], de Jean Fleury et du secrétaire (123) ; — Lettres de
[Jean de Jaucourt, sieur de] Villarnoul, député général des Églises
réformées de France près le Roi, aux réformés de la province d'Anjou, Touraine et Maine, Paris, 14 et 19 mai 1610 (124) ; — Refus
d'une audience royale à des envoyés réformés, janv. 1612 (126 et
141) ; — Lettres d'un officier royal, relatives aux réformés, Paris,
fév. 1612 (127 et 139) ; — Actions de grâces rendues à la Reine par
les catholiques de La Rochelle, après la confirmation de l'édit de
pacification (136) ; — « Article 16 du cahier présenté au Roy par
l'assemblée, estant à Grenoble, et respondu à Poitiers et à Tours
durant la conference de Loudun, 1616 » (143) ; — Lettre écrite à
l'église de Genève par les ministres français réunis à Alais, 5 nov.
1620, copie (144) ; — Lettre de Lesdiguières à l'assemblée de Loudun, Paris, 20 mars 1620 (148) ; etc.

XVI° et XVII° siècles. — Parchemin et papier. — 148 feuillets. —
« 1631 ».

334-335.

Recueil de pièces concernant l'évêché de METZ et ses dépendances. (1313-1628.)

I (334). — 1552-1625 environ. — On remarque dans ce volume les documents suivants : « Brief discours des droicts, auctoritez et estat de l'evesché de Metz et gouvernement d'iceluy » (5);

« Estat abbrégé de ce en quoy conciste l'evesché de Metz, tant de sa jurisdiction spirituelle... que du temporel dudict evesché... » (15); — Mémoires sur l'administration de l'évêché et sur les privilèges du chapitre de Metz (25 et 26);

Documents relatifs à l'évêché de Metz et émanant de Charles-Quint, Innsbrück, 24 mars 1552 (35); — Ferdinand Ier, Vienne, 6 nov. 1559 (39) ; — Maximilien II, Vienne, 5 mai 1565 (41 et 45); — Rodolphe II, Prague, 14 mai 1588; Spire, 15 juin 1611 (47 et 55); — Grégoire XIII, 2 kal. dec. 1572 (49); — Paul V, 1621 (53); — Ferdinand II, Neustadt, 11 août 1625 (56); Oldenbourg, 18 oct. 1625 (58 et 59); Neustadt, 4 août 1625 (61);

Mémoires sur le droit de protection possédé par le roi de France sur l'évêché de Metz (64); et sur la guerre, dite Cardinale, entre l'administrateur temporel de l'évêché de Metz et « le sieur de Salcède », gouverneur de Marsal et bailli de l'évêché, 1565 (70 et suiv.); — Relation du voyage de M. d'Auzances à la cour, alors à Moulins, au sujet des affaires de Metz, fév. 1566 (106 bis); — Lettre de François Perrot, Metz, 16 juillet 1565, sans adresse, autogr. (109); — Pièces concernant l'évêché de Metz, et émanant de Henri IV, Paris, 22 juillet 1609 (111); de Louis XIII, Fontainebleau, 14 oct. 1613 (113); des administrateurs de l'évêché, s. d. (117), et 17 nov. 1613, orig. (123); des vassaux (125), et des officiers et sujets de l'évêché de Metz, 1613 (129); — Réponse des administrateurs de l'évêché aux propositions du duc d'Épernon, 1613 (133); — Harangue faite à la reine [Marie de Médicis] par le député des vassaux de l'évêché de Metz (135); — « Extraict d'une depesche de S. A. de Lorraine [le duc Henri II] à M. de Bréval », 21 nov. 1613 (137); — « Liste des procurations mises ès mains du baron de Branbach... pour se présenter au Roy très chrestien au nom des vassaux de l'evesché de Metz, et faire à Sa Majesté les remonstrances très humbles sur l'union proposée des villes et places de l'evesché de Metz au gouvernement de la ville de Metz et pays Messein », déc. 1613, orig. (139); — Relation concernant la même affaire (141).

Mémoires et pièces concernant les dépendances, l'organisation judiciaire, les domaines aliénés de l'évêché de Metz (147 et 165), et particulièrement les terres de Turquestain (Dürkastel = Château-Voué?) et Châtillon (151 et 152), Moyenvic et Marsal (161), Nomény et Saint-Avaux (169); — Pièces relatives à l'affaire de Vergaville, 27 juillet 1609 (171 et suiv.); etc. — 188 feuillets. — « 1629 ».

II (335). — 1313-1628. — On peut signaler dans ce volume les pièces suivantes : Accord conclu entre Ferry IV, duc de Lorraine, et les magistrats de Metz, 1313 (3); — Lettre de Dominique « de Moriacastro », doyen de l'église de Verdun, à Conrad [de Bayer de Boppard], évêque de Metz, 26 oct. 1422 (5); — Inventaire de titres du XVᵉ siècle, servant à prouver l'autonomie de la ville de Metz (15); — Extrait de l'histoire de Mathieu d'Escouchy, 1444, de la main de Th. Godefroy (17);

Serment prononcé par Charles-Quint devant les magistrats de Metz et par les magistrats de Metz devant Charles-Quint, 1541 (22); par les mêmes devant Henri II, 21 avril 1522 (28); — Lettre de Henri II aux princes de l'Empire, 6 nov. 1552 (30); — Analyses de lettres et titres concernant l'évêché de Metz, de la main de Th. Godefroy (34); — Lettre de Charles-Quint aux dignitaires de la collégiale Saint-Thibault de Metz, Innsbrück, 11 fév. 1552 (37); — Lettre adressée par les conseillers des électeurs, des princes et des députés à la diète d'Augsbourg, à Henri II, au sujet des affaires de Lorraine, Augsbourg, 10 sept. 1555 (39); — Documents concernant la cession faite par le cardinal Charles de Lorraine au roi Henri II de tous les droits de justice et de monnayage à Metz, 1556-1557 (44); — Lettres diverses relatives aux villages d'Ottonville, Sorbey, Dieulouard, Villers, etc., 1559 (59); — Lettre du président Christophe de Thou à la Reine [Catherine de Médicis], Paris, 20 fév. 1562 (67); — Lettre de Catherine de Médicis à l'évêque de Rennes [Bernardin Bochetel], ambassadeur de France près l'Empereur, 17 mars 1563 (69); — Lettre du Roi [Charles IX] à l'Empereur [Ferdinand Iᵉʳ], au sujet des Trois-Évêchés, 12 avril 1563 (70); — Enquête faite à N.-D. de Verdun, par le lieutenant du prévôt des Trois-Évêchés, suivant lettres patentes de Charles IX, interdisant aux évêques de Metz, Toul et Verdun de rien aliéner de leurs do-

maines sans son exprès consentement, oct. 1564 (73) ; — Lettres
de Charles IX à Jacques Viard, président en la justice de Metz,
Metz, 30 mars 1569 (79) ;

Pièces concernant les droits de l'Empereur sur la ville de Metz
(81) ; — Traité de Nomény, entre le duc de Lorraine [Charles II]
et les députés de la ville de Metz, 23 fév.-1er mars 1560 (83) ; —
Instructions aux députés de Metz chargés de faire des remontrances
au cardinal de Lorraine, 1562 (95) ; — Lettres de provision de la
charge de procureur du Roi à Metz, en faveur de Pierre Joly, camp
de Châlons, 16 juillet 1592 (101) ; — Lettre de N. Myron à
Mgr de Rosny [Sully], Metz, 10 mai 1602, autogr. (107) ; — Remontrances de la ville de Metz à Henri IV, 2 mars 1602, avec les réponses du Roi, orig., sceaux plaqués (111) ; — Déclaration royale,
portant que tous les bénéficiers et officiers des villes de Metz, Toul
et Verdun devront être originaires de ces villes, Metz, 24 mars
1603 (121) ; — Accord conclu entre Henri IV et le duc de Lorraine,
Charles III, juin 1604 (125 et 137) ; — Déclaration relative aux
plaintes élevées par les députés des paroisses à propos de la ferme
des maltôtes, Metz, 1er août 1606, orig., sceau plaqué (135) ; —
Notification au pape Paul V de l'élection de Charles Hellot comme
abbé de Saint-Symphorien, Metz, 13 fév. 1607 (139) ; — Procuration de Charles Hellot à ses mandataires, chargés de poursuivre
en cour de Rome la confirmation de son élection, même date
(141) ; — Propositions et réponse aux propositions faites à
Louis XIII et à Marie de Médicis par le comte de Hohenzollern,
ambassadeur de l'empereur Mathias, 1614 (145) ; avec la réponse de
Louis XIII, 29 mai 1614 (153) ; — Supplique des habitants de Hay
au duc d'Épernon, gouverneur de Metz, 1619 (159) ; — Enquête
relative aux traités de commerce, 1621 (161) ; — Acte du magis-
trat de Metz, affirmant l'indépendance, au point de vue juridique,
de la ville de Metz et du pays Messin, d'une part, et du territoire
et pays de l'évêché de Metz, d'autre part, oct. 1628 (167) ; —
« Droictz et plais des sieurs de Saint-Pol de la grande église de
Metz de la ville de Saint-Epvre, lesquelz on raportent le premier
mardi après la Saint-Martin en yver, et les appellent-on les plais
le majour » (173) ; — Documents relatifs à la monnaie de Metz,
1383-1604 (176), et à l'administration de la justice dans cette ville
au XVIIe siècle (198) ; etc. — 229 feuillets. — « 1629 ».

XVIe et XVIIe siècles. — Deux volumes.

336.

Recueil de lettres, enquêtes et pièces diplomatiques, en français, en espagnol et en catalan, concernant le règlement de l'incident de frontière des vallées d'Anso (Aragon) et d'Aspe (Béarn). (1608-1609.)

On remarque dans ce volume les documents originaux suivants : Lettres adressées au [maréchal Jacques Nompar de Caumont, duc] de La Force, vice-roi de Béarn, par les commissaires espagnols, Saragosse, 31 juillet 1608, en espagnol (5) ; — par l'archevêque de Saragosse [Thomas de Borja], lieutenant d'Aragon, Saragosse, 31 juillet 1608, en espagnol (6) ; — par les gens du Conseil et cour souveraine de Béarn, s. d. (9) ; Pau, 4 sept. 1608 (47) ;

Lettres adressées par [le maréchal Jacques Nompar de] Caumont, [duc de La Force], à [Antoine] de Loménie, Bergerac, 30 août [1608], autogr. (45) ; Oléron, 13 août [1609], autogr. (58) ; — au Roi [Henri IV], Pau, 20 sept. (59), et 5 oct. [1609] (96) ; etc.

XVIIᵉ siècle. — 100 feuillets. — In-4°. — « 1628 ».

337-341.

Recueil de documents et de notes concernant l'origine des Ducs et Pairs de France.

I (337). — Notions générales sur les ducs et pairs, en partie de la main de N. Rigault (5) ; notes sur chacun des duchés-pairies de France (30) ; sur les duchés-pairies supprimés (109), et nouvellement créés (125) ; etc. — 174 feuillets. — « 1627 ».

II (338). Titres, lettres patentes, arrêts et extraits d'historiens concernant les ducs et pairs, de 1015 à 1339. — 265 feuillets. — « 1627 ».

III (339). Recueil de documents, analogue au précédent, de 1340 à 1499. — 230 feuillets. — « 1627 ».

IV (340). Recueil analogue aux précédents, de 1500 à 1627.

On y remarque les documents suivants : Copie, sur parchemin, des lettres de Henri III ordonnant la mise à exécution de l'édit de

Charles IX relatif au retour à la Couronne des duchés, marquisats
et comtés en cas de défaut d'héritiers mâles, Paris, 31 déc. 1581
(164) ; — Édit de Henri III interdisant l'érection en duchés-pairies de toutes terres d'une valeur inférieure à 8000 écus de rente,
Paris, mars 1582, parchemin (170) ; — Déclaration du Conseil d'État,
contresignée par [Antoine] de Loménie, relative aux duchés de Nemours et de Nevers, Compiègne, 12 juillet 1624, parchemin (228) ;
— « Déclaration du Roy contre le duc de Rohan, ses complices et
communautés adherants à sa faction », Aix, Étienne David, 1627,
in-4°, *impr.* (251) ; etc. — 259 feuillets. — « 1627 ».

V (341). Recueil analogue aux précédents, de 1384 à 1631 environ. — 123 feuillets. — « 1632 ».

XVI⁰ et XVII⁰ siècles. — Parchemin et papier. — Cinq volumes.

342.

« *Estats généraux et Assemblées des Notables.* »

« Plusieurs memoires et actes apartenans aux Estats tenus à
Orléans l'an 1560, avec ce qui se passa au Parlement sur ce sujet.

« Assemblée des notables tenue à S. Germain en Laye, 1583 ;
— les articles et propositions faictes en ladicte assemblée.

« Actes, memoires et autres pièces apartenans aux Estats tenus
à Blois, l'an 1588.

« Pour l'Assemblée des notables tenue à Rouen, l'an 1596.

« Cahier des Estats de Normandie, 1588 ; respondu par le Roi.
— Original. »

En déficit.

343.

Histoire de l'Assemblée des Notables, tenue à Paris, du mois
de décembre 1626 au mois de février 1627.

On remarque dans ce volume le plan de la salle lors de l'ouverture de l'assemblée, 2 déc. 1626 (19) ; et celui de la petite salle
des Tuileries, où se tint l'assemblée du 6 décembre 1626 au 23 février 1627 (39).

XVII⁰ siècle. — 222 feuillets. — « 1633 ».

344-345.

Procès-verbal des négociations entamées entre les plénipotentiaires de Louis XIII et ceux des archiducs d'Autriche, comtes de Bourgogne, pour le partage des TERRES DE SURSÉANCE et la délimitation des frontières de la FRANCHE-COMTÉ. (1611-1614.)

XVIIᵉ siècle. — 881 feuillets (1-452 et 453-881). — Deux volumes. — « 1629 ».

346.

Recueil de documents concernant les massacres de CABRIÈRES et de MÉRINDOL.

Ce volume contient les pièces suivantes :

Trois lettres de cachet originales, adressées par Henri II à Jacques Aubery, avocat au Parlement de Paris, Mantes, 23 août 1550 (6) ; Évreux, 14 nov. 1550 (8) ; Ingrande, 16 juillet 1551 (9) ;

Plaidoyer de Jacques Aubery dans l'affaire des exécutions de Cabrières et de Mérindol (10) ; — Extraits du plaidoyer prononcé par le défenseur de Jean de Meynier, baron d'Oppède, premier président au Parlement de Provence (246) ; — Plaidoyer de Pierre Robert, avocat au Parlement de Paris, pour le baron d'Oppède (252) ; — Relation du procès intenté aux auteurs des massacres de Cabrières et de Mérindol, sept.-oct. 1551 (360);

Arrêt de Henri II, déclarant Antoine Escalin des Aimars, baron de La Garde, « pur et innocent des crimes et delictz à luy imposez... », 13 fév. 1551 (368) ; — Arrêt du Parlement, prononçant la peine capitale contre Guillaume Guérin, avocat au Parlement de Provence, 20 avril 1554 (370); etc.

XVIᵉ et XVIIᵉ siècles. — 373 feuillets. — « 1627 ».

347.

« Procès de DISSOLUTIONS DES MARIAGES de quelques Rois. »

Recueil de pièces concernant l'annulation des mariages de

Henri III d'Angleterre et de Jeanne de Clermont, 1251 (5) ; — de
Charles IV le Bel et de Blanche de Bourgogne, 1321 (16) ; — de
Louis XI et de Jeanne de France, 1498 (38) ; — de Henri IV et de
Marguerite de France, 1599 (51). — En grande partie copié par
P. Dupuy.

XVIIe siècle. — 140 feuillets. — « 1627 ».

348.

« Clarorum virorum elogia. » — Recueil de notes et de
lettres, en latin, français, italien et espagnol, pour servir à la
biographie de nombreuses personnalités politiques et littéraires des XVIe et XVIIe siècles.

Ce volume contient les documents suivants :
Notices ou notes sur le cardinal Georges d'Armagnac, 1585
(3) ; — Mellin de Saint-Gelais, par Pierre Paschal, autogr. (8) ; —
Nicolò Contarini (11) ; — le sculpteur Torrigiano (12) ; — les ba-
rons de Dhona (13) ; — Jean Second (15) ; — Girolamo Ferrari, de
Correggio (16 v°) ; — Gabriele Faerno (17) ; — Jean Lang (22) ; —
Lelio Gregorio et Giovanni Cinzio Giraldi, dans une lettre adressée
d'Italie à Lazare Coqueley, conseiller au Parlement de Paris
(24-25) ; — Pedro Nuñez, Juan de Varros, Ambrosio de Morales,
Juan Ginez de Sepulveda et Fernando Nuñez (31) ; — le philosophe
Simon Portius (32) ; — Marcantonio Majoraggio (35) ; — Edward
Wotton (37) ; — Sebastiano Corrado (39) ; — Giambattista, Paolo
et Girolamo Ramusio (41-42) ; — Romolo Amaseo (43) ; — Jacopo
Bonfadio (44) ; — Chiappino Vitelli (45) ; — Antoine de Gouvéa,
portugais (46) ; — Luigi Cornaro et Maximos Margunios, par Lorenzo Pignoria (48-51) ; — « Georgius Cassander », par « Georgius
Brunius » (52) ; — « Brugenses aliquot scriptis clari » : « G. Cassander, Lucas Fruterius, Victor Giselinus, Franciscus Modius,
P. Colvius, Adolphus Metkerchus », par « Janus Lernutius »,
autogr. (55-58) ; — « Adolphus a Meetkerke », par « Petrus ab
Herla, dictus Verherla, Brugensis, jurisconsultus » (59) ; — « Anu-
tius Foesius », médecin de Metz (62) ; — « Paulus Leopardus »
(65) ; — « Franciscus Modius » (65 v°) ; — « Jacobus Critonius »,
écossais, en italien, in-4°, *impr.* (67) ; — « Nicolaus comes Zeri-

nius », par Jean Sambuc, autogr. (68) ; — Pierre de Montdoré, par
Pierre Dupuy (70) ; — Henry Scrimger, par Antoine de La Faye
(72) ; — Ottaviano Ferrari (86) ;—Ippolito Salviani (88) ; — « Franciscus Fabricius, Marcoduranus » (89) ; — Raymond Beccaria de
Pavie, sieur de Fourquevaux, 1574 (92) ; — Ennemond de Bonne-
foy, 1574 (104) ; — Regnaud Clutin, abbé de Flavigny, et Henri,
son frère, ambassadeur en Écosse et à Rome, 1574 (106) ; — « Her-
mannus Cruserius, Campensis », 1574 (107) ; — Girolamo et Giambattista Amaltheo, d'Oderzo, 1574 (108) ; — don Diego de Mendoza
(110) ; — Federico Comandino, 1575 (111) ; — « Franciscus Mauro-
lycus », 1575 (112) ; — « Conradus Heresbachius », 1576, par Gruter, autogr. (112 v°) ; — Girolamo Cardano, 1576 (113) ; — Annibal
« Cruceius » [Della Croce], 1577 (114 et 116) ; — Diego de Covarruvias, 1577 (118) ; — « Immanuel Tremellius », 1578 (120) ; — « Al-
varus Gomecius, Castereulaliensis » (121) ; — Alessandro Piccolomini, archevêque de Patras (125 bis) ; — Giovanni Battista Rasario,
avec une empreinte de son sceau, 1578 (128-130) ; — Giovanni
Battista Camozzi, d'Asola, 1581 (131) ; — Francesco Veniero, Francesco Porto et Luca Peto, 1581 (134) ; — Gentien Hervet, avec la
liste de ses œuvres, par Innocent Thévenet, de Troyes, en latin,
1584, in-fol., *impr.* (140) ; — Carlo Sigonio : « Ad Caroli Sigonii
effigiem elogium », 1585 (141) ; — Sebastiano Erizzo, 1585 ; Giulio
Castellani et Girolamo Colonna, 1586 (143-144) ; — « Joannes et
Theodorus Wierius », 1588 (145) ; — don Alvaro de Bazan, marquis
de Santa-Cruz, en espagnol (146) ; — Bon de Broé, président au
Parlement de Paris, 1588 (148) ; — Francisco de Salinas, Alvar Go-
mez, don Diego de Covarruvias et Garcia Loaysa, 1577-1589 (152-
153) ; — « Jacobi Cujacii, jureconsulti, vita, Papirii Massoni opera
et stilo conscripta », 1590, in-4°, *impr.* (164) ; — Giovanni Battista
Benedetti, de Venise, 1590 (168) ; — Giulio Alessandrino, médecin
impérial, 1590 (169) ; — Lorenza Strozzi, 1591 (170) ; — Ciriaco
Strozzi (173-177) ; — Auger de Ghislin, sieur de Boesbecq (178) ;
— Ercole Ciofani, de Sulmone, par Girolamo Aleandro le jeune
(181) ; — Francesco Benci, S. J., 1594 (184) ; — « Annæ Anglurii co-
gnomento Givrii... elogium, Papirio Massono.... autore », 1594,
in-8°, *impr.* (185) ; — le même « sieur de Givry » (193) ; — Louis
Chastaignier, sieur de La Rochepozay, d'Abain, etc., 1595 (196) ; —
« Guillelmus Vitakerus », 1595 (199 v°) ; — « Joannes Metellus »
(202 et 203) ; — Francesco Patrizi, 1597 (205) ; — Alessandro

Maria Vitelli, 1598 (206) ; — Paolo Paruta, 1598 (208) ; — Giuseppe
Zerlino, 1599 (209) ; — Alonzo Chacon, 1599 (210) ; — Fulvio Orsini, 1600 (212) ; — « Conradus Dasypodius », par Gruter, autogr.
(213 v°) ; — Andrea Cesalpino, 1603 (214) ; — Guy Coquille, 1603
(216) ; — Girolamo Mercuriali, de Forli, avec la liste de ses œuvres
(217 et 242) ; — Robert Constantin, 1605 (219) ; — Philippe Desportes, 1606 (221) ; — Simon Marion, 1605 (222) ; — « Amplissimi
clarissimique viri D. Pomponii Bellevrii, cancellarii regni Franciæ,
elogium, 1607, Papirio Massono..... autore », 1607, in-4°, *impr.*
(223) ; — Girolamo Conestaggio, 1611 (230) ; — Antonio et Gioac-
chino Scaino, 1608-1612 (231-234) ; — l'empereur Rodolphe II,
1612 (238) ; — Giovanni Battista della Porta, 1615 (239) ; — Ulisse
Aldrovandi, 1605, et Agostino Valiero, évêque de Vérone, 1606 (241
v°) ; — « Hippolytus a Collibus », par Jacques Bongars (243) ; —
Robert Sidney (244).

Lettres des personnages suivants : « Henricus Botterus », médecin de Cologne, au médecin « Galenus Wierus », au sujet de
divers savants et principalement d'Arnoldus Arlenius, Cologne,
25 fév. 1614, autogr. (10) ; — Paolo Gualdo, sur Giangiorgio Trissino, Cesare Campana et Filippo Pigafetta, Padoue, 3 janv.
1617, précédée d'une notice sur Trissino, autogr. (19-21) ; — [Jac-
ques] Bongars à [François] Pithou, sieur de Bierne, sur divers savants, Strasbourg, 22 avril 1600, autogr., cachet (23), et au président de Thou, sur « [Reinholdus] Heidenstenius », s. d., autogr.
(245) ; — Lettre adressée à M. de Vulcob, abbé de Beaupré, sur Ottavio Pacato, Pierangelo Bargeo, Lelio Gregorio Giraldi, Francesco
Luisini, Latino Latini, Isidoro Clari, Giampierio Valeriano, M. A.
Majoragio, Giambattista Gelli, Giambattista Folengo, Giovanni
Argenterio, Paul Manuce (27-29) ; — Giacinto Campani à Roberto
Titi, Reggio, 16 nov. 1605, sur Sebastiano Corrado (38) ; — [Charles
Brûlart, abbé de Joyenval, prieur] de Léon, Venise, 20 sept. 1616,
sur Luigi Cornaro (50) ; — Lorenzo Pignoria, Paolo Gualdo et Giro-
lamo Aleandro sur Luigi Cornaro, Alessandro Campiglia, Giacomo
Bosio, etc., extraits (51) ; — Claude de Bolliane, sur « Joannes
Buteo » [Jean Borel], Peyrins, 7 janv. 1601, autogr. (64) ; — Fran-
cesco Maria Vialardo, sur l'Écossais « Jacobus Crictonius » [James
Crichton], Rome, 25 avril 1612 (66) ; — « Lenormant » à [Nicolas]
Lefèvre, « conseiller et précepteur de Mgr le prince de Condé », sur
Jacques Grévin, médecin de Marguerite de Savoie, 26 avril 1603,

autogr. (71) ; — [Pierre Pithou], sur la mort de Lodovico Castelve-
tro, autogr. (74) ; — Samuel Le Chevalier, sur son père Raoul Le
Chevalier, Cantorbéry, 18 avril 1608, autogr. (91) ; — le médecin
[François de] Vertunien [de La Vau] à J.-A. de Thou, sur la mort
de Guillaume Pélicier, évêque de Montpellier, Poitiers, 1er fév.
1598, autogr. (101) ; — Z. de Monti, sur Pier Vettori, Giovanbat-
tista Adriani et Giorgio Vasari (103) ; — Jean Gruter à J.-A. de
Thou, sur « Joannes Vernerus » et « Cyprianus Leovitius », 5 juin
1604, autogr. (105) ; — Belisario Bulgarini à Francesco Maria
Vialardi, sur Alessandro Piccolomini, Sienne, 12 janv. 1611 (122) ;
— André Dudith à Jean Prétorius, de Nuremberg, Breslau, 21 fév.
1589 (154) ; — Thomas Savile au même, Breslau, prid. kal. mart.
1589 (154 v° et 162) ; — Jean Prétorius à G. M. Lingelsheim, s. d.
(155 v°) ; — Henry Savile à J.-A. de Thou, Londres, 1er déc. 1607
(159) ; — Jean-Mathias Wachher, de Constance, à Jean Prétorius,
Breslau, 1589, sur la mort d'André Dudith (163) ; — Antoine de
La Faye au président [de Thou], sur Corneille-Bonaventure Ber-
tram, autogr. (180) ; — « M. Lopes de Villenove » à Hotman, sur
« P. Ximenius » et « Johannes Metellus », Duisbourg, 23 janv.
1613, autogr. (200) ; — « Henricus Botterus » à » Galenus Wierus », sur « Johannes Metellus », Cologne, 24 août 1612, autogr.
(201), et sur « P. Ximenius », Cologne, 2 janv. 1613, autogr. (204) ;
— Fr. M. Vialardo, sur « [Christophorus] Clavius », S. J., Rome,
21 fév. 1612, autogr. (236) ; avec un extrait d'une lettre de Gian-
vincenzo Pinelli sur le même Clavius, de la main de P. Dupuy
(237).

Épitaphes des personnages suivants : Denis Capel et Yoland de
Bailly, sa femme, 1472 et 1514 ; Jacques Capel et Marguerite d'Ai-
mery, sa femme, 1541 et 1555, in-fol., *impr.* (7) ; — Lelio Gregorio Giraldi, 1552 (24) ; — Francesco Donato, 1553, et Francesco
Venieri, 1556 (33) ; — M. Antonio Majoraggio, 1555 (36) ; — « Georgius Cassander », 1566, dessin (54) ; — Onofrio Panvinio, 1568
(61) ; — Jean-Guillaume, duc de Saxe, 1573, de la main de Bongars (90) ; — Annibale Della Croce, 1577 (117 v°) ; — Jean de Morvilliers, 1577 (119) ; — Alessandro Piccolomini, 1578 (125 et 126) ;
— G.-B. Camozzi, d'Asola (133 v°) ; — Cristoforo Guidiccioni, 1582
(135) ; — Girolamo Colonna, 1586 (144 v°) ; — Jacques Cujas
(167 v°) ; — Giulio Alessandrino, 1590 (169) ; — Lorenza Strozzi,
par « Sebastianus Hornmolt », de Wittemberg, 1608, en vers latins

(171 v°) ; — Michel de Montaigne et Françoise de La Chassaigne, sa femme, en vers grecs et en latin, 1592 (182) ; — François de Foix, comte de Candale, 1594 (183) ; — Flaminio Nobili, 1598 (207) ; — Gaspar de Schomberg, 1599 (211) ; — Jean de Vivonne, marquis de Pisany (213) ; — « Rutgerus a Boetselaer », 1604 (215) ; — Nicolas Lefèvre, par J.-A. de Thou (235) ; — littérateurs ensevelis dans l'église San Francesco de Padoue (253).

On peut signaler dans le même volume les pièces suivantes : — « Papirii Massoni consolatio ad ... D. Philippum Huraltum Chevernium, Franciæ cancellarium, super obitu Annæ Thuanæ uxoris », Paris, 1584, in-4°, *impr.* (136) ; — Invitation aux obsèques de Théodore de Bèze, in-4°, [1605], *impr.* (220) ; — Oraison funèbre de « Petrus Denaisius », 1610 (228) ; etc.

XVIᵉ et XVIIᵉ siècles. — 253 feuillets. — « 1628 ».

349.

Recueil de documents et de lettres émanant de Philippe de Mornay [Duplessis-Mornay]. (1577-1611.)

On remarque dans ce volume les pièces suivantes : Mémoire de Duplessis-Mornay contre [Philippe-Emmanuel de Lorraine, duc] de Mercœur, 1597 (1) ;

Lettres, pour la plupart autographes, de Duplessis-Mornay à [Florent] Chrestien, Montauban, 12 mars 1585 (22) ; — au duc de Bouillon, 1594, copie (23) ; — au Roi [Henri IV], [1598] (24) ; Saumur, 28 août (26), et 26 nov. 1598 (29) ; 26 janv. et 9 février 1603 (39 et 40 bis) ; — à [Antoine] de Loménie, Saumur, 15 mai 1600 (30) ; 10 février 1601 (32) ; 18 juillet 1602 (33) ; 18 février 1602 (36) ; 16 oct. 1605 (41) ; — à un coreligionnaire, copie (44) ; — au Roi [Louis XIII], 1616 (49), 12 juin 1617, extrait (53) ; 1617 (54) ; La Forêt-sur-Seure, 20 janv. 1622 (60) ; s. d. (60 v° et 64) ; copies ; — à la Reine mère [Marie de Médicis], 1616, copie (50) ; — au duc Henri de La Trémoïlle, 1616, copie (51 v°) ; — au duc de Monbazon, Saumur, 23 oct. 1620, copie (55) ; — à un ami, La Forêt-sur-Seure, 31 oct. 1622, copie (59) ; — au duc de Lesdiguières, 11 juillet 1622, copie (71).

Lettres adressées à Duplessis-Mornay par Henri IV, 15 août 1598

(25), et s. d. (27), copies; et par le duc de La Trémoïlle, 1616, copie (51);

Lettre autographe de « Dupin » à [Philippe Canaye ou Pierre Forget, sieur] de Fresne, La Rochelle, 13 janv. 1590, autogr. (69).

« Parallèles de l'assemblée géneralle tenue à Saumur et de l'assemblée du cercle tenue à La Rochelle », 1611 (42); — Règles pour l'éducation et l'instruction des enfants (66); etc.

XVIe et XVIIe siècles. — 73 feuillets. — « 1629 ».

350-351.

Recueil de lettres et de documents concernant l'ambassade à ROME de Louis Chasteignier DE LA ROCHEPOSAY, sieur d'Abain. (1576-1580.)

I (350). — Instructions; lettres de Henri III et de Catherine de Médicis, du 19 avril 1576 au 10 février 1580. — On remarque dans ce volume la harangue d'obédience composée par Marc-Antoine Muret et prononcée devant le pape (5); — la liste des bijoux de la Couronne que L. de La Rocheposay est chargé d' « engaiger à aucuns princes et estats d'Italie », 1576 (13). — 99 feuillets.

II (351). — Lettres de Louis Chasteignier de La Rocheposay, du 13 mai 1576 au 27 juin 1580. — Incomplet de la fin. — 129 feuillets.

XVIe siècle. — Deux volumes. — « 1630 ».

352.

« De imperio summarum potestatum circa sacra. »

Ce traité anonyme, copié par les frères Dupuy, est divisé en douze chapitres, et précédé d'une table analytique, qui paraît être de la main de N. Rigault.

XVIIe siècle. — 130 feuillets. — « 1628 ».

353.

Recueil de pièces relatives aux MONNAIES sous les règnes de François II et Henri II, dit « Registre de Lothier ».

Ce volume contient les pièces suivantes : Évaluation des monnaies d'or et d'argent étrangères, selon les poids et l'essai qui en a été fait par Jean Lhuillier, sieur de Boulancourt, président à la Chambre des comptes, et Jean Grolier, trésorier de France, 13 avril 1559 (2) ; — Documents relatifs à la valeur des monnaies depuis 1179 jusqu'en 1551 (34).

XVIe siècle. — 184 feuillets. — « 1629 ».

354.

Recueil de documents, lettres, harangues, concernant le GRAND SCHISME (1406). — Copie du ms. français 23428.

On remarque dans ce volume les pièces suivantes : Extraits de l'histoire de Jean Jouvenel des Ursins sur la grande assemblée de Paris, 1406 (6) ;

Harangues de Pierre Aux Bœufs, nov. 1406 (11) ; — de Jean Petit, au nom de l'Université de Paris (26, 35 et 165) ; — du patriarche d'Alexandrie (41 v° et 147 v°) ; — de Guillaume Fillastre (49 v°, 93 v° et 134 v°) ; — de l'archevêque de Tours [Ameil Dubreuil] (69 v° et 156) ; — de Pierre d'Ailly, évêque de Cambrai, 11 déc. (78) ; — de l'abbé du Mont-Saint-Michel [Pierre Le Roy], 6 déc. (95) ; — de Pierre Plaout, au nom de l'Université de Paris, 15 et 16 déc. (109 v° et 122 v°) ; — de Jean Jouvenel, 20 déc. (180 v°).

Lettres du Sacré Collège à Jean, duc de Berry (190) ; — de l'antipape Benoît XIII « Angelo dicto Con(re)rario » [Grégoire XII], 31 janv. 1407 (191) ; — de Grégoire XII à l'Université de Paris (194 v°), à Pierre de Luna [l'antipape Benoît XIII], 11 déc. 1406 (195 v°) ; — des cardinaux d'Aquilée, de Liège et de Maillezais à l'Université de Paris, 17 déc. (197 v°, 201 et 202 v°).

Acte rédigé par les cardinaux avant d'entrer en conclave, 23 nov. 1406 (204) ; etc.

XVIIe siècle. — 208 feuillets. — « 1627 ».

355.

Recueil de pièces, concernant principalement le procès de haute trahison intenté à Charles DE GONTAUT DE BIRON, maréchal de France (1602).

On remarque dans ce volume les documents suivants : Rapport
sur les dernières volontés et l'exécution du maréchal de Biron,
30 juillet 1602 (88) ; — Interrogatoire de Louis de Comboursier,
sire de Monestier et du Terrail en Dauphiné (94) ; — Discours de
Jacques de La Guesle, procureur général du Roi, « sur le faict du
maréchal de Biron », 1600 (95) ; — Lettre de Henri IV au pape
Clément VIII, au sujet de l'exécution du maréchal, 1602 (151) ; etc.

XVIIe siècle. — 151 feuillets.

356-362.

Recueil de pièces concernant le Concile de Trente et provenant de P. Pithou, Th. Godefroy, Nicolas Camusat, Jacques
Gillot, etc.

I (356). — Négociations entre l'Allemagne et le Saint-Siège, 1530-
1561. — On remarque dans ce volume les documents suivants :
Récit de l'entrevue de Charles-Quint et de Clément VII à Bologne,
par Philippe Mélanchthon, 1530 (2) ; — Propositions faites au duc
de Saxe [Philippe le Magnanime] par Pier-Paolo Vergerio, légat
de Paul III, lors de l'assemblée de Smalkalde, déc. 1535 (6) ; réponses de l'assemblée aux ambassadeurs du Pape (8), et du roi
d'Angleterre [Henri VIII] (10) ; — « Articuli qui debuerant in concilio apud Mantuam, vel ubicunque futurum esset, exhiberi nomine nostræ partis, et quid nos recipere aut concedere vel non
possimus, etc. », par Martin Luther, 1539 (12) ; — Protestation des
députés de Charles-Quint contre la réunion du concile à Bologne,
1547 (32 et 33) ; — Bref de Paul III au cardinal Del Monte [plus
tard Jules III], 16 déc. 1547 (40) ; — Réponse des légats aux députés impériaux, 27 déc. 1547 (41) ; — « Responsio Pontificis ad
literas statuum Imperii ecclesiasticorum, super reductione Concilii ad civitatem Tridentinam », 1er janv. 1548 (48) . — « Propositio Imperatoris facta in dieta Augustana post relationem cardinalis Tridentini [Christophori Madrutii] de reductione Concilii Tri-
dentum », 14 janv. 1548 (50 v°) ; — Bref de Paul III aux prélats
restés à Trente, 17 fév. 1548 (52 v°) ; — Lettre de « Hartmannus
Halvocilus » à « Joannes Gienningius », à Strasbourg, Soleure,
15 kal. feb. 1548, orig. (56) ; — « Capita recessus comitiorum Au-
gustanorum a° [15]48 », par le docteur « Celius » (57) ; — Propo-

sitions et négociations relatives au Concile (60) ; — « Litteræ Imperatoris ad Pium IIII Pontificem Max. » (fol. 70), suivies de divers autres écrits relatifs au concile de Trente, pages 195-251 d'un ouvrage in-8°, *impr.* (73 et suiv.) ; — « Summarium eorum quæ inter sacram Cæaream Majestatem et R. Dom. legatum cardinalem Moronum agitata sunt » (114) ; — « Postulata, Pii quarti pontificis Romani nomine, in concessu (*sic*) principum Germanorum, Naumburgi congregatorum, proposita, nonis februariis anno 1561 » (121) ; etc. — 122 feuillets.

II (357). — « Mémoires, actes et lettres pour le commencement de l'histoire du concile de Trente et pour les années 1560, 1561, 1562 et 1563. » (1530-1564). — On peut signaler dans ce volume les pièces suivantes : Copie d'une lettre autographe de Clément VII à Charles-Quint, Rome, 31 juillet 1530 (5) ; — « Memoire des principaulx poinctz et propoz que le cardinal Du Bellay aura à tenir de la part du Roy [François Ier] à nostre sainct Père [Paul III] », Corbie, 24 juin 1535, orig. (7) ; — Lettre de George de Selve, évêque de Lavaur, au chancelier [Antoine Du Bourg], Rome, 7 oct. 1537, orig. (11) ; — Lettres autographes de Jean Roussel à l'évêque d'Auxerre [François de Dinteville], Rome, 3 avril 1545 (23) ; 15 juillet et 31 oct. 1546 (25 et 27) ; 7 mars 1547 (28) ; — Lettre de N. Baillivy (?) à l'évêque d'Auxerre, Lyon, 17 juin 1548, orig. (31) ; — Instruction remise par les trois cardinaux légats à Ludovico Beccadelli, leur envoyé à Rome, en italien, (36).

Lettres de François II, de Charles IX et de Catherine de Médicis à Bernardin Bochetel, évêque de Rennes, ambassadeur près l'Empereur, 24 juin et 24 déc. 1560 (42 et 52) ; Saint-Germain-des-Prés, 30 juin (67), et s. l., 29 déc. 1561 (87) ; 9 avril 1562 (110) ; 11 juillet (144), 17 août (155), 4 sept. (158), 29 oct. (177), et 16 déc. 1562 (186) ; 30 avril 1563 (214), 17 mai (218), 20 oct. (244), 9 nov. (247 et 250), et 12 déc. 1563 (255) ; extraits, par P. Dupuy, 1561-1564 (257) ; — Instructions au même, 1er nov. 1560 (46) ; et Bourges, 6 sept. 1562 (162) ; — Lettres de François II et de Catherine de Médicis à l'Empereur [Ferdinand Ier], Orléans, 6 nov. 1560, et Paris, 30 juin 1561 (48 et 63) ; — Lettre de convocation adressée par Charles IX aux évêques de France pour prendre, dans une assemblée tenue à Paris, une décision sur les propositions à faire

au concile, 12 juin 1561 (56); — Lettres originales de Charles IX,
à [André Guillart, sieur] de Lisle, ambassadeur à Rome, St-Ger-
main-en-Laye, 3 août 1561 (71); 24 oct. (75); 3 nov. (81); 8 déc.
(83); — « Extraict de l'instruction baillée à M. de Rambouillet, s'en
allant de la part du Roy vers les princes de la Germanie, du mois
de novembre 1561 » (79);

Lettres d'A. [Guillart, sieur] de Lisle, au Roi, 6 nov. 1561 (86);
mars-mai 1562 (116); 24 juillet (147); 17 oct. 1462 (171); 14 janv.
1562 (187); fév. 1562 (191); et à Catherine de Médicis, 2 et 10 oct.
1562 (167 et 169 v°); 14 janv. 1562 (190 v°);

Lettres, dont beaucoup sont originales, de Lanssac [Louis de
Saint-Gelais], à A. [Guillart, sieur] de Lisle, Trente, 4, 14 et 25 janv.
1562 (90, 92, 98); 1er et 4 fév. (102 et 104), 19 mai (121), 30 mai,
copie (124), 16 et 28 juin, copies (135 et 138), 6 et 27 juillet (142
et 148), 10 août et 24 sept., copies (151 et 165); 29 oct. et 16 nov.
1562, copies (173 et 181); 19 nov. et 31 déc. 1562 (183 et 194);
4 janv., copie (202), et 11 avril 1563, extrait (213); — à Catherine
de Médicis, Trente, 7 juin 1562 (133); — à Charles IX, Trente,
20 juin 1562, copie (137);

Lettre de Charles IX aux Pères du concile, Chartres, 18 janv.
et avril 1562 (96 et 119), et Amboise, 15 avril 1563, copie de P. Pithou (126);

Lettres d'[André] Hurault [de Boistaillé], ambassadeur à Venise, à A. [Guillart, sieur] de Lisle, Venise, 31 janv. et 6 juin
1562, orig. (100 et 131); — Minute d'une lettre de A. Guillart, [sieur
de Lisle] au Roi [Charles IX], Rome, 8 mars 1562 (106); — Lettres
de B[ernardin] Bochetel, évêque de Rennes, à A. [Guillart, sieur]
de Lisle, Innsbrück, 8 mars, et Prague, 25 mai 1562, orig. (108 et
123); — Lettres de Charles IX et de Catherine de Médicis à M. de
Lanssac, envoyé à Trente, 1er mai 1562 (112 et 114); Romorantin,
17 août et 16 décembre 1562 (152 et 186); — Bulle de Paul III, 1er
déc. 1543, et bref du même à l'archevêque de Lyon [Hippolyte
d'Este], cardinal de Ferrare, 3 déc. 1544, extraits d'un ouvrage
in-8°, *impr.* (127 v°); — Lettre de Gui Du Faur [de Pibrac] au
chancelier Michel de L'Hospital, Trente, id. jun. 1562 (140); —
Mémoire envoyé à M. de Lanssac, Bourges, 6 sept. 1562 (162); —
Lettre du cardinal Louis de Bourbon[-Vendôme] à l'évêque de
Troyes [Louis de Lorraine-Guise ou Antonio Caracciolo], Paris, 8
mars [1550 ou 1551], orig. (175); — « Bulla reductionis generalis

concilii ad civitatem Tridentinam, cum monitione et requisitione prælatorum ad illius prosecutionem, per S. D. N. Julium III. pontif. max. », copie authentique imprimée à Paris, 1551, in-fol., *impr.* (176) ; — Lettre de Catherine de Médicis au cardinal de Lorraine, Vincennes, 20 nov. 1562 (185) ; — Lettre du cardinal de Lorraine à Charles IX, Trente, 27 nov. 1562 (186) ; — Lettres du cardinal Amulio au cardinal Seripando, Rome, 12 janv. (199), et 10 mars 1563 (199 v°) ; — Lettre du cardinal Seripando au cardinal Amulio, Trente, 18 fév. 1563 (203) ;

Lettre de Marie Stuart aux Pères du concile, Saint-Andrews, 18 mars 1563, en latin (205) ; — Lettre de Gentien Hervet à Alonzo Salmeron, 5 kal. april. 1563 (206) ; — Protestation adressée au concile par don Claudio Fernandez Vegil de Quiñonez, comte de Luna, ambassadeur d'Espagne, 21 mai 1563, pages 354-356 d'un ouvrage in-8°, *impr.* (220) ; — Lettre de Charles IX au cardinal de Lorraine, 22 mai 1563 (222) ; — Lettre de Claude de Sainctes à [Claude] d'Espence, Trente, 15 juin et 18 juillet 1563, orig. (223 et 225) ; — « Lettera venuta di Trento sopra la presedenza de gli ambasciatori di Francia et Spagna », 1er juillet 1563 (227) ; — Lettres du cardinal de Lorraine au pape Pie IV, Trente, juillet 1er et 16 août (230), 14 et 28 janv. 1563 (231 et 231 v°) ; — « Mémoire envoyé par Monsr [Jean] de Morvillier[s], estant au concile [de Trente], l'an 1563 », 21 août (252) ; — Lettre du cardinal C[harles] de Lorraine au Roi [Charles IX], Trente, 17 sept. 1563, orig. (242), et 23 nov., copie de P. Dupuy (252) ; — Instruction à M. d'Oysel, envoyé près le roi d'Espagne [Philippe II], 1563 (261) ; — Extraits de lettres de Charles IX au marquis de Saint-Suplice, et du marquis au Roi, 1563-1564 (263 et 274) ; — Réponse des Pères du concile au discours des ambassadeurs de France, en latin (273) ; — Relation sommaire de sa légation, par le cardinal Moroni (276) ; — « Pii quarti pontificis maximi oratio Romæ,... in consistorio, de concilii Tridentini decretis morumque reformatione confirmandis, habita M. D. LXIIII, februario », 1564, in-4°, *impr.* (282) ; — « Oppositions [et] remontrances faictes par les ambassadeurs [de Charles IX] au concile », en latin (292) ; — Notes sur le concile, par P. Pithou (298-301) ; — Lettre d'un ambassadeur français à Rome au chancelier, fin du XVI° siècle (302) ; etc. — 303 feuillets. — « 1631 ».

III (358). — « Actes publics touchant la réception du concile de

Trente en France. — Mémoires et observations sur le concile de Trente. » — On remarque dans ce volume les pièces suivantes : Extraits du registre des députés du clergé de France pour les États généraux tenus à Blois, 1576 (4) ; — Documents relatifs au synode provincial d'Embrun, 1583 (6) ; — « Extraict du registre de l'assemblée tenue à Paris sous le nom d'Estats, en l'an 1593, sur le concile de Trente », Paris, 1593, in-4°, *impr.* (8) ; — Déclaration du duc de Mayenne, présentée aux États de la Ligue, au sujet de la publication et observation du concile de Trente, Paris, 8 août 1593 (16) ; — Déclarations de l'Assemblée du clergé, pour la réception du concile, 1602 (19), et mai 1615 (21) ; — Arrêt prononcé au Châtelet contre Jean Richer, libraire-imprimeur à Paris, éditeur d'une « Remonstrance... du clergé de France, faicte au Roy le 8me aoust dernier », 22 août 1615 (27) ; — Extraits du cahier des Églises réformées de France, réunies à Grenoble, avec les réponses de Louis XIII, août-sept. 1615 (29) ; —Lettre apologétique de La Noue, ambassadeur de France en Hollande, La Haye, 4 mars 1617 (34) ;

Dialogue entre « Simplex » et « Prudens », au sujet du concile, copie de P. Dupuy (42) ; — Mémoire autographe du chancelier Michel de L'Hospital, intitulé : « C'est ce qui sera remonstré par les ambassadeurs du Roy nostre sire à messieurs les légats et aultres prélats estans au concile » (48) ; — Notes de [Gui Du Faur] de Pibrac sur quelques points des décrets du concile, copie de P. Dupuy (52, 58) ; — « Articles [qui] n'ont esté inserez au concile de Trente pour la plaincte faicte par les ambassadeurs de l'Empereur et du roy de France, au lieu desquelz ha esté inseré l'article 20 de la 25e session... », de la main de P. Pithou (56) ; — Projet de remontrances au concile de Trente pour le maintien des libertés de l'Église gallicane, par le procureur général [Gilles] Bourdin, minute (66) ; — Notes de d'Espeisses sur les décrets du concile (72) ; — Mémoires de [Jean] de La Guesle, minute (74), de Jean de Coras (85), de [Jacques] de La Guesle, autogr. (88 et 92) ; — « Advertissement sur le faict du concile de Trente, faict l'an mil cinq cens soixante quatre » (100) ; — « Raisons pour lesquelles le concile de Trente ne peut estre receu, quelques restrictions ou modifications qu'on y puisse mettre », de la main de P. Dupuy (104) ; — « Articles concernans l'auctorité de nostre Sainct Père, attribuée par dessus les conciles » (110) ; — « Sacrosancti Tri-

22

dentini concilii articuli, potestatem summo Pontifici concessam
in canones et concilia spectantes », de la main de P. Dupuy (112) ;
— Mémoires sur le concile, de diverses mains (115, 119, 125, etc.) ;
— « Rationes ob quas æquum est Tridentinam synodum in Gallia
promulgari et servari » (137) ; — Mémoires en faveur de la réception du concile (139), et sur les devoirs des évêques (141 et 166) ; —
« L'ordine delle sessioni del concilio di Trento nel domo di
Trento », plan, de la main de P. Dupuy (149) ; — Liste de documents relatifs au concile de Trente, de la main de P. Pithou
(151 v°) ; — Procès intenté à Charles Dumoulin pour la publication de son livre intitulé : « Conseil sur le faict du concile de
Trente, réception ou reject d'icelluy », extraits des registres du
Parlement, juin 1564 (153, 162) ; — Ordonnance du Parlement en
faveur de Gui Du Faur de Pibrac, nommé conseiller du Roi, 18 avril
1575 (164) ; — Notes sur le concile, depuis la quatrième session,
de la main de P. Dupuy (169) ; — Préface, écrite par [Nicolas] Le
Fèvre, pour l'histoire du concile de Trente de J.-A. de Thou (193) ;
— Lettre de [Philippe] Canaye, sieur de Fresnes, à Hotman-
Villiers, Padoue, 5 oct. 1606 (194) ; etc. — 191 feuillets. —
« 1631 ».

IV (359). — Copie des Décrets du concile de Trente, munie du
sceau de l'archevêque d'Aix [Alphonse-Louis Du Plessis de Riche-
lieu], juillet 1629. — Au fol. 2, note autographe de P. Dupuy :
« Donné par Monsr de Peiresc. » — 191 feuillets. — Reliure ancienne en maroquin rouge, filets or. — « 1630 ».

V (360). — Copies de pièces et de lettres relatives au concile de
Trente pendant les années 1562 et 1563. — Votes des Pères du
concile sur le décret de l'Index (1), les sacrements (24) et la com-
munion (45 v°) ; — Concession de l'Irlande au roi d'Angleterre
[Henri II] par les papes Adrien IV, 1154, et Alexandre III, 1159
(96 v°) ; — Votes des Pères du concile sur la résidence (100), « de
fide publica danda hæreticis » (154 v°), sur la résidence et le décret sur la réforme (169) ; — Lettre de Girolamo Zanchi et de
Jean Sturm à Zaccaria Delfino, nonce près l'Empereur, Strasbourg,
2 nov. 1561 (335 v°) ; — Instructions de Delfino à son secrétaire
pour répondre à la lettre précédente (338) ; — Lettre de Girolamo
Zanchi à Delfino, Strasbourg, 2 nov. 1561 (340) ; — « Discorso
sopra lo stato del concilio e del remedio, che vi si potria porgere

da Nostro S^ra^ » (392); — Bref du pape [Pie IV] aux évêques de France, Rome, 30 nov. 1560 (403 v°); — Lettre de Charles IX aux Pères du concile, Amboise, 15 avril 1563, en latin (453); — Discours d'Arnaud Du Ferrier, ambassadeur à Trente (287, 330, 484 v°); etc. — 487 feuillets. — In-4°. — « 1631 ».

VI (361). — Lettres relatives au concile de Trente (1561-1562), émanant du pape [Pie IV]; des légats apostoliques; des cardinaux; du roi d'Espagne [Philippe II]; de Paul Jove, coadjuteur de Nocera; du cardinal Charles Borromée; de Luigi Lippomani, évêque de Vérone, nonce en Pologne (61); de [Muzio] Calino, archevêque de Zara (90); etc. — A la fin, XVIIIe session du concile (164 v°). — 177 feuillets. — In-4°. — « 1630 ».

VII (362). — « Elucidationes quorundam Tridentini concilii locorum ab Ill^mis^ DD. Cardinalibus congregationis emissæ ac concesæ diversis episcopis et prælatis. » — 107 feuillets. — In-4°.

XVIe et XVIIe siècles. — Sept volumes.

363.

Recueil de pièces relatives aux duchés de LORRAINE *et de* BAR.

« Divers actes de foy et homage rendus à nos Rois par les ducs de Bar pour Louppy, Gondrecourt, La Marche, Chastillon, Conflans, Neufchastel, Montfort, Chastenoy, Janville-sur-Marne, etc., des années 1461, 1491, 1463, 1470.

« Estat des villes, bourgs, villages et maisons champestres des duchez de Lorraine et de Bar, comtez de Vaudemont et Blamont, terres et seigneuries de l'obéissance du duc de Lorraine.

« Déclaration des villes, bourgs et villages du duché de Bar.

« Jugemens de M. de La Nauve, exécuteur de l'arrest du Parlement de Paris touchant Bar et Chastel-sur-Moselle, avec de contraires jugemens de ceux du Conseil souverain de Nancy, 1634. »

En déficit.

364.

Arrêt du Parlement de Paris en faveur du procureur général du roi de France [Charles VI] et des habitants de NEUFCHATELsur-Meuse[Neufchâteau], contre Charles Ier, duc de Lorraine, 1er août 1412.

XVIIe siècle. — 53 feuillets. — In-4º.

365.

Cérémonial, contenant le détail des solennités célébrées lors du couronnement du Pape, de l'empereur des Romains, du roi et de la reine de France.

Ce volume renferme, en outre, la formule des serments faits au roi de France par les pairs du royaume, le chevalier « à qui le roi baille à porter le auriflamble », les « barons de Guienne qui sont venus à l'obéissance du roy de France », les chevaliers « qui viennent de nouvel en son obéissance », les officiers « au fait des monnoyes », les hérauts de France, les évêques et prélats et les capitaines.

En latin. — Écrit en 1378 (cf. une note de Th. Godefroy, au fol. 59 v°).

XIVe siècle. — Parchemin. — 59 feuillets. — Peintures. — Reliure ancienne en cuir fauve estampé. — In-4º. — Provient d'Antoine de Loménie.

366-367.

Inventaire méthodique des titres concernant le comté de Périgord et la vicomté de Limoges, conservés d'abord au château de Nérac, puis au château de Pau (1546).

I (366). — Ce volume est précédé d'une table générale et contient les 20 premiers chapitres de l'inventaire. — Feuillets 1-284.

II (367). — Ce volume contient les chapitres 21 à 62. — A la fin, se trouve la souscription de Dupin, conseiller et secrétaire du Roi en la Chambre des comptes de Navarre et garde du Trésor des titres de l'ancien domaine, Pau, 2 déc. 1630. — Feuillets 285-549.

XVIIe siècle. — Deux volumes. — « 1634 ».

368-370.

Inventaire général des titres de la maison d'ALBRET, conservés dans les châteaux de Nérac et de Castel-Jaloux (1544).

I (368). — Bretagne; mariages; contrats, acquisitions et aliénations; dons, privilèges et autorité; testaments; — Nérac, Lavardac, Vianne, Montgaillard, etc.; — Castres, grand Armagnac, etc.; — Taillebourg, Le Mas, Marmande, etc.; — Castelnau, Cazenave, etc.; — Castel-Jaloux; — Tartas, Labrit, etc.; — péages de la maison d'Albret et du petit Armagnac. — 260 feuillets.

II (369). — Gensac, Gironde, Villefranche, etc.; — captalat de Buch, Bertheuil, Langoiran et Poudensan; — comté de Dreux; — Vayres, Puynormand et Rioms; — Bergerac et Montignac. — Au fol. 108, souscription de Dupin, conseiller et secrétaire du Roi en la Chambre des comptes de Navarre et garde du Trésor des titres de l'ancien domaine, Pau, 2 déc. 1630.

La dernière partie de ce volume (fol. 112 et suiv.) est occupée par une « copie du troiziesme inventaire des titres d'Albret, Armaignac, Peyrigord, de Lautreq [et Vendosme], quy sont anciennement au Trésor de Pau ». — Au fol. 210 v°, souscription de Dupin. — 210 feuillets (anciennement cotés 255-361 et 1-96).

III (370). — « Coppie du second [ou quatriesme] inventaire des tiltres du duché d'Albret et autres terres du domaine du Roy, qui sont à présent au chasteau de Pau. » — Contrats d'acquisitions et aliénations; réformation du domaine; dons, privilèges et autorités; mariages; testaments; papiers divers. — Au fol. 211, souscription de Dupin. — 212 feuillets.

XVII⁰ siècle. — Trois volumes. — « 1634 ».

371.

Opuscules de et sur Marc' Antonio DE DOMINIS, archevêque de Spalato. (1602-1616.) — Copies de P. et J. Dupuy.

Ces opuscules sont les suivants : Lettre à Joseph Hall, archiprêtre de Winchester, *De pace religionis* (1);
Pièces diverses concernant les discussions théologiques de De

Dominis pendant son séjour en Angleterre, 1621-1622 (15); sa réconciliation avec l'Église romaine, 1622 (35); son retour à Rome (39), son internement et sa mort au château Saint-Ange (47);

Relation de l'assemblée tenue, le 21 déc. 1624, dans l'église de a Minerve, par les cardinaux et les inquisiteurs, avec la sentence prononcée contre M.-A. De Dominis (48);

« Alter Ecebolius, M. Ant. De Dominis, arch. Spalatensis, pluribus Dominis inservire doctus », Londres, 1624, in-4°, *impr.* (52).

XVIIe siècle. — 95 feuillets. — « 1629 ».

372.

« *Danielis E*REMITÆ *Belgæ I*TER *G*ERMANICUM, *sive Epistola ad Camillum Guidium scripta, de legatione ad Rodolfum II Cæsarem et aliquot Germaniæ principes, anno 1609.* »

En déficit.

373.

Recueil de pièces concernant le règne de FRANÇOIS Ier.

Ces pièces sont les suivantes : Procès-verbal des négociations entamées pour la délivrance de François Ier, au château impérial de Tolède, 20 juillet-23 août 1525 (2) ; — Articles présentés au Roi par les protestants pour la réformation de l'Église, en latin (88), et réponse du Roi (93) ; — Lettres patentes de François Ier, relatives aux hérétiques, Coucy, 16 juillet 1535 (95), et Lyon, 31 mai 1536 (97); — Relation de la mort de Thomas Morus, d'Anne Boleyn et de son frère, en français (101); — Dialogue entre l'empereur [Charles-Quint], le pape [Clément VII] et M. de « Veilly » [Claude Dodieu] (109); — « Ce que dist millor de Rochefort, frère de la royne d'Engleterre, sur l'eschauffault à sa mort » (111 v°); etc.

XVIe siècle. — 112 feuillets. — In-4°. — « 1600 ».

374.

Recueil de lettres écrites à Henri III par le cardinal FRANÇOIS DE JOYEUSE, alors protecteur des affaires de France en cour de Rome. (24 août 1587-4 avril 1588.) — Copies de J. Dupuy.

XVIIe siècle. — 69 feuillets. — « 1627 ».

375.

Instruction de Charles-Quint à son fils (1548), et testament de Philippe II d'Espagne (1597), en espagnol. — Copies de P. Dupuy.

XVIIe siècle. — 35 feuillets. — « 1630 ».

376.

Déclaration, rédigée par P. Dupuy et publiée par l'évêque de Chartres [Léonor d'Étampes-Valençay]. pour expliquer la censure par lui infligée, sur l'avis de l'Assemblée du Clergé, à deux libelles intitulés : *Admonitio ad Regem Christianiss. Ludovicum XIII* et *Mysteria politica* (1626).

De la main de P. et J. Dupuy.

XVIIe siècle. — 53 feuillets. — « 1628 ».

377.

Récit de la conspiration ourdie par Henri, duc de Lancastre, plus tard roi sous le nom d'Henri IV, contre Richard II, roi d'Angleterre (1399).

XVIe siècle. — 27 feuillets. — « 1634 ».

378.

Recueil de pièces relatives au procès et à l'exécution de Henri II, duc de Montmorency, maréchal de France (1632).

On remarque dans ce volume les pièces suivantes : Lettre écrite à sa femme par le duc de Montmorency, quelques heures avant son exécution, copie (98) ; — « Relation de ce qui s'est passé à Toulouze à la fin du mois d'octobre 1632 » (102) ; — Épitaphe latine du duc de Montmorency (113 v°) ; — Extrait d'une lettre d'un Jésuite de Toulouse, sur la mort du duc de Montmorency (114) ; — Vers français mis dans la bouche du duc de Montmorency: « Mes ancestres ont vu naistre tous nos monarques... » (116) ; — Relation de l'exécution du duc de Montmorency, à Toulouse, 30 oct. 1632 (117) ; — « Lettres de don des biens de feu monsieur de Montmorency, et arrests de vérification sur icelles », Paris, 1633, in-4°, *impr.* (134-176); etc.

XVIIe siècle. — 176 feuillets. — In-4°. — « 1632 ».

379.

Recueil de pièces concernant le règne de Henri IV. (1589-1608.)

On remarque dans ce volume, presque entièrement composé d'extraits des registres du Parlement, les documents suivants : Récits de la bataille d'Arques, par le maréchal de La Force [Jacques-Nompar de Caumont], 1589 (6), avec un plan grossièrement exécuté (5); — Discours politique de Nicolas de Harlay, sieur de Sancy, (24) ; — Lettres patentes de Henri IV, portant assignation et évaluation du douaire de la reine Louise [de Vaudemont], mai-oct. 1592 (60) ; — Pièces relatives à la conversion de Henri IV (82); — « Arrest de verification des lettres pour mettre les livres de la feu reine Caterine de Medici en la bibliothèque du Roi », 12 mars 1596 (110); — Pièces concernant l'élection du prévôt des marchands, 1596 (112); — Déclaration royale en faveur du duc d'Épernon, Paris, 30 avril 1596 (137); — Lettre du Roi au Parlement, au sujet l'attentat commis par M. de Saint-Phal sur la personne de Duplessis-Mornay, 14 avril 1598 (141); — Arrêts prononcés dans l'affaire de Marthe Brossier, de Romorantin, « prétendue possédée du malin esprit », 1599-1600 (147 et 148);

Récit de la réception du cardinal [Pietro] Aldobrandini, légat en France, de la main de P. Dupuy (151); — Dates de la naissance et du baptême des enfants de Henri IV et de Marie de Médicis (163); — Vérification des lettres de légitimation de Gaston de Foix, marquis de Verneuil, 18 janv. 1603 (165); — Pièces relatives, au procès intenté par Nicolas Le Jay, substitut du procureur général du Roi au Châtelet de Paris, à François Miron, lieutenant civil audit Châtelet, 1605 (167); — Brefs de Paul V à Henri IV, l'autorisant, comme grand-maître de l'Ordre du Saint-Esprit, à y admettre des étrangers, 16 fév. 1608 (171), et à en modifier les statuts, 17 avril 1608 (173) ; — Enregistrement des lettres royaux permettant à Antoine Coiffier, arrière-neveu du sieur de Beaulieu, de prendre le nom et les armes de Ruzé, 6 sept. 1608 (176) ; — Sommation faite par le marquis de Cœuvres au prince de Condé de rentrer en France, Bruxelles, 6 fév. 1610 (177) ; etc.

XVIᵉ et XVIIᵉ siècles. — 180 feuillets. — « 1634 ».

380.

Recueil de pièces relatives au règne de Louis XIII. (1614-1633.) — Copies.

On remarque dans ce volume, en majeure partie composé de lettres patentes et surtout de pouvoirs de Louis XIII, les documents suivants : Prescriptions générales de médecine et d'hygiène, par Hautin, en latin (2) ; — Remontrances des États de Bretagne à Louis XIII et à Marie de Médicis, 21 août 1614 (4) ; — Convention conclue entre le maréchal de Brissac et Villeroy, députés du Roi, et le prince de Condé, Fontenay, 20 janv. 1616 (12) ; — Lettres d'abolition octroyées par Louis XIII à Charles de Besançon, Paris, janv. 1631 (62) ; — Lettres d'établissement de la chambre de justice d'Albi, Saint-Germain-en-Laye, 4 juin 1631 (68), et autres lettres patentes relatives aux poursuites à exercer contre les faux-monnayeurs par la Chambre de l'Arsenal, Compiègne, 16 sept. 1631 (71 et 75) ; — Récit sommaire du procès intenté, à Genève, pour cause d'hérésie, à Nicolas Antoine, originaire de Brieu, en Lorraine, 20 avril 1632 (85) ; — Lettre de Richelieu à [René] de Tresmes, capitaine des gardes du corps, Clermont, 15 mai 1632 (89) ;

Lettre de Louis XIII au maréchal [Charles] de Créqui, [sire de Lesdiguières], Sainte-Menehould, 18 juin 1632 (91) ; — Extrait des registres du Parlement, relatif au procès intenté par Charles de Créqui, sieur de Lesdiguières, à Françoise de Bonne, sa femme, 18 juillet 1632 (98) ;

Harangue de M. de Châteauneuf [Charles de L'Aubespine], garde des sceaux, au lit de justice tenu par Louis XIII pour faire enregistrer sa déclaration contre Gaston d'Orléans, 12 août 1632

(104); — Récit de la défaite infligée par le maréchal [François-Annibal] d'Estrées à l'armée envoyée au secours de la ville de Trèves, 14 août 1632 (106); — Pièces relatives à la mission de MM. d'Aiguebonne et Claude de Bullion auprès de Gaston d'Orléans, sept. 1632 (110 et 112); — « Relation de ce qui s'est passé à Toulouze à la fin du mois d'octobre 1632 » (116); — Documents (relations, discours, plan), concernant les États de Languedoc, tenus par Louis XIII à Béziers, oct. 1632 (124); — Discours de Mgr le Prince [Henri II de Bourbon, prince de Condé], à l'ouverture des États généraux de Bourgogne, Dijon, 4 nov. 1632 (138); — Lettre de Gaston d'Orléans à Louis XIII, Montereau, 12 nov. 1632 (140);

Discours de M. de Léon [Charles Brûlart] et du maréchal de Vitry [Nicolas de L'Hospital], aux États de Provence tenus à Brignoles, déc. 1632 (144 et 150); — « Abregé des delibérations faites aux Estats tenus en la ville de Brignolle, le mois de decembre mil six cens trente-deux..... », Aix, 1632, in-4º, *impr.* (152); — Harangue du duc de Halluin [Henri de Nogaret de La Valette, dit de Foix, comte de Candale, captal de Buch], au Parlement de Toulouse, août 1633 (186);

Lettre de la duchesse d'Orléans [Marguerite de Lorraine], à M. de Puylaurens [Antoine Laage], Thionville, 5 sept. 1633 (188); — « Relation de la sortie de la princesse Marguerite, duchesse d'Orléans, de la ville de Nancy, pour se rendre à Bruxelles », 4 sept. 1633 (189);

Défense aux docteurs de Sorbonne de s'occuper, dans leurs assemblées, des livres publiés, sous le nom de « Petrus Aurelius », par le P. Sirmond, et interdiction aux libraires de les mettre en vente de nouveau sans permission, 30 déc. 1633 (200); etc.

XVIIe siècle. — 201 feuillets. — « 1634 ».

381.

Recueil de pièces relatives à divers Procès criminels du règne de Louis XIII. (1631-1633.)

Ces pièces concernent les procès intentés aux personnages suivants :

Charles Senelle, l'un des médecins du Roi, Charles Richard,

dit Du Val, et Guillaume Jacquot, sire de Charny, pour haute
trahison et pratique de l'astrologie judiciaire, 1ᵉʳ sept. 1631 (5) ; —
le marquis Charles de La Vieuville, 7 sept. 1631 (9 et 114) ; — Madeleine de Silly, dame Du Fargis, 22 déc. 1631-10 janv. 1632 (11) ;
— le maréchal [Louis] de Marillac, 22 sept. 1631-10 mai 1632 (23) ;
— Jacques d'Apchon, dit Chanteloube, prêtre de l'Oratoire, 5 mai
1632 (122 et 141) ; — le vicomte de L'Estrange, 23 août et 29 sept.
1632 (130 et 136) ; — le duc [Henri II] de Montmorency, 30 oct. 1632
(137) ; — le duc d'Elbeuf [Charles de Lorraine] et ses *complices*,
14 janv. 1633 (143) ; etc.

On remarque encore dans ce volume une lettre autographe de
N[icolas] Rigault à l'un des frères Dupuy, sur le supplice d'un in-
dividu convaincu d'avoir attenté à la vie du cardinal [de Riche-
lieu], à l'instigation du P. Chanteloube [Jacques d'Apchon], Metz,
29 sept. 1633 (139).

XVIIᵉ siècle. — 144 feuillets. — « 1634 ».

382.

Recueil de documents concernant l'Amirauté de France et
de Levant. — Originaux et copies.

On remarque dans ce volume les pièces suivantes : « Lettres
patentes du Roy en faveur de Mgr le cardinal de Richelieu, par
lesquelles Sa Majesté luy donne la charge de grand-maistre, chef
et sur-intendant général de la navigation et commerce de
France », 1629; Aix, 1632, in-8°, *impr.* (2) ; — Mémoires présentés
par Richelieu et le duc de Guise [Charles de Lorraine] dans la
cause relative à l'amirauté de Levant; le premier a pour auteur,
selon le catalogue autographe de Dupuy, [Pierre] de La Marte-
lière, 1630 (10 et 34; cf. 72 et suiv.) ; — Acte émanant de Claude
[de Savoie], comte de Tende, amiral des mers du Levant, Arles,
21 oct. 1537, orig., sceau plaqué (63) ; — « Discours sommaire de
l'establissement ancien de la charge d'admiral de mer de Levant,
et de la fonction séparée de celle d'admiral de France » (64) ; —
Lettres patentes du roi François II, concernant les pouvoirs des
gouverneurs, lieutenants généraux, amiraux, baillis et sénéchaux
du pays de Provence, Saint-Germain-en-Laye, 21 sept. 1560 (72) ;
— Arrêt de Charles de Lorraine, duc de Guise, gouverneur de

Provence, amiral des mers du Levant, relatif aux produits de la vente des prises faites sur les Espagnols à titre de représailles, par divers habitants de La Cieutat, de Toulon et de Sixfours, Marseille, s. d. (76); —« Moyens pour Monsieur le duc de Brézé », s. d., in-8º, *impr.* (80); etc.

XVIᵉ et XVIIᵉ siècles. — 83 feuillets. — « 1634 ».

383.

INVENTAIRE DES JOYAUX et de la vaisselle d'or et d'argent de CHARLES VI, fait sur l'ordre de la Chambre des comptes par Jehan Lebègue, notaire et secrétaire, et Andry Courtevache, clerc de la Chambre des comptes, 13 décembre 1420 et 1421. — Original.

Dans les marges se trouvent des notes relatives à un récolement de peu postérieur.

Publié par Douët d'Arcq, *Choix de pièces inédites*, t. II, pp. 361-393.

XIVᵉ siècle. — Parchemin. — 33 feuillets.

384.

Recueil de pièces concernant la CHAMBRE DES COMPTES, de 1543 à 1556 environ. — Copies.

On remarque dans ce volume les documents suivants : Remontrances faites à François Iᵉʳ par la Chambre des comptes de Paris, sur le projet d'érection d'une Chambre des comptes à Rouen, 1543 (2); — Observations envoyées par Henri III à la Chambre des comptes, 20 nov. 1578 (12); et réponse de la Chambre des comptes (14); — Mémoires sur la juridiction souveraine criminelle et civile de la Chambre des comptes de Paris (30); — Arrêts du Parlement, relatifs à l'évocation en appel devant la Cour des jugements rendus par la Chambre des comptes, 3 mars 1519 (48), et sur le cérémonial de ladite Chambre, 21 mars 1556 (52); etc.

XVIIᵉ siècle. — 55 feuillets. — « 1632 ».

385-386.

Extraits des registres du PARLEMENT DE PARIS, rangés suivant l'ordre alphabétique des matières, par Gilles Le Maistre, avocat du Roi, puis premier président audit Parlement. (XIIIᵉ-XVIᵉ siècles.)

I (385). Advocats du Roi-Hérétiques et hérésies.

II (386). Hérétiques, Héritiers-Unions de bénéfice, Usures. — Prevost de Paris (fol. 202).

XVIᵉ siècle. — Deux volumes. — 212 et 204 feuillets.

387.

Mélanges généalogiques concernant les maisons de Dreux et de Braine, de Rostaing, d'Eu, d'Albret, de Vendôme et d'Anjou.

On remarque dans ce volume les pièces suivantes : « L'antiquité et antienne description de la scituation et fundation de la ville de Dreux, puis après de Breyne en Champagne, que j'ay faict à la requeste de... Monsʳ Henry Robert de La Marche, duc de Buillon », [par Mathieu Herbelin] (2); — Acte notarié, contenant la résignation de l'office de prévôt et receveur de Sury-le-Comtal, faite par Antoine Rostaing en faveur de François Rostaing, son fils, Sury, 20 mai 1533, parchemin, orig. (53);

Notice sur le comté et les comtes d'Eu (56); — Notice sur la maison d'Albret, par Auguste Galland, avocat au Parlement (66); — Autre notice sur la même maison (83);

Notes sur les maisons d'Anjou et de Vendôme (87); — Généalogie de la maison de Vendôme depuis 987 (96); — Extrait du martyrologe de l'église Saint-Nicolas de Courville, diocèse de Chartres (100); — « Description des épitaphes et sépultures des contes, ducs et autres princes et princesses de la maison de Vendosme » (101); etc.

XVIᵉ et XVIIᵉ siècles. — Papier et parchemin. — 106 feuillets. — « 1631 ».

388.

Recueil de pièces, presque toutes extraites des registres du Parlement, et concernant la Flandre et l'Artois, de 1245 à 1526 environ.

On remarque dans ce volume les documents suivants : « Des comtez de Flandre, d'Artois et de Sainct-Paul, et des seigneuries de Lille, Tournay et autres des Pays Bas, tenües soubs la souveraineté et jurisdiction des rois de France, jusques au règne du roy François Ier, en l'an 1526 » (7) ; — Lettres patentes de Philippe le Bel, contre les Flamands révoltés, Paris, 11 août 1314 (13) ; — Lettres contenant les conventions du traité de paix conclu entre Philippe le Long et Robert, comte de Flandre, 1316 (19) ; — Contrat de mariage entre Philippe, duc de Bourgogne, et Marguerite de Flandre, 21 mars 1356 (31) ; — Arrêts du Parlement et actes divers relatifs à la suzeraineté du roi de France sur les comtes de Flandre, et à l'évocation en Parlement des appels du comté de de Flandre, 1312-1521 (39-63) ; — Harangue prononcée au Parlement contre Charles-Quint, en présence de François Ier, par Jacques Cappel, avocat du Roi, 1536-1537 (64 et 66) ; — Notes [de Th. Godefroy] sur l'union des comtés de Flandre et d'Artois à l'Empire, 1548 (75) ; — Liste des pièces produites au Conseil du Roi dans la cause du prieuré de Biencourt, par dom Robert de Bulleux, prieur, contre Charles Coyer et Jean Biet, défendeur et partie intervenante au procès, après 1631, in-fol., *impr.* (76) ;

Actes relatifs à Tournai, de 1365 à 1478 (79 et suiv.), parmi lesquels on peut signaler les suivants : Lettres patentes de l'empereur Maximilien Ier, levant l'interdiction faite à ses sujets d'avoir des relations commerciales avec les habitants de Tournai, et permettant à ces derniers de rentrer en jouissance des biens par eux possédés dans les pays soumis à l'Empereur, Bruxelles, 22 oct. 1478 (93) ; — Rapport de Henri de Marle, maître des requêtes, envoyé par Charles VII à Tournai, pour y ouvrir une enquête sur les infractions faites dans cette ville aux ordonnances royales, 1451 (99) ; — Lettres de François Ier, portant donation à François de Bourbon, comte de Saint-Pol, de la ville et seigneurie de Mortagne près Tournai, Paris, fév. 1518 (111) ; — Traité conclu entre le roi Charles VI et Philippe le Hardi, duc de Bourgogne, touchant Lille, Douai et Orchies, 23-26 janv. 1386 (122) ; etc.

XVIe et XVIIe siècles. — 130 feuillets. — « 1634 ».

389.

Recueil de documents relatifs à la Navarre, de 1472 à 1615 environ.

On peut signaler dans ce volume les pièces suivantes : Inventaire des pièces produites au Parlement de Paris, par Catherine de Foix, reine de Navarre, dans son procès contre Jean de Foix, vicomte de Narbonne, demandeur (12); et pièces justificatives de ce procès, 1493 et 1507 (77 et 84); — Lettre relative à la cérémonie du couronnement des rois de Navarre, XIVᵉs., copie (24); — Traité de paix conclu entre le roi Jean et Charles le Mauvais, roi de Navarre, Saint-Denis, déc. 1630 (28) ; — Contrats de mariage, entre Jean de Foix, vicomte de Castelbon, et Éléonore, fille de Jean II d'Aragon et de Blanche de Navarre, 22 sept. 1434 (32); et entre Gaston de Foix, et Madeleine de France, fille de Charles VII, 11 fév. 1461 (43 et 49); — Lettres de Madeleine de Navarre, tutrice de François-Phœbus, son fils, roi de Navarre, exemptant de toutes tailles et charges quelconques la maison de Supervielle d'Ogen[ne-Camptort], diocèse d'Oloron, 17 janv. 1470 (55) ; — Lettres de Louis XI, relatives à la succession de Gaston de Foix, Plessis-lez-Tours, 26 fév. 1472 (59, 63 et 67);

Testaments de François-Phœbus, roi de Navarre, en catalan, 29 janv. 1482 (71), et de Jean de Foix, 27 oct. 1500 (95); — Mandements originaux de Louis XII aux sénéchaux de Carcassonne et de Beaucaire, Bourg-d'Oysans, 12 juillet [1510] (93 et 94);

Traité entre Louis XII et Jean, roi de Navarre, Blois, 17 juillet 1512 (97); entre ce dernier et le roi François Iᵉʳ, Paris, 23 mars 1514 (109) ; entre François Iᵉʳ et Henri de Navarre, Lyon, 26 sept. 1523 (123); — Documents espagnols concernant la réunion du royaume de Navarre au royaume de Castille, 1515 (113) ; — Arrêt du Parlement de Paris, relatif à la Navarre, 7 oct. 1515 (119) ; — Remontrances faites par Jean-Jacques de Mesmes, sire de Roissy, au sujet du royaume de Navarre, en présence des députés de Henri II et de Philippe II, à l'abbaye de Cercamp[-sur-Canche], nov. 1558 (134) ; — Bulle de Paul V, au sujet du royaume de Navarre, Rome, 5 kal. dec. 1608 (143); etc.

XVIᵉ et XVIIᵉ siècles. — 144 feuillets. — « 1634 ».

390.

Recueil d'opuscules de GALILÉE, en italien.

Mémoire sur les causes du flux et du reflux de la mer, daté de Rome, jardin des Médicis, 8 janv. 1616 (3) ; — Lettre à la grande-duchesse mère de Toscane [Christine de Lorraine], s. d. (14) ; — Lettre à Elia Diodati ou, en son abence, à Pierre Gassendi, Florence, 15 janv. 1633 (43) ; — « Copia del processo et abjuratione di Galileo Galilei », 1633 (45) ; — Extrait d'une lettre de Galilée, janv. 1634 (49).

XVIIe siècle. — 50 feuillets.

391.

Recueil de documents relatifs à la querelle de Henri d'Escoubleau DE SOURDIS, archevêque de BORDEAUX, et du duc D'ÉPERNON [Jean-Louis de La Vallette]. (1633-1634.)

On remarque dans ce volume les pièces suivantes : « Actes ecclésiastiques et procès verbal sur les violences, attentats et outrages commis en les personne de très illustre et très révérend Père en Dieu messire Henry Descoubleau de Sourdys, archevesque de Bourdeaux et primat d'Acquitaine, par M. le duc d'Espernon, gouverneur et lieutenant pour le Roy en Guyenne, au mois d'octobre et novembre 1633 » (5-90) ; — Pièces de procédure, 28 oct. et 9 nov. 1633 (93 et 101) ; — Protestation du duc d'Épernon contre l'excommunication de Naugas et de ses complices, 9 nov., in-fol., *impr.* (107) ; — « Sentence de Mgr l'… archevesque de Bourdeaux, contre les Pères Feuillans, Jacobins, Minimes et Capucins », nov. 1633, in-4°, *impr.* (141) ; — Requête présentée par frère Jacques Archimbault, O. P., à l'archevêque de Bordeaux, pour obtenir l'absolution de l'interdit publié contre quelques religieux, 4 déc. 1633, 1 feuillet ms., et pages 15 et 16 d'un volume in-8°, *impr.* (149) ; — Arrêt du Conseil d'État, contre les complices du duc d'Épernon, Chantilly, 31 mars 1634 (151) ; — Acte émanant du cardinal Alessandro Bichi, et donnant pouvoir au vicaire général de l'archevêque de Bordeaux d'absoudre, à certaines conditions, le duc d'Épernon, Paris, 5 avril 1634 (155) ; — « Proposition et demande faite à Mgr l'évesque de Nantes, Philippe [de Cospeau], de la part de Monseigneur le duc d'Espernon », avec la réponse de l'évêque, Nantes, 17 nov. 1633, in-4°, *impr.* (157) ;

Lettre non signée, adressée à P. Dupuy, s. d., cachets de D. Guil-

lemin (165) ; — Lettres autographes de De[nis] Guillemin à [Pierre]
Dupuy, Bordeaux, 7, 24, 28 nov., 5 et 12 déc. 1633 (168, 175, 176,
178 et 182), et 20 sept. 1634 (188); — Lettre du président [Arnaud]
de Pontac à [Pierre] Dupuy, Bordeaux, 28 déc. s. a., autogr. (184);
— Actes et lettres, relatifs à la même affaire, 1633-1634 (190); —
Pièce de vers français, sur la querelle de l'archevêque de Bordeaux
et du duc d'Épernon : « Des folies d'autruy quoy qu'on te puisse
dire... » (213); — Arrêt du Conseil du Roi, contre le duc d'Épernon,
Chantilly, 31 mars 1634, de la main de D. Guillemin (217); etc.

XVIIe siècle. — 217 feuillets. — « 1634 ».

392.

Canons de conciles, discours et mémoires, relatifs à la question de savoir si les ARCHEVÊQUES et les ÉVÊQUES sont justiciables des rois et des princes de leur pays. — De 257 à 1591
environ.

On remarque dans ce volume les pièces suivantes : Lettre de
l'évêque d'Elne au Roi [François Ier?], Paris, samedi 28 juillet,
autogr. (3); — Discours de [Jacques] de La Guesle, procureur général, au sujet de l'accusation de lèse-majesté soulevée contre
l'évêque de Rodez [François de Corneillan], 1591, incomplet (45);
— Pièces relatives à l'affaire de l'évêque de Chartres, Louis
Guillart [d'Espichellière], « opposant à la reddition du compte de
Bastien Hillaire, naguères commis à lever les fruictz du temporel
de l'evesché de Chartres », 1518 (92-138); etc.

XVIe et XVIIe siècles. — 154 feuillets. — « 1634 ».

393-394.

Lettres originales et, pour la plupart, autographes de BOARD,
secrétaire de l'ambassade de France à Rome, à son oncle
Jacques Dupuy, prieur de Saint-Sauveur, du 22 octobre 1641
au 7 août 1649.

I (393). — Lettres écrites de Rome, Gênes, Lyon, Aix, Marseille
et « Beaugencier », du 22 octobre 1641 au 30 décembre 1647. —
224 feuillets.

II (394). — Lettres écrites de Rome, Naples, Procida, « Monte-cercello », « Rio », « Longon » [Porto-Lingone], « Ligorne » [Livourne], Gênes, Lyon et Roanne, du 6 janvier 1648 au 7 août 1649.

A la fin de ce volume, on remarque quatre lettres adressées à Board par les personnages suivants : un des cardinaux Barberini, Rome, 23 juin 1640, orig., en italien (347); — [François Duval, marquis] de Fontenay[-Mareuil], ambassadeur de France à Rome, Bomarzo, 30 janv. 1643, autogr. (348); — [François-Annibal, marquis de Cœuvres, duc d']Estrées, Rome, 31 janv. 1640. autogr. (349); — et H[ugues] de Lionne, 10 déc. 1639, autogr. (350). — 351 feuillets.

XVIIᵉ siècle. — In-4°. — « Jacques Dupuy. — 1655 ».

394 *bis*.

Lettres autographes de [Nicolas Bretel, seigneur] DE GRE-MONVILLE, ambassadeur de France à Venise, du 4 décembre 1643 au 5 octobre 1647.

Ces lettres, adressées à Jacques Dupuy, prieur de Saint-Sauveur, sont datées de Turin, Saint-Tropez, Gênes, Lyon, Rome, Florence et Venise.

XVIIᵉ siècle. — 221 feuillets. — « Jacques Dupuy. — 1655 ».

394 *ter*-395.

Recueil de lettres et d'opuscules latins de Joseph SCALIGER. — Autographes.

I (394 *ter*). — Les lettres de Joseph Scaliger contenues dans ce recueil sont adressées aux personnages suivants : Isaac Casaubon, 107 lettres, Leyde, de mai 1593 à août 1608 (5-141 et 262); — Pierre Pithou, 4 lettres, Valence et Châteaumeillant, s. a. (142-145); — Christophe et Augustin Dupuy, 2 lettres, Leyde, 12 kal. aug. 1600 (146), et 15 kal. janv. 1598 (148); — Nicolas de Nancel, Leyde, eidib. septembris, s. a. (147); — Daniel L'Ermite, Leyde, 17 avril 1603 (149); — Jean Douza le fils, Preuilly, 12 kal. feb. 1592 (150 v°); — Charles Labbé, avocat au Parlement de Paris, 3 lettres : s. l., prid.

eid. jul. 1606 (151); Leyde, prid. id. apr. 1606 (152); s. l., 15 kal.
mart. 1606 (153); — Jean et Nicolas de Vassan, 4 lettres : Leyde,
9 kal. dec. 1607 (155); 4 eid. aug. 1607 (156); 14 kal. sept. 1608
(157); 9 kal. feb. 1607 (158); — Nicolas de Vassan, Leyde, 12 kal.
jul. 1606 (159); — [Pierre-Antoine Rascas], sieur de Bagarris, Leyde,
12 janv. 1603, en français (179).

Parmi les opuscules placés à la suite de ces lettres, on remarque
les suivants : Observations sur l'ouvrage de Melchior Guillandini,
relatif au passage de Pline l'ancien sur le papyrus (160) · — « Tituli libri primi [et secundi] Catalectorum. — Quomodo epigrammata Cl[audii] Bineti in hos titulos digerenda. — Liber tertius
Catalectorum. — Liber quartus Catalectorum. — Animadversa in
primum librum. — Animadversa in Bineti epigrammata » (171); —
« Asinii Cornelii Galli elegia, nunc primum e tenebris eruta ab
Aldo Manutio ; ejusdem epigrammata tria », copie de Claude Dupuy, avec commentaire marginal de Joseph Scaliger (173);

Élégie latine sur la mort du président de Thou (175); — « De
decimis in Lege Dei » (177); — « Notæ in Catonis disticha mora-
lia » (183); — De versibus Enni[i] et aliorum a Gaza conversis in
libro Ciceronis de Senectute » (196) ;

Réponse à quelques questions sur l'organisation de l'armée
romaine, en français (199); — « Probi reliquiæ apud Georg. Val-
lam », avec notes de P. Pithou (202); — Vie latine et observations
sur les Satires de Juvénal (208 v°); — « Glossæ veteres in Persium »,
avec notes et corrections de P. Pithou (218); — « Simmiæ Rhodii
ovum, ut hodie excuditur, omnium poematum depravatissimum »,
textes grecs différemment disposés et notes (226); — « Quaedam
in Cyclopem carptim animadversa » (228); — Παροιμίαι ἔμμετροι
ἀπὸ ἐξαμέτρων (231), ἀπὸ ἰάμβων (235), ἀπὸ τροχαϊκῶν (242); — Ἀστραμ-
ψύχου ὀνειροκριτικόν (244); — « Liber Adagiorum ex arabico; con-
versa sunt κατὰ πόδα, crassa Minerva » (250);

Pièces de vers latins : « in Moncaudum, poetam Burdigalensem »,
Montauban, 1569 (266); — « in fabulam Melchioris Guillandini de
Burdonio » (268 et 269 v°); — « in sceleratissimum librum sycophan-
tarum Loiolitarum, cui titulus *Amphitheatrum honoris* » (268 v° et
269); — « Puteanis fratribus, Claudii filiis, de morte eorum patris »
(273); — Élégie commençant ainsi : « Acmen Septimius teneros
complexus amores... », et publiée dans les Commentaires sur Ca-
tulle, 1600, in-8° (278); — « In Æschyli Prometheum a [Florente]

Christiano conversum, Prologus » (279) ; — Épigramme commençant
ainsi : « Hunc immortali florentem amaranton honore... » (281) ; —
« In Martianum Capellam, ab Hugone Grottio castigatum » (282) ; —
« Epicedium nobilissimi, innocentiss. et doctiss. Iani Dousæ a
Nordtwick » (283) ; — « In Taxum, quem operibus triduo oppu-
gnavimus, — ex tempore » (287).

On peut signaler encore dans ce volume un placard contenant
l'inscription latine composée par Joseph Scaliger, à la demande
du Parlement de Paris, pour perpétuer le souvenir du châtiment
infligé à Jean Châtel, in-fol., *impr.* (271).

II (395). — On remarque dans ce volume les pièces suivantes :
Lettres autographes, en français, de Joseph Scaliger à [Jacques-
Auguste de Thou, sieur] d'Émery, conseiller d'État, à Tours, datées
de Pruilly et de Leyde, janv., avril et juillet 1591 (2, 4, 8, 9, 12 et
16, copie), 17 nov. 1592 (13), 13 déc. 1595 (18) ; Abain, 23 mars 1587
(29) ; — les deux premières sont incomplètes (2 et 4) ; elles n'ont
pas d'adresse, non plus que les suivantes : s. d. (18) ; 2 déc. 1590
(28 v°) ; Abain, 23 mars 1587 (29) ; et s. d. (43) ;
« Notæ quædam Jos. Scaligeri in Novum Testamentum, quas
Francisco Vertuniano aliud agens communicavit », copies de P. Dupuy (19 ; cf. 28) ; — Copie d'une lettre latine de Jos. Scaliger à
François Vertunien, Pruilly, 5 id. jun. 1593 (25) ;
Copies de neuf lettres françaises de Joseph Scaliger au président de Thou, Leyde, du 13 déc. 1595 au 8 avril 1605 (32) ; —
« Sententiæ veterum monostichiis comprehensæ ex mimis Publii
Syri, Laberii, scriptis philosophicis Senecæ, tragœdiis Senecæ,
Apuleio et aliis, ex editione Grutteriana anni MDCIIII », par ordre
alphabétique (44) ; — Lettre de J. Scaliger à Frédéric Lindenbrog,
Leyde, 19 janv. 1595 (56) ; — « In Adrianum Spartiani, — in Antoni-
num, » etc. ; notes réunies par J. Scaliger pour l'édition, non publiée, des *Scriptores historiæ Augustæ* de Lindenbrog, 1595 (57) ;
— « Ex Procopio », passage du livre II de la Guerre des Goths,
relatif à l'île de Thulé, avec corrections (61) ;
Épigrammes de Pétrone, Apulée, Pline, Sénèque, Germanicus,
etc., avec corrections de Joseph Scaliger et de Pierre Pithou
(65) ; — Édition du « Pervirgilium (*sic*) Veneris » et du « De qua-
litate vitæ » de Floridus, donnée par Pierre Pithou, avec correc-

tions marginales de J. Scaliger (68); — Notes autographes de P. Pithou « in Pervigilium Veneris » (70);

Extrait de Zosime, avec corrections autographes de J. Scaliger (72); — « De nummo Constantini » (72 vᵒ); — « Notæ Josephi Scaligeri in Dioscoridem », copie de Dupuy (74); — « Emendationes in Tacitum ex libro Jos. Scaligeri » (78); — « Notæ Jos. Scaligeri in Hesiodi Ascræi ἔργα καὶ ἡμέρας, 8 novemb., Lugd. Batav., 1594 » (79); — « In Tzetzæ Chiliadas » (84); — « In Diogenem Laertium » (85); — « In Frontinum » (90 vᵒ); — « Theocritus ἁλιεῦσι » (91; cf. 27 vᵒ); — « Ad Gellium, editionis H. Steph. p. 72 » (92);

« Kapita ex edicto perpetuo prætoris urbani », copié par P. Dupuy sur l'autographe de J. Scaliger (95); — « Ex vetere edicto perpetuo » (104); — « Kapita ex edicto ædilium curulium de venditionibus mancipiorum » (105); — « Elenchus primæ propositionis Archimedis περὶ κύκλου μετρήσεως », avec figures (109 et 116); — « Definitiones », etc. (113); au fol. 115 vᵒ, adresse : « à Monsieur [Henri] de Monantueil, professeur du Roi ès mathématiques, à Paris », de la main de J. Scaliger (115 vᵒ).

Lettres de J. Scaliger à I. Casaubon, Leyde, 13 kal. dec. 1603, autogr. (118), et 5 avril 1608, copie de J. Dupuy (118 vᵒ); — à « Johannes Lydius », Leyde, eid. jul. 1600 et 4 eid. dec. 1604 (119 et 120); — « Irlando suo », « Malavallæ, in limite Lemovicano, iiii non. feb. » (121); — à Vertunien, « Abenni, 3 id. nov. » (122), et s. d. (129); — au président de Thou, 24 juin 1591, en français (126); — à Henri Lindenbrog, Leyde, 12 kal. sept. et 7 eid. nov. 1595 (127); — Lettre grecque de Scaliger τῷ Ἰμβέρτῳ (128); — Lettre à Charles Labbe, Leyde, 9 kal. sextil. s. a. (132);

Copie d'une sorte de certificat d'études, délivré par J. Scaliger à « David Piagetus », Leyde, 14 kal. aug. 1608 (131); — Traduction en latin du commencement d'une version arabe de la Genèse (137); — Lettre de Louise de Coligny, princesse d'Orange, à Joseph Scaliger, La Haye, 9 janv. 1593, copie (139); — Épitaphes latines de l'amiral Gaspard de Coligny (140), et de Paul Chouart de Buzanval (141); — Lettres de Joseph Scaliger à M. de Castelfranc, Leyde, 1604-1608, copies (142);

Épigrammes latines sur saint Pierre, saint Lin, Sixte-Quint, et sur les Jésuites (146 et 147); — Autres épigrammes de Scaliger commençant : a) « Dic, Protasi, lumbos.... »; b) « Dicite, Romani... »; c) « Lignipedum eductus... »; d) « in Vineti imaginem », copies de

P. Pithou (**148**); — « In Romam Josephi Scaligeri scazon » (**149**);
— « In nomen Margaritæ Vallensis », et autres épigrammes, « In
Marcilium », etc. (**150**); — Inscriptions latines pour des autels à
l'antique, dédiés à Apollon, à Juno Lucina, à Diane, à « la nymphe
Chastelleraut », et à Henri IV (**151**); — Notes et vers latins à
placer « après les épigrammes du Géomètre [Jean le Géomètre] »
(**152**); — Énigmes française, latines et grecques (**156**); — Épigrammes et épitaphes, en grec et en latin (**157, 158 et 159**);

Traduction en vers grecs des psaumes VI, VIII, XLI, XLIV,
CXXIX, et d'une pièce de Pétrarque (**161 et 165**); — Pièces de vers
latins « in semper Virginem Dei genitricem Mariam » (**168**); et « in
Insulanum Procuratorem », 1582 (**170**), etc.; — « Protrepticum ad
christianissimum Henricum III, Franciæ et Poloniæ regem, expres-
sum ex versibus Gallicis Catharinæ Des Roches, Pictaviensis
puellæ... », en vers grecs (**172**); — Traduction en vers grecs du
prologue de Perse et d'une pièce française (**172 v°**);

Lettre des États généraux de Hollande et « Westfrize » à Joseph
Scaliger, La Haye, 26 nov. 1592, en français, orig. (**174**); — Lettre
de [François] Vertunien à Joseph Scaliger, Tours, 24 sept. 1593,
en français, autogr. (**176**); — Catalogue des mss. arabes et hébreux
de Joseph Scaliger (**178**); — Testament de Joseph Scaliger, 1609,
en français et en latin (**180 et 182**).

XVIe et XVIIe siècles. — 237 et 185 feuillets. — « 1634 ».

396.

Traité des droits de François Ier sur les royaumes de Naples
et de Sicile, par Jean Maynier, sieur d'Oppède, conseiller au
Parlement de Provence, dédié au chancelier Antoine Du
Bourg (1538).

Au fol. 2 v° se lisent deux courtes élégies latines de Guillaume
Faure, greffier du Parlement de Provence, et d'Antoine Faure,
procureur du même Parlement, et, au fol. 3, un « Rondeau pour
le livre. » — Au fol. 3 v° sont peintes les armes du chancelier; au
bas du fol. 7, les armes de France.

XVIe siècle. — 157 feuillets. — In-4°. — « 1629 ».

397.

Recueil de traités conclus par les Cantons Suisses entre eux et avec les pays voisins. (1315-1570.)

Les traités renfermés dans ce volume, et pour la plupart traduits en français, ont été conclus :

1° Par les Cantons suisses entre eux, 1315-1531 (10-124) ;

2° Par divers Cantons suisses avec l'Autriche, 1511 (130) ; — Mulhouse, 1515 (140) ; — Rothweil, 1519 (146) ; — le Valais, 1528 (154) ; — Genève et Fribourg, 1526 (158) ; — Milan, 1480, en latin et en italien, copie authentique (167), 1512-1516 (184), et 1531, en italien (190) ; — les comtes de Neufchâtel, 1406-1570 (193) ;

3° Entre les villes suivantes : Berne et Fribourg, 1480 (59) ; — Berne et Genève, 1536 (162) ; etc.

XVIe et XVIIe siècles. — 219 feuillets. — « 1628 ».

398.

Recueil de discours, lettres, etc., principalement relatifs aux Ambassades en Suisse de [Nicolas Brûlart, sieur] de Sillery, de Méry de Vic, de [Pierre Jeannin] de Castille et de Robert Miron. (1587-1624.) — Copies.

XVIIe siècle. — 94 feuillets. — « 1630 ».

399.

Recueil de pièces concernant l'histoire intérieure de la Suisse et ses relations politiques avec la France et l'Italie. (1444-1628.)

On remarque dans ce volume les documents suivants : Lettres de créance de M. de Valengin près le gouverneur de Champagne, « pour en advertyr le Roy [Louis XII] » (11) ; — Copie de la ratification envoyée par Louis XII aux Ligues, Lyon, 24 mai 1503 (13) ; — Lettre du préfet (*scultetus*) et des consuls de la ville de Berne à Pierre-Louis de Valtagy [Voltan], évêque de Rieux, ambassadeur de Louis XII, Berne, 23 janv. 1504, en latin, orig. (15) ; — Traduction française d'une lettre allemande adressée à Bartolommeo Mei, au sujet du traité de paix conclu par les cantons d'Uri et de Schwitz avec Louis XII, Unterwalden, « derrenier mercredi de may » [1503 ?] (16) ; — Lettre des ambassadeurs des Ligues, réunis à Lucerne, au pape Jules II, Lucerne, 18 nov. 1510, en latin (18) ; — Lettres du président du Dauphiné aux ambassadeurs des Ligues réunis à Lucerne, Milan, 29 juillet et 24 août 1510, en latin (20 et 22) ; — Lettre du châtelain, des consuls et des communes de la châtellenie « Desevi Vespie » au grand-maître de France [Charles d'Amboise, sire de Chaumont], « Vespie », 23 juillet 1510 (24);

Lettre de « l'advoyer et conseilz de la ville de Saleurre (*sic*) » au Roi [Louis XII], Soleure, jeudi 1ᵉʳ mai 1511, en français, orig. (25) ; — Lettres relatives à la légation du cardinal de Sion [Matthias Schinner], 1512, copies (26) ; — Relation de la fin de la diète tenue à Zurich par les ambassadeurs des Ligues, 10-12 mai s. a., en français (30) ; — Accord conclu entre François Iᵉʳ et la ville de Berne, 1539 (35) ;

Questions discutées à l'assemblée de Neufchâtel, 4 mars 1551 (37) ; — Déclaration faite par les lieutenant et conseil de Berne, sur la demande des députés de Genève et de Jean Calvin, 3 avril 1555 (44) ; — Instructions données aux ambassadeurs des quatre villes de Zurich, Berne, Bâle et Schaffouse près les cantons de Lucerne, Uri, Schwitz, Unterwalden et Zug, 1585 (54) ; — Serment fait par les colonels et capitaines des régiments de Zurich, Berne et Bâle au service du Roi [Henri III], en présence de Joachim de Dinteville, 2 déc. 1587 (58) ;

Traité de Soleure, 31 janv. 1602, en français (68) ; — Traité conclu entre Henri IV et les gens du Valais, portant interdiction, au profit des salines royales, d'importer dans le Valais le sel d'Italie et d'Espagne, 24 juillet 1608 (78) ; — Documents relatifs à l'affaire de la Valteline, 1626 (84) ; — Lettre de l'empereur Ferdinand II aux Suisses, Prague, 3 avril 1628, traduction italienne (92) ; — Harangues prononcées par [Charles Brûlart, prieur] de Léon, devant l'assemblée des treize Cantons, 1629 (93 et 101); et par le maréchal [François] de Bassompierre, devant les députés des treize cantons, assemblés à Soleure, 5 mars 1630 (112) ;

Lettres des rois de France, portant octroi de divers privilèges

aux Suisses : Louis XI, Plessis-lez-Tours, sept. 1481 (123);
Charles VIII, Beaugency, 10 nov. 1483 (126); Louis XII, Melun,
8 oct. 1498 (128); François Ier, Paris, 12 mars 1514 (130);
Henri II, Blois, fév. 1550 (132), et Reims, 8 mars 1551 (146 v°);
François II, Amboise, fév. 1559 (134); Henri III, Paris, avril 1575
(136); Henri IV, Fontainebleau, nov. 1602 (138), et Paris,
mai 1594 (149); Louis XIII, Paris, déc. 1618 (140); Charles IX,
Fontainebleau, 1er août 1571 (147); — Traité conclu entre
François Ier et les Ligues suisses, Fribourg, 7 déc. 1516 (142 v°);

Documents concernant les droits de Madeleine de Longueville,
comtesse de Neufchâtel, sur la terre de Valengin, 1584-1628 (152-
168); etc.

XVIe et XVIIe siècles. — 169 feuillets. — « 1632 ».

400.

Recueil de pièces concernant les GRISONS et la VALTELINE.
(1509-1626.)

On remarque dans ce volume les documents suivants : Traité
d'alliance conclu entre la Ligue grise et Louis XII, 24 juin 1509,
en latin (5); avec la ratification, Coire, 17 juillet 1509 (10); —
Négociations entre les Grisons et l'ambassadeur de France pour
le renouvellement du traité d'alliance, 1582 (13); — « Relation
des Grisons, et de l'estat auquel ils se sont trouvez depuis l'année
1603 jusques à l'année 1614 inclusivement », par [Charles] Paschal, ambassadeur de France, 1614 (25); — Projet de traité d'alliance entre la République de Venise et les Grisons, juillet 1603,
en italien (37); — Mémoire sur les communes composant les trois
Ligues grises, 1604 (41);

« Advis sur la fortification de la Valteline », par [Charles] Paschal, 1605 (45); — « Abscheyd de la journée tenue à Bade en Er-
gouw [Argovie], commencée le dimanche de la Saincte Trinité,
[3 juin] 1607 » (49); suivi de pièces relatives au différend de l'évêque
de Coire [Jean de Flugi-Aspermont] et de l'assemblée des Grisons,
1607 (73); — « Ragioni de' signori Grigioni contre la Lega di Venetia », 1611 (89); — « Raisons qui esmeuvent le Roy [Louis XIII]
à rejetter l'alliance que les Vénitiens pretendent avec les trois
Ligues grises », par [Charles] Paschal, janv. 1614 (93); — « Erbei-

nung » ou traité de paix perpétuelle conclu entre l'empereur
Maximilien et les trois Ligues grises, 15 déc. 1518, en italien (97);
— Mémoire sur l'affaire de la Valteline, 1620, traduit de l'anglais
(103); — Événements survenus dans les pays des Grisons de 1620
à 1625, en italien (115); — Discours d'[Étienne] Gueffier, ambassadeur de France, aux députés des trois Ligues, 1620 (121); —
Rejet des propositions vénitiennes par les Grisons, 11 oct. 1620,
en italien (123); — « Las capitulaciones del concierto de la Valte-
lina hecho en España con la intervencion de los embaxadores de
Francia » (128); — Traité conclu entre le duché de Milan et la
Ligue grise, fév. 1621, en français (135);

Documents relatifs à l'affaire de la Valteline (1621-1626) :
Résolutions prises à Lucerne au sujet de la restitution de la Val-
teline, 1621, en italien (139); — Lettre de l'archiduc d'Autriche
Léopold, écrite au nom de l'empereur Ferdinand II, Milan, 15
janv. 1622, en italien (141); — Traités conclus entre l'archiduc
Léopold et les Grisons, Coire, 6 mars 1622, en italien (148); entre
Philippe IV et les Ligues grises, 15 janv. 1622, en italien (151);
— Discours de [Guillaume] de Montholon, [sieur de Pluviers],
ambassadeur extraordinaire, 1622 (163); — Mémoire du maréchal
[François de Bonne, duc] de Lesdiguières, sur la Valteline (167);
— Dépôt de la Valteline entre les mains du Pape [Grégoire XV]
(177); — Discours sur l'affaire de la Valteline, en espagnol (179);
— Notes, documents et mémoires relatifs à la même affaire (185);
— Documents concernant la mission du marquis de Cœuvres
[François-Annibal d'Estrées], 1624-1625 (205-270); — Pièces rela-
tives au traité de Monçon, 1626 (273); etc.

XVIᵉ et XVIIᵉ siècles. — 303 feuillets. — « 1630 ».

401-402.

Recueil de documents concernant l'affaire de la Valteline.
(1623-1626.)

I (401). — On remarque dans ce volume les pièces suivantes :
Alliance conclue entre Louis XIII, Venise et le duc de Savoie
[Charles-Emmanuel Iᵉʳ] pour reconquérir la Valteline, fév. 1623
(2); — Propositions du pape [Urbain VIII], pour l'établissement
de la religion catholique dans la Valteline, mars 1624 (6); — Pro-

jet d'accord entre les rois de France et d'Espagne [Louis XIII et
Philippe IV], mars 1624 (12) ; — « Relation d'Espaigne », par M. Du
Fargis [Charles d'Angennes, comte de La Rochepot], mars 1624
(18) ; — Articles arrêtés par les ministres de Louis XIII, Marcantonio Morosini, ambassadeur vénitien, et l'abbé Scaglia, ambassadeur du duc de Savoie [Charles-Emmanuel Ier], Saint-Germain-en-
Laye, 5 et 6 sept. 1624 (38 et 42) ; — « Mémoire succinct de ce qui
s'est passé en l'assemblée de Fontainebleau », 29 sept. 1625 (46) ;
— « Sommaire des affaires de la Valteline », sept. 1625 (48) ; —
Récit sommaire des négociations entamées avec le cardinal Barberini, légat apostolique, oct. 1625 (60) ; — Documents relatifs aux
négociations de M. Du Fargis [Charles d'Angennes, comte de La
Rochepot], avec le comte d'Olivarès, janv. 1626 (66) ; — Déclaration de Louis XIII, portant explication de quelques articles du
traité de Monçon, au camp devant La Rochelle, 6 juin 1628 (110) ;
etc.

II (402). — Recueil de documents relatifs aux négociations conduites en Espagne par [François] de Bassompierre, ambassadeur
extraordinaire, au sujet de la restitution de la Valteline, 1621.

XVIIe siècle. — 115 et 113 feuillets. — « 1632 » et « 1627 ».

403.

Recueil de lettres originales ou autographes, relatives aux
négociations conduites par Jean VARIGNIEZ, marquis DE BLAIN-
VILLE, ambassadeur extraordinaire en Angleterre, pour le
mariage de CHARLES Ier avec HENRIETTE DE FRANCE. (1625-1626.)

Ces lettres sont adressées aux personnages suivants :
A Louis XIII, par Charles Ier, roi d'Angleterre : Westminster,
3 et 13 juillet 1625 (2 et 3) ; Bisham, 30 juillet 1625, autogr. (4) ;
Salisbury, 16 oct. 1625 (146) ; Hamptoncourt, 20 nov. (228) et
30 déc. 1625 (324) ; — par [Tanneguy Le Veneur, comte de] Tillières, « Octof », 18 août 1625 (27) ; « Titchefield », 31 août 1625
(51) ; — par [Daniel de La Mothe] Du Plessis[-Houdancourt],
évêque de Mende, « Octof », 18 août 1625, autogr. (33) ; et Tillières, s. d. [15 août 1625] (20), et s. d., autogr. de Du Plessis (55) ;
et Blainville, Hamptoncourt, 4 janv. 1626 (310) ; — par G[eorge

Villiers, duc de] Buckingham, sept. 1625, autogr. (86); s. d., autogr. (202); — par [Jean Varigniez de] Blainville : Boulogne, 27 sept. 1625 (90), 8 oct. (103); Salisbury, 16, 22, 26, 30 et 31 oct. (112. 130, 138, 165 et 172); 6, 16, 19 et 27 nov. (183-4, 196, 204 et 215); Hamptoncourt, 2, 18, 22 et 29 déc. 1625 (264, 276, 280 et 291); ibid., 2, 7, 11, 16, 20, 26 janv., et Londres, 31 janv. 1626 (314, 316, 327, 341, 347, 351 et 366); Londres, 4 et 2 fév. 1626 (330 et 376); et Du Plessis, Hamptoncourt, 4 janv. 1626 (310); et Tillières, Hamptoncourt, 8 janv. 1626 (332); — par Henriette-Marie [de France, reine d'Angleterre], Hamptoncourt, 7 janv. 1626, autogr. (325);

A [Henri-Auguste de Loménie, comte de Brienne, seigneur] de La Ville-aux-Clercs, par Tillières, « Neusich » (?), 10 août, autogr. (8), et « Eudestoc » [Woodstock], 15 août, autogr. (14), et « Oustoc », 16 août 1625 (18); « Oudestoc », 18 août 1625, autogr. (30); Titchfield, 31 août et 3 sept. 1625, autogr. (49 et 53); Salisbury, 21 et 25 oct. 1625, autogr. (117 et 145) : — par [Daniel de La Mothe] Du Plessis[-Houdancourt], évêque de Mende, « Oustac » [Woodstock], 15 août 1625 (16); « Octof », 18 août (34); Titchfield, 5, 17 et 22 sept. (57, 88 et 99); Salisbury, 6, 21 et 31 oct. 1625 (109, 121 et 170); s. l. n. d. [nov. 1625] (180); Hamptoncourt, 24, 26 et 29 nov. 1625 (224, 226 et 234), et 3, 4 déc. 1625, plus une lettre s. d. et sans adresse (261-263, 284 et 307), toutes autographes, sauf les deux dernières; — par le cardinal de Richelieu, Dampierre, 21 et 23 août 1625 (25 et 32); Maison-Rouge, 25, 26 et 27 août 1625 (36, 39 et 40); [La] Saussaye, 30 août 1625 (48), toutes autogr.; — par Blainville, s. l., 17 sept. 1625, autogr. (92); Boulogne, 3 et 8 oct. (105 et 107), et 29 sept. (108); Salisbury, 16 et 22 oct. 1625 (111 et 123); Rochester, 11 oct. (114 et 123); minutes non datées et non signées, sans adresse (116 v°, 125 et 144 v°); Salisbury, 27 oct. 1625, autogr. (142); 30 oct. (161; 167, autogr.), 6 nov., sans adresse (182); Kingston, 16, 19 et 28 nov. (194, 214 et 222); Hamptoncourt, 29 nov. (236); 2 déc., autogr. (253); 4, 19, 13, 22 et 29 déc. 1625 (254; 286, autogr.; 287, 289 et 295); 6 et 7 janv. 1626 (312 et 318); Londres, 2 fév. (329); Hamptoncourt, 2 janv. (334); Londres, 16, 18, 26, 27 et 31 janv. (343, 349, 356, 358 et 364); 3 et 4 fév. 1626 (380 et 383); — par E. Conwey, [secrétaire d'État anglais], Salisbury, 18 oct. 1625 (147); — par Filippo Burlamachi, « Pottnei » [Putney], 28 oct. 1625 (186); Londres, 7 janv.

1626 (339), et 24 janv. 1625 (370), autogr.; — par N. Lucas, Londres, 30 déc. 1625, autogr. (301);

A [Jean Varigniez], marquis de Blainville, par « Manty », Falemue [Falmouth], s. a. (120); 28 nov. 1625 (238), suivie d'un mémoire (240); 4, 5 et 11 déc. 1625 (242, 244 et 246, autogr.); — par Filippo Burlamachi, Londres, 23 nov. 1625, autogr. (259); — par « Bourlemar », s. d. (372); — par les « marchans françois... estans de présent en ceste ville de Londre », 4 fév. 1626, orig. (382).

Ce volume contient en outre un certain nombre de copies de lettres de divers personnages au marquis de Blainville, et d'autres documents relatifs à sa mission.

XVIIᵉ siècle. — 385 feuillets. — « 1634 ».

404-406.

Recueil de mémoires de Pierre Dupuy relatifs aux libertés de l'Église gallicane et aux droits du Roi sur la Navarre, les Deux-Siciles, l'Aragon, Gênes, etc.

La plupart de ces mémoires ont été publiés dans le *Traité des droits et libertés de l'Église gallicane* (Paris, 1639, 3 vol. in-fol.), et dans le *Traité touchant les droits du Roi* (Paris, 1655, in-folio).

1 (404). — Papiers privés. — Libertés de l'Église Gallicane. — Droits du Roi.

On remarque dans ce volume les pièces suivantes : État sommaire des volumes, imprimés et manuscrits, possédés par Jacques Dupuy, 3 sept. 1652, autogr. (1); — Nomination de P. Dupuy à la charge de conseiller d'État, Paris, 31 janv. 1623, orig., parchemin (2); — Octroi, par Louis XIII, à P. Dupuy, d'une pension annuelle de 3,600 livres, Saint-Germain-en-Laye, 28 fév. 1632, orig., parchemin (3); — Acte de la donation, faite par les frères Dupuy au Roi, de toute leur bibliothèque, s. d., minute, de la main de P. Dupuy (4); — Lettres de P. Dupuy, où il se plaint du refus opposé par le chancelier [Mathieu Molé] au scellement du privilège pour l'impression d'un de ses livres, 31 mai 1651 et s. d., minutes autogr. (6 et 12); — Lettres de J. Dupuy, où il se plaint que son correspondant [Charles Fevret, secrétaire du Roi], n'ait pas fait mention, dans son « Traité de l'Abus », des ouvrages de Pierre Dupuy, dont il s'est largement servi, Paris, 23 mars 1605, minute autogr. (8) ; — Lettre de J. Dupuy à Isaac Gruter, Paris, 14 juillet 1656, en latin, copie (11) ; — Lettre du même, sur les troubles de Paris, 27 sept. 1648, minute autogr. (13) ; — Fragment d'un mémoire de J. Dupuy, sur les appels comme d'abus, autogr. (15) ;

Mémoires originaux de P. Dupuy, dont beaucoup ont été composés sur l'ordre du cardinal de Richelieu, et pièces concernant les libertés de l'Église gallicane : « Pour le faict de l'élection du général de l'ordre S. Antoine de Viennois », 1637 (19) ; — Sur les privilèges juridiques des ecclésiastiques (31) ; — « Dispunctio libelli parænetici De cavendo schismate, ad illustrissimos ac reverendissimos Ecclesiæ Gallicanæ primates, archiepiscopos, episcopos », par N[icolas] Rig[ault], copie de P. Dupuy (37) ; — « Différent entre le S. Siége et les Empereurs pour les investitures » (45) ; — « De la provision aux prælatures de l'Église » (51) ; — « Déposition du roy Hildéric et couronement de Pépin, en l'an 754 » (58) ; — « An Hildericus jussu Zachariæ summi Pontificis depositus, Pipinus vero rex Francorum creatus fuerit », par le P. Morin (62) ; — « Traitté sur le divorce de Philippe Ier avec sa femme Berthe, et son mariage avec Bertrade, 1091 » (67) ; — « Traitté du divorce de Philippes-Auguste II avec Engelberge, fille du roi de Dannemarck » (70) ;

Mémoires originaux de P. Dupuy et pièces concernant les droits du Roi : « Des différends qu'a le Roi avec M. de Savoie, concernant Fossigny, Bonne, et autres lieux du Genevois ; Nice, Villefranche, et autres lieux dependans du comté de Provence ; Coni, Fossan, Saviglian, Mondevis et Cherasc, en Piémont », 1631 (74) ; — « Abregé faict sur la manière de informer Messeigneurs de Berry et de Bourgogne sur le faict de Nice », 1409 ; autres pièces, relatives aux affaires de Nice, 1326-1505 environ, copies (88, 91, 95, 97, 102, 105, 107, etc.) ; — « Extrait d'un grand mémoire du greffier Du Tillet, escrit à la main et addressé au roy Henry II, pour monstrer le droit qu'il avoit sur la Provence, Nice, Savoie, Piémont, Bresse, etc. », copie de J. Dupuy (159 et 172) ; — Lettres de Jean, roi de Bohême, transportant à Philippe de Valois la ville et comté de Lucques, Vincennes, oct. 1334, copies (163 et 168) ; — « Des droits du Roy sur le duché de Milan et le comté d'Ast », 1648 (173) ; — « Des droits du Roy sur le royaume d'Aragon », par le même (206) ; — « Droit du Roy S. Louis et de ses successeurs,

rois de France, au roiaume de Castille », par P. Dupuy, copie de
J. Dupuy (216) ; — « Le droit du Roi au roiaume de Navarre, contre les pretensions des Espagnols », par P. Dupuy, 1629 (220) ; —
« Traicté contre les pretentions des rois d'Angleterre sur le royaume
de France, et sur aucunes provinces dudict roiaume », par le
même, 1631 (241) ; — « Droit du roi de France sur le roiaume
d'Angleterre », par le même, 1631 (267).

II (405). — Mémoires originaux de P. Dupuy sur les droits du
Roi : Comté de Flandre, 1631 (273 et 277) ; — Comté d'Artois (303
et 305) ; — Lille, Douai et Orchies, 1631 (315) ; — Tournay et le
Tournésis, Mortagne-lez-Tournay, Saint-Amand, 1631 (323) ; —
« De la mouvance du comté de Sainct-Paul », 1631 (330) ; — « Du
droict du Roi au roiaume de Bourgogne, contre les pretentions
des empereurs d'Alemagne, et comme il possède à juste titre le
Lionois, le Dauphiné, la Provence, la Bresse, le comté d'Auxonne
et autres seigneuries qui estoient antien[n]ement dudict roiaume »,
1632 (352) ; — « Si la præscription a lieu entre les princes souverains », 1631 (364).

III (406). — Mémoires originaux de P. Dupuy sur les droits du
Roi : Provence, Forcalquier et terres adjacentes (377) ; — Avignon
et Comtat Venaissin, 1630 (399) ; — Orange, 1630 (412) ; — Bretagne (439) ; — « Responces aux pretentions du duc de Lorraine
sur le duché d'Anjou », 1631 (457) ; — Duché de Bourgogne, 1631
(461) ; — Comtés d'Auxerre et de Mâcon, et seigneurie de Bar-
sur-Seine, 1631 (486) ; — Comté d'Auxonne, et ressort de Saint-
Laurent-lez-Châlon, 1631 (499) ; — Comté de Guise, 1634 (507) ;
— « Traitté sur les entreprises des ducs de Lorraine sur le domaine du Roy qui joint leurs Estats, et sur la mouvance du Barrois », fév. 1637 (519) ; — « Memoires contre les contracts faicts
par Charles IX et Henri III avec le duc de Lorraine, 1571-1575,
pour les droits régaliens au duché de Bar » (528) ; — « Que le
Roy peut retenir justement la Lorraine » (532) ; — « Traitté sur
le faict de l'Électeur de Trèves, et comme il est au pouvoir des
princes allemans de faire des traictez avec les princes estrangers
sans offenser l'Empereur », fév. 1637 (536) ; sur Pignerol, mars
1637 (547) ; Sicile et Naples (554) ; Gênes (576).

XVIIᵉ siècle. — 591 feuillets. — « 1629-1637 ». — Acquis en 1896 (Phil-
lipps ms. 25130).

407.

Recueil de lettres, harangues, instructions, pour la plupart autographes ou originales, émanant de HENRI IV, de MARIE DE MÉDICIS, de CATHERINE DE NAVARRE, duchesse de Bar, etc.

Les lettres de Henri IV sont adressées aux personnages suivants :

A son père, Antoine de Bourbon, roi de Navarre, s. d., autogr. (3) ;

A Henri III, s. d., autogr. (4, 6; 8, sans adresse; 9);

Au Parlement d'Agen, Nérac, 25 oct. 1582, orig., post-scriptum autogr. (10); — à [François] de Ségur[-Pardaillan], Lectoure, 28 juin 1585, orig. (13);

A la reine Marguerite, Mantes, 27 déc. 1593, minute (14) ; Fontainebleau, 24 sept. [1594], minute (15); s. d., minute (16); Paris, 24 sept. 1594, minute (17); Saint-Germain-en-Laye, 25 nov. 1594, minute (18) ; Paris, 22 sept. 1598, minute (34) ;

A Charles de Bourbon, comte de Soissons, Dijon, 16 juin 1595, copie (20); Folembray, 15 déc. [1595], copie (21); Montigny-le-Château, 10 août 1595, copie (22); au camp devant Amiens, 29 juillet 1597 (31), et 28 août, copies (32); sans adresse, Monceaux, 27 sept. 1598, minute (35); [15 août 1603], sans adresse, copie (194);

A sa sœur [Catherine de Navarre], Abbeville, 26 juin 1596, minute autogr. (24) ; s. l., 30 août 1597, copie (34 bis), oct. 1598 (37 v°) ; Fontainebleau, 15 avril 1599, copie (41) ; 13 juillet s. a. 53); s. l., 28 sept. s. a., copie (61) ;

A Sully, Monceaux, 5 oct. 1598, minute (36 et 36 v°); Rosny, 6 nov. [1598], minute (38); minutes non datées (54, 59, 60, 60 v°, 62);

A [Paul Choart, sieur] de La Grange, [oct. 1598], minute (36);

A [Nicolas Brûlart, marquis] de Sillery, [oct. 1598], minute (36) ;

A sa tante [Anne d'Este, duchesse de] Nemours, [oct. 1598], minute (36 v°);

A sa tante [Catherine de Gonzague, duchesse de] Longueville, [oct. 1598], minute (37);

A sa tante [Charlotte-Catherine de La Trémoïlle], princesse de Condé [oct. 1598] (37 v°);

A sa tante [Diane de France, duchesse] d'Angoulême, [oct. 1598], minute (37 v°);

A [Pomponne] de Bellièvre et [N. Brûlart, marquis] de Sillery (suscription biffée), minute non datée (38 v°);

A [Nicolas de Neufville, sieur] de Villeroy, minute non datée (38 v°);

Au connétable [Henri Ier, duc de Montmorency], Fontainebleau, 11 fév. 1599, copie (39); s. d. (59 et 59 v°); Monceaux, 28 sept. s. a. (59 v°); Fontainebleau, 3 avril 1602 (152);

A [Gabrielle d'Estrées], marquise de Monceaux, [1599], autogr. (40); — sans adresse, datées de Meulan, Marchenoy, Saint-Denis, Mantes, s. a., copies (47); et autogr., s. d. (55); — sous le nom de Madame de Monceaux, datées d'Amiens, Rennes, Fontainebleau, s. a., copies (57); — sous le nom de Mme de Liancourt, signée « Henri de Bourbon », copie (52); minute non datée (59);

A [Henriette de Balzac] d'Entragues, [marquise de Verneuil], Fontainebleau, 21 avril 1600, copie (42);

A [François] d'Entragues, Fontainebleau, 21 avril 1600, copie (42);

A Marie de Médicis, princesse de Toscane, Paris, 24 mai 1600, copie (43);

A la reine d'Angleterre [Élisabeth], s. d., copie (56);

Au comte d'Essex [Robert Devereux], s. d., copie (56);

Au chancelier [Philippe Hurault ?], minute non datée (60);

A M. de Fontrailles [Michel d'Astarac], minute non datée (60 v°);

A M. de Lussan, minute non datée (60 v°);

Au président [J.-A. de Thou], minute non datée (62 v°); Fontainebleau, 15 mai et 18 nov. s. a., autogr. (64 et 65); Verneuil, 28 janv., autogr. (66); au camp devant le fort Sainte-Catherine, 2 déc. s. a., autogr. (67);

A l'évêque d'Évreux [Jacques Davy Du Perron], Saint-Germain-en-Laye, 16 juillet [1597 ?], autogr. (63);

Au prince de Joinville [Charles de Lorraine, duc de Guise], Fontainebleau, 28 fév. 1602, copie (146);

Au duc de Mayenne, Fontainebleau, 3 avril 1602, copie (152);

A un correspondant non désigné, s. d., minute autogr., incomplète (154);

Au comte de Saint-Paul [François d'Orléans], Gaillon, 19 août s. a., autogr. (203); et 21 août 1603, copie (205);

Au maréchal [Charles] de [Cossé-] Brissac, Gaillon, 22 août 1603, copie (206) ;

Au maréchal de Brissac et à M. de La Rochepot [Charles d'Angennes], Rouen, 24 et 25 août 1603, copies (209 et 210) ;

A son « cousin » [le prince de Conti?], Folembray, 15 déc. 1595, copie (213).

Outre les lettres précédentes, ce volume renferme diverses pièces émanant de Henri IV : Harangue prononcée à l'Assemblée des notables de Rouen, 4 nov. 1596, autogr. (25) ; — « Responce du Roy à l'harengue de M^r l'évesque de Tours », copie (27) ; — Harangue prononcée au Parlement de Paris, 13 avril 1597 (le titre semble de la main de Sully) (28) ; — Autre harangue au Parlement, 21 mai 1597, autogr. (29) ; — Notes pour la rédaction de diverses lettres, Monceaux, 27 sept. 1598, de la main d'un secrétaire (33) ; — Instructions de Henri IV pour le règlement du différend entre le prince de Joinville [Charles de Lorraine, duc de Guise] et « M^r Le Grand » [le grand écuyer, Roger de Saint-Lary, duc de Bellegarde], autogr. (147) ; — Pièces relatives au différend entre le prince de Joinville et le comte d'Auvergne [Charles de Valois] (150) ; — Supplique adressée au Roi par le prince de Conti [François de Bourbon], en faveur du comte de Soissons, son frère (185).

Ce volume contient aussi des lettres adressées à Henri IV par les personnages suivants : [Charles de Bourbon], comte de Soissons, Troyes, 14 juin 1595, copie (19) ; s. d., copie (31 v°) ; Noyon, 29 juin s. a., copie (73) ; s. l., 19 juillet s. a., autogr. (77) ; s. d., autogr. (79, 81 et 83) ; — Marie de Médicis, alors princesse de Toscane, Florence, 25 juin 1600, autogr., en italien (45) ; reine de France, s. d., autogr., en français (68, 69 et 71) ; — Catherine de Navarre, duchesse de Bar, s. d., trente-quatre lettres autogr. (87-144, à l'exception du fol. 98, qui contient une lettre, également autogr. et non datée, de la même à [François] de Ségur-Pardaillan) ; — François d'Orléans, [comte de Saint-Paul], Paris, 17 août 1603, copie (202), et s. d., copie (204) ; — le maréchal de Brissac et M. de La Rochepot, Paris, 23 août 1603, orig. (207) ; — enfin, un projet de lettre au Roi, rédigé par Sully et remis à Marie de Médicis, Fontainebleau, 10 mai 1604, autogr. (70).

On remarque encore dans ce volume quelques lettres adressées au comte de Soissons [Charles de Bourbon], par les personnages suivants : Henri de Bourbon, [prince de Condé], Saint-Germain-en-Laye, 12 déc. 1595, copie (21) ; — [Henri Ier (?), duc de] Montmorency, Offémont, 17 déc. 1595, copie (21) ; — François d'Orléans, [comte de Saint-Paul], et H[enri] de Rohan, s. d., orig. signé (200) ; — et deux lettres de François d'Orléans, [comte de Saint-Paul], à M. de La Varenne [Guillaume Fouquet], Rouen, 25 août 1603, autogr. (211), et copie (212) ; etc.

La plus grande partie des minutes contenues dans ce volume sont de la main d'Antoine de Loménie, sieur de La Ville-aux-Clercs, secrétaire d'État.

XVIe et XVIIe siècles. — 213 feuillets. — « 1634 ».

408.

« Nicolai Rigaltii de rebus Galliæ, a fine Jac. Aug. Thuani, liber secundus et tertius. » — Copie de Jacques Dupuy.

XVIIe siècle. — 56 feuillets. — « 1634 ».

409.

« Advis, censures et lettres sur l'Histoire de Mr le Président de Thou. »

Ce volume contient, entre autres, les documents suivants : « Notes de Mr Du Plessis [-Mornay] sur le IIIe tome de l'Histoire de M. de Thou », copie de J. Dupuy (2) ; — « Notæ Karoli Clusii [le botaniste Charles de L'Escluse] » sur certains passages de l'Histoire de J.-A. de Thou, copie de P. Dupuy (12) ; — Notes de Joseph Scaliger sur l'Histoire de J.-A. de Thou (18) ; — Notes de Th. Godefroy, autogr. (20) ; — « Exemplar eorum quæ Gaspar Laurentius [Laurens], professor Genevensis, misit anno 1613... domino Thuano, quæ tamen ipsi non fuerunt reddita, sed in via substitere aut etiam excidere » (23) ; — Remarques sur l'Histoire de J.-A. de Thou, par Oswald Gabelkofer, docteur en médecine, historiographe du duc de Wurtemberg, en latin, autogr. (33) ; — Ode latine d' « Octavius Meninius », intitulée : *Scriptorum illustrissimi Thuani immortalitas*, copie de J. Dupuy (36).

Lettre latine de J.-A. de Thou au roi d'Angleterre Jacques VI,
Paris, pridie kal. jan. 1603 (38); réponse de Jacques VI, Westminster, 4 mars 1603, en français (99);

Lettres adressées à J.-A. de Thou, par Juste Lipse, Louvain,
6 id. nov. 1604, en latin (40); — par Frédéric [IV], comte palatin
du Rhin, Heidelberg, 10 déc. 1606, en latin (41); — par « M. Velserus » [Marc Welser], Augsbourg, 10 kal. nov. 1604, en latin
(42); — par le cardinal [Francesco] Sforza, Rome, 10 nov. 1606,
en italien (43); — par le cardinal Frédéric Borromée, Milan,
4 non. mart. 1608, en latin (46); — par « P[etrus] Denaisius », Spire,
postr. non. aug. 1605 (48), suivie d'observations peut-être autogr., en latin (49); — par Vincente Nogueyra, 28 sept. 1615,
en espagnol (50), et réponse de J.-A. de Thou, Loudun, pridie
kal. mart. 1616 (54); copies de P. et J. Dupuy;

Traduction française d'une lettre portugaise, écrite à J.-A. de
Thou par don Luis Lobo de Sylveira, Lisbonne, 7 juillet 1616 (59);
— Lettre d'Isaac Casaubon à [Simon] Goulart, Paris, 27 janv.
1606, autogr. (64);

« Censura in Jacobi Thuani Historiam Parisiensis editionis 1604 »,
par Antonio Caracciolo et le cardinal R. Bellarmin (66-67); —
« Editto del Maestro del sacro Palazzo », prohibant divers ouvrages, en particulier l'Histoire de J.-A. de Thou, Rome, 9 nov.
1609, en italien, in-fol., *impr.* (68); — Autre « editto », prohibant
les mêmes ouvrages que le précédent, plus quelques autres, Rome,
30 janv. 1610, en italien, in-fol., *impr.* (69); — Passages de l'Histoire de J.-A. de Thou notés par le cardinal [Arnaud] d'Ossat, autogr. (70);

Lettres autographes de J.-A. de Thou, à [Christophe] Dupuy,
Paris, 24 janv. 1604 (76); 25 fév. (77); 3 et 9 avril 1604 (79 et 81);
14 nov. s. a. (82); 10 fév. 1605 (85); vigile de Saint-Pierre [28 juin]
(87); Villebon, 20 sept. (89); Paris, 4 oct. (91); 29 déc. 1605 (93);
s. l., 12 fév. 1606 (94); Paris, 18 mars (98); 12 avril (100);
21 juillet (104); 14 août 1606 (105); 1er avril 1607 (108); 11 mai
1606 (110); 11 juin 1607 (111); 31 juillet 1607 (114); 15 déc. s. a.
(120); — et au cardinal [Jacques Davy] Du Perron, Paris, 12 juin
1606 (102); 31 juillet 1607 (115); 22 août [1607] (118); etc.

XVIIe siècle. — 121 feuillets. — « 1634 ».

410.

Copie du testament de Jean Poton, seigneur de Xaintrailles, maréchal de France (1461), d'après un vidimus, par Jean de Rivière, bailli de la vicomté de Brulhois, 22 mars 1508.

XVIe et XVIIe siècles. — 20 feuillets. — « 1650 ».

Les trois manuscrits numérotés 408, 409 et 410 sont reliés en un seul volume.

411.

Recueil de documents, émanant des rois de France, des empereurs d'Allemagne, des ducs de Lorraine, des comtes et ducs de Bar, des comtes de Champagne, des évêques de Verdun, etc., et relatifs au pays d'Argonne. (VIIIe-XVIe siècle.)

XVIe siècle. —209 feuillets. — « 1631 ».

412.

Recueil de pièces diverses, principalement relatives aux Finances de la France aux XVIe et XVIIe siècles, et à divers voyages en Orient.

On remarque dans ce volume les pièces suivantes : « Mémoire des charges et impositions levées par les roys de France sur le peuple depuis l'establissement de la monarchie », par [Nicolas] Vignier (3) ; — Extraits des mémoriaux de la Chambre des comptes, 1559-1563 (7) ; — Copies de lettres de Charles IX et de Catherine de Médicis, 1561-1563 (15) ; — Remontrances du président Fauchet sur le fait des monnaies, 1577 (22) ; — « Advis au Roy sur le faict de l'employ, ouvrages, achapt et vente de l'or et de l'argent qui est travaillé journellement en son royaulme de France, avec déclaration des abuz qui s'y commettent et des moiens pour y remédier », par [Alléon] Dulac, avocat en Parlement (24) ;

« Relation de l'espreuve faicte de nouveaux instrumens proposés

par Nicolas Briot, pour rendre à l'advenir les monnoies plus uni-
formes, faire cesser leur falsification et abreger par une seule façon dix-sept façons requises en celles du marteau, par le sieur
[Henri] Poullain », général des monnaies, 23 janvier 1617 (28) ; —
Mémoire anonyme, relatif aux monnaies et adressé à Henri IV, 1605,
(50) ; — Autre mémoire analogue, par Guillaume Hérail, de Mon-
tagnac en Languedoc, déc. 1605 (56) ; — « Articles accordez par le
Roy [Henri IV] au sieur Travault, du pays Messin...., moiennant
lesquelz il offre et promet establir .... dans le royaume ... l'invention qu'il a trouvé ... d'extraire l'or et l'argent de divers miné-
raux et métaux impurs, dont il y a plusieurs mines dans le
royaume..... », Paris, 26 janv. 1610, original (66), et copie (70) ;

« Relation, faicte par le sieur [François Savary, comte] de
Brèves, des costes et rivages de la comté de Provence, et de l'ad-
vantage que le Roy en peut tirer », 1608 (75) ; — Remontrance
des trois ordres à François Iᵉʳ, au sujet de l'inaliénabilité du duché
de Bourgogne (90) ; — Documents relatifs à la gabelle de Poitou
et à la production du sel (112 et 114) ;

Liste des évêchés et des archevêchés de France, en latin, Bordeaux, 1572, placard in-fol., *impr.* (120) ; — Notes sur le Tiers-ordre de Saint-François (121), et sur les revenus de l'Église de
France (122) ; — « Æstimatio Franciæ, data Karolo VII, regi Francorum, per Jacobum Cueur, Franciæ argentarium », en français
(123) ; — « Estat général des finances de France... », 1608, copie
de P. Dupuy (125) ; — Supplique du duc de Guise [Charles de
Lorraine] au Roi, au sujet de son office de grand maitre de France,
s. d., copie (133) ;

« Déclaration des noms et surnoms des prisonniers qui ont usé
du privilège Mʳ Sᵗ Romain et qui ont esté esleus par les doyen
et chanoines de l'église cathédralle Nostre-Dame de Rouan par les
années qui ensuivent.... », 1497-1607 (135) ; — « Michaelis Var-
ronis et Joannis Normandii Itinerarium [germanicum] », 1577-
1580 (141 et 144) ; — Notes sur la magie, en allemand et en latin
(154) ;

« Voyage d'un Moscovite [Evesko Petlin] par le pays de Tartarie
en Cathai, ou la Chine », 1620, copie de Th. Godefroy (155) ;

« Le pélerinage de Jehans Anderson de Constantinople vers la
Terre Saincte et vers Tripoly de Syrie, commancé le 14 de may 1601
et achevé le 14 d'aoust suivant » (163) ; — « Addition de ce que

remarqua Henry Tumberley, Anglois, en son voiage du Caire en
Égypte vers Hierusalem en 50 jours, en l'année 1601 » (178 v°);
le tout traduit « de l'anglois de l'édition [Samuel] Purchas [« His
pilgrimes »].... par le sieur Valois ».

XVI⁰-XVII⁰ siècle. — 182 feuillets. — « 1631 ».

413.

Recueil de copies de pièces diverses, relatives à l'histoire
politique de la FRANCE, principalement au XV⁰ siècle.

Parmi ces pièces, on remarque les suivantes : Documents politiques et généalogiques concernant le duché de Bourgogne (26) ;
le comté de Boulogne (28 v°) ; le royaume de Navarre (30); le duché d'Alençon (32) ; — Mémoires relatifs aux usurpations commises par le duc de Savoie sur les terres de l'archevêque et chapitre
de Lyon, en latin et en français (80 et 99 v°); — « Mémoire touchant le duché de Bar et de Lorrayne » (89 v°) ; — Traité d'alliance
conclu entre Charles VII et le duc Louis de Savoie, Cleppié en
Forez, 27 oct. 1452, en français et en latin (159 et 161) ; — Pièces
relatives au procès pendant entre les habitants de Chassy et les
habitants d'Aubigny, appelants du bailli du Mâconnais au Parlement, 1464-1469 (163) ; — Transformation du comté d'Artois en
apanage, au profit de Robert d'Artois, 1237 (175) ; — Privilèges des
foires de Brie et de Champagne, 1445 (?) (180; cf. fol. 16 v°), et
des foires de Lyon, 1462-1471 (202 v°; cf. fol. 17); — Confirmation des privilèges de la ville de Paris par Charles VIII, nov. 1483
(225) ; etc.

XVI⁰ siècle. — 250 feuillets. — « 1617 ».

414.

Mémoire sur les différentes MONNAIES ayant cours en
France, composé vers 1470. — Copie.

Au bas du fol. 1, de la main de P. Dupuy : « Mʳ Hullon m'a
donné ce livre. »

XVI⁰ siècle. — 196 feuillets.

415.

« Genève. — Vol. I. » — Recueil de documents concernant la ville de Genève. — Des origines à 1605.

On remarque dans ce volume les pièces suivantes : Notes sur l'histoire de Genève (3) ; — Vers de Joachim Du Bellay sur les Genevois (4) ; — Édits du petit et grand Conseil de Genève, 29 janv. 1568 (6) ; — « Sommaire discours des pretentions des très illustres ducs de Savoye sur la ville franche et impériale de Genève », de la main de N. Pithou (56) ; — « De la court des seigneurs, lieutenant et auditeurs du droict et somaire justice de Genève » (63 et 104) ;

Édits et ordonnances du Conseil de Genève, nov. 1539 (84) ; nov. 1557 (85) ; juillet 1556 (87) ; oct. 1557 (87 v°) ; juin 1558 (90 v°) ; fév. 1551 (96), etc. ; — Ordonnance relative au taux et à la visite du pain, 7 nov. 1560 (103 v°) ; — Taxe *maxima* des salaires (111 v°) ; — « Éditz et déclaration sur l'ordre et abbréviation de la justice », 12-15 nov. 1556 (121 ; cf. 170) ; — Ordonnance sur l'état de la médecine, chirurgie et pharmacie, 11 mai 1569 (125 v°) ; — Ordonnances relatives aux subhastations (131) ; aux actes publics, 25 août 1556 (135) ; aux orfèvres, changeurs, etc., 8 avril 1566 (136) ; sur l'élection des offices et officiers (140) ;

Arrêt du Grand Conseil, relatif à la succession de Jean Larchevesque le jeune, marchand de Rouen, réformé, qui s'était réfugié à Genève, Mantes, 11 janv. 1597, copie (178) ; — « Les cries faites en ceste cité de Genève, l'an mille cinq cens soixante », in-4°, *impr.* (190) ; — « Leges Academiæ Genevensis », Genève, Robert Estienne, s. d., in-4°, *impr.* (204) ; — Billet d'invitation aux obsèques de Théodore de Bèze, oct. 1605, en latin, in-4°, *impr.* (221) ;

« Récit sommaire de ce qui c'est peu descouvrir de l'entreprise dressée sur la ville de Genève d'en Champaigne », de la main de N. Pithou (222) ; — Lettre de Ducest [le jurisconsulte Pierre d'Airebaudouze du Cest] aux frères Pithou, Genève, 22 mars 1590, autogr. (223) ; — « Copie transcripte sur le discours de l'entreprinse faicte sur Genève par Son Altesse avec sa noblesse de Savoye et autres lieux, qui se doibt de brief exécuter le plus secrètement et

couvertement que faire se pourra », de la main de N. Pithou (228) ;
— « L'admirable délivrance de la ville de Genève », Montpellier,
Jean Gillet, 1603, in-4°, *impr.* (230) ; — « Exhortation de Ballart
estant sur l'eschafault », 8 mai 1582, la main de N. Pithou (234) ;
etc.

XVIᵉ et XVIIᵉ siècles. — 235 feuillets. — « 1628 ».

416.

« Antiens arrests du Parlement de Paris. » — Extraits des
Olim. (1256-1318.)

XVIᵉ siècle. — 270 feuillets. — « 1630 ».

417.

Mémoires et instructions des ducs de Lorraine, concernant leurs droits sur le duché de Bar et d'autres terres françaises. (1570-1594.)

Les documents contenus dans ce volume sont les suivants :
« Relation des raisons proposées de la part de Charles II, duc de
Lorraine, en l'an 1570, pour obtenir du roy Charles IX la jouyssance des droicts royaux au bailliage de Bar et ès prévostez de la
Marche, Chastillon-sur-Saône, Conflans-en-Bassigny et Gondrecourt,
par Jacques Bournon, procureur général au bailliage de Clermont-
en-Argonne, l'un des députez dudict duc Charles » (7) ; — « Instruction donnée de la part de Charles II, duc de Lorraine, ... au
sieur de Chastenoy, l'un de ses conseillers d'Estat, pour demander
secours d'argent à Philippes II, roy d'Espagne, pour faire la guerre
au feu roy Henry le Grand, à Nancy, l'an 1589, le 14 septembre »
(31) ; — Instruction du même « au sieur Voüé de Condé, son conseiller d'Estat et maistre des requestes ordinaires de son Hostel,
et son ambassadeur devers Philippes II, roy d'Espagne, à Nancy,
l'an 1591, le 16 janvier » (39) ; — « Remonstrance à Philippes II,
roy d'Espagne, en l'an 1591, pour et au nom de Charles II, duc
de Lorraine,... par Voüé de Condé... » (44) ; — « Sommaire de la
remonstrance aux Estats de la Ligue, tenus à Paris l'an 1594, de

la part de Charles II, duc de Lorraine, par aucuns appellé
Charles III .... » (52).

XVIIᵉ siècle. — 97 feuillets. — « 1635 ».

418.

Notes de P. Pithou, sur les limites de la Picardie, tirées
de divers documents originaux, diplômes, cartulaires, chroniques, etc.

XVIIᵉ siècle. — 50 feuillets. — In-4º.

419-420.

Lettres et dépêches de Gaspard Dauvet, comte des Marets,
ambassadeur en Angleterre, avec les réponses. (1615-1618.)
— Copies.

I (419). — De juillet 1615 à décembre 1616.
II (420). — De janvier 1617 à mars 1618.

XVIIᵉ siècle. — 137 et 175 feuillets. — In-4º. — « 1635 ».

421.

« Mémoires de la ville, conté et chastelenye de Corbeil.. ,
de la recherche de Mᵉ Jehan Delabarre, prévost dudict lieu. »

Au fol. 1, note de P. Dupuy : « Donné par l'autheur. »

XVIIᵉ siècle. — 152 feuillets. — In-4º.

422.

Mémoires sur les libertés de l'Église Gallicane (« Vol. II »),
et documents divers sur la Régale.

On remarque dans ce volume, outre de nombreuses notes de
Pierre Pithou (28-80, 87, 95), et de Théodore Godefroy (97-121),
les documents suivants : Lettre de Barthélemy de Chasseneuz,

[sire de Prelay], au chancelier [Antoine Du Prat], Aix, 5 avril 1535, orig. (122); — « Chefz et articles que fault avoir en considération pour l'intérination des facultez du légat et vice-légat d'Avignon au Parlement de Thoulouse », 1602 (124); — Lettre de l'archevêque d'Urbino [Giuseppe Ferreri], vice-légat d'Avignon, au cardinal [Jacques Davy] Du Perron, Avignon, 6 déc. 1607, autogr., en italien (126); — Lettres de Carlo de' Conti, évêque d'Ancône, vice-légat d'Avignon, au roi [Henri IV], Avignon, 23 juin 1600, orig., en français (128); 3 janv. 1601 (130); 31 août 1602 (132); — « Advis sur l'Assemblée du clergé à Chartres » (134);

« Remise de la régale faicte par le Roy [Louis VI, confirmée par Louis VII] à l'archevesque de Bourdeaux et à ses suffragans », « Parisius, in Palatio nostro », 1137 (139); — Actes analogues de Philippe-Auguste pour les évêchés d'Arras, 1203 (142), de Nevers, 1208 (143), et d'Auxerre, 1206 (164), copies de P. Dupuy; — Lettre de Henri [VI], roi d'Angleterre, à Jean Vivien, « prévost de Chablies en l'église St-Martin de Tours », portant que les procès relatifs à la régale ressortissent exclusivement au Parlement, Paris, 4 avril 1426, en français (145); — Notification, par Eustache de Lévis, archevêque d'Arles, et Julien de La Rovère, cardinal-évêque de Mende [plus tard pape sous le nom de Jules II], à la Chambre des comptes de Paris, d'une lettre adressée à l'archevêque d'Arles et à l'évêque de Fréjus [Urbain de Fiesque] par le roi Louis XI (Ousson, près Chinon, 29 sept. 1478), Rome, 22 mai 1479 (147);

« Factum pour Me Charles Aubery, ... chanoine en l'église de Dol, demandeur aux fins de maintenüe en la possession de ladite prébende en l'instance pendante au privé Conseil entre luy et Me Louis Le Moine, pourveu de ladite prébende en régale, défendeur », in-4°, impr. (149); — « Régale de Carcassonne, pour Me François de Roux, licentié en droict canon et civil, archidiacre en l'église cathédralle de Carcassonne, demandeur en régale, contre Me François de Siméon, pourveu par l'ordinaire, et Me François de Baud, indultaire », in-4°, impr. (153); — « Régale de Cahors, pour Maistre Louys Germain, bachellier en droict canon, archidiacre en l'église de Cahors, demandeur en régale, contre Maistre Anthoine de Vertamont, indultaire, et Maistre Guillaume Carbonnel, résignataire, défendeurs », in-fol., impr. (161); etc.

XVIe et XVIIe siècles. — 176 feuillets. — « 1635 ».

423.

Recueil de documents relatifs, pour la plupart, aux libertés de l'Église Gallicane. — « Vol. III ». — Copies; quelques originaux.

On remarque dans ce volume les pièces suivantes : Diverses bulles adressées aux rois de France par des papes du XIIIᵉ siècle (2) ;

Lettre de [Nicolas] Camusat à [Pierre] Dupuy, 9 oct. s. a., autogr. (8) ;

Lettres de Charles [IV le Bel], « apud Lantagiam », sept. 1322 (9), et de Philippe [V le Long], Saint-Germain-en-Laye, janv. 1317, affranchissant des serfs pour leur permettre d'entrer dans les ordres (10) ; — Lettre de Boniface VIII à Philippe le Bel, Reate, 8 kal. nov., anno 4º = 1298 [Potthast 24742] (11) ; — Bulle d'excommunication lancée par Paul II contre George Podiebrad, roi de Bohême, Rome, 18 kal. maii 1468 (15) ; — Pièces relatives à l'absolution octroyée à un meurtrier [Geoffroi Bedos], par un délégué du Saint-Siège, et à l'interdiction faite, sous peine d'excommunication, par ce commissaire aux officiers royaux, de poursuivre ledit meurtrier, s. d. (25) ;

Indults octroyés par Jules III à Henri II, s. d. (103), et par Paul III à François Iᵉʳ, Rome, 26 oct. 1533 (105), et relatifs à la nomination aux bénéfices vacants *in curia*; — Lettre des gens du Roi (Cappel, Thibault et Rémon) au chancelier [Antoine Du Bourg], pour lui demander la saisie de l'ouvrage intitulé : *Bulla cene Domini, glosé et commenté par maistre Pierre Rebuffi, docteur regent en decret en l'Université de Paris*, Paris, 27 mars 1536, orig. (107) ; — Lettre du « président de Provence » au Roi [François Iᵉʳ], Aix, 5 mars 1533, orig. (109) ; — Pouvoir donné par Henri II à [Claude] d'Urfé, ambassadeur à Rome, l'autorisant à s'opposer à l'élection d'un nouveau pape jusqu'à l'arrivée des cardinaux français (111) ;

Lettre de Christophe de Thou à la Reine [Catherine de Médicis], Paris, 24 mars 1562, autogr. (115) ; — Lettres du Roi [Henri III] et de la reine Catherine [de Médicis] à Paul de Foix, mars-avril 1575 (116) ; — Remontrance faite au Roi [Henri III] par l'évêque de Rimini [Giambattista Castelli], traduite du latin, 1576 (126) ;

Pièces relatives au différend de l'archevêque d'Aix [Paul Hurault de L'Hospital] avec le Parlement d'Aix, avril-mai 1601 (142) ; —

Arrêt du Conseil du Roi, suspendant l'arrêt rendu par le Parlement contre le *Tractatus de potestate summi Pontificis in temporalibus* du cardinal Bellarmin, 30 nov. 1610 (151); — Arrêt du Parlement de Provence, interdisant à tous imprimeurs de publier des almanachs non conformes au vieux calendrier, Aix, 4 nov. 1627 (153);

Thèses intitulées : *Centuria theorematum theologicorum pro schola D. Thomæ Aquinatis ac provincia Germaniæ inferioris Ordinis Prædicatorum*, à soutenir à Paris, le 29 mai, s. a., à l'assemblée générale de l'Ordre des Frères Prêcheurs, sous la présidence de « Thomas de Torres », premier régent de l'Université de Louvain, par « Franciscus Hyacinthus Choquetius, S. T. præsentatus et ejusdem Lovanii lector », in-fol., *impr.* (158); — Serment ordinaire des évêques de France et serment des évêques de Metz, Toul et Verdun (159); — Lettre dédicatoire de ses thèses de théologie au cardinal de Bérulle, par Pierre Potel, in-fol., mutilé, *impr.* (161); et rétractation de Pierre Potel (160); etc.

XVIe et XVIIe siècles. — 161 feuillets. — « 1635 ».

424.

« Theologica. — A. » — Recueil de lettres et de documents concernant la THÉOLOGIE et l'HISTOIRE RELIGIEUSE de la première moitié du XVIe siècle. — Nombreux originaux.

On remarque dans ce volume les documents suivants : Lettres de Philippe Mélanchthon à Guillaume Du Bellay, sieur de Langey, cal. aug. 1534, autogr. (6); 5 cal. sept. 1535, autogr. (25); — Lettre du même « ad quendam amicum, de dissensionibus ecclesiasticis », orig. (9); — Mémoire du même, sur la concorde véritable de l'Église, avec la souscription autogr. de Martin Bucer (29); — Autre mémoire sur la même question, par « Caspar Hedis, doctor Theologiæ, concionator ecclesiæ cathedralis Argentoratensis », Strasbourg, 28 août 1534 (37); — Lettre de Martin Frecht, professeur de théologie à Ulm, à Huldenrich, s. d., autogr. (46).

Lettres, presque toutes autographes, de « Conradus Friccius, Isnæ apud Algoicos a sacris concionibus » (47); — « C. Beruasius(?), scolasticus Memmingensis ecclesie, minister verbi » (48); —

« Petrus Lehman, doctor theologiæ, ecclesiastes Heilprunensis »
(49); — « Joannes Ungarus, Phorcensis ecclesiæ minister » (50) ;
— « Bonifacius Vicelius, Augustæ verbi minister », à Ulrich (?)
(51); — « Thomas Gasnerus, Lindoiensis ecclesie minister », au
même Ulrich (52); — Henri Bullinger et « Berditoldus Hallerus,
apud Bernates a contionibus sacris », à « Chelius », 17 janv. 1535,
de la main de Bullinger (53); — « Osvaldus Myconiz, minister
verbi apud Basileam », au même Chelius, Bâle, 29 janv. 1535 (55);
— « Ar. Federius » (?) à Jean Sturm, Strasbourg, 22 sept. 1535,
orig. (63);

« Loci communes ad sacrosanctum Eucharistiæ sacramentum
pertinentes » (64); — « Ratio rerum gestarum in comitiis Augustæ
Vindelicorum habitis pro religione christiana, anno Domini M. D.
XXX » (113); — « Confessio Schmalcaldie, principibus ac confe-
deratis exhibita, de potestate et primatu papæ et jurisdictione
episcoporum » (122); — « De confessione ministrorum ecclesiæ
Vilnensis, quam de cœna Domini conscriptam ad ministros eccle-
siarum Prutenicarum miserunt, eorundem ministrorum Pruteni-
corum sententia » (128); — « Summaria quædam eorum descriptio,
quæ cum Hadriano Haembstedio Londini sunt acta a trium eccle-
siarum Christi ministris, Germanicæ videlicet, Gallicæ et Anglicæ
Londinensis », Londres, 3 cal. jan. 1560 (132); — « Ritus obser-
vati circa baptismum in primitiva Ecclesia » (136);

Apologie de [Claude] Aubery pour ses *Apodicticæ orationes* sur
l'Épître aux Romains, en latin (140); — Documents, mémoires,
lettres, etc., concernant le différend soulevé entre Daniel Tilenus
et [Pierre] Du Moulin au sujet de la justification, 1612-1613 (144);
— Lettres de [Philippe de Mornay, seigneur] Du Plessis[-Marly]
et de [Daniel] Tilenus au comte de Laval [Gui de Coligny], lors de
sa conversion, Saumur, 19, nov. 1604 (170); Sedan, 29 nov. 1604
(171), et 20 janv. 1605 (172 v°) ; etc.

XVIᵉ et XVIIᵉ siècles. — 177 feuillets. — « 1628 ».

425.

Recueil d'INSTRUCTIONS DIPLOMATIQUES (« Vol. IV »), de CON-
TRATS DE MARIAGES et de TESTAMENTS. (1410-1623.) — Copies.

Les instructions contenues dans ce volume sont adressées aux

personnages suivants : Jean-Baptiste de Gondi, ambassadeur à Rome
et près divers princes d'Italie, 1588 (3 et 17) ; — [Philippe] Canaye,
sieur de Fresnes, ambassadeur à Venise, 1601 (29) ; — Bourdin,
envoyé à Raguse, mars 1602 (37) ; — [Louis de L'Hospital, mar-
quis] de Vitry, envoyé en Angleterre, août 1603 (39) ; — [Charles
de Choiseul, marquis] de Praslin, envoyé en Lorraine, fév. 1604
(41) ; — [Antoine Le Fèvre] de La Boderie, envoyé en Savoie, 1605
(45); — le sieur de Reffuge, ambassadeur en Hollande, nov. 1611
(47).

Les contrats de mariage sont passés entre les personnages suivants : Philippe de Commines et Hélène de Jambes, 27 janv. 1472
(72) ; — Bertrand d'Estissac et Catherine Chabot, 5 juillet 1506
(84) ; — Charles Chabot et Jeanne de Saint-Gelais, 6 juin 1506
(90) ; — François de Vienne, sieur de Pymont, d'Antigny et de
Ruffey, et Gillette de Luxembourg, 1532 (98); — Bernard d'Or-
nesan, baron de Saint-Blancard, et Philiberte d'Autun, 6 mai 1540
(102) ; — Henri de Montmorency et Marie de Rieux, 10 sept. 1608
(104); — Charles de Créqui, maréchal de France, et Françoise de
Bonne de Lesdiguières, 13 déc. 1623 (112).

On remarque encore dans ce volume divers documents relatifs
au procès en annulation de mariage intenté par Gabrielle d'Estrées
à Nicolas d'Amerval, sieur de Liancourt, 1594-1595 (116) ; — et les
testaments des personnages suivants : Louis de Luxembourg,
comte de Saint-Paul, connétable de France, Péronne, 24 nov.
1475, et codicille, Paris, 19 déc. 1475 (147); — Louis II, roi de
Sicile, Tours, 30 juin 1412 (151) ; — Louise Du Pont, vicomtesse
de Coetmur, femme de Pierre de Foix, vicomte de Coetmur, 17 déc.
1526 (157) ; — Louis de Bourbon, comte de Montpensier, 27 février 1571 (169) ; — [Hercule]-François, [duc d'Alençon, puis] duc
d'Anjou, 8 juin 1584 (189).

XVIᵉ et XVIIᵉ siècles. — 190 feuillets. — « 1635 ».

426.

Notes et extraits de divers ouvrages d'Histoire et de Droit,
par François Pithou. — Autographe.

Notes de droit romain (15), et de droit féodal (27) ; — « Cy com-

mencent les droictz et coustumes de Champaigne que le roy Thie-
bault estably l'an MCCXXIIII » (29) ; — Extraits de Philippe de
Beaumanoir (44) ; des Établissements de saint Louis (54) ; des
Assises de Jérusalem (55) ; des Mémoriaux de la Chambre des
comptes, 1420 (57) ; du « Livre à la reine Blanche », de Pierre de
Fontaines (62) ; des lettres d'Abbon de Fleury (108), et de Fulbert de
Chartres (110) ; du « de Miraculis », de Grégoire de Tours (113) ; de
l'Histoire de Flodoard (114 v°) ; de la chronique de Robert [Abo-
lant], moine de Saint-Marien d'Auxerre (123) ; des lettres de Servat
Loup, abbé de Ferrières (127), et d'Yves de Chartres (128) ;

Notes sur les règnes de Clovis (143) ; Childebert (144) ; Chilpéric (147) ; Charles le Bel (162) ; Charlemagne (163) ; Louis le Débon-
naire (165) ; Charles le Chauve (167) ; Louis d'Outremer (169) ;
Hugues Capet (171) ; Robert (173) ; Henri Ier (175) ;

« Valor decimarum omnium provinciarum et diocesium regni »
(195) ; — Noms des douze pairs, ducs et comtes (196) ; — Extraits
de Raoul le Glabre (202) ; etc.

XVIe-XVIIe siècle. — 246 feuillets. — In-4°.

427.

Procès-verbaux des assemblées tenues par les Réformés, à
La Rochelle, pendant les années 1620, 1621 et 1622.

XVIIe siècle. — 176 feuillets. — « 1635 ».

428.

Recueil de documents et de lettres, pour la plupart originales ou autographes, concernant l'histoire du Protestantisme, principalement sous les règnes de Charles IX et de
Henri IV.

Les lettres contenues dans ce recueil se divisent en deux parties :

1° Lettres originales de Charles IX à « M. de Cély » et « au premier président », c'est-à-dire à Christophe de Thou, Monceaux,
12 janv. 1569 (57) ; Joinville, 4 fév. 1569 (58) ; Plessis-les-Tours,

30 août, 23 et 29 sept. (59, 61 et 62) ; 9 oct. 1569 (64) ; Orléans, 20 juillet 1569 (60) ; camp de « Tonnéboutonne » [Tonnay-Bou tonne], 12 nov. 1569 (65) ; Fontainebleau, 24 mars 1573 (80) ;

2° Lettres originales ou autographes, adressées au roi de [Navarre, puis de France, Henri IV], par les personnages suivants : « le sieur de Cugy » au roi de Navarre, 29 déc. 1588 (122) ; — les maire, échevins, conseillers et pairs de La Rochelle, 3 août 1589 (124) ; — [Odet de] La Noue, Loudun, 16 août 1596 (130) ; — les députés des Églises réformées de France assemblés à Saumur, mars 1597 (132), et 2 mai 1597 (134) ; à Châtellerault, 20 juillet 1597 (136) ; — [Jacques-] A[uguste] de Thou et [Soffrey de] Calignon, Saumur, 22 janv. 1598 (138) ; — [Philippe] Canaye, [sieur] de Fresnes, Montpellier, 21 sept. 1598 (140) ; Castres, 2 mai (142), août (148), et 15 sept. 1599 (150) ; — [Anne de Lévis, duc de] Ventadour, Pézenas, 14 juin 1603 (164) ; Agde, 26 juin 1603 (166) ; certificat, Agde, 21 juin 1603 (167) ; — [Louis Lefèvre de] Caumartin, Montpellier, 11 janv. s. a. (172) ; — « ceux des églises de Montpellier, Nismes et Usèz », 12 janv. 1603 (176) ; — [Pons de Lauzières, marquis de] Thémines, Milhac, 6 sept. 1605 (184) ; Cahors, 2 oct. 1605 (192) ; — [Benjamin de Lescours, baron de] Savignac, Saint-Oradour, 27 sept [1605] (186) ; rapport du même, [15 sept. 1605] (189) ; — Jean-Louis [de Nogaret, sire] de Lavallette, duc d'Épernon, Orléans, 19 sept. [1605] (188);

Enfin, une lettre de Henri de Lorraine, [duc de Guise,] à « M. de Rancé, chevallier de l'Ordre du Roy et collonnel des légionnaires françois au pays de Champaigne », Paris, 31 août 1572 (78).

On remarque en outre, dans ce volume, les documents suivants : Articles arrêtés au synode de Paris, sur les fonctions des ministres réformés, 25 mai 1559 (5) ; — Édit de François II, Romorantin, mai 1560 (13) ; — Lettre de cachet adressée aux magistrats de toutes les villes du royaume, Soissons, 24 mai 1561 (17) ; — Remontrances du clergé de Paris au Roi [Charles IX], au sujet des Huguenots, 2 juin 1561 (19) ; — « Discours au vray et en abbrégé de ce qui est dernièrement advenu à Vassy, y passant Monseigneur le duc de Guise », 1562 (24) ; — Réponse des habitants de Rouen aux remontrances à eux faites de la part du Roi au sujet de la religion réformée, 20 oct. 1562 (33 et 34) ; — Relation de l'émeute de Toulouse, 1562 (36) ; — Déclaration du prince de Condé au Conseil privé, pour établir l'innocence de l'amiral Coligny dans

le meurtre du duc de Guise, 15 mai 1563 (42 et 43); et autres
pièces relatives à cette affaire, 1563 (48); — Relation de l'assemblée
des églises de Champagne, Brie, Picardie, Ile-de-France et Vitry-
le-François, tenue à La Ferté-sous-Jouarre, 1570 (66); — Or-
ponnance du comte de Durtal [François de Scepeaux, seigneur
de Vieilleville, maréchal de France], Charles Lamoignon et Nicolas Pothier, sieur du Blancmesnil, Troyes, 16 mars 1571 (68);

« Instruction pour Monsieur de Maniquet », envoyé vers les électeurs Palatin et de Saxe et vers le landgrave de Hesse, Amboise,
7 janv. 1572 (74); — Inscription composée sur l'ordre du cardinal
Charles de Lorraine et suspendue au-dessus du portail de Saint-
Louis-des-Français, à Rome, après le massacre de la Saint-Barthélemy, 6 id. sept. 1572, in-fol., *impr.* (79); — Réponse des
habitants de Bourges à des lettres du Roi, au sujet des troubles
religieux, 1576 (81); — « Advis de ceux du Tiers-Estat assemblez
avec les Estats généraux à Blois sur l'article de la religion »,
26 déc. 1576 (83); — « Remonstrance faicte au Roy par les depu-
tés de M. le duc de Casimir, peu auparavant son departement de
la France », 1577 (91); réponse du Roi [Henri III], Paris, 27 juillet 1576 (93 v°); — Traité de Bergerac, 17 sept. 1577, original
(95); — « Discours de la journée de Coutratz [Coutras] », 1587
(118);

« Acte du serement faict en l'assemblée des Églises de Languedoc, tenue en la ville de Montpellier, de la licence et auctoritté de
monseigneur le duc [Henri Iᵉʳ] de Montmorency, pair et connestable de France », 25 janv. 1594 (125); — Documents et lettres
concernant les relations du duc de Bouillon avec les protestants,
1603 (178); — Règlement général fait par les députés de l'assemblée de La Rochelle, 1621 (199); — « Extraict des registres
de Parlement » de Provence, portant défense à tous étrangers faisant profession de la religion réformée, de venir s'établir en Provence, sous peine de mort, Aix, 29 mars 1635, in-fol., *impr.* (212);
etc.

Plusieurs des pièces contenues dans ce volume portent des notes
autographes de Nicolas Camusat.

XVIᵉ et XVIIᵉ siècles. — 213 feuillets. — « 1635 ».

429.

Recueil de documents concernant l'histoire des relations de la Turquie, de la Perse et des États Barbaresques avec les puissances européennes et principalement avec la France. — Quelques originaux.

On remarque dans ce volume les pièces suivantes : Testament de Mahomet, en latin (3) ; — Mémoire adressé au Roi [Charles IX] par [François] de Noailles, évêque de Dax, ambassadeur en Turquie, sur l'alliance avec la Porte, avril 1572 (7) ; — Lettre du même à Arnaud Du Ferrier, ambassadeur à Venise, Constantinople, 3 juin 1574 (14) ; — Extrait d'une lettre du même à [Simon de Fizes, baron] de Sauves, Péra, 10 juin 1572 (14) ; — Notes diverses de Th. Godefroy, autogr. (15) ; — « Les raisons et utilité de l'intelligence des Roys de France avec les Grands Seigneurs, et de tenir des agents plustost que des ambassadeurs à Constantinople » (16) ; — « Traicté entre le Grand Seigneur et les consuls des Catelans et François pour le faict du commerce », 1528 (22) ; — Lettre du sultan à Henri IV (28) ;

« Recueil des traictez faictz entre les Rois de France et les Seigneurs empereurs des Turcz, ensemble des saufz-conduitz desdicts seigneurs, et confirmations d'iceulx par leurs successeurs, en faveur des subjectz du Roy et autres nations estrangères trafficquans ès pays de leur Empire sous la protection et banière de France », XVIe siècle (32) ;

Lettre de « Paulo Jovio » [Paul Jove], évêque de Nocera, au Roi [Henri II], sur la guerre avec les Turcs, s. d., original signé, en italien (73) ; — « Traduccio literarum Sulegman-beg, gabellarii quondam Constantinopolitano (*sic*), quas scribit ad matrem domini quondam oratoris Francie domini Johannis de Dolu propter debita », Constantinople, 7 sept. 1565 ; au bas : « traducta per me Murat-beg, interpretem invictissimi imperatoris Turcharum... » (77) ; avec l'original turc (78) ;

Lettre du sultan Sélim II à don Juan d'Autriche, avec une liste de présents, s. d. (79 et 81) ; — Réponse de don Juan (82) ; — Lettre [de Henri IV] au sultan Amurat III, au camp devant Rouen, 4 avril 1592 (85) ;

Remontrance faite au Sultan par [François Savary de] Brèves, ambassadeur de France, traduite en français et souscrite par F. de Brèves lui-même, oct. 1598 (87); — Capitulation obtenue du sultan Achmet à la suite de cette remontrance, 1603 (89); — Autre capitulation du même sultan, 15 fév. 1604 (91);

Discours prononcé par le baron de Salagnac [Jean de Gontaut], ambassadeur de France, devant le sultan Achmet, 1er mars 1605 (93); — « Rellation de ce qui s'est passé au baise-main de M. le baron de Salaignac, ambassadeur pour le Roy en Levant, le premier jour de mars 1605 » (101);

« Relation véritable de la vie et de la mort de Nassouf Bassa, 1614 », envoyée de Péra le 5 mars 1616 par le baron de Sancy [Achille de Harlay], ambassadeur de France (103); — Traduction italienne d'une lettre du sophi Abbas le Grand au « sultan de Malte », c'est-à-dire probablement au grand-maître des Hospitaliers [Alof de Vignacourt], 1615 (117); — Copie d'une lettre écrite au Père gardien des Capucins de Messine par le P. Pacifico dalla Scala, président des Capucins envoyés par le général de l'Ordre pour établir des missions en Turquie et en d'autres pays, Alep, 19 juillet 1627, en italien (119); — Envoi de cette lettre à un autre Père par fra Simone de Ferrare, 18 janv. 1628, en ital. (120); — Traduction des lettres écrites par le capitaine général des galions d'Alger, Mustapha, au duc de Guise [Charles de Lorraine] et à Samson Napolon, Bone, mai 1628 (121);

Nouvelles de Constantinople, 18 mars 1628 (123); — Conseil tenu à Rome par la Congrégation de la Propagande, au sujet de l'introduction du protestantisme à Constantinople, 13 nov. 1627, en italien (124); — Lettre de Gabriel Fernoux à M. d'Oppède [Vincent-Anne de Forbin-Mainier], premier président au Parlement de Provence, Le Caire, 20 nov. 1627 (125); — Lettre de M. de Césy [Philippe de Harlay], ambassadeur de France, sans adresse. Péra, 15 fév. 1632 (127); — « Relation de ce qui s'est passé ces jours passez au chasteau de Masseran [Masserano] », Turin, 1er mai 1632 (127 v°); — Nouvelles de Toulon, 17 avril 1632 (129), et de Constantinople, 17 déc., 14 mars et 26 mai 1632 (130 et suiv.), 11 janv. 1634 (135); — Acte de liquidation des dettes contractées « pour le bien du commerce », par M. de Césy, ancien ambassadeur à Constantinople, 1634 (137);

Procès-verbal de la publication du traité de paix conclu avec le

divan d'Alger par Samson Napolon, 1628 (139) ; — Traduction italienne d'une lettre écrite par le bassa de Tunis à Samson Napolon,
Tunis, 5 mai 1629 (149) ; — Traductions d'une lettre de Sidi Amoda,
premier secrétaire du divan et royaume d'Alger, à Samson Napolon,
fév. 1629 (151), et d'une lettre de l'aga des janissaires du Divan
d'Alger aux consuls et gouverneur de Marseille, mars 1629 (153) ;
— Notes sur Samson Napolon, nov. 1628 (155); etc.

XVIe et XVIIe siècles. — 164 feuillets. — « 1635 ».

430-432.

Recueil de documents concernant la LORRAINE. (1107-1635.)
— Copies.

I (430). — Droits des rois de France sur la Lorraine ; dénombrements; inventaires des archives de Lorraine (1107-1634). — On
remarque dans ce volume les pièces suivantes : Donation, par
la comtesse Mathilde, des villages de « Septiniacum » [Stenay] et
« Mosagium » [Mouzay] à l'église Notre-Dame de Verdun, « Villa
Turicella », 4 non. feb. [1107], suivie de la ratification de Pascal II,
s. d. (5);
Lettres patentes de Thibaut Ier, duc de Lorraine, Amance, 1er juin
1218, en latin (7) ; et de Ferry II, duc de Lorraine, s. l., « mardi prochain après la feste de Toussaincts » 1263 (9) ; Troyes, jeudi saint
1265 (11), toutes deux en français ; — « Examen » de ces trois
documents, « et que d'iceux l'on ne peut induire que le Roy ait
droict de souveraineté, de jurisdiction ou de féodalité au duché
de Lorraine » (13) ; — Foi et hommage fait au Roi [Charles V] par
le duc Jean [Ier], 23 sept. 1367 (19) ;
Lettres d'investiture, octroyées par Alphonse X, roi de Castille,
au duc Ferri III, Tolède, mars 1258 (21); — par l'empereur Sigismond au duc René d'Anjou, Bâle, 24 avril 1434 (23) ; — par
Ferdinand II au duc Charles III, Vienne, 6 août 1627 (25) ;
Acte de cession, par le duc Charles III à ses fils Charles et Nicolas-François, de ses droits aux duchés de Lorraine et de Bar,
Nancy, 26 nov. 1625 (29) ; — Donation, par le même, au cardinal
Nicolas-François de Lorraine, son frère, de ses duchés de Lorraine
et de Bar, Mirecourt, 19 janv. 1634, de la main de J. Dupuy (31) ;

« Dénombrements des villes, places fortes et seigneuries du duché de Lorraine, du temps de Charles III, duc de Lorraine, en l'an 1631 » (33); — « des villes, chastellenies et prevostez du duché de Bar et du marquisat de Pont-à-Mousson, du temps de Louys, cardinal et duc de Bar, en l'an 1419... » (34); — « des villes, chastellenies et prevostez tenües d'ancienneté par les comtes et ducs de Bar. . » (37); — « des villes, chastellenies et prevostez qui sont d'ancienneté mouvans des eveschez de Metz, Toul et Verdun... » (38); — « des bailliages, prevostez et jurisdictions qui ressortissoient par appel, en l'an 1625, à la cour des Grands Jours de Saint-Miel ou Saint-Michel » (39 v°); — « des terres et seigneuries de surséance ès confins de Champagne, Lorraine et du comté de Bourgogne, dont il y a contention et débat entre les rois de France, les rois d'Espagne, comme comtes de Bourgogne, et les ducs de Lorraine, pour la souveraineté et la foy et hommage » (41);

« Des droicts et justes prétentions du Roy sur plusieurs terres et seigneuries tenües par le duc de Lorraine » (45); — Droits du Roi sur les châtellenies de Neuchâteau-sur-Meuse, Châtenois, Montfort, Frouard, la moitié de Grand et Passavant-en-Vosges (53), et sur la ville d'Épinal (55);

Mémoire sur les Grands Jours de Saint-Mihiel (59); — Contrat d'échange passé entre le cardinal Charles de Lorraine, évêque de Metz, et le duc Charles II, pour la ville de Marsal et divers villages, Nancy, 14 déc. 1593 (65); — « Privilèges de l'ancienne chevalerie de Lorraine et de leurs Pairs », de la main de P. Dupuy (71); — « Que la jurisdiction des assises de Lorraine est une usurpation faicte par la chevalerie du païs sur les droits du Prince... » (73); — Acte de protestation de Bertrand Le Hongre, procureur général de Lorraine, contre les prétentions de la chevalerie de Lorraine, Nancy, 18 mai 1562 (79); — Harangue du sieur de Ligniville, grand-prévôt de Remiremont et de Saint-Georges de Nancy, au duc Charles IV, le jour de son entrée solennelle à Nancy, 1er mars 1626 (87); — Trève de quinze mois conclue entre le duc [Charles II], la ville de Metz et le pays messin, 26 27 sept. 1590 (89);

« Des bienfaicts que ceux de la maison de Lorraine ont receu des rois de France depuis le roi Louys XII, et de leurs machinations et rebellions contre les dicts Rois et la maison royale » (95); — Alliances entre les maisons de France et de Lorraine, depuis

1513 (99) ; — Considérations sur le traité de Joinville de 1584 (104) ;
« Notes sur ce qu'a escrit [Scipion] Dupleix pour le regard de
la Lorraine, dans l'Histoire du roi Louis XIII » (106) ; — Notes sur
quelques passages de l'Histoire de J.-A. de Thou, relatifs à la Lorraine (108) ;

Lettres de Louis [XIII], commettant à Gobelin, intendant de
justice en l'armée royale, et à [Théodore] Godefroy, le soin de dresser l'inventaire des Archives des ducs de Lorraine, conservées au
château de La Mothe, Chantilly, 17 août 1634 (110) ; — « Inventaires des registres des titres de Lorraine et du Barrois, qui se
trouvent au Trésor des chartes de Lorraine, au Palais, à Nancy »
(112) ; « des layettes, sacs et registres des titres et chartes de Lorraine et du Barrois, qui se trouvent au Trésor des chartes, au
Palais, à Nancy » (116) ; (au fol. 137, note de Th. Godefroy) ; « des
coffres, sacs et paquets transportés de La Motte à Nancy » (138) ;
— Procès-verbal relatif à l'ouverture du Trésor des chartes de
Lorraine, 23 oct. 1634 (146).

II (431). — Contrats de mariage, testaments et partages. (1540-
1632.)

Contrats de mariage, entre René de Chalon, prince d'Orange, et
Anne de Lorraine, fille du duc Antoine, 1540 (3) ; — François,
marquis de Pont-à-Mousson [plus tard duc sous le nom de François Ier], et Christine de Danemark, veuve du duc de Milan [Fran-
cesco-Maria Sforza], Ratisbonne, 20 mars 1540 (9) ; — Guillaume II,
duc de Bavière, et Renée de Lorraine, fille du duc François Ire,
Vienne, 8 juin 1567 (11) ; — Éric, duc de Brunswick, et Dorothée
de Lorraine, sœur du duc Charles II, Nancy, 30 nov. 1575 (20) ; —
Ferdinand Ier, grand-duc de Toscane, et Christine de Lorraine,
fille du duc Charles II, 13 juin 1589 (23) ; — Maximilien de Bavière,
[plus tard premier Électeur], fils aîné du duc Guillaume II, et
Élisabeth de Lorraine, fille du duc Charles II, 14 août 1594 (29) ; —
François de Lorraine, comte de Vaudemont, [plus tard duc sous le
nom de François II], fils du duc Charles II, et Christine, fille de
Paul, comte de Salm, Nancy, 12 mars 1597 (39) ; — Jean-Guillaume, duc de Juliers, et Antoinette de Lorraine, fille du duc
Charles II, Dusseldorf, 11 juin 1599 (45) ; — Charles de Lorraine,
prince de Vaudemont [plus tard duc sous le nom de Charles III],
et Nicole de Lorraine, fille du duc Henri II, 22 mai 1621 (55).

Testaments des ducs de Lorraine : Charles Ier, 13 janv. 1424
(60) ; — René II, 21 juillet 1486 (68), et 25 mai 1506 (70); avec l'acte
des trois États des duchés de Lorraine et de Bar, déclarant le duc
Antoine hors de tutelle et curatelle, et approuvant le testament du
duc René II, 13 fév. 1508 (74) ; — Antoine dit le Bon, Bar-le-
Duc, 11 juin 1544 (78) ; — Charles II, Nancy, 22 janv. 1606 (82);
— François II, Nancy, 10 oct. 1632 (84).

Actes de partage et de supplément de partage, passés entre le
duc Charles Ier et Ferry Ier, comte de Vaudemont, « le jeudy après
feste Sainct-Gregoire » 1390 (89); — entre Antoine le Bon et son
frère Claude de Lorraine, duc de Guise, Bar-le-Duc, 27 oct. 1530
(91) ; — entre Charles II et son oncle Nicolas de Lorraine, comte
de Vaudemont, Nancy, 7 janv. 1562 (95).

III (432). — Traités et documents divers (1632-1635). — Copies.

On remarque dans ce volume les pièces suivantes : Traités
conclus par le Roi [Louis XIII] avec le duc Charles [III], Vic,
6 janv. 1632 (3) ; Liverdun, 26 juin 1632 (22); Nancy, 6 sept., et
Charmes, 20 sept. 1633 (37); — Lettres du Roi [Louis XIII] au
comte de Soissons [Louis de Bourbon], Sainte-Menehould, 18 juin
1632 (7), et Saint-Mihiel, 20 juin 1632 (9); Liverdun, 26 juin 1632
(26); — Lettres, commissions, pouvoirs, etc., du roi Louis [XIII],
1632-1633 (11-20, 28-31, 64, 69, 105);

« Extraict des registres de Parlement », portant interdiction aux
sujets du Roi, notamment à ceux des Trois-Évêchés, de porter les
armes pour le duc de Lorraine, Metz, 19 sept. 1633, in-fol., *impr.*
(46); — « Relation de ce qui s'est passé touchant le traicté faict avec
M. le duc de Lorraine [Charles III] pour le dépost de Nancy », 1633,
copie de P. et J. Dupuy (47); — Lettres contre le Roi [Louis XIII],
adressées par le duc Charles [III] aux clergé, noblesse et Tiers-État
de Lorraine, « Cophten », 1634 (58), et Besançon, 8 juin 1634 (62); —
« Articles accordez par Monseigneur le Mareschal [Jacques-Nompar
de Caumont, duc] de La Force, lieutenant-general de l'armée du
Roy, avec les sieurs de Steinville, Prinssy et Sainct-Ouin », au
camp devant La Mothe, 26 juillet 1634 (66); — « Extraict des registres de Parlement », portant annulation du mariage de Gaston
d'Orléans avec Marguerite de Lorraine, sœur du duc de Lorraine
Charles [III], 5 sept. 1634, in-fol., *impr.* (68); — Pièces relatives
au Conseil souverain établi à Nancy, oct. 1634 (71-79);

« Extraict des registres du Conseil souverain », interdisant, sous peine de mort, à toutes personnes de troubler à l'avenir les prières faites pour le Roi [Louis XIII] dans les églises de Nancy, 17 nov. 1634, in-fol., *impr.* contresigné : Colbert (82) ; — Édit de Louis [XIII], ordonnant qu'il soit procédé, dans les duchés de Lorraine et de Bar, à l'assiette et imposition des « conduitz et impotz » pour l'année 1635, Saint-Germain-en-Laye, 20 nov. 1634, in fol., *impr.* (83) ; — « Extraict des registres du Conseil souverain », ordonnant que, dans les quinze jours, les ecclésiastiques, gentils-hommes, nobles et officiers demeurant dans le bailliage de Nancy, la ville y compris, et qui, depuis l'établissement du Conseil souverain, n'ont pas prêté le serment de fidélité au Roi, viendront à la chambre dudit Conseil prêter le serment, Nancy, 29 nov. 1634, in-fol., *impr.* contresigné : Colbert (84) ; — « Déclaration du roy Louis [XIII], concernant les charges de prevostz, gruyers, recepveurs, cy-devant attribuez aux gouverneurs et capitaines des places de Lorraine et de Bar », Nancy, 1634, in-8°, *impr.* contresigné : Colbert (85) ; — « Lettres patentes et provisions du Roy [Louis XIII], par lesquelles Sa Majesté ordonne et constitue Monsieur le comte de Brassac gouverneur et son lieutenant-général ...tant en son Conseil souverain estably à Nancy qu'au Parlement de S. Mihiel.... », Nancy, 1634, in-8°, *impr.* (89) ; — « Extrait des registres de Parlement », protestant contre les agissements du Conseil souverain de Nancy et du Parlement de Paris, et interdisant aux habitans de Remiremont et d'Épinal de « relever » leurs appels ailleurs qu'à la cour de Metz, Metz, 24 nov. 1634, in-fol., *impr.* contresigné : Fillotte (94) ; — « Extraict des registres du Conseil souverain de Nancy », revendiquant pour ce Conseil le droit de juridiction en appel sur Remiremont et Épinal, Nancy, 22 déc. 1634, in-fol., *impr.* (95) ; — « Lettre du Roy [Louis XIII], escrite à messieurs du Conseil souverain estably par Sa Majesté en sa ville de Nancy, pour la restitution des grains receus ou pris par les capitaines et gouverneurs de places au païs de Lorraine », Nancy, 1634, in-8°, *impr.* (96) ;

« Déclaration du Roy [Louis XIII], pour le restablissement des coustumes et ressort de la chastellenie de Neuf-Châtel sur Meuse..... », Nancy, 1634, in-8°, *impr.* contresigné : Colbert (100) ; — « Extraict des registres du Conseil souverain », ordonnant que tous les tabellions du duché de Lorraine prendront dorénavant la qualité de tabellions royaux et se serviront du sceau royal aux armes de France, Nancy, 22 déc. 1634, in-fol., *impr.* (103) ; — Autre extrait des mêmes registres, ordonnant aux supérieurs de toutes les maisons religieuses de la ville de Nancy de venir en la chambre du Conseil et d'amener avec eux tous leurs religieux qui n'ont pas encore prêté serment de fidélité au Roi, Nancy, 30 janv. 1635, in-fol., *impr.* (104) ;

« Relation de ce qui s'est passé entre l'armée du Roy, commandée par Monsieur le Mareschal [Jacques-Nompar Caumont, duc] de La Force, et celle du duc Charles [III] » (107) ; — « Response à la chanson que les Lorrains chantent en public dans Nancy » : « Traistres, hypocrites Lorrains,.... » (109) ; — « Pouvoir donné par le Roy [Louis XIII] à Monseigneur le Prince [Henri II de Bourbon, prince de Condé], pour commander en ses pays et armée de Lorraine », Saint-Germain-en-Laye, 26 avril 1635, in-4°, *impr.* (111) ; — Autre pouvoir analogue, Paris, 16 avril 1635, in-4°, *impr.* (115) ; — « Déclaration du Roy [Louis XIII], pour les contributions du païs de Lorraine à l'entretenement des trouppes de Sa Majesté, et pour la recherche de ceux qui ont intelligence avec le duc Charles [III] », Saint-Quentin, 11 mai 1635, in-fol., *impr.* (117) ; — Ordonnance du duc Charles [III], enjoignant à tous ses vassaux et sujets de la Lorraine et du Barrois de prendre les armes contre les Français dans un délai de dix jours, Ramberviller, 25 août 1635 (118) ; etc.

XVII° siècle. — Trois volumes. — 147, 108 et 119 feuillets. — « 1635 ».

433.

Recueil de documents relatifs au duché de Bar. (1409-1633). — Copies.

On peut signaler dans ce volume les pièces suivantes : Accords conclus entre Édouard, marquis de Pon-à-Mousson, [plus tard duc de Bar sous le nom d'Édouard III], et Robert de Bar, sire d'Oisy, son neveu, Paris, 8 avril 1409 (5) ; et entre le roi Louis [XI] et Louis, cardinal de Bar, [évêque de Châlons], Paris, 5 mai 1429 (19) ;

Projet de traité entre François Ier et Antoine, duc de Lorraine, Romilly près Troyes, avril 1539 (23) ; — Procès-verbaux de la conférence tenue à Sainte-Menehould entre les commissaires du Roi [Henri II], Guibert de La Plastière, sieur de Bourdillon, et Pierre Séguier, — et ceux du duc de Lorraine [Charles II], 1551 (32 et 47) ; le premier de ces procès-verbaux a été rédigé par P. Séguier, le second par Dominique Champenois, sieur de « Neuflotte », l'un des députés de Charles II ;

Procès-verbal des remontrances faites en 1570 au Conseil d'État, au nom de Charles II, duc de Lorraine, avec la réponse de [Gui Du Faur] de Pibrac, premier avocat général du Roi [Charles IX] au Parlement de Paris, rédigé par Jacques Bournon, procureur général au bailliage de Clermont en Argonne et l'un des députés du duc (73) ;

« De la nullité du testament de René, duc de Lorraine, faict à Louppy, l'an 1506, pour ce qui concerne la substitution de ses descendants masles à l'infiny, qu'il prefère aux filles et autres femelles plus proches, en la succession des duchez de Lorraine et de Bar, et comme il y a esté dérogé et contrevenu par le dict René et ses descendans » (90 et 94) ;

« De la nullité des traictez et declarations des rois Charles IX et Henry III avec Charles II, duc de Lorraine, ès années 1571, 1572, 1573 et 1575, par lesquels ils luy ont octroyé, et à ses descendants masles et femelles, la jouyssance de tous droicts royaux et de souveraineté au bailliage de Bar et ès prevostez de la Marche, Chastillon, Conflans et Gondrecourt » ; documents relatifs à cette question (102) ; — Note de Th. Godefroy (154) ; etc.

XVIᵉ et XVIIᵉ siècles. — 164 feuillets. — « 1635 ».

434.

Recueil de documents concernant la maison de Bourbon, de 1425 à 1608 environ. — Copies ; quelques originaux.

On peut signaler dans ce volume les pièces suivantes :
Ratification par Charles de Bourbon, comte de Clermont, et sa mère, Marie de Berry, duchesse de Bourbonnais, du traité de mariage de ladite Marie avec Jean Iᵉʳ de Bourbon, Moulins, 13 août 1425 (2) ; — Donation du comté de Gien à Charles d'Anjou, comte du Maine, par le roi Charles VII, Montauban, fév. 1443 (6) ; —

Lettres de Pierre de Bourbon, sire de Beaujeu, où il s'oblige à exécuter les clauses contenues dans le traité de mariage conclu entre
lui et Anne de France, Jargeau, 3 nov. 1473 (12); — Donation de
la haute et basse Marche et de Montaigut en Combraille, faite à
Pierre de Bourbon, sire de Beaujeu, par Louis XI, Arras, sept. 1477
(16); — Donation du comté de Gien à Anne de France par
Louis XI, Thouars, déc. 1481 (20); — Réunion de la vicomté de
Châtellerault à la Couronne, Plessis-les-Tours, déc. 1482 (22);

Lettres patentes de Jean II, duc de Bourbonnais et d'Auvergne,
concernant l'administration de la justice dans ses domaines, Moulins, 4 avril 1486; confirmées par Pierre, son frère, Montils-les-
Tours, 16 déc. 1491 (28); — Lettres de François Ier, relatives à
l'administration de la justice dans le duché de Bourbonnais, Ar-
genton, mars 1531 (33); — Testament du duc Charles de Bourbon, connétable de France, 1er juillet 1521 (36); — Donation faite
au duc Charles de Bourbon par Anne de France, duchesse de Bourbonnais, Chantelle, 1er juillet 1521 (39); — Autre acte analogue,
Chantelle, 26 oct. 1522 (45);

Transactions passées entre François Ier et Louise de Savoie, au
sujet de la succession de la maison de Bourbon, château de La
Fère-sur-Oise, 25 août 1527 (49); — entre les mêmes et Antoine,
duc de Lorraine, au sujet de la baronnie de Mercœur, 1er juin-
20 juillet 1529, 1532-1534 (57 et 75);

Réunion des duchés de Bourbonnais, Auvergne et Châtelle-
rault, etc., à la Couronne, Dieppe, janv. 1531 (69); — Lettres de
François Ier, transférant le comté de Montpensier, le dauphiné
d'Auvergne, etc., à [Louis de Bourbon], prince de La Roche-sur-
Yon, et à sa femme Louise de Bourbon, Blois, août 1538 (83); —
Transaction passée entre François II et Louis de Bourbon, duc de
Montpensier, Orléans, 27 nov. 1560 (91; cf. 111);

Révocation, par Catherine de Bourbon, sœur de Henri IV, de la
promesse de mariage par elle faite à Charles de Bourbon, comte
de Soissons, Fontainebleau, 8 sept. 1593, orig. (115); — Déclaration analogue de Charles de Bourbon, comte de Soissons, Anguien,
23 fév. 1594, orig. (116);

Copie authentique, sur parchemin, du contrat de mariage de
Catherine de Bourbon, sœur de Henri IV, et de Henri de Lorraine,
duc de Bar, château de Monceaux, 5 août 1598 (119); — Traité de
mariage conclu entre Philippe-Guillaume de Nassau, prince

d'Orange, et Éléonore de Bourbon-Condé, Orange, 3 juillet 1606 (123); — Codicille de Henri de Bourbon, duc de Montpensier, 13 févr. 1608 (129); etc.

XVIᵉ et XVIIᵉ siècles. — Papier et parchemin. — 130 feuillets. — « 1635 ».

435.

Recueil de documents relatifs à la principauté de Sᴇᴅᴀɴ et au comté de Gᴜɪsᴇ, de 1259 à 1633 environ. — Copies; quelques originaux.

On peut signaler dans ce volume les pièces suivantes : Mémoire pour démontrer que Sedan, Raucourt et Jametz ne sont pas terres souveraines (3); — Accord passé entre Henri [de Gueldre], évêque élu de Liège, et Th[omas de Beaumetz], archevêque de Reims, Francheval, octave de la Pentecôte 1259 (9); — Acte d'échange conclu entre Charles V et Richard [Picque], archevêque de Reims, et concernant Vailly, Mouzon et Beaumont, Paris, 23 juin 1379 (12); — Lettres patentes de Charles VII, octroyant à Jean de La Marck, seigneur de Sedan, l'autorisation de terminer les fortifications de cette ville, Saint-Pourçain, nov. 1456 (21);

Lettres de François Iᵉʳ au gouverneur de Mouzon, lui enjoignant de contraindre tous ceux qui dépendent de ce fief à lui prêter « les foy et hommage, payer les droits et devoirs, et bailler les adveu et denombrement », « Carrière », 29 mars 1518 (25); — Autres lettres patentes du même, au sujet de Sedan, Romorantin, 14 fév. 1520 (29); — Établissement, par François Iᵉʳ, de douze garnisons sur la frontière et dans les villes et places de Champagne, Meudon, 16 juillet 1537, original (31);

Conclusions du procureur général G[illes] Bourdin contre la duchesse de Bouillon, orig. sur parchemin (33); — « Coppie des contratz d'eschange et contreschange faict entre le Roy notre sire [Henri II] et mestre Robert de La Marck... », 1547 (37);

Décision du Conseil d'État, tenu à Rouen le 20 juin 1588, au sujet de la demande de lettres de marque et représaille, introduite par trois marchands de Lyon contre les habitants de Sedan, de la main de Th. Godefroy (61); — Nombreuses lettres de Henri IV et Louis XIII, concernant la ville et principauté de Se-

dan, de 1596 à 1633 environ (65 et suiv.) ; — « Discours du duché
de Buillon et du rang des ducs de Buillon en France. M. DC.
XXXIII », par [Christophe] Justel, in-4°, *impr.* (108) ;

Contrats de mariage de Louis, duc d'Anjou, et de Marie de
Bretagne, août 1360 ; de Charles d'Anjou, comte du Maine, et
d'Isabeau de Luxembourg, 1443 ; de Charles d'Anjou, comte du
Maine, et de Jeanne de Lorraine, 21 mars 1473 ; cette copie a été
faite sur un extrait exécuté à la demande du duc de Guise [Fran·
çois de Lorraine], 1534 (142) ;

Donation, par Charles VIII, à Jean d'Armagnac, duc de Nemours,
et à Louis d'Armagnac, comte de Guise, des comtés de Guise-en-
Thiérache, de Noyon, Châtellerault, La Ferté-Bemard, etc., Paris,
29 mars 1491 (190) ; — Érection du comté de Guise en duché-
pairie, par François Ier, Saint-Germain-en-Laye, janv. 1527 (200) ;
— Ratification de l'acte d'acquisition de l'hôtel de La Rocheguyon,
rue Barbette, « joincte à présent avec l'hostel de Guise », 1559-
1560 (204) ;

Érection du comté d'Aumale en duché-pairie, par Henri II,
Reims, juillet 1547 (219) ; — Érection de la baronnie de Joinville
en principauté, par Henri II, Joinville, avril 1551 « avant Pasques »
(221) ; etc.

XVIe et XVIIe siècles. — Papier et parchemin. — 228 feuillets. — « 1635 ».

436.

Recueil de documents relatifs à l'histoire d'ALLEMAGNE
(« Vol. IIII »), de 1299 à 1635 environ. — Copies.

On peut signaler dans ce volume les pièces suivantes : Donation, par l'empereur Albert Ier d'Autriche, à son fils aîné Rodolphe et à Blanche, sœur de Philippe le Bel, à l'occasion de leur
mariage, du duché d'Autriche, de la Styrie, de la Carniole, de la
Marche et de Pordenone, ainsi que du comté d'Alsace et de la
terre de Fribourg en Suisse, 1299 (5) ;

Discours du cardinal [Reginald] Pole à Charles-Quint, pour l'ex-
horter à la paix, Melun, 5 avril 1554, en français (7) ; — Réponse
de l'empereur Maximilien II aux ambassadeurs de Charles IX,
1568 (20) ; — Lettre de Wolfgang [von Dalberg], archevêque de
Mayence, au chapitre de la cathédrale de Metz, 1582, en latin (24) ;

Lettre de Sigismond Bathori, prince de Transylvanie, à l'empereur [Rodolphe II], « Alba Julia » [Gyula-Fehérvár], 4 juin 1602, en latin (36) ; — Transaction passée entre Rodolphe II et son frère Mathias, roi de Hongrie et de Bohême, Prague, 21 août 1611, en espagnol (44) ; — Traité conclu entre Jacques Ier, roi d'Angleterre, et plusieurs princes allemands, pour la conservation des duchés de Juliers, Clèves, Berg, etc., Wesel, 28 mars 1612, en français (52) ; — Contrat de mariage de l'électeur palatin Frédéric V avec Élisabeth, fille de Jacques Ier d'Angleterre, Westminster, 17 nov. 1612, en latin (56) ; — Propositions faites par l'empereur Mathias à la diète de Ratisbonne, 13 août 1613 (62) ;

Acte de dépôt, entre les mains de Louis XIII, par l'électeur de Trèves Philippe-Christophe [von Soetern], des forts d'Ehrenbreitstein et de Philippsburg, Ehrenbreitstein, 9 avril 1632 (70; cf. 72) ; — Protestation et requête adressée aux ambassadeurs de Louis XIII par l'archevêque de Trèves, 20 sept. 1632 (74) ; — « Lettera dell' A. G. C. B. sopra li presenti affari di guerra dopo la morte del re di Suetia [Gustave-Adolphe] », 1623 (76) ; — Renouvellement du traité d'alliance entre Louis XIII et Christine de Suède, Heilbronn, 9 avril 1633, en latin (82) ; — Extrait du traité conclu entre Christine de Suède et les princes protestants allemands contre Ferdinand II et les princes de la Ligue Catholique, Heilbronn, 13 avril 1633, en français (86) ;

« Nº 28. Extraordinaire du xxix mars M. DC. XXXIV », contenant des nouvelles de la guerre d'Allemagne et de la prise du fort des Trois-Rois par les Hollandais à Rio Grande (supplément de la *Gazette* de Renaudot), in-4°, *impr.* (90) ; — Nº 22, du 16 mars 1634, « contenant la mort du Walstein », in-4°, *impr.* (94) ; — Nº 25, 23 mars 1634, « contenant la vie du Walstein », in-4°, *impr.* (96) ; — Nº 21, 13 mars 1634, contenant des nouvelles d'Allemagne, in-4°, *impr.* (106) ;

Récit de la conspiration du duc de Friedland [Wallenstein] contre Ferdinand II, Vienne, 4 mars 1634, en français (92) ; — « Relatione della morte di Alberto duca di Fridlandt, conte di Valstain,... havuta per lettere certe dalla corte Cesarea », Rome, 1634, in-4°, *impr.* (98) ; — Portrait de Wallenstein, par Jean Comin, graveur hollandais, dédié à Nicolò Ludovisi, prince de Venosa et de Piombino, texte entièrement gravé, daté de Naples, 25 avril 1634, in-fol. (102) ; — Trois épitaphes latines de Wallenstein (103) ;

Lettres de Jean-George Ier, duc de Saxe, au chancelier Oxenstiern, 17 mars 1634 (108) ; — du roi de Danemark [Christian IV] au même, s. d., et à la diète de Francfort, s. d. (108 v°) ; — de l'empereur Ferdinand II au duc de Lorraine Charles III, Elbersdorf, 17 oct. 1633 (109) ; toutes en français ;

Remontrances des députés de l'électeur de Saxe [Jean-George Ier] à la diète de Francfort, 3 mai 1634, en français (112) ; — Remontrances de l'ambassadeur extraordinaire de France [Manassès de Pas], sieur de Feuquières, à la diète de Francfort, 21 juin 1634 (116) ; — Traité conclu entre les princes confédérés d'Allemagne et le roi [Louis XIII], Francfort-sur-le-Mein, 10 sept. 1634 (124) ; — Traité de paix signé entre l'empereur [Ferdinand II] et l'électeur de Saxe [Jean George Ier], Prague, 30 mai 1635 (12⁸) ; — Lettre de Ferdinand II à son ambassadeur à Rome, Bade, 8 juin 1635, en latin (132) ; — Paix conclue entre l'empereur [Ferdinand II] et l'électeur de Saxe [Jean-George Ier], 30 mai 1635, traduit en français par « Monsieur de Lisle » (138) ; etc.

XVIe et XVIIe siècles. — 145 feuillets. — « 1635 ».

437.

« Sommaire discours qui monstre la source et occasions de la discorde et querelle cy-devant advenues entre ceux de l'ancienne et illustre maison de La Mirande [La Mirandole], et à qui le droict appartient. »

Armoiries dessinées à la plume (3, 3 v° et 4), et table généalogique (4 v° et 5). — A la fin de la préface (fol. 2 v°), on a ajouté un nom : « I. Carbonel, 1573 », qui est peut-être celui de l'auteur.

A la fin du volume (fol. 46 et suiv.), copies, d'une main italienne, de documents relatifs aux Pic de La Mirandole, de 1168 à 1432.

XVIe siècle — 71 feuillets.

438.

Recueil de documents relatifs à la Compagnie de Jésus, de 1552 à 1633. — Copies ; quelques originaux.

On peut signaler dans ce volume les pièces suivantes : Nombreux extraits des registres du Parlement de Paris concernant les Jésuites, 1552 (15) ; 1560 (19 et 21) ; 1565 (29) ; 1595 (40) ; 1598 (50) ; 1603 (60) ; 1604 (64), etc. ;

Lettre de [Jacques de Goyon, comte de] Matignon, au Roi [Henri III], Bordeaux, 2 août 1589, orig. (31) ; — Réponse de F. de Bord, recteur du collège des Jésuites de Bordeaux, au maréchal de Matignon, 1589, orig. (35) ; — « Responsa R. P. N. Generalis, xixᵃ januarii 1591, ad memoriale quod congregatio Aquitaniæ misit proponendum eidem R. P. N. », avec la traduction française (36) ;

Lettre de C., patriarche d'Alexandrie, nonce en Espagne, au cardinal Aldobrandini, Madrid, 1ᵉʳ avril 1597, en italien, orig. (46) ; — Arrêt du Parlement, contre les *Trois discours pour la religion catholique*, du jésuite Louis Richeome, 14 nov. 1597 (48) ; — Lettre du recteur et du syndic des Jésuites de Bordeaux au Roi [Henri IV], Bordeaux, 14 juillet 1598, orig. (54) ; — Lettre d'Alexandre George à « Mgr de Chasteauneuf, gouverneur du Lymosin, à Chasteauneuf », Agen, 10 sept. 1599, orig. (56) ; — Lettre de « Combort » et « Chateauneuf » au Roi [Henri IV], Comborn, 18 sept. 1599, orig. (58) ; — Lettre de Muzio Vitelleschi, général des Jésuites, au doge de Venise [Alvise Priuli], Rome, 4 sept. 1621, en italien, copie de J. Dupuy (68) ; — Documents relatifs au jésuite Ambroise Guiot, 1625 (72) ;

Remontrance de l'Université de Paris au Roi [Louis XIII], signée : J[ean] Tarin, recteur, s. d., copie (80) ; — Pièces, dont une de la main de Michel de Marillac (86), concernant la condamnation des chapitres 30 et 31 du livre du jésuite Antonio Santarelli, intitulé : *Tractatus de hæresi et de potestate Summi Pontificis*, 1626 (82) ;

Procès-verbaux des assemblées tenues par les évêques, à Paris, en février et mars 1633 (100, 110, etc.) ; — Lettres des évêques de France au Pape [Urbain VIII], au sujet des livres publiés en Angleterre contre l'ordre des évêques, Paris, 15 déc. 1632, en latin (118) ;

Pièces relatives au procès pendant entre les Feuillants de Paris et l'abbaye cistercienne de Notre-Dame-du-Val, au diocèse de Paris, 1611-1628 (120) ; etc.

XVIᵉ et XVIIᵉ siècles. — 172 feuillets. — « 1635 ».

439

Recueil de PLAIDOYERS et de FACTUMS, de 1572 à 1612 environ.

Ce volume contient les pièces suivantes : Plaidoyers prononcés par Simon Marion, pour la communauté des procureurs du Parlement, en présence de Charles IX et de Catherine de Médicis, au Louvre, août 1572 (5 et 29); — pour les habitants de Chaumont-en-Bassigny contre François de Luxembourg, comte de Roussy (15); — pour la ville de Riom contre la ville de Montferrand (23); — pour le chapitre de Saint-André de Chartres contre les religieux de Saint-Père-en-Vallée (25); — pour l'Université de Paris contre le fermier général des cinq grandes fermes unies, 1587, in-4°, *impr.* (37);

« Plaidoier de M. Anne Robert pour dame Charlotte de Nassau, princesse en Aurange, dame de La Trimoille, mère et tutrice de Guy, conte de Laval, de La Trimoille, duc de Touars, son fils, defenderesse, contre dame Anne d'Allègre, dame de Fervaques, demanderesse », in-4°, *impr.* (41); — Factum pour les créanciers de la feue Reine [Catherine de Médicis] mère du feu Roi [Charles IX], défendeurs, contre la Reine [Marguerite de Valois], demanderesse et opposante (71); — « Factum des griefs de l'Université de Paris en la cause des recteur, doyens... de ladite Université, et maistre Adrian Behotte..., contre maistre Louis Bretel... », in-4°, *impr.* (77);

Factum pour Henri de Noailles, conseiller du Roi, bailli et gouverneur au haut pays d'Auvergne, appelant, contre Henry de La Tour, duc de Bouillon, maréchal de France, vicomte de Turenne, intimé (83); — « Factum pour M⁰ Charles Faye, conseiller au Parlement de Paris, prieur du prieuré de Lihons en Sangterre......, contre M⁰ Bertrand Le Prevost...., appellant comme d'abus de deux sentences de l'abbé chef d'Ordre de Cluny », in-4°, *impr.* (93); — Factum « pour messire Jehan, comte de Salm, inthimé, contre Antoine Bohier, sieur d'Orfueil, appellant », 1578, in-4°, *impr.* (125);

« Factum pour maistre Antoine Picard, advocat en la Cour, fils et heritier de feu maistre Jacques Picard, vivant seigneur de Retheuil en Valois,... contre les religieuses et convent de Sainct-Jean au Bois, appellantes... », in-4°, *impr.* (132); — « Factum pour les general, ministres et religieux de l'Ordre de la tres-saincte Trinité, dits Mathurins, fondé en France pour la redemption des captifs, demandeurs, contre les provincial, religieux et convents de la Mercy, fondés en Aragon, defendeurs », in-4°, *impr.* (136); — « Moyens pour maistre Louys de Rumet, docteur regent en theologie, archiprèstre et curé de Sainct-Severin, assisté de messieurs les cardinaux, receus parties au procés, contre maistre Antoine Heu, assisté du recteur de l'Université de Paris, aussi reçu partie au procés », in-4°, *impr.* (140).

XVIe et XVIIe siècles. — 143 feuillets. — « 1635 ».

440.

Recueil de documents concernant le DAUPHINÉ, AVIGNON et la principauté d'ORANGE, de 1343 à 1630 environ. – Originaux et copies.

On peut signaler dans ce volume les pièces suivantes : Notes de [Jean] Du Tillet et de Pierre Dupuy sur le Dauphiné (3) ; — Acte de cession du Dauphiné à Philippe, duc d'Orléans, fils puîné de Philippe de Valois, par le dauphin de Viennois Humbert II, 31 juillet 1343 (5); — Traité de Romans, cédant le Dauphiné à Charles de France, fils de Jean, duc de Normandie, 30 mars 1349 (27); — Cession des comtés de Valentinois et de Diois au roi Charles VI par le comte Louis II de Poitiers, 1404, et documents relatifs à cette cession (49); — « C'est l'effaict du traicté nouveau contre M. le comte de Vallantinois d'une part et Messire Guillaume Seguier, chevalier, seigneur de Beaucayre, pour et au nom du Roy nostre sire et de Monsieur le Dauphin d'autre part, sur le transport desdits comtez », 19 juillet 1417 (69) ;

Analyse d'actes de la Chambre des comptes de Dauphiné, relatifs à la rivière de Guyer, 1354-1559 (89); — Remontrance des consuls et habitants de Grenoble au Roi [Charles IX], au sujet de l'Université fondée en cette ville par le dauphin Humbert en 1339, s. d., orig. (96) ; — Extraits des registres du Parlement et de la Chambre des comptes siégeant à Romans, déc. 1590-janv. 1591 (97); — Onze « factums pour la ville de Grenoble, contre plusieurs se pretendans exempts du payement des charges publiques comme les autres roturiers et taillables de Dauphiné, au prejudice de l'Ar-

rest donné par le Roy [Henri IV] en son Conseil, entre les trois
Ordres de ladicte Province, le quinziesme avril 1602 ; et responces
faites par Sa Majesté, pour l'interpretation dudict Arrest, sur le
Cayer à elle presenté par ceux du Tiers Estat dudit pays, le vingt-
huictiesme avril 1603, par lesquels ont esté condemnez au payement desdites charges.... », in-4°, *impr.* (119) ; — Lettres du Parlement de Dauphiné au Roi [Henri IV], Grenoble, 24 juillet 1604,
orig. (143) ; — « Roolle du logement à Bourgoin de Messieurs de la
noblesse de Viennois, Grisivodan, Saint-Marcellin et Le Buis en
Dauphiné, arrivés audit Bourgoin les 5ᵐᵉ, 6 et autres jours suivants
du mois de septembre 1630, et c'est suivant l'ordre de Mgr le
comte de Soissons [Louis de Bourbon] » (145) ;

« Articles présentés au Roy [Henri IV], de la part des trois Estatz
du pays de la conté de Venaissin, par le sieur de Caderousse, chevallier de l'Ordre de Sa Majesté, leur depputé », avec les réponses
du Roi, Monceaux, 11 août 1596, orig. (158) ; — Lettre des
consuls d'Avignon au Roi [Henri IV], 7 mars 1602, orig. (160) ; —
Lettre au Roi [Henri IV], Aix, 3 mai 1606, orig. (162) ; la signature
a été enlevée ; — Lettre de [Henri Iᵉʳ, duc de] Montmorenci, connétable de France, au Roi [Henri IV], Pézenas, 11 déc. 1606, orig.
(163) ; etc.

XVIᵉ et XVIIᵉ siècles — 169 feuillets. — « 1635 ».

441.

Recueil de documents relatifs à Nice, Villefranche, etc., et
au duché de Savoie. (1325-1634.) — Copies.

On remarque dans ce volume les pièces suivantes : « Memoire
à... (*sic*) des choses que MM. de Berry [Jean] et de Bourgongne
[Philippe le Hardi] ont en charge de dire à Mgr le conte de Savoye
[Amédée VII]. » 1390 (3) ; — Mémoire « pour monstrer à MM. de
Berry et de Bourgongne et les informer briefvement du droit que
le Roy de Secile [Louis II d'Anjou] ha ès terres de Nice avec ses
appartenances, lesquels le conte de Savoye [Amédée VII] tient
occupées de fait et sans juste tiltre » (7) ; — « Memoire sur la response faicte par M. de Savoye [Amédée VII] aux imbasseurs de
MM. de Berry et de Bourgongne » (9) ;

Contrat de vente du « castrum Candarase », situé dans la viguerie de Nice, par Paul Chabaud de Nice, aux fondés de pouvoirs de Robert, roi de Jérusalem et de Sicile, 25 avril 1325 (11) ; — Contrat de vente des juridiction et consulat de Villefranche au sénéchal de Provence et de Forcalquier, 14 oct. 1326 (15) ; — Nomination, par le roi Robert, de « Bertrandus de Baracio » en qualité de gouverneur du château de Nice, avec l'inventaire des objets renfermés dans le château, Aix, 3 déc. 1341 (29) ; — Nomination de « Angelus de Lambertis » aux fonctions de gouverneur du château d'If, Sisteron, 14 mai 1373 (35) ; — Ratification, par Jeanne Iʳᵉ, comtesse de Provence et reine de Naples, de l'affermage de la gabelle de Nice à « Luguetus de Girardinis de Pistorio » et à ses associés, « in castro Ovi prope Neapoli », 26 oct. 1378 (39) ; — Assignation de pension sur la gabelle de Nice, faite par Jeanne Iʳᵉ au profit de « Guido de Romolis », 1378-1380 (41) ; — Cession faite par François Iᵉʳ à son oncle Charles [III], duc de Savoie, de ses droits sur le comté de Nice et la seigneurie de Verceil, s. d. (45) ;

« Demandes faictes en l'an 1562 par les commissaires deputtez du Roy [Charles IX] à ceulx de M. le duc de Savoie [Emmanuel-Philibert] en la ville de Lion, suivant et pour l'accomplissement du traicté de paix [de Cateau-Cambrésis] de l'an 1559 » (47) ; — Lettre adressée au Roi [Henri IV] par « Digaix », ministre protestant, à « Villar au val Lucerne », au nom des « peuples des vallées Lucerne, Perouse et S. Martin, qui sont à la Religion reformée », Villar au val Lucerne, sept. 1593, autogr. (51) ;

« Mémoire touchant la préséance de Venise et Savoye » (54) ; — « Copie du contract de mariage de Louis XI, roy de France, et de Charlotte de Savoye, prise sur l'original en parchemin », 1451 (64) ; — Lettre du duc de Savoie [Victor-Amédée Iᵉʳ] au duc de Feria, 1632, en italien (76) ; — Lettre de [Abel] Servien au grand chancelier du Montferrat, 20 mai 1631 (78) ; — « Mémoire de la demande faicte à M. de Savoye [Victor-Amédée Iᵉʳ] par M. Servien, ambassadeur extraordinaire du Roy [Louis XIII] en Italie, le 12 oct. 1631, après le retour de MM. les ministres de Sa Saincteté, contenant les raisons qui ont obligé Sa Maiesté de prendre ceste résolution » (82) ; — Traité conclu à Saint-Germain-en-Laye, entre le Roi [Louis XIII] et le duc de Savoie [Victor-Amédée Iᵉʳ], 5 mai 1632 (106) ;

Formule du serment de fidélité prêté par les habitants de Pignerol devant Jean d'Estampes, Valençay, le 11 nov. 1632, en italien (112) ; — « Capitoli della pace fatta tra il duca di Savoia [Victor-Amédée Ier] e la republica di Genova », publiés par le cardinal Ferdinand, infant d'Espagne, 1634, in-4°, *impr.* (114) ; — Lettre de [Abel] Servien sur Pignerol, Turin, 14 nov. 1632 (122) ; — Déclaration du roi d'Espagne [Philippe IV], au sujet du traité conclu à Madrid, le 27 nov. 1631, entre le duc de Savoie [Victor-Amédée Ier] et la république de Gênes, Milan, 9 mars 1634, en espagnol (124) ; etc.

XVIe et XVIIe siècles. — 133 feuillets. — « 1635 ».

442.

Mémoire tendant à établir les droits de Catherine de Médicis sur le royaume de PORTUGAL. — Dédié à la Reine-Mère ; non signé (1582).

XVIe siècle. — 117 feuillets. — In-4°. — « 1654 ».

443.

Recueil de mémoires relatifs à l'histoire d'ITALIE et de CONSTANTINOPLE au commencement du XVIIe siècle. — En italien.

Ce volume contient les pièces suivantes : « Compendio della monarchia del Messia, e delle ragioni del Dominio ecclesiastico capo e di tutti principi membra sue » (2) ; — « Relazione della corte et governo di Roma, e de riti, ordini et precedenze che in essa si osservano », par Girolamo Lunadoro (130) ; — « Conclave di papa Urbano ottavo » (222) ;

« Relatione dell' Illmo Bon, tornato bailo de Constantinopoli » (236) ; — « Instrutione di Horatio Perinelli all' Illmo et Ecc^{mo} sig^r Marchese di Fontanai [François Duval, marquis de Fontenay-Mareuil], ambasciatore .. di Sua M^{tà} Christ^{ma} [Louis XIII] presso il... papa Urbano ottavo » (303).

XVIIe siècle. — 309 feuillets. — In-4°. — « Jacq[ues] Dupuy. — 1654 ».

444-447.

Histoire des plus illustres Favoris anciens et modernes, par Pierre Dupuy (publiée à Leyde, Jean Elzevier, 1659, in-4°). — Ms. autographe.

I (444). — Apelle (8); Hermias (22); Séjan (31); Perennis et Cleander (59); Plautien (70); Rufin et Eutrope (76); Rufin, Stilicon et Eutrope (85); Constantin de Mésopotamie (96); Théodore Metochita (104); Nassouf-Bassa (121).

II (445). — Maio, grand amiral de Sicile sous le roi Guillaume (8); Philippe la Catenoise ou de Catane, sous la reine de Naples Jeanne Ire (34); Nicolas Gara, palatin de Hongrie (48); Francesco Coppola, comte de Sarno, et Antonello Petrucci (66); Georges Martinusius, cardinal hongrois, 1552 (98).

III (446). — Alvaro de Luna, connétable de Castille (8); Roderic Calderon (113). — A la fin : « Histoire admirable, et declin pitoyable advenu en la personne d'un favory de la cour d'Espagne » [Roderic Calderon], Paris, 1633, in-4°, *impr.* (124).

IV (447). — Hugues de Beauvais (8); — Pierre Brosse (12); — Enguerrand de Marigni (17); — Pierre Landais (27); — Pierre de Gaverston (46); — Hugues Spencer ou le Despensier (56); — le duc d'Irlande, sous Richard II d'Angleterre (66); — Thomas Wolsey, cardinal-archevêque d'York (78); — Robert Car, comte de Sommerset (104); — David Riz, Piémontais, sous Marie Stuart (116).

XVIIe siècle. — Quatre volumes. — 142, 132, 131 et 127 feuillets.

448.

« Histoire véritable de la condemnation de l'ordre des Templiers », par Pierre Dupuy (publiée à Bruxelles, 1751, in-4°). — Suit, au fol. 27, l' « Histoire générale du Schisme qui a esté en l'Église depuis l'an 1378 jusques en l'an 1428 », par Pierre Dupuy (publiée à Paris, 1654, in-4°), avec des notes sur le même sujet (23 et 26). — Copies.

XVIIe siècle. — 54 feuillets. — « 1618 ».

449.

Recueil de textes grammaticaux, littéraires et historiques, en grec et en latin, copiés ou annotés par Claude et Pierre Dupuy, Pierre Pithou, Nicolas Rapin, Claude Saumaise, etc.

On remarque dans ce volume les pièces suivantes : « Leges XII Tabularum » (7) ; — « Leges regiae et leges X.virales, J. Lipsii opera studiosè collectae », avec dédicace autogr. d'André Schott à Jacques Bongars, Anvers, Plantin, 1576, in-4, *impr.* (9) ; — « Fragmenta Enniana quædam », de la main de P. Dupuy (23) ; — Épigrammes grecques (24 et 26) ; — Copie d'une longue inscription grecque en vers élégiaques, conservée au palais Grimani, près de Santa Maria Formosa, à Venise : Φράζε τίνος... (25) ; — Épigrammes grecques traduites en vers latins (27) ; — Épigrammes latines : *Cleopatra picta*, etc., de la main de P. Dupuy (28) ;
« Historiæ Julii Cæsaris fragmentum ex v[eteri] c[odice] » (29) ; — « Fragmenta Mæcænatis » (35) ; — « Epigrammata nonnulla e græco » (39) ; — Énigme en vers grecs : Ἰουλιανοῦ δυσεβοῦς αἴνιγμα εἰς τὸν κοντοπάκτην (42 v⁰) ; — Fragment poétique latin, avec collation marginale à l'encre rouge, inc. : *Tu forte in lucu lentus....* ; expl. : *rectis objectibus urgens* (43) ; — « Versus quidam ex ms. Martialis, quos in Museio D. [Melchioris] Guldasti [ab Heiminsfeld] ex ejus lib. describsi [Francofurti] feb. 25 die Jovis » : « *Versus Odonis Magdunensis* »; « *De puella duodecenni quæ jam biennium perstat sine cibo et potu vivere ad confluentem Vigenniæ, anno sal. M. VI. C. I.* », etc.; à la fin, signature : « N. Rapinus P. » (44) ; — « Ex egloga quadam » : *Nympha sed umbriferam postquam secessit ad oram...* (46) ;
Épigrammes et inscriptions latines, tirées « ex vetusto ms. codice »; inc. : *In nocte prandes, in nocte, Turgide, cœnas...*(48) ; — « Lamentatio Argiæ »(48 v⁰); — « Ex v[eteri] c[odice], in quo breviatio canonum Ferrandi et Cresconii » : *Marcellina, tuos cum vita resolverit artus...*(49); — « Ambrosius Mediolanensis episc. Satyro fratri cariss. juxta S. Victorem martyrem tumulato epitaphium scripsit hoc » (49 v⁰) ; — « Constantinæ Constantini f. versus scripti in absida basilicæ quam condidit in honorem S. Agnetis » (49 v⁰); — « Ex ms. cod. Senecæ declamatoris » : *Dux et summe pater...* —

« Etymologia Mediolani, ex eod. ms. codice » (50 v°); — « Veneris sacri fragmentum », avec collation marginale; à droite, de la main de P. Dupuy : « Imposture » : *Nemo tentis mentulis det...* (52);

« Ex veteri cod. Cujacii, quæ reperi etiam apud Gnosium, inquit Stephanus Claverius in suo Claudiano, incerti auctoris », pièces de vers latins intitulées : « De lavacro; — de vinalibus, — de Cythera; — de Isidiæ navigio; — de Dulcio; — de Cerco; — de Aquila; — de Marte; — de Baccho; — de Hyppopotamo; — ad Maximum » (53-54) ; — Autre copie des mêmes épigrammes, peut-être de la main d'Étienne de Clavière (55);

« Tragoedia Medea, cento », suivie de diverses épigrammes : « Adlocutio sponsalis; — de uvis; — de Libero patre », etc. ; — à la fin : « titulus centonum qui in eodem libro continentur »; brève description du ms. utilisé par Saumaise, et date : « Divione, idibus aprilis CIƆ IƆ CXIII » (56-61) ; — « Versus in laudem solis », avec quelques variantes marginales de P. Dupuy (62);

Épigrammes et inscriptions latines, copiées par Pierre Pithou « ex v[eteri] c[odice] Franc. Jureti » : *Virginis insano Julianus captus amore...*; — « aliud ex eodem v. c. » : *Ova parit cignus, palus excipit, alnus obumbrat...*; — « in marmore apud forum Romanum » : *Restitutori urbis Romae adque* (sic) *orbis....*; — « obelisco Caii in Vaticano » : DIVO CAESARI... (62 v°);

Élégies latines intitulées, : « Incerti invitatio amici ad convivium; — senis poetae ad puellam; — puellae responsio; — de Philomela; — de quodam milite, qui perditum equum ingenio repperit » (63);

Fragments de poètes latins anciens, Actius, Calvus, Néron, Turnus, Valgius, Mécène, de la main de P. Pithou (65); — « Ad finem ludi Senecæ, in vet. ex. C. »; inc. : *Ille ego Pannoniis quondam notissimus oris.....* (66);

Inscriptions funéraires métriques de Turin et de Rome, parmi lesquelles une « ex veteri lapide in hortis Caroli Scalæ, Romæ » : *Pater mi et genitrix germana, oro atque obsecro...*; de la main de P. Pithou (66);

« Sulpicii Luperci Servasti junioris de cupiditate »: *Heu misera in nimios hominum petulantia census...*, provient de J.-J. Scaliger (67); — « Epitaphium Maiorani imp. apud Ennodium » (68); — « Vetus exemplar Cluniacense, quo usus est P. Faber, V. C., etiam epitaphium Sidonii habet ad finem » : *Sanctis contiguus sacroque patri*....; et notes diverses, de la main de P. Pithou (68);

Inscriptions de Naples (église de S. Agostino) : *Quot lacrymas moriens...*; (hôpital des Incurables) : *Quæ mihi debebas...*; — et de Rome (Sant'Onofrio) : *Si fructus propria* (?) *subdit de germine tellus...* (69); (fontaine de S. Maria del Trastevere) : *Quod... facilem producit marmore somnum...* (70); (baptistère de St-Jean de Latran) : *Insons esse volens...* (70); — Notes de P. Pithou (73);

Inscriptions latines d'Espagne, copiées par P. Pithou : « Castulo Beticæ, hodie Cazlina in Andaluzia » : *Iratus recoli quod nobilis ira Leonis...*; — Tarragone : *Hoc rudis aurigæ requiescunt membra sepulchro...*; — Peñaflor : Q. MARIVS OPTATVS. *Heu juvenis tumulo qualis...*; — Tarragone : *Factionis Venetæ fusco sacravimusaram...* (71);

Inscription latine de Rome, « in ædibus Atilii Delphinii » : *Undis cyaneis donum placabile fecit...* (ex Aldo in Cæsare); de la main de P. Pithou (72); — Petit cahier presque entièrement écrit de la main de P. Pithou et contenant des inscriptions et des épigrammes latines, parmi lesquelles on remarque les suivantes : IVNONI ARDEATINAE. *Digne digniloquoeis picturis condecoravi...*; — PRIAPO. *Villicus ærari quondam, nunc cultor agelli...* (74); — « Gerberti, episcopi Ravennatis, post pontificis Romani, de Boetio, sub Ottone III. imp. » : *Roma potens, dum jura suo declarat in orbe..* (75 v°); — IVLIA. QVVINCTI RANCI FILIA; inc. : ˙*iberti Proti quoi fatum grave...* (77); — M. AEMILIVS. M. F. IANVARIVS. CATILIAE. MARCIANAE. CONIVGI; inc. : *Invide, quid gaudes ? illa hic mihi mortua vivet...* (79); — RVSTICELLA. M. L. CYTHERIS; inc. : *Quandocumque levis tellus mea contegit ossa* (80); — GERVNTIO ET CONSTANTIO PATER INFELIX; inc. : *Vos equidem, nati, cælestia regna videtis...* (82); — PONTIS VIAE SALARIAE; inc. : *Quam bene curvati directa est semita pontis...*(83); — PETRONIO ANTIGENIDI; inc. : *Tu pede qui stricto pergis per senta viator...* (84); — d'une autre main que celle de P. Pithou : « Epitaphium Constantinæ Mauritii imp. uxoris et liberorum »; inc. : *O ego mille modis regum miseranda duorum...*, suivi du texte grec, d'après Zonaras : Ἀ δ'ἐγὼ ἡ τριτάλαινα... (85), etc.;

Inscriptions latines douteuses de Rome et de Pesaro communiquées à P. Pithou par Claude Binet : (Rome, Mont Cœlius), inc. : *Hic jacet in medio quæ concidit Angela partu...*; (Rome), inc. : *Me mihi subripuit contraria flamma sororum...*; « marmori inscriptus »; inc. : *Blanditur puero Satyrus vultuque manuque...* (86); — « Romæ in ædibus Urbinatis Ducis »; inc. : *Quod potui, posui tibi, fida catella, sepulchrum ..*; «in S. Maria de Populo »; inc. : *Hospes, disce novum mortis genus : improba feles...*; « Romæ »; inc. : *unctus honorato senio plenusque dierum...*; « Pisauri, in base »; inc. : *Forma atque illecebris Veneri vixi æmula...*; de la main de P. Pithou (86 v°);

Fragments d'anciens poètes latins, Varron, Ennius, etc., de la main de P. Pithou (87); — Épigrammes diverses : VALERII AEDITVI. *Dicere cum conor...*; — *Quid faculam præfers...*; — PORTII LICINI. *Custodes ovium...*; — Q. CATVLI. *Constiteram exorientem auroram...*; — *Aufugit mi animus...*; — C. CAES. OCTAVIANI AVGVSTI. *Quod futui Glaphyren...*; — GALIENI IMP. EPITHALAMIVM. *Ite, agite, o juvenes...*; etc.; de la main de P. Pithou (88);

Notes de P. Pithou sur divers poètes latins, autogr. (89);

Épigrammes : « de morte Lucretiæ » : *Cum foderet ferro...*; — «de IIII temporibus anni » : *Ver, æstas, autumnus...*; — « anni divisio ». *Bis duo tempora sunt...*; — « de pica dialogismus. Albedo. Nigredo. Pica. Natura ». *A. Sis mea candida sis...*; — « Henrici II imp. [epitaphium] », d'après un ms. de Reims et un ms. des Célestins de Cas[tres], en partie biffé; de la main de P. Pithou (90);

« Epitaphium antiquum, inventum extra urbem d'Arles, cinctum muro » : *Integer atque pius vitaque et corpore purus...*; — « Epitaphium antiquum inventum in parva civitate Provinciæ dicta S. Gilles » : *Vir Agripinensis nomine Geminus hic jacet...* (91);

« Val. Maximi liber X. emendatus » (93); — Observations [peutêtre de Nicolas Rigault] sur le Κυνηγετικός d'Arrien, en latin (96);

Lettre de [Claude] Saumaise à [J.-A.] de Thou, s. d., autogr. (104); — Notes de Saumaise sur les premiers chapitres du Κυνηγετικός d'Arrien, en latin, autogr. (106); — « Sex. Julii Frontini de coloniis libellus », de la main de Claude Dupuy (111);

« Quæ desunt in exemplaribus græcis Galeni, ad finem libri ὅτι τὰ τῆς ψυχῆς ἤθη ταῖς τοῦ σώματος κράσεσιν ἔπεται, transcripta ex vetere græco manuscr. codice »; inc. : Ἵνα γὰρ ἐάσω τἄλλα πάντα...; expl. : ...τοιοῦτοι δ'ἀθ.....ὀλίγα. Τέλος; avec variantes marginales (122); — Λιβανίου ἠθοποιία (124); — « Aliquot declamatiunculæ græcæ eædemque latinæ, per Des. Erasmum Roterodamum », avec additions et annotations au texte grec, Louvain, Thierry Martens, 1519, in-8°, *impr.* (125); — « Emend[ationes] in Libanii epistolas lat. ex libro Nic. Fabri; editæ sunt Cracoviæ, in-4° » (141); — « Olympiodorus in Philebum Platonis », en grec (145); — « Scholia in Pauli Silentiarii carmen εἰς τὰ ἐν Πυθίοις θερμά » (160);

« Quæ desiderantur ad finem epistolæ ultimæ Nicolai P[ontificis] R[omani], ex tomo 3 Epistolarum Pontif., p. 236; ex ms. Nic. Fabri V. C. » (164 et 166); — « Liber Eographii argumentorum comment. Andriæ » (167); — Lettre grecque de Théophylacte : Ἀνεγνώθη, τιμιώτατε ἀδελφέ, πᾶσιν... (169); — « Isidorus, Hispalensis ecclesiae episcopus, de viris illustribus. De Isidoro ejusque libris tractatus Braulionis episcopi »; copié à Venise en sept. 1570, d'après un livre d'Alde le jeune, par Claude Dupuy (172); — « Quæ sequuntur sumpta sunt ex synodo Francfordiana et adjicienda sub epistola Paulini, Aquileiensis episcopi, adversus Felicem Urgelitanum et Eliphandum Toletanum episcopos, anno VCCXCIIII; ex bibliotheca v. cl. Cl. Puteani, senat. Paris. » (182); — « Sequuntur gesta, quomodo Hincmarus villam Novilliacum apud D. Carolum imperatorem filium Ludovici imp. impetravit » (185 v°);

« Incipit liber Theodoli », d'une main allemande (189); — « Epitaphium Anitii Manlii Severini Boetii, quod composuit Dominus Silvester papa Girbertus philosophus », copié d'après un ms. de Saint-Victor de Paris, 3 id. janv. (10 janv.) 1550 (195 v°); — « Epitaphium Ivonis episcopi Carnotensis, ex ms. bibl. S. Victoris Lutetiæ » (196); — ces copies semblent avoir été exécutées pour Erpold Lindenbruch, qui a copié de sa main l'épitaphe d'Yves de Chartres; cf. fol. 196 v°;

Ἰωάννου, μετροπολίτου (*sic*) Εὐχαΐτων, πρὸς τοὺς ἀκαίρως στιχίζοντας, 12 vers (197); — Ἰωάννου, Εὐχαΐτων μητροπολίτου, εἰς τὸν ἑαυτοῦ τάφον, 6 vers (197);

« Incipit epithalamium a sancto Paulino dictum in Julianum, filium Epyei Memoris, et Titiam, clarissimam fœminam, uxorem ejus » (198); — « Versus de singulis mensibus »; inc. : *Primus romanas...*; — « de duodecim signis »; inc. : *Primus adest aries....*; — « versus Avieni »; inc. : *Rure morans quid agam....*; etc. (198); — « La première homilie de Marcus Eremita *de paradiso et lege spiritali* », trad. française (200);

« Glossæ veteres latinæ ex Placido et aliis », sur deux colonnes (203); — Ἐκ τῆς τοῦ Φωτίου, πατριάρχου Κωνσταντινοπόλεως, λέξεων συναγωγῆς, sur deux colonnes (220); — « Vocabula descripta ex

diversis veteribus glossariis ab illustr. Jos[epho] Scalig[ero] », sur
deux colonnes (226) ; — Autres gloses latines, disposées sur trois
colonnes (230) ; en haut du fol. 233 v°, on lit : « Gloss. H. Ste-
phani » ; les dernières sont copiées d'après un ms. de F[rançois]
Pithou (245) ; — Gloses gréco-latines, tirées d'un ms. de Claude
Dupuy par Charles Labbe [de Monvéron], de Bourges, le 24 juillet 1600 (246) ; d'après une note de P. Dupuy, elles sont « emen-
datæ ab. Ill. Jos. Scalig[ero], Jul. Cæs. fil[io] » ; — Gloses ancien-
nes, tirées d'un ms. de Fr[ançois] P[ithou] (258) ; — Autres gloses
gréco-latines, copiées par Charles Labbe (259).

XVIe et XVIIe siècles. — 259 feuillets. — « 1644 ».

450.

Procès-verbal de la conférence tenue, à LOUDUN, en 1616, par
les députés de Louis XIII, d'une part (Charles de Cossé-Bris-
sac, maréchal de France ; Nicolas de Neufville, sire de Villeroi ; J.-A. de Thou ; Méri de Vic et Paul Phélypeaux de Pont-
chartrain), et Henri II de Bourbon, prince de CONDÉ et les
seigneurs de sa suite, d'autre part.

Suivent les copies de divers documents relatifs au traité de Loudun.

XVIIe siècle. — 123 feuillets. — « 1636 ».

451.

Traités conclus avec l'ANGLETERRE par Henri IV, Louis XIII,
et l'Electeur palatin Frédéric V. 1606-1614. — Copies.

Les traités contenus dans ce volume sont les suivants : Traité
de commerce conclu entre Henri IV et Jacques Ier, Paris,
24 fév. 1606 (5) ; — Serment fait par Louis XIII et Marie de Médicis, d'observer le traité d'alliance signé à Londres, le 19 août 1610,
avec le roi Jacques Ier, Paris, en l'église des Feuillants, 21 sept. 1610
(10 v°) ; — Contrat de mariage de l'électeur palatin Frédéric V
avec Élisabeth d'Angleterre, fille de Jacques Ier, Westminster,
17 nov. 1612, en latin (12) ; le même, en français (16 v°) ;

« Articles concernant le mariage de Henry, prince de Galles, avec Chrestienne, seconde fille de France, colligez des propos tenus au sieur [Nicolas de Neufville] de Villeroi par le sieur Edmont [sir Thomas Edmonds], ambassadeur du roy de la Grand Bretagne », Paris, 9 nov. 1612 (20); et réponses de Marie de Médicis aux articles précédents, 13 nov. 1622 (22); — « Extraict des propos tenuz par le sr Admont [Edmonds], ambassadeur du roy de la Grande-Bretagne, au sr de Villeroy », 10 janv. 1613 (25); et réponses de Marie de Médicis (26 v°); etc.

XVIIe siècle — 56 feuillets. — « 1636 ».

452.

Recueil de lettres et de documents, concernant les relations politiques de la FRANCE et de l'ITALIE pendant la première moitié du XVIe siècle. — Originaux et copies.

Les lettres contenues dans ce volume sont adressées aux personnages suivants : Au Sacré Collège, par le roi d'Angleterre Henri [VIII], s. l. n. d., en latin (13) ; — par le cardinal d'York [Thomas Wolsey], s. d., en latin (14); — par Adrien VI, au moment de son élection, « ex Victoria, die ultima februarii » [1522] (19) ; — par François Ier, juillet 1536, en latin (34); copies;

Au cardinal de Sens, chancelier de France, [Antoine Du Prat], par [Alberto Pio] de Carpi, Rome, 18 mai 1520, orig. (16); — par le premier président [de la Chambre] des comptes de Provence, [Balthazar Gérente, sieur de Sénas], Rome, mai 1528, orig. (42); — par G[abriel] de Gramont, évêque de Tarbes, Rome, 15 mai [1530], orig. (48); — par Alfonso d'Este, duc de Ferrare, 14 mars 1528, en latin, orig., cachet (153); — par [Claude] Dodieu, [sire de Vély], Florence, 26 avril et 9 mai 1529 (176 et 178); — par Odet de Foix, [sire de Lautrec], Plaisance, 4 nov., orig. (250); Parme, 2 déc. s. a., orig. (252);

A Mgr de Lautrec [Odet de Foix], par [Alberto Pio] de Carpi, Rome, 20 fév. s. a., orig. (17);

A Madame [Louise de Savoie], par [Alberto Pio] de Carpi, Rome, 22 oct. 1525, orig., presque entièrement en chiffres (20); — par Nicolas Raince, secrétaire de l'ambassade de France à Rome,

25 oct. 1525, autogr., presque entièrement en chiffres (28) ; — [par le même?], s. d. (31) ; — par « el vescovo de Baieux » [Luigi Canossa, évêque de Bayeux], Venise, 18 et 21 nov. 1525, orig. 163 et 160) ;

Au trésorier [Florimond] Robertet, par Nicolas Raince, Rome, 24 oct. 1525, autogr. (24) ;

Au Roi [François Ier], par le Sacré Collège, Rome. 16 juin 1526, orig., en latin (33) ; — par D[enys Briçonnet], évêque de Saint-Malo, « le doyan d'Orl[éans] » et « Poton », Rome, 16 juin [1515?], autogr. (46) ; — par G[abriel] de Gramont, évêque de Tarbes, Florence, 23 août 1529, orig. (49) ; — par les « priores libertatis et vexillifer justitiæ » de Florence, 15 janv. 1515 [1516], original, parchemin, en latin, (171) ; — par Odet de Foix, [sire de Lautrec], « au camp devant le Bosque », 11 août s. a., original (248) ; — par [Ferrariis], Rome, 14 avril 1535, duplicata (84) ;

Au Pape [Clément VII], par le Roi [François Ier], Compiègne, 14 sept. [1527], minute, en latin (36) ; et Amiens, août [1527], en français (37) ; — par le cardinal [Antoine] Du Prat, Paris, 9 janv. [1528], minute, en latin (40) ;

Au duc d'Albanye [Jean Stuart], par Jean de Furnes, Rome, 18-22 déc., autog. (69-71) ; Rome, 13 janv. s. a. (90), et Lyon, 1er mars (102), — par Nicolas Raince, Rome, 24 janv. 1534, orig. (80) ; — par Ferrariis, Rome, 16 avril s. a., autogr. (82) ; — par J. de Furnes et Ferrariis, Rome, 25 janv. s. a., orig. (86) ; — par Philippe [de La Chambre], cardinal de Boulogne, Rome, 22 déc. (94) ; 25 janv. s. a. (96) ; 15 avril s. a. (100), autographes ;

Au Roi [Henri II], par [Jean-Paul de Selve, évêque de Saint-Flour], 8 janv. 1558 (142) ;

A la république de Venise, par Lautrec [Odet de Foix], en italien (168) ;

A l'évêque d'Avranches [Jean de Langeac], ambassadeur à Venise, par Odet de Foix, [sire de Lautrec], Naples, 22 juin [1528], orig. (246).

Parmi les autres documents contenus dans ce volume, on peut signaler les suivants : Instruction intitulée : *Cardinale papabile*, en italien (5) ; — Déclaration d'Alberto Pio, comte de Carpi, relative à ses démarches pour faire donner le chapeau cardinalice au chancelier [Antoine Du Prat], Compiègne, 9 sept. 1527, en latin, orig., parchemin, sceau (39) ; — « Instructions pour Sebastien, sur ce qu'il doit dire et faire bien entendre au Roy [François Ier] de par nouz cardinal de Saint-Severin [Federico di San-Severino], seigneurs de Montmor [Louis de Hangest, sire de Genlis] et de Soliés [Louis de Forbin] », orig., signatures autogr. (44) ; — Récit de l'élection de Paul III (52) ; — Déchiffrements de dépêches diplomatiques de Rome, 16 avril [1535] (56), et 6 nov. (60) ; — Déchiffrements de dépêches de [Philippe de La Chambre], cardinal de Boulogne, 22 déc. s. a. (72) ; s. d. (76) ; — « Discorsi sopra Paolo terzo, dopo essere stato diece anni nel Pontificato, s'haveva da dichiararsi Francese overo Imperiale » (107) ;

Description de l'État de Ferrare, en italien (145) ; — Hommage prêté au roi d'Espagne Philippe II par Ranuccio Farnese, duc de Parme et de Plaisance, pour le duché de ce nom, Madrid, 1er oct. 1594, en latin, copie (155) ; — Bulle de Léon X, investissant Federico Gonzaga, fils aîné de Francesco, marquis de Mantoue, de l' « oppidum Pupilii », Rome, 15 kal. april. (18 mars) 1513, copie (157) ; — Traité conclu par Claude Dodieu avec Malatesta Baglioni, Florence, 16-19 avril 1529, en latin (172).

Traduction italienne de lettres de Louis XII, relatives au duché de Milan, s. d. (180) ; — « Ex hac tabula lector diligens judicare potest, ad quos Burgundiæ et Mediolani ducatus, et Amedei Sabaudiæ ducis haereditas pertineat », in-fol., *impr.* (183) ; — « Arbre de consanguinité des maisons de France, Bourgongne, Milan et Savoye, par laquelle on peult juger à qui appartient le d[r]oict ès choses aujourdhuy contentieuses èsdictes maisons », in-fol., *impr.* (184) ; — Mémoire sur le duché de Milan (186) ; — Lettres de l'empereur Maximilien, donnant à Louis XII l'investiture du duché de Milan, Haguenau, 7 avril 1505 (190) ; Trente, 14 juin 1509 (196 et 200) ; — Hommage pour le duché de Milan, fait au nom de Louis XII par le cardinal Georges d'Amboise, Haguenau, 6 avril 1505, en latin (194) ; — Quittance de 100.000 écus d'or au soleil, reçus par l'empereur Maximilien du roi Louis XII, pour l'investiture du duché de Milan, Trente, 14 juin 1509, en latin (206) ;

Acte notarié, relatif à la donation et cession du duché de Milan faites par Louis XII en faveur de sa fille Renée de France, Blois, 2 déc. 1512, en latin et en français, orig., parchemin (208) ; — Lettres de Louis XII, relatives à la même cession, Paris, nov. 1513 (209) ; — Copie d'un livret imprimé à Turin en 1615, et relatif à la confiscation du comté d'Aste, en italien, de la main de P. Dupuy

(211); — Lettres de François Ier, relatives aux duché de Milan, comté d'Aste et seigneurie de Gênes, en français, s. d. (215); conférant divers privilèges à la ville de Côme, Milan, déc. 1515, en latin, copie authentique, d'une main italienne (218); concernant les affaires de Milan, Lyon, 22 août 1523, en français, copie authentique (223); — Bulle de Léon X, relative à l'administration de la justice dans le duché de Milan, Rome, 17 kal. jul. 1518 (221); — Discours prononcé au mariage de Bernabó et Margherita Visconti, en latin, prose et vers (223);

Mémoire de [Jean] Du Tillet sur la Sicile et Naples (235); — Note de Th. Godefroy sur les documents concernant la Sicile, l'Aragon, Naples et la Bourgogne, conservés au Trésor des chartes du palais de Nancy, autogr. (239); — « Memorial des points sur lesquelz a esté à debatre et des raisons alleguées par nostre tressainct Père », au sujet de l'investiture de Naples et de la Sicile (240); — Lettres de François I[er], nommant Odet de Foix, sire de Lautrec, son lieutenant-général en Italie, Paris, juin 1527, en latin (244); — Lettres d'abolition, accordées par François I[er] aux rebelles de Naples, Saint-Germain-en-Laye, 20 fév. 1526, en latin (253); — Lettres du chancelier d'Espagne, M[ercurino] Gatt[inar]a, au vice-roi de Naples [Charles de Lannoy], Gênes, 25 et 27 juillet 1527, en français (255 et 257); etc.

XVI[e] et XVII[e] siècles. — Papier et parchemin — 257 feuillets. — « 1636 ».

453.

Recueil de documents concernant GÊNES et SAVONE, de 1596 à 1528 environ. — Copies; quelques originaux.

On peut signaler dans ce volume les pièces suivantes : Traités conclus par les Génois, avec le roi Charles [VI], 4 nov. 1396, en latin (5); avec le roi d'Angleterre Henri [V], mai 1421, en latin (23);

Investiture de Gênes et de Savone, donnée à Francesco Sforza-Visconti, duc de Milan, par le roi Louis XI, Noyon, 22 déc. 1463, en latin (39; cf. 125, 11 avril 1491), avec les procurations du duc et de la duchesse de Milan (43 et 47); — Confirmation des privilèges de la ville de Savone par Francesco Sforza, Milan, 3 mars

1464, en latin (55); — Traité de mariage entre Galeazzo-Maria Sforza, duc de Milan, et Bonne de Savoie, 22 avril-10 mai 1468, en latin (69); — Traité d'alliance conclu entre le roi Louis [XI] et le duc de Milan Galeaz-Maria Visconti, 1467-1470, en latin (83); — Renouvellements et ratification du précédent traité, 16 janv. 1473 (89); 9 août 1476 (107); 13 août 1478 (121), etc. ;

« Fundamenta et rationes, quibus Rex christianissimus, pro... et securitate rerum suarum, debet potius de[putare] civitati Genue gubernatorem origine genuensem quam forensem et advenam » (137); — Lettre d'Antonio Doria au cardinal de Sens [Antoine Du Prat], Lyon, 28 sept. 1528, en italien, autogr. (139) ; — Lettre d'Andrea Doria au Roi [François Ier], Gênes, 7 avril [1528], en français, orig. (141) ; — Pièces relatives au procès intenté par les Génois Nicolò et Ludovico Sgarampi à divers habitants de Lavagnola, 1515-1518, en français et en latin (144); — Factum, rédigé sous forme de lettre par un membre de la famille Doria, contre Scipione de' Fieschi, en italien (213); etc.

XVIe et XVIIe siècles. — 228 feuillets. — « 1632 ».

454.

Recueil de documents concernant l'histoire de la SUISSE. — Copies; quelques originaux.

On remarque dans ce volume les documents suivants : Description de la Suisse, par « Balcus », en latin, avec une dédicace en vers de « Domitius Calciatus » à Jafrey Carle, président du Dauphiné; au v° du dernier feuillet de ce cahier (24), note de P. Pithou (7) ; — « Chronologie des Ligues de Suisse, par monsieur le mareschal de Bassompierre » (25); — Note de Th. Godefroy : « Des Suisses et de leurs alliez » (47 v°);

Sentence prononcée par les délégués Suisses contre la commune de Domodossola en faveur de Ludovico Borromeo, comte d'Arona, Bade (Suisse), veille des SS. Simon et Jude (27 oct.) 1514 (48); — Droit de bourgeoisie conféré au comte L. Borromeo par les magistrats de Berne, 4 déc. 1518 (50);

Lettre des officiers de l'armée suisse à la commune de Milan pour se plaindre des Français, « Fran, feria secunda post Lucie

virginis » 1511, orig. (52) ; — Traité d'alliance conclu par le roi
d'Espagne Philippe [II] avec les cantons de Lucerne, Uri, Schwitz,
Unterwalden, Zug et Fribourg; Ivrée, 11 mai 1587 (53) ; — Déclaration de Philippe III, au sujet des articles 4 et 10 du traité de
1587, Lucerne, 28 avril 1604 (63) ;

Mémoire adressé au Roi [Louis XIII] par Robert Miron, ambassadeur en Suisse, avec les réponses du Roi, avril 1624 (67); — Lettres
d'[Antoine] de Valles, sieur du Mesnil, à [d'Herbault], Soleure,
27 avril 1624, orig. (73 et 75) ; — « Mémoire abrégé de l'estat et
disposition du pays et affaires de l'alliance du Roy en Suisse »,
Paris, 13 fév. 1624 (77) ;

Lettre de [Henri], duc de Rohan, ambassadeur extraordinaire
aux Ligues Suisses et Grises, à l'archiduc Léopold d'Autriche,
Coire, 25 avril 1632 (89) ; — Réponse de l'archiduc d'Autriche,
Innsbruck, 30 avril 1632 (90) ; — Discours prononcé par [Henri],
duc de Rohan, devant l'assemblée de tous les Cantons, à Bade,
12 oct. 1632 (93) ; — Traité conclu par le canton d'Uri avec le roi
d'Espagne Philippe IV, pour le Milanais, la Franche-Comté et la
Bourgogne, 26 fév. 1634, en français (95) ; — Lettre de [Michel]
Vialart [de Herces], ambassadeur ordinaire aux Ligues de Suisse, à
l'assemblée générale des Cantons, à Bade, 26 juin 1634, orig. (?) (97) ;

« Second refus de la république des trois Ligues Grises de continuer la confédération et alliance avec la république de Venise »,
Coire, 25 juin 1612 (101); — « Raisons pour monstrer que la République des trois Ligues Grises ne doibt continuer la confédération
et alliance avec la République de Venise » (103) ;

Mémoire du nonce Corsini sur les négociations du maréchal
[François] de Bassompierre avec la cour d'Espagne, au sujet de la
Valteline, 1623, en italien (107) ; — Traité signé par Bassompierre
avec les plénipotentiaires du roi d'Espagne [Philippe IV], Madrid,
25 avril 1621, en italien (111) ; — « Copia degl'articoli d'Occagna
nel fatto della Valtellina », 3 mai 1622, en italien (113) ; — « Copia della lega fra Francia, Venetia e Savoia per la ricuperatione
della Valtellina », Paris, 7 fév. 1623, en français (115) ; — « Copia
d'una scrittura del re di Spagna nel fatto del deposito de forti
della Valtellina », 13 fév. 1623, en italien (119) ; — « Capitulationi
tra due Re per l'accomodamento delle differenze che pendono tra
Grigioni e popoli della Valtellina e del contado di Bormio, man-
date da Roma alle due Corone », en italien (121) ;

« 1622. A 15 di Genaro. Lega, Confederatione, e Capitolatione tra Sua Maestà Catholica, e Monsignor vescovo di Coyra [Jean Flugi d'Aspermont], et signori Grisoni delle due Leghe Grisa, e Cadè, et signoria de Mayenfelt », Milan, in-4°, *impr.* (124) ; — « Capitolatione e conventione tra Sua Maestà, li signori delle due Leghe Grisa, e Cadè, et signoria de Mayenfelt, et quelli della Valtellina, et contado di Bormio », Milan, 1622, in-4°, *impr.* (146); — « Propositions des Valtelins », en français, 1624 (160); suivies d'une série de documents sur cette même affaire, 1623-1624 (166); — Instructions données à [Philippe] de Béthune, ambassadeur à Rome, Compiègne, 15 avril 1624 (205) ; et au marquis de Cœuvres [François-Annibal d'Estrées], ambassadeur extraordinaire aux Grisons, Compiègne, 10 juin 1624 (233, 249 et 258);

« Mémoire de M. le duc [Henri] de Rohan, pour respondre à ce que le s^r [Joab-Gilbert] Du Landé [de Siqueville] a faict dire contre luy : contre le sieur de La Sallinière », de la main de Jacques Dupuy (265) ; — « Proposition faite aux Grisons par M. le duc [Henri] de Rohan, par ordre du Roy treschrestien », 1636 (269 et 273);

Documents relatifs aux relations de la France et de la ville de Genève (1601-1631), parmi lesquels on remarque les pièces suivantes : « Instruction au s^r de Morintru, le Roy l'envoyant à Genève pour affaires qui regardent son service », Sens, 18 mars 1631, orig. (291); — Note adressée par M. de Morintru aux magistrats de Genève « au faict de la détention de la personne du s^r Du Clausel et des siens », s. d., orig. (322) ; — « Instruction pour le s^r de Morintru sur l'arrest qu'il a fait faire dans la ville de Genève de la personne du s^r Du Clausel », Fontainebleau, 23 avril 1631, orig. (324) ; — Lettre de [Léon Le] Bouthillier [de Chavigny] à [Nicolas de Neufville], marquis de Villeroy, « de vostre maison des Eaues(?) », 26 avril 1631, autogr. (329) ; etc.

XVIe et XVIIe siècles. — 333 feuillets.

455.

Recueil de pièces concernant les relations de la France avec la HOLLANDE. (1596 à 1635.)

On remarque dans ce volume les pièces suivantes : Traité d'al-

liance conclu entre le Roi [Henri IV], la reine d'Angleterre [Élisa-
beth] et les États-généraux de Hollande, La Haye, 31 oct. 1596,
suivi de documents relatifs aux négociations préalables (3) ; — Traité
d'alliance conclu entre Henri IV et les États des Provinces unies,
La Haye, 23 janv. 1608, accompagné de documents diplomatiques
(42) ; — Convention signée à Compiègne, 10 juin 1624, entre les
représentants du roi de France et des États de Hollande, signatures
biffées, cachets (109) ; — Promesse de ratification de la convention
précédente, même date, signatures biffées (116);

« Raisons par lesquelles paroistra à un chacun que la rupture
du traicté de La Haye est causée par les procédures non sincères
des Espagnolz », août 1633 (119); — Manifeste des États généraux,
ordonnant un jour de jeûne et de prières publiques, 12 août 1633
(121) ; — Propositions des États généraux à Louis XIII, avec les
réponses du Roi, 1624 (123); — Traités conclus entre la France et
les Pays-Bas, par le baron [Hercule] de Charnacé, La Haye, 15 avril
1634 (125); et Paris, 8 fév. 1635 (137); — Lettre de F[rédéric]
H[enri] de Nassau, prince d'Orange, aux États généraux, sur la
prise du fort de Schenk, Nimègue, 29 juillet 1635 (155).

XVIIᵉ siècle. — 155 feuillets. — « 1636 ».

456.

Recueil de documents relatifs aux contributions et subsides
auxquels le Clergé de France était tenu envers le Roi, en cas
de nécessité d'État, de 768 à 1613 environ. — Originaux et
copies.

On peut signaler dans ce volume les pièces suivantes : Notes
sur les subsides fournis aux rois de France par le clergé, de 768 à
1237 (15) ; — Analyse des remontrances faites par les députés du
Clergé à Philippe le Bel, au sujet des subsides qu'il leur demandait pour la guerre de Gascogne et de Flandre, 1296 (25); et texte
latin de ladite remontrance (26);

Lettres du pape Boniface VIII à Philippe le Bel, Orvieto, 2 kal.
aug. 1297 (31) ; — à l'archevêque de Rouen [Guillaume de Flava-
court], à l'évêque d'Auxerre [Pierre de Mornay] et à l'abbé de Saint-
Denis [Renaud Giffart], Orvieto, 6 id. aug. 1297 (36); — à l'uni-
versalité des Français, tant ecclésiastiques que laïques, Orvieto,

2 cal. aug. 1297 (39) ; — au clergé de France, Orvieto, 6 id. aug. 1297 (43) ;

Bulle de Benoît XI « ad perpetuam rei memoriam », Pérouse, 4 id. maii 1304 (45) ; — Lettre de Clément VI à l'archevêque [Roger Le Fort des Ternes] et aux évêques de la province de Bourges, Avignon, 8 cal. aug. 1348 (47) ;

Demandes de subsides au clergé de France par Charles VIII, Pontremoli, 29 oct. s. a., et Viterbe, 14 déc. s. a., copies authentiques (74) ;

Lettres du concile de Pise, momentanément transféré à Lyon, adressée à l'évêque de Troyes [Jacques Raguier], et portant nomination de Denys Du Val, secrétaire du Roi, comme receveur de la part due par le diocèse de Troyes (2.600 livres tournois) dans le subside accordé par le Concile à Louis XII, Lyon, 15 mars 1513, original, parchemin, cachet (76) ;

Lettres de François Ier au concile provincial de Sens, 1521 (77 et 79) ; — Lettres de Jean de Selve et de C. Guillart au Roi [François Ier], au sujet de la réponse du concile de Sens, Paris, 20 mars, orig. (83) ; — Lettre du concile de la province de Sens au Roi [François Ier], Paris, 20 mars, orig. (86) ; — Lettres de l'archevêque et des évêques de la province de Sens au Roi [François Ier], Paris, 20 mars, orig. (89) ; — Documents relatifs aux subsides accordés à François Ier pour la rançon de ses fils ; au même et à Henri II, pour la guerre contre Charles-Quint, 1527-1552 (90) ;

Lit de justice, tenu par Charles IX, pour la publication de l'édit d'aliénation du domaine de l'Église, 17 mai (117) ; — Mandement de Charles [IX] « au prévost de Paris ou son lieutenant », au sujet de l'aliénation de 50.000 écus de rente des biens temporels du clergé, Metz, 6 avril 1569, orig. (135) ;

Note de P. Dupuy, sur l'aliénation de biens demandée au clergé de Valence, Majorque, Roussillon et Cerdagne par Alphonse IV d'Aragon, mars 1448 (137) ; — Protestation de la ville d'Ast contre l'impôt levé par le duc de Savoie [Charles-Emmanuel Ier] dans les terres de la mense épiscopale pour payer les frais de la guerre, 9 fév. 1613, et réponse de la Chambre domaniale et patrimoniale, in-4°, impr. (138 v°); etc.

XVIe et XVIIe siècles. — Papier et parchemin. — 141 feuillets. — « 1635 ».

457-458.

Recueil de pièces, mémoires, consultations, etc., concernant les conditions de valabilité et de légitimité des MARIAGES contractés par les PRINCES DU SANG; — consultations et pièces relatives au mariage de GASTON D'ORLÉANS et de MARGUERITE DE LORRAINE.

I (457). Extrait du procès-verbal de l'Assemblée générale du Clergé de France, tenue à Paris au couvent des Augustins, sous la présidence de l'archevêque de Bordeaux, [Henri d'Escoubleau de Sourdis], et consultée sur les conditions de valabilité et de légimité des mariages contractés par les princes du sang, 16 juin-3 juillet 1635 (3);

Avis des docteurs en théologie de la Faculté de Paris, 22 juin 1635 (7); — des prêtres de l'Oratoire, 1ᵉ juillet 1635 (8); — des Carmes des Billettes (8 v°); — des Carmes déchaussés, 29 juin 1635 (9); — des Jacobins du grand couvent (10); — des Jésuites de la maison professe de Saint-Louis, 20 juin 1635 (11); — des Feuillants, 5 juillet 1635 (12); — des religieux de Picpus, 5 juillet 1635 (12 v°); — des Minimes des couvents de Nigeon et de Paris, 4 juillet 1635 (13); — des Jacobins du noviciat du faubourg Saint-Germain, 24 juin 1635 (14); — des Capucins du faubourg Saint-Honoré, 19 juin 1635 (15); — des Carmes de la place Maubert, 26 juin 1635 (16); — des Augustins du grand couvent, 27 juin 1635 (17); — des Pères Cordeliers du grand couvent, 26 juin 1635 (18);

Extrait du journal de l'Assemblée générale du Clergé, 6 juillet 1635, 44ᵉ séance (26);

Cinq traités de [Pierre] de Marca, sur les cas de nullité des mariages et, en particulier, des mariages des princes du sang : « De l'auctorité ecclésiastique et séculière sur les mariages » (40); — « Examen des moiens de nullité [d'un mariage], où les trois premiers sont rejetez, et le quatriesme proposé nouvellement y est establi » (72); — « Trois argumens pour conclure la nullité du mariage des princes du sang faicts sans le consentement du Roy » (86); — « Confirmation de l'advis de l'Assemblée du Clergé de France » (94); — « Nullité des mariages des princes du sang, con tractez contre la volonté du Roi, justifiée par le 6. canon du concile de Compiègne, l'an 757 » (98);

« Quæstio theologica an ... Gastonis, ducis Aurelianensis, unici fratris Ludovici XIII,... cum illustrissima principe Margarita a Lotaringia, filia Francisci, comitis Valdemontis, et Caroli III, ducis Lotaringiæ, sorore, matrimonium præsumptum irritum sit an legitimum », 1635 (102) ; autre mémoire analogue, également en latin (141) ; — « Response à deux questions importantes touchant la validité du mariage, par le s᷊ Bigeon » (109) ; — « Application de la doctrine précédente à un mariage particulier » (128); — « Quæritur utrum princeps secularis possit suis subditis impedimenta matrimonium dirimentia statuere » (134) ; — Extraits de S. Basile, de Pierre Soto, etc., de la main de P. Dupuy (157) ;

« Déclarations autentiques de la bonté et valeur du mariage de Mgr le duc d'Orléans avec Madame la princesse Marguerite de Lorraine, selon la résolution de M᷊ˢ les docteurs tant en théologie qu'en droicts de l'université de Louvain ; joint l'acte de la ratification dudict contract, en présence de l'Illustrissime archevesque de Malines [Jacques Boonen]... », 1634, copié sur un imprimé par P. et J. Dupuy (170) ; — « L'examen désintéressé de quatre docteurs de Paris touchant la validité des mariages des princes présomptifz héritiers de la couronne de France », copie d'un imprimé (197) ; — « Dottrina cavata dalla S. Scrittura, dalla legge canonica e civile in confirmatione del matrimonio del duca d'Orleans, ove si vede evidentemente la nullità della sentenza data in contrario dal Parlamento di Parigi », de la main de P. Dupuy (209) ; etc.

II (458). « Histoire du mariage de Mérovée, fils de Chilpéric I, roi de France, 579-580 », par P. Dupuy (2) ; — « Du mariage de Judith, fille de Charles le Chauve, roi de France, avec Baudouin, comte de Flandre, 862-863 », par P. Dupuy (4) ; — « Remarques sur le premier mariage du roi Louis le Bègue, 878-879 » (13 et 15) ; — Notes sur les mariages de Louis XI avec Charlotte de Savoie (22 et 30); de l'empereur Maximilien Iᵉʳ avec Marie de Bourgogne (37) ; et de Charles VIII avec Anne de Bretagne (40) ;

« Des mariages que les princes de l'Empire font avec les princes estrangers sans le consentement de l'Empereur » (56) ; — Promesse faite par Pierre, comte de Tonnerre et d'Auxerre, de ne pas marier sa fille Mathilde sans le consentement de Philippe-Auguste, Montargis, déc. 1199 (58) ; — Promesse faite par la noblesse de Lorraine au duc Charles Ier, de ne pas reconnaître les droits d'Isabelle de Lorraine, sa fille, femme de René d'Anjou, duc de Bar, si elle se remarie sans le consentement de son père, ou, après la mort de son père, sans le consentement des trois États du duché de Lorraine, 13 déc. 1425, en français (66) ; — Extrait de la Chronique de Mathieu d'Escouchy, relatif au mariage du comte de Charolais [plus tard le duc Charles le Téméraire] avec Isabelle de Bourbon, 1453-1454 (76) ; — Notes sur le mariage de la fille de Jean IV, comte d'Armagnac, avec le roi d'Angleterre [Henri VI], 1445 (85) ;

Documents relatifs au mariage de Gaston d'Orléans avec Marguerite de Lorraine : Lettres de Louis XIII au président Le Jay (100); au procureur général [Mathieu Molé] (103), et au Parlement de Paris, Saint-Germain-en-Laye, 2 janv. 1634 (105) ; — Extraits des registres du Parlement, janv.-juillet 1634 (110 et 132); — Lettres de Gaston d'Orléans à Louis XIII (120), et au cardinal de Richelieu, 30 mars 1634 (124) ; — Lettres de Louis XIII, Essonnes, 25 avril 1634, et du cardinal de Richelieu, Rueil, 23 avril 1634, à Gaston d'Orléans (125 et 126); — Procès-verbal du lieutenant-général et du procureur du Roi au bailliage de Chaumont, relatif à la signification des arrêts de la cour de Parlement ajournant à comparoir en ladite cour Nicolas-François de Lorraine, ci-devant cardinal et évêque de Toul, et la princesse de Phalsbourg [Henriette de Lorraine], 24, 25 et 26 avril 1634 (128); — « Extrait des registres de Parlement », prononçant la nullité du mariage de Gaston d'Orléans avec Marguerite de Lorraine, le bannissement à perpétuité du royaume du duc Charles III, de Nicolas-François et Henriette de Lorraine, et la réunion à la couronne de tous leurs biens féodaux, 5 sept. 1643, in-fol., *impr.* (137) ; — « N° 118. Extraordinaire du VIII novembre M. DC. XXXIV, contenant... la déclaration du Roy pour l'establissement d'un Conseil souverain dans Nanci... », etc., in-4°, *impr.* (140) ; — Lettres de Marguerite de Lorraine : au pape [Urbain VIII], au cardinal Antonio Barberini, au cardinal de S. Onofrio [Francesco Barberini,] au cardinal [Gaspar] Borgia, au cardinal [Alonzo] de La Cueva, et à la marquise de Castelrodrigo, femme de l'ambassadeur d'Espagne à Rome (144 et suiv.); — Lettre de la princesse de Phalsbourg [Henriette de Lorraine] à son frère Nicolas-François, 30 déc. 1634 (147); — Reconnaissance, par Gaston

d'Orléans, de la nullité de son mariage avec Marguerite de Lorraine, juin et août 1635 (150); — Procès-verbal de la cérémonie du
mariage de Gaston d'Orléans avec Marguerite de Lorraine, célébrée au château de Meudon par l'archevêque de Paris [Jean-Fran-
çois de Gondi], 26 mai 1643 (151); etc.

XVII° siècle. — 220 et 151 feuillets. — « 1636 ».

459.

Recueil de poésies latines du chancelier Michel DE L'Hos-
PITAL.

Ce volume consiste en un exemplaire de l'édition de 1585 (Paris,
M. Patisson, in-fol.), collationné et complété, d'après les manuscrits autographes, par Pierre et Jacques Dupuy.

On remarque, à la fin, les pièces suivantes : Épigramme latine
de F.-M. Molza (473); — Lettre de Michel de L'Hospital à Pie IV,
« ex aula nostra », 3 cal. aug. 1562 (474 et 475); à M. de Malas-
sise [Henri de Mesmes], « ex Vineolo prædiolo nostro », prid.
non. jan. 1571 (476); à Pierre Séguier, s. d. (478); à [Barthélemy]
Faye, président aux Enquêtes, 3 non. dec. s. a. (481 v°), précédée
d'une pièce de vers : « Non quo more solent alii... » (480) ; —
Tables, par P. Dupuy, des poésies inédites (482), et des poésies
publiées de Michel de L'Hospital (487); — Poésies latines de L'Hospital, qui paraissent provenir du ms. Dupuy 901, de la main de
Pierre Pithou (483 et 489).

XVII° siècle. — 490 feuillets.

460.

« Viri illustris Jac. Augusti THUANI poemata. »

La première partie de ce recueil contient des poésies latines de
Jacques-Auguste de Thou, copiées par P. Dupuy (6-200).

La seconde partie est composée des pièces suivantes, imprimées
pour la plupart : « Paramytheticum ad ... Philip. Huraltum Chevernium, Franciæ cancellarium, in morte Annæ Thuanæ dilec-
tiss. uxoris », fol. 12-15 d'une édition in-4° [M. Patisson ?], avec

corrections de P. Dupuy, *impr.* (202); — « Hieracosophiou, sive de re accipitraria libri tres », Paris, M. Patisson, 1584, in-4°, *impr.* (206); — « Veteratrix aulica » (255); — Poèmes divers, avec notes de P. Dupuy, 32 pages petit in-4°, *impr.* (285); — « Crambe, Viola, Lilium, Phlogis, Terpsinoe, Sparte, Hylactis, Scorpius », etc., éd. Mamert Patisson, in-fol., *impr.* (317); — Poésies diverses, fol. 163-166 d'une édition petit in-4°, *impr.* (356); — Liste des poèmes imprimés de J.-A. de Thou, par P. Dupuy (360).

XVIIᵉ siècle. — 360 feuillets. — « 1636 ».

461.

Recueil d'ɪɴsᴄʀɪᴘᴛɪᴏɴs antiques, latines pour la plupart, et provenant de France, de Hollande, d'Italie, de Portugal et de Norvège. — Copies et estampages.

Ces inscriptions proviennent :

1° De France :

Angers (150); Arles (115), copiée en 1572; Asnières près Dijon (134); Bagnères de-Bigorre et environs (35 et 103, les dernières recueillies par A. Boiliévart); Conserans (35); Grenoble (151); Lectoure (46 v°); Marseille (122); Nantes (138); Narbonne (47 v°, 71 et 72); Nîmes (108, 117 et suiv.), copiées en 1572; Orange (112, copiée en 1572); Paris (89 et 150); Périgueux (74); Saintes (148); Saint-Bertrand-de-Cominges et environs (35, 35 v°, 45 et 45 v°); Saint-Privas en Languedoc (119 v°, copiée en 1572); Trinquetaille près Arles, dessins précédés d'une copie de la lettre d'envoi écrite à M. de Valavez, frère de Peiresc, par « M. Rebatu, conseiller du Roy au siége d'Arles » (90-98); Valence (61 v°), copie autogr. de [Joseph] Scaliger; Vaison (36);

2° De Hollande :

Environs d'Utrecht (150);

3° D'Italie :

Albano (127); — Amalfi (38 v°); — Aoste (143); — Avella (38 v°); — Bologne (131); — Capaccio (147); — Capoue (37 v° et 88); — « Formiæ » (38); — Gubbio (158 et suiv.) : les estampages des tables sont précédés d'une lettre d'envoi autogr., non signée, en italien, Gubbio, 10 oct. 1577; — Lilibée (38 v°); — Naples (35 v° et suiv.);

— Nemi (142); — Nole et environs (36 et suiv.); — Padoue, *impr.*
(152); — Palestrina (137); — Pesaro (35 v°), de la main de Pierre
Pithou (139 v°);

Rome : Fastes Capitolins (7, 35 et suiv.); — « Vetus S. C. des-
criptum ex tabula aerea, superioribus mensibus Romæ reperta,
quæ est apud Fulvium Ursinum », de la main de Claude Dupuy
(43); — « Tabulae tres aeneae Torq[uati] Bembi, P[etri] f[ilii], ex
utraque parte incisae », de la main de Claude Dupuy (64 et suiv.);
— Copie de l'inscription d'une stèle grecque, découverte dans le
port d'Ancône, « nunc exstat Romae apud Fulvium Ursinum »,
avec une traduction latine de Benedetto Egio, jurisconsulte de
Spolète; de la main de Claude Dupuy (75); — Fragments des
Actes des frères Arvales, copie de C. Dupuy, 1570 (76 et 77); —
Inscription découverte près de la Confession de Saint-Pierre, en
janvier 1[5]92 (78); — Inscription sur tables de bronze, conservée
au palais Capranica (79); — Inscriptions grecques du palais Farnèse, de la main de C. Dupuy (83 et 84); — Inscriptions latines
du palais Massimo; « in domo Dn. Ferretini ad puteum »; « in
aedibus Octaviani Zeri » et « in musæo Fulvii Ursini », de la
main de C. Dupuy (85-86); — Inscriptions latines sur tessères
d'ivoire carrées, dont quelques-unes chez F. Orsini, de la main de
C. Dupuy (102); — Inscriptions de quelques monnaies grecques
et romaines de la collection d'Orsini, de la main de C. Dupuy
(120); — Copie d'une inscription latine envoyée de Rome à
Peiresc, de la main de Pierre Dupuy (121); — Copie d'une inscription sur petite lame de bronze, envoyée de Rome à Peiresc, de la
main de P. Dupuy (126);— Inscription de la vigne du marquis
Giustiniani (127); — Copie d'une inscription trouvée à Rome « in
hortis N. Cavadori », au Circo Agonale (144); — Inscription relative
aux travaux du Tibre (146); — Inscription latine du palais d'Ippolito Massimo, de la main de Pierre Dupuy (148); — Dissertation
de Nicolas Rigault, sur une inscription découverte à Rome et commençant ainsi : Accia vel Maria est nomen mihi Tulliana…, « 1627 »,
copie (154);

Rimini (38); Salerne (38) : Sezze et environs (35 et 35 v°); — Terracine (35 v°); — Tivoli (35 et suiv.); — Tortone (145); — « Tre-
bulæ » (Sabine) (37); — Tusculum (38 v°); — Velletri (38); — Venise, inscriptions grecques, dont une du palais Grimani, copiées

sur le feuillet final d'un livre imprimé par Alde le jeune (99 et v°) ;
— Vicence (139 v°) ; — Vicovaro (35 v°) ;

4° De Norvège : « Odernils », inscr. runique du temple (133) ;

5° De Portugal : Villa-Viçoza, plusieurs inscr. copiées de la
main de [Joseph-Juste] Scaliger (61 v°);

6° De Turquie : Constantinople, inscr. grecque (129) ; — Péra,
inscr. latine, copiée en août 1628, « au logis de M. l'ambassadeur
de France » (153).

On peut signaler encore dans ce volume les pièces suivantes :
Notice de [Giovanni Battista] Doni sur sa *Veterum inscriptionum
collectio*, publiée par Gori en 1731, en latin (5) ; — Inscriptions
(texte, transcription et traduction) d'une monnaie d'or du Maroc
(125); — Lettre de P[ierre] Labbé à un destinataire inconnu, au
sujet d'une « pièce de bronze ou airain, argentée » et d'une sta-
tuette en argent, trouvées au château de Levroux (140) ; — Dessins
de vases et de mesures antiques, avec inscriptions (141) ; — Dessins de poids antiques, avec inscr. (149) ; etc.

XVIe et XVIIe siècles. — 161 feuillets. — Dessins. — « 1643 ».

462.

Recueil de pièces diplomatiques et de lettres, pour la plupart originales, concernant les relations de la FRANCE avec
l'ANGLETERRE et l'ÉCOSSE, de 1428 à 1633 environ.

On remarque dans ce volume les pièces suivantes : Instructions
données par l'archevêque d'York, primat d'Angleterre et légat du
Saint-Siège, [Thomas Wolsey], et le duc de Suffolk [Charles Bran-
don] à Guillaume Sidney, lors des négociations entamées avec
François Ier pour le mariage du duc de Suffolk avec Marie d'Angleterre, veuve de Louis XII, [1515], orig. signé (3) ; — Instructions données par Madame [Louise de Savoie] au seigneur de Sa-
vonnières [Charles Du Plessis], envoyé vers le cardinal d'York
[Thomas Wolsey], s. d. (9); — Lettres de Henri VIII au Roi [Fran-
çois Ier], 20 janv. 1519, orig. (15) ; [1527], autogr. (30) ;

Lettres de T[homas Wolsey], cardinal d'York, au duc d'Albany
[Jean Stuart], « à ma maison lez Londres », 16 août [1520], orig.
(16) ; — au Roi [François Ier], « au manoir de Hatfilde », 9 sept.

1520 (17) ; — au même, s. l. n. d., autogr. (56) ; — au même, Calais, 22 nov. s. a., orig. (58) ; — au chancelier [Antoine Du Prat?], Westminster, 22 mars s. a., orig. (59) ;

Traité de Charles-Quint avec le roi d'Angleterre Henri [VIII], « in castro de Vuydefore [Windsor ?] », 19 juin 1522, en latin, copie (19); — Copie d'une lettre [de Louise de Savoie] au cardinal d'York, [1525] (23) ; — Lettre de Henri VIII au chancelier de France [Antoine Du Prat], Richemond, 22 mars [1525], orig. (25) ;

Lettres des envoyés français en Angleterre, G[abriel] de Gramont, évêque de Tarbes, F. de Turenne [François de La Tour], « J. de Urste » ; P[ierre de La Bretonnière, sire] de Warty et « Joan Joachin », au Roi [François Ier], Londres, 16 mars [1526], orig. (26); 16 et 17 avril s. a., orig. (71 et 75) ; — Lettre de Marie [d'Angleterre], veuve de Louis XII, au même, Southward, 9 mai [1527], orig. (32) ; — Lettre de Charles [Brandon, duc de] Suffolk, au même, Southward, 9 mai [1527], orig. (33) ; — Lettres patentes de Charles-Quint, relatives à la paix, Grenade, 3 déc. 1526 (34) ; — Lettres patentes de T[homas] Wolsey], cardinal d'York, s. l., 20 nov. 1525, orig. (36);

Lettres de J[ean] Du Bellay, évêque de Bayonne, au chancelier cardinal de Sens [Antoine Du Prat], à l'archevêque de Bourges [François de Tournon] et au premier président, Londres, 9 juin [1528], orig. (38); — de J. Du Bellay et du sieur de « de Morette », au Roi [François Ier], Londres, 28 mai [1528], orig. (42) ; — de [Jean] Du Bellay seul, au grand-maitre et maréchal de France [Anne de Montmorency], Londres, 28 mai [1528], autogr. (44);

Lettre de Ferrariis à « Monseigneur » [le chancelier Du Prat], Rome, 14 juillet [1533], autogr. (48) ; — Conclusions « in causa Francisci Valesii contra Henricum de Montediviti », en latin (52); — Lettre de « Guilielmus Cantuariensis » [William Wareham, archevêque de Cantorbéry] au Roi [François Ier], Calais, 27 juin [1520], orig. (54) ; — Lettres de « R. (?) Brinon » à « Madame » [Louise de Savoie], Londres, 24 et 11 fév. s. a., orig. (61 et 63); de Brinon et « Joan Joachin », [sieur de Vaux], au chancelier-archevêque de Sens [Antoine Du Prat], « Harefly », 28 août s. a., orig. (67) ; des mêmes à « Madame » [Louise de Savoie], Londres, 9 sept. s. a., orig. (69) ;

Lettres de « Marigny » au Roi [François Ier], Londres, 20 et 25 nov. s. a., orig. (78 et 81) ; — Ratification, par les délégués des trois États de Normandie, des articles de la paix conclue avec l'Angleterre, s. d., orig. (85) ; — Lettres de Henri [VI], roi d'Angleterre, relatives à l'archidiaconé de Puiseraie, au diocèse de Chartres, Paris, 26 mars 1428, copie collationnée (87) ;

Traité de paix perpétuelle conclu entre Charles-Quint et Henri VIII, Londres, 11 fév. 1542 ; en latin, copie (91) ; — Lettres de la reine Élisabeth au roi d'Espagne Philippe II, 20 mars 1571, et réponse du Roi, 4 juin 1572, en latin, copie (109); — « Proclamation des Estalz d'Angleterre pour la réception du roi d'Écosse [Jacques Ier] à la coronne », 1602, en français, copie (111); — Pièces relatives au projet de mariage entre Marie, infante d'Espagne, et Charles, prince de Galles (117 et suiv.); — « Harangue du roy de la Grande Bretaigne [Jacques Ier], à l'ouverture des Estats, à son Parlement », [1624], en français, copie (131);

Pièces relatives au mariage de Henriette-Marie de France avec Charles, prince de Galles, 22 nov. 1624, copies (133-175) ; — Épitaphe latine du duc de Buckingham [George Villiers], 1628 (177); — « Articles arrestez entre les plénipotentiaires françois et anglois pour la restitution des choses qui ont esté prises depuis le traicté de paix faict entre les deux couronnes, le 24 jour d'avril 1629 », copie (179) ; — « pour la liberté du commerce », [1632] (185);

Documents concernant Richard Weston, comte de Portland, 1633 (189) ; — « Crédence donné par le roy d'Escosse [Jacques Ier] à son serviteur maistre Jehan Lander et aultres, qui sont contenus aux lettres dudit seigneur Roy et qui useront la charge contre l'archevesque de Sainct-André », en français (194); — Lettre de Jacques V, roi d'Écosse, à François Ier, au sujet du duc d'Albany, Édimbourg, 16 fév. 1533, en latin, copie (202); — Lettre écrite à l'archevéque de Glasgow [James Beaton], et contenant le récit de la conspiration ourdie contre le roi d'Écosse [Jacques VI], 13 août 1600, copie de N. Pithou (204 v°); etc.

XVIe et XVIIe siècles. — 209 feuillets. — « 1637 ».

463.

Recueil de pièces et de lettres relatives à l'histoire de divers

ÉTATS ITALIENS et à leurs relations avec la FRANCE, de 1533 à 1636 environ. — Copies; quelques originaux.

On peut signaler dans ce volume les documents suivants : Lettre de [François-Annibal d'Estrées], marquis de Cœuvres, au Roi [Louis XIII], Rome, 3 mars 1620 (3); — Réponses de Louis XIII, Fontainebleau, 25 et 28 mars (17 et 21); et Paris, 8 avril 1620 (25);

« Mémoire de ce qui a esté traicté par monsieur de Herbault [Raymond Phélypeaux] avec le cardinal [Giambattista] Spada », 6 fév. 1627 (27); 11 fév. 1627 (31); — Mémoire en italien, adressé au cardinal [Jacques Davy] Du Perron, et dirigé, d'après une note de Pierre Dupuy, contre [Charles de Neufville, marquis de Ville- roy et] d'Alincourt (33);

Inscriptions latines, ancienne et nouvelle, de la « Sala Regia », relatives à l'acte de soumission fait à Alexandre III par l'empereur Frédéric Ier (41); — Lettre du cardinal F[rançois] de Tournon à [Jean Stuart], duc d'Albany, Florence, 19 sept. [1533], orig. (43); — Mémoires sur les affaires de Rome, 1624 (45, 66 et 71); — Lettre de « Raby » au garde des sceaux [Étienne d'Aligre], Rome, 13 avril 1624, autogr. (63); — Tableau des opinions politiques des cardinaux (65); — Traité conclu entre Louis XIII, Urbain VIII, la république de Venise et le duc de Mantoue [Charles Ier de Gonzague], Venise, 8 avril 1629 (77);

Pièces relatives à la protestation faite en consistoire par le cardi- nal [Gaspar] Borgia, au nom du roi d'Espagne [Philippe IV], contre les progrès du roi de Suède [Gustave-Adolphe], 8 mars 1632 (79); — Lettres de Timoleone Mozzi sur les affaires de Rome, 2 juillet (88); 25 juin (94), et 8 oct. 1633 (100), en italien; — Récit de l'entrée du duc [Charles] de Créqui à Mantoue, oct. 1634, en italien (107); — Mémoire sur les menées du cardinal Antonio Barberini, 1634 (110);

« S. D. N. D. Urbani... papae VIII constitutio super residentia episcoporum, archiepiscoporum, metropolitanorum, et aliorum eccclesiis cathedralibus præfectorum, etiam S. R. E. cardinalium », 12 déc. 1634, in-4°, *impr.* (114); — « Breve racconto di delitti com- messi dalli otto rei, che abjurorno nella chiesa di S. Pietro di Roma, a 22 aprile 1635, et loro condannatione e pene... », [1635] (120); — Lettre du cardinal de Richelieu au pape [Urbain VIII], 25 juillet 1636 (128);

Pièces concernant les duchés de Mantoue et de Montferrat (136), parmi lesquelles on remarque les suivantes : « Relation de la demande faicte à Monsieur de Savoie [Victor-Amédée Ier] par Monsieur Servient [Abel Servien], ambassadeur extraordinaire du Roy en Italie, le 12 oct. 1631 ... » (144) ; — Protestation, rédigée en italien et adressée à l'Empereur [Ferdinand II], contre la cession du duché de Sabbioneta à Isabelle de Gonzague, in-4°, *impr.* (179) ; — « Responsum pro illustriss. et excellentiss. D. principe Corriggii, celeberrimi J. C. Bononiensis et Illustriss. senatoris D. Camilli Gypsii », 1632, in-fol., *impr.* (181) ; — « Responsum pro illustrissimo et excellentiss. principe D. Don Mauritio Austriaco,... D. Joannis Syri, Corrigii principis filio, celeberrimi J. C. Bononiensis... D. Camilli Gypsii », 1632, in-fol., *impr.* (190) ;

Pièces concernant le duché de Parme et de Plaisance : Mémoire sur les Farnèse, ducs de Parme et de Plaisance, 1634, en italien (196) ; — Copie de la lettre adressée par le duc de Parme [Odoardo Farnese] à Alfonso Carandini, son résident à Rome, en italien, s. d. (198) ; — « Considerationi sopra la copia di lettera scritta dal ser^{mo} sig^r duca di Parma al sig. cavaliere Alfonso Carandini, suo residente in Roma », s. d., in-4°, *impr.* (200) ; — « Sonetti fatti per il serenissimo sig. duca di Parma [Odoardo Farnese], con le sue risposte », s. d., in-4°, *impr.* (216) ; — Réponse de Carandini à la lettre du duc, s. d., en italien (220), copié sur un *imprimé* milanais in-fol., qui suit, par Jacques Dupuy (224) ; — Brefs d'Urbain VIII au duc de Parme [Odaordo Farnese], 25 août et 6 sept. 1635 (226 et 228) ; — Monitoire de la Cour romaine au duc de Parme, 16 août 1636 (232) ;

« Dict et depuis présenté au sénat de la République de Gennes » par M. de Sabran, résident français, 1632 (244) ; — Mémoires rédigés sur l'ordre du duc de Savoie [Victor-Amédée Ier] et relatifs au siège de Valenza, dans le Milanais, 1635, en français et en italien, copies de J. Dupuy (258 et 264) ; — « Relaçion de lo suçedido en el sitio de Valencia del Po », s. d., en espagnol, in-fol., *impr.* (270) ;

Généalogie de la maison royale de Sicile depuis Charles II, †1309 (276) ; — Lettre du roi d'Espagne [Philippe IV] aux élus de la ville de Naples, Madrid, 2 fév. 1632, en espagnol (279) ; — Formule, en blanc, d'autorisation de port d'armes accordée, moyennant une taxe, aux habitants du royaume de Naples, sous le règne de Philippe IV d'Espagne, en italien, 1634, in-fol., *impr.*

(281); — Circulaire du vice-roi de Naples aux vassaux de ce royaume, [mars 1634], en espagnol, in-fol., *impr.* (282); etc.

XVIᵉ et XVIIᵉ siècles. — 233 feuillets. — « 1637 ».

464.

Recueils de pièces sur l'AMIRAUTÉ DE FRANCE et les grandes COMPAGNIES COMMERCIALES, de 1584 à 1632 environ. — Copies.

On remarque dans ce volume les pièces suivantes : « Articles accordez entre M. le duc de Mercœur [Philippe-Emmanuel de Lorraine], gouverneur et lieutenant-général pour le Roy en Bretagne, et M. le duc [Anne] de Joyeuse, admiral de France et de Bretaigne, sur l'administration de leurs charges », 26 avril 1584, copie authentique (5); — « Qualité, droictz et don du sieur de Dampville [Charles de Montmorency] en l'admirauté de Bretagne », vers 1600 (7); — Arrêt du Conseil d'État, autorisant, contre l'avis de « Gaspart » [*Frédéric*] de Coligny, amiral de Guyenne, le comte de Gramont, gouverneur de Bayonne, à visiter les navires et barques qui entreront dans cette ville ou en sortiront, 9 août 1605 (9);

« Advis donnez au Roy sur le faict de la navigation et commerce de l'Amérique et les ordres des armes d'Espagne » (13); — « Pleintes et informations d'[Antoine Le Fèvre] de La Boderie sur plusieurs déprédations faites par les Anglois sur les François, avec les responces du conseil du roy d'Angleterre », [1606] (33); — « Remonstrance tres-humble en forme d'advertissement, que font au Roy et à Nosseigneurs de son Conseil les capitaines de la marine de France », s. d., in-4°, *impr.* (48); — « Factum pour Jacques Bar et Charles de Fleury, capitaines de marine, et leurs associez, deffendeurs, contre Sancho de Verdamia et Joseph de La Fitta, mariniers espagnols, demandeurs, et l'ambassadeur d'Espagne, ayant presenté sa requeste afin d'intervenir », in-4°, *impr.* (56);

Érection en titre d'office, en faveur du cardinal de Richelieu, de la charge de grand-maître, chef et surintendant général de la navigation et commerce de France, Saint-Germain, oct. 1626, copie de J. Dupuy (62); — « Deffences de l'Admirauté de Levant pour M. le duc de Guise [Charles de Lorraine], contre l'action intentée par Monsʳ le cardinal de Richelieu » (66);

« Discours sur le faict des Indes » (97) ; — « Ordonnances, priviléges, franchises, et assistances octroyez et concédez par les... Estats Generaux des Provinces Unies du Pays-Bas, à la Compagnie des Indes Occidentales, par leurs Edicts du 9 juin 1621, 10 juin 1622, et l'ampliation du 21 juin 1623, traduit du flaman pour l'utilité publique », Paris, 1623, in-4°, impr. (109) ; — « Les humbles plaintes et remonstrances n'aguères faites à MM. les Estats d'Hollande, par les marchands et associez de la Compagnie des Indes Orientales, contre les pernicieux désordres et malversations des directeurs et administrateurs d'icelle, traduit fidèlement et exactement d'hollandois en françois », 1623, in-4°, impr. (126) ;

Mémoire sur l'« establissement d'une Compagnée (sic) pour le commerce au royaume de Suède, ès pays de l'Afrique, de l'Asie et de la Magellanique ou terre Australe, et ès Isles qui sont entre deux, à commencer par le destroict de Gibraltar, du costé du midy ; avec les priviléges octroyez à la dicte Compagnée par le roy Gustave II, en l'année 1626 » (140) ; etc.

XVIe et XVIIe siècles. — 152 feuillets. — « 1637 ».

465.

Histoire de la conclusion du traité de Vervins (1598). — En italien.

XVIIe siècle. — 31 feuillets. — « 1637 ».

466·

Recueil de pièces concernant les Finances royales et le Domaine de la Couronne, de 1399 à 1600 environ. — Copies ; plusieurs originaux.

On remarque dans ce volume les documents suivants : Noms des personnages taxés par le roi [Charles VI] à un impôt extraordinaire de 60.000 francs, mars 1415 (5) ; — Acte notarié, relatif à la perception des octrois et aides à Montferrand, 25 juin 1527, orig. (7) ;

Lettres de François Ier au président [Guillaume] Poyet, relati-

ves à la succession « de feu mons^r le légat » [le chancelier
Antoine Du Prat], orig. : Coucy, 17 juillet 1535 (9); Villers-Cotterets, 25 et 27 juillet 1535 (11 et 13); s. d. (12); Fère-en-Tardenois,
30 juillet 1535 (14); — Lettre aux « premier, second présidents de
ma court de Parlement, et de Villeroy », au sujet de difficultés survenues dans une affaire financière, Compiègne, 6 mars 1536, orig.
(16);

Lettres d'[Anne de] Montmorency au président [Guillaume]
Poyet, au sujet de la succession d'Antoine Du Prat, Villers-Cotterets, 27 juillet [1535], orig. (15); — Reçu, rédigé par Guillaume
Poyet, Jean Briçonnet, Nicolas Viole, conseiller-maître à la Cour
des comptes, et Estienne Le Blanc, contrôleur général de l'Épargne, des sommes à eux remises par Jean Barrillon, notaire et secrétaire du chancelier Du Prat, au Louvre, 1er août 1536, minute
(17);

Liste de personnages extraordinairement imposés, s. d. (18);
— Mandement, en blanc, de Charles IX, requérant d'une ville une
portion d'un emprunt total de 500.000 livres, Paris, 1566, orig.
(20); — Demandes d'exemption de tailles émanant de la municipalité de Saintes, 26 août 1600, orig. (21), et de celle de Niort,
14 sept. 1600, orig. (22);

Lettres de Charles VI, révoquant toutes donations faites par lui
de biens confisqués sur des rebelles, 1411, en français, parchemin,
copie authentique (26); — Lettres de Charles V, Paris, 24 juillet
1364, parchemin, copie authentique; et de Louis XI, Paris, 9 sept.
1461, révoquant les dons et aliénations de certaines parties du
domaine royal (28 et 30); — Arrêt du Parlement de Paris, s'opposant à certaines aliénations du domaine royal faites par Louis XI,
5 mars 1477, parch., copie authentique; (31); — Lettres de François Ier, ordonnant la vente et engagement des domaine, aides,
impositions et gabelles jusqu'à concurrence de la somme de
200.000 livres tournois, Saint-Germain-en-Laye, 3 fév. 1521, parchemin, copie authentique (32);

Bulle d'absolution, octroyée par Clément VII à François Ier, pour
avoir violé son serment du traité de Cambrai, relatif à l'aliénation
du domaine royal, Bologne, 3 kal. dec. 1529, copie de P. Dupuy
(33); — Pouvoir remis par François Ier aux procureurs envoyés
par lui à Rome pour obtenir l'octroi de la bulle précédente, Paris,
1529 (35):

Généalogies des comtes d'Eu (40); des comtes de Soissons (43 et 44); et de la maison de Bourbon (61 et 62);

Notes sur ce point : « que Villefranche-sur-Meuse est de tout temps du royaume de France et de la jurisdiction et grenier à sel de Sainte-Menehoult » (49); — Pièces relatives à Avignon (51), et à la succession de Jean d'Armagnac, 2 mars 1516 (53 et 57); — Contrat d'échange d'Andelys contre Dieppe, Louviers, etc., passé entre l'archevêque de Rouen [Gauthier de Coutances] et Richard Cœur-de-Lion, 1017 [1197?] (79); — Lettres de Louise de Savoie, relatives à la baronnie de Thiers, qui faisait partie de la succession du chancelier Du Prat, s. d. (83);

« Estat du revenu du domaine de Son Altesse [François de Bourbon, prince de Conti] pour l'année 1624 », Château-Renaud, 1ᵉʳ fév. 1624 (87);

Mémoire sur diverses contestations « entre le duc d'Austriche [Maximilien] et Madame la duchesse sa femme [Marie de Bourgogne] d'une part, et le r[oy] de F[rance] très-chrestien [Louis XI] », 1478 (89);

Signification aux habitants de Loches de lettres de Charles VI, portant que les habitants des villes situées sur les frontières du royaume seront tenus d'y faire le guet et que les capitaines de ces villes seront obligés à la résidence, Chinon, 1ᵉʳ janv. 1399, parch., orig. (108); etc.

XIVᵉ, XVIᵉ et XVIIᵉ siècles. — Papier et parchemin. — 110 feuillets. — « 1637 ».

467.

Recueil de pièces concernant la BOURGOGNE et la FRANCHE-COMTÉ, des origines à 1636 environ. — Copies; quelques originaux.

On peut signaler dans ce volume les documents suivants : Notes de Pierre Dupuy sur l'histoire de la Bourgogne, depuis les origines jusqu'en 1257 (5); — Mémoire sur le « droict du Roy au royaume de Bourgogne, contre les prétentions des Empereurs d'Alemagne » (21 bis); — Lettre de Henri, comte palatin du Rhin, duc de Bavière, engageant, comme futur empereur, à Philippe de Valois ses droits sur plusieurs domaines de l'ancien royaume de Bourgogne, Francfort, 7 déc. 1333 (37); — Lettres de Jean de Luxembourg, roi de Bohême et de Pologne, promettant de respecter et faire respecter par ledit Henri les engagements pris dans l'acte précédent, Poissy, 15 fév. 1333 (43); — Ordonnance de Jean le Bon, portant réunion à la couronne du duché de Bourgogne et des comtés de Champagne et de Toulouse, au Louvre, sept. 1361 (45); — Diplôme de l'empereur Charles IV, donnant l'investiture du comté de Bourgogne à Philippe, quatrième fils de Jean le Bon, Nuremberg, 18 kal. feb. 1362, copie de P. Dupuy (49); — Lettres de Philippe le Hardi, duc de Bourgogne, portant autorisation, pour le comte d'Armagnac [Jean III] et son frère Bernard d'Armagnac, de racheter le comté de Charolais et autres domaines qu'ils lui ont vendus, Paris, 11 mai 1390 (55); — Articles accordés au roi de France [Louis XI] et à ses ambassadeurs par les États de Bourgogne, après la mort de Charles le Téméraire, 29 janv. 1476 (61); — Lettre de Marie de Bourgogne aux gens des comptes de Bourgogne, Gand, 23 janv. 1478 (69); — Déclaration de Charles VIII, portant que le comté d'Auxonne a toujours fait et continue à faire partie du duché de Bourgogne, et, comme tel, du royaume de France, Amboise, 23 janv. 1497 (71);

Note de Th. Godefroy sur la dénonciation du traité de Péronne par Louis XI, 1470 (75); — Accession de Jean de La Palud, sire de « Luxeu », au traité de neutralité conclu pour trois ans entre François Ier et Philiberte de Luxembourg, archiduchesse d'Autriche, 4 oct. 1522 (77); et divers actes portant prolongation dudit traité de neutralité, 1552-1563 (83); — Requête adressée, au nom de l'archiduchesse Philiberte de Luxembourg, à la Chambre des comptes de Dijon, pour lui réclamer la remise des lettres et documents relatifs au comté de Bourgogne et conservés en ladite Chambre; suit l'inventaire sommaire des documents réclamés; au v° du fol. 119 et dernier : « Pour bailler à Mgr. le Légat chancelier [Antoine Du Prat] » (99); — Arrêt du Parlement, relatif à la procédure suivie dans la cause pendante entre Antoine de Vergy, archevêque de Besançon, et Pierre Chantereau, prêtre, demeurant à Seurre, 1er fév. 1534, parchemin, copie authentique (121); — Lettre de N. Thibault, procureur général au Parlement, au Roi [François Ier], Paris, 14 mai [1536], orig. (122); — « Factum pour les officiers du siége presidial et bailliages de Bresse, Bugey, Valromey et Gex, defendeurs et incidemment demandeurs en lettres du 30 janvier 1613, d'une part...., et Messieurs de la noblesse.... desdits pays, demandeurs... et deffendeurs ausdites lettres, d'autre part; et encore le Procureur scindicq du tiers Estat, intervenant et joinct aux deffendeurs, d'autre », in-4°, *impr.* (130);

« N° 80. Déclaration du Roy, sur les attentats et entreprises contre son Estat par aucuns du comté de Bourgoigne.... », 5 juin 1636, in-4°, *impr.* (135); — « L'ordonnance et réglement du prince de Condé, lieutenant-général pour le Roy en son armée de Bourgongne », 11 juin 1636, in-4°, *impr.* (137); — Lettre de l'archevêque de Besançon [Ferdinand de Rye] et du parlement de Dôle au prince de Condé [Henri II de Bourbon], au sujet de la sommation faite aux habitants de Dôle de la part du Roi [Louis XIII], Dôle, 27 mai 1636 (138); — Ordonnance du prince de Condé, envoyée aux habitants de Dôle, le 28 mai 1636 (139 v°); — Manifeste du même aux gens du comté de Bourgogne, avant d'entrer en armes dans le comté, 29 mai 1636 (140); — Instruction donnée par le même « au sieur de Marais », envoyé par lui au Parlement de Dôle (141); — Réponse de l'archevêque de Besançon et du Parlement de Dôle à la déclaration du prince de Condé, s. d. (142); — Instruction donnée par le prince de Condé au sieur de Croison, capitaine au régiment de Conti, « allant en Suisse pour le service du Roy, pour y representer les infractions de la neutralité commises par les Comtois », mai 1636 (143); etc.

XVIe et XVIIe siècles. — Papier et parchemin. — 145 feuillets. — « 1637 ».

468.

Recueil de documents concernant l'histoire de l'ALLEMAGNE, du DANEMARK, de la HONGRIE, de la POLOGNE et de la SUÈDE, et les relations de ces différents pays avec la France, de 1447 à 1633 environ. — Nombreux originaux.

On remarque dans ce volume les pièces suivantes : Étendue de la juridiction de la Chambre de Spire en première instance (4); — Notes de Théodore Godefroy, sur la juridiction des villes impériales et sur les limites de la souveraineté des princes alle-

mands (8), et sur le concordat conclu, en 1447, entre Nicolas V et
Frédéric III (9) ; — Mémoires sur l'usurpation du duché de Milan,
de Sienne, du marquisat de Final, de Piombino, de Monaco, du
comté de Bourgogne et des duchés de Brabant, Limbourg, Luxembourg et Gueldre, de la ville impériale de Cambrai, du duché de
Wurtemberg et de la ville impériale de Constance, par les empereurs Charles-Quint et Ferdinand Iᵉʳ et par les rois d'Espagne Philippe II et Philippe III (11) ;

Lettres adressées à François Iᵉʳ par les personnages suivants :
Ernest, [prince d'Anhalt-Zerbst-Dessau], et de Joachim, son
frère, s. l., veille de la saint Paul, s. d. [1515 ou 1516], orig., en
latin, presque entièrement en chiffres (28) ; — Louis [V le Pa-
cifique], comte palatin du Rhin, au même, Heidelberg, jour de
la Fête-Dieu 1516, et 14 janv. 1518, orig., en latin (30 et 31) ;
— l'archevêque de Trèves, Richard [von Greifenklau], Coblentz,
6 nov. 1518 (32), et « ex oppido nostro Palatiolo », 10 juin 1520,
orig., en latin (33) ; — les magistrats et conseillers de la ville
impériale d'Augsbourg, 31 mars 1528, orig., parch., en latin (34) ;
— les députés, capitaines et sénateurs des États généraux de
la grande confédération de la province de Souabe, réunis à Augsbourg, 17 mars 1528, orig. (?), en latin (35) ;

Lettre de Joachim Iᵉʳ, margrave de Brandebourg, au chancelier
Antoine Du Prat, « ex castello nostro nova Keimrat apud Stansi-
num Grimwitz » (?), 9 juillet 1531, orig., en latin (37) ; — Traité
conclu entre François Iᵉʳ et le duc de Clèves et Juliers [Charles
d'Egmond], « in castro Hamboich », 2 avril 1519, en latin (39) ;
et traduction française dudit traité (41) ; — Convention passée
entre le duc de Gueldre et de Juliers [Charles d'Egmond], et Jacques Colin, abbé de Saint-Ambroise, envoyé de François Iᵉʳ,
« Grunsfort », 14 oct. 1534, en français, orig., sceau (43) ; —
Lettre de Charles [d'Egmond], duc de Gueldre et Juliers, au Roi
[François Iᵉʳ], Arnhem, 17 nov. s. a., orig. (45) ;

Instructions données au duc de Suffolk [Charles Brandon],
nommé ambassadeur près les trois États de Bohême par François Iᵉʳ, s. d., orig., en latin (49) ; — Réponse que doit porter Hubert Languet à Charles IX, de la part d'Auguste le Pieux, duc de
Saxe, et d'autres princes allemands, Dresde, 27 juillet 1565, en
latin (53) ; — Remontrances « du sieur de La Roulière » au Roi
[Louis XIII] et à son Conseil, au sujet de l'armée du comte de Mans-

feld, orig., Paris, 30 nov. 1623 (57); et 2 janv. 1624 (69); — Documents divers, relatifs au comte de Mansfeld, 1624 (61, 71, etc.); — Requête du « Conseil secret, dit les Treize, de la ville de Strasbourg » au Roi [Louis XIII], 5/15 juillet 1624 (79);

Pièces relatives aux relations des Protestants allemands avec Louis XIII, 1633-1634 (81); — Traités d'alliance conclus entre Louis XIII et la reine Christine de Suède, Compiègne, 28 avril 1635 (95); et le duc Bernard de Saxe-Weimar, Saint-Germain-en-Laye, 26 oct. 1635 (97); — Harangue de [Claude] de Mesmes, [comte] d'Avaux, aux États généraux de Suède, assemblés à Stockholm, pour leur persuader de conclure une trêve avec le roi de Pologne [Ladislas VII], 1635, en latin (103); — Lettres, sans nom d'auteur, adressées au chancelier Oxenstiern, Hambourg, 1/11 mai 1636, en français (111), et au marquis de Saint-Chamond, s. d., en latin (115); — Proposition faite, de la part de Charles Ier d'Angleterre, au chancelier Oxenstiern, pour la réintégration de l'électeur Palatin en ses biens et dignités, Stralsund, 3 juin 1636, en latin (119) ; — Liste généalogique des princes et comtes de la maison de Nassau (127);

Liste des enfants, légitimes et naturels, de Christian IV, roi de Danemark, 1633 (130); — Publication par Jacques IV, roi d'Écosse, de la trêve conclue entre Louis XII et Jean, roi de Danemark, Édimbourg, 30 avril 1499 (132); — Ordonnance de Christian II, roi de Danemark, Copenhague, 20 nov. 1518, en latin (138); — Lettres de Christian II à François Ier, Copenhague, 16 nov. 1519, orig., en français (139), et 6 fév. 1520, orig., en latin (140); — Lettre de Frédéric Ier de Danemark à François Ier, Gottorp, 21 juillet 1531, orig., en latin (141); — Lettre de Franç[ois] de Bordeaux à [François Ier], Copenhague, 24 juin s. a., orig. (142); — Généalogie des rois de Hongrie et de Bohême, issus de l'empereur Sigismond, de la maison de Luxembourg, par Th. Godefroy (149); — Note de Th. Godefroy, sur le traité pour la succession de Hongrie et de Bohême, conclu entre l'empereur Ferdinand II et Philippe III d'Espagne, Prague, juin 1617 (150); — Traité conclu entre François Ier et Jean, roi de Hongrie, s. d. (151); — Lettre de François Ier à Jean, roi de Hongrie, Saint-Germain-en-Laye, 24 fév. 1526, en latin (153); — Lettre de Jean, roi de Hongrie, à François Ier, Buda, 26 avril 1527, orig., parch., en latin (155); — Lettre d' « Antonius Wrancius, præpositus Bude Veteris », à « Andreas Corsi-

nus », secrétaire de Jean, roi de Hongrie, à la cour de François Ier,
Rome, 20 fév. 1532, en latin (156);

Lettres du roi de Pologne Sigismond Ier à François Ier, Cracovie, 18 janv. 1524, et 6 sept. 1527, orig., parch., en latin (159 et
160); — Traité de paix conclu entre Ladislas IV, roi de Pologne,
et Michel Federovich, grand-duc de Moscovie, « apud flumen
Polanowki », 13 juin 1634, en latin (161); — « Nº 159. Extraordinaire du v novembre 1635, contenant les articles de la trève
entre Ladislas, roy de Pologne, et Christine, reine de Suède », Stu-
mischdorf, 12 sept. 1635, in-4º, *impr.* (165); — Trêve pour 26 ans,
conclue entre Ladislas IV, roi de Pologne, et Christine de Suède,
« Stumsdorf » en Prusse, 2 sept. 1635, en latin (167); — Lettre
de Charles Ogier à Nicolas Bourbon, Marienbourg, 7 kal. oct.
1635, en latin, copie de Jacques Dupuy (175); — Lettre du Roi
[Louis XIII] au roi de Pologne [Ladislas VII], Paris, 13 août 1636,
en français (179);

Extraits « ex libro quodam intitulato sive inscripto Analogia
universorum temporum, de anno 1328, invento in antiqua bibliotheca Avenionensi » (184);

Traité de paix conclu entre Christian IV de Danemark, et Gustave-Adolphe, « Ulffsbeck », 29 juin 1624, en latin (185); — Traité
d'alliance entre les mêmes, Stockholm, 4 janv. 1628, en latin
(193); — Lettre, sans nom d'auteur, à Mlle de Rambouillet, en
lui envoyant un sonnet sur la mort du roi de Suède, s. d. [1633]
(199), et texte dudit sonnet (200); — « Résolution des Estats généraux du royaume de Suède, délibérée, conclue et publiée...
en l'Assemblée de Stocholme, le 14 mars 1633 », traduction
française faite sur la version allemande (201); — « Articles arrestez au Synode national des Églises réformées de France, tenu
à Charenton lez Paris, au mois de septembre 1623... », in-4º, *impr.*
(211); etc.

XVIe et XVIIe siècles. — Papier et parchemin. — 234 feuillets. —
« 1637 ».

469.

Actes du SYNODE NATIONAL des Églises réformées de France,
tenu à CHARENTON, le 1er septembre 1623 et jours suivants. —
Copies.

A la suite, on trouve des « Remarques sur quelques articles » arrêtés par ce synode (39), et un état du personnel religieux et enseignant des provinces de Normandie, Berry, Anjou, etc. (43 v°).

XVIIe siècle. — 43 feuillets. — « 1637 ».

470.

Recueil de pièces relatives aux conditions de valabilité des MARIAGES DES PRINCES DU SANG. — Copies.

On remarque dans ce volume les pièces suivantes : « Response à deux objections qui pourroient estre faictes contre l'observation sur le canon VI du concile de Compiègne » , par [Pierre de Marca], 1634 (5); — Mémoires tendant à prouver la nullité des mariages contractés par des princes de la maison de France sans le consentement du Roi (11, 55, 57 et 61) ; — « Consultation sur le mariage de Monseigneur, frère unique du Roy [Gaston d'Orléans] », 1634 (69);

Table et analyses de l'ouvrage du Jésuite [Michel] Rabardeau, intitulé : *Exercitatio canonica de validitate seu nullitate matrimonii seren. principis Jo. Gastonis, ducis Aurelianensis...*, de la main de P. Dupuy (93); — « Paraphrase sur l'edict des mariages clandestinement contractez par les enfans de famille, contre le gré et consentement de leurs pères et mères, par M. Jean de Coras, conseiller du Roy au Parlement de Tholose », 1572, in-8°, *impr.* (101) ; — Discours adressé au pape [Urbain VIII], en présence de l'ambassadeur de France, [François] de Noailles, par l'évêque de Montpellier, [Pierre de] Fenouillet, 21 janv. 1636, en français (118) ; — Réponses de l'Assemblée du clergé de France sur les conditions de validité des mariages des princes du sang, en latin (121) ;

Bulle de Clément IV, autorisant Henri, frère de Thibaut V, roi de Navarre, à se marier avec telle personne qu'il voudra, même avec une de ses parentes au quatrième degré, pourvu qu'elle ne soit pas de la famille de Simon de Montfort, comte de Leicester, et qu'il obtienne le consentement des rois de France et de Navarre, Pérouse, 5 kal. mai. a° 1 [1266], copie de P. Dupuy (135); — Interdiction faite par la reine Élisabeth à Marie Stuart de se marier avec toute autre personne qu'un partisan de la paix entre l'Angleterre et l'Écosse, 1562 (137); autres interdictions analogues, 1296-1571 (143 et suiv.); — Notes sur le mariage d'Edward Seymour, comte de Hertford, avec Catherine Grey, fille de Henry Grey, marquis de Dorset et duc de Suffolk, 1562 (139); — Documents relatifs à la réconciliation de Gaston d'Orléans avec Louis XIII, 1636-1637 (167 et 171); etc.

XVIIᵉ siècle. — 175 feuillets. — « 1637 ».

471.

Recueil de documents relatifs aux démêlés de Pierre IV, roi d'Aragon, avec Jacques, roi de Majorque (1341-1344), et à la réunion du royaume de Majorque et du comté de Roussillon au royaume d'Aragon (1342-1343). — Copies de Pierre Dupuy.

A la fin de ce volume, on remarque le testament de Pierre, fils aîné du roi d'Aragon Jacques Iᵉʳ, 4 id. janv. 1275 (41).

XVIIᵉ siècle. — 45 feuillets. — « 1637 ».

472.

Recueil de pièces concernant la délimitation des FRONTIÈRES DE LA FRANCE. — Copies.

On remarque dans ce volume les documents suivants : « Inventaires des livres, lettres, tiltres et autres documens que produit le procureur du Roy, pour monstrer comme le royaume de France s'estend d'un costé devers orient en septentrion jusques aux monts et Alpes, qui divisent Italie et Galles, et jusques à la rivière de la Mose, et pour monstrer que le Roy est souverain des terres estans oultre et par delà la rivière de Saonne jusques aux dicts monts et rivière de Mose, et mesmement qu'il est souverain sur les terres, vassaulx et hommes appartenans aux églises de Lyon, Mascon, Chalon, monastères de Clugny, Tornuz, l'Isle-Barbe et Aynay..... », s. d. (5);

Pièces relatives à la frontière de l'est (10 et suiv.); parmi lesquelles un acte de Jean Bocart, prévôt de Sainte-Menehould, concernant l'abbaye cistercienne de la Chalade et la frontière de la France et du duché de Bar, 29 oct. 1515 (16); — Notes de Th. Godefroy sur la rivière de Meuse (22); — Acte de Jean, sire de Ponches, et de Jacques de Boufflers, servant à « demontrer que le maretz de Ponches est de France, encores qu'il(z) soit scitué audelà de la rivière d'Authie... », copies authentiques, avec plan sommaire (26); — Procès-verbal de l'enquête faite par les commissaires du Roi [Henri IV] et des archiducs d'Autriche au village de Fesmy, du 24 au 31 juillet 1601, « pour raison du different, ressort et souveraineté du villaige et abbaie de Fesmy » (30); etc.

XVIe et XVIIe siècles. — 63 feuillets. — « 1637 ».

473.

Recueil de pièces concernant le règne de Louis XIII, de 1633 à 1637. — Copies; quelques originaux.

On remarque dans ce volume les documents suivants : Déposition de Pierre Faget, chapelier à Milan, au sujet de certaines menées du connétable de Lesdiguières, 1623, orig. (3); — Indications pour retrouver le cousin de Ravaillac, qui se trouve à Bruxelles, Compiègne, 10 mai 1624, orig. (7); — Avis envoyé par les officiers royaux et la municipalité de Boulogne, au sujet du séjour de François de Hautefeuille chez le vicomte de Fruges et d'un complot contre la vie du Roi [Louis XIII], Boulogne, 17 juillet 1624, orig. (9);

Relation du Conseil solennel tenu à Fontainebleau par le Roi, le 29 sept. 1625, pour la déclaration de la guerre d'Italie, 30 sept. 1625 (15); — « Rapport de l'ouverture du corps de feu Madame [Marie de Bourbon, duchesse de Montpensier, femme de Gaston d'Orléans] », Paris, 5 juin 1627, in-fol., *impr.* (19); — « L'ordre que tenoient les trouppes du Roy très-chrestien, commandées par Messrs de La Force, de Schomberg et de Marillac, mareschaux de France, généraux de l'armée pour faire lever le siége de devant Cazal au duché de Montferrat, vers la fin d'octobre 1630 », de la main de P. Dupuy (20); — Libelle adressé au pape Urbain VIII par Lodovico Zambeccari, copie d'un livre imprimé à Orléans en 1633, en italien (23) ; — Extraits des registres du Conseil, interdisant la vente du livre intitulé *Petri Aurelii Anæreticus*, Saint-Germain-en-Laye, 1ᵉʳ déc. 1633, copie de J. Dupuy (39) ; — « Déclaration du Roy [Louis XIII], publiée au Parlement de Provence, les Chambres assemblées, et prononcé en robes rouges le 20 février 1634 », in-4°, *impr.* (41) ; — Extrait des registres du Conseil privé du Roi, déférant à cinq docteurs de Sorbonne l'examen des livres publiés sous le nom de l'évêque de Belley et intitulés : *La pauvreté évangélique* et *La désapropriation et le rabat-joye des moynes*, Paris, 27 janv. 1634 (49 ; cf. 54) ;

Lettres de la Reine mère [Marie de Médicis] au Roi [Louis XIII], 1634, et au cardinal de Richelieu, s. d., copies de P. et J. Dupuy (50 et 51) ; — Articles accordés entre Gaston d'Orléans et le marquis d'Aytone au nom de Philippe III d'Espagne, 12 mai 1634, copie de P. et J. Dupuy (55) ; — Déclaration de Louis XIII, portant défense aux marins français d'attaquer les Espagnols et les Portugais « pour l'occident, au deçà du premier méridien, et pour le midy, au deçà du tropique de Cancer », Saint-Germain-en-Laye, 1ᵉʳ juillet 1634 (57) ;

Arrêts condamnant à mort Urbain Grandier, curé de Saint-Pierre de Loudun, 18 août 1634, copie de P. Dupuy (61), et René de Chambes, comte de Montsoreau, 6 sept. 1634 (63) ; — Notification de la condamnation, par l'Assemblée du Clergé de France, du livre intitulé : *Les heureux succès de la piété.....* par le frère Ives de Paris, capucin, janv. 1634, en latin (65 ; cf. 54) ;

Convention passée entre Louis XIII et Gaston d'Orléans, à son retour de Flandre, 1ᵉʳ oct. 1634, copie de P. Dupuy, « transcrite sur l'original qui est entre les mains de Monsieur » (67) ; — Extrait des registres du Conseil souverain, relatif à un projet d'attentat par magie contre le maître-échevin de Nancy, Nancy, 30 janv. 1635, parchemin, copie authentique (74) ;

Ordre à Jean Graciolet, héraut d'armes de France au titre d'Alençon, d'aller déclarer verbalement la guerre, de la part de Louis XIII, au cardinal Infant d'Espagne, Saint-Quentin, 12 mai 1635 (80) ; — Instruction adressée au même, même date (81) ; — Compte rendu de sa mission, par le même (84) ; — Déclaration du Roi, ordonnant la confiscation des « effets et marchandises qui se trouveront dans nostre royaume... appartenantes aux subjets ou vassaux » du roi d'Espagne, Fismes, 17 mai 1635 (86) ; — Documents concernant les campagnes de l'année 1635 (88) ; — « Extraict des registres de Parlement », ordonnant aux gentils-hommes de se tenir prêts pour le service du Roi, Aix, 12 mai 1635, in-fol., *impr.* (94) ; — « Extraict des registres du Conseil souverain », ordonnant la saisie des deniers, effets et marchandises appartenant, dans le ressort du Conseil, aux sujets et vassaux du roi d'Espagne, Nancy, 19 mai 1635, in-fol., *impr.* (95) ; — « Manifeste contenant les justes causes que le Roy a eues de declarer la guerre au roy d'Espagne », 1635, in-4º, *impr.* (96) ; — « Lettre du Roy à son Conseil souverain, establi en sa ville de Nancy... », Monceaux, 12 juin 1635, in-4º, *impr.* (110) ; — Notification des lettres de Philippe III d'Espagne, ordonnant la confiscation des marchandises, denrées, vaisseaux appartenant à des sujets français, Naples, 20 juin 1635, in-fol., *impr.* (122) ; — Réponses des Espagnols aux manifestes français relatifs à la guerre, 1635, en français, en italien et en latin (124 et suiv.) ; parmi elles, on peut signaler la lettre latine de « Joannes Franciscus Sanfelicius ad claros cives », in-fol., *impr.* (160), et la « Dichiarazione di Sua Altezza [le cardinal Infant] intorno la guerra contro la corona di Francia », Bruxelles, 24 juin 1635, in-fol., *impr.* (162) ; — « Litanie e pregiere recitate nelle quaranthore fatte exporre nelle chiese et in Palazzo a Napoli per l'armata spagnuola », juin 1635, en latin (164) ;

Lettres de Marie de Médicis au Pape [Urbain VIII], Anvers, 15 juillet 1635 (166) ; au Roi [Louis XIII], et à Mazarin, nonce extraordinaire du Pape en France, Anvers, 13 sept. 1635 (166 et 167) ; — Bref du Pape [Urbain VIII] au cardinal [Louis de Nogaret] de La Valette [d'Épernon], 25 sept. 1635, copie de P. Dupuy (170) ; — Déclaration de Ferdinand, cardinal infant d'Espagne, lors de son entrée en armes sur le territoire français, Mons, 5 juillet 1636, en français (182), et texte italien de cette déclaration, in-fol., *impr.* (184) ;

Documents relatifs au « manquement de l'attaque » des îles Sainte-Marguerite et Saint-Honorat, sur la côte de Provence, juillet 1636 (186 et 190) ; — Manifeste du vice-roi de Naples, Emmanuel de Fonseca et Zunica, comte de Monterey et Fuentes, lors de l'approche de la flotte française, Naples, 18 août 1636, en italien, in-fol., *impr.* (207) ; — Nouvelles datées de Cannes, 6 sept. 1636 (212) ;

Lettre du cardinal de Richelieu au maréchal de Vitry, Rueil,
9 déc. 1636 (214), et réponse du maréchal (214 v°); — Lettre
de Louis XIII au cardinal de La Vallette, sur la guerre d'Allemagne,
Paris, 31 déc. 1636 (216); — Lettres émanant de Richelieu, de
Louis XIII, etc., et relatives aux affaires de Gaston d'Orléans et du
comte de Soissons, 1636-1637 (218); parmi ces lettres, on remarque
une lettre autographe de Louis XIII à la comtesse de Soissons [Anne
de Montafié, mère de Louis de Bourbon], Orléans, 20 fév. 1637 (234);

« Extraict des registres du Conseil d'Estat », relatif à la publication, par Pierre Verdier, imprimeur royal à Grenoble, de la
requête présentée par les députés de la noblesse dauphinoise de
l'une et l'autre robe contre le conseiller Talon, 21 fév. 1637,
in-4°, impr. (241); — « Extraict des registres de Parlement », prononçant diverses peines contre les gentilshommes de la Provence
qui n'accourraient pas à l'attaque des îles Saint-Honoré et Sainte-
Marguerite, Aix, 24 avril 1637, in-fol., impr. (243); — Lettres de
Louis XIII, ordonnant l'arrestation et la mise à la Bastille de Louis
de Mailley, dit Du Bois, Paris, 30 avril 1637, copie authentique
(244); — Documents concernant les soulèvements du Périgord et de
la Guyenne, 1637 (246);

« Advis au Roy, sur le traicté [financier] faict soubs le nom de
M° Jean Huier, in-4°, le 17 janvier 1635 », impr. (259); — « Factum
pour M° Claude de Bourges, conseiller du Roy, receveur et payeur
ancien et alternatif des officiers de l'élection de Chartres..., contre
M° Estienne Aruyer... », in-4°, impr. (261); — « Remonstrances à Nosseigneurs du Conseil, par les officiers des Eslections de ce royaume,
contre les propositions faictes par Pelletier et ses associez »,
in-fol., impr. (265); — « Treshumbles suplications faictes au Roy
et à Nosseigneurs de son Conseil, par les officiers de l'Eslection de
Paris, pour la révocation de l'Édict portant augmentation de
deux cens soixante mil livres de gages, et attribution de 16 sols
et 40 sols pour parroisse, aux officiers des Eslections de ce
Royaume », in-fol., impr. (267); etc.

XVII° siècle. — Papier et parchemin. — 268 feuillets. « — 1637 ».

474.

Extraits des procès-verbaux du jugement et de la condamnation de [Jacques de Coucy-] Vᴇʀᴠɪɴs et d'[Oudart] Dᴜ Bɪᴇz, maréchal de France, après la reddition de la ville de Boulogne aux Anglais. (1549.)

XVIᵉ siècle. — 113 feuillets. — Provient de Nicolas Camusat. — « 1637 ».

475.

« *Traictez, relations et mémoires concernans les* ᴘᴀɪs ᴏʀɪᴇɴ-ᴛᴀᴜx. »

« Lettre du comte de Languillara estant à Tunis. 1535.

« Articles du traicté entre l'empereur Charles-Quint et le roi de Tunis.

« Relation adressée au Roy, touchant la Barbarie.

« Traicté de paix pour le commerce entre ceux d'Arger et les sujects du Roy, septembre 1628.

« Traicté de trêve faict entre le chevalier de Razilly et ceux de Salé, 1630, sept.

« Articles de paix entre les rois de France et de Marroc, avec l'acceptation d'iceux par ceux de Salé, 1635.

« Relation du sieur de L'Isle touchant le royaume de Fez, 1608.

« Relation du roiaume de Marroc et de ce qui en dépend.

« Relation du voiage et establissement des Capucins en Perse, par le P. Pacifique.

« Lettre du roi de Perse au roy Louis XIII, 1628.

« Deux lettres du sieur de Montoliou, touchant la court du Grand Seigneur, à Constantinople, 1635.

« Lettre d'Emanuel, roi de Portugal, au pape Jule II, touchant le progrez que font ses sujects aux Indes.

« Autre lettre du sieur Nicot au Roy sur ce sujet, du 5 nov. 1559.

« Lettre du roi de Sumatra à Jaques, roi d'Angleterre.

« Exemplar scripturæ inventæ in regno Sinarum, 1625.

« Mémoire ample de l'estat de l'Ægypte, 1634 ; — Revenus dudict pays, 1635.

« Relation d'un voiage de certains Æthiopiens à Rome, 1635.

« Deux lettres escrites en avril 1625, de Lahor, ville du grand Mogor, par Aug. Hiriart.

« Mémoire des places fortes tenues par les Hollandois aux Indes Orientales et Occidentales.

« Informatione della Georgia, di Pietro della Valle, 1627.

« Relation de la réception des ambassadeurs de Moscovie par le roi de Pologne, mars 1635.

« Relation du Brésil. »

En déficit.

476.

Recueil de lettres patentes et autres documents concernant l'érection de divers COMTÉS, DUCHÉS et PAIRIES. — Copies.

Ces lettres concernent la seigneurie de Laval, 1429 (13) ; — le comté d'Eu, 1458 (15), 1551 (49), 1566 (69) ; — le comté de Nevers, 1459 (15), 1538 (17) ; — le comté d'Aumale, 1547 (21), 1548 (25), 1618 (27), 1625 (39), 1629 (41), 1630 (43), et 1631 (45) ; — la baronnie d'Albret, 1556 (51) ; — la vicomté de Thouars, 1563 (61), 1599 (106) ; — la vicomté d'Uzès, 1565 (65) ; — le marquisat de Mayenne, 1573 (73) ; — la seigneurie de Piney, 1577 (78 et 84), 1581 (88) ; — la seigneurie de Halwin, 1587 (94), 1611 (112), 1620 (130) ; — le duché de Ventadour, 1594 (100), 1631 (141 et 145) ; — le comté de Montbazon, 1594 (104) ; — le duché-pairie de Montpensier, 1608 (110) ; — la seigneurie de Brissac, 1611 (116) ; — la baronnie et le duché de Chevreuse, 1612 (122), 1627 (138) ; — le marquisat de Seurre (Bellegarde), 1619 (126) ; — le comté de Chaulnes, 1621 (132) ; — le duché de Lesdiguières, 1627 (136), 1628 (140) ; — la seigneurie de Richelieu, 1631 (147 et 151), 1632 (168) ; — la seigneurie de Villebois (La Vallette), 1631 (163 et 167) ; — la seigneurie de Montmorency, 1633 (171 et suiv.) ; — le marquisat de Fronsac (Richelieu), 1634 (184) ; — le duché-pairie de Retz, 1633 (186) ; — la seigneurie de Retz, 1634 (187) ; — le comté de La Rochefoucauld, 1622 (190), et 1631 (194).

En outre, ce volume contient des notes de Nicolas Pithou (9), et quelques documents concernant l'enregistrement par le Parlement des lettres patentes relatives à l'érection des duchés-pairies, 1631 (152 et suiv.).

XVIIᵉ siècle. — 195 feuillets. — « 1637 ».

477.

Mélanges théologiques. — Copies.

On remarque dans ce volume les pièces suivantes : Traduction latine du début du second livre d'Esdras; à la fin : « Hucusque v[etus] c[odex] Fossat. » (5); — « Epistola beati Pauli Apostoli ad Laodicenses » (13); — Liste des Apôtres et des pays de leur apostolat, « ex vet. cod. » (14); — Liste des passages de l'Ancien Testament d'où « a esté recueilli le symbole des Apostres » (16);

Notes du cardinal Du Perron sur l'édition de saint Cyprien, donnée à Anvers par Pamelius, 1568, in-fol. (17); — « Incipit Lillebonense Concilium, capitulum I », « aux Chartres du Roy, en la layette de Normandie », copie de P. Dupuy (33); — Lettre de Clément IV à l'archevêque de Narbonne [Maurin], Viterbe, 5 kal. nov. aᵒ 3 [Potthast 20154] (37); — Dissertation anonyme sur l'Eucharistie, en latin (39); — « Forma procedendi in eum qui christianum occultare diceretur, ex actis ipsis (ut videtur) desumpta » (45); — « De continentia sacerdotum », par No. Boussart (47); — « Epistola tempore Philippi Pulchri, regis christianissimi scripta, contra Bonifacii VIII usurpationes », in-8°, *impr.* (51);

Lettre de « Lucifer, princeps tenebrarum, rex Acherontis imperii, dux Herebi…, » au pape Clément VI, copies du XVIIᵉ s. (61), et du XVᵉ s. (67); cette dernière contient aussi l' « Epistola Leviathan ad pseudo-prælatos Ecclesie pro [s]cismate confirmando » (68); — Autre copie de la lettre de Lucifer (70) — « Jesuitarum de decimis opinio » (72); — « De clavium Ecclesiæ potestate, Jo. Gordonio authore, 1606 » (74); — Sur l'abus des images (78); — « Advis pour réformer l'abbus des images », par MM. de Valence [Jean de Montluc ?], Sallignal et [Charles] d'Espence » (79); — Traduction française d'une partie de l'Office (81); — « Exposition du passage de Sᵗ Luc, chap. XXII, des deux glaives, adressée au Roi par   » (*sic*), de la main de Claude Dupuy), (88);

Lettre de Conradus Vorstius à tous les théologiens et ministres protestants, Amsterdam, 16 oct. 1610, en latin (101); — « Q. Sep-

timii Florentis Christiani epistola ad Nic. Puppinchium, qua sub-
tiliter (quantum philosophia christiana patitur) disseritur de
Angelis », copie de P. Dupuy (102) ; — « Roberti Bellarmini cardinalis de regno Christi, quale sit » (106) ; — « De officio primario
summi Pontificis, ad Clementem VIII, Pont. Max. », par le cardinal
Bellarmin (110) ; — Sur le népotisme, par le jésuite Jean de
Lorini, en latin (116) ; — Lettre d'un théologien anonyme à un
pape qui lui avait demandé son avis « in hac controversia de effi-
cacia gratiæ », en latin (120) ;

« Illustriss. Cæs. Baronii, S. R. E. cardinalis, præfatio tomi XII
Annalium Ecclesiasticorum », copie de P. Dupuy (124) ; — « Ce
que l'on peut dire en bref discours sur ces mots de l'Évangile de
saint Luc, chapitre 2, qui se disent en l'Église le jour de la Nati-
vité de nostre Seigneur, à la seconde messe qui se dist au point du
jour : *Advint qu'après que les Anges s'en furent allez d'avec eux au
ciel, les Pasteurs dirent entre eux : Allons donc jusques en Bethléem...* », [par Nicolas Le Fèvre], de la main de J. Dupuy (132) ; —
« Virtutes morum » et « Si peccaverit in te frater tuus, etc. Matth.
XVIII, Luc. XVII », par N. Faber [Nicolas Le Fèvre], copies de
P. Dupuy (136 et 137) ; — Extraits de lettres du même, 1603 et
1604 (139) ;

Notes de Th. de Bèze sur le Nouveau Testament, de la main de P.
Dupuy (140) ; — « In fine Annotat[ionum] P[etri] P[icherel] in lo-
cum D. Matthæi : *Cœnantibus autem*, post hæc verba : *Anno Domini
plus minus IƆ CCC LXX*, hæc addenda : *Sed ab his diversa sanxe-
runt..... considera*; de la main de P. Dupuy (141) ; — « Censura in
plerosque Georgii Cassandri libellos, in quibus theologica tractat »
(143) ; — « Advis sur le livre de Cassander, intitulé *De officio pii
ac publicæ tranquillitatis vere amantis viri...* », par N. Pithou (144) ;

« Preces et gratiarum actiones », par G[uillaume] d'Avanson,
archevêque d'Embrun, extrait des actes du synode provincial
d'Embrun, 1582 (149) ; — « Memoire des escripts de feu Reverend
Père en Dieu Charles Perrot » (151) ; — « Copie de l'arrest donné
par ceus de Genève contre les escripts dudit sʳ Perrot », 30 mai
1610 (152) ; — « Remonstrances envoyées au Pape pour la réformation de l'Église » (153) ; — Notes sur diverses hérésies, par
Grotius (?) (157) ; — « Prière ardante de l'Église de France pour
le Roi, l'Estat et la Couronne » (160) ; etc.

XVIᵉ et XVIIᵉ siècles. — 161 feuillets. — « 1637 ».

478.

Recueil de pièces relatives à diverses questions de RANGS, PRÉSÉANCES et CÉRÉMONIES. — Copies.

Ce volume contient les documents suivants : Pièces concernant le rang et les prérogatives des ambassadeurs et plénipotentiaires français (4 et suiv.) ; — Question de préséance, soulevée lors du mariage du prince de Danemark, entre les ambassadeurs de l'Empereur, de France, d'Espagne et d'Angleterre, 1634-1635 (13) ; — « De la préséance du légat a latere sur les députez de la reine de Suède, des princes protestans d'Alemagne, et des Estats des Provinces Unies des Pays-Bas » (21) ; — « Mémoire pour la préséance des cardinaux sur le chancelier au Conseil du Roi... », 1622 (31) ; — « Du rang des princes du sang royal de France avec les cardinaux » (35) ; — « De la préséance du duc de Longueville [Henri II d'Orléans] sur le duc de Chevreuse [Claude de Lorraine], frère du duc de Guise, aux assemblées des chevaliers de l'Ordre du Sainct-Esprit, encores qu'il soit receu chevalier dudict Ordre après le dict duc de Chevreuse » (43) ; — « Reiglement [de Henri IV] sur les disputes d'entre les gouverneurs des villes, maistres de camp et cappitaines des compagnies envoyées en garnison », Paris, 15 janv. 1599 (54) ; — « Du rang des présidens du Parlement de Paris et autres Parlemens de France », 1435-1629 (56) ; — Arrêt du Conseil d'État, en faveur de l'archevêque de Toulouse [Charles de Montchal], contre les gens du Parlement de cette ville, au sujet de leur présence dans le chœur de la cathédrale, Paris, 4 janv. 1629 (64) ; — Lit de justice tenu par Louis XIII, le 12 avril 1633 (68) ; — Relation de la réception du duc de Parme Odoard[o Farnese] en France, 1636 (74) ; — Généalogie des ducs de Parme et de Ferrare (75) ; — Relation de l'entrée en France d'Élisabeth d'Autriche, nov. 1570 (90) ; — Récit de la réception faite au roi [Henri] de Navarre à l'abbaye de Fontevrault, juillet 1579 (92) ; — Cérémonie du baptême d'un fils de M. d'Alincourt, gouverneur du Lyonnais, Forez et Beaujolais, 19 nov. 1609, récit adressé à M. Bullion, sieur de Lhaye (96) ; — Entrée du légat [Antoine] Du Prat, chancelier de France, à la Chambre des comptes, 20 déc. (98), et à l'Hôtel de ville de Paris, 1530 (100) ; — Réceptions des cardinaux-légats Girolamo Verallo, 12-13 déc. 1551, extr. des registres de l'Hôtel de ville de Paris (108), et Antonio Trivulzio, 1557 (110) ; — Procession solennelle à la messe pontificale du cardinal Antonio Trivulzi, 7 sept. 1558, extr. des registres du chapitre de N.-D. de Paris (111) ; — Entrées à Paris des cardinaux-légats Ursin [Francesco Orsini], 21 nov. 1572 (112) et 14-21 nov. (115); et Médicis [Alessandro de' Medici, plus tard Léon XI], 18 et 20 juillet 1596 (117-121); — « Entrée du légat dans Paris, durant la Ligue », 21 janv. 1590 (122) ; etc.

XVII° siècle. —125 feuillets. — « 1637 ».

479.

Recueil de LETTRES originales ou autographes, de 1552 à 1587 environ.

Les lettres contenues dans ce volume émanent des personnages suivants :

Charles [plus tard Charles IX] à M* d'Auxerre [François II de Dinteville], Saint-Germain, 8 mars s. a. (2) ;

Loyse [de Coligny, femme de Gaucher de Dinteville], au cardinal [Giovanni-Maria] Del Monte [plus tard Jules III], Fontainebleau, 24 juillet [1544] (3) ;

[François de] Montmorency, à « M* Deschenetz » [Guillaume de Dinteville, seigneur des Chenets], Châlons, 27 sept. 1552; le postscriptum est signé C. Davenel (4) ; Offémont, 11 juillet 1557 (23); Compiègne, 15 juillet 1557 (30) ;

François [I** de Clèves, duc de Nevers], aux officiers du Roi et habitants de Vaucouleurs, Saint-Germain-en-Laye, 22 déc. 1552 (5) ; — à « M* Deschenetz, gentilhomme de la Chambre du Roy », Saint-Mihiel, 2 déc. 1552 (6), et Châlons, 8 fév. 1556, de la main de Blaise de Vigenère (12); Caen (?), 27 août s. a. (27); Montmirail, 8 mai 1558 (31) ;

Claude [II de Lorraine, duc d'Aumale], à « M* Dechenetz », Domremy, 20 oct. (7), et 21 oct. 1552 (8) ;

Louis de Luxembourg, [comte de Roussy], à M. d'Auxerre [François II de Dinteville], Paris, 11 déc. [1551] (9) ;

François [II de Dinteville], é[vêque] d'Auxerre, à M. Demyer, conseiller au Parlement, Regennes, 20 juillet 1553, autogr. (10) ;

Louis, cardinal de Bourbon, à M. d'Auxerre [François II de Dinteville], Paris, 21 janv. 1553 (11) ;

Henry [II] à Deschenetz, lieutenant pour le Roi en Bassigny, Paris, 8, 6, 14, 5 et 19 sept. 1557 (13, 14, 17, 20 et 26); Saint-Germain-en-Laye, 11 oct. 1557 (16); Paris, 27 avril 1558 (35) ;

C[laude] de Vergy à Deschenetz, Champlite, 8 oct. 1557 (18) ;

Le sieur « de Beauvoys » au bailli de Troyes [Jean de Dinteville], ambassadeur en Angleterre, 4 mai s. a., autogr. (22) ;

Le duc de Guise [François de Lorraine] à Deschenetz, Saint-Germain-en-Laye, 23 oct. 1557 (28); Champs, 9 mai 1558 (33) ;

« Chastillon » (?) au même, Châlons, 11 nov. 1557 (29) ;

[Blaise de] Vigenère au même, Montmirail, 8 mai 1558, autogr. (32) ;

[François de Scepeaux, sire de] Vieilleville, maréchal de France, Metz, 22 mai 1558 (34) ;

Henry [Ier] de Lorraine, [duc de Guise], à « M. de Dinteville », lieutenant-général de Champagne en l'absence du duc de Guise, Paris, 2 mai 1581 ; le post-scriptum est autogr. (36) ;

[Nicolas] de Neufville, [sire de Villeroy], à un destinataire inconnu, Paris, 17 avril 1587 (37).

XVIe siècle. — 37 feuillets. — « 1650 ».

480.

Recueil de pièces relatives à divers PROCÈS POLITIQUES, de 1415 à 1635 environ. — Copies; quelques minutes et originaux.

On remarque dans ce volume les documents suivants : Arrêts prononcés à Poitiers, le 8 mai 1431, contre Louis d'Amboise, vicomte de Thouars (5); André de Beaumont, sire de Lezay (9); Antoine de Vivonne (13); — Lettres d'abolition octroyées à la ville de Rouen par Charles VIII, Mehun-sur-Yèvre, 14 déc. 1485 (17) ; — Pièces relatives au procès de Nicole d'Orgemont, fils du chancelier Pierre d'Orgemont, 1415, copie de Dupuy et minutes (21 et suiv.) ; — Procès-verbal de l'interrogatoire de Thibault de Verduzan, sieur de La Lugarde, par Guillaume Luillier, sieur d'Ourcines, conseiller et maître des requêtes ordinaire de l'hôtel du Roi, et Jean Pradal, lieutenant général au bailliage de Montferrand, Lyon, 9 août 1524, orig. (26);

Lettres originales de Jean de Selve, premier président du Parlement de Paris, J. Salat, F. de Loynes et Papillon, relatives au procès de [Jean de Poitiers, sire de] Saint-Vallier, et adressées au chancelier [Antoine Du Prat], Loches, 12 oct., 3 et 8 nov. [1523] (38, 44 et 46); au trésorier [Philibert Babou] de La Bourdaisière, 12 oct. [1553] (40); à Madame [Louise de Savoie], 13 et 24 oct. [1523] (41 et 43);

Arrêt prononcé contre Jean Lallemant, sire de Marmagnes, pour crime de péculat, Paris, 12 mai 1535 (50); — « Relation de la mort de Messrs les duc [Henri Ier de Lorraine] et cardinal [Louis II de Lorraine] de Guise, par le médecin [François] Miron, 1588 », copie de J. Dupuy (52); — Arrêt du Conseil d'État contre [Du Puy], sieur de Vatan, Paris, 19 nov. 1611 (64); — « Relation de ce qui s'est passé au procès de [Henri de Talleyrand, comte de] Chalais, faict en la Chambre de justice de Nantes », 1626 (66); — « Lettres pour lesquelles Madame Du Fargis [Madeleine de Silly-Rochepot] a esté condamnée », avec la clef (70);

Arrêt contre le président Lecoigneux, Monsigot, maître ordinaire en la Chambre des comptes de Paris, [Jacques d'Estampes], chevalier de Valencey, Jacques de Bragelonne, [Benjamin de La Rochefoucault], baron d'Estissac, et Chanteloube, qui avaient suivi Gaston d'Orléans hors du royaume, 27 oct. 1632 (80); — Récit relatif à la condamnation du chevalier de Jars [François de Rochechouart], à Troyes, 14 nov. 1633 (82); — Procès-verbaux, rédigés par François-Auguste de Thou, intendant de Bourgogne et de Bresse, de l'interrogatoire de Pierre Deloin de Casau, sieur de Villeneufve (84); et de ceux de Nicolas Rémond, dit Lacroix (96), de Jean de Campfrang (100), valets de chambre de Villeneufve; de Philippe de Roquelaure, laquais dudit Villeneufve (104); et d'Ysac Deloin, frère de Villeneufve (105), Dijon, 27 nov. 1633, orig.; — Autres pièces originales, concernant le même procès, 28 nov. 1633 (112); 27 nov. (114);

Arrêts du Parlement de Metz contre François Alpheston, de Châlons, Metz, 23 sept. 1633 (116), et 7 juillet 1634, parchemin (120); Blaise Rouffet, dit Chavagnac, Metz. 10 mai 1634 (118); le P. Chanteloupe, 7 juillet 1634, parchemin (121); — Autre pièce rela-

tive au P. Chanteloupe et à La Roche, son complice (122) ; — Arrêts de la Chambre de justice établie au château de l'Arsenal,
contre Pierre Le Tonnellier, prêtre, et Marie d'Estourmel, dame
de Gravelles, 13 et 19 mai 1635, copies authentiques (124 et suiv.) ;
contre Matthieu de Morgues, dit de Saint-Germain, 4 juillet 1635,
copie authentique (130) ; — Arrêt prononçant la peine capitale
contre Clausel, « envoyé des ennemis du Roy ». Châlons, 18 oct.
1635, et commission au maître des requêtes Lanier pour l'exécution dudit arrêt, Châlons, 19 oct. 1635 (134) ; etc.

XVᵉ, XVIᵉ et XVIIᵉ siècles. — Papier et parchemin. — 135 feuillets.
— « 1637 ».

481.

« Divers DISCOURS POLITIQUES et mémoires. Vol. VII. »

Recueil de pièces concernant l'histoire politique de la France,
de 1384 à 1633 environ. — Copies ; quelques originaux.

On remarque dans ce volume les document suivants : Lettre
d'[Antoine] de Castelnau, évêque de Tarbes, au Roi [François Iᵉʳ],
Londres, 8 mai [1536], orig. (3) ; — « De la qualité de Prince que
prennent les enfans naturels des Rois ou des frères des Rois, et
qu'elle ne leur appartient point à cause de leur naissance et origine, ains seulement en tant que les Rois les ont déclarés Princes... » (4) ; — Liste de « bastards des Rois et princes souverains
non recogneuz princes ni leur posterité », de la main de P. Dupuy (8) ; — « Que les peines et supplices pour la punition des
crimes doibvent s'augmenter et exercer avec plus de rigueur,
lors que plusieurs s'y adonnent et les commettent », de la main
de Th. Godefroy (9) ; — « Advis sur la declaration qui se peut
faire contre Monsieur le duc [Gaston] d'Orléans et contre les
enfans qui naistront de son mariage en pays estranger » (11) ; —
Note sur les officiers dits de la Couronne, par P. Dupuy (15) ;

Notes sur « la question [de] sçavoir si un catholique françois
peut servir en saine conscience les Holandois calvinistes en la
guerre qu'ils ont contre le roy d'Espaigne », de la main de Th.
Godefroy (19) ; — Lettre de l'empereur Maximilien II à « Lazarus
a Schwendi » *super laniena Parisiensi* [la Saint-Barthélemy] *et
Belgica seditione*, Vienne, 22 fév. 1573 (21) ; — « S'il est conve-

nable d'admetre à la participation de la Saincte Eucharistie les condemnez à mort » (23);

Lettre de François, [duc d'Alençon], au roi [Henri III], Bourges 18 juillet 1576, orig. (27); — Lettres relatives à Cujas et émanant de François [duc d'Alençon], Paris, 21 mai 1579 (29); Jacques de Beaulieu, conseiller du duc d'Alençon, Paris, 1ᵉʳ août 1579 (29 v°); Geoffroy de Moru, sire de Saint-Martin du Boschet, bailli de Château-Thierry, Paris, 12 sept. 1579 (30); copies authentiques;

Lettres patentes de Philippe [le Beau], duc de Bourgogne, accordant une série de cas royaulx à la ville d'Arras, 1ᵉʳ juillet 1499 (35); liste desdits cas (37 v°), copie authentique sur parchemin; — « Ce sont les cas royaulx et previlegies dont au Roy et à ses juges provinciaulx appartient la congnoissance et non à autres, et aussi ceulx dont par prevention la congnoissance appartient aux juges royaulx », XVIᵉ s. (39); — « Mémoires à Messieurs des Estats pour parvenir à oster la vénalité des offices, tant de judicature que de finance, tirans gages de Sa Majesté, et les moyens pour faire en douze années le rembourcement actuel d'iceux esgalement par chacune desdites années, suyvant l'estat qui en sera faict », s. d., in-4°, *impr.* (43); — « Advis du désordre qui est maintenant à l'assiette des tailles, et de l'ordre qu'il y faut apporter » (48);

Arrêt du Parlement de Paris et mémoire, relatifs au privilège obtenu par Jean Jachier (ou Jachiet), marchand à Lyon, pour la manufacture du fer blanc, août 1634 (52 et 53); — « Advis au Roy et à nosseigneurs de son Conseil, des moyens par lesquelz la ville et faulxbourgs de Paris seront tousjours netz et sans aucunes ordures ni immondices, en quelque temps que ce soit », par Martin Raguenyer, notaire au Châtelet, 25 fév. 1622 (56);

Inscriptions consacrées aux grands personnages dans la galerie du cardinal de Richelieu (Henri IV, Marie de Médicis, Louis XIII, etc.), en latin (66); — « Mémoire de la part du duc d'Ascot [Philippe III(?) de Croy], et la responce à icelluy de la part de Madame de Guise [Catherine de Clèves, comtesse d'Eu, veuve d'Antoine de Croy] » (72); — Arrêt de Henri II en faveur de Charles de Croy, comte de Seneghen, contre Philippe de Croy, duc d'Arscot, Paris, sept. 1549 (74);

« Traicté et sommaire discours pour prouver que les seigneurs

de Laval sont aisnez et descenduz de l'aisné de Montmorancy »
(100) ; — « Factum du procès pendant au privé Conseil du Roy,
pour Messire Henry de Lorraine, archevesque duc de Reims, premier pair de France, et légat né du S. Siége, défendeur, contre
Messire Claude de Rebé, archevesque de Narbonne, demandeur
en prétendüe cassation d'arrests », in-4°, *impr.* (104) ; — « Factum
pour Messire Henry de La Tremoüille, duc de Thoüars, pair de
France, comte de Laval, comte et baron de Quintin, et seigneur
d'Avaugour..., deffendeur au principal..., contre Messire Claude,
comte de Vertus, baron en titre de la baronnie, qui fut autresfois
audit lieu d'Avaugour..., demandeur au principal... », in-fol.,
impr. (110) ; — « Recueil des défenses et raisons principales de
Messire Henry de La Tremoüille, défendeur au principal..., contre
Messire Claude, comte de(s) Vertus ..., demandeur au principal... », in-fol., *impr.* (126) ; — Lettres de François II, duc de
Bretagne, transportant à son fils Antoine, seigneur de Chasteau-
Fromont, la baronnie d'Avaugour, Vannes, 24 sept. 1480, in-fol.,
impr. (138) ; — « Moyens de Messire Claude, comte de Vertus,
baron d'Avaugour, demandeur, et requérant les fruicts de Male-
foy du comté de Quintin, par faute d'hommage ou obeïssance en
juveigneurie, contre Monsieur de La Trimoüille, comte de Laval
et de Quintin, deffendeur, et Monsieur le Procureur général,
joint », in-fol., *impr.* (140) ; — Déclaration du Parlement concernant la même affaire, Paris, 14 avril 1540 après Pâques, in-
fol., *impr.* (144) ; etc.

XVI⁰ et XVII⁰ siècles. — Papier et parchemin. — 144 feuillets. —
« 1637 ».

482.

« Inventaire des TITRES DE LORRAINE, du Barrois, et des
éveschez de Metz, Toul et Verdun, qui sont dans six coffres,
rapportez de La Motte à Nancy l'an 1634, depuis transportez
du dict Nancy à Paris l'an 1635, et mis au Trésor des Chartes
du Roy, à la Saincte Chappelle. »

XVII⁰ siècle. — 235 feuillets. — Provient de Th. Godefroy. — « 1637 ».

483.

Relation et pièces du procès et de la condamnation de
Robert d'Artois, *comte de* Beaumont. (1329-1336). — Copies.

XVIIᵉ siècle. — 411 feuillets. — « 1637 ».

484-485.

Relation et pièces du procès et de la condamnation de
Charles de Bourbon, connétable de France. — Copies.

I (484). « Procès criminel faict à Messire Charles de Bourbon,
connestable de France », 1523-1528. — A la fin, table des matières
(562).

II (485). « Procès-verbal de l'execution de l'arrest donné contre
Charles, duc de Bourbon, connestable de France », 1527.

XVIᵉ siècle. — 573 et 275 feuillets. — « 1637 ».

486.

Recueil de lettres et documents, pour la plupart originaux,
concernant le règne de François Iᵉʳ.

Les lettres contenues dans ce volume sont adressées aux personnages suivants :
A « MM. d'Ambrun [François de Tournon], premier president,
mareschal [Anne] de Montmorancy, seneschal d'Armagnac, seigneur de Saint André et tresorier [Philibert] Babou de La Bourdaisière », par Madame [Louise de Savoie], oct. 1525, minute
(7) ;
A Louise de Savoie, par François Iᵉʳ, s. d., copie (14) ;
A François Iᵉʳ, par « Joachin », [de Passano, sieur de Vaux],
Londres, 18 janv. 1527, en italien (17) ; — par Jacques [V], roi
d'Écosse, « palais royal de Stᵉ-Croix près Édimbourg », 16 fév. 1533,
copie (30) ; — par Charles [de Bourbon, duc de Vendôme], Saint-

Quentin, 2 sept. 1536 (90) ; — par A[ntoine Du Prat], cardinal de Sens, chancelier de France, Nantouillet, 6 oct. s. a. (131) ;

A [Antoine Du Prat], cardinal de Sens, chancelier et légat, par François Iᵉʳ, Anet, 25 et 14 avril [1528] (25 et 27) ; Écouen, 6 sept. 1529 (29) ; Bonneval, 9 déc. 1534 (81) ; Vannes, 5 sept. [1518 ?] (114), et 1ᵉʳ sept. (125) ; Saint-Pol-de-Léon, 22 sept. s. a. (129) ; — par Jean de Calvimont, « Bourgues » [Burgos], 16 nov. s. a. (72) ; — par [Anne de] Montmorency, Chantilly, 16 et 20 oct. [1531] (95 et 96), et 24 nov. s. a. (118) ; — par François Iᵉʳ, adressée en même temps à M. de Bourges [F. de Tournon] et au premier président de Paris, Fontainebleau, 4 juin s. a. (123) ; — par P[ierre Filleul], ar[chevêque] d'Aix, 27 fév. s. a. (126) ;

Au duc d'Albany [Jean Stuart], par le cardinal F[rançois] de Tournon, Rome, 24 juillet [1533] (31), et 3 sept. 1533 (44) ; « de Sainte-Clerre », 16 sept. [1533] (62) ; « de Sᵗ-Myniato », 21 sept. [1533] (70) ; — par [Florimond] Robertet, Blois, 23 mars s. a. (35) ; — par Pomponio Trivulzio, Lyon, 23 août 1533 (37) ; — par Clément VII, 28 août 1533, copie (39) ; — par Catherine de Médicis, Pistoia, 2 sept. 1533, autogr., en français (43) ; Nice, 12 sept. 1533, p.-s. autogr., en italien (55) ; « Gremius » [Gremieux], 3 déc. 1533, autogr., en italien (79) ; — par Nicolas Raince, Rome, 3 sept. 1533 (46) ; Pise, 19 sept. 1533, autogr. (66) ; Villefranche, « en la gallère », 16 nov. 1533, autogr. (74) ; « de la Specie » [la Spezia], 30 nov. 1533, autogr. (76) ; — par P[ierre] de Strousse [Piero Strozzi], Marseille, 7, 13 et 17 sept. s. a. (52, 57 ; et 64, autogr.) ; — par Girard Vyon, Marseille, 14 sept. s. a. (59) ; — par [Anne de] Montmorency, Marseille, 14 sept. [1533] (61) ; — par « Dugibertes », Marseille, 22 sept. s. a. (68) ;

A Clément VII, par le duc d'Albanye [Jean Stuart], « à l'Espece » [la Spezia], 4 sept. 1533, minute et copie (48 et 49) ;

Au cardinal [François] de Tournon, par le grand-maître [Anne de Montmorency], Marseille, 28 août s. a., duplicata (41) ;

Au cardinal de Tournon, au chancelier [Du Bourg ?] et au sieur de Châteaubriand [Jean de Laval], par [Guillaume] Bochetel, Valence, 20 août s. a., autogr. (87) ;

Au chancelier [Antoine Du Bourg]. par le Parlement de Paris, 27 mars 1536 (83) ; — par le cardinal J. Du Bellay, Pernes, 27 avril 1536 (84) ; — par [Jean de Langeac], é[vêque] de Limoges, Londres, 6 juillet [1537] (99) ;

Au chancelier [Du Prat ou Du Bourg], par François Errault, Paris, 20 nov. s. a., autogr. (77) ; — par les « maieur, prevost et eschevins de la ville d'Amiens », 25 sept. s. a. (11:) ;

Au duc de Vendôme [Charles de Bourbon]. par François Ier, Valence, 28 avril 1536, copie (89) ;

A « l'amyral » [Philippe Chabot], comte de Charny, dit l'amiral de Brion, par [Florimond] Robertet, Blois, 23 mars s. a. (108) ;

A « Madame » [Louise de Savoie], par Louis Martine, château des Essères, 17 nov. s. a. (116) ;

Au duc de Gueldre [Charles d'Egmont?], par François Ier, Fontainebleau, 4 juin s. a. (121) ;

Au cardinal d'York [Thomas Wolsey], par [Guillaume Gouffier, sire de] Bonnivet, Blois, 8 déc. s. a. (129 bis) ;

On peut signaler encore dans ce volume les pièces suivantes :

Lettres de François Ier, supprimant les effets du droit d'aubaine en faveur de Lorenzo de' Medici, duc d'Urbino, et de sa fille Catherine, Saint-Germain-en-Laye, mai 1519, copie (2) ; — Supplément aux instructions données par François Ier aux cardinaux d'Aux [François-Guillaume de Castelnau-Clermont-Lodève, archevêque d'Auch] et de Côme [Scaramuccia Trivulzio], Blois, 11 août 1522, orig. (5) ; — « Extraict d'un vieil livre journal d'un bon bourgeois de Marseille », 1525, en patois (9) ; — Déchiffrement d'une dépêche de Ferrariis, secrétaire du duc d'Albany, Rome, 24 juillet 1533 (33) ; — Procès-verbal d'un conseil de guerre tenu à la Spezia, avec les signatures de Claude de Tende, Saint-Bonnet, etc., 4 sept. 1533, orig. (51) ;

Remontrances du cardinal Jean Du Bellay aux prévôt et échevins de Paris, au sujet de l'offre par eux faite de soudoyer 6000 hommes de pied, etc., 6 sept. 1536 (92) ; — Lettres patentes de François Ier, relatives aux entreprises et descentes possibles des Anglais sur les côtes de Normandie, Heubécourt, 15 fév. 1545, copie (106) ; — « Estat des finances du Roy pour une année commencée le premier jour de janvier 1522 et finissant le derrenier jour de decembre ensuyvant 1523... » (137) ; — « Estat des pensions ordonnées par le Roy aux princes, seigneurs et dames de son rang, gentilzhommes et autres, pour une année commancée le premier jour de janvier 1522 et finissant le derrenier jour de decembre 1523 » (209) ; etc.

XVIe et XVIIe siècles. — 241 feuillets. — « 1637 ».

487.

Recueil de pièces concernant les GRANDS OFFICIERS DE LA COURONNE et les GOUVERNEURS DE PROVINCES, de 1408 à 1634 environ. — Copies.

Les pièces contenues dans ce volume sont relatives aux personnages suivants :

Aux connétables Charles d'Albret, 1402 (21) ; Louis de Luxembourg, 1465 (22) ; Anne de Montmorency, 1537 (24) ; Henri de Montmorency, 1593 (28) ; Albert de Luynes, 1621 (32) ; François de Bonne, duc de Lesdiguières, 1622 (37) ;

Au cardinal de Richelieu, grand-maître, chef et surintendant général de la navigation, 1627 (43) ;

Au grand-maître François de Lorraine, duc de Guise, sous François II (49) ;

Aux maréchaux de France, Henri de Montmorency, 1630 (55) ; Jean de Saint-Bonnet, seigneur de Toiras, 1630 (57) ; Antoine Coeffier, marquis d'Effiat, 1631 (59) ;

A Honorat de Savoie, marquis de Villars et comte de Tende, amiral de France, 1569 (64) ;

Aux lieutenants-généraux suivants : le duc de Guienne, 1408 (72) ; Louis de Luxembourg, en Picardie, 1473 (74) ; Louise de Savoie, 1515 (76) ; François de Lorraine, duc de Guise, 1557 (80) ; Francesco d'Este, en Toscane et dans le Siennois, 1555 (?) (88) ; le duc d'Anjou, 1567 (92) ; le comte de Brassac, en Lorraine, 1634 (114) ; Henri II de Bourbon, prince de Condé, 1635 (118 et 122) ; etc.

XVIIe siècle. — 126 feuillets. — « 1637 ».

488.

MÉLANGES historiques et littéraires. — Copies ; quelques originaux.

On remarque dans ce volume les pièces suivantes : « Catalogue des seigneurs et gentilzhommes desquelz faict mention Geoffroy de Villeharduin » (2) ; — Pièces relatives aux poursuites exercées contre le *Commentarius ad edictum Henrici secundi contra parvas datas*, de Charles Du Moulin, 1552 (7) ; — « Remonstrances très humbles que la Cour de justice establie en Guienne a ordonné estre faictes au Roy [Henri III] sur aucuns poinctz du procès d'entre Renée de La Roche-Landry et Marie d'Angliers..... », 1583 (13) ; — Mémoire relatif à la même affaire, minute (17) ;

Procès-verbaux de l'interrogatoire de deux sorcières, par Nicolas de Thou, évêque de Chartres, 21 juin et 26 avril 1574, orig. (21 et 25) ; — Lettre autographe du président de Ménars, sans adresse, Lorge, 10 sept. 1697 (33) ; — Lettres de François Ier à Estienne Robin, général des monnaies en Languedoc et Guyenne, relative à l'extraction de « l'or de pailhole » des ruisseaux qui descendent des montagnes de Foix, s. d. (35) ; — Rapport relatif à la même affaire, Toulouse, 19 juillet 1536, orig. (39) ;

« Relation faite au Roy [Louis XIII], l'année 1623, par M. le mareschal [François II] de Bassompierre, au retour de son ambassade d'Espagne, sur une proposition qui luy auroit esté faite par les ministres du roy d'Espagne pour la distribution du sel par les Estats..... » (43) ; — Lettre de Gaspart Dorto au Roi, sur le même sujet (59) ;

« De theatro et scena rogatus hæc breviter respondi », par Antoine Sadeel [de Chandieu], autogr. (61) ; — Traduction du chapitre xxvii des Actes des Apôtres, par F[rançois]-A[uguste] D[e] Th[ou] (62) ;

Partage du royaume de Lothaire, en latin, de la main de P. Dupuy (66) ; — Bref de Grégoire XIII au cardinal René de Birague, Rome, 24 janv. 1578 (70) ; — Mémoire sur l'affaire du président [Aimar de] Ranconnet et de Palamède Valton, 1559 (72) ;

Notes de Bouchereau sur Rabelais (77) ; — Lettre de F. Rabelais à Antoine Hullot d'Orléans, « de Saint Ayl, », 1er mars s. a. (79) ; — Lettre de Reneaume à un destinataire dont le nom a été coupé, s. d., autogr. (80) ; — « Explication de certaines dictions prises des œuvres de François Rabelais, selon l'ordre alphabétique », par Perreau, copie de J. Dupuy (83) ; — Extrait des registres du Parlement de Paris, portant interdiction de mettre en vente le *Quatriesme livre de Pantagruel*, 1er mars 1551 (99) ;

Lettre de L[ouis] de La Chambre, card[inal-]a[bbé] de Vendôme, à [Florent] Chrestien, Paris, 27 mai 1574, copie faite sur l'original (100);

Note de [François Savary] de Brèves, sur la prostitution à Tunis, copie de P. Dupuy (101); — « Ordo imperatorum Romanorum » (102); — « Via ac methodus legendi cum fructu historiam, J. Lipsio auctore » (104); — Lettre de Jean Pépin, médecin du connétable Anne de Montmorency, à Antoine Mizaud, Bologne, « pridie Ascensionis Christi » 1550, copie de Claude Dupuy (108);

« De vitiis et de virtutibus gentium », copie de P. Dupuy, d'après un ms. de Claude Fauchet (109); — « Nomi di provincie, città, fiumi, monti, etc » (112); — Index alphabétique des œuvres d'un historien non désigné (129); — Index de Grégoire de Tours, par Claude Dupuy (143); — Index d'Aimoin, par le même (147); — Index topographique d'Espagne (159); etc.

« Athanasii Kircherii, e Soc. Jesu, scripturæ mirabilis et toto Oriente celebratissimæ in monte Sinai rupi cuidam incisæ interpretatio nova... », 1636 (161); — Advis pour la vente aux enchères des collections du duc d'Arschot [Charles de Croy], Bruxelles, 15 juillet [1612], in-fol., *impr.* (165); — « Cuillère antique, chez M. de Peiresc », 2 dessins lavés (166); — « Ægyptium simulachrum quod Osiridem representare eruditi aliqui conjecerunt..., repertum Romæ, prope Templum Minervæ, anno M. DC. XXXVI », publié par Francesco Gualdo de Rimini et Crescenzio Bindi, 1636 (fig.), in-4º, *impr.* (168); — « Parelia sive soles IV apparentes circa solem verum, Romæ observata anno 1629, die 10 martii, ab hora astronomica 2ª ad 3ᵃᵐ seu italica 20 ad 21ᵃᵐ, et paulò plus », fig. (169); — Note sur la sépulture d'un géant trouvé en Tunisie, 25 avril 1630 (170), et dessin à la sépia, représentant la dent de ce géant (171); — Lettre d'Antoine Léal sur le nouveau cratère du mont Gibel [Etna], Malte, 18 mars 1636 (172), et dessin colorié représentant l'Etna et ses environs (173); — « Relation du vent particulier de Nyhons [Nyons], dict le Ponthias » (175); — « Relation du vent particulier du lieu des Pilles, dict la Vezine » (179);

Lettres de Peiresc à madame Boulle, Aix, 15 mars 1634 (187), et à M. de Beaucastel, Aix, 16 mars 1634 (189), copies; — Lettre de M. Boulle à Peiresc, Vinsobres, 23 janv. 1634, copie (191); — Note sur l'animal (*pacos*), dont le dessin a été envoyé d'Aix au cardinal Barberini, en italien (193); — Récit d'une hallucination de M. Carré, conseiller au Parlement de Dijon (198); — « Petit discours à M. de Belesbat [Robert Hurault], conseiller du Roy et maistre des requestes ordinaire de son hostel, sur la mort de feu Mgr maistre Robert Hurault, abbé de Sainct-Martin-les-Ostun », Autun, 28 mars 1567 (200);

. « Inventaire des livres qui sont en la librairie du chasteau de Molins », par Pierre Anthoine, conseiller au Grand Conseil, 19 sept. 1523, orig. (210); — Épitaphe en vers du connétable de France [Charles de Bourbon] (222); — « ... Circuit et tour du mur de la grand cité de Paris » (225); — « ... Le nouveau tour de la cité de Paris... » (226);

« Poullier des bénéfices dépendans de l'abbaye de Bonneval », de la main de P. Dupuy (232); — « Prieurez dépendans de la collation de l'abbé de S. Bénigne », de la même main (234); — « Poullier des bénéfices dépendans de l'abbaye de Coulombs, ordre St Benoist, diocèse de Chartres » (236); « de l'abbaye Saint-Jean les-Sens » (239); « de l'abbaye Sainte Colombe-lez-Sens » (240); « de Nostre Dame de Molesme, ordre S. Benoist, diocèse de Langres » (240 v°); — « Index locupletissimus beneficiorum omnium et piorum locorum in diocesi Senonensi existentium » (245);

« Lettre [anonyme], contenant la comparaison de la France et de l'Italie » (268); — « Ordre qu'on doibt tenir pour dresser chevaulx » (284);

Mémoire relatif aux poursuites intentées au trésorier Morelet de Museau, et rédigé par lui-même pour être présenté à François Ier, Bâle, 1er nov. 1535, orig. (293); etc.

XVIe et XVIIe siècles. — 310 feuillets. — « 1637 ».

489.

Recueil de règlements et pièces diverses concernant la MAISON DU ROI, le CONSEIL D'ÉTAT, les SECRÉTAIRES D'ÉTAT, les RENTES de l'Hôtel-de-ville de Paris, etc., de 1535 à 1642 environ. — Copies; quelques originaux.

On remarque dans ce volume les pièces suivantes : « L'ordre que le Roy veult estre suivy et observé desormais pour le service divin par ceux de sa chapelle, aux églises que Sa Majesté choisira pour cest effect ès lieux où elle fera séjour plus de huict jours, et à ceux où elle demeurera moins et où elle sera suivie de sadicte chapelle... », 1er janvier 1587, orig. avec deux lignes autogr. et la signature de Henri III (5) ;

Liste des offices que le roi Henri III se propose de supprimer, précédée d'un exposé des motifs, orig. (12) ; — « L'ordre que le Roy [Henri III] veult estre tenu par ses valletz de chambre, huissiers, portemanteaux, barbiers, tapissiers, menusiers, vitriers et les garsons de sa chambre », orig. (16) ;

« Reiglement pour les vingt personnes retenues par le Roy [Henri III] à son service » (20) ; pour le lever du Roi [Henri III] (22) ; pour le maitre de la garde-robe, 12 oct. 1581 (25); pour les maréchaux des logis et fourriers du Roi (27 et suiv.) ;

Suppressions de divers offices de la maison du Roi, Saint-Germain-en-Laye, 26 sept. 1626 (46); — Police de la cour en temps ordinaire et en temps de contagion, XVIe s. (47); — Règlement de Henri IV pour les « logemens à la suite de la cour », 1606, parchemin (50); — Nomination de Guillaume Guiot à l'office de chef et gouverneur de la garde-robe royale, Nevers, 25 mai 1582, parchemin, orig. (54) ;

Pièces concernant le maître de la garde-robe (55 et 59); et les grands-aumôniers, Dijon, 22 nov. 1535 (61 et 67) ; — Règlements pour le Conseil d'État, mai 1582 (70) ; Paris, 26 juin 1627 (76); au camp d'Estré, devant La Rochelle, 3 janv. 1628 (79); au camp devant La Rochelle, 3 janv. 1628 (81); 23 fév. 1556 (82); 29 déc. 1557 (83);

Pièces concernant les secrétaires d'État : Serment (84) ; — Départements, 24 oct. et 12 nov. 1567 (85 et 86); — Règlement pour l'expédition des placets présentés au Roi, Fontainebleau, 21 juin 1617, orig. (87); — Nomination de [Claude] Bouthillier [de Chavigny] au poste de secrétaire d'État, au camp de La Rochelle, 13 nov. 1628 (92);

Lettre de Louis XIII, conférant le titre de conseiller d'honneur à [Claude] Bouthillier [de Chavigny], Fontainebleau, 17 août (93), et à [Antoine de Loménie], seigneur de La Ville-aux-Clercs, 18 août 1632 (95); — « Réglement général des lieutenans généraulx et particuliers et cappitaines des villes et places fortes... », 1592-1594 (97); — Note sur les gens d'ordonnance, de la main de Pierre Pithou (105); — Règlement pour les subsistances militaires, Saint-Germain-en-Laye, 14 août 1623, orig. (106), et 14 fév. 1633, in-4º,

impr. (119) ; — Déclaration de Henri III, interdisant toutes nouvelles concessions, résignations ou permutations des offices de sa
maison ou de son royaume, Paris, 12 janv. 1578 (125) ;

Brevets de livrée, octroyés à l'évêque de Bayonne [Bertrand
d'Echaus], premier aumônier, Tours, 6 avril 1616 (126) ; et au
sieur de Chenoise, grand maréchal des logis du Roi, Blois, 3 mai
1616 (127) ; — Déclaration de Louis XIII, portant que les officiers
du Parlement et autres cours souveraines, qui, après avoir résigné
leurs charges, « se retirent au Conseil », ne prendront séance
audit Conseil que du jour où ils y auront servi ou y serviront
actuellement, 12 oct. 1622 (129) ; — Lettres patentes de Louis XIII,
portant remise de la moitié de l'augmentation, faite par déclaration royale du 16 octobre 1630, sur les sceaux des petites chancelleries, Saint-Germain-en-Laye, 8 mars 1633 (131) ;

« Memoire de ce qui cest (*sic*) passé au faict de la commission
de la veriffication des rentes », mars 1610 (135) ; — « Estat des
rentes engaigées par le Roy à la ville de Paris depuis l'an 1570,
tant sur les aydes, tailles, decymes que gabelles, qui ont été verif-
fiées par les commissaires » (136) ; — « Mémoire baillé par M. de
Rosny », sur diverses constitutions de rentes (148) ; — Autre avis
sur les rentes de l'Hôtel de ville (153) ; — Extraits des registres
du Parlement de Paris, relatifs aux rentes de l'Hôtel de ville,
1596-1613 (156) ; — Pièces diverses (lettres, remontrances, avis,
extraits des registres du Parlement de Paris), concernant les rentes
constituées sur le clergé de France, 1561-1618 (174) ; etc.

XVIᵉ et XVIIᵉ siècles. — Papier et parchemin. — 216 feuillets. — « 1637 ».

490.

Recueil de LETTRES, pour la plupart originales, de personnages célèbres, de 1537 à 1629 environ.

Ces lettres sont adressées aux personnages suivants : A Jean
Lascaris, par Guillaume Budé, Paris, pridie idus martias s. a., en
latin, autogr (3) ;

A Jean Du Bellay, cardinal-évêque de Paris, par le cardinal

Jacques Sadolet, [Rome], prid. non. januarii 1536 (5) ; idibus maii 1537 (7), en latin ; — par un anonyme, Spire, 13 nov. 1537, en latin, autogr. (8) ; — par Jean Sleidan, Paris, 27 oct. 1538 (10), et 10 nov. 1550 (11), en latin, autogr. ;

A Charles Utenhov, par son fils Charles, « Rhegiæ », 7 janv. 1556, en latin, autogr. (13) ;

A Michel de L'Hospital, par Antoine Leconte, Bourges, id. dec. 1558, en latin (18) ; — par « P. Faber », en latin et en vers grecs, s. d. (20) ;

A Jean Sturm, par A[ntoine] Perrenot [de Granvelle], évêque d'Arras, Augsbourg, 15 sept. 1550, en latin (25) ;

A [Guillaume Pélicier], évêque de Montpellier, par Jean Nicot, Nîmes, 6 (?) cal. maii 1551, en latin, autogr. (26) ;

Au pape Grégoire XIII, par Pier Vettori, s. d., en latin, copie (28) ;

A [Henri ?] de Mesmes, par [Guillaume ?] Fournier, s. d., en latin (32) ;

A Pierre Pithou, par Josias Simlerus, Zurich, 21 août 1570 (33) ; 9 cal. julii s. a. (34) ; 12 mars 1574 (35) ; 17 sept. [1570] (36), en latin, autogr. ; — par « Joannes Metellus, Sequanus », Cologne, 6 eiduum sept. 1577, en latin, autogr. (38) ; — par Fridericus Sylburgius Heidelberg, 3 fév. 1594, en latin, autogr. (67) ; — par « Cunradus Dasypodius », Strasbourg, 4 déc. 1594, en latin, autogr. (87) ; — par Claude Fauchet, Beconcelles (?), 14 août s. a., autogr. (178) ; — par Nicolas Le Fèvre, Senlis, 7 janv. 1577, autogr. (180) ;

A Claude Dupuy, par Clément Dupuy, Pont-à-Mousson, 1er déc, 1574 et 8 idus quinctiles 1576, en latin, autogr. (39 et 41) ; — par Pietro Del Bene, Orléans, 4 kal. januar. s. a., en latin, autogr. (49) ; Padoue [1571], (164) ; 10 a[oût?] et 28 déc. 1571 (151 et 155) ; fév. et 18 mai 1572 (161 et 168), s. d. (164), en français, autogr. ; — par Florent Chrestien, s. d., en latin, autogr. (55) ; — par Marc-Antoine de Muret, Tivoli, 30 juillet 1571 (139) ; Rome, 2 nov. et 2 juin 1572 (143 et 145) ; 26 janv., 9 fév. et 27 déc. 1573 (146 bis, 147 et 149), autogr. ; — par Élie Vinet, Bordeaux, 14 nov. 1582 1583 (173), autogr., sans adresse ; — par Jean Regnauld, Lyon, (172), et 29 déc. 14 juillet et 21 sept. 1572 (174 et 175), autogr. ; — par Siméon Du Bois, Limoges, 1er mars s. a., autogr. (181) ;

A Nicolas Vignier, par « Joannes Pistorius », de Nidda, [Bade], 6 juillet [15]82, en latin, autogr. (43) ;

A « Petriscus », par William Camden, [Londres], 12 janv. 1609, en latin, autogr. (56) ;

A « J. P. », par Florent Chrestien, Vendôme, mai 1589, en latin. copie (58) ;

A Dominique Baudius, par Florent Chrestien, Vendôme, 10 kal. junias s. a., en latin, autogr. (59) ; — par Juste Lipse, s. l., 3 non. maii 1587 (77), et Leyde, 1ᵉʳ oct. 1587 (78), en latin, autogr. ;

A Louis Servin, par Florent Chrestien, s. d., en latin, copie (61) ;

A Jean Dousa [van der Does], de Noortwyk, par le patriarche d'Alexandrie et de Constantinople Meletius [Piga], Constanti-nople, 10 kal. nov. 1597, en latin, autogr. (62) ; — par Juste Lipse, Liège, 3 kal. oct. 1591, en latin, copie (80) ; — par Théo-dore D[ousa], Vilna, 3 idus aug. 1601, en latin, autogr. (84) ;

A Henri Estienne, par F[ridericus] S[ylburgius], Francfort, 13 déc. 1587, en latin, autogr. (66) ;

A Juste Lipse, par Jean Dousa, s. l. n. d., en latin, copie (68) ;

A Jean Gruter, par [Jean Dousa], s. l. n. d , en latin, copie (72) ;

A J.-A. de Thou, par Juste Lipse, Leyde, 3 non. jun. 1588 (76), et Louvain, 7 idus nov. 1600 (233) ; en latin, autogr. ;

A André Schott, par Juste Lipse, Leyde, 3 non. sept. 1578, en latin, autogr. (79) ;

A Marcus Velserus, par Juste Lipse, Louvain, postrid. id. maias 1605, en latin, copie (81) ;

A Pierre Dupuy, par [Jean] Besly, Paris, 24 fév. (203), et 5 mai 1614 (226) ; Fontenay-le-Comte, 20 oct. 1615 (204) ; 25 fév. (205) ; 28 mai (207), mai (211) ; 4 avril (213), et 12 déc. 1616 (209) ; 5 mars 1617 (215) ; 8 mai (220), et 20 juillet 1620 (219) ; 5 mai (226), 1ᵉʳ juillet (222), et 25 août 1624 (223) ; 7 avril (230), et 15 nov. 1625 (227) ; 6 et 19 avril 1626 (231 et 82) ; 14 avril et 10 juin 1629 (217 et 232), s. d. (221), autogr. ; — par Jean Gruter, Heidelberg, 19 août 1613, en latin, autogr. (93) ; — par William Camden, Londres, 6 déc. s. a., en latin, autogr. (95) ; — par Georges-Michel Lingelsheim, 20 juillet 1613 (98) ; 28 oct. 1617 (99) ; 9 juin 1619 (100) ; en latin, autogr. ; — par « Petrus Bertius » [Peter Beerts], Leyde, 13 kal. junii, (108), et 8 cal. oct. 1617 (104), en latin, autogr. ; — par Gaspar Gevaert, Anvers, 15 août 1621, en latin, autogr. (110) ; — par Nicolas Le Fèvre, Saint-Maur, 8 sept. 1603, autogr. (179) ; — par B. Millet, « de vostre maison à Dijon », 4 avril et 22 août s. d., autogr. (193 et 194); — par P[aul] Reneaume, Blois, 6 juin 1601 (198), et s. l., 3 juillet 1615 (197), autogr.;

Au curateur de l'Université de Leyde, par « Carolus Clusius » [Charles de L'Escluse], « J. Neuronius », « G. Bontius » et P. Paaw, Leyde, 6 id. martias 1594, en latin, autogr. de L'Escluse (86);

A Nicolas Le Fèvre, par le cardinal Baronius, Rome, id. dec. 1605, en latin, copie (90);

Au cardinal Robert Bellarmin, par « Joannes Bourghesius », Douai, 9 oct. 1606, en latin, autogr. (91); avec la réponse, également en latin et autogr., du cardinal Bellarmin, Rome, 25 déc. 1606 (92);

A Jacques Dupuy, par Gaspar Gevaert, Anvers, postr. cal. aug., 1629, en latin, autogr. (112);

A Peiresc, par Lucas Holstenius, Rome, 4 oct. 1632 (114); non. maii 1633 (118); postrid. id. febr. 1634 (123); postrid. kal. maii (129), 4 juin (134 vᵒ), et 7 juillet 1636 (136); en latin, copies, les quatre dernières de la main de J. Dupuy;

A Jean Sleidan, par le cardinal Jean Du Bellay, Avignon, 15 mai 1538, minute autographe (138);

A Christophe Dupuy, par H[enri] de Sponde, [Rome], 10 oct. 1614, non signée (187), et Rome, 4 août 1614 (191), autogr.;

Au cardinal Du Perron, par [Jean] Savaron, 25 nov. 1604, autogr. (183); — par [Augustin] Prévost [de Brévanes], a[bbé] de Saint-Père, Paris, 16 avril 1612, autogr. (185).

On remarque en outre, dans ce volume, les pièces suivantes : Lettre grecque de Jacques Cujas à un de ses accusateurs, avec traduction latine (30); — Note de Claude Dupuy sur un passage de Tertullien (*adv. Marc.*, v), autogr. (53); — Notes de L. Servin sur une loi grecque citée par Démosthène « oratione II in stephanum » (61); — « Defensus à calumnia Richardi Montacutii Josephus Scaliger in Eusebii Chronicum, ubi et de morte Galeni Maximiani quem σκωληκόβρωτον constat non Tarsi, ut putant quidam, sed in Dacia diem extremum obiisse », par « Fronto Ducæus » [Fronton Du Duc], copie de J. Dupuy (96); — Lettre, sans nom d'auteur ni de destinataire, sur le sacrement de l'Eucharistie, 8 juin s. a. (201); etc.

XVIᵉ et XVIIᵉ siècles. — 233 feuillets. — « 1637 ».

Lettres, harangues, notes et minutes, en grande partie autographes, du chancelier Michel de L'Hospital.

On remarque dans ce volume les pièces suivantes : Lettres patentes de François II, élevant Michel de L'Hospital à la dignité de chancelier, Saint-Léger, 30 juin 1560 (3) ; et de Charles IX, déchargeant L'Hospital « de l'exercice de son estat », Paris, 6 fév. 1573 (7) ; — Discours de L'Hospital au Parlement de Paris, 7 sept. 1560 (11), et aux États d'Orléans, 1561 (15) ;

Copies de lettres latines de Michel de L'Hospital à divers personnages : à un correspondant non désigné, s. d., en latin (29) ; à Antoine d'Allègre, baron de Millaud, Vignay, 3 cal. nov s. a., en latin (31) ; à Fabio Nifo, « ex vineolo nostro » [Vignay], 4 non. april. s. a., copie de Claude Dupuy (32) ; au président [Jacques] Faye, 3 non. dec. 1570 (33) ; au président [Pierre] Séguier, 1568 (34) ;

Lettres adressées au chancelier par P[ierre] S[éguier], Paris, id. nov. s. a. (30), et par Catherine [de Médicis], 20 sept , autogr., et 4 sept., orig. (35) ; — Lettre française de Michel de L'Hospital au premier président [Christophe de Thou], Vignay, 16 oct. 1569, autogr. (36) ; — Lettre de Charles IX à L'Hospital, Paris, 2 sept. 1572, orig. (37) ; — Testament de L'Hospital, avec souscriptions autogr. du chancelier et de Robert Hurault de Belesbat, 12 mars 1573, orig. (38) ; — Autre exemplaire, où la souscription de R. Hurault est copiée de la main de Pierre Pithou (41) ;

Vers élégiaques latins de Jean Dorat et d'autres poètes contemporains sur le chancelier de L'Hospital, copie de P. Pithou (45) ;

Description de la ville d'Autun, par L'Hospital, en latin, autogr. (46) ; — Notes pour une lettre ou un discours, en latin, autogr. (47) ; — « Harangue de Mᵣ de L'Hospital, lors qu'on luy osta les seaux » (48) ; — Notes pour des discours au Parlement, en latin, autogr. (52) ; en latin et en français (53, 55 et 57) ;

« L'ordre que S. A. doit faire tenir en sa court et suite pour le faict de sa justice », par L'Hospital, autogr. (59) ; — Harangue sur les réformes ecclésiastiques, financières et judiciaires (62) ; — Projets de réforme de l'administration judiciaire (65) ; en latin (69 et 71) ; en latin et en français, autogr. (78) ;

Remontrances au sujet de la minorité du Roi et autres points, en latin et en français, autogr. (67) ; — Autres remontrances au Parlement, autogr. (73) ; — Sur les guerres de religion, en latin et en français, autogr. (77 et 81) ;

Extraits des Vies des douze Césars, de Suétone (83) ; de Tacite (87) ; de Pausanias (89) ; de Platon περὶ ὀσίου, et de l'Apologie de Socrate, du Criton et du Phédon (97) ; de Nonius Marcellus et de Varron (99) ; de saint Justin (103) ; de l'histoire de Zosime (105) ; de Pline l'Ancien (106) ; de César *De bello Gallico* (112) ; de saint Cyprien (116) ; des lettres de Pline le Jeune et du panégyrique de Trajan (118) ; de Cassiodore (121), autogr. ;

« Estat de la maison de monseigneur le chancellier [Michel de L'Hospital] » (123) ; etc.

XVIe et XVIIe siècles. — 124 feuillets. — « 1637 ».

492.

Recueil de documents et de notes concernant la LORRAINE, le Barrois et les Trois-Évêchés.

On remarque dans ce volume les pièces suivantes : Lettres patentes de Thibaut Ier, duc de Lorraine, « actum apud Esmanciam », 1er juin 1218, copie de P. Dupuy (4) ; — « Procès-verbal du bailly de Vosges [Jacques de Ligniville], de ce qui se passa en la ville de Remiremont pour enlever et oster les sauvegardes et armoiries de l'Empereur et saisir le temporel des religieuses », 26 mai 1566 (6) ;

Lettres de J[ean]-Louis de Lavalette, [duc d'Épernon], au Roi [Henri IV], « de la citadelle de Metz », 18 oct. 1609, orig. (14), et à [Louis Potier], sieur de Gesvres, Metz, 16 oct. 1609, orig. (153) ;

Dissertation concernant les droits du Roi sur la Lorraine, par Ismaël Boulliau, en latin (16) ; — Lettres de la princesse de Phalsbourg à son frère, le duc François de Lorraine, Bruxelles, 31 mars 1635, et à la duchesse Claude, sa belle-sœur, 30 mars 1635, copies de P. Dupuy (24 et 25) ; — « Extrait des registres de Parlement » portant cassation d'ordonnances rendues par le Conseil de Nancy, Metz, 24 nov. 1634, exemplaire collationné, in-fol., *impr.* (26) ; — « Mémoire de la part du Procureur général de Roi en son Conseil souverain de Nanci, concernant la liberté de religion ès terres et seigneuries de Pfaltzbourg et Lixheim », Nancy, 21 juillet 1635, signé : « N[icolas] Rigault », orig. (27); — Traduction française des « articles de la capitulation passée entre Son Altesse Palatine [Frédéric IV], d'une part, et les nouveaux bourgeois de la neuve ville de Lixheim, d'autre part », Heidelberg, 22 fév. 1608, de la main de N. Rigault (31) ;

Lettres du duc de Lorraine Henri II, portant restriction de la liberté religieuse dans la seigneurie de Phalsbourg, Nancy, 23 juin 1619 (33); — Déclaration du même, sur la liberté religieuse à Lixheim, Nancy, 2 oct. 1623 (37), et dans ses domaines, 10 oct. 1623 (37 v°) ; — Déclarations analogues de Louis de Lorraine, prince de Phalsbourg, 2 sept. 1629 (41); et de la princesse Henriette de Lorraine, sa femme, pour Lixheim, Nancy, 29 avril 1633 (43) ; — Lettre de Louis XIII au comte de Brassac, au sujet de l'établissement de la religion réformée à Lixheim et à Phalsbourg, Senlis, 27 fév. 1635 (45) ; — Sentence rendue contre deux habitants de Lixheim qui avaient abjuré le catholicisme, 8 juin 1635 (46) ;

« Difficultez à reigler entre la couronne de France et la Lorraine » (48);—« Des droits du Roy sur plusieurs seigneuries devers le duché de Lorraine et la rivière de Meuse » (50) ; — Procès intenté par Christophe et Claude de La Vallée au duc de Lorraine (52) ; — Pièces relatives à la coutume de Bar (76 et 82); — Notes de Pierre Pithou sur cette coutume, autogr. (86) ; — Protestation du Parlement contre la nouvelle rédaction des coutumes de Bar, 7 août 1581, parchemin (92); — Requête du procureur général J[ean] de La Guesle au Parlement, contre cette nouvelle rédaction, 18 août 1581, orig. (93) ; — Réponse du Parlement à la requête précédente, 21 août 1581, orig., parchemin (94);

Extraits des registres des patentes du bailliage de Clermont pour 1553 (96); — Droits du Roi sur la ville et châtellenie de Clermont en Argonne (108) ; — « Mémoire touchant l'estat et les droicts de l'évesché de Metz » (120) ; — Notes de P. Dupuy, sur Hombourg, S. Avold, Vallacourt et Wassoncourt, Nomény, Habaudange, Aube, Marsal, Épinal, Turquestain, Condé-sur-Moselle et Conflans en Vouvre, étang de Desselingen, Baccarat, salines de Moyenvic et Marsal, Gondressanges et Lestang, Serisy, Champigneulles, Orron, Châtillon, Lutzelbourg, Batlemont (127 et suiv.); — Mémoires sur l'évêché de Metz (141), et sur la ville de Metz, 1444 (143);

Lettres d'A[nne de Peyrusse] Des Cars, cardinal de Givry, au Roi [Henri IV], Vic, 3 sept. 1609, autogr. (149), et à [Antoine Potier], sieur de Sceaux, même date, orig. (151) ;

Lettres de naturalité octroyées aux habitants de Metz par François II, Reims, sept. 1559 (154) ; — Remontrances faites au Roi [Charles IX], au sujet du mauvais état des affaires de Metz, 1566 (162) ; — Procès-verbal dressé dans une affaire de séquestration d'une jeune fille, Philippe de Fombert, au monastère de Sainte-Glossine, Metz, 8 oct. 1630 (168) ;

Notes sur l'abbaye de Gorze (172) ; — Mémoire tendant à prouver que l'évêché de Toul est compris dans le concordat de la nation germanique et que le pape n'en peut disposer à son gré (177) ; — Autres pièces relatives à l'église de Toul, 1608-1618 (182) ; — Inventaire des pièces produites devant le Parlement par le chapitre de la cathédrale de Toul, « requérant l'entérinement de lettres patentes à eux octroyées par le Roy, le 29 juin 1615, contre M^r le procureur général » (192) ;

Notes de Pierre Dupuy, sur diverses localités de l'évêché de Verdun : Hatonchâtel, Bauzey, Magiennes, Tilley-sur-Meuse, Ypescourt, Charney, Sampigney et Dieulouard (212) ; — Déclaration de l'évêque de Verdun, François de Lorraine, 10 déc. 1635 (220) ;

Lettres patentes du dauphin Charles, duc de Normandie, [plus tard Charles V], relatives au château de Passavant-en-Vosge, Paris, 20 janv. 1459 [lisez 1359] (223) ; et du duc Jean de Lorraine, relatives au même château, Paris, 33 (*sic*) sept. 1367 (231) ; — Autres documents relatifs à Passavant et à la forêt de cette localité, de 1577 à 1581 environ (233, 239 et suiv.) ; etc.

XVIe et XVIIe siècles. — Papier et parchemin. — 260 feuillets. — « 1638 ».

493.

« Mémoires pour les libertez de l'ÉGLISE GALLICANE et autres matières apartenantes aux choses ecclésiastiques. — Mémoires pour les libertez d'aucunes ÉGLISES ESTRANGÈRES. »

On remarque dans ce volume les pièces suivantes : « Traicté des libertez de l'Église Gallicane, faict au moys de mars 1598 », par

Guy Lasnier (8) ; — Pièces relatives au procès de la paroisse de
Chambon contre le chapitre de la collégiale de la Cueille, au diocèse de Clermont en Auvergne, vers 1635, de la main de N. Rigault
(45) ; — « Factum pour les grand prieur, définiteurs, visiteur...
et religieux de l'Ordre et Congrégation réformée de S. Antoine de
Viennois,.... demandeurs, contre frère François Marchier, religieux dudit Ordre, soy disant abbé et chef général d'iceluy »,
vers 1636, in-4°, *impr.*(54) ; — « Factum du procez d'entre maistre
Denis Sanguin, clerc du diocèze de Paris, grand prévost de Cha-
blis, défendeur, d'une part, contre maistre Charles Tremblier,
chanoine de Sainct Martin de Tours, soy-disant pourveu en régale
de ladite prevosté, demandeur, d'autre », in-4°, *impr.* (66) ;

Notes sur « l'estat d'advocat du Roy en court d'église » (84) ;
— Réponses de François Arnoul, chanoine de Saint-Étienne de
Troyes, aux griefs articulés contre lui en justice par Jeanne Gombault, veuve de feu Thibaut Trumeau, marchand libraire à Troyes,
juin 1580, rédigées par P. Pithou (86) ; — Notes et documents sur
le droit d'amortissement, les moyens par lesquels les ecclésiastiques peuvent acquérir, les donations aux églises, la vente des
biens ecclésiastiques, etc., en France, en Espagne, en Portugal,
à Venise, dans les Flandres, etc., de la main de P. Dupuy et de
Th. Godefroy (96 et suiv.) ;

Notes et pièces sur les prières publiques dites pour les Rois,
834-1606 (121) ; on y remarque surtout les documents relatifs au
refus des Capucins de prier pour Henri IV, 1594, copies et originaux (130 et suiv.) ;

Copie et description d'une lettre de Nicolas IV à l'abbesse de la
Garde-Notre-Dame, diocèse de Chartres, Rome, Sainte-Marie-Ma-
jeure, 5 id. martii, a° 2° [1289], [Potthast 22903], copie de P. Dupuy (144) ; — Lettre de Grégoire [IX] à la prieure de Notre-Dame-
du-Pré, près Troyes, Pérouse, non. martii, a° 8° [1235], [Potthast
9852] (145) ;

Lettres de Charles V au sénéchal de Toulouse, de Carcassonne
et de Beaucaire, où il lui transmet la copie de diverses bulles
pontificales, portant interdiction aux prélats du royaume de France
de prononcer des sentences d'excommunication ou d'interdit sans
l'ordre exprès du pape, Paris, 14 mars 1367, copie authentique
(150) ; — « Extracta a Rectoriis venerabilium virorum rectorum
Universitatis Parisiensis, videlicet Guillelmi Riveti, Biturigensis

diocesis, Goffredi Calvi, Corisopitensis diocesis, Nicolai Berteul, Ambi[an]ensis diocesis, et Ludovici Scannlieghe, Cameracensis diocesis, pro defensione ordinis jherarchici contra Mendicantes », 1456 (157) ;

Lettres patentes de Charles VII, portant nomination d'envoyés extraordinaires vers le pape Pie II, nouvellement élu, pour prononcer le serment d'obédience, 1458, copie de P. Dupuy (159) ; — Bulle de Pie II, mandant aux archevêques de Besançon, de Lausanne et de Bâle, et aux évêques de Tulle et de Cambrai, de contraindre tous contrevenants à observer les clauses du traité conclu entre Charles VII et le duc de Bourgogne, Philippe le Bon, Sienne, 4 id. april. 1459 (161) ;

Bulles de Léon X, accordant à François Ier le droit de nomination aux bénéfices consistoriaux de Bretagne, Rome, 10 kal. oct. 1516 (169) ; et de Paul V à Louis XIII, sur le même sujet, Rome, avril 1615 (173) ; — Bref du même, demandant à François Ier de défendre au Parlement de Bordeaux de connaître du différend pendant entre le cardinal Leonardo Della Rovere et le chapitre de l'église d'Agen, Rome, 2 mars 1520 (171) ;

Réponse du clergé de Rennes à la demande de subsides à lui faite par François Ier, 16 mars 1522 (177) ; — « Litteræ processus S. D. N. D. Gregorii PP. XIII, lectæ die Cænæ Domini, anno MD.LXXX », Paris, 1580, exemplaire authentique portant la signature et le cachet de « A. Dand[in]us », nonce en France, in-8°, *impr.* (180) ; — Notes [de Pierre Pithou] sur les biens ecclésiastiques, autogr. (194) ; — Bref de Sixte V au cardinal Gianfrancesco Morosini, légat « a latere » près le roi Henri III, Rome, id. julii 1588 (196) ; — Lettre d'Ottavio Acquaviva, cardinal-légat d'Avignon, à Gianfrancesco Bordini, évêque de Cavaillon, 15 nov. 1596 (200) ;

Brefs de Clément VIII à Ottavio Acquaviva, cardinal-légat d'Avignon, 7 id. aug. 1596 (202) ; — à Carolo de' Conti, évêque d'Ancône, vice-légat d'Avignon, Rome, 7 fév. 1600 (208) ; — à Cinzio Aldobrandini, cardinal-légat d'Avignon, Rome, 8 juillet 1604 (212) ;

Lettres adressées au Roi [Henri IV] par les personnages suivants : le président de Verdun, Toulouse, 3 janv. et 21 juin 1606 (224 et 222) ; — le président de L'Estang, Castres, 19 juillet 1606 (227) ; — le cardinal F[rançois d'Escoubleau] de Sourdis, Bordeaux, 3 et 26 janv. 1607, cachet (233 et 229) ; orig. ;

Lettres patentes de Louis XIII, en faveur de la collégiale de S. Vulfran d'Abbeville, pour l'amortissement de deux prébendes, Paris, juillet 1612 (235) ; — Décision du synode provincial, portant condamnation du traité *De Ecclesiastica et politica potestate* d'Edmond Richer, Paris, 13 mars 1612, copie de Th. Godefroy (238) ; — Bref de Paul V au synode, Rome, 6 non. martii 1612 (239) ; — Acte de soumission d'Edmond Richer (240), et traduction de cet acte (241) ; — Arrêt du Parlement de Rouen, au sujet des promesses de mariage faites par François de Bassompierre à [Henriette] de Balzac d'Entragues, et sentence de Paul [Hurault] de L'Hospital, archevêque d'Aix, dans la même affaire, sept. 1615, copies de P. Dupuy (242) ;

Pièces relatives à l'affaire de René de Rieulx, évêque de Saint-Pol-de-Léon, contre Étienne Louytre, subdélégué des cardinaux de La Rochefoucauld et de La Vallette (256 et suiv.); entre autres, une « Déclaration de l'Assemblée générale du Clergé de France ... sur l'attentat commis par Maistre Estienne Louytre contre Monsieur l'Évêque de Léon..... », Paris, 1625, in-4°, *impr.* (264); — Pièces relatives à la sécuralisation des abbayes de Bourg-de-Déols, de Saint-Gildas et du prieuré de Grandmont, et à l'union de ces abbayes au duché de Châteauroux, 1627 (276); — Arrêt du Conseil du Roi, en faveur des religieux réformés de l'Ordre de la Trinité et Rédemption des captifs, 19 mars 1627 (286) ; — « Monitorium [Julii pape secundi] contra Venetos », Rome, 5 kal. maii 1509, in-8°, *impr.* (294);

Pièces relatives aux matières ecclésiastiques dans les pays suivants : Venise, 1612 (302 et 304) ; — Gênes, extraits des Statuts (306); — Milan, bénéfices (307) ; — Angleterre : lettre de [Claude] Dodieu au légat-chancelier [Antoine Du Prat], Ratisbonne, 3 mars s. a. (315); — Espagne : extraits de la Chronique d'Alphonse VII de Castille, par Prudencio de Sandoval (316) ; et lettres de Ferdinand le Catholique, Medina del Campo, 22 juin 1497, et Madrid, 2 nov. 1491, etc. (322 et 324); Articles arrêtés par les États de Castille assemblés à Valladolid en 1602 (334); Pragmatique de Philippe IV, Valbastro (?), 7 fév. 1626 (338); Affaire de l'hôpital Saint-Jacques des Espagnols, à Rome, 1628 (340); la plupart de ces pièces sont en espagnol ; — Portugal (326 v°) ; sous le pontificat de Paul III (346) ; — Allemagne (350) ; — Suisse, 1482 et 1623 (352) ; — Hongrie (354); — Hollande et Frise : lettres de Charles-

Quint, 12 sept. 1524, en latin (355); — Flandres, 1485-1541 env. (356); lettres de « Fabius de Lagonissa », nonce au comté de Belgique et de Bourgogne, Bruxelles, 28 juin et 5 juillet 1628, en latin, in-fol., *impr.* (365); — Franche-Comté (366). — Beaucoup de ces copies ont été exécutées par Pierre Dupuy et Th. Godefroy.

XVIe et XVIIe siècles. — 367 feuillets. — « 1637 ».

494.

Recueil de pièces concernant la CONFISCATION de biens pour crime de LÈSE-MAJESTÉ, le serment prêté par les rois de France lors de leur SACRE, les châtiments infligés aux capitaines qui ont lâchement capitulé, les MONNAIES, etc. — Copies; quelques originaux.

On remarque dans ce volume les pièces suivantes : Confiscation, par le duc René de Lorraine, des biens d'Isabelle de Ligneville, femme de Nicolas de Baudoncourt, qui avait suivi le parti du duc Charles de Bourgogne, Mirecourt, 22 avril 1477 (32); — Lettre de « Ludovicus Quistellus », clerc de la Chambre apostolique, au sujet de l'accusation de lèse-majesté portée contre Pier Capponi, s. d., en latin (36);

Documents relatifs à la reddition des villes et forteresses suivantes et au châtiment de leurs gouverneurs : Fontarabie, 1525 (45); — Guise, 1536 (47); — Boulogne-sur-Mer, 1544 (48); — Lippa, 1552 (52), et Tata ou Dotis, 1559 (62); Javarin, 1594 (68); Canitsche et Babotsch, en Hongrie, 1601 (69); — Grave en Brabant, 1586 (64); — Bréda, 1590 (66); — château de Gavi, 1625 (71 et suiv.); — château de Cirq, 1635 (81); — le Castelet, 1636 (83); La Cappelle, 1636 (84); — Boulogne, 1636 (87); — Corbie, 1636 (88); — Lens, 1642 (93);

Lettres relatives aux monnaies et émanant de Louis XII, Paris, 10 juillet 1499 (98); et de François Ier, Amboise, 27 nov. 1516 (102), et Saint-Germain-en-Laye, 21 juillet 1519 (106); — Prolongation de la maîtrise particulière de la monnaie de Montpellier à Gaspart Fournier, pour la durée de dix ans, 14 déc. 1527, parchemin, copie authentique (110);

Lettre des trésoriers-généraux de France en Provence, de Serre et Martin, au Roi [Henri IV], Aix, 28 oct. 1601, orig. (111); — Lettres de Parfaict et Biseul au Roi [Henri IV], Villeneuve-Saint-André-lez-Avignon, 24 nov. 1601 (113), et à [Pierre Forget], sieur de Fresne, même date, orig. (114); — Lettre des bourgeois de Rennes au Conseil du Roi, sur le fait des monnaies, 29 juillet 1602 (117); — Supplique du Parlement de Dauphiné au Roi, sur le fait des monnaies, s. d. (120); — Procès-verbal d'une enquête faite à Compiègne au sujet de Nicolas Briot, inventeur d'un nouveau procédé pour fabriquer la monnaie, 14 juin 1624 (122); — Lettre d'un ancien maître particulier de la monnaie de Bordeaux au Roi, s. d. (126); — Mémoire du procureur général [Jacques] de La Guesle sur la réforme des monnaies, minute autogr. (132); — « Remonstrances très humbles à Nosseigneurs du Conseil d'Estat de Sa Majesté, sur la nouvelle invention d'une presse ou machine pour fabricquer les monnoyes; proposée par Nicolas Briot », Paris, 1617, in-4o, *impr.* (136); — « Raisons et moyens proposez au Roy et Nosseigneurs de son Conseil, par Nicolas Briot, tailleur et graveur général des monnoyes de France... », in-4o, *impr.* (142);

Lettre de Pierre Gouin, de Saint-Malo, au cardinal de Richelieu, Paris, 1er nov. 1634, in-4°, *impr.* (144); — « Advis au Roy et à Nosseigneurs de son Conseil pour la refformation des monnoyes et empescher le surhaussement d'icelles... » (150); — Lettre anonyme au Roi, sur le fait des monnaies, s. d. (155);

Notes diverses de Pierre Dupuy (163); — Notes historiques, de 1559 à 1598 (173 et suiv.); — Consultation de Pasquier et Pithou, avocats au Parlement, sur le point de savoir si une personne née dans un pays « prétendu » par le Roi est étrangère ou non, minute de P. Pithou (177); — Note de P. Pithou sur l'inhabileté des étrangers à recueillir une succession en France, autogr. (179); etc.

XVIe et XVIIe siècles. — Papier et parchemin. — 179 feuillets. — « 1637 ».

495.

Recueil de pièces relatives à l'ESPAGNE et à la NAVARRE, de 1520 à 1635 environ. — Copies; quelques originaux.

On remarque dans ce volume les documents suivants : « De la vente de la jurisdiction temporele des églises, monastères, priorez et commandes des ordres militaires de Sainct-Jacques de Cala- trava et d'Alcantara..., faicte par Philippe II, roy d'Espagne » (5) ; — Pragmatique de Philippe II, Aranjuez, 22 nov. 1559, en espa- gnol (9) ; — Mémoire « contre l'ambition de la maison d'Austriche et du roi d'Espagne » (12);

Note sur la cloche de Vililla, en espagnol (16) ; — « Histoire merveilleuse d'une cloche d'Espagne appellée du Miracle, laquelle ceste année 1601 a par plusieurs fois sonné d'elle mesme au bourg de Vililla, au royaume d'Arragon », Paris, 1601, in-fol., *impr.* (17);

Lettre de Charles-Quint, portant rémission de peines, adressée au cardinal de Tortosa [Adrien Florent, plus tard Adrien VI], gouverneur de Castille, Lobayna, 24 août 1520, orig., sceau (18);

Lettres originales ou autographes, adressées au cardinal-arche- vêque de Sens [Antoine Du Prat], par les personnages suivants : « Saigues », ambassadeur en Portugal, Lisbonne, 18 janv. s. a. (20); — Emmanuel, roi de Portugal, Evora, 5 kal. aug. 1520, en latin (23) ; — Jean de Calvimont, Grenade, 21 sept. s. a., avec déchiffrement (24) ; — Jean de Selve, Tolède, 12 août 1525 (30): — G[abriel] de Gramont, é[vêque] de Tarbes, Burgos, 22 nov. s. a. (51) ; — A[ntoine] Du Boys, é[vêque] de Béziers, Saint-Félix, 7 août s. a. (53); — Lettre d'Imbert de Saveuse et de F. de Raisse de La Hargerie à [François de Montmorency], sieur de La Rochepot, Cambrai, 27 oct. 1537, duplicata (55) ;

« Secondes instructions audict évesque de Tarbe [Gabriel de Gramont], ambassadeur pour le Roy devers l'Empereur », Paris, juin 1527, minute (34) ; — « Deuxiesme instruction touchant la modification du traictié de Madril » (38);

Suite de 46 articles, en latin, qui commence ainsi : « Primus articulus generalis amici amicorum pro tuitione statuum cum oblivione injuriarum oblatus et concordatus, dummodo pretextu istius articuli vel moliatur (*sic*) aut attentet Cesar in prejudicium serenissimi regis Anglie » (41); — « Articles répondus au conseil de l'Empereur », Bruxelles, 13 et 16 sept. 1531 (47 et 48); — Déclaration des députés réformés « résidens près la personne du Roy », 1625 (59); — « Relation du procéder que tient le sieur Du Fargis [Charles d'Angennes, comte de La Rochepot], ambassadeur du Roy en Espagne, sur la conclusion du traité par lui faict et siné avec le comte d'Olivarez » (62);

« Fragment tiré de l'histoire d'Italie, non imprimée, de Pietro Giovanni Capriata, touchant le traicté de Monçon pour la Valtelline, faict l'an 1626, entre les rois de France et d'Espagne », en italien (63) ; — Affaire de l'hôpital Saint-Jacques des Espagnols, à Rome, 1628, en italien et en latin (69) ; — Règlement contre la peste, Madrid, 28 sept. 1630, en espagnol (75) ; — « Relation de ce quy c'est passé en l'acte général de l'Inquisition du tribunal de Toledo, faict en la grand place de Madrid, le 4e juillet 1632 » (81); — « Relation de ce qui c'est passé en la confirmation... du sérénissime prince d'Espagne don Balthazar Carlos, faict en l'église Sainct-Hierosme-lez-Madrid, le 7e mars 1632 » (85);

« Manifeste pour la justice des armées de la très auguste maison d'Austriche, ensemble la réponse à celuy qui a esté publié soubz le nom du roy de France; jouxte la copie imprimée à Anvers, 1635 » (89) ; — « Discorso sopra il manifesto e lettera supposta e finta, che và intorno in nome del Re christianissᵒ, scritta al duca di Montbazzon..., per Monsignore N., legato di N..... », Milan, s. a., in-4ᵒ, impr. (115) ; — « Justificacion de las acciones de España ; manifestacion de las violencias de Francia », 1635, en espagnol, copie de Jacques Dupuy (135) ; — « Carta al serenissᵐᵒ..... Luys XIII, rey Christianissimo de Francia; escrivela... Don Francisco de Quevedo Villegas, en razon de las nefandas acciones..... que cometio..... en la villa de Tillimon en Flandes Mos de Xatillon Ugonote... », Madrid, 1635, in-4ᵒ, impr. (161) ; — Manifeste de Philippe IV d'Espagne, lors de l'entrée de ses troupes en Guyenne, oct. 1636 (175) ; — « Advis aux princes chrestiens sur les affaires publiques de ce temps », pamphlet en faveur de l'Espagne (179) ; — Relation d'un ingénieur espagnol, établi à Pampelune, sur la frontière de la Navarre, les points vulnérables de ce pays et les ressources qu'il offre pour la guerre (193) ; — Rapport de « Rentière » au Roi [Louis XIII] sur les côtes de Languedoc, de Roussillon et de Catalogne, et sur les avantages de la France sur l'Espagne de ce côté (201) ; — Brefs de Paul V, à Charles de Gonzague-Clèves, Rome, 5 cal. dec. 1608 (209); et à Alexandre de Vendôme, frère naturel de Louis XIII, Rome, prid. non oct. 1615 (210); etc.

XVIe et XVIIe siècles. — 212 feuillets. — « 1637 ».

496.

Recueil de lettres françaises, la plupart autographes, de
Joseph della Scala [SCALIGER]. (1575-1607).

Ces lettres sont adressées aux personnages suivants : à [Claude]
Dupuy, Abain, 13 et 27 déc. 1575 (4 et 5); 8 fév. 1576 (8); Chantemillan, 11 mai 1576 (9); La Rochepozay, 29 juin 1576 (10); Abain,
8 août 1576 (11); Poitiers, 18 déc. et 25 sept. 1576 (12 et 14); —
Touffou, 12 fév. (15), 30 juin (18), 31 juillet (19), et 26 août 1577 (20);
—10 mars (21), 11 mai (23), et 19 juillet 1578 (24); — 19 avril 1579 (25);
— château de Nanteuil, 8 sept. (29), et 4 août 1579 (30); Poitiers,
9 déc. 1579 (31); — Blet, 4 janv. 1580 (33); Bourges, 15 fév. 1580
(34); Jussy, 7 juillet 1580 (35); Chantemillan, 4 sept. 1580 (36);
— 23 mai (39), et 8 juillet 1581 (40); — 21 juin 1582 (41); Abain,
9 sept. 1582 (45); — Guillot, 31 août (46), et 3 sept. 1583 (47); Agen,
3 juillet (48), et 17 sept. 1583 (50); Touffou, 12 déc. 1583 (51); —
Chantemille, 22 fév. 1584 (52); Touffou, 27 août 1584 (53); Abain,
2 nov. 1584 (54); Poitiers, 30 nov. 1584 (55); Abain, 3 déc. 1584
(56); — 13 et 19 avril (60 et 61), 4 juin (62), 23 juillet (63); 9 oct.
(66), 4 nov. (67), et 18 déc. 1585 (69); — 28 janv. (70), 3 et 18 fév.
(71 et 72), 2 mars 1586 (75); Chantemille, 28 mai 1586 (76); Abain,
2, 8 et 26 avril 1586 (77, 78, 79 et 80); Chantemille, 5 et 30 juin
(82 et 83), et 25 juillet 1586 (84); Bourges, 24 août 1586 (85);
Massai, 11 sept. 1586 (86); Chantemille, 1er nov. 1586 (87); —
Touffou, 6 janv. 1587 (88); Abain, 11 fév. (89); 23 mars (93),
12 mai (95), 7 juin (95), 25 août 1587 (96); 25 déc. [s. a.] (101);
— 25 mars 1588 (103); 28 juin (104), 13 et 27 sept. (105 et 106),
16 nov. (108), 5 et 13 déc. 1588 (110 et 111); — Pruilli, 9, 22 et
29 juillet 1591 (112, 113, et 114); 25 sept. et 3 nov. 1591 (115
et 118); — 21 janv. 1592 (117), 12 mars et 13 oct. 1592 (119 et 120);
— Leyde, 6 sept. 1593 (121); — 5 mai et 20 juillet 1594 (122 et
123); — s. l., 28 mai 1586, copie de P. Dupuy (163 v°);

Aux frères Dupuy, Leyde, 25 déc. 1600 (125); — 23 avril (126),
14 août (127), 6 nov. (128), et 18 déc. 1601 (129); — 10 janv. (130),
18 fév. (131), 12 avril (132), 5 mai (133), 8 juin (135), 3 juillet (136),
4 et 12 août (137 et 138), et 26 déc. 1602 (139); — 12 janv. (140),
9 et 23 mars (141 et 142), 26 avril (143), 23 sept. (144), et 4 nov.

1603 (145); s. d., mais postérieure au 23 mars 1603 (134); 17 janv.
(146), 20 juin 1604 (147 et 149); — 7 janv. (150), 7 avril (152),
12 août 1605 (153); — 11 déc. 1606 (154); — 3 fév. 1607 (155) ;

A M. d'Émery[Jacques-Auguste de Thou], Abain, 23 fév. 1587 (158);
19 août 1588 (159); Pruilli, 17 août 1590, sans adresse (161); Leyde,
13 déc. 1595 (165); 24 mars 1596 (168 v°); 12 fév. 1597 (164);
9 sept. 1598 (165 v°); 29 avril 1599 (165 v°); 2 août et 17 nov. 1600
(165 et 169); 21 août 1601 (168); 12 janv. (164), 9 mars (167 v°), et
29 sept. 1603 (165 v°), 13 mars (166), 23 avril (164), et 20 juin 1604
(168); 8 avril 1605 (166 v°); 21 mai et 11 sept. 1607 (163); copies
de Pierre Dupuy ;

A [Pierre] Pithou, Valence, 8 nov. 1571 (171); 13 fév. 1572 (172);
— s. l., 23 août 1572 (173); Valence, 10 sept. (175) et s. l., 6 nov.
1573 (174); — Bâle, 24 juillet 1574 (176); — Abain, 8 fév. 1576
(177); — Poitiers, 2 juin (178), et Touffou, 29 juin 1578 (179); — Poitiers, 27 mai 1579 (181); — 21 juin 1582 (182); Agen, 4 juillet 1583
(183); Abain, 23 juillet s. a. (184); Guillot, 31 août (185); et Agen,
17 sept. 1583 (186 et 187); Abain, 22 oct. s. a. [1583] (188); — Chantemille, 22 fév. 1584 (189); — Abain, 23 avril (190), et 31 déc. 1585
(190 et 192); — Chantemille, 4 déc. 1586 (193); — Abain, 27 fév.
1588 (194); — s. l., 25 [juillet] 1593 (195); — Leyde, 6 sept. 1593
(196); — 5 mai (197), 20 juillet (198), août (199), et 9 nov. 1594
(200); — Pâques [26 mars] (201), 28 mai (202), 13 sept. (203), et
17 déc. 1595 (204) ;

A [Florent] Chrestien, Chantemille, 4 sept. 1581 (206); Abain,
10 sept. s. a. (206 v°); copies ;

A [Pierre Dupuy], Pruilli, 31 mars 1591, copie (209) ;

A [Nicolas] Rigault, Leyde, 17 janv. 1600, copie de P. Dupuy
(210);

A « M. de La Vau » [François de Saint-Vertunien], Leyde,
25 nov. 1597, extrait par Jacques Dupuy (212);

A [Paul Choart] de Buzenval, ambassadeur en Hollande, date et
signature coupées (214);

A « M. Castrin, à Paris », Leyde, 13 oct. 1607 (215);

A [Simon] Goulart [senior], Leyde, 15 nov. 1602, autogr. (216);
13 juin et 17 août 1603, autogr. (217 et 218); — 9 et 26 mars 1604,
autogr. (219 et 220); — 7 janv. 1603, 13 janv. et 14 mars 1606,
copies (221 et 221 v°);

A [Henri] de Monantheuil, Leyde, 20 juillet (222), et 9 nov.

1594 (223); 4 mars (224), et Pâques, [26 mars] (225), 17 déc. 1595 (226);

A [Jacques] Gillot, Leyde, xvi. 1600 (*sic*), copie (227).

Ce volume renferme, en outre, une lettre, sans adresse, Leyde, 15 juin 1603, copie (213).

Voy. Ph. Tamizey de Larroque, *Lettres françaises inédites de Joseph Scaliger* (Agen et Paris, 1881, in-8°).

XVI° et XVII° siècles. — 227 feuillets.

497.

« Exercitatio canonica de validitate seu nullitate matrimonii serenissimi principis Johannis Gastonis, ducis Aurelianensis, Luodvici XIII, Franciæ et Navarræ regis christianissimi fratris unici, cum Margarita principe a Lotaringia, Francisci comitis Valdemontani filia et Caroli III Lotaringiæ ducis sorore, autore Michaele Rabardeau, Societatis Jesu presbytero. »

XVII° siècle. — 281 feuillets. — « 1638 ».

498.

Recueil de pièces concernant les Parlements de Paris, de Toulouse, de Dijon, de Rouen, d'Aix, de Navarre et de Metz, de 1464 à 1637 environ. — Copies; quelques originaux.

On remarque dans ce volume les pièces suivantes : Formules diverses de prononciation d'arrêt (4); — Harangue du chancelier [François] Olivier, au lit de justice tenu par Henri II au Parlement, 1549 (14); — Lettres patentes de Charles VIII, abolissant le Parlement et chancellerie érigés aux duché et comté de Bourgogne, Pont-de-l'Arche, avril 1485 (19); — Pouvoir donné par Louis XI à Jean Balue, trésorier de l'église d'Angers portant commission de conférer les bourses du collège de Navarre et les Hôtels-Dieu, maladreries et aumôneries dont la provision appartient au Roi, Amboise, 28 déc. 1464 (27);

Lettre de Jacques Cappel, avocat du Roi au Parlement, au chancelier de France [Antoine Du Prat], Paris, 10 avril s. a., autogr. (29); — Lettres du Parlement de Paris au chancelier [Antoine Du Prat], Paris, 23 août s. a. (30), et 21 janv. s. a. (38); au Roi [François Ier], Paris, 23 aoûts. a. (31); orig.; — Mandement de Henri II au Parlement de Paris, Fontainebleau, 30 avril 1555, orig. (33); — « Délibération du Parlement de Paris au sujet de la réception du nouveau conseiller Claude d'Anglebermes-Pirrhus, 12 sept. 1555 (35); — « Propoz tenus en la court de Parlement par le roy de Navarre », et réponse du président [Christophe] de Thou, 8 août 1561, avec note de P. Pithou (41);

Lettres de Charles IX au premier président [Christophe] de Thou, Plessis-lez-Tours, 5 oct. 1569 (42), et aux présidents du Parlement, Metz, 22 mars 1569, orig. (44); — « Remonstrances faictes par le Roy [Charles IX] en sa cour de Parlement, tenant son lict de justice le 12 mars 1571 » (46); — Lettres patentes de Henri III, portant établissement d'une Chambre de justice dans le duché de Guyenne, Paris, 26 nov. 1580 (48); — Mandements de Henri III à Pierre Pithou, Blois, 26 avril 1581 (50), et au Parlement de Paris, Paris, 23 fév. 1582, orig. (51);

Lettres de provision de l'état de conseiller au Parlement de Paris, octroyées à Mathieu Molé, Paris, 9 juillet 1606 (54); — Mise en accusation du conseiller Jean Dutillet, accusé du crime de fausse monnaie, Fontainebleau, 20 mai 1633 (72); — Lettres de cachet de Louis XIII au Parlement de Paris, 1635 (76 et suiv., 83 et suiv.); — Supplique du conseiller Jean Lesné au Parlement, 1635, copie de J. Dupuy (79); — Remontrances faites au nom de Louis XIII, par [Antoine de Loménie], sieur de La Ville-aux-Clercs, à MM. de la Grand'Chambre, 15 janv. 1636 (85);

Lettres patentes de Charles VII, portant institution du Parlement de Toulouse, Saumur, 11 oct. 1448, en latin (94); — de François Ier, contre les résistances du même Parlement, Paris, 3 janv. 1532, copie authentique (98); — Acte de soumission aux lettres précédentes, Toulouse, 19 fév. 1532, parchemin, copie authentique (102);

Pièces originales concernant le procès intenté à « Jehan de Ulmo », quatrième président au Parlement de Toulouse, Rémond de Marlanes, etc., sept. 1537 (103 et suiv.); — Remontrance faite par ses collègues à Antoine Du Solier, conseiller au Parlement de Toulouse, 3 janv. s. a., copie authentique (115); — « Mercurialle proposée par les gens du Roy au Parlement de Tholoze, le 4ᵉ jour de mars 1539 » (117); — Remontrances du Parlement de Toulouse au Roi, s. d. (119);

Lettres patentes de Louis XIII, portant interdiction du Parlement de Dijon, Saint-Germain-en-Laye, 4 mars 1637; suivies de la signification de ces lettres aux officiers du Parlement de Dijon, 2 avril 1637 (122); — Autres lettres, ordonnant au prince de Condé, gouverneur de Bourgogne et de Bresse, de se transporter au Parlement de Dijon et d'y faire lire, publier et enregistrer divers édits et déclarations, Chantilly, 17 mars 1637 (126); suivies de l'instruction remise au prince (127); — Récit « de ce qui s'est passé audit Parlement en la publication des édicts et interdiction dudit Parlement », extraits des registres, 1ᵉʳ et 2 avril 1637 (130); — Lettres du Parlement de Dijon au cardinal de Richelieu, et au chancelier [Pierre Séguier], mai 1637 (137 et 138); — « Lettres patentes du Roy [Louis XIII], du premier de may mil six cens trente-sept, par lesquelles Sa Majesté a levé l'interdiction du Parlement, à l'égard des officiers en iceluy denommez esdites lettres », Saint-Germain, 1ᵉʳ mai 1637, in-4°, *impr.* (141); — Lettres de Louis XIII, à M. de La Berchère, premier président au Parlement de Dijon, château de « Madril », 30 juillet 1637 (145), et à Antoine de Bretagne, premier président au Parlement de Metz, contenant sa nomination au même office au Parlement de Dijon, château de Boulogne, 31 juillet 1637 (147), suivies de l'acte d'enregistrement, 12 août 1637 (148); — Lettres patentes du même souverain, relatives à la même interdiction, Chantilly, 28 août 1637 (149);

Résultat de l'enquête faite au sujet de la « capacité, ydoneité et suffisance » de maistres Regnault Duquesnoy, Baptiste Le Chandelier, Jean Gombault, Mathieu Raoullin, Jean Mustel, etc., *extr.* authentique des registres du Parlement de Rouen, 12 juillet 1519, parchemin (152); — Lettre du Parlement de Rouen au chancelier de France, s. d. (153);

« Tres-humbles remonstrances de la cour de Parlement de Provence », 1626, in-4°, *impr.* (160); — Sentence capitale prononcée contre Laurent Carioli, second président au Parlement d'Aix, et le prieur Carioli, son fils, pour crime de lèse-majesté, Toulouse, 29 oct. 1632 (168); — Commission du Roi [Louis XIII] pour l'exécution de cette sentence, Toulouse, 30 oct. 1632 (169); — Lettres de provision du président Louis de Paule, Toulouse, 30 oct. 1632, avec les quittances, 31 oct. 1632 (172) ; — Autres pièces relatives à la nomination et à l'installation du président de Paule, nov. 1632, extraits authentiques des registres du Parlement d'Aix (174 et 176); — Interdiction prononcée par le Parlement d'Aix contre un huissier du nom de Marcel, 5 janv. 1633 (177);

Remontrances du comte [Antoine II] de Gramont, [vice-roi de Navarre, gouverneur de Bayonne], au Roi [Louis XIII] et au Conseil d'État, s. d., in-4°, *impr.* (181);

« Raisons pour lesquelles les trois ordres de la ville de Mets.... supplient treshumblement le Roy [Louis XIII] par leurs deputez, de ne point establir un Parlement pour la ville de Metz et le pays Messin ». 1632 (190); — « Edict du Roy [Louis XIII], portant création et establissement d'une cour de Parlement en sa ville de Metz, du mois de janvier mil six cens trente trois », in-4°, *impr.* (198); — « Relation de ce qui s'est passé à l'establissement et première ouverture de la cour de Parlement de Metz », 26 août 1633, in-4°, *impr.* (206); — Lettres de N[icolas] Rigault, relative à l'ouverture du Parlement de Metz, autogr., sans adresse (216), et de [Claude?] Joly à [Pierre] Dupuy, sur le même sujet, s. d., autogr. (218) ; — Arrêt du Parlement de Metz, relatif aux boutiques et maisons « qui sont le long des murs de la Sale du Palais de cette ville », et de celles « qui sont dans la rue Vazelle », 1634 (222);

Lettres patentes de Louis XIII au Parlement de Metz, lui mandant d'enregistrer un bref du pape [Paul V], accordant à Louise de La Valette, abbesse de Sainte-Glossine de Metz, O. S. B., l'autorisation de tester et de disposer de ses biens, Senlis, 4 mars 1634 (224) ; — Arrêt du Conseil, portant règlement pour la justice de Verdun avec le Parlement de Metz, Chantilly, 12 fév. 1634 (226 et 227 v°) ; — Autre arrêt du Conseil d'Estat, portant règlement pour la justice de Mouzon, 11 fév. 1634 (230); — Lettres de Louis XIII au Parlement de Metz, ordonnant la translation de ce Parlement à Toul, Chantilly, 10 mai 1636 (232) ; — Lettre de cachet au même Parlement, sur la même affaire (232 v°) ; — Arrêt du même Parlement, décidant que des remonstrances seront faites au Roi (232 v°); et autres pièces relatives à la même affaire, entre autres un arrêt (8 janv. 1637) contre l'imprimeur Claude Félix, juillet 1636-fév. 1637 (242 et suiv.); — Supplique du Parlement de Metz au Roi [Louis XIII], de la main de Nicolas Rigault (235) ; — « Arrest de la cour de Parlement sur le subject de sa seance en la ville de Toul », Metz, 7 avril 1637, in-8°, *impr.* (264) ; etc.

XVI⁰ et XVII⁰ siècles. — Papier et parchemin. — 269 feuillets. — « 1638 ».

499.

Recueil de pièces concernant l'abbaye de SAINT-ARNOUL DE METZ et divers autres monastères, principalement du pays Messin, de 799 à 1549 environ. — Copies.

On remarque dans ce volume les pièces suivantes : « Estratto delli Annali manoscritti di Ferrara, racolti per Filippo Roddi, dottore di leggi Ferrarese, da una quantità di libri scritti a penna » (8);

Diplômes de Charlemagne et de Louis le Pieux, en faveur de l'abbaye de Charroux (4 et 4 v°) ; — Extraits de la passion de saint Remi (8) ; — Charte de fondation du prieuré de Ceton (10); — Acte de consécration de l'église Saint-Léonard de Bellesme (11) ; — Acte de donation, par la comtesse Mathilde à l'église N.-D. de Verdun, des villages de « Septiniacum » et de « Mosagium », 2 fév. 1007 (18); — Lettres de commune octroyées par Philippe-Auguste à la ville de Saint-Jean-d'Angély, Anet, 1204 (22); — Lettre de la duchesse Aliénor, reine d'Angleterre, à ses sujets d'Aquitaine, Londres, 1129 (26); — « Extraict de la généalogie de Bourbon, prins de la vitre de la chappelle de Champigny » (29) ;

Récit du sacre de Philippe Iᵉʳ, 1059, extrait d'un ms. de Petau, de la main de P. Dupuy (30) ; — « Chronicon Malleacense ab origine mundi ad annum Christi MCXL », copie de J. Besly (34); — Charte de Louis VII, relative à un différend entre Geoffroi, évêque de Langres, et le duc Eudes de Bourgogne, 1151 (36); — Charte de Philippe-Auguste, concernant les bourgeois de Montdidier, Paris, 1195 (39); — Charte de Philippe le Bel, octroyant les coutumes de la ville de Laon aux bourgeois de Montdidier, Compiègne, juin 1297, en français (45); — Requête présentée au Pape [Grégoire IX] par les princes et barons du royaume de France, contre les entreprises des

ecclésiastiques, Saint-Denis, sept. 1235 (51) ; — Remontrances
faites au Roi [Louis VIII] par les barons du royaume contre les
prétentions des ecclésiastiques, Thouars, déc. 1225 (52) ;

Copies et analyses de pièces émanant de Louis VII et d'autres
personnages, relatives au Poitou et à l'Anjou, 1146-1298 (53) ; —
Notes relatives à Gautier VI, comte de Brienne, duc d'Athènes,
1343-1368 (58) ; — Extraits de la vie de sainte Radegonde par
Baudonivia (59) ; — Diplôme de saint Louis, autorisant les laïques
qui perçoivent des taxes dans le domaine royal, à les concéder à
perpétuité aux établissements religieux, Paris, mars 1269, copie
de P. Dupuy (63) ;

« Vetus diploma Ecclesiæ Gallicanæ, depromptum ex Archivis
archiepiscopalis palatii Rothomagensis », savoir : 1º une lettre
de Guillaume de Flavacourt, archevêque de Rouen, et Guillaume
de Mâcon, évêque d'Amiens, aux archevêques de Reims, de Sens
et de Tours, 1er juillet 1282 ; et 2º une lettre de G. de Flavacourt aux ecclésiastiques de son diocèse, Déville, 17 sept. 1285,
in-fol., *impr.* (65) ;

Ordonnance relative à la croisade d'Aragon, Paris, 5 juillet
1284, en français, copie de P. Dupuy (66) ; — Pièces relatives au
monastère de N.-D. de La Barre, près Château-Thierry, 1300,
1375, etc. (70) ; — « Hæc sunt nomina militum citatorum in exer-
citu de baillia Constanciæ », suivi de listes analogues pour le
bailliage de Caen, la vicomté de Bayeux, de Caen, etc., s. d. (72) ;
— Autre liste analogue, en français, pour l'Orléanais (76) ; —
Autre, en latin, pour le bailliage de Calais (77 vº) ; — « Noms de
divers seigneurs et nobles ausquels le roi Philippes le Bel escrivit
pour la guerre de Flandre, l'an 1303 », de la main de P. Dupuy (80) ;

Analyses de pièces relatives à la ville de Verdun, de 1333 à
1565 env., de la main de N. Rigault (86) ; — Acte de foi et d'hommage fait par R[enaud], comte de Montbéliard, entre les mains de
Philippe le Bel, avril 1301, copie de P. Dupuy (88) ; — Notification, par Pierre de Hangest, bailli de Rouen, de lettres patentes
données à Paris, 3 juillet 1312, par Philippe le Bel (90) ; — Lettres
patentes de Guillaume Bertrand, évêque de Noyon, relatives à la
croisade, 1332, en français, copie de Pierre Pithou (96) ; — Procès-verbal de l'entrée de Jean le Bon à Notre-Dame de Paris,
1350 (97) ; — Charte de Jean le Bon en faveur de Guillaume Roger

de Beaufort, vicomte de Turenne, neveu du pape Clément VI,
Lyon, fév. 1350 (99);

Coutumes octroyées aux habitants des communes de « Caxen »
et de « Caxenes », par Archambaud de Grailly, captal de Buch,
vicomte de Foix, 29 mai 1402, en provençal, orig. ou copie com-
temporaine, incomplet de la fin (100) ; — Lettres de Charles VI,
portant érection de la seigneurie de Nemours en duché-pairie,
en faveur de Charles III, roi de Navarre, Paris, 17 juillet 1404, en
français (107); — Donation du duché de Nemours par Louis XI à
Jacques d'Armagnac, Bordeaux, 3 avril 1461 avant Pâques (109) :
— Trêve conclue à Montereau par les ambassadeurs de Charles VI
avec ceux de Jean-sans-Peur, duc de Bourgogne, 23 mai 1418
(117, 118 et 119) ; — Récit du supplice de Jeanne d'Arc, 30 mai
1431 (120);

Ordonnances publiées par Charles, frère de Louis XI, sur la
justice et chancellerie, Bordeaux, 18 janv. 1470, copie authentique (122) ; — Sur les statuts accordés par le roi d'Angleterre
Jean-sans-Terre à la ville de Bayonne (136) ; — « Extraict de
l'aumoire qui est au grand bureau de la Chambre des comptes,
entre l'uys de ladicte Chambre et celui du greffe d'icelle », notes
historiques, 1405-1470 env. (140);

Diplômes concernant le monastère de Saint-Arnoul de Metz,
émanant de Pépin d'Héristal, maire du palais, « in villa Hielsio,
10 kal. mart., 12ᵉ année du règne de Thierry (146); — de Drogon,
duc des Burgondes (147) ; — d'Arnoul, fils de Drogon, « in villa
Oppilla », 5ᵒ kal. jul. 706 (148); — d'Hugues, primicier de Metz,
8 kal. jul., 5ᵉ année du règne de Dagobert (149 vᵒ); — de Gode-
froi, fils de Drogon, 7 kal. jul., même année (150 vᵒ); — de Charlemagne, Thionville, 1ᵉʳ mai 783 (151 vᵒ); — de la reine Hilde-
garde, 3 id. mart. 783 (153); — d'Arnulf, roi de Lorraine et
empereur d'Allemagne, 7 kal. maii 892 (154); 7 id. jul. 889
(155), et « Reganesburc », 7 kal. maii 892 (155 vᵒ); — de Charles
le Chauve, Worms, 6 kal. mart. [841] (156 vᵒ), et 5 id. sept. [869]
(159 vᵒ) ; — de l'empereur Lothaire, Mayence, id. aug., aᵒ 15, ind.
3 (157 vᵒ); — de Louis le Germanique, Metz, 9 kal. dec. [875]
(158 vᵒ); — de la comtesse Ève, Metz, 17 kal. sept. [950] (160 vᵒ
et 162) ; — d'Ulric, fils de la comtesse Ève, Moirmont, 11 kal. maii
958 (164); — de Conrad II, « aquis Pisturæ », 9 kal. oct. 1024
(166); — de Henri IV, 17 kal. nov. 1088 (167); — de Henri V, « in

Italia, in castro Saviniaco », 3 non. déc. 1115 (168) : — de Charles-Quint, Bruxelles, 31 oct. 1549 (170) ; — de Chilpéric II, Compiègne, 8 juin 717 (177); etc.

XVe, XVIe et XVIIe siècles. — 191 feuillets. — « 1638 ».

500.

Recueil de documents relatifs aux règnes de François Ier. Henri II, Charles IX, Henri III et Henri IV, de 1531 à 1608 environ. — Originaux et copies.

On remarque dans ce volume les pièces suivantes : Lettres, ordonnances, etc., concernant un emprunt à faire au nom du Roi, Compiègne, 21 fév. 1531 (4) ; adressées aux membres du Conseil privé établi à Lyon et les chargeant d'administrer les fermes et de percevoir les taxes, Valence, août 1536 (5) ; relatives au versement, par les officiers royaux, d'une demi-année de leurs gages, s. d. (7) ; à la fourniture, par l'élection de Rouen, de l'équipement des francs-archers, 24 fév. 1534 (9) ; à la levée d'une taxe de guerre à Rouen et à Dieppe, Valence, 9 août 1536 (10 v°) ; à la vérification des dettes de [Jean Stuart, duc] d'Albany, Compiègne, s. a. (13) ; à la vérification des dons et acquits octroyés par le Roi, camp du Mesnil, près Hesdin, 30 mars 1536 (14 v°) ; à la nomination du grand-maître Anne de Montmorency au commandement de l'armée de Provence, Lyon, 14 juillet 1536 (17) ;

« Estat des villes de ce royaume dont le Roy entend soy ayder pour luy subvenir du nombre de la soulde des gens de guerre à pied cy après declairez, pour le servir ou faict de ses dictes guerres », Moulins, 28 fév. 1537 (20) ; — Lettres patentes de François Ier, relatives à la dépopulation des villes, Compiègne, oct. 1539 (25), et aux biens du connétable de Bourbon, Villers-Cotterets, 10 août 1539 (27) ;

Lettres patentes du dauphin Henri, gouverneur de Bretagne, portant nomination de Cosme Clausse à l'office de secrétaire, Abbeville, 25 fév. 1539 (31) ; — Relation de la défaite de Marciano, par Pierre Strozzi, maréchal de France, 1554 (34) ;

Lettres patentes de Henri II, portant érection du marquisat de Fronsac en faveur de Jacques d'Albon, maréchal de Saint-André,

Blois, déc. 1556 (44) ; — permettant à Jean-Jacques « Destre », gentilhomme piémontais, d'exercer la médecine et la chirurgie dans tout le royaume, 1556 (47) ; — enjoignant au sénéchal de Saintonge de contraindre les habitants de son ressort à s'acquitter de leurs impôts, 1556 (48) ; — donnant commission à plusieurs présidents et conseillers du Parlement de Paris d'aller tenir les Grands-Jours à Tours, Angers, Poitiers et Angoulême, s. d. (49) ;

Récit de la mort du roi de Navarre [Antoine de Bourbon], 1562 (52) ; — Plaidoyer prononcé dans l'affaire de l'homicide commis par le « seigneur de Pequaire » sur la personne de Louis Du Lac, sire de Marcilly (63) ; — Plaidoyer de [Pierre] Versoris pour Antoinette de Bourbon, veuve de Claude de Lorraine, duc de Guise (68) ; — Lettre du cardinal Prospero Santa-Croce au cardinal Borromée, neveu de Pie IV, Blois, 13 mars 1563, en italien (74) ; — Sentence prononcée contre Jacques Spifame, ex-évêque de Nevers, Genève, 23 mars 1566 (76) ; — Lettre de cachet adressée par Charles IX au Parlement de Paris, pour la reine de Navarre [Jeanne d'Albret], le prince de Navarre [Henri de Bourbon] et les enfants du feu prince de Condé [Louis de Bourbon], Plessis-les-Tours, 23 sept. 1569, orig. (78) ;

« Discours du roy Henry III à un personnage d'honneur et de qualité, estant près Sa Majesté au royaume de Pologne, des causes et motifs de la journée St Barthélemi », copie de J. Dupuy (79) ; — Acte réglant l'ordre de succession au trône de France, Paris, 22 août 1573 (85) ; — Lettre de Catherine [de Médicis] au roi de Pologne [Henri III], bois de Vincennes, 31 mai 1574, copie de P. Dupuy (88) ; — Remontrances de la ville de Paris au Roi [Henri III], déc. 1575 (92) ;

Lettre de [Gui Du Faur] de Pibrac à « Monsieur d'Este », s. d. (98) ; — Lettres de [François], duc d'Alençon, à son frère Henri III, s. d. (104), et Charrons, 27 déc. 1575 (109) ; — Lettre anonyme, adressée à [Nicolas de Neufville], sieur de Villeroy, faisant allusion au vol de la vraie Croix, 9 mai 1575, orig. (108) ; — Supplique présentée au Roi [Henri III] par les députés des ordres de St Benoît et de St Augustin, orig. (110) ; — Réponse de l'Assemblée du clergé des États à la supplique précédente, Blois, 19 janv. 1577, orig. (112) ; — Requête au Roi « pour reigler les abbaies et priorés des ordres de St Benoist et St Augustin » (113) ;

Deux lettres de Henri III au procureur général du Parlement

[Jean de La Guesle], s. d., autogr. (117 et 119); — « Association faicte entre les princes, seigneurs, gentilhommes et aultres tant de l'estat ecclésiastique, de la noblesse que du tiers Estat, subjectz et habitans du païs et conté de Champagne et Brye », approuvé par Henri III à Blois, 2 déc. 1577 (120) ; — Analyse du discours du roi de Navarre [Henri de Bourbon] aux États de Blois, 1577 (124); — Arrêt du Conseil d'État, ordonnant qu'il sera procédé, malgré l'arrêt contraire du Parlement, au mariage de Marie-Claude de Rochechouart, dame de Saint-Amand, avec [Charles] de Belleville, sire de Conac, Chenonceaux, 28 avril 1577 (126) ;

Arrêt faisant remise d'une somme notable aux bénéficiers des diocèses éprouvés par les guerres de religion, Paris, 8 août 1576 (130); — Arrêt du Parlement contre les vengeances privées, rendu à l'occasion du meurtre de Jehan de Reffuge, sieur de Gaillardon, Paris, 5 août 1579 (132) ; — Lettre de François, [duc d'Anjou], à « Messieurs....... », Anvers, 20 fév. 1582 (134); — Lettre de cachet de Henri III aux avocat et procureur généraux de la Chambre de justice de Guyenne, au sujet du calendrier grégorien, Paris, 3 nov. 1582, orig. (136);

Lettre de Christophe de Thou à la reine [Catherine de Médicis], Paris, 17 mars 1582, autogr. (137) ; — Lettres patentes de Charles IX, Blois, 8 avril 1572, et de Henri III, Paris, 3 mai 1583, relatives aux dettes et à la succession du maréchal Blaise de Montluc (139) ; — Supplique de Jean-Blaise de Montluc, héritier du maréchal, « à nosseigneurs tenans la court de justice », 1578 (143) ; — Manifeste du cardinal Charles de Bourbon, 1585 (145) ;

Extrait d'une lettre du roi Antoine de Portugal à Sixte-Quint, 2 août 1585 (151) ; — Lettre de [Catherine de Médicis] au roi de Portugal, Paris, 23 déc. 1585 (151 v°) ; — Lettre de Henri III à Villeroy, Lyon, 14 août s. a. (153) ; — Arrêt du Parlement, au sujet de l'érection en principauté de la baronnie de Tingry, en faveur de François de Luxembourg, 4 avril 1587 (156) ; — Manifeste de Charles de Lorraine, duc de Mayenne, Paris, 19 janv. 1589, parchemin, orig., sceau plaqué (158); — Lettre de Henri III au curé de Saint-Eustache, Tours, 27 mars 1589 (161) ; — Lettre de [Paul] Hurault de Maisse, sans nom de destinataire, Venise, 12 janv. 1589, autogr. (163) ; — Lettre de Henri III aux officiers de justice, contre le duc de Mayenne, Blois, 11 fév. 1589, exemplaire authentique, in-fol., *impr.* (165) ; — Éloge de Henri III, par le chancelier [Philippe Hurault] de Chiverny, copie de P. Dupuy (166);

Mémoire sur une mission de l'évêque de Lisieux [Anne de Pérusse Des Cars] et de [Philippe] Desportes auprès du Pape (169); — Trois listes contenant des noms de personnages connus et qui semblent être des listes de ligueurs et de royalistes, par Claude Dupuy (171); — Bref de Clément VIII aux magistrats de la ville d'Arles, Rome, 7 mai 1592, orig., parchemin (173); — Lettres de Révol, secrétaire royal, à [Martin-Ruzé], sieur de Beaulieu, Saint-Denis, 25 juin (174), et 9 juillet 1593, autogr. (175); — « Arrest de la Cour [contre Jean Chastel] : ensemble les vers et discours latins escrits sur marbre noir en lettres d'or, ès quatre faces de la base de la Pyramide dressée devant la grande porte du Palais, à Paris », 1601 (177); — « Portrait de la pyramide dressée devant la porte du Pallais », 1597, gravure (177); — Propositions de soumission faites par le baron [François] de Gimel, et réponses de Henri IV, Abbeville, juin 1596, orig. (178);

Lettres de Henri IV au Parlement, Angers, 9 avril 1598 (184), et réponse du procureur et de l'avocat général Marion, 20 avril 1598, au sujet de l'offense faite à Duplessis-Mornay par le sieur de Saint-Phal (186); — Lettres du vidame de Chartres à un destinataire inconnu, s. d. (190 et 191); — Lettres patentes de Henri IV, érigeant, en faveur de Sully, l'état de grand-maître et capitaine général de l'artillerie royale en titre et dignité d'officier de la Couronne, Lyon, janv. 1601 (192) ; — Extrait des registres du Parlement, relatif à une affaire de polygamie, 23 nov. 1606 (194);

Lettres de Henri IV au baron [Joachim de] Dinteville, gouverneur de Champagne et de Brie, Montargis, 26 oct. 1606 (195), et Fontainebleau, 20 nov. et 1er déc. 1606, orig. (196 et 202); — Lettres de [Joachim de] Dinteville au Roi [Henri IV] et à [Louis Potier], sieur de Gesvres, Dinteville 9 oct. 1606 (198); — « Ce que l'on a pu tirer de lumière jusques à ceste heure du Cordon jaulne » (200); — Lettre de légitimation d'Antoine [de Bourbon], comte de Moret, Paris, janv. 1608 (204); etc.

XVIe et XVIIe siècles. — Papier et parchemin. — 206 feuillets. — « 1638 ».

www.ingramcontent.com/pod-product-compliance
Lightning Source LLC
Chambersburg PA
CBHW050547270326
41926CB00012B/1949